FERRAMENTAS
DOS TITÃS

FERRAMENTAS DOS TITÃS

AS ESTRATÉGIAS, HÁBITOS E ROTINAS DE BILIONÁRIOS, CELEBRIDADES E ATLETAS DE ELITE

TIM FERRISS

PREFÁCIO DE ARNOLD SCHWARZENEGGER
ILUSTRAÇÕES DE REMIE GEOFFROI
TRADUÇÃO DE BRUNO CASOTTI

intrínseca

TÍTULO ORIGINAL

Tools of titans: The tactics, routines, and habits of billionaires, icons, and world-class
performers

PREPARAÇÃO

Victor Almeida

Marina Góes

REVISÃO

Eduardo Carneiro

Cristiane Pacanowiski

Theo Araújo

Bianca M. Garcia

PROJETO GRÁFICO

Rachel Newborn e Melissa Lotfy

DESIGN DE CAPA

Brian Moore

DIAGRAMAÇÃO

Julio Moreira | Equatorium Design

CIP-BRASIL. CATALOGAÇÃO NA PUBLICAÇÃO
SINDICATO NACIONAL DOS EDITORES DE LIVROS, RJ

F451f

    Ferriss, Tim, 1977-
      Ferramentas dos titãs : as estratégias, hábitos e rotinas de bilionários, celebridades e
atletas de elite / Tim Ferriss ; prefácio de Arnold Schwarzenegger ; ilustração Remie Geoffroi ; tradução Bruno Casotti. - 2. ed. - Rio de Janeiro : Intrínseca, 2023.
    768 p. : il. ; 23 cm.

      Tradução de: Tools of titans: the tactics, routines, and habits of billionaires, icons,
and world-class performers
    Inclui índice
    ISBN 978-65-5560-430-6

    1. Pessoas de sucesso - Entrevistas. 2. Sucesso. 3. Autorrealização. I. Schwarzenegger,
Arnold. II. Geoffroi, Remie. III. Casotti, Bruno. IV. Título.

22-80336   CDD: 650.1
                              CDU: 159.947.5:005.571

Gabriela Faray Ferreira Lopes - Bibliotecária - CRB-7/6643

Em primeiro lugar, sou grato a todos os meus "companheiros de jornada", como diria James Fadiman.

E, em segundo, parte dos direitos autorais deste livro será doada a causas dignas. São as seguintes:

» **After-School All-Stars (afterschoolallstars.org)**, que oferece programas extracurriculares abrangentes, a fim de manter as crianças seguras e ajudá-las a obter êxito na escola e na vida.

» **DonorsChoose.org**, que abre espaço para que qualquer pessoa ajude uma sala de aula que passe por necessidade, aproximando-nos de uma nação onde todos os estudantes têm as ferramentas de que precisam para uma boa educação.

» **Pesquisas científicas em instituições como a Escola de Medicina da Universidade Johns Hopkins**, onde está sendo estudado o uso de substâncias enteogênicas no tratamento para a depressão, ansiedade em pacientes terminais de câncer e outras condições debilitantes.

Em terceiro, a todos aqueles que buscam, que vocês possam encontrar muito mais do que estão procurando. Talvez este livro ajude.

SUMÁRIO

PARTE 2 : RICO

CAPÍTULOS SEM PERFIS

PARTE 3 : SÁBIO

CAPÍTULOS SEM PERFIS

CONCLUSÃO

PREFÁCIO

Não sou daqueles que venceram na vida exclusivamente por esforço próprio.

Toda vez que palestro em uma conferência de negócios, ou falo para estudantes universitários, ou faço um post de perguntas e respostas no Reddit, surge a mesma questão: "Governador/Arnold/Arnie/Schwarzie/*Schnitzel* (dependendo de onde estou), sendo um homem que venceu na vida por esforço próprio, qual é a sua fórmula de sucesso?"

As pessoas sempre ficam chocadas quando agradeço o elogio, mas respondo: "Não venci na vida só por esforço próprio. Tive muita ajuda."

É verdade que cresci na Áustria sem água encanada em casa. É verdade que me mudei para os Estados Unidos sozinho e com apenas uma bolsa de ginástica. E é verdade que trabalhei como pedreiro, investi em imóveis e fiquei milionário antes mesmo de erguer a espada em *Conan, o Bárbaro*.

Mas não é verdade que venci sozinho. Para chegar onde estou, subi nos ombros de gigantes.

Minha vida foi construída sobre uma base de pais, treinadores e professores; de almas boas que me emprestaram sofás ou quartos nos fundos de academias; de mentores que compartilharam sabedoria e conselhos; de ídolos que me motivaram em páginas de revistas (e pessoalmente, à medida que cresci na vida).

Eu tinha muita visão e estava cheio de energia. Mas nunca teria chegado a lugar algum sem minha mãe me ajudando com o dever de casa (e brigando comigo quando eu não queria estudar), sem meu pai me dizendo para "ser útil", sem os professores que me ensinaram a vender, ou sem os treinadores que me explicaram os fundamentos do halterofilismo.

Se eu nunca tivesse visto uma revista com Reg Park na capa nem lido sobre sua trajetória de Mr. Universo para o papel de Hércules nos cinemas, talvez eu ainda estivesse cantando música tirolesa nos Alpes austríacos. Eu sabia que queria sair da Áustria e que os Estados Unidos eram o meu lugar, mas Reg me encheu ainda mais de energia e me mostrou um caminho.

Joe Weider me trouxe para os Estados Unidos e me pôs embaixo de sua asa, promovendo minha carreira no fisiculturismo e me ensinando sobre negócios. Lucille Ball correu um risco enorme ao me chamar como ator convidado para um especial de TV que foi meu primeiro acesso a Hollywood. E, em 2003, sem a ajuda de 4.206.284 californianos eu jamais teria sido eleito governador do grande estado da Califórnia.

Então como eu poderia alegar ter vencido por conta própria? Aceitar esse manto desconsidera cada pessoa e cada conselho que me permitiram chegar até aqui. E dá uma impressão errada: a de que você pode fazer tudo sozinho.

Eu não pude. E provavelmente você também não.

Todos nós precisamos de incentivo. Sem a assistência, os conselhos e a inspiração dos outros, as engrenagens da nossa mente acabam parando e ficamos emperrados sem ter para onde ir.

Tive a bênção de encontrar mentores e ídolos em cada passo da minha vida e a sorte de conhecer muitos deles. De Joe Weider a Nelson Mandela, de Mikhail Gorbachev a Muhammad Ali, de Andy Warhol a George H.W. Bush, nunca me acanhei em buscar a sabedoria de outros para aumentar minha energia.

É provável que você já tenha ouvido os podcasts de Tim. (Recomendo especialmente aquele com a participação de um fisiculturista charmoso com sotaque austríaco.) Tim usa sua plataforma para trazer os saberes de um elenco diverso de personagens dos negócios, do entretenimento e dos esportes. Aposto que você aprendeu alguma coisa com eles e muitas vezes assimilou algo que não esperava.

Seja com uma rotina matinal, uma filosofia, uma dica de treinamento ou simplesmente uma motivação para enfrentar o dia, não há uma pessoa neste planeta que não se beneficie de uma pequena ajuda externa.

Sempre tratei o mundo como uma sala de aula, absorvendo lições e histórias para estimular minha caminhada. Espero que você faça o mesmo. A pior coisa que pode acontecer é você achar que já sabe o bastante. Nunca pare de aprender. Nunca.

Foi por isso que você comprou este livro. Independentemente das circunstâncias, você sabe que um dia vai precisar de motivação e de uma percepção externa. Há momentos em que você não tem a resposta, ou o impulso, e é forçado a olhar além de si mesmo.

Não é errado admitir que não consegue fazer isso sozinho. Eu com certeza não consigo. Ninguém consegue.

Agora, vire a página e aprenda alguma coisa.

Arnold Schwarzenegger

SOBRE OS OMBROS DE GIGANTES

Não sou especialista. Sou o experimentador, o escriba e o guia.

Se encontrar alguma coisa incrível neste livro, será graças às mentes brilhantes que atuaram como professores, críticos, colaboradores, revisores e fontes de referências. Se encontrar algo sem cabimento, é porque não segui os conselhos deles ou cometi um erro.

Embora esteja em dívida com centenas de pessoas, gostaria de agradecer aos muitos convidados que apareceram em meu podcast e enriquecem as páginas deste livro. Eles seguem listados em ordem alfabética de sobrenome:

Scott Adams (p. 293)

James Altucher (p. 278)

Sophia Amoruso (p. 415)

Marc Andreessen (p. 198)

Sekou Andrews (p. 699)

Patrick Arnold (p. 64)

Peter Attia (p. 88)

Glenn Beck (p. 600)

Scott Belsky (p. 397)

Richard Betts (p. 613)

Mike Birbiglia (p. 617)

Alex Blumberg (p. 337)

Amelia Boone (p. 30)

Justin Boreta (p. 393)

Tara Brach (p. 603)

Brené Brown (p. 638)

Bryan Callen (p. 528)

Shay Carl (p. 484)

Dan Carlin (p. 317)

Ed Catmull (p. 343)

Margaret Cho (p. 585)

Paulo Coelho (p. 557)

Ed Cooke (p. 563)

Kevin Costner (p. 494)

Whitney Cummings (p. 521)

Dominic D'Agostino (p. 49)

Alain de Botton (p. 531)

Joe De Sena (p. 67)

Mike Del Ponte (p. 333)

Peter Diamandis (p. 408)

Tracy DiNunzio (p. 347)

Jack Dorsey (p. 555)

Stephen J. Dubner (p. 626)

Dan Engle (p. 137)

James Fadiman (p. 128)

Jon Favreau (p. 645)

Jamie Foxx (p. 659)

Chris Fussell (p. 478)

Cal Fussman (p. 540)

Adam Gazzaley (p. 163)

Malcolm Gladwell (p. 623)

Seth Godin (p. 269)

Evan Goldberg (p. 578)

Marc Goodman (p. 467)

Laird Hamilton (p. 121)

Sam Harris (p. 497)

Wim Hof (p. 70)

Reid Hoffman (p. 258)

Ryan Holiday (p. 371)

Chase Jarvis (p. 312)

Daymond John (p. 358)

Bryan Johnson (p. 664)

Sebastian Junger (p. 462)

Noah Kagan (p. 360)

Samy Kamkar (p. 470)

Kaskade (p. 365)

Sam Kass (p. 607)

Kevin Kelly (p. 514)

Brian Koppelman (p. 669)

Tim Kreider (p. 534)

Paul Levesque (p. 156)

Phil Libin (p. 350)

Will MacAskill (p. 489)

Brian MacKenzie (p. 121)

Justin Mager (p. 101)

Nicholas McCarthy (p. 237)

Gen. Stan McChrystal (p. 478)

Jane McGonigal (p. 160)

BJ Miller (p. 442)

Matt Mullenweg (p. 230)

Casey Neistat (p. 247)

Jason Nemer (p. 75)

Edward Norton (p. 610)

B.J. Novak (p. 417)

Alexis Ohanian (p. 222)

Amanda Palmer (p. 566)

Rhonda Patrick (p. 34)

Caroline Paul (p. 502)

Martin Polanco (p. 137)

Charles Poliquin (p. 103)

Maria Popova (p. 448)

Rolf Potts (p. 400)

Naval Ravikant (p. 593)

Gabby Reece (p. 121)

Tony Robbins (p. 239)

Robert Rodriguez (p. 685)

Seth Rogen (p. 578)

Kevin Rose (p. 377)

Rick Rubin (p. 547)

Chris Sacca (p. 192)

Arnold Schwarzenegger (p. 204)

Ramit Sethi (p. 320)

Mike Shinoda (p. 389)

Jason Silva (p. 642)

Derek Sivers (p. 212)

Joshua Skenes (p. 545)

Christopher Sommer (p. 37)

Morgan Spurlock (p. 251)

Kelly Starrett (p. 150)

Neil Strauss (p. 384)

Cheryl Strayed (p. 561)

Chade-Meng Tan (p. 182)

Peter Thiel (p. 263)

Pavel Tsatsouline (p. 114)

Luis von Ahn (p. 368)

Josh Waitzkin (p. 629)

Eric Weinstein (p. 569)

Shaun White (p. 303)

Jocko Willink (p. 454)

Rainn Wilson (p. 590)

Chris Young (p. 353)

Andrew Zimmern (p. 587)

LEIA ISTO ANTES — COMO USAR ESTE LIVRO

"Quando se está na margem, você vê todo tipo de coisa que não pode ser vista no centro. Coisas grandes, inimagináveis... As pessoas na margem as veem primeiro."

— **Kurt Vonnegut**

"A rotina, para um homem inteligente, é um sinal de ambição."

— **W.H. Auden**

Sou um anotador compulsivo.

Entre outras coisas, registro quase todas as minhas atividades físicas desde os dezoito anos. Cadernos e mais cadernos ocupam quase 2,5 metros de prateleiras na minha casa. Algumas pessoas chamam essa mania de transtorno obsessivo-compulsivo, e muitos a consideraram inútil. Eu vejo de maneira simples: é a minha coleção de receitas da vida.

Meu objetivo é aprender as coisas uma vez e usá-las para sempre.

Por exemplo, digamos que eu encontre uma foto minha de 5 de junho de 2007 e pense: *Como eu queria ter essa aparência de novo*. Sem problema. Abro um volume empoeirado de 2007, revejo os registros de exercícios e de alimentação das oito semanas anteriores a 5 de junho, repito os procedimentos e... *voilà*! Acabo voltando a ter o mesmo aspecto de quando era mais novo (exceto o cabelo). Nem sempre é tão fácil desse jeito, mas com frequência é.

Este livro, assim como os outros que escrevi, é um compêndio de receitas de alto desempenho que reuni para uso próprio. No entanto, existe uma grande diferença neste — nunca planejei publicá-lo.

———

Enquanto escrevo isto, estou sentado em um café em Paris com vista para o Jardim de Luxemburgo, ao largo da Rue Saint-Jacques. A Saint-Jacques é provavelmente a via mais antiga de Paris e tem uma rica história literária. Victor Hugo morou a alguns quarteirões de onde estou sentado. Aqui do lado, Gertrude Stein tomava café e F. Scott Fitzgerald socializava. Hemingway passeava pelas calçadas, seus livros fluindo na mente, o vinho sem dúvida fluindo no sangue.

Vim à França para dar um tempo de *tudo*. Fugi das redes sociais, dos e-mails, de compromissos... Só tinha um projeto em mente: durante um mês, eu iria rever todas as lições que aprendi com as quase duzentas personalidades de sucesso entrevistadas no meu podcast, *The Tim Ferriss Show*, que ultrapassou cem milhões de downloads em 2016. Entre os convidados estavam prodígios do xadrez, astros de cinema, generais quatro estrelas, atletas profissionais e administradores de fundo de *hedge*. Uma turma diversa.

Desde então, vários deles se tornaram colaboradores e investidores de negócios, projetos criativos, filmes independentes etc. Como resultado, absorvi muito da sabedoria dessas pessoas fora das nossas gravações, em atividades físicas, sessões de jazz regadas a vinho, trocas de mensagem, jantares ou telefonemas tarde da noite. Em cada caso, passei a conhecê-las bem mais do que as manchetes superficiais da mídia mostravam.

Minha vida já havia melhorado em todas as áreas como resultado das lições que eu conseguia lembrar. Mas isso era apenas a ponta do iceberg. As melhores joias ainda estavam guardadas em milhares de páginas de transcrições e anotações. E, mais do que tudo, eu desejava a chance de colocar tudo isso em um livro prático.

Então eu separaria um mês inteiro para reunir as melhores anotações (e, para ser sincero, comer alguns *pains au chocolat*). Seria o caderno definitivo. Algo que me ajudaria em minutos, mas que poderia ser lido a vida inteira.

Esse, ao menos, era o objetivo nobre, mas eu não sabia bem qual seria o resultado. Semanas depois de começar, a experiência ultrapassou todas as expectativas. Qualquer que fosse a situação em que eu me encontrava, algo neste livro era capaz de me ajudar. Agora, quando me sinto empacado, em apuros, preso, irritado, em conflito ou simplesmente confuso, a primeira coisa que faço é folhear estas páginas acompanhado de uma xícara de café forte. Aqui revisito e converso com velhos amigos, que agora se tornarão seus amigos, e a solução pula das páginas em vinte minutos. Precisa de um tapinha reconfortante nas costas? Tem alguém aqui para lhe proporcionar isso. Um tapa na cara sem remorso? Muita gente para fazer isso também. Alguém para explicar por que seus temores são infundados... ou por que suas desculpas são besteira? Pronto.

Há muitas citações extraordinárias nestas páginas, mas *Ferramentas dos titãs* é muito mais do que uma compilação de citações. É uma caixa de ferramentas para mudar sua vida.

Existem muitos livros de entrevistas. Este é diferente, porque não me vejo como um entrevistador. Eu me vejo como um experimentador. Se não puder testar algo ou replicar resultados na realidade confusa do dia a dia, então não me desperta interesse. Tudo nestas páginas foi verificado, explorado e aplicado à minha própria vida de algum modo. Usei dezenas dessas táticas e filosofias em ambientes de alto risco ou em grandes transações de negócios. As lições me renderam milhões de dólares e me pouparam anos de esforço desperdiçado e frustração. Elas vão funcionar no momento em que você mais precisar.

Algumas aplicações são óbvias à primeira vista, enquanto outras são sutis e provocarão um "Cacete, entendi!" semanas depois, quando você estiver sonhando acordado no chuveiro ou prestes a adormecer.

Vários comentários ensinam mais que muitos livros. Alguns resumem a excelência de um campo inteiro em apenas uma frase. Como Josh Waitzkin (página 629), prodígio do xadrez e inspiração por trás do filme *Lances Inocentes*, disse uma vez: essas pequenas lições são uma maneira de "aprender o macro a partir do micro". O processo de reuni-las foi uma experiência reveladora. Quando eu pensava já ter visto a "Matrix", ou estava enganado ou estava enxergando apenas 10% do todo. Ainda assim, mesmo esses 10%, essas pequenas anotações sobre mentores individuais, já haviam mudado minha vida e me ajudado a multiplicar meus resultados.

Mas, após revisitar mais de cem personalidades como parte da mesma tessitura, as coisas ficaram muito interessantes. Para aqueles que são aficionados por cinema, foi como o final de *O Sexto Sentido* ou de *Os Suspeitos*: "A maçaneta vermelha da porta! A maldita caneca de café com Kobayashi! Como não reparei nisso?! Estava bem na minha frente o tempo todo!"

Para ajudá-los a ver o mesmo, fiz o melhor para entrelaçar os padrões ao longo do livro, observando quando meus convidados têm hábitos, crenças e recomendações complementares.

O quebra-cabeça concluído é muito maior do que a soma de suas partes.

O QUE TORNA ESSAS PESSOAS DIFERENTES?

"Julgue um homem por suas perguntas, não por suas respostas."

— **Pierre-Marc-Gaston**

Esses realizadores de nível internacional não têm superpoderes.

As regras que eles *criaram* para si mesmos permitem curvar a realidade de tal forma que pode parecer que esse é o caminho, mas eles aprenderam a fazer isso. E você também pode. Com frequência, essas "regras" se resumem a hábitos incomuns e boas perguntas.

Em um número surpreendente de casos, o poder está no absurdo. Quanto mais absurda, mais "impossível" for a pergunta, mais profundas serão as respostas. Tome, por exemplo, a pergunta que o bilionário Peter Thiel, cofundador do PayPal, gosta de fazer a si mesmo e aos outros:

"Se você tem um plano de dez anos para chegar [a algum lugar], deve se perguntar: por que não faço isso em seis meses?"

A título de exemplo aqui, eu poderia reformular isso como:

"Se apontassem uma arma para sua cabeça, o que você poderia fazer para alcançar em seis meses seus objetivos para dez anos?"

Agora, vamos fazer uma pausa. Será que estou esperando que você leve dez segundos para ponderar sobre a frase e realize, em um passe de mágica, o equivalente a dez anos de sonhos nos próximos meses? Não, lógico que não. Mas espero que a pergunta abra sua mente de maneira produtiva, como uma borboleta rompendo o casulo para emergir com novas habilidades. Os sistemas "normais" que você já estabeleceu, as regras sociais que impõe a si mesmo e as estruturas-padrão não funcionam quando se responde a uma pergunta como essa. Você é forçado a se livrar de restrições artificiais para perceber que tinha a capacidade de renegociar sua realidade durante todo esse tempo. É preciso apenas prática.

Minha sugestão é que você passe um tempo com as perguntas que achar mais ridículas deste livro. Trinta minutos registrando o fluxo de consciência em um diário (página 254) podem mudar sua vida.

Além do mais, embora o mundo seja uma mina de ouro, você precisa cavar a cabeça de outras pessoas para desenterrar as riquezas. As perguntas são suas picaretas e sua vantagem competitiva. Este livro oferecerá um arsenal para você escolher.

DETALHES PARA MELHORAR O DESEMPENHO

Quando organizei todo o material para mim mesmo, eu não queria um programa oneroso de 37 passos. Queria retornos imediatos e sempre à mão. Pense nas regras destas páginas como "detalhes para melhorar o desempenho". Elas podem ser acrescentadas a qualquer regime de treinamento (isto é: diferentes carreiras, preferências pessoais, responsabilidades únicas etc.) para despejar combustível no fogo do progresso.

Felizmente, dez vezes mais resultados nem sempre exigem dez vezes mais esforço. Grandes mudanças podem vir em embalagens pequenas. Para mudar radicalmente sua vida, não é preciso participar de uma ultramaratona, obter um ph.D. ou se reinventar por completo. São os detalhes, se trabalhados com consistência, que fazem a diferença. Por exemplo, tentar melhorar sua eficiência uma vez por trimestre, as meditações guiadas de Tara Brach, um jejum estratégico, o efeito de cetonas exógenas no corpo etc.

"Ferramenta" tem uma definição ampla neste livro. Inclui rotinas, livros, conversas, suplementos, perguntas favoritas e muito mais.

O QUE ELES TÊM EM COMUM?

É natural que você procure neste livro por hábitos interessantes para incorporar em sua vida. Eis alguns deles, uns mais estranhos que outros:

>>> Mais de 80% dos entrevistados fazem alguma forma de meditação ou prática de atenção plena diariamente.

>>> Um número surpreendente de homens com mais de 45 anos nunca toma café da manhã ou só come o mínimo possível (por exemplo, Laird Hamilton, página 121; Malcolm Gladwell, página 623; general Stanley McChrystal, página 478).

>>> Muitos usam o aparelho ChiliPad, um controlador de temperatura para colchões, com o objetivo de refrescar a cama na hora de dormir.

>>> Elogios entusiasmados aos livros *Sapiens, Poor Charlie's Almanack, Influência* e *Em busca de sentido,* entre outros.

>>> O hábito de ouvir uma única música repetidamente para ter foco (página 552).

>>> Quase todos fizeram algum tipo de projeto com tempo e dinheiro próprios e depois o apresentaram a possíveis compradores.

>>> A crença de que "o fracasso não é duradouro" (veja Robert Rodriguez, página 685).

≫   Quase todo convidado foi capaz de pegar "fraquezas" óbvias e transformá-las em enormes vantagens competitivas (veja Arnold Schwarzenegger, página 204).

É claro que ajudarei você a ligar esses pontos, mas isso é menos da metade do valor deste livro. Algumas das soluções mais estimulantes são encontradas em pessoas atípicas. Quero que você procure a ovelha negra que combine com as suas particularidades. Fique de olho nos caminhos não tradicionais, como a jornada de Shay Carl, de trabalhador braçal a astro do YouTube e cofundador de uma startup vendida por quase 1 bilhão de dólares (página 484). A variação é a consistência. Como diria um engenheiro de software: "Isso não é um bug. É uma característica do projeto!"

Pegue emprestado à vontade, combine de maneira única e personalize seu próprio projeto.

ESTE LIVRO É UM BUFÊ — EIS COMO TIRAR O MÁXIMO PROVEITO DELE

REGRA Nº 1: PULE À VONTADE OS CONTEÚDOS

Pule tudo o que não achar interessante. Este livro deve ser uma leitura divertida, um bufê para você escolher o que quiser. Então não sofra em parte alguma. Se você odeia camarão, não coma o maldito camarão. Escolha sua aventura. Foi assim que eu o escrevi. Meu objetivo é que cada leitor goste de 50%, ame 25% e nunca esqueça 10% do livro. Eis por quê: entre os milhões que ouviram o podcast e as dezenas que revisaram este livro, as melhores partes do esquema 50/25/10 são *completamente* diferentes para *cada um*.

Muitos convidados deste livro, pessoas que são as melhores no que fazem, revisaram o conteúdo e responderam à mesma pergunta: "Quais são os 10% que você manteria e quais são os 10% que cortaria?" Com frequência, os 10% a serem mantidos de uma pessoa eram *exatamente* os 10% a serem cortados de outra! Este livro é para todos os gostos. Espero que você descarte muita coisa. E leia o que gostar.

REGRA Nº 2: PULE, MAS FAÇA ISSO COM INTELIGÊNCIA

Dito isso, tente se lembrar das partes que pular. Você pode colocar um ponto no canto da página ou sublinhar o título. Talvez, por ter pulado algumas partes, você tenha criado lacunas, gargalos e questões não resolvidas em sua vida. Isso aconteceu comigo.

Se você decidir passar por alguma coisa, tome nota e retorne a ela mais tarde, em algum momento, perguntando a si mesmo: *Por que pulei isso?* O conteúdo o ofendeu? Não parecia interessante? Era difícil demais? E você chegou a essa conclusão pensando bastante ou foi um reflexo de preconceitos herdados de seus pais ou de outras pessoas? Com muita frequência, *nossas* crenças não são nossas.

É com esse tipo de prática que você *cria* a si mesmo, em vez de tentar se *descobrir*. Esta última atitude tem seu valor, mas em sua maior parte é passado: é um espelho retrovisor. Olhando pelo para-brisa é que você chega aonde quer ir.

APENAS LEMBRE DOIS PRINCÍPIOS

Recentemente, eu estava na Place Louis Aragon, um recanto protegido do sol às margens do rio Sena, fazendo um piquenique com estudantes de redação da Paris American Academy. Uma mulher se aproximou e me perguntou o que eu esperava, basicamente, transmitir neste livro.

Segundos depois, fomos puxados de volta à discussão, em que os estudantes se revezavam para falar sobre os caminhos tortuosos que os levaram até ali naquele dia. Quase todos tinham o desejo de conhecer Paris havia anos — em alguns casos, trinta ou quarenta anos —, mas achavam que seria impossível.

Enquanto ouvia as histórias deles, peguei uma folha de papel e anotei rapidamente minha resposta à pergunta da minha companheira. Neste livro, quero transmitir o seguinte:

1 **O sucesso, seja lá qual for sua definição, é alcançável se você reunir as crenças e os hábitos certos.** Sua versão de "sucesso" já foi atingida por outras pessoas antes. E, em geral, *muitas delas* fizeram algo semelhante. "Mas e quanto a conquistas pioneiras, como colonizar Marte?", você pode perguntar. Mesmo assim há receitas. Analise a construção de impérios, estude as maiores decisões na vida de Robert Moses (e leia seu livro, *The Power Broker*), ou simplesmente encontre alguém que se adiantou para fazer coisas que eram consideradas impossíveis na época (Walt Disney, por exemplo). Há um DNA compartilhado que você pode pegar emprestado.

2 **Os super-heróis que você tem em mente (ídolos, ícones, titãs, bi-lionários etc.) são quase todos seres falíveis que maximizaram uma ou duas forças.** Os humanos são criaturas imperfeitas. O indivíduo não obtém "sucesso" porque está livre de qualquer defeito, mas porque encontra suas maiores forças e se concentra em desenvolver hábitos em torno delas. Para deixar isso bem claro, tomei o cuidado de incluir duas seções neste livro (páginas 225 e 672) que o farão pensar: *Uau! Que bagunça é a vida do Tim Ferriss! Como diabo ele consegue fazer alguma coisa?* Todo mundo está travando uma batalha sobre a qual você não sabe nada. Os heróis deste livro não são diferentes. Todo mundo luta. Console-se com isso.

ALGUMAS NOTAS IMPORTANTES SOBRE O FORMATO

ESTRUTURA

Este livro compreende três seções: Saudável, Rico e Sábio. É claro que há enormes sobreposições entre as seções, já que as partes são interdependentes. Na verdade, você pode pensar nas três como um tripé sobre o qual a vida se equilibra. Toda pessoa precisa das três para ter qualquer sucesso ou felicidade que se sustente. No contexto deste livro, ser "Rico" significa muito mais do que ter dinheiro. Estende-se a abundância de tempo, relações e muito mais.

Minha intenção original com *Trabalhe 4 horas por semana*, *4 horas para o corpo* e *The 4-Hour Chef* era criar uma trilogia inspirada na famosa frase de Ben Franklin: "Dormir cedo e acordar cedo fazem um homem saudável, rico e sábio."

As pessoas sempre me perguntam: "O que você mudaria em *Trabalhe 4 horas por semana* se o escrevesse de novo? E nos outros livros? Como você os atualizaria?" *Ferramentas dos titãs* contém quase todas as respostas.

CITAÇÕES AMPLIADAS

Antes de escrever este livro, procurei Mason Currey, autor de *Os segredos dos grandes artistas*, que descreve os hábitos de 161 pessoas criativas, como Franz Kafka e Pablo Picasso. Perguntei qual foi a melhor decisão dele durante a produção do livro. Mason respondeu: "Deixei as vozes dos artistas aparecerem o máximo possível. Acho que essa foi uma das coisas que fiz 'certo'.

Com frequência, os detalhes de suas rotinas e de seus hábitos não eram tão interessantes quanto a maneira como eles os descreviam."

Trata-se de uma observação crucial, e exatamente o motivo pelo qual a maioria dos "livros de citações" não consegue ter um impacto efetivo.

Tome, por exemplo, uma frase de Jamie Foxx: "O que há do outro lado do medo? Nada." É memorável, e você pode conjecturar sobre o profundo significado subjacente da citação. Mas e se eu o tornasse infinitamente mais forte incluindo a própria explicação de Jamie sobre as razões de ele usar essa máxima para ensinar confiança aos filhos? O contexto e a linguagem originais ensinam você a *pensar* como um realizador de alto nível, e não apenas a regurgitar citações. Essa é a habilidade-chave que estamos procurando. Com essa finalidade, você verá muitas citações ampliadas e histórias.

De vez em quando destaco em **negrito** frases dentro das citações. Esse grifo é meu, não do convidado.

Como ler as citações — O micro

... = Parte do diálogo suprimida.

[palavras entre colchetes] = informações adicionais que não são parte da entrevista, mas podem ser necessárias para que se entenda o que está sendo discutido, ou informações relacionadas ou recomendações minhas.

Como ler as citações — O macro

Um dos convidados do meu podcast, e uma das pessoas mais inteligentes que conheço, ficou chocado quando lhe mostrei a transcrição bruta de sua participação. "Uau", disse ele, "gosto de pensar em mim mesmo como um cara razoavelmente inteligente, mas uso os tempos passado, presente e futuro como se fossem a mesma porcaria. Isso me faz parecer um idiota."

As transcrições podem ser implacáveis. Eu leio as minhas, sei como podem ser ruins. No calor do momento, a gramática pode sair pela janela e ser substituída por omissões de palavras, frases fragmentadas etc. Todo mundo inicia uma quantidade obscena de frases com "E" ou "Então". Eu e milhões de outros costumamos usar "e eu meio que", em vez de "e eu disse". Às vezes misturamos plural e singular. Tudo isso funciona bem durante uma conversa, mas dificulta no texto impresso.

As citações, portanto, foram editadas em alguns casos por motivo de clareza, espaço e gentileza com convidados e leitores. Fiz o melhor para preservar o espírito e o propósito de cada frase, tornando cada uma o mais pungente e clara possível. Às vezes, eu as mantenho soltas para preservar a emoção do momento. Em outras ocasiões, aparo as pontas, incluindo minha própria gagueira.

Se alguma coisa soar boba ou deslocada, pode ter certeza de que foi um erro meu. Todo mundo neste livro é incrível, e fiz o melhor para mostrar isso.

PADRÕES

Incluí observações entre parênteses para destacar a relação entre convidados com opiniões e filosofias parecidas. Por exemplo, se alguém conta uma história sobre a importância de testar preços mais altos, posso acrescentar "(veja Marc Andreessen, página 198)", uma vez que a resposta dele para "O que você colocaria em um outdoor?" foi justamente "Aumente os preços", explicando-se depois.

HUMOR!

Incluí muitas piadinhas no livro. Em primeiro lugar, se formos sérios o tempo todo, vamos nos cansar antes de começar a discutir o assunto principal. Além disso, se o livro fosse todo de olhares sérios e nenhuma piscadela, só com produtividade e nenhum papo furado, você não se lembraria de nada que leu aqui. Concordo com Tony Robbins (página 239) quando ele diz que não dá para guardar uma informação sem emoção.

Para saber mais, procure por "efeito Von Restorff" ou "efeitos de primazia e recenticidade" na internet. E tenha certeza de que este livro foi construído deliberadamente para maximizar sua atenção. O que nos leva a...

ANIMAL ESPIRITUAL

Sim, animal espiritual. Não havia espaço para fotografias neste livro, mas eu queria algum tipo de ilustração para um toque divertido. Isso me parecia uma causa perdida, mas, um dia, depois de uma taça (ou quatro) de vinho, lembrei que um de meus convidados, Alexis Ohanian (página 222), gosta de perguntar a potenciais clientes: "Qual é o seu animal espiritual?" Eureca!

Portanto, você verá desenhos de animais para cada um que entrou na brincadeira e respondeu à pergunta. A melhor parte? *Dezenas* de pessoas levaram a questão *muito* a sério. Seguiram-se longas explicações, mudanças de atitude e diagramas de Venn. Choveram perguntas: "Você aceita criaturas mitológicas?" ou "Posso ser uma planta, em vez de um animal?". Ah, não consegui falar com todos a tempo para a publicação, por isso os desenhos estão espalhados. Trate as ilustrações como se fossem pequenos arco-íris de absurdo. As pessoas se divertem com isso.

CONTEÚDO SEM PERFIL E CAPÍTULOS DE TIM FERRISS

Em todas as seções, há várias partes sem perfil, seja dos convidados ou minhas. A intenção em geral é ampliar as informações sobre princípios e ferramentas cruciais mencionados de maneira recorrente.

URLs, SITES E REDES SOCIAIS

Omiti a maioria dos URLs, já que URLs obsoletos não são nada além de uma frustração para todo mundo. Para quase qualquer coisa mencionada, escolhi palavras que permitirão encontrá-la facilmente no Google.

Todos os episódios do podcast podem ser encontrados em fourhourworkweek.com/podcast. Basta buscar o nome do convidado e pronto! Lá você também encontrará as notas completas, os links e as fontes de cada programa.

No perfil de quase todos os convidados, indico em quais redes sociais você pode interagir melhor com eles: TW = Twitter, FB = Facebook, IG = Instagram, SC = Snapchat e LI = LinkedIn.

AS TRÊS FERRAMENTAS QUE PERMITEM TODO O RESTO

Muitos dos meus convidados me recomendaram *Sidarta*, de Hermann Hesse. Há uma passagem específica do livro que Naval Ravikant (página 593) reforçou comigo enquanto caminhávamos para tomar café.

O protagonista, Sidarta, um monge que parece uma pessoa em situação de rua, chega a uma cidade e se apaixona por uma famosa cortesã chamada Kamala. Ele tenta cortejá-la, mas Kamala lhe pergunta: "O que você tem?" Tempos depois, um conhecido comerciante faz uma pergunta semelhante: "O que você pode oferecer?" A resposta de Sidarta é a mesma nos dois casos:

COMERCIANTE: Tu, que não possuis nada, que é que tencionas dar?

SIDARTA: Cada um dá o que tem. O guerreiro dá a sua força; o comerciante, a sua mercadoria; o mestre, a sua doutrina; o pescador, os seus peixes.

COMERCIANTE: Ótimo. E qual será o bem que tu poderás oferecer? Que aprendeste? Que sabes fazer?

SIDARTA: **Sei pensar. Sei esperar. Sei jejuar.**

COMERCIANTE: Só isso?

SIDARTA: Acho que é só isso.

COMERCIANTE: E que valor têm esses conhecimentos? O jejum, por exemplo. Para que serve o jejum?

SIDARTA: Para muita coisa, meu caro senhor. Para quem não tiver nada que comer, o jejum será a coisa mais inteligente que se possa fazer. Se, por exemplo, Sidarta não houvesse aprendido a suportar o jejum, estaria obrigado a aceitar hoje mesmo um serviço qualquer, seja na tua casa, seja em outro lugar, já que a fome o forçaria a fazê-lo. Assim, porém, Sidarta pode aguardar os acontecimentos com toda a calma. Ele não sabe o que é impaciência. Para ele não existem situações embaraçosas. Sidarta pode aguentar por muito tempo o assédio da fome e ainda rir-se dela.

———

Penso com frequência nas respostas de Sidarta e nos seguintes termos:

"Sei pensar" — Ter boas regras para tomar decisões e ter boas perguntas para fazer a si mesmo e aos outros.

"Sei esperar" — Ser capaz de planejar a longo prazo e não alocar mal seus recursos.

"Sei jejuar" — Ser capaz de suportar dificuldades e desastres. Treinar-se para ser mais resiliente que o normal e ter uma grande tolerância à dor.

Este livro ajudará você a desenvolver os três. Criei *Ferramentas dos titãs* porque este é o livro que eu quis durante toda a minha vida. Espero que você goste de lê-lo tanto quanto gostei de escrevê-lo.

Pura vida,
Tim Ferriss
Paris, França

1

SAUDÁVEL

"Quando me despojo do que sou, torno-me o que poderia ser."

— Lao Tzu

"Não é sinal de saúde estar adaptado a uma sociedade profundamente doente."

— J. Krishnamurti

"No fim das contas, vencer é dormir melhor."

— Jodie Foster

> **"**Não sou a mais forte. Não sou a mais rápida. Mas sei sofrer muito bem.**"**

AMELIA BOONE

Amelia Boone (TW: @ameliaboone, ameliabooneracing.com) foi chamada de "a Michael Jordan da corrida de obstáculos" e é considerada a atleta mais consagrada do mundo nesse esporte.

Desde o surgimento da modalidade, ela acumulou mais de trinta vitórias e cinquenta pódios. Na competição World's Toughest Mudder de 2012, que dura 24 horas (ela completou 145 quilômetros e cerca de trezentos obstáculos), terminou no segundo lugar GERAL, entre mais de mil competidores, 80% dos quais eram homens.

A única pessoa que a superou terminou apenas oito minutos à sua frente. Suas maiores vitórias incluem o Spartan Race World Championship e a Spartan Race Elite Point Series, e ela foi a única pessoa a vencer três vezes o World's Toughest Mudder feminino (2012, 2014 e 2015). Venceu o campeonato de 2014 oito semanas após uma cirurgia no joelho. Amelia foi também três vezes finalista da Death Race, é advogada da Apple em tempo integral e pratica ultramaratona (qualificada para a Western States 100) durante o tempo livre.

Animal espiritual: Carpa

* O que você colocaria em um outdoor?
"Ninguém deve nada a você."

* Melhor compra de Amelia por 100 dólares ou menos
"Curativos à base de mel de manuka." Amelia tem cicatrizes nos ombros e nas costas por conta de ferimentos com arame farpado.

* Livro mais presenteado ou recomendado
House of Leaves, de Mark Danielewski. "É um livro que você tem que segurar, porque há partes em que precisa virá-lo de cabeça para baixo para ler. Em certas páginas, o texto vira um círculo... É um livro e uma experiência sensorial completa."

* Em quem você pensa quando ouve a palavra "bem-sucedido"?
"Triple H é um bom exemplo [de alguém que fez extremamente bem a transição de atleta para executivo de negócios]. Portanto, Paul Levesque." (Ver página 156.)

DICAS E TÁTICAS DE AMELIA

>>> **Gelatina hidrolisada + beterraba em pó:** Já consumi gelatina como tratamento para reparar o tecido conjuntivo. Não usei por muito tempo porque a gelatina ganha uma textura que lembra cocô de gaivota quando misturada com água gelada. Amelia salvou meu palato e minhas articulações me apresentando à versão hidrolisada Great Lakes, que se mistura de maneira mais fácil e suave. Acrescente uma colher de sopa de beterraba em pó, para evitar o gosto de casco de vaca. Amelia usa a marca BeetElite antes da corrida e antes do treinamento, por causa dos benefícios à resistência, mas eu sou muito mais radical: uso para fazer balas de goma azedas low-carb quando a minha versão esfomeada tem ânsia por carboidrato.

>>> **RumbleRoller:** Imagine o cruzamento entre um rolo de espuma e um pneu de caminhão monstro. Rolos de massagem fizeram muito pouco por mim nos últimos anos, mas esse aparelho de tortura teve um impacto positivo e imediato em minha recuperação. (Também ajuda a dormir quando usado antes de ir para

a cama.) Advertência: comece devagar. Tentei imitar Amelia e usei por mais de vinte minutos em minha primeira sessão. No dia seguinte, me senti como se tivesse sido posto dentro de um saco de dormir e arremessado contra uma árvore durante algumas horas.

≫ **Rolar o pé sobre uma bola de golfe** no chão para aumentar a flexibilidade do tendão do jarrete. É infinitamente mais útil do que uma bola de lacrosse. Ponha uma toalha no chão para diminuir o risco de acertar a bola na cara de seu cachorro e arrancar um dos olhos dele.

≫ **SkiErg da Concept2** para treinar quando a parte inferior do seu corpo estiver lesionada. Depois de uma cirurgia no joelho, Amelia usou essa máquina de baixo impacto para manter a resistência cardiovascular e se preparar para o World's Toughest Mudder 2014. Kelly Starrett (página 150) também é fã desse aparelho.

≫ **Agulhamento a seco:** Eu nunca tinha ouvido falar disso antes de conhecer Amelia. "[Na acupuntura] o objetivo é não sentir a agulha. No agulhamento a seco você espeta a agulha no ventre muscular e tenta fazê-lo se contorcer. A contorção é o relaxamento." A prática é indicada para músculos muito tensos, exageradamente contraídos, e as agulhas não são deixadas dentro do corpo. Não faça isso na panturrilha... a menos que você seja masoquista.

≫ **Sauna para resistência:** Amelia constatou que fazer sauna aumenta sua resistência, um conceito que desde então foi confirmado por vários outros atletas, incluindo o ciclista David Zabriskie, sete vezes vencedor do U.S. National Time Trial Championship. Ele considera o treinamento de sauna um substituto mais prático que as tendas de simulação de altitude elevada. No Tour de France de 2005, Dave venceu a modalidade contrarrelógio individual da etapa 1, tornando-se o primeiro americano a vencer etapas em todos os três Grand Tours. Zabriskie derrotou Lance Armstrong por segundos, marcando uma velocidade média de 54,676 quilômetros por hora (!). Agora faço sauna pelo menos quatro vezes por semana. Para descobrir a melhor maneira de usá-la, consultei outra convidada do podcast, Rhonda Patrick. Sua resposta está na página 35.

FATOS ALEATÓRIOS

» Amelia come biscoitos recheados Pop-Tarts como parte de seu ritual de café da manhã antes de uma competição.

» Seu recorde de *double-unders* (pular corda passando-a duas vezes sob os pés em um único salto) contínuos é de 423, uma marca capaz de impressionar todos os praticantes de CrossFit. Ela parou em 423 *double-unders* porque estava muito apertada para urinar. Amelia também foi campeã estadual de pular corda no terceiro ano do ensino fundamental.

» Amelia adora treinar corrida na chuva e no frio, porque sabe que seus concorrentes provavelmente vão desistir em tais condições. Isso é um exemplo de "treinar no pior cenário" para se tornar mais resiliente (veja a página 518).

» Ela é uma talentosa cantora *a capella* e fez parte do grupo Greenleafs, na Universidade de Washington, em St. Louis.

RHONDA PERCIAVALLE PATRICK

Rhonda Perciavalle Patrick, ph.D. (TW/FB/IG: @foundmyfitness, foundmyfitness.com), trabalhou ao lado de grandes personalidades, incluindo o dr. Bruce Ames, inventor do teste de mutagenicidade Ames e 23º cientista mais citado em *todos* os campos entre 1973 e 1984.

A dra. Rhonda realizou pesquisas sobre envelhecimento no Salk Institute for Biological Studies e fez pós-graduação no St. Jude Children's Research Hospital, onde estudou câncer, metabolismo mitocondrial e apoptose. Mais recentemente, publicou estudos sobre um mecanismo por meio do qual a vitamina D pode regular a produção de serotonina no cérebro e as diversas aplicações que isso pode ter em limitações no início da vida e sua relevância para distúrbios neuropsiquiátricos.

Animal espiritual: Coywolf, híbrido de coiote e lobo

A FADA DO DENTE PODE SALVAR A SUA VIDA (OU A DE SEUS FILHOS)

Por intermédio da dra. Rhonda conheci o uso de dentes como bancos de células-tronco. Se você tiver sisos extraídos, ou se seus filhos estiverem perdendo os dentes de leite (que têm uma concentração particularmente alta de células-tronco), considere contratar uma empresa como a StemSave ou o National Dental Pulp Laboratory para preservá-los.

Essas empresas enviarão um kit ao seu cirurgião-dentista e congelarão o material biológico com nitrogênio líquido. O custo varia, mas está em torno de 625 dólares para o processo inicial e mais 125 dólares por ano para armazenamento e manutenção.

Mais tarde, células-tronco mesenquimais da polpa dentária poderão ser colhidas para tratamentos úteis (de ossos, cartilagem, músculos, vasos sanguíneos), que mudam vidas (neurônios motores para reparar danos na medula espinhal, por exemplo) ou com potencial para salvar vidas (como em lesões cerebrais traumáticas). Esses tratamentos utilizam a própria matéria-prima biológica.

A NOVA ONDA É O CALOR

O "condicionamento hipertérmico" (exposição calculada ao calor) pode ajudar você a aumentar os níveis do hormônio do crescimento (GH) e melhorar substancialmente sua resistência. Agora faço sessões de sauna de mais ou menos vinte minutos após a malhação ou após alongamentos pelo menos quatro vezes por semana, em geral à temperatura de 70°C a 75°C. Isso parece reduzir radicalmente as dores musculares.

Aqui estão algumas observações da dra. Rhonda com foco na resistência e no hormônio do crescimento:

≫ "Um estudo demonstrou que, depois da musculação, uma sessão de trinta minutos de sauna duas vezes por semana durante três semanas aumentou em 32% a resistência dos participantes das corridas. De acordo com a pesquisa, o ganho de resistência foi acompanhado de um aumento de 7,1% no volume de plasma e de 3,5% na contagem de glóbulos vermelhos."

≫ "Duas sessões de sauna de vinte minutos a 80°C, separadas por um período de trinta minutos de resfriamento, elevaram ao dobro os níveis de hormônio do crescimento em relação ao padrão. Já duas sessões de sauna a seco a 100°C intercaladas por um período de resfriamento de trinta minutos resultaram em um aumento de cinco vezes do hormônio do crescimento... Os efeitos do hormônio do crescimento geralmente persistem por algumas horas após a sauna."

TF: Banhos em banheira com água quente também podem aumentar significativamente o GH. Constatou-se que tanto a sauna quanto os banhos quentes provocam uma grande liberação de prolactina, que tem uma importante função na cura de ferimentos. Geralmente, fico vinte minutos em uma banheira quente ou na sauna, o que é suficiente para elevar de maneira significativa meu batimento cardíaco. Forço alguns minutos além da liberação de dinorfina, o peptídeo responsável pela sensação disfórica e pela vontade de querer sair (mas *não* causa tonteira nem delírio). Em geral ouço um audiolivro, como *O livro do cemitério*, de Neil Gaiman, no calor, depois me refresco por cinco a dez minutos em um banho de gelo (ponho dezoito quilos de gelo em uma banheira grande para ficar com mais ou menos 7°C; mais detalhes na página 72) e/ou bebendo água gelada. Repito esse procedimento de duas a quatro vezes.

* Três pessoas com as quais a dra. Rhonda aprendeu ou que acompanhou de perto no ano passado
Dr. Bruce Ames, dr. Satchin Panda (professor do Salk Institute, em San Diego, Califórnia), dra. Jennifer Doudna (professora de bioquímica e biologia molecular na Universidade da Califórnia em Berkeley).

> **"**Se os melhores no mundo estão se alongando para ficar fortes, por que você não está?**"**

CHRISTOPHER SOMMER

Christopher Sommer (IG/FB: @GymnasticBodies, gymnasticbodies.com) é ex-treinador da equipe americana de ginástica e fundador do GymnasticBodies, um sistema de treinamento que testei durante oito meses (não é preciso se afiliar).

Treinador de renome internacional, Sommer é conhecido por transformar seus alunos em alguns dos atletas mais fortes do mundo. Ao longo de sua carreira de quarenta anos como treinador, ele fez anotações minuciosas sobre suas técnicas de treinamento — as vitórias e os fracassos — para mais tarde transformar os melhores elementos em um sistema de exercícios tanto para atletas de alto nível quanto para iniciantes. Suas quatro décadas de observação cuidadosa levaram ao surgimento do Gymnastics Strength Training (GST).

Animal espiritual: Falcão

HISTÓRIA ANTERIOR

A combinação de GST e AcroYoga (página 81) remodelou completamente o meu corpo em 2016. Estou mais flexível e ágil do que fui aos vinte. Não vou descrever todos os movimentos, mas falarei dos mais importantes a partir da página 82. Vale a pena vê-los em vídeos ou fotos. Lembre-se: o Google é seu amigo.

SOBRE TRABALHAR SUAS FRAQUEZAS

"Se quiser ser um garanhão mais tarde, precisa ser um molengão agora."

O treinador me disse isso quando eu estava reclamando do progresso lento na extensão de ombros (imagine cruzar as mãos juntas atrás das costas, com os braços retos, e depois elevar os braços sem curvar a cintura). **Na dúvida, trabalhe as limitações que o envergonham mais.**

Minhas maiores fraquezas eram extensão de ombros e ponte usando a espinha torácica (*versus* arquear a lombar). Depois de melhorá-las 10% ao longo de três a quatro semanas — indo de "fazer o treinador vomitar" a simplesmente "fazer o treinador rir" —, várias dificuldades físicas que me atormentavam havia anos desapareceram por completo. Para avaliar suas maiores fraquezas, comece encontrando uma Tela de Movimento Funcional (FMS, na sigla em inglês) perto de você. De acordo com Sommer: "Você não é responsável pelas cartas que lhe foram distribuídas no jogo. Você é responsável por tirar o máximo proveito do que lhe deram."

"FLEXIBILIDADE" *VERSUS* "MOBILIDADE"

A distinção que Sommer faz entre "flexibilidade" e "mobilidade" é a mais clara que já ouvi. **A "flexibilidade" pode ser passiva, enquanto a "mobilidade" exige que você demonstre força ao longo de toda a amplitude do movimento, incluindo a final.**

Veja os exercícios Jefferson Curl e pike pulse nas páginas 43 e 46 para dois exemplos de mobilidade, que também pode ser pensada como "flexibilidade ativa". O pike pulse é uma demonstração particularmente clara, porque testa a "força de compressão" em uma amplitude que a maioria das pessoas nunca experimenta.

MAIS PERSISTÊNCIA DO QUE INTENSIDADE

"Devagar. Onde é o incêndio?" Esse é um lembrete constante do treinador Sommer de que certas adaptações exigem semanas ou meses de estímulos (veja a página 188). Quando se tem pressa, a recompensa é se lesionar. No GST, dá para sentir mudanças surpreendentes após longos períodos de pouquíssimo progresso. Depois de mais ou menos seis meses fazendo minhas "séries de isquiotibiais" com ganhos pequenos, eu aparentemente dobrei minhas amplitudes máximas da noite para o dia. Isso não foi nenhuma surpresa para Sommer.

"Eu costumava dizer aos meus atletas que há ginastas idiotas e há ginastas velhos, mas não há ginastas velhos e idiotas, porque todos eles morreram."

"DIETA E EXERCÍCIOS" — "COMA E TREINE"

O treinador Sommer não gosta da obsessão fitness por "dieta e exercícios". Ele acha muito mais produtivo focar em "comer e treinar". Um é estético, o outro é funcional. O primeiro pode não ter um objetivo claro, o segundo sempre tem.

ELES NÃO CONSEGUIRAM SE AQUECER!

Sommer descrevendo seu primeiro seminário para adultos não ginastas, em 2007:

"Recebemos aqueles monstros [halterofilistas experientes], todos bem fortes. Tentei fazer meu trabalho de grupo pliométrico de nível inicial e um pouco de atividade no chão com eles. Quanto mais forte era o atleta, mais rápido ele sucumbia: joelhos, lombar, tornozelos... e com brincadeira de criança. Não estou falando de nada difícil. Estou falando de ficar em pé no lugar e, com os joelhos retos, conseguir pular usando apenas a força das panturrilhas.

"Nem pensar. Os tecidos deles não aguentavam. Eles nunca tinham feito nada assim. [Para você ter uma ideia de] como a mobilidade dos caras era ruim, tivemos quinze minutos da programação para o alongamento. Nada complicado, nada intenso — apenas um alongamento fácil, básico. Esse alongamento demorou uma hora e meia para ser concluído. Havia corpos caídos por toda parte. Era como se eu estivesse no Vietnã ou fazendo um filme de guerra. Virei para minha equipe e disse: 'Porra, o que eu faço agora? Eles não conseguiram se aquecer. Não conseguiram *se aquecer*.'"

POR QUE AQUELES GAROTOS DOS JOGOS OLÍMPICOS TÊM BÍCEPS GIGANTES

Os ginastas olímpicos masculinos não têm bíceps enormes por levantarem peso. Isso se dá em grande parte por causa do trabalho com braços esticados, em especial a maltesa nas argolas.

Mas como praticar a maltesa se você for um novato? Uso um sistema de polia 50/50 para reduzir à metade minha resistência ao peso do corpo, o que é semelhante à Ring Thing, da Power Monkey Fitness, ou à "máquina de sonhos" que Jason Nemer (página 75) adora usar.

Combino isso com "alavancas de poder", manoplas de metal de amarrar que me permitem prender as cordas de ringue nos antebraços, em qualquer ponto entre o cotovelo e o punho. Com isso, uso uma resistência progressiva, começando perto do cotovelo e seguindo para a mão. Atualmente, as melhores versões só estão disponíveis na Europa, mas existem "iron cross trainers" com alguma semelhança disponíveis nos Estados Unidos.

TRÊS MOVIMENTOS QUE TODO MUNDO DEVERIA PRATICAR

- ⫸ **Jefferson Curl** (página 43).

- ⫸ **Extensão de ombro:** Erga um bastão atrás das costas (em pé), ou se sente no chão, apoiando-se com as mãos atrás dos quadris.

- ⫸ **Ponte torácica:** Eleve os pés o suficiente para sentir a força do alongamento no alto das costas e nos ombros, não na lombar. Os pés podem ficar a um metro do chão. Certifique-se de deixar os braços *esticados* (e as pernas, se possível), mantendo a posição e respirando.

BONS OBJETIVOS PARA ADULTOS QUE NÃO SÃO GINASTAS

As metas a seguir incorporam muitos aspectos diferentes de força e mobilidade no mesmo movimento:

Iniciante: Jefferson Curl.

Intermediário: Parada de mãos de força (sem impulso) com pernas abertas [**TF**: Estou trabalhando nisso].

Avançado: Parada de mãos de força em stalder.

ÀS VEZES, VOCÊ PRECISA APENAS DE UM VIBRADOR

O treinador Sommer me apresentou a um especialista russo em massagem medicinal que me recomendou usar o vibrador de massagem Hitachi Magic Wand que liga na eletricidade (não o sem fio), na regulagem alta. Que massagem, que êxtase! Obrigado, Vladmir!

Estou brincando. Nesse caso, é para relaxar músculos hipertônicos (isto é, músculos que estão tensos mesmo quando não deveriam estar). Apenas ponha o vibrador de massagem sobre o ventre muscular (não nos pontos de inserção) por um período de vinte a trinta segundos, o que em geral é suficiente na frequência apropriada. Dor de cabeça de tensão ou pescoço duro? Esse vibrador é ótimo para relaxar os occipitais na base do crânio. Mas cuidado: largar o vibrador de massagem pela casa pode acabar dando muito errado... ou terrivelmente certo. Boa sorte ao explicar seus "músculos hipertônicos". Como me disse um amigo: "Acho que minha esposa tem o mesmo problema..."

FORTE COMO UM GINASTA

Exercícios incomuns e eficientes com o peso do corpo

Em menos de oito semanas seguindo o protocolo do treinador Sommer, notei uma melhora inacreditável em áreas de que eu já tinha desistido havia tempos. Experimente alguns de meus exercícios favoritos e você perceberá que os ginastas usam músculos que você nem sabia que tinha.

Caminhada de QL — Um aquecimento incomum

O treinador Sommer aprendeu esse exercício com o levantador de peso Donnie Thompson, que o chama de "caminhada do traseiro". Donnie "Super D" Thompson foi a primeira pessoa a conseguir alcançar um levantamento total de mais de três mil libras, ou 1.360 quilos (supino + levantamento terra + agachamento). A caminhada de QL tem a intenção de queimar seus glúteos e seu quadrado lombar (QL), que Donnie chama de "o monstrinho em suas costas":

1. Sente-se em um colchonete (ou em cascalho, se quiser que sua bunda vire carne moída). As pernas estão estendidas para a frente, os tornozelos podem se tocar ou ficar levemente separados e as costas devem estar retas. Eu mantenho as pernas juntas. Esta é a posição "carpada", à qual voltarei a me referir neste livro.

2. Erga um kettlebell ou um haltere até as clavículas (pense em agachamento frontal). Eu peso 77 quilos e uso de 13 a 27 quilos. Seguro o kettlebell pela alça, mas Donnie prefere sustentá-lo por baixo.

3. Mantenha as pernas esticadas (não flexione os joelhos), caminhe *com* os glúteos — esquerdo, direito, esquerdo, direito — pelo chão. Em geral, faço de três a cinco metros.

4. Volte. É isso.

Jefferson Curl (J-Curl)

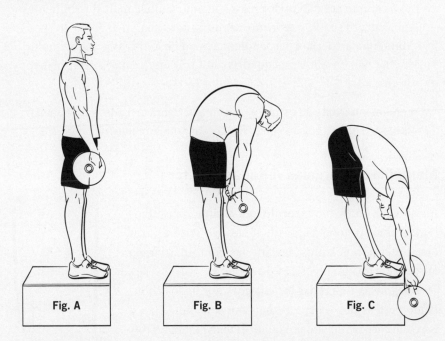

Fig. A   Fig. B   Fig. C

Pense nesse exercício como um levantamento terra controlado, com as pernas estendidas. Sommer aconselha: "Faça os movimentos devagar e com paciência. Não se apresse. Para esse tipo de trabalho de mobilidade com carga, nunca se permita tensionar, fazer repetições mecanicamente ou forçar a amplitude do movimento. A ordem do dia é um movimento suave, controlado." O objetivo final é usar o peso do corpo na barra, mas comece com sete quilos. Atualmente, uso apenas de 23 a 27 quilos. Isso pode fazer milagres na mobilidade torácica, ou do meio das costas, ajudando o tempo todo os isquiotibiais na posição carpada.

Quando perguntei ao treinador Sommer com que frequência eu deveria fazer o exercício, ele respondeu: "Fazemos isso como respiramos." Em outras palavras, os J-Curls são feitos no início de cada sessão básica de exercício.

1. Comece ficando em pé, reto, pernas juntas, segurando uma barra na altura da cintura com os braços afastados e paralelos (**fig. A**). Pense na posição final do levantamento terra.

2. Abaixe o queixo firmemente contra o peito (mantenha-o abaixado durante todo o movimento) e, lentamente, curve o tronco para

a frente, uma vértebra de cada vez, do pescoço para baixo (**fig. B**). Mantenha os braços retos e a barra perto das pernas. Abaixe o tronco e estique até não poder mais. Quando ganhar mais flexibilidade, suba em uma caixa e tente descer os punhos abaixo da linha dos pés. Mantenha as pernas perpendiculares ao chão o máximo que puder e tente não empurrar os quadris para trás até a cabeça estar abaixo da cintura.

3. Lentamente, volte à postura ereta, uma vértebra de cada vez. O queixo deve ser a última coisa a subir (**fig. C**). Faça entre cinco e dez repetições.

Mergulho com argolas voltadas para fora

Então você consegue fazer de dez a vinte mergulhos regulares na argola? Fantástico! Desafio você a fazer cinco mergulhos lentos nas argolas com uma virada apropriada no alto ("posição de apoio").

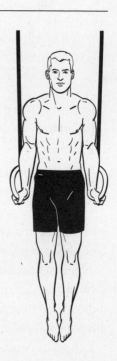

Imagine as linhas das articulações dos dedos apontando para as dez e para as duas horas no ápice. Faça isso sem carpar (flexionar o quadril) nem inclinar o torso para a frente. Isso faz com que os braquiais trabalhem como loucos em cima e exige boa extensão de ombros embaixo, minha maior inimiga. Pode me xingar hoje e me agradeça oito semanas depois. Se você não conseguir fazer quinze mergulhos regulares, considere começar com **flexões de braço com argolas voltadas para fora**, exercício que Kelly Starrett (página 150) me ensinou. Para as flexões, certifique-se de usar as posições oco e protraído das cast wall walks na página 47.

Hinge rows

É uma excelente opção de baixo risco para trabalhar bem os trapézios médios e o manguito rotador externo, músculos usados para paradas de mãos (bananeira) e praticamente tudo em ginástica artística.

Tente visualizar Drácula se levantando do caixão e, em seguida, ficando numa postura de duplo bíceps. O truque: suas mãos estão segurando argolas o tempo todo. Depois que conseguir fazer vinte repetições de hinge rows, procure "lat flys" no Google e faça esse movimento.

1. Monte um par de argolas pendurado a mais ou menos trinta centí-metros acima de sua cabeça quando você estiver sentado no chão.

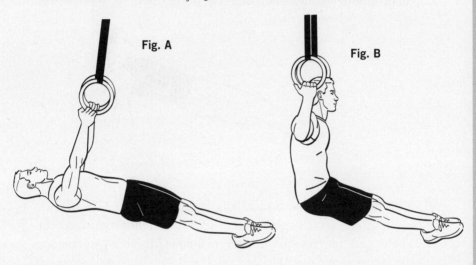

Fig. A

Fig. B

2. Sentado, segure as argolas. Mantenha os calcanhares no chão, incli-ne-se para trás e, com os braços estendidos, tire os quadris do chão. Concentre-se para deixar seu corpo reto, da cabeça aos calcanhares (**fig. A**).

3. Sente-se até sua cabeça ficar entre as argolas e faça aquela postura de duplo bíceps. As curvaturas da cintura e dos cotovelos devem ser de mais ou menos noventa graus (**fig. B**).

4. Lentamente, abaixe-se e volte ao chão. Repita de cinco a quinze vezes.

Ag walks com apoio atrás

Um exercício extremamente eficaz e um grande alerta para a maioria das pessoas. Noventa e nove por cento dos leitores vão perceber que não têm nenhuma flexibilidade no ombro nem força nessa posição crítica.

1. Adquira alguns deslizadores para móveis, daqueles que parecem descansos de copo e são usados para arrastar móveis sem arranhar o chão.

2. Sente-se em posição carpada e ponha os calcanhares sobre os desli-zadores de móveis (sempre levo um para malhar quando viajo).

3. Ponha as mãos no chão na altura dos quadris e, com os braços esticados, erga os quadris do chão. Tente deixar o corpo perfeitamente reto do ombro ao calcanhar, como nos hinge rows.

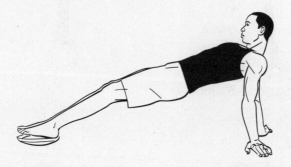

4. Fácil? Agora se desloque com a ajuda das mãos, deslizando os pés pelo chão. Isso pode ser feito para a frente e para trás. Tenha como meta cinco minutos de movimento constante, mas fique à vontade para começar com sessenta segundos. Dica de profissional: isto é uma ótima maneira de enlouquecer as pessoas quando feito às duas horas da manhã em um corredor de hotel.

Pike pulses

Quando algum amigo idiota ri de mim por causa dos meus exercícios de GST, eu o faço experimentar isto. Em geral, o amigo acaba desconcertado, balançando a cabeça e exclamando "Caramba!".

1. Sente-se no chão em posição carpada. Flexione os pés para a frente e mantenha os joelhos esticados.

2. Coloque as mãos no chão o mais próximo possível dos pés.

3. Agora, tente erguer os calcanhares 2,5 a dez centímetros; cada vez que fizer será uma repetição ou um "pulso". Para 99% das pessoas, isso será completamente impossível e fará qualquer um se sentir uma estátua. Retorne um pouco e ponha as mãos a meio caminho entre o quadril e o joelho. Veja como você se sai; depois avance as mãos o máximo que conseguir, de modo que permita apenas de quinze a vinte repetições.

Se você se saiu bem, tente agora com a lombar encostada na parede. O que aconteceu? Sinto muito, "atleta", mas você não estava realmente pulsando. Estava só balançando para trás e para a frente como uma cadeira de balanço. Seja sincero consigo mesmo e faça o exercício encostado na parede.

Cast wall walk

Se você não tem nenhuma experiência em ginástica artística, este vai ser divertido/horrível. Uso as cast wall walks para finalizar a malhação e recomendo o mesmo a você, porque você vai ficar imprestável depois. Antes, precisamos definir e manter determinada posição.

"Torso oco": Sente-se em uma cadeira, com as costas retas, mãos sobre os joelhos. Agora, tente levar o esterno (osso do peito) até o umbigo; "encurte" o torso em uns dez centímetros contraindo e retraindo o abdome. Você manterá essa posição durante todo o exercício. Não é permitido arquear ou afundar a lombar.

Ombros "protra dos": Mantenha o "torso oco" conforme descrito anteriormente. Agora, finja que você está abraçando um poste. Seus ombros devem estar bem em frente ao peito, o esterno puxado fortemente para trás. Estique os braços, mas mantenha a posição. Em seguida, **sem deixar de fazer nada do que foi mencionado antes**, levante os braços o mais alto que puder. Isso. Agora podemos começar.

1. Fique em posição de parada de mãos, com o nariz virado para a parede (**fig. A**).

Fig. A

2. Mantendo o corpo em uma linha, caminhe devagar com as mãos para a frente e, ao mesmo tempo, com os pés para baixo, pela parede (**fig. B**). Mantenha os joelhos esticados. Os passos devem ser curtos.

3. Quando os pés chegarem ao piso, fique em posição de flexão de braço (**fig. C**). Corrija a posição para ficar oco e protraído ao máximo.

4. Reverta o movimento e volte para a parede, retornando à posição de parada de mãos. Isso foi só uma repetição, meu amigo.

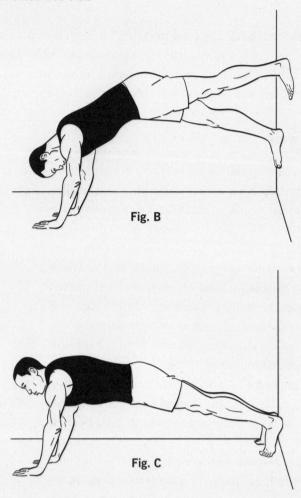

Fig. B

Fig. C

A meta são dez repetições, mas pare pelo menos algumas vezes antes de ter uma fadiga muscular. Do contrário, sinto muito pela sua cara quando a gravidade funcionar.

DOMINIC D'AGOSTINO

O dr. Dominic "Dom" D'Agostino (TW: @DominicDAgosti2, ketonutrition.org) é professor adjunto do Departamento de Farmacologia Molecular e Fisiologia do Morsani College of Medicine da Universidade do Sul da Flórida e cientista pesquisador sênior do Institute for Human and Machine Cognition (IHMC). Ele também fez dez repetições de um levantamento terra com 227 quilos após um jejum de sete dias.

Ele é uma fera e amigo do dr. Peter Attia (página 88), o médico que consumiu "combustível de jato" na busca por um melhor desempenho atlético. O principal objetivo do laboratório de Dom é desenvolver e testar terapias metabólicas, incluindo dietas cetogênicas, ésteres cetogênicos e suplementos de cetona para induzir cetose nutricional/terapêutica, e remédios de base metabólica com baixa toxicidade.

Grande parte de seu trabalho está relacionado a terapias metabólicas e estratégias nutricionais para desempenho máximo e resiliência em ambientes extremos. Sua pesquisa é apoiada pelo Escritório de Pesquisas Navais, pelo Departamento de Defesa, por organizações privadas e fundações.

Animal espiritual: Castor

FATOS POUCO CONHECIDOS

≫ Em 1995, Dom deu o conjunto de CDs *Personal Power*, de Tony Robbins (página 239), a todos os seus colegas de faculdade que levantavam peso. Dois deles o procuraram anos depois para lhe agradecer por ter mudado suas vidas.

≫ Depois do meu primeiro podcast com Dom, as sardinhas em lata Wild Planet se esgotaram nos mercados do país.

PREFÁCIO

Este perfil é um dos vários que podem salvar sua vida. Com certeza mudou a minha. Por isso, ele se desvia um pouco do formato habitual para servir mais como um minimanual sobre cetose.

Fala-se muito em dieta, mas devemos tratar os suplementos e o jejum como ferramentas separadas — e sem adição de bacon ou creme. A fim de facilitar a leitura, alguns conceitos foram levemente simplificados para um público leigo. Incluí também meu regime atual.

PRIMEIRO, UM POUCO DO BÁSICO

≫ **A dieta cetogênica**, com frequência chamada de "keto", é uma dieta rica em gordura que imita a fisiologia do jejum. Seu cérebro e seu corpo começam a usar as cetonas (derivadas de gordura armazenada ou ingerida) para obter energia, em vez de usar o açúcar no sangue (glicose) — um estado chamado cetose. A dieta foi desenvolvida originalmente para tratar crianças epiléticas, mas há muitas variações, incluindo a dieta Atkins. Você pode alcançar a cetose por meio de jejum, dieta, cetonas exógenas ou uma combinação.

≫ **Como você sabe que está em cetose?** A maneira mais confiável é usar um dispositivo chamado Precision Xtra, da Abbott, que mede a glicose e os níveis sanguíneos de beta-hidroxibutirato (BHB). Ao alcançar a concentração de 0,5 milimol, você pode se considerar "em cetose" leve. Sinto uma clareza mental maior com um milimol ou mais.

≫ **As principais fontes** indicadas por Dom para a dieta cetogênica, incluindo perguntas frequentes, planos de refeições e mais, estão em ketogenic-diet-resource.com.

"Gosto de promover uma cetose de suave a moderada para a saúde e a longevidade, o que gira em torno de um a três milimols."

TF: Esses níveis ajudam a proteger contra danos ao DNA, entre outros benefícios.

POR QUE CONSIDERAR A CETOSE OU CETONAS SUPLEMENTARES?

≫ **Perda de peso e recomposição do corpo.**

≫ **Potentes efeitos anticâncer.**

≫ **Melhor uso de oxigênio:** Dom consegue prender a respiração pelo dobro do tempo quando está em cetose profunda (de dois para quatro minutos). Observei o mesmo no meu caso. Basicamente, você pode produzir mais energia por molécula de oxigênio com um metabolismo de cetona. É por causa dessa vantagem na utilização de oxigênio que ciclistas de elite estão experimentando a keto. Também ajuda no desempenho em altitudes elevadas.

≫ **Mantém ou aumenta a força:** Em um estudo realizado com doze pessoas, Dom demonstrou que até levantadores de peso experientes podem manter ou aumentar a força, o desempenho e a hipertrofia depois de duas semanas de adaptação à keto, tirando de gorduras 75% a 80% das calorias (suplementadas com óleos de coco e de triglicerídeos de cadeia média [MCT, na sigla em inglês]) e restringindo os carboidratos a uma porção de 22 a 25 gramas por dia. As cetonas têm efeito anticatabólico de poupar proteínas e anti-inflamatório.

≫ **Doença de Lyme:** (Advertência: isto é uma experiência pessoal, não um estudo duplo-cego.) Alcançar uma cetose profunda (para mim, de três a seis milimols) por meio de jejum e depois continuar com uma keto de calorias restritas durante uma semana erradicou completamente os sintomas da doença de Lyme, depois de eu ter tentado de tudo. Foi a única coisa que ajudou após minha primeira série de antibióticos. Provocou uma diferença do dia para a noite: meu desempenho mental e minha clareza melhoraram dez vezes. Suspeito que isso tenha relação com a "reabilitação" mitocondrial e os efeitos anti-inflamatórios das cetonas. Mais de um ano se passou e os sintomas não retornaram, apesar de eu seguir uma dieta Slow-Carb (página 110) *não* cetogênica em 90% do tempo.

POR QUE CONSIDERAR O JEJUM?

Dom discutiu a ideia de um **"jejum de desintoxicação"** com o dr. Thomas Seyfried, seu colega do Boston College. De acordo com Dom, **"se você não tem câncer e faz um jejum terapêutico de uma a três vezes por ano, pode se livrar de qualquer célula pré-cancerosa que possa estar morando em seu corpo"**.

Para quem tem mais de quarenta anos, o câncer é um dos quatro tipos de doença que têm 80% de mortalidade. Portanto, parece uma boa ideia (veja o dr. Peter Attia na página 88).

Há também evidências sugerindo que — deixando de lado os detalhes científicos — jejuns de três dias ou mais podem "reinicializar" seu sistema imunológico via regeneração à base de células-tronco. **Dom sugere um jejum de cinco dias duas ou três vezes por ano.**

Dom já fez jejuns de sete dias quando lecionava na Universidade do Sul da Flórida. No sétimo dia, ele entrou na sala de aula com a glicose entre 35 e 45 miligramas por decilitro e as cetonas em torno de cinco milimols. Em seguida, antes de interromper o jejum, foi à academia de ginástica e fez uma série de dez repetições de levantamento terra com 227 quilos, seguidas de uma repetição com 265 quilos. Para fazer seu primeiro jejum de sete dias, Dom se inspirou em George Cahill, um pesquisador da Harvard Medical School que realizara um estudo fascinante, publicado em 1970,[1] em que submeteu pessoas a jejum durante quarenta dias.

O jejum não precisa deixar você mal e fraco. Na verdade, pode ter o efeito oposto. Mas vamos começar por como *não* o fazer.

---

[1] Cahill, G.F. "Starvation in Man". *New England Journal of Medicine* 282 (1970): pp. 668-675.

UM POUCO DE EXPERIÊNCIA PESSOAL

Fiz meu primeiro jejum prolongado como último recurso. A doença de Lyme tinha me dizimado e reduzido minha capacidade a 10% por quase nove meses. Minhas articulações doíam tanto que eu demorava quase dez minutos para sair da cama, e minha memória de curto prazo piorou a ponto de eu começar a esquecer o nome dos meus amigos. Remédios, tratamentos intravenosos etc. não pareceram ajudar, então decidi remover todos os insumos, incluindo a comida. Fiz meu dever de casa e encontrei as clínicas de jejum mais bem avaliadas dos Estados Unidos.

Meu primeiro jejum de sete dias foi excruciante. Foi supervisionado em uma clínica, onde também tínhamos acomodações completas. Os pacientes não tinham permissão para consumir nada além de água destilada. Água da torneira, pasta de dentes e até banho eram desaconselhados. Por motivos de responsabilidade, não era permitido se exercitar nem deixar as instalações. A partir dos dias três e quatro, minha dor na lombar era tão intensa que eu permanecia na cama em posição fetal. Os médicos me disseram que eram "toxinas" sendo liberadas, mas não acreditei. Insisti em fazer um exame de sangue, e a explicação para a dor foi simples: meus rins estavam sendo castigados por níveis altíssimos de ácido úrico.

Eu não tinha permissão para me exercitar (nem mesmo fazer uma caminhada), então eu estava demorando uma eternidade para entrar em cetose. Meu corpo estava destruindo tecido muscular para o fígado poder transformá-lo em glicose, e o ácido úrico era um subproduto. Além do mais, como os pacientes estavam limitados a ingerir somente água destilada, quase todos os jejuantes (cerca de quarenta no total) não conseguiam dormir por causa da depleção de eletrólitos e das subsequentes respostas colinérgicas (por exemplo, batimento cardíaco acelerado ao tentar dormir). Entretanto, notei benefícios: problemas de pele antigos desapareceram depois de alguns dias, assim como uma dor crônica nas articulações.

Na manhã do dia 7, acordei com sangue no meu protetor bucal. Eu sonhara com um bolo de morango (é sério) e mastigara com tanta força que machuquei a gengiva. *Basta.*

Interrompi meu jejum com carne de porco ensopada — contra a ordem do médico — e concluí duas coisas: jejuar era muito interessante, mas eu não faria daquela forma.

ESPERE AÍ... ENTÃO QUAL É O JEJUM QUE VOCÊ PRATICA?

Nos últimos dois anos, fiz muitas experiências de jejum, focando em ciência de verdade, não em crendices (por exemplo, você tem que interromper o jejum com tiras de repolho e beterraba). **Hoje, minha meta é um jejum de três dias uma vez por mês e um jejum de cinco a sete dias uma vez por trimestre.** Eu gostaria de fazer um jejum de quatorze a trinta dias por ano, mas a logística provou ser inconveniente demais.

O jejum mais longo que fiz até hoje foi de dez dias. Durante o período, acrescentei intravenosas de vitamina C e oxigênio hiperbárico (2,4 ATA por sessenta minutos) três vezes por semana. Fiz exame de composição corporal por DXA a cada dois ou três dias para controle e também consumi aproximadamente 1,5 grama de BCAAs ao caminhar e três gramas durante os exercícios. Depois do jejum de dez dias, eu tinha perdido *zero* de massa muscular. Para se ter uma ideia, perdi mais de cinco quilos de músculo em meu primeiro jejum de sete dias.

Como e por que a diferença?

Primeiro, me permiti quantidades residuais de BCAAs e uma porção de trezentas a quinhentas calorias de gordura pura por dia em meu "jejum".

Segundo, entrei em cetose o mais rápido possível para pular a perda muscular. Agora, posso fazer isso em menos de 24 horas em vez de três ou quatro dias. Quanto maior a frequência com que o indivíduo entra na keto, mais rapidamente a transição acontece. Isso parece estar ligado à "memória muscular" biológica relacionada a transportadores de monocarboxilatos e outras coisas que vão além de meu conhecimento. Jejuar é crucial, e é por isso que o protocolo da keto usado na Johns Hopkins para crianças com epilepsias farmacorresistentes começa com um jejum.

Eis o meu protocolo para meu habitual jejum mensal de três dias, do jantar de quinta-feira ao jantar de domingo:

>> Na quarta e na quinta-feira, planeje telefonemas para a sexta. Determine como você pode ser produtivo via celular durante quatro horas. Essa dica logo fará sentido.

>> Tenha um jantar com pouco carboidrato por volta das seis da noite de quinta-feira.

>> Nas manhãs de sexta-feira, sábado e domingo, fique dormindo até o mais tarde possível. O objetivo é deixar o sono fazer parte do trabalho para você.

》 Consuma cetonas exógenas ou óleo MCT logo após caminhar e mais duas vezes ao longo do dia, em intervalos de três a quatro horas. Uso principalmente KetoCaNa e ácido caprílico (C8), como o Brain Octane. As cetonas exógenas ajudam a "preencher o vazio" pelo tempo em que você poderá sofrer com a falta de carboidrato, de um a três dias. Depois que estiver em cetose profunda e usando gordura corporal, elas não são mais necessárias.

》 Na sexta-feira (e no sábado, se necessário), beba um pouco de cafeína e prepare-se para *caminhar*. Saia de casa não mais do que trinta minutos depois de acordar. Pego um litro de água gelada, adiciono um pouquinho de suco de limão sem açúcar para deixar menos sem graça e umas pitadas de sal para prevenir sofrimento/dor de cabeça/câimbra. Beberico isso enquanto caminho e faço ligações. Podcasts também funcionam. Quando a água terminar, encha a garrafa ou compre outra. Acrescente um pouco de sal, continue caminhando e continue bebendo. A caminhada ligeira — *não* um exercício intenso — e a hidratação constante são a chave. Tenho amigos que tentaram, em vez disso, correr e fazer um treinamento com peso de alta intensidade, e isso *não* funciona. Eu disse a eles: "Tentem fazer uma caminhada ligeira bebendo toneladas de água durante três ou quatro horas. Aposto que vocês estarão com 0,7 milimol na manhã seguinte." Um deles me mandou uma mensagem de texto pelo celular na manhã seguinte: "Cacete. 0,7 milimol."

》 A cada dia de jejum, sinta-se à vontade para consumir cetonas exógenas ou gordura (por exemplo, óleo de coco no chá ou no café) da maneira que preferir, até quatro colheres de sopa. Com frequência, dou uma recompensa a mim mesmo no fim de cada tarde de jejum: um café gelado com um pouco de creme de coco. Verdade seja dita, às vezes me permito um pacote de snacks de alga ou folhas de nori. Esse é o nosso segredinho.

》 Interrompa o jejum na noite de domingo. Aproveite. Para um jejum de quatorze dias ou mais, é preciso pensar com cuidado na volta à alimentação. No entanto, quando se trata de um jejum de três dias, não acho que o que você come faça tanta diferença. Já comi bife, saladas, burritos gordurosos. Em termos evolutivos, não faz o menor sentido um *Homo sapiens sapiens* faminto precisar encontrar tiras de repolho ou algum absurdo assim para se salvar da morte. Coma o que você encontrar para comer.

QUANDO ESTIVER NA KETO, COMO MANTÊ-LA SEM JEJUAR?

A resposta mais simples é: coma um monte de gordura (de 1,5 a 2,5 gramas por *quilograma* de peso corporal), quase nenhum carboidrato e proteína moderada (1 a 1,5 gramas por quilograma de gordura corporal) todos os dias. Daqui a pouco daremos uma olhada nas refeições e nos dias típicos de Dom. Mas, primeiro, algumas observações cruciais:

» Muita proteína e pouca gordura não funcionam. Seu fígado transformará o excesso de aminoácidos em glicose e encerrará a cetogênese. É necessário que a gordura corresponda a algo entre 70% a 85% das calorias consumidas.

» Isso não significa que você tem que comer filé de costela sempre. Um peito de frango por si só o tirará da cetose, mas um peito de frango picado numa salada verde com bastante azeite de oliva e queijo feta e (por exemplo) um Bulletproof Coffee podem mantê-lo em cetose. Um dos desafios da keto é a quantidade de gordura que é preciso consumir para mantê-la. Em vez de tentar incorporar bombas de gordura a todas as refeições (qualquer um fica cansado de bife gorduroso, ovo e queijo sem parar), Dom bebe gordura entre as refeições (por exemplo, leite de coco no café) e a adiciona em um "sorvete" suplementar, detalhado na página 58.

» Dom notou que essa rotina pode causar problemas no perfil lipídico (por exemplo, pode aumentar o LDL) e começou a minimizar coisas como creme e queijo. Eu senti o mesmo. É fácil comer uma quantidade nojenta de queijo para permanecer na keto. Considere leite de coco em vez disso. Dom não se preocupa com o LDL elevado, contanto que outros marcadores sanguíneos não estejam em desequilíbrio (PCR alta, HDL baixo etc.). De acordo com Dom: "Dou mais atenção aos triglicerídeos. Se seus triglicerídeos estão elevados, isso significa que seu corpo não está se adaptando à dieta cetogênica. Os triglicerídeos de algumas pessoas são elevados mesmo quando suas calorias são restringidas. Isso é sinal de que a dieta cetogênica não é para você... Não é uma dieta que serve para todo mundo."

Passado todo esse preâmbulo, eis o que Big Dom come. Tenha em mente que ele pesa em torno de cem quilos, portanto, use uma balança quando necessário:

Café da manhã

4 ovos (cozidos em um combo de manteiga e óleo de coco).

1 lata de sardinha cheia de azeite de oliva.

½ lata de ostras (da marca Crown Prince. Os carboidratos provêm de fitoplânctons não glicêmicos).

Um pouco de aspargos ou outros legumes.

TF: Tanto Dom quanto eu viajamos levando caixas de sardinhas, ostras e muita macadâmia.

"Almoço"
Em vez de almoçar, Dom consome muito MCT durante o dia, via Quest Nutrition MCT Oil Power. Ele também faz uma garrafa térmica de café com meia barra de manteiga e uma ou duas colheres de MCT em pó, que bebe ao longo do dia, totalizando três xícaras de café.

Jantar
"Um truque que aprendi é tomar antes do jantar, que é minha principal refeição do dia, uma tigela de sopa, geralmente de creme de brócolis ou de creme de cogumelos. Uso leite de coco concentrado em vez de creme de leite. Eu o diluo com um pouco de água para não ficar muito calórico. Depois de tomar isso, a quantidade de comida que tenho vontade de consumir se reduz à metade."

O jantar de Dom é sempre algum tipo de salada grande, feita sempre com:

Verduras diversas, incluindo espinafre.
Azeite de oliva extravirgem.
Alcachofras.

Abacate.

Óleo MCT.

Um pouquinho de parmesão ou queijo feta.

Uma quantidade moderada — em torno de cinquenta gramas — de frango, carne de vaca ou peixe. Ele usa as versões mais gordurosas que consegue comprar e aumenta a proteína na salada para setenta a oitenta gramas quando fez exercícios físicos naquele dia.

Além da salada, Dom prepara outros legumes e verduras — como couve-de-bruxelas, aspargos, couve-manteiga etc. — cozidos em manteiga e óleo de coco. Ele considera os legumes e verduras "sistemas de distribuição de gordura".

Receita do sorvete keto de Dom

A receita do "sorvete" de Dom contém aproximadamente cem gramas de gordura e novecentas calorias. Ela pode salvar o dia se faltar gordura em seu jantar (lembre-se de atingir 70% a 85% do total de calorias com gordura!):

2 xícaras de creme azedo ou creme de coco não adoçado (e *não* água de coco).

1 colher de sopa de cacau em pó.

1 ou 2 pitadas de sal marinho.

1 ou 2 pitadas de canela.

Uma pitada de estévia (Dom compra estévia orgânica NOW Foods a granel).

Opcional: de ⅓ a ½ xícara de mirtilo, caso Dom não tenha comido carboidratos o dia inteiro ou caso tenha malhado.

Misture tudo isso, formando uma musse espessa, e ponha no congelador até ganhar uma consistência semelhante à de sorvete. Depois de retirá-lo do congelador, você pode comê-lo puro ou acrescentar coberturas:

》》 Faça um creme batido usando um creme gordo (quase 100% de gordura) e um pouquinho de estévia.

》》 Derrame uma colher de sopa de óleo de coco aquecido (principalmente se o sorvete tiver mirtilo) e misture tudo, o que produz uma sensação de chips de chocolate crocantes.

Para o peso de Dom, cem quilos, a dieta keto requer em torno de trezentos gramas de gordura por dia. Essa sobremesa contribui imensamente para alcançar essa cifra. E é deliciosa. A esposa de Dom não segue a dieta cetogênica, mas adora o sorvete.

Dica de Dom para vegetarianos

"O MRM Veggie Elite Performance Protein de chocolate mocha é muito bom. Use mais ou menos uma concha do MRM e misture com leite de coco, coloque meio abacate e um pouco de óleo MCT — o óleo C8. O [shake] que eu faço tem 70% de calorias provenientes de gordura, 20% de calorias de proteína e 10% de calorias de carboidratos."

SUPLEMENTOS INDICADOS POR DOM

» MCT em pó Quest Nutrition e óleo de coco em pó Quest Nutrition.

» Caldo de osso Kettle & Fire — duas ou três vezes por semana.

» A idebenona "é outro produto que tomo [quatrocentos miligramas] antes dos exercícios ou quando viajo. Acho que a idebenona é uma variante da coenzima Q10. É mais absorvível e chega à mitocôndria mais facilmente. É como um antioxidante mitocondrial".

» Magnésio diariamente. "Citrato de magnésio, cloreto de magnésio e glicinato de magnésio... Quando iniciei a dieta cetogênica, comecei a ter câimbras. Agora, com suplementos, não tenho mais esse problema... Se eu tivesse que indicar um só, seria o citrato de magnésio em pó chamado Natural Calm."

» Aminoácidos de cadeia ramificada (BCAAs) XTEND Perform, da Scivation: leucina, isoleucina e valina numa combinação de dois para um para um, sendo a leucina o aminoácido de cadeia ramificada predominante na fórmula. A leucina é um forte ativador de mTOR, o que é uma coisa boa; ativar mTOR no músculo esquelético é de fato importante em uma sessão de exercícios curta. Uso o produto antes de malhar e durante os exercícios.

» KetoCaNa e KetoForce.

» Prüvit KETO//OS. São cetonas exógenas cremosas, é muito gostoso.

>>>   Kegenix. Tem sabor de suco em pó, só que mais forte.

O Prüvit e o Kegenix se baseiam em uma patente de BHB + MCT desenvolvida pelo laboratório de Dom, que pertence a sua universidade.

MAIS SOBRE JEJUM E TRATAMENTO DE CÂNCER
"Jejuar antes da quimioterapia é definitivamente algo que deveria ser implementado em nossas alas de oncologia", garante Dom. E acrescenta: "Jejuar, em essência, retarda (às vezes interrompe) a divisão de células e desencadeia uma 'crise energética' que torna as células de câncer especificamente vulneráveis à quimioterapia e à radiação." Há alguns estudos que sustentam isso.[2]

Tenho um amigo que está em remissão total de um câncer avançado no testículo. Outros de seu grupo de químio foram deixados dois ou três dias na cama depois de sessões, mas ele jejuou durante três dias antes dos procedimentos e estava correndo dezesseis quilômetros na manhã seguinte. Conforme mencionado, o jejum sensibiliza as células de câncer à químio, mas também ajuda células normais a resistir à toxicidade. Isso não é apropriado para todos os pacientes, sobretudo aqueles com caquexia (fraqueza muscular), mas se aplica a muitos.

Em casos de caquexia, podem ser úteis alguns moduladores seletivos do receptor androgênico (SARMs, na sigla em inglês) — criados para ter a potência anabólica de formação de tecido da testosterona (e de outros esteroides anabolizantes) sem os efeitos androgênicos (isto é, hormonais secundários). Dom também está pesquisando o uso de BCAAs. Ele obteve um aumento de 50% na sobrevivência de ratos com câncer acrescentando aminoácidos de cadeia ramificada a uma dieta cetogênica. De maneira igualmente promissora, os animais mantiveram o peso corporal.

Em um estudo, ao tratarem com keto e oxigenoterapia hiperbárica (OTHB) camundongos com câncer cerebral metastático agressivo, Dom, o dr. Seyfried e outros cientistas conseguiram aumentar o tempo de sobrevivência médio de 31,2 dias (dieta-padrão) para 55,5 dias. Para o protocolo

---

[2] Safdie, F.M.; Dorff, T.,; Quinn, D.; Fontana, L.; Wei, M.; Lee, C.; et al. "Fasting and cancer treatment in humans: A case series report". *Aging (Albany NY)* 1.12 (2009): pp. 988-1.007. Dorff, TB.; Groshen, S.; Garcia, A.; Shah, M.; Tsao-Wei, D.; Pham, H.; et al. "Safety and feasibility of fasting in combination with platinum-based chemotherapy". *BMC Cancer*, 16.360 (2016). Bianchi, G.; Martella, R.; Ravera, S.; Marini, C.; Capitanio, S.; Orengo, A.; et al. "Fasting induces anti-Warburg effect that increases respiration but reduces ATP-synthesis to promote apoptosis in colon cancer models." *Oncotarget* 6.14 (2015): pp. 11.806-11.819. Lee, C.; Raffaghello, L.; Brandhorst, S.; Safdie, FM.; Bianchi, G.; Martin-Montalvo, A.; et al. "Fasting cycles retard growth of tumors and sensitize a range of cancer cell types to chemotherapy". *Science Translational Medicine* 4.124 (2012): 124ra27.

de OTHB, Dom usou 2,5 atmosferas absolutas (2,5 ATA) durante sessenta minutos segunda, quarta e sexta-feira. Incluindo pressurização e despressurização, cada sessão durou noventa minutos.

Mesmo no pior cenário — se um paciente estiver entubado e nas últimas — podem-se acrescentar cetonas exógenas a um dispositivo intravenoso juntamente com (ou no lugar de) glicose, já que as cetonas exógenas demonstraram ter um significativo efeito supressor de tumor ou redutor de tumor, *mesmo na presença de carboidratos alimentares*. Para mim, esse detalhe destacado é o mais extraordinário.

Se você acha que a dieta cetogênica é coisa de lunático, as cetonas exógenas exigem apenas isto: misturar uma colher na água e dar um gole grande.

CINCO COISAS EM CASO DE EMERGÊNCIA EM ESTÁGIO FINAL DE CÂNCER

Aqui estão as cinco coisas que Dom faria se recebesse um diagnóstico de um dos piores cenários: estágio final de glioblastoma (GBM), um câncer cerebral agressivo.

Alguns colegas de Dom se opõem aos protocolos-padrão de tratamento, como a quimioterapia. Com base na literatura, Dom os considera justificados em situações que envolvem câncer de testículo, leucemia, linfoma e estágios um e dois de câncer de mama. Afora esses exemplos, "faz pouco sentido tratar câncer com algo que sabemos que é um carcinógeno poderoso (quimioterapia)".

Todas as cinco escolhas de Dom parecem funcionar por meio de mecanismos que se sobrepõem. Isso significa que há uma sinergia quando são usados juntos. O todo é maior do que a soma de suas partes. É como se 1 + 1 + 1 + 1 + 1 = 10 e não 5. Marquei com asterisco os itens da lista a seguir que eu mesmo experimentei:

>>> ***Dieta cetogênica** como terapia de base. Esta é a fundação de tudo.

>>> ***Jejum intermitente:** Uma refeição por dia dentro de um período diário de quatro horas.

>>> ***Suplementação de cetona de duas a quatro vezes por dia:** O objetivo seria elevar os níveis de BHB em um ou dois milimols acima do nível inicial, uma cifra que os dois itens anteriores ajudam a alcançar. Em outras palavras, se estivéssemos funcionando

a 1,5 milimol usando uma dieta Atkins modificada de uma refeição por dia, poderíamos obter cetonas suplementares suficientes
para alcançarmos regularmente de 2,5 a 3,5 milimols. As opções
mais fáceis são KetoCaNa e/ou óleo MCT em pó Quest Nutrition.
Combinando-os, você estará "se aproximando da potência de um
éster de cetona desenvolvido para aplicações militares". O MCT
em pó aumenta a tolerância intestinal duas a três vezes em relação ao óleo. Portanto, seu consumo pode ser maior.

» ***Metformina:** Ele titularia a dosagem diária (ou seja, começaria baixa e aumentaria aos poucos) até atingir alguma disfunção
gastrointestinal (diarreia ou refluxo) e em seguida reduziria um
pouco. Isso lhe mostraria seu limite superior tolerável, que vai de
1.500 a 3 mil miligramas por dia para a maioria das pessoas.

» **Ácido dicloroacético (DCA):** Por motivos não totalmente compreendidos, o DCA pode, em algumas circunstâncias, matar células de câncer em dosagens relativamente não tóxicas para células
normais. Dom começaria com dez miligramas por quilo de peso
corporal e aumentaria sem exceder cinquenta miligramas por
quilo, já que nesse nível você pode começar a ter uma neuropatia periférica (a tiamina [B1] pode reduzir a neuropatia). Estudos
clínicos usam em torno de vinte miligramas por quilo. O DCA parece funcionar bem em todas as dietas, incluindo as com muito
carboidrato.

Fiz a mesma pergunta a outro médico de confiança ("O que você faria se
tivesse GBM em estágio final?"), sem compartilhar as respostas de Dom. Sua
resposta em anonimato está abaixo. De novo, marquei com asterisco aquilo
que estou experimentando:

1. Nenhuma radiação.

2. *Dieta keto de calorias restritas com apoio de BHB exógeno.

3. *Metformina a 2 ou 2,5 gramas por dia.

4. DCA.

5. *Oxigênio hiperbárico.

6. Rapamicina em doses moderadas e intermitentes.

7. Sequenciar o tumor para ver se um inibidor de checkpoint (um tipo de imunoterapia) pode ser eficiente.

"No entanto, não estou certo se poderia recomendar isso a alguém."

✳ Os livros mais presenteados ou recomendados

Cancer as a Metabolic Disease, de Thomas Seyfried: leitura solicitada a todos os alunos de Dom.

Tripping Over the Truth, de Travis Christofferson: Dom presenteou sete ou oito pessoas no ano passado com esse livro.

A linguagem de Deus — Um cientista apresenta evidências de que Ele existe, de Francis Collins.

✳ Recomendado para assistir

The Gut Is Not Like Las Vegas: What Happens in the Gut Does Not Stay in the Gut, apresentação de Alessio Fasano.

✳ Uma ideia fantástica que eu gostaria de expandir por todo o país

KetoPet Sanctuary (KPS): Fundado pela Epigenix Foundation, o KPS se esforça para salvar cães com câncer terminal. O objetivo não é oferecer tratamento com as características de um asilo. É claro que eles cuidam dos animais e os amam, mas, em vez de entregar os companheiros caninos ao destino como irrecuperáveis, o KPS lhes oferece um avançado tratamento de base metabólica para câncer.

PATRICK ARNOLD

Patrick Arnold (FB: @prototypenutrition, prototypenutrition.com), amplamente considerado o "pai dos pró-hormônios", é o químico orgânico que introduziu a androstenediona e outros compostos no campo dos suplementos alimentares. Ele também criou o esteroide tetrahidrogestrinona (THG), ou "The Clear".

O THG e outros dois esteroides anabolizantes que Patrick fabricou (mais conhecido: norboletona) não foram proibidos na época de sua criação. Essas drogas de difícil detecção estavam no cerne do escândalo de doping da Balco envolvendo Barry Bonds e outros atletas. Hoje em dia, Patrick está inovando no mundo legalizado da suplementação de cetona, incluindo avanços para aplicações militares e comerciais.

NOVIDADES PARA MELHORAR O DESEMPENHO

Não é nenhuma surpresa que sou fascinado por drogas para melhorar o desempenho, usadas desde antes da primeira Olimpíada. No lado legal, aqui estão duas criações de Patrick que considero úteis:

Ácido ursólico "Ur Spray"

O ácido ursólico ajuda na recomposição do corpo. Os benefícios estão muito bem resumidos no título de um estudo: "Ácido ursólico aumenta músculo esquelético e gordura marrom e reduz obesidade induzida por dieta, intolerância à glicose e gordura no fígado."[3] Ele não pode ser ingerido em forma de pílula, porque é destruído pelo metabolismo de primeira passagem (fígado), nem pode ser injetado, já que não se mistura com óleo. Isso levou Patrick a criar uma suspensão de álcool tópica, uma vez que o ácido ursólico não é nem hidrofílico nem hidrofóbico. Um negócio complicado. O Ur Spray é vendido em seu site, Prototype Nutrition.

Nota divertida: a dose é de cinquenta jatos de spray para aproximadamente 249 miligramas de ácido ursólico ativo. É muito jato. As esposas de alguns convidados meus reclamaram de sessões de *Pssshhh! Pssshhhh! Pssshhh!* tarde da noite no banheiro, que pareciam durar para sempre.

O "shake" pré-malhação de Patrick Arnold

Se você está em cetose, beber cetonas exógenas antes e durante os exercícios pode substituir os carboidratos. Como explicou Patrick: "É incrível. Dou isso para pessoas que estão fazendo a dieta cetogênica, malhando e se sentindo um bagaço. Então sugiro 'Experimente isso', e elas dizem 'Uau! Não fiquei cansado. Meu corpo teve todo o combustível necessário'.

"A empresa do meu amigo Ian Danney, Optimum EFX, tem um produto chamado Amino Matrix. É muito caro, mas como trabalho com ele — fabricamos alguns produtos de Ian —, consigo de graça. É basicamente um espectro total de aminoácidos essenciais, aminoácidos de cadeia ramificada com algumas outras coisas jogadas ali: ácido lipoico, citrulina malato e outras coisas.

"Misturo isso com 45 mililitros de KetoForce, que é [cetonas exógenas líquidas] o que você não deve beber direto (veja a história do 'combustível de

---

[3] Kunkel, S.D.; Elmore, C.J.; Bongers, K.S.; Ebert, S.M.; Fox, D.K.; Dyle, M.C. et al. "Ursolic acid increases skeletal muscle and brown fat and decreases diet-induced obesity, glucose intolerance and fatty liver disease". PLoS ONE 7(6) (2012): e39332 doi:10.1371/journal.pone.0039332.

jato' na página 89). Se você misturar com Amino Matrix, que é muito azedo, dá para suavizar a alcalinidade do KetoForce, e o gosto acaba ficando bom."

TF: Uma colher de sopa de suco de limão (na água usada para diluir o KetoForce) também ajuda a suavizar o gosto. Se o KetoForce for estranho demais para o seu estômago, tente KetoCaNa em pó, também desenvolvido por Patrick, que costumo usar antes de exercícios aeróbicos.

METFORMINA PARA PROLONGAR A VIDA

Tanto Patrick Arnold quanto seu colaborador frequente Dominic D'Agostino, ph.D. (página 49), têm interesse pela metformina, que não é uma criação deles. Dom a considera a mais promissora droga antienvelhecimento do ponto de vista científico, e eu estimaria que mais de dez pessoas que estão neste livro a usem.

Em diabéticos do tipo 2 (aos quais é receitada), a metformina reduz a capacidade do fígado de produzir glicose e depositá-la na corrente sanguínea. A metformina também enfraquece as vias associadas à proliferação de células de câncer. Pelos estudos de Dom, o índice de sobrevivência de ratos com câncer metastático aumentou de 40% a 50%. A metformina imita a restrição de calorias e o jejum em muitos aspectos. Alguns pesquisadores acreditam que ela pode danificar a mitocôndria, mas muitos médicos e tecnólogos a estão tomando para prevenir câncer.

Dom fez um teste em que tomou um grama de metformina diariamente durante doze semanas e fez exames de sangue durante o período. Sua dieta e seus exercícios não mudaram. Seus triglicerídeos nunca estiveram tão baixos, o HDL estava em torno de 98 (antes era 80) e sua proteína C reativa não era sequer mensurável. O único efeito colateral que ele notou foi o nível mais baixo de testosterona, que voltou ao normal depois que ele parou de tomar metformina.

JOE DE SENA

Joe De Sena (TW/FB/IG: @SpartanRace, Spartan.com) é cofundador da Death Race e da Spartan Race (mais de um milhão de competidores). Completou a Iditarod, a exaustiva corrida de trenós puxados por cães... só que a pé. Terminou também a ultramaratona Badwater (217 quilômetros sob um sol de 49ºC), a Vermont 100 e a Lake Placid Ironman... todas na mesma semana. Esse cara é um maníaco, além de um homem de negócios bastante estratégico. Eu o conheci por meio da Summit Series (summit.co). Ele continua me convidando para visitá-lo em Vermont, e eu recuso a cortesia porque tenho medo.

Animal espiritual: Lobo

POR QUE ELE COMEÇOU A PARTICIPAR DE EVENTOS INSANOS QUANDO TRABALHAVA EM WALL STREET

"Em Wall Street, você pode fazer tudo certo ou perder de 30 a 40 mil dólares em minutos errando um pedido. Seus clientes dizem que não vão mais negociar com você. Era um trabalho muito estressante. Eu queria voltar para a essência da vida... Foi quando um amigo falou: 'Bem, você pode morrer, mas tem essa corrida no Alasca, a Iditarod. Eles fazem no meio do inverno, é a pé e a -30°C. Mas você tem que...' 'Me inscreva. Preciso fazer isso', interrompi. **Tive que voltar a um lugar onde você só precisa de água, comida e abrigo. Toda a loucura da minha vida — aquela vida de Wall Street que eu assumira — iria embora, derreteria.**"

SOBRE AS ORIGENS DA DEATH RACE

"E se eu criasse com um sócio uma corrida que, deliberadamente, destruísse essas pessoas? Não como as corridas das quais eu participei ou como uma maratona faz, mas em que eu realmente levasse os participantes à loucura? Não informar quando a corrida começa nem quando termina, não oferecer água, chegar com um ônibus no meio do percurso e dizer: 'Você pode desistir. É só entrar no ônibus. Isso não é para você. Você é fraco demais.' Assim foi o meu começo no ramo das corridas."

TIM: "Como você destrói as pessoas?"

JOE: "Bem, acho que elas não sabiam onde estavam se metendo, porque nunca havíamos tido algo parecido. Eu me lembro bem de um cara que começou a chorar e dizer: 'Eu sou um bom corredor. Só não sei cortar lenha.' Coitado. A questão é que ninguém sabia. Não dissemos a eles. Doug Lewis, por exemplo, é um esquiador de nível olímpico, estava fazia quinze, dezoito horas naquilo e se matando de rachar lenha. Certo momento, ele se virou para mim e disse: 'Eu fui às Olimpíadas. Treinei minha vida inteira. Sou um cara bem forte. Mas isso é loucura, porra.' Naquele momento, soubemos que tínhamos um vencedor."

HISTÓRIA ENGRAÇADA DE AMELIA BOONE

Amelia Boone (página 30) terminou a Death Race três vezes e me enviou isso:

"O furacão Irene havia destruído uma ponte na propriedade do Joe. Uma viga de ferro de uma tonelada estava presa na água havia alguns anos, e o estado iria multá-lo se ele não a retirasse. Era uma quantia obscena. A remoção da viga lhe custaria dezenas de milhares de dólares. Então, em vez disso, ele fez os participantes da Death Race entrarem no rio para remover a viga para ele. Demoramos provavelmente oito horas. Eu saí com ulcerações de frio em quase todos os dedos dos pés, assim como muitos outros. E o mais engraçado? As pessoas pagaram a ELE para passar por aquilo (a taxa de inscrição da corrida) E AINDA POR CIMA ele evitou as multas e o custo da remoção. Maldito gênio."

TRECHOS ALEATÓRIOS DA NOSSA CONVERSA

» Joe, assim como Jocko Willink (página 454), acredita que você não deveria precisar de cafeína nem de álcool. Além disso: "Você deve suar como se estivesse sendo perseguido pela polícia todos os dias."

» Quando as pessoas dizem a Joe para diminuir um pouco o ritmo, sua primeira reação é: "E o que ganho com isso?"

VOCÊ TEM ALGUMA CITAÇÃO QUE REGE SUA VIDA OU NA QUAL PENSA COM FREQUÊNCIA?

"Sempre pode piorar."

"Respire, filho da puta!"
— *Resposta de Wim para "O que você colocaria em um outdoor?"*

WIM HOF, "O HOMEM DE GELO"

Wim Hof (TW/IG: @Iceman_Hof, wimhofmethod.com) nasceu na Holanda e é um recordista mundial que recebeu o apelido de "Homem de Gelo". É o criador do método Wim Hof e detentor de mais de vinte recordes mundiais. É um homem casca-grossa atípico, já que volta e meia pede a cientistas que meçam e validem suas façanhas. Aqui estão alguns exemplos:

≫ Em 2007, ele ultrapassou a altitude da "zona da morte" no monte Everest (7.500 metros) vestindo apenas calção e tênis.

≫ Em 2009, Wim completou uma maratona inteira acima da linha do Círculo Polar Ártico, na Finlândia, mais uma vez apenas de calção, apesar das temperaturas próximas a -20ºC.

≫ Wim bateu vários recordes de resistência em banheira com gelo, e o seu melhor tempo é de quase duas horas.

≫ Em 2011, ele correu uma maratona inteira no deserto do Namibe sem água. Ele também pode correr em altitudes elevadas sem sofrer o mal das montanhas.

ADVERTÊNCIA: NUNCA FAÇA OS EXERCÍCIOS DE RESPIRAÇÃO NA ÁGUA NEM ANTES DE TREINAR NA ÁGUA. UMA PERDA DE CONSCIÊNCIA SÚBITA EM ÁGUAS RASAS PODE SER FATAL, E VOCÊ SÓ A SENTE COMEÇANDO QUANDO JÁ É TARDE DEMAIS.

Os exercícios de respiração de Wim Hof nunca devem ser feitos perto da água. Josh Waitzkin (página 629), outro convidado do podcast com décadas de experiência em mergulho livre, sofreu uma perda de consciência súbita em uma piscina pública em Nova York e ficou embaixo d'água por três minutos, até ser puxado para fora por um salva-vidas. Permaneceu inconsciente por mais vinte minutos, foi hospitalizado por três dias e submetido a uma série de exames para avaliar os danos, incluindo sequelas cerebrais em potencial. Ele poderia ter morrido. Portanto, vale reiterar: não pratique esse tipo de trabalho de respiração combinado com imersão em água. Não haverá sinais de alerta antes de você perder a consciência. Certo?

UMA EXPERIÊNCIA SURPREENDENTE

Antes de descrever o exercício, repetirei meu refrão habitual: não faça a estupidez de se machucar, por favor. Use uma superfície bem macia caso você caia de cara no chão.

1. Faça flexões de braço e termine a série com algumas repetições antes de ficar exausto. Registre esse número.

2. Descanse pelo menos trinta minutos.

3. Faça mais ou menos quarenta repetições do seguinte exercício respiratório: inspire o máximo que puder (erga o peito) e exale (deixe o peito cair abruptamente). A expiração pode ser feita como um "ah" curto. Se estiver fazendo isso da maneira correta, após vinte a trinta repetições você sentirá um relaxamento, uma leve tontura e um pouquinho de formigamento. Com frequência, o formigamento é sentido primeiro nas mãos.

4. No último ciclo respiratório, inspire completamente, exale completamente e em seguida faça outra série de flexões de braço. Na maioria das vezes, as pessoas experimentarão um aumento acentuado do número máximo de flexões, embora os pulmões estejam vazios.

O FRIO É UMA GRANDE FORÇA PURIFICADORA

Wim, o rei do surfe Laird Hamilton (página 121) e Tony Robbins (página 239) usam a exposição ao frio como ferramenta. Essa prática pode melhorar a função imunológica, estimular a perda de gordura (em parte por aumentar os níveis do hormônio adiponectina) e melhorar radicalmente o humor. De fato, receitaram a Van Gogh banhos gelados duas vezes por dia depois que ele cortou a própria orelha.

> "Todos os meus problemas no dia a dia diminuem quando faço [exposição ao frio]. Expor-me a um frio de verdade... é uma grande força purificadora."

Wim leva o frio a extremos assustadores. Suas retinas congelaram certa vez, quando ele nadava em um lago sob camadas de gelo. Mas você pode começar com uma chuveirada gelada no fim do banho. Simplesmente deixe os últimos segundos (de trinta a sessenta) do banho na temperatura mínima. Naval Ravikant (página 593), Josh Waitzkin (página 629) e eu fazemos isso. Josh faz com seu filho pequeno, Jack, que foi incentivado a dizer "Isso é muito bom!" quando a sensação fica insuportável.

A seguir apresentarei o meu atual regime de frio, com frequência alternado com calor, que abordamos na página 35. Meu processo de "malhação" total é: 1) BCAA antes de malhar, 2) malhação, 3) whey protein após os exercícios, 4) vinte minutos de calor imediato, 5) de cinco a dez minutos de frio. Repito o ciclo de calor e frio de duas a quatro vezes.

Minha rotina de frio pós-malhação é a seguinte:

≫ Ponho dezoito quilos de gelo na banheira (isso vai depender do tamanho da sua) e a encho de água. Essa ordem evita respingos e torna o processo mais rápido. A rede de mercearias Instacart é de grande ajuda para a entrega de gelo, ou então compre um freezer só para isso, o que é bem mais fácil do que os sofisticados dispositivos para fazer gelo ou para resfriamento.

≫ Quinze a vinte minutos depois, quando a água chegar a 7°C, estará pronta para ser usada. Mergulho um termômetro de imersão de 5 dólares na água para monitorar a temperatura. O treinador Sommer (página 37) usa algo em torno de 10°C para seus atletas.

>>> Depois do aquecimento, entro na banheira de gelo mantendo as mãos fora da água. Isso me permite permanecer por mais tempo, já que a densidade capilar é alta nas mãos. As mãos podem ser submersas quando faltarem de três a cinco minutos para acabar.

A DIETA MÁGICA

Eu esperava que um mutante como Wim tivesse truques alimentares. Quando perguntei o que ele gostava de jantar, sua resposta me fez rir: "Eu gosto de macarrão e de algumas cervejas. Yeah!"

Como ele pode funcionar com esses alimentos? A genética pode exercer um papel, mas ele me confessou que raramente come antes das seis da noite e tende a fazer uma única refeição por dia. Ou seja, ele pratica jejum intermitente há décadas.

ABRAÇOS DE CORAÇÃO COM CORAÇÃO

Quando treinei pela primeira vez com Wim, em Malibu, Califórnia, notei que ele abraçava de forma diferente que a maioria. Ele joga o braço esquerdo sobre o ombro do indivíduo, pondo a cabeça à direita da cabeça do outro. Perguntei a alguém de sua equipe se ele era canhoto.

"Não, ele só quer dar um abraço de coração com coração em todo mundo."

Adoro isso, e vários amigos que estão neste livro agora dão esse abraço em ocasiões especiais. Tente apenas se precaver, porque isso deixa as pessoas confusas, como quando se oferece a mão esquerda para apertar. Portanto, é melhor explicar: bata de leve no lado esquerdo do peito e diga "de coração para coração". Também evita cabeçadas.

WIM + DOM = INTERESSANTE

Durante a mesma sessão de treinamento, fui dos meus habituais 45 segundos prendendo a respiração para quatro minutos e 45 segundos sem nenhum efeito colateral perceptível. Vários meses depois, quando estava em cetose profunda (mais de seis milimols), depois de oito dias de jejum, fiz os mesmos exercícios numa câmara hiperbárica de oxigênio a 2,4 ATA. O resultado?

Prendi a respiração por inacreditáveis sete minutos e trinta segundos até parar por medo de que meu cérebro explodisse. Se você, por acaso, não tiver lido minha advertência no início deste perfil (página 71), leia. Se leu, releia, por favor. Para mais informações sobre cetose e jejum, veja Dominic D'Agostino na página 49.

A SAUNA DE BARRIL
DE RICK RUBIN

Aqui estão as especificações da sauna de barril de Rick Rubin (página 547), que é uma versão ligeiramente menor da de Laird Hamilton (página 121). Há dois bancos ao longo das paredes, no qual cabem facilmente de seis a oito pessoas sentadas. Tem mais ou menos dois metros de diâmetro.

Tenho uma igual no quintal, que geralmente uso uma ou duas vezes por dia, já que leva apenas de cinco a quinze minutos para aquecer. Como pode ser tão rápido? O aquecedor é três ou quatro vezes maior do que deveria ser para o espaço. Isso foi feito de propósito, mas vai assustar os fornecedores, que hesitam em combinar uma sauna pequena com um aquecedor grande. Faça isso por conta própria!

Os componentes da sauna e do aquecedor são vendidos separadamente. Este livro vai dar trabalho para a Dundalk, a empresa de sauna que usei. Eles provavelmente ficarão sobrecarregados de pedidos. Por isso também oferecerei algumas alternativas. Os preços, é claro, vão mudar com o passar do tempo.

Sauna

Sauna de barril Dundalk 2,1 x 2,4 m, de cedro, com janela, bancos dobráveis resistentes e madeira extra para protetor de aquecedor (porta com dobradiça à esquerda) — custo em torno de US$ 6.500 (desmontada): dundalkleisurecraft.com.

Outros fornecedores com avaliações decentes que vale a pena considerar:
almostheaven.com; barrel-sauna.com; leisurelivinginc.com

Aquecedor

Modelo NC-12 com controle SC-9 e disjuntor de uma fase, mais duas caixas de pedra — custo em torno de US$ 2.000:
sauna.com/nordic-sauna-heaters; leisurelivinginc.com

JASON NEMER

Jason Nemer (IG: @jasonnemer, acroyoga.org) é cofundador da AcroYoga, que combina a sabedoria espiritual da ioga, a bondade amorosa da massagem tailandesa e a força dinâmica da acrobacia. Foi duas vezes campeão júnior nacional americano de ginástica acrobática e representou os Estados Unidos no Campeonato Mundial em Pequim, em 1991. Ele realizou acrobacias na cerimônia de abertura dos Jogos Olímpicos de 1996. A AcroYoga tem, hoje, professores certificados em mais de sessenta países e centenas de milhares de praticantes.

Animal espiritual: Coelho

COMO TUDO COMEÇOU

Em 2015, eu me sentei ao lado de Jason em um jantar na casa de um amigo em Los Angeles. De algum modo, minha dor na lombar — que vinha me infernizando — começou. Percebendo a minha situação, ele se ofereceu para me fazer "voar" ali mesmo. Sem ter a menor ideia do que era isso, concordei. Acabei girando no ar sobre seus pés durante quinze minutos. Foi surreal e pareceu desafiar as leis da física. Duas coisas que vale a pena observar: eu pesava 82 quilos e ele, 73 (ele fez o mesmo com uma pessoa de 127 quilos e dois metros de altura), e minhas costas nunca mais doeram depois dessa tração de cabeça para baixo.

Antes, eu sempre rejeitara a ioga: muito lenga-lenga, pouca animação. A AcroYoga é um negócio diferente. Você vai ter que aguentar o sânscrito ocasional, mas fora isso é como uma combinação de treinamento de força com o peso do corpo, dança (são duas posições: a "base" é o condutor, quem fica por baixo. O "voador" é quem será levantado), brincadeira violenta (muita queda) e reabilitação dos quadris (depois de dez sessões, a parte inferior do meu corpo parecia dez anos mais jovem).

É também um magnífico substituto do Prozac. Em uma cultura na qual o contato físico é um tabu, a AcroYoga permite a você experimentar uma conexão sensual, mas não sexual, enquanto fica incrivelmente forte e flexível. Por último, mas não menos importante, eu rio em pelo menos 50% do tempo das sessões de treinamento. É um contrapeso maravilhoso para todo o treinamento "sério" que faço. Se quiser me ver tanto como base quanto voador, bem como ensinando algumas técnicas fundamentais, procure "acroyoga" em youtube.com/timferriss.

BUGIGANGAS

Chá oolong de cocô de pato

Jason trouxe um chá delicioso para tomarmos durante a gravação. O chá oolong é às vezes chamado de "chá com fragrância de cocô de pato". Dizem que, muito tempo atrás, em uma região da China, o povo local queria esconder dos outros esse chá incrível, então o apelidou de "cocô de pato". Jogada inteligente. O chá foi desprezado durante séculos, até ser redescoberto como algo que não tem nada a ver com cocô de pato.

Jason viajou pelo mundo nos últimos seis anos, sem nunca ter ficado no mesmo lugar por mais de três semanas. Ele viaja com quase nenhuma bagagem, mas insiste em levar um ukulele e um enorme carregamento de chá.

FeetUp (dispositivo de apoio para os ombros) ou substitutos

O fator limitador para a maioria das pessoas aprender a parada de mãos é o pulso. Essa ligação fraquíssima impede que se pratique o bastante a posição de cabeça para baixo. O dispositivo FeetUp ajuda nesse sentido.

Imagine uma pequena almofada de assento de vaso sanitário sobre um banco baixo. Você enfia a cabeça ali no meio, descansa os ombros sobre a almofada, segura dois cabos e se diverte fazendo uma parada de cabeça ou de mãos com os ombros sustentando seu peso. Isso lhe permite trabalhar melhor o alinhamento, a firmeza e os exercícios de posição. O FeetUp é o preferido de Jason, mas é difícil encontrá-lo nos Estados Unidos (en.feetup. eu). O BodyLift Yoga Headstand e o Yogacise Bench são semelhantes, ou então procure "yoga headstand bench" na internet.

Um dito de um dos mentores de Jason, o mestre acrobata chinês Lu Yi

"Mais extensão!" Em uma parada de mãos, você deve empurrar os ombros para o mais perto possível das orelhas. Se você já fez elevação de ombros com halteres, imagine fazer isso com os braços acima da cabeça, evitando arquear as costas. Além disso, a primeira articulação do dedo indicador (a articulação do punho fechado) tende a levantar do chão durante a parada de mãos. Jason a chama de articulação "desobediente".

Se estiver em busca de inspiração no Instagram, dê uma olhada nestes perfis:

@theacrobear
@duo_die_acrobatics
@acrospherics
@cheeracro_
@acropediaorg
@mike.aidala
@yogacro
@lux_seattleacro

Para encontrar aulas, professores e movimentos de AcroYoga:

AcroYoga.org
Facebook: procure o nome de sua cidade e "acroyoga". A página AcroYoga Berlin, por exemplo, tem milhares de parceiros de treinamento disponíveis para você.
Acromaps.com
Acropedia.org (técnicas)

* Existe algo em que você acredita, mas as pessoas acham loucura?

"Sim. Acreditar que podemos confiar nas pessoas. Você pode confiar em muitas pessoas. Não precisa viver com medo de estranhos. Estranhos são apenas pessoas com as quais ainda não voamos. A mim parece uma loucura que, em muitas culturas, ensinamos as crianças a ter medo de estranhos e a não falar com eles.

"Estive no mundo inteiro. Minha mãe não ficou nada feliz quando fui ao Oriente Médio pela primeira vez. Eu estava em Boston, prestes a liderar um treinamento de professores, quando aconteceu o atentado da Maratona de Boston.

"Telefonei para minha mãe e comentei: 'Mãe, você acha que Israel é perigoso. Mas eu estou em *Boston*. Não dá para se esconder do perigo.' Mas isso não é motivo para deixar de confiar nas pessoas. Viajei o mundo, conheci alguns lugares estranhos e nunca me aconteceu nada de mau.

"Sempre espero o melhor das pessoas. Confio nelas até que me provem que estou errado. Confiar é como um músculo que você exercita. Isso não significa que sou imprudente. Sou realmente muito bom para avaliar pessoas."

TIM: "Espere aí, você disse que nada de mau aconteceu com você. Quanto disso é simplesmente ver as coisas sob uma perspectiva mais positiva? Porque houve o caso das facas de arremesso [roubadas por funcionários da alfândega] no Panamá. Portanto, merdas acontecem."

Jason riu, ficou quieto por um instante e em seguida respondeu:

"Ser roubado foi uma das coisas mais incríveis que aconteceram comigo. Roubaram todos os meus pertences. Na época, eu simplesmente não queria trabalhar [mais] em restaurantes. Então pensei: *Eu sou iogue. É isso que eu vou fazer da vida. Não importa quão difícil vai ser, porque é isso que eu amo.* E pronto. Fui morar na minha van.

"No meu aniversário de trinta anos, um amigo fez uma festa para mim. Naquela noite, ganhei um livro sobre budismo, uma caixa de cocos e saí com meus amigos. No dia seguinte, minha van tinha sumido. Ou seja, meu lar tinha sumido. Eu tinha perdido tudo. Então comecei a quebrar um coco e a ler sobre budismo, porque... o que mais eu tinha para fazer? E a página 4 falava justamente sobre não ter um lar e vagar por aí. *É isso que vou fazer.* Assim começou minha viagem nômade. Se eu tivesse ficado em São Francisco e tentado viver como professor de ioga, a AcroYoga não seria uma prática mundial.

"Largue o que não está funcionando, avalie de fato o que está e se pergunte: 'O que pode me estimular?' Não é que coisas ruins não aconteçam comigo. Tem muita coisa que eu deixo de rotular como boa/ruim. Em vez disso, pergunto: posso evoluir a partir disso? O que eu quero agora? Onde é o meu centro agora?"

✴ Livros mais presenteados ou recomendados

O profeta, de Khalil Gibran: "Eu adoro as mensagens repletas de *shakti* (empoderamento) e de energia — algo que se pode ler em alguns minutos ou por toda a vida." [**TF:** Este pequeno volume tem menos de cem páginas. Gaste um dinheirinho a mais para ter a versão com ilustrações do autor.]

Tao Te Ching, de Lao Tzu: Jason leva esse livro em suas viagens. "Muitas vezes, antes de meditar, abro em uma página aleatória. Leio sobre algo e é naquilo que vou imergir ao começar." (Veja Rick Rubin, página 547, e Josh Waitzkin, página 629.) Quando perguntei a ele de qual tradução ele gostava, ele brincou: *"Tao de Chinga a tu madre."* Logo em seguida, especificou: Stephen Mitchell.

✴ Melhor compra de Jason por 100 dólares ou menos

Jason adora golfe de disco (uma mistura de frisbee com golfe) e sempre leva discos em viagens. Ele comprou um Roc de médio alcance e seu TeeBird "de sempre", ambos da Innova. Ele sabe jogar, mas em raras ocasiões deixa um disco ir embora.

"Tenho uma postura crítica com quem leva o frisbee a sério demais, pessoas que chegam a ter *caddies*. Essas pessoas acham que isso é um esporte. É um passatempo, não importa quanto você trabalha nisso. Você está arremessando um pedaço de plástico...

"Mas ver um disco voar por um minuto é mágico... Na ioga, existe a filosofia *svaha*, que eu chamo de filosofia 'Foda-se, deixe pra lá'... Eu gosto de jogar frisbees, de ver objetos no alto. E quando estou em lugares muito cerimoniosos, como Machu Picchu, é algo como: 'O que estou botando para fora?' Então é um ato intencional."

✴ O que você colocaria em um outdoor?

"**Brinque!** Brinque mais. Acho que as pessoas são muito sérias, e não é preciso muito para que elas voltem a mergulhar na sabedoria de uma brincadeira infantil. Se eu tivesse que receitar duas coisas para melhorar a saúde e a felicidade no mundo, seriam movimento e brincadeira. Porque você não pode brincar de verdade sem se mexer, então as duas coisas estão entrelaçadas.

"As esteiras matam seu espírito. Há motivos e momentos para fazer esteira, mas, se essa é sua única maneira de movimentar o corpo, você está se subestimando. Há maneiras muito mais bacanas de se mexer, muito mais divertidas, e por acaso tive a sorte de aprender algumas delas. Portanto, brinque."

CONSIDERAÇÕES FINAIS: NÃO COMPARTIMENTALIZE TANTO

Sobre ioga teórica *versus* ioga aplicada: "Sinto que há esta questão na ioga: você tem todo esse conhecimento e essa prática incríveis, mas **como você está levando isso para a vida? O que acontece quando você está no trânsito? Como você trata sua mãe? Você fala com sua mãe? Você diz a verdade para ela?**"

ACROYOGA — VOO TAILANDÊS

A AcroYoga é uma combinação de três disciplinas complementares: ioga, acrobacia e terapia.

A terapia foi trazida por Jenny Sauer-Klein, cofundadora da AcroYoga (juntamente com Jason Nemer, página 75), e parece uma massagem tailandesa suspensa.

Vi Jason enlouquecer acrobatas de alto nível (mesmo os do Cirque du Soleil) com a Folha Dobrada (página 84), talvez a posição terapêutica mais fácil da AcroYoga. Saiba de antemão que nessa postura o rosto de um fica perto da virilha do outro. Se seu parceiro achar a posição constrangedora ou não estiver disposto a ficar a centímetros dessa área, uma alternativa mais tranquila é a hippie twist (página 83).

Para introduzir você no mundo "Acro", compartilharei alguns dos meus movimentos favoritos do voo terapêutico. É muito mais seguro do que fazer acrobacias, que requer um professor e observadores.

Em mais ou menos cinco minutos, usei os movimentos a seguir para aliviar dores na lombar em pelo menos seis pessoas apresentadas neste livro. Uma reação comum é: "Eu não sentia um relaxamento assim há anos... ou nunca havia sentido." Vá DEVAGAR e aproveite! Se estiver desconfortável, você não está fazendo direito. Tente fazer em cima de um colchonete ou na grama, e sugiro que pratique os movimentos na ordem apresentada.

Qualquer coisa entre aspas é o que eu diria se estivesse na base (a pessoa de apoio) ensinando a um voador (a pessoa que é suspensa) de primeira viagem. Uma boa regra para a Acro e para a vida: **diga às pessoas o que você *quer*, e não o que você não quer, e simplifique**. Em outras palavras, diga "cotovelos mais firmes", em vez de "não dobre os braços". Diga "pés mais suaves", e não "pare de cutucar a minha barriga com os seus pés".

Há um milhão de maneiras de ensinar o básico da Acro, é claro. O que vem a seguir é a minha:

Antes de suspender alguém

VOADOR: Pratique no chão o que você fará no ar.

1. Sente-se no chão com as pernas esticadas e abertas (noventa graus está bom) e as costas o mais retas possível. Essa é a posição "pike straddle". **O ângulo entre o torso e as coxas deve ser de noventa graus. Essa curvatura nos quadris é crucial, porque proporciona um apoio de "prateleira" aos pés da base.** Ponha as mãos sobre a dobra dos quadris, incluindo a faixa de 2,5 a cinco centímetros logo abaixo. Eu direi: "É aí que meus pés vão ficar."

2. Agora, traga os pés para dentro, solas juntas, em uma posição de "borboleta". O espaço entre as pernas deve se assemelhar a um losango. Para pessoas de ioga que adoram sânscrito, trata-se da *baddha-konasana*. O sufixo *asana* significa "postura". Isso não significava nada para mim quando comecei a aprender, então passei meses chamando de "*butter-kanasa*".

3. Mantendo a posição de borboleta, alcance as costas com os braços e segure os cotovelos. Se não conseguir, segure os antebraços.

BASE: Teste de carga para suas pernas.

1. Deite-se de barriga para cima e deixe as pernas retas para cima. Esta é a posição "L-base".

2. Peça ao voador que cruze os braços à frente do peito. Peça a ele que coloque os antebraços sobre os seus pés e se incline sobre você, pondo o peso sobre as suas pernas. Como está se sentindo?

3. Não deixe os dedos dos seus pés se aproximarem do seu rosto, para não dificultar as coisas. Mantenha o quadril em ângulo de noventa graus, se possível.

4. Se estiver forçando muito os isquiotibiais, você pode dobrar um tapete de ioga e colocá-lo sob a lombar. A elevação vai ajudar.

Hippie twist

1. **BASE:** Deite-se. **VOADOR:** Fique em pé bem ao lado dos quadris da base, pés separados à distância do dobro da largura do ombro.

2. BASE: Ponha os pés ligeiramente virados para fora sobre as curvas do quadril do voador.

3. BASE: Diga ao voador: "Ponha as mãos nos meus joelhos." (**fig. A**)

4. "Olhe nos meus olhos, inspire profundamente. Ao expirar, incline-se para a frente e eu pegarei seus ombros. Mantenha as mãos nos meus joelhos, mas deixe os braços dobrarem." E, se necessário: "Procure pôr o topo da cabeça sobre a minha barriga."

5. BASE: Encontre os ombros do voador com os braços retos e dedos apontados para cima, e suspenda o voador no ar (**fig. B**).

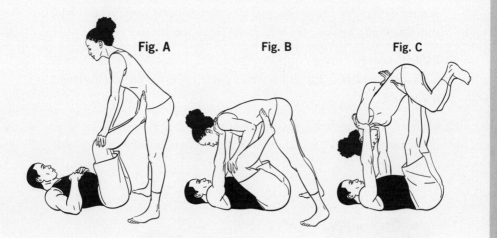

Fig. A   Fig. B   Fig. C

6. "Mantenha as pernas abertas e os pés rígidos. Dedos dos pés apontados para o chão." **VOADOR:** Mantenha uma forte curva nos quadris. A maioria dos voadores ergue as pernas, perdendo a "prateleira", o que pode levar a uma queda. Outra dica: "Mantenha os pés o mais perto possível do chão."

7. "Deixe a parte superior do seu corpo pesar e as pernas ainda mais."

8. "Agora alcance suas costas e segure seus cotovelos, se possível. Segurar os antebraços ou a cintura também pode."

9. "Junte as solas dos pés para o alongamento de borboleta (**fig. C**). Agora, abaixe os dedos dos pés o suficiente para poder vê-los." Isso garante uma "prateleira" apropriada.

10. BASE: Braços e pernas devem estar esticados. "Inspire profundamente e expire." Ao expirar, curve lentamente uma das pernas para girar o voador pela cintura. Volte a esticar tudo. Repita a respiração e gire para o outro lado. Faça um total de quatro a seis repetições.

Folha Dobrada e Abraçador de Folha

Repita os sete primeiros passos de hippie twist.

8. **BASE:** Diga ao voador: "Agora, relaxe os braços e ponha o dorso das mãos no chão. Vou ajudar você." Segure levemente os punhos do voador e ponha as mãos do parceiro bem atrás dos quadris dele (**fig. D**). O voador não deve estar sustentando nenhum peso. As pernas do voador devem estar abertas e pesadas, o mais perto possível do chão, sem tensionar. Essa é a posição da Folha Dobrada.

9. **BASE:** Passe suas mãos por baixo das axilas do voador e faça um underhook, pousando as mãos sobre a parte superior das costas (**veja o detalhe**).

10. **BASE:** Dobre as pernas para repousar levemente as costelas do voador sobre elas (**fig. E**). Isso cria um ângulo mais seguro para os ombros do voador.

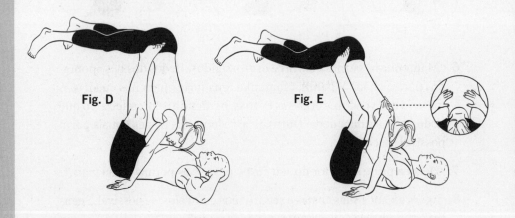

Fig. D   Fig. E

11. **BASE E VOADOR:** Inspirem juntos. **BASE:** Estenda o voador para trás com suas pernas dobradas enquanto seus braços tracionam o tronco dele para trás em oposição. Isso é o Abraçador de Folha.

12. **BASE:** Volte a esticar as pernas, relaxando a tração sobre as costas do voador. Faça de duas a quatro repetições.

Love leg — "Botas de Gravidade"

Ao fim de uma sessão de AcroYoga, as pernas da base geralmente estão em frangalhos. É aí que entra a "love leg" — o voador ajudando a distensionar e recuperar as pernas e os quadris da base. Há dezenas e dezenas de técnicas, mas esta tem um resultado fantástico. Como eu nunca soube se isso tem um nome, chamo de "Botas de Gravidade", já que o efeito é semelhante.

Este exercício tem um valor terapêutico mesmo quando usado independentemente da AcroYoga.

1. **BASE:** Deite-se de frente com as pernas esticadas e abertas.

2. **VOADOR:** Fique de pé entre as pernas da base, pegue os pés dela, segurando-os pela parte superior do calcanhar e o tendão de aquiles. A base deve relaxar completamente e não ajudar.

3. **VOADOR:** Balance um pouco, vire os pés da base para dentro, pondo--os atrás de seus quadris (**veja o detalhe**) e, em seguida, incline-se para trás por dois a cinco segundos (**fig. A**). Isso irá descomprimir os quadris e as pernas da base. Faça de três a cinco repetições.

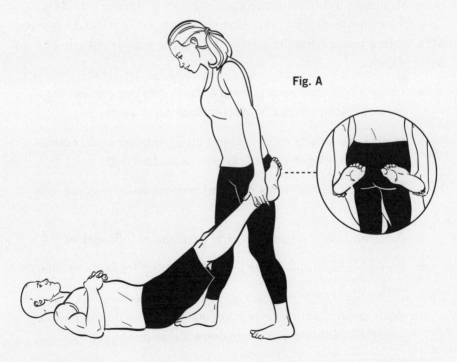

Fig. A

DESCONSTRUINDO ESPORTES E HABILIDADES COM PERGUNTAS

Como diria Tony Robbins: "A qualidade de suas perguntas determina a qualidade de sua vida."

De 2008 a 2010, quando eu estava entrevistando atletas e treinadores a fim de descobrir táticas originais para o livro *4 horas para o corpo*, enviei diferentes combinações das perguntas a seguir para dezenas de especialistas. Essas perguntas podem ser modificadas para qualquer habilidade ou tópico, não apenas para esportes. Basta substituir [ESPORTE] por aquilo que você quer aprender e ir em busca dos seus mentores. É possível encontrar com frequência medalhistas de ouro e prata do passado dispostos a responder a perguntas via Skype por 50 a 100 dólares por hora, o que é uma pechincha incrível e pode lhe poupar anos de esforço desperdiçado.

>> Quem é bom em [ESPORTE] mesmo tendo uma constituição física ruim para isso? Quem é bom nisso e não deveria ser?

>> Quais são os atletas ou treinadores mais controversos ou heterodoxos em [ESPORTE]? Por quê? O que você acha deles?

>> Quais são os professores mais impressionantes que quase ninguém conhece?

>> O que torna você diferente? Quem o treinou ou influenciou?

>> Você treinou outros a fazer isso? Você multiplicou seus resultados?

>> Quais são os maiores erros e mitos que você vê no treinamento de [ESPORTE]? Quais são os maiores desperdícios de tempo?

>> Quais são seus livros ou fontes favoritos sobre o assunto? Se as

pessoas tivessem que aprender sozinhas, o que você sugeriria a elas?

≫ Se você me treinasse durante doze semanas para uma competição de [PREENCHA O ESPAÇO] e tivesse 1 milhão de dólares disponível, como seria o treinamento? E se eu treinasse durante oito semanas?

No caso do basquete, acrescentei mais quatro questões. As perguntas seguintes foram enviadas por e-mail a Rick Torbett, o fundador do Better Basketball:

≫ Quais são os maiores erros que os novatos cometem quando arremessam ou treinam arremesso? Quais são os maiores desperdícios do tempo de treinamento?

≫ Quais são os erros mais comuns, mesmo em nível profissional?

≫ Quais são seus princípios-chave para arremessos melhores e mais consistentes? E para lances livres *versus* cestas de três pontos?

≫ Como é a progressão de exercícios?

Recebi as respostas dele por e-mail e, dois dias depois, acertei nove de dez lances livres pela primeira vez na vida. Depois, na noite de Natal, fui jogar boliche e percebi que muitos princípios do basquete (por exemplo, domínio visual determinante para mover sua "linha central" vertical) se aplicavam ao boliche também. Marquei 124 pontos, minha primeira pontuação acima de cem e um Everest em relação aos meus habituais cinquenta a setenta pontos. Ao voltar para casa, fui imediatamente para uma quadra de basquete e fiz as primeiras cestas de três pontos da minha vida.

Tudo começa com boas perguntas.

DR. PETER ATTIA

Peter Attia, médico (TW: @peterattiamd, eatingacademy.com) é um ex-atleta de ultrarresistência (provas de natação de quarenta quilômetros, por exemplo), experimentador compulsivo e um dos seres humanos mais fascinantes que conheço.

Ele é um dos meus médicos habituais para qualquer questão sobre desempenho ou longevidade. Peter obteve seu doutorado em medicina na Universidade Stanford e é bacharel em engenharia mecânica e matemática aplicada pela Queen's University, em Kingston, Ontário. Fez residência em cirurgia geral no Johns Hopkins Hospital e realizou pesquisas no National Cancer Institute sob a orientação do dr. Steven Rosenberg, focando no papel de células T reguladoras na regressão de câncer e em outros tratamentos para câncer de base imunológica.

O CAFÉ DA MANHÃ DE PETER

"Em geral começa com nada. Depois, como mais um pouco de nada — porque estou com um pouquinho de fome. Por fim, arremato com um pouquinho de nada."

Peter raramente toma café da manhã e experimentou muitas formas de jejum intermitente, desde uma refeição por dia (ou seja, 23 horas de jejum por dia) até padrões de alimentação mais típicos de 16/8 e 18/6 (isto é, dezesseis ou dezoito horas de jejum, comendo apenas em um período de oito ou seis horas). Ficar dezesseis horas sem comer geralmente proporciona o equilíbrio certo de autofagia (pesquise para saber o que é) e anabolismo (desenvolvimento de músculos).

TRECHOS ALEATÓRIOS

» Peter passou três anos seguidos em cetose nutricional e manteve um alto nível de desempenho não apenas em ciclismo e natação de distâncias ultralongas, como também em força (por exemplo, virando um pneu de 204 quilos seis vezes em dezesseis segundos). Ele ainda entra em cetose pelo menos uma vez por semana como resultado de jejum (uma refeição principal por dia entre seis e oito da noite) e se sente em sua melhor forma fazendo uma dieta cetogênica. O principal motivo para não a fazer com mais frequência é seu desejo por mais frutas, legumes e verduras.

» Peter é obcecado por muitas coisas, incluindo relógios de pulso (como o Omega Speedmaster Professional, Calibre 321, que existe desde os anos 1950) e simuladores de corridas de carro de nível profissional. O simulador que ele usa é o software iRacing, mas os componentes (assento da cabine, volante, hidráulica etc.) são todos feitos sob encomenda. O carro que ele mais gosta de dirigir é o Formula Renault 2000.

POR QUE PETER E EU NOS DAMOS BEM

Peter explica a alegria de beber sua primeira porção experimental de cetonas sintéticas (exógenas):

"A primeira que experimentei foi o éster beta-hidroxibutirato, que um grande amigo meu me enviou [Dominic D'Agostino, página 49]. Eu havia conversado com duas pessoas que já tinham consumido. Os dois eram militares, aguentavam de tudo, não eram garotos de seis anos. Eles disseram:

'É o pior gosto do mundo.' Então eu sabia disso, mas acho que essa informação sumiu com a minha empolgação quando a caixa chegou. Abri a caixa, que também continha uma nota dentro que explicava como preparar um coquetel mais ou menos palatável. Desconsiderei aquilo e peguei o frasco de cinquenta mililitros.

"Engoli aquilo e me lembro de que eram umas seis horas da manhã, porque minha esposa estava dormindo. Imagino como seria o gosto de combustível de jato ou diesel: e é esse o sabor do éster beta-hidroxibutirato. Se você já cheirou um destilado, sabe que é um odor horrível e dá para imaginar qual seria o gosto. Era esse o gosto. Meu primeiro pensamento foi: *Caramba, e se eu ficar cego? E se tiver metanol nisso?* E então meu pensamento seguinte foi: *Ah, meu Deus, estou quase vomitando. Se eu botar esse troço para fora, vou ter que lamber meu vômito. Vai ser um desastre.* E então lá estou eu: com ânsia de vômito, tentando não acordar a família e procurando não expelir minha cetona pela cozinha inteira. Demorei vinte minutos para sair e dar minha pedalada, que era todo o propósito daquele experimento."

FERRAMENTAS DO NEGÓCIO

Peter usa um monitor contínuo de glicose Dexcom G5 para acompanhar seus níveis 24 horas por dia, sete dias por semana, que são mostrados em seu iPhone. Seu objetivo de verdade, o feitiço que faria se tivesse uma varinha mágica, é manter baixas sua glicose média e sua variabilidade de glicose. Fora de um laboratório, isso é próximo de minimizar sua "área sob a curva" de insulina. Para conseguir isso, Peter tem como meta manter a glicose média (por período de 24 horas) em 84 a 88 miligramas por decilitro e seu desvio-padrão abaixo de quinze. O Dexcom mostra tudo isso. Peter calibra o Dexcom duas ou três vezes por dia com um medidor de glicose OneTouch Ultra 2, que exige menos sangue e parece mais preciso do que o Precision Xtra que eu uso para medir cetona.

MALHANDO O GLÚTEO MÉDIO

"O homem moderno é muito fraco e instável no plano lateral. Ter um glúteo médio, um tensor da fáscia lata e um vasto medial bem fortes é essencial para um completo alinhamento de joelho e quadril e para a longevidade de desempenho."

Certa vez, Peter me visitou em São Francisco e fomos juntos à academia. Entre séries de levantamento terra e diversos movimentos machões carregados de giz, dei uma olhada e vi que Peter parecia estar posando para uma revista, fazendo uma ginástica *à la* Jane Fonda. Quando terminei de rir, ele explicou que evitava uma cirurgia no joelho graças àquela série de exercícios, que lhe fora ensinada pelo guru da velocidade Ryan Flaherty e pelo cinesiologista Brian Dorfman (Brian também o ajudou a evitar uma cirurgia no ombro após uma ruptura do labrum).

Tentei fazer a série e fiquei abismado com a fraqueza do meu glúteo médio. Foi excruciante, e me senti um idiota. (Veja a citação do treinador Sommer "Se quiser ser um garanhão...", na página 38.) Em cada um dos sete movimentos a seguir, comece com dez a quinze repetições. Depois que conseguir fazer vinte repetições de todos os sete, acrescente peso aos tornozelos.

Você provavelmente se sentirá orgulhoso e satisfeito consigo mesmo nos primeiros, mas lembre-se: só descanse depois de fazer todos os sete, e não entre um exercício e outro.

Em todos esses movimentos, pense em pés virados para dentro a fim de assegurar que você está mirando os músculos certos, e faça essa série duas vezes por semana.

Nº 1 — Sobe/Desce

Deite-se de lado e use o braço para apoiar a cabeça. Com as pernas retas, levante e abaixe a perna de cima, mantendo o pé virado para dentro. Não levante muito o pé. O ângulo máximo em sua entreperna não deve passar de trinta graus. Se erguer demais, vai reduzir a tensão e comprometer o objetivo.

Para os exercícios nº 2-4, mantenha uma distância de aproximadamente trinta centímetros entre os tornozelos. Maximize a tensão sobre o glúteo médio e só mova a perna em um plano horizontal. Certifique-se de que o tornozelo não afunde ao chutar para trás, por exemplo. Na primeira sessão, ou nas duas primeiras, procure encontrar a altura de perna *mais difícil* para você. Em geral, é de trinta a 45 centímetros a partir da parte inferior do tornozelo. Lembre-se de manter o dedão abaixo do calcanhar.

Nº 2 — Chute/Balanço para a frente
Chute a perna de cima para fora a 45 graus do quadril (conforme mostrado ao lado). Pense em "cabaré".

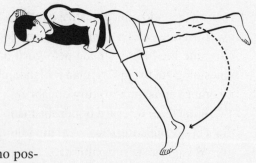

Nº 3 — Balanço para trás
Balance a perna para trás o máximo possível sem arquear as costas.

Nº 4 — Balanço total para a frente e para trás
Balance a perna para a frente e em seguida para trás (os dois anteriores combinados), sem pausa quando a perna estiver no meio.

Nº 5 — Círculo horário
Faça um círculo de 45 centímetros de diâmetro com o calcanhar. Lembre-se: na parte inferior do círculo seus tornozelos devem estar a mais ou menos trinta centímetros de distância um do outro. Se deixar os tornozelos ficarem a poucos centímetros um do outro, você estará trapaceando.

Nº 6 — Círculo anti-horário
Repita na direção inversa.

Nº 7 — Movimento de bicicleta
Pedale como se estivesse numa bicicleta.

Molezinha? Troque de lado e repita.

CÍRCULOS EM PRANCHA SOBRE BOLA SUÍÇA

O objetivo desse exercício é criar movimento e rotação na escápula. A mobilidade escapular é uma das chaves para o funcionamento da parte superior do corpo e para a longevidade. Os músculos visados são: redondo menor, infraespinhal, supraespinhal, subescapular e romboide.

A preparação é simples: fique em posição de prancha com os cotovelos apoiados em uma bola suíça e os antebraços apontados para a frente. Não ceda entre as escápulas ou na parte inferior das costas (mantenha as posições de "oco" e "protraído" descritas na página 47). Comece com as pernas abertas para ter estabilidade e aproxime os pés conforme ficar mais forte. Mantendo o corpo nessa posição, use os antebraços para mover a bola como descrito abaixo. A série contém de dez a quinze repetições de cada um dos exercícios seguintes, sem descanso entre um e outro:

1. Círculo horário.

2. Círculo anti-horário.

3. Para a frente e para trás (isto é, deslizando os cotovelos de quinze a trinta centímetros à frente e depois até as costelas).

Se estiver fazendo isso corretamente, você vai sentir as escápulas se movendo. Peter faz três séries inteiras por sessão, duas vezes por semana. Ele emenda isso com "Wolverines" (procure no Google) em um aparelho crossover. Quando feito corretamente, o Wolverine tem como alvo mais os romboides do que os deltoides.

CINCO EXAMES DE SANGUE QUE PETER GERALMENTE RECOMENDA

"É claro que as respostas dependem de questões individuais e dos riscos que cada pessoa enfrenta (doença cardiovascular, câncer etc.) com base no histórico familiar e na genética, mas, em geral, estes cinco exames são muito importantes para a longevidade."

1 **Genotipagem de APO-E:** "Informa o risco de mal de Alzheimer (MA) no indivíduo. O gene está longe de ser causal, ou seja, não desencadeia MA. Mas aumenta o risco em alguma medida, dependendo da variante que você tem. Para qualquer que seja o valor, o fenótipo de APO-E (isto é, a quantidade de lipoproteína em circulação no corpo) é mais indicativo de MA do que o gene, e obviamente é um marcador melhor para se acompanhar, embora [o exame] ainda não esteja disponível em escala comercial. Mas aguarde. Estou trabalhando para isso."

2 **Número de partículas de LDL via RMN** (tecnologia que pode contar o número de lipoproteínas no sangue): "Conta todas as partículas de LDL, principais responsáveis pelo transporte do colesterol no corpo, de/para o coração e de/para o fígado. Quanto maior o número dessas partículas, maior o risco de doença cardiovascular."

3   **Lp(a) via RMN:** "A partícula de Lp(a) é talvez a mais aterogênica do corpo e, embora seja incluída no número total de partículas de LDL, procuro saber se o paciente tem um número elevado de partículas de Lp(a) porque isso, por si só, independentemente do número total de partículas de LDL, já é um enorme indicador de risco. Temos que trabalhar em cima dessa contagem, mas só fazemos isso de maneira indireta. Em outras palavras, dieta e remédios não parecem ter efeito algum sobre esse número, então pegamos mais pesado com outras coisas. Quase 10% das pessoas herdam um nível elevado de Lp(a), sem dúvida o risco mais comum de aterosclerose hereditária. A má notícia é que a maioria dos médicos não examina isso; a boa notícia é que ter noção desse problema pode salvar sua vida. Além disso, um remédio (de uma classe de drogas chamada 'apo(a) antisense') para o tratamento específico dessa condição estará disponível em alguns anos."

4   **Exame oral de tolerância a glicose:** "Nesse exame, o paciente bebe um preparado de glicose e depois observa a resposta de insulina e glicose em um período de sessenta a 120 minutos. A marca de uma hora serve para ver os primeiros sinais de advertência por causa dos níveis elevados de glicose (ou qualquer coisa acima de quarenta a cinquenta de insulina), o que pode representar hiperinsulinemia, um prenúncio de problemas metabólicos. Na verdade, a resposta de insulina em uma hora pode ser o mais importante indicador metabólico de sua propensão a hiperinsulinemia e resistência a insulina, mesmo se levarmos em conta marcadores 'tradicionais' normais, como HbA1c."

5   **IGF-I (fator de crescimento semelhante à insulina I):** "Trata-se de um forte condutor de câncer. As dietas escolhidas (por exemplo, dieta cetogênica, restrição calórica, jejum intermitente) podem ajudar a manter os níveis de IGF-1 baixos, se uma estratégia assim for justificada."

SINAIS DE ADVERTÊNCIA DA CETOSE

"A keto funciona bem para muita gente, mas não é ideal para todos. Também não está claro por que algumas pessoas se dão bem por longos períodos enquanto outras parecem se beneficiar muito mais fazendo ciclos.

Quando certos marcadores ficam elevados (proteína C reativa, ácido úrico, homocisteína e número de partículas de LDL, por exemplo), é provável que a dieta não esteja funcionando bem para o indivíduo e é necessário ajustá-la ou interrompê-la. Alguns pacientes que sofrem de aumento significativo do número de partículas de LDL na keto podem reverter essa tendência limitando a gordura saturada para menos de 25 gramas e substituindo as calorias de gordura necessárias por gorduras monoinsaturadas (por exemplo, óleo de macadâmia, azeite de oliva e, de forma restrita, óleo de abacate)."

ANTES DE FAZER EXAMES ABRANGENTES, DECIDA O QUE O LEVARÁ A AGIR

"A probabilidade de fazer exames abrangentes e descobrir que está tudo 'normal' é pequena. Portanto, não os faça a não ser que você se disponha a aceitar a incerteza que provém da necessidade de tomar decisões a partir de informações incompletas e às vezes conflitantes. Antes de checar seu gene da APO-E, por exemplo, você deve saber o que fazer se tiver uma ou duas cópias do alelo '4'."

TF: Decida de antemão — e não de maneira reativa, quando as emoções estiverem intensas — sobre que tipo de descobertas vale a pena agir ou ignorar e quais serão as suas ações.

OS PERIGOS DA "PRIMEIRA IMPRESSÃO" DOS EXAMES DE SANGUE

É importante fazer exames de sangue com frequência e repetir/confirmar resultados assustadores antes de tomar uma atitude radical. Isso também foi dito por outros convidados que apareceram em meu podcast, como o médico Justin Mager (página 101) e Charles Poliquin (página 103):

"Em 2005, nadei da ilha Catalina até Los Angeles, e meu amigo Mark Lewis, que é anestesista, coletou meu sangue dez minutos antes de eu entrar na água e dez minutos depois de eu sair da água, em Los Angeles, quase onze horas depois. Foi uma verdadeira epifania para mim, porque eu tinha desenvolvido uma coisa chamada síndrome da resposta inflamatória sistêmica, que é algo que geralmente vemos em pacientes hospitalizados com infecções graves ou que foram baleados, sofreram um acidente de carro, esse tipo de coisa.

"Minhas plaquetas chegaram a seis vezes o número normal. Minha contagem de glóbulos brancos foi de normal para, sei lá, cinco vezes mais. Todas essas enormes mudanças ocorreram no meu sangue, então não dava para me distinguir de alguém que havia acabado de levar um tiro...

"Sempre hesitei em tratar qualquer paciente com base apenas na primeira impressão de um exame, por pior que parecesse. Por exemplo, há pouco tempo vi um cara cujo nível de cortisol de manhã era algo como cinco vezes o normal. Então daria para pensar: *Uau, esse cara está com um tumor na suprarrenal, certo?* Mas bastou uma perguntinha para descobrir que, às três horas da manhã, algumas horas antes da coleta de sangue, o aquecedor de água da casa dele havia explodido. O nível normal de cortisol de manhã pressupõe que o cara dormiu a noite inteira. Mas ele teve que desalagar sua casa."

QUATRO BALAS PARA SE DESVIAR

"Se você tem mais de quarenta anos e não fuma, há um risco de 70% a 80% de que você morra de uma destas quatro doenças: doença cardíaca, doença cerebrovascular, câncer ou doença neurodegenerativa."

"Existem, na verdade, dois tipos de longevidade. O primeiro é vencer a morte retardando o início de uma doença crônica (as 'quatro grandes' citadas anteriormente). Podemos chamar isso de jogo defensivo. O segundo é o jogo ofensivo, ou seja, melhorar a vida. No jogo defensivo, há basicamente quatro doenças que matarão você. Em outras palavras, se você tem quarenta anos e se importa com isso, é provável que não morra de acidente de carro ou homicídio, porque essas causas não fazem parte do seu grupo demográfico. Acontece que, ao olharmos as tabelas de mortalidade, há 80% de risco de você morrer de doença cardiovascular, doença cerebrovascular, câncer ou doença neurodegenerativa, ponto. Portanto, qualquer estratégia para aumentar a longevidade tem que ser implementada de forma a reduzir o risco dessas doenças o máximo possível.

"[Para os que não sabem], doença cerebrovascular seria o derrame, que tem dois tipos: por oclusão ou sangramento, geralmente em decorrência da pressão arterial elevada e coisas assim. A doença neurodegenerativa, como o nome suscita, é uma degeneração no cérebro. A mais comum é o mal de Alzheimer, uma das dez maiores causas de morte nos Estados Unidos.

"[Estudos] indicam que há alguma coisa nos carboidratos e açúcares altamente refinados — e potencialmente na proteína, embora isso seja por outro motivo — que parece aumentar a insulina, que, por conseguinte, aumenta o fator de crescimento semelhante à insulina (IGF). E sabemos que o IGF está impulsionando não apenas o envelhecimento, mas também muitos tipos de câncer, embora não todos."

SUPLEMENTOS QUE PETER NÃO TOMA

Peter consome uma seleção razoável de suplementos de acordo com os seus exames de sangue. Ele não toma, no entanto, vários suplementos comuns:

>>> Multivitamínicos: "São o pior dos dois mundos. Contêm uma penca de coisas de que você realmente não precisa e não contêm o suficiente daquilo que você precisa. Representam um risco desnecessário sem nenhum lado positivo."

>>> Vitaminas A e E: Ele não está convencido de que necessita mais do que a porção que absorve por meio de alimentos integrais.

>>> Vitamina K: "Se você come verduras, já está consumindo o suficiente. A K2 pode ser outra história para algumas pessoas, dependendo da dieta delas."

>>> Vitamina C: "A maioria das pessoas obtém quantidades suficientes na dieta, e embora megadoses possam ser interessantes, em especial para combater doenças virais, não é biodisponível o suficiente na forma oral."

Ele é um defensor da suplementação de magnésio. Nossa capacidade de absorver o magnésio com rins saudáveis é muito grande. Ele toma de seiscentos a oitocentos miligramas por dia, alternando entre sulfato e óxido de magnésio. Toma também carbonato de cálcio duas vezes por semana.

A LÓGICA DA DOSE BAIXA DE LÍTIO

Com base nas conversas com Peter, agora tomo uma dose baixa, cinco miligramas, de orotato de lítio. Quanto mais leio estudos epidemiológicos, mais me convenço de que o lítio é um elemento essencial. De um a cinco miligramas são suficientes para ajudar sua saúde. Como referência, sugiro ler o artigo do *The New York Times* "Should We All Take a Bit of Lithium?"[4] [Não deveríamos todos tomar um pouquinho de lítio?]. Desse artigo:

> Embora pareça estranho que quantidades microscópicas de lítio encontradas no lençol freático possam ter algum impacto medicinal substancial, quanto mais os cientistas procuram esses efeitos, mais eles parecem descobrir. Aos poucos, estão se acumulando evidências de que pequenas doses de lítio podem ter efeitos benéficos. Elas parecem reduzir significativamente os índices de suicídio e podem até promover a saúde do cérebro e melhorar o humor.

E de Peter: "O lítio é realmente seguro em doses baixas — basicamente qualquer coisa abaixo de 150 miligramas — se sua função renal estiver dentro da normalidade. É um desses remédios que adquiriram má reputação por causa das grandes doses que às vezes eram necessárias para tratar transtorno bipolar de monoterapia recalcitrante, mas essas doses — que se aproximavam de 1.200 miligramas — não têm nada em comum com a lógica que expliquei anteriormente."

HÁ MUITO TEMPO, QUANDO PETER FOI DE 77 PARA 95 QUILOS, GANHANDO PRINCIPALMENTE GORDURA

"Francamente, fiquei muito incomodado. Nós brincamos sobre isso agora, mas na época eu cheguei a comentar com minha esposa: 'Vou fazer uma cirurgia bariátrica.' A resposta dela foi: 'Você é o ser humano mais ridículo que existe. Vamos ter que conversar sobre nosso casamento se estiver considerando isso com 95 quilos.' Então fui ver um médico especialista na cidade de San Diego, e foi muito estranho porque, embora estivesse acima do peso, eu era de longe a pessoa mais magra na sala de espera. Pensei comigo mesmo: *Peter, você acha que tem problemas. As pessoas aqui pesam 180 quilos.* E quando chegou a minha vez de ver o médico, a enfermeira me levou a uma balança e me pesou. Subi na balança e eu estava com 95 quilos. Ela disse: 'Ah, fantástico. Você está aqui para um acompanhamento [pós-cirúrgico]?'"

SOBRE DEIXAR DE CORRER E PEGAR PESOS

"Nada parte mais meu coração do que ver aquela pessoa que está lutando para perder peso e pensa que precisa correr mais de trinta quilômetros por

---

[4] Anna Fels "Should We All Take a Bit of Lithium?" *The New York Times* (13 de setembro de 2014).

semana. Ela não tem a menor vontade de fazer isso. Seus joelhos doem, ela odeia isso e não está perdendo peso. Eu gostaria de avisar a essas pessoas: 'Tenho uma ótima notícia. Você não precisa correr mais nem um passo na vida, porque não adianta nada."

"Os exercícios, porém, adiantam. E a melhor opção, principalmente em termos financeiros, é o treinamento de força pesado, de alta intensidade. Ele aprimora tudo, desde eliminação de glicose e saúde metabólica até densidade mitocondrial e estabilidade ortopédica. Esta última pode não significar muito na juventude, mas, quando se tem mais de setenta, é a diferença entre um quadril quebrado e uma caminhada no parque."

CAMINHO DE PETER PARA A MEDITAÇÃO

10% mais feliz, de Dan Harris, é o livro que fez Peter meditar regularmente. Depois de um êxito limitado em meditação de monitoramento aberto ou de atenção plena, ele foi apresentado à meditação transcendental por um amigo, Dan Loeb, bilionário e fundador da Third Point LLC, uma empresa de administração de bens que vale 17 bilhões de dólares.

✳ Livros mais presenteados ou recomendados

O senhor está brincando, Sr. Feynman!, de Richard Feynman.

Mistakes Were Made (But Not by Me), de Carol Tavris e Elliot Aronson. Este último é um livro sobre dissonância cognitiva que analisa as fraquezas e as propensões do pensamento humano. Peter quer se assegurar de passar pela vida sem estar certo demais de si mesmo, e esse livro o ajuda a se equilibrar.

✳ Melhor compra de Peter por 100 dólares ou menos

Peter tem um encontro mensal com sua filha de oito anos. O que se segue aconteceu ao fim de um passeio:

"Estávamos caminhando de volta ao hotel e um daqueles caras de riquixá se aproximou com uma bicicleta toda iluminada. Normalmente eu nunca pensaria em passear numa coisa daquelas, mas vi o brilho nos olhos dela: 'Uau, essa bicicleta é cheia de luzes.' [Então nós subimos]. O cara nos levou até o hotel, o que custou provavelmente 20 dólares, portanto muito menos que 100 dólares. E, tudo bem, são 20 dólares a mais do que deveríamos ter gastado para voltar a pé, mas eu sou um pai babão e a expressão no rosto dela valeu cada centavo. Só fiquei um pouco bobo porque pais velhos são assim, mas por muito tempo foram os melhores 20 dólares que gastei."

* Em quem você pensa quando ouve a palavra "bem-sucedido"?

Peter mencionou várias pessoas, incluindo seu amigo John Griffin, administrador de fundos *hedge* em Nova York, mas eu gostaria de destacar sua última resposta: seu irmão.

Paul (TW: @PapaAlphaBlog) é promotor federal, um grande atleta e pai de quatro crianças com menos de cinco anos. Ele pensa muito em ser um promotor federal melhor e um pai melhor. Peter explica:

"Sucesso é: seus filhos se lembram de você como o melhor pai do mundo? Não o pai que lhes dá tudo, mas para quem serão capazes de contar qualquer coisa um dia? Serão capazes de procurar você sem mais nem menos, qualquer dia, não importa o quê? Você é a primeira pessoa a quem eles querem pedir um conselho? Ao mesmo tempo, você consegue conciliar essa paternidade com sua carreira, seja como advogado, médico, corretor de valores etc.?"

JUSTIN MAGER

O dr. Justin Mager (TW: @jmagermd) me ajudou em dezenas de meus experimentos. Ele é brilhante e muito engraçado. Justin apareceu no podcast com Kelly Starrett (página 150), uma amiga em comum e colaboradora. Quando terminamos o episódio, fiz minha pergunta habitual: "Como as pessoas podem conhecer mais sobre o seu trabalho?" A resposta de Justin foi: "Elas não precisam me conhecer melhor. Apenas se olhem na porra do espelho e procurem saber mais sobre si mesmas. Minha ambição é ir para os subterrâneos e me tornar um fantasma." Adoro esse cara.

"NÃO SOMOS UM OBJETO, SOMOS UM PROCESSO"

"Queremos julgar as coisas como boas ou ruins... Então, há essa ideia de que inflamações são sempre ruins. Colesterol alto é ruim, colesterol baixo é bom. [Mas] você tem que entender o que o exame de sangue representa de fato. Antes de tudo, ele é feito uma foto. É um momento no tempo, e não somos um objeto, somos um processo."

"ÓTIMO" DEPENDE DO QUE VOCÊ ESTÁ QUERENDO OTIMIZAR

"[Por exemplo], há vários livros e artigos científicos que sugerem que quem tem colesterol LDL alto pode desenvolver massa corporal magra mais rapidamente. Portanto, se você está numa fase de desenvolver força, pode ser uma vantagem... é necessário saber o contexto. Você [também] tem que entender o que o marcador realmente representa, e não apenas [ter] um julgamento sobre se é bom ou ruim."

DOUTOR, O QUE O COLESTEROL FAZ?

"Gosto de perguntar isso aos médicos, principalmente quando discordam de mim por conta dos métodos que pratico. Sempre pergunto 'Ei, o que o colesterol faz?', e é interessante, porque muitos deles recuam e se atrapalham, porque são muito doutrinados no algoritmo de 'Tudo o que eu preciso fazer é identificar o colesterol alto e tratá-lo', em vez de entender a que propósito ele serve no corpo humano."

TF: Há uma grande diferença entre entender alguma coisa (o que você quer de um médico) e simplesmente saber o nome de algo ou rotulá-lo. Essa também é uma das lições que o pai de Richard Feynman, ganhador do Prêmio Nobel, lhe ensinou. A história está em *O senhor está brincando, Sr. Feynman!*, o livro mais presenteado por várias pessoas que estão neste livro, bem como num maravilhoso documentário chamado *O Prazer de Descobrir as Coisas*.

> **"A regra é: o básico é o básico, e você não pode vencer o básico."**

> **"O que você põe na boca é um causador de estresse, e o que sai de sua boca também."**

CHARLES POLIQUIN

Charles Poliquin (TW/FB: @strengthsensei, strengthsensei.com) é um dos treinadores de força mais renomados do mundo. Treinou atletas de quase vinte esportes, incluindo medalhistas de ouro olímpico, profissionais da Liga Nacional de Futebol Americano, astros da Liga Nacional de Hóquei americana, campeões da Copa Stanley e campeões de fisiculturismo da Federação Internacional de Fisiculturismo e Fitness.

Seus clientes incluem Helen Maroulis, a primeira americana da luta olímpica a ganhar a medalha de ouro nos Jogos Olímpicos; o medalhista de ouro em salto em distância Dwight Phillips; um dos jogadores mais valiosos da Liga Nacional de Hóquei no Gelo, Chris Pronger; e Edgar Martínez, bicampeão em média de rebatidas da Liga Principal de Beisebol americana, entre muitos outros. Poliquin é autor de mais de seiscentos artigos sobre treinamento de força, e seu trabalho já foi traduzido para 24 idiomas. Escreveu oito livros, incluindo uma pequena joia intitulada *Arm Size and Strength: The Ultimate Guide*.

Animal espiritual: Tigre-siberiano

VOCÊ NÃO MERECE ÁGUA COM AÇÚCAR SÓ PORQUE SE EXERCITA

"A coisa mais importante que aprendi sobre nutrição é que você precisa merecer seus carboidratos... Para merecer [centenas de calorias de carboidratos] após os exercícios, você precisa estar com a gordura corporal abaixo de 10%. E a maneira mais rápida de saber se está com menos de 10% de gordura corporal como homem é: você consegue ver a linha alba (separação vertical) em seus músculos abdominais? Em outras palavras, você consegue ver as linhas em seu abdome? Uma linha não conta; você tem que ver todas. Ou seja, **você tem que ter pele de pênis em seus músculos abdominais.**"

TF: Uma leitora respondeu nos comentários do programa: "E se for a pele do pênis de outra pessoa?" Bem, pode ser uma solução alternativa.

"Tenho alguns atletas que se saem melhor com 70% de carboidratos, 20% de proteína e 10% de gordura. Mas eles merecem seus carboidratos. Eles têm um ótimo pâncreas, são sensíveis à insulina, blá-blá-blá. Eles têm muita massa muscular. Mas alguns atletas têm permissão para dez lambidas em uma ameixa seca a cada seis meses. Isso é tudo o que eles merecem e é tudo que terão. E, depois de seis meses, terão permissão para olhar fotos de bolo uma vez por semana."

TF: Para uma opção de baixo carboidrato pós-treino, veja soro de leite de cabra na página 113 (combustível portátil).

COMO VOCÊ IDENTIFICA UM BOM TREINADOR DE FORÇA?

"Um bom treinador de força deve conseguir que uma mulher, não importa sua gordura corporal, seja capaz de fazer doze elevações na barra em doze semanas."

CAFÉ DA MANHÃ TÍPICO DE CHARLES

Charles leva a sério o café da manhã. Seu combo matinal inclui algum tipo de carne de caça (geralmente frita com um pouco de manteiga de leite de cabra), nozes e às vezes frutas vermelhas ou abacate.

"Gosto muito de macadâmia, mas vario para não desenvolver algum tipo de intolerância... Na estrada, um dos motivos pelos quais sempre fico no hotel Marriott no mundo inteiro é que é o único lugar que serve bife com ovos." Quando ele está viajando, é claro que as coisas podem ser mais complicadas: "Em Manchester, por exemplo, não encontrei bife com ovos para o café da manhã, então meu assistente e eu compramos sardinhas.

Comemos sardinhas e castanhas-do-pará no café da manhã do dia seguinte. Isso eu não negocio. Para mim, é carne, peixe ou frutos do mar e algumas nozes."

TF: Usei negrito no parágrafo anterior porque tenho muitos amigos que fizeram testes para intolerância a alimentos e me ligaram dizendo: "Tenho intolerância a feijão-branco! E a clara de ovo também!" Esses resultados não significam necessariamente que você tem uma genética de intolerância a esses alimentos. Há uma probabilidade razoável de que A) você simplesmente esteja consumindo tanto do mesmo alimento que provocou uma resposta autoimune reversível, ou B) o laboratório cometeu um erro. Já vi laboratórios informarem a *cada* paciente (dezenas) em determinada semana que ele tinha intolerância a clara de ovo. Falhas de laboratório acontecem, equipamentos dão defeito e as pessoas cometem erros. Moral da história: varie sua fonte de alimentos e confirme qualquer resultado assustador com um segundo exame.

PARA PELE FLÁCIDA OU ESTRIAS

O dr. Mauro Di Pasquale, um dos meus primeiros mentores, me ensinou o seguinte: "Existe uma erva chamada gotu kola, que livra você daquilo que chamamos de tecido de cicatrização desnecessário ou tecido conjuntivo desnecessário. Mas a questão com essa erva é que você não vai sentir progresso algum para pele flácida durante seis meses. Então as pessoas dizem que não adianta, mas reitero: persista por mais seis. E então, quase da noite para o dia...

"Há algumas farmácias de manipulação que fazem um creme de gotu kola bioabsorvível. Funciona muito mais rápido. É uma forma biologicamente ativa, você poderá obter os mesmos resultados em um período de dois a três meses."

TF: Perguntei a Charles sobre fontes orais e ele sugeriu, todo dia, um conta-gotas cheio de extrato líquido de folha de gotu kola da Gaia Herbs, o que também melhora a recuperação de tendões e a função cognitiva.

QUATRO TESTES PARA VERIFICAR A CADA OITO SEMANAS

Charles recomenda checar estes biomarcadores a cada oito semanas:

1. **Insulina de manhã (em jejum).**

Glicose de manhã (em jejum): "Uma coisa que insisto é que sempre se faça o teste exatamente doze horas após a última refeição. Por quê? Porque quero medidas pré e pós que sejam válidas. Sua glicose de manhã pode estar desordenada porque você fez duas horas a mais de jejum, o que não é válido."

TF: Este é um ponto muito importante. Padronize sua rotina. Por exemplo, vou fazer exames de sangue no mesmo dia toda semana e tentar me hidratar da mesma forma, geralmente bebendo de um a dois litros de água e me certificando de que minha urina esteja clara. Imagine fazer um exame de sangue na quinta-feira e repetir os testes em uma segunda-feira depois de um fim de semana regado a bebidas, o que pode elevar as enzimas do fígado. Os valores não são comparáveis. Também é uma boa ideia evitar uma malhação pesada 24 horas antes dos exames de sangue, para que não haja uma leitura falsa de marcadores de inflamação. Controle suas variáveis!

2. **Teste de insulina reativa:** "Acho que o teste de insulina reativa é o mais subestimado na área da saúde." (O dr. Peter Attia também o inclui como um teste de tolerância a glicose; veja a página 94 para mais detalhes.)

3. **HbA1c** (geralmente lido como "hemoglobina A1c"): **"Dizem que, basicamente, você envelhece no ritmo em que produz insulina**. A HbA1c revelará qual foi a média de insulina nos últimos três meses... Constatei ao longo dos anos que, na verdade, a quantidade de magnésio, magnésio suplementar, consumido é a maneira mais rápida de reduzir esse valor. Portanto, o magnésio é um dos melhores minerais antienvelhecimento."

MAIS SOBRE MAGNÉSIO

"Se eu tivesse que escolher, acho que o melhor magnésio que existe por aí é o treonato de magnésio. Mas prefiro tomar quelatos diferentes." [**TF:** Dominic D'Agostino também toma magnésio; veja o que ele pensa a respeito na página 59.] Então, uso glicinato e orotato. Se você pesquisar a fisiologia por trás disso, e há um bocado de bons estudos realmente fáceis de achar, vai descobrir que cada forma de magnésio tende a ir para um tecido específico.

"Por exemplo, o glicinato de magnésio atua mais pelo fígado e pelo tecido muscular; o orotato de magnésio costuma funcionar mais no sistema vascular. O treonato é mais um indutor de ácido gama-aminobutírico, portanto melhora o sono. De minha parte, tomo dois gramas de treonato de magnésio na última refeição antes de dormir e uso formas variadas de quelatos, como glicerofosfato de magnésio da GabaMag [fabricado pela Trilogy Nutritional Supplements]."

Outra receita indicada para dormir: glutamina e probióticos receitados pelo médico (as marcas variam) antes de ir para a cama.

SOBRE BONS MÉDICOS

"O tempo que eles passam com você em sua primeira consulta provavelmente é o melhor indicador de qualidade."

AUMENTAR T, DIMINUIR C

"Em regra, **a melhor coisa para aumentar a testosterona é diminuir o cortisol**. Isso se dá por causa da pregnenolona, matéria bruta que produz tanto a testosterona quanto o cortisol. Sob estresse, seu corpo é programado para acabar seguindo pelo caminho do cortisol."

TF: Se você algum dia já se deitou na cama exausto, mas incapaz de dormir, o cortisol pode ter sido o motivo. Para mitigar esse fenômeno, bem como reduzir os níveis de glicose, tomo fosfatidilserina e N-acetilcisteína (NAC) antes de dormir. Para mim, isso também tem um impacto perceptível sobre a redução da ansiedade no dia seguinte.

"O melhor educador para terapia de reposição hormonal (TRH) é Thierry Hertoghe, da Bélgica."

∗ **Agachamento com a barra à frente, atrás ou sobre a cabeça? Qual você escolheria para seus atletas?**

"Com a barra à frente. Tenho muitos dados estatísticos a respeito. Acontece que é impossível trapacear com a barra à frente. Estou falando de agachamento à frente com o traseiro no chão. Na minha opinião, para fins atléticos, todos os agachamentos devem ser feitos assim. É como os halterofilistas olímpicos fazem. Portanto, mãos ligeiramente além da largura do ombro, cotovelos o mais alto possível e para dentro. Isso tranca a barra bem à frente da garganta. Se você achar o exercício confortável, não o está executando direito. Você deve sentir alguma restrição no pescoço quando se agachar corretamente com a barra à frente."

(Veja o que Kelly Starrett pensa sobre agachamentos na página 152.)

PASSO Nº I NO AQUECIMENTO PARA O AGACHAMENTO

"Muitas pesquisas apontam que a mobilidade do tornozelo é o que diminui a probabilidade de qualquer lesão na extremidade inferior, seja um rompimento do ligamento cruzado anterior, uma distensão no jarrete, um rompimento da musculatura na virilha ou o que quer que seja. Portanto, a primeira coisa que eu faria [para aquecer antes do agachamento] seria ir a um aparelho para panturrilhas, alongá-las e depois me abaixar para fazer um alongamento estático por oito segundos. Eu terminaria com uma contração voluntária, porque isso restabelece o padrão de força. As pesquisas são claras: quem faz um alongamento estático e não termina contraindo o músculo tem maior probabilidade de contrair uma lesão."

TF: Isso, juntamente com a recomendação de Paul Levesque, me fez levar a sério os agachamentos de cossaco (veja a página 116). Hoje em dia, presto mais atenção às minhas panturrilhas do que antes, tanto para prevenir lesões quanto para aumentar a flexibilidade da parte superior da perna (veja Christopher Sommer, página 37).

ATIVANDO OS ISQUIOTIBIAIS

Certa vez, participei de um seminário de Charles sobre aperfeiçoamento da cadeia cinética, no qual exercitei meus braços com as técnicas da liberação ativa e em poucos minutos dobrei a amplitude do meu movimento de rotação interna do ombro (veja *4 horas para o corpo*). Ele também nos ensinou a "técnica do tendão muscular" — como ativar os músculos isquiotibiais, entre outros, usando uma simples fricção de fibra cruzada perto dos pontos de inserção.

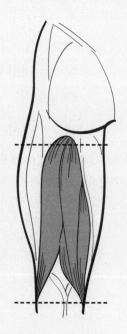

Por exemplo, para aumentar imediatamente seu resultado de força em uma série de flexões para isquiotibiais, você pode se deitar no chão e pedir a alguém que, usando a faca da mão (a palma da mão aberta perpendicular ao solo), esfregue rapidamente para a frente e para trás cada uma das linhas tracejadas desta ilustração durante oito a dez segundos. Comece nas linhas da dobra do glúteo para as flexões para isquiotibiais. No caso dos levantamentos terra, inicie pelas linhas logo abaixo do joelho.

✳ Livros mais presenteados ou recomendados

59 segundos — Pense um pouco, mude muito, de Richard Wiseman (para redução do estresse).

Trabalhe 4 horas por semana, de Timothy Ferriss.

A única coisa — O foco pode trazer resultados extraordinários para sua vida, de Gary Keller.

"Depois de ler *Trabalhe 4 horas por semana* e *A única coisa*, comecei a trabalhar de duas horas e meia a quatro horas no máximo em casa. Tiro o mês de julho de folga. Tiro as duas primeiras semanas de agosto de folga. Não trabalho do mês de dezembro até o fim de janeiro, e uma semana por mês eu tiro folga."

✳ Melhor compra de Charles por 100 dólares ou menos

"Foi um presente, então não sei bem qual foi o preço, mas não deve ter chegado a 100 dólares. Chama-se Bamboo Bench, feito pelo personal trainer alemão Bernd Stößlein. Tem um formato de meia-lua [prende-se a qualquer banco], onde sua coluna descansa. Então, quando fizer movimentos de pressão, poderá deixar os cotovelos caírem muito mais do que em um banco comum. Permite um movimento escapular mais livre e uma amplitude maior ao levantar peso. Além disso, pressiona a parte superior do corpo sem dor."

✳ Em quem você pensa quando ouve a palavra "bem-sucedido"?

Winston Churchill. "Esse cara tinha colhões. Enfrentou Hitler, recuperou o Reino Unido, recusou-se a se render. Ganhou o Prêmio Nobel de Literatura. Poucas pessoas sabem disso."

TF: Nota divertida — depois que Charles disse isso em meu podcast, o dono da casa onde Winston Churchill morou o convidou para uma visita.

O ROTEIRO DA DIETA SLOW-CARB®

Muita gente perde a esperança ao tentar perder peso.

Felizmente, isso não precisa ser complicado. Embora eu faça jejum e entre em cetose regularmente, a Dieta Slow-Carb (SCD, na sigla em inglês) tem sido minha dieta-padrão há mais de uma década. Tem uma eficácia quase inacreditável e afeta muito mais do que a aparência. De um leitor:

Meus agradecimentos mais sinceros a Tim por dedicar tempo a pesquisar e escrever *4 horas para o corpo*. Minha mãe, com quase setenta anos, perdeu vinte quilos e se livrou dos medicamentos para pressão que tomava há mais de duas décadas. E fez tudo isso em três meses. Isso significa que poderei tê-la por perto por mais tempo.

As regras básicas são simples, todas elas seguidas seis dias por semana:

Regra nº 1: Evite alimentos "brancos" ricos em amido (ou aqueles que podem ser brancos). Ou seja, todo tipo de pão, arroz, batata e grãos (sim, incluindo quinoa). Se você tiver dúvida, então não coma.

Regra nº 2: Faça as mesmas refeições repetidamente, em especial no café da manhã e no almoço. A boa notícia: você já faz isso. É necessário apenas escolher novas refeições-padrão. Se quiser simplificar, divida seu prato em terços: proteína, legumes/verduras e feijões/leguminosas.

Regra nº 3: Não beba calorias. Exceção: de uma a duas taças de vinho tinto seco por noite são permitidas, embora isso possa levar mulheres perto da menopausa ou pós-menopausa a uma estabilização.

Regra nº 4: Não coma frutas. (É mais ou menos o seguinte: frutose → glicerol-fosfato → mais gordura corporal.) Abacate e tomate são permitidos.

Regra nº 5: Sempre que possível, meça seu progresso em percentual de gordura corporal, NÃO em quilos. A balança pode enganar e sabotar você. Por exemplo, na SCD é comum ganhar músculo e, ao mesmo tempo, perder gordura. Isso é exatamente o que você quer, mas o número na balança não mudará e o deixará frustrado. Em vez de usar uma balança, lanço mão de exames de densitometria por dupla emissão de raios X (DEXA), uma técnica de avaliação de densidade óssea, um dispositivo de ultrassom BodyMetrix doméstico, ou adipômetros com um profissional de educação física (recomendo o método Jackson-Pollock de sete pontos).

Regra nº 6: Tire um dia de folga por semana e enlouqueça. Recomendo o sábado, o dia que escolhi. Esse é o "dia de quebrar as regras", que muitos leitores também chamam de *Faturday*.* Por motivos bioquímicos e psicológicos, é importante não se conter. Alguns leitores mantêm uma lista de "o que comer" durante a semana, o que os faz lembrar que estão apenas abrindo mão de vícios seis dias seguidos.

Detalhes de passo a passo abrangentes, incluindo perguntas e respostas e solução de problemas, podem ser encontrados em *4 horas para o corpo*, mas, em geral, o resumo anterior é suficiente para perder nove quilos em um mês e diminuir dois tamanhos de roupa. Dezenas de leitores perderam de 45 a 90 quilos com a SCD.

---

* Junção das palavras *fat* (gordura) e *Saturday* (sábado). (N. do T.)

MINHA ACADEMIA DE SEIS PEÇAS EM UMA BOLSA

Levo seis itens comigo sempre que viajo. Em alguns casos, compro vários conjuntos, que ficam em malas guardadas em hotéis nos lugares para onde vou com mais frequência, como Los Angeles e Nova York. Por causa do custo do despacho de bagagem em alguns voos, tenho meu "kit" à minha espera em algumas cidades e evito filas de check-in.

1. **Voodoo Floss (de 20 a 30 dólares):** Parece uma atadura de borracha. É usada para envolver e comprimir partes do corpo doloridas ou lesionadas. Além de ser pequena o bastante para caber no bolso de um casaco, diminui a dor e aumenta a amplitude de movimento mais do que injeções ou terapias de 200 dólares a hora. Uso Voodoo Floss uma ou duas vezes por dia nos cotovelos e antebraços em treinamentos árduos de ginástica artística. Dica de Kelly Starrett (página 150).

2. **Deslizadores de móveis (de 5 a 15 dólares):** Uso para enlouquecer os hóspedes em hotéis mundo afora. Eu os ponho sob os calcanhares para um movimento chamado "Ag walk com apoio atrás" (página 45), que faço indo e voltando em corredores, sobre um carpete. Dica de Christopher Sommer (página 37).

3. **RumbleRoller:** Imagine o cruzamento entre um rolo de espuma e um pneu de caminhão monstro (veja os detalhes na página 31). Dica de Amelia Boone (página 30).

4. **Cama de agulhas:** Essa espécie de tapete enrolável, coberto de "agulhas" que parecem travas de chuteira, foi recomendada por Andrii Bondarenko (IG: @andrii_bondarenko), um dos prodígios do Cirque du Soleil em parada de mão. Na Ucrânia, seu antigo treinador de acrobacia fazia os atletas usarem isso até uma hora por dia. Para

mim, de cinco a dez minutos de manhã realizam milagres, sobretudo para dor nas costas. Quando tive uma ruptura do grande dorsal, esse dispositivo foi de enorme ajuda para me levar de volta aos treinos.

5. **Proteína de soro de leite de cabra Tera's Whey:** Se você for intolerante a lactose, isso pode ser uma dádiva de Deus. Mesmo entre os que toleram bem laticínios, muitos (como eu) acham o leite de cabra mais fácil de digerir. Uso um frasco de vidro comum para misturar. Se o gosto for forte demais para você — eu acho bastante ameno —, considere acrescentar uma colher de sopa de beterraba em pó. Dica de Charles Poliquin (página 103).

6. **Minibarras paralelas:** Qualquer pessoa que já viu ginástica artística sabe o que são barras paralelas. Qualquer pessoa que já fez CrossFit conhece sua versão em miniatura, as chamadas "paralletes", geralmente feitas de canos de PVC. O que muitos não viram são as mini- -paralletes ultraleves Vita Vibe MP12, tão pequenas que cabem em uma bagagem de mão. Elas têm altura suficiente apenas para afastar do chão as articulações dos dedos e são perfeitas para treinamento de parada de mãos etc. Fazer exercícios sobre os pulsos é muito mais fácil do que com as mãos abertas no solo. O famoso neurocientista Adam Gazzaley (página 163) foi quem me apresentou a essas belas "barras paralelas" caseiras.

PAVEL TSATSOULINE

Pavel Tsatsouline (TW/FB: @BeStrongFirst, StrongFirst.com) é presidente da StrongFirst, uma escola internacional voltada para o aumento da força. Ele foi instrutor de treinamento físico das forças especiais soviéticas e atualmente é especialista no assunto junto aos fuzileiros navais, o serviço secreto e os Seals da Marinha dos Estados Unidos. É amplamente reconhecido como o introdutor do agora onipresente kettlebell nos Estados Unidos e é o autor de *Kettlebell: Simple & Sinister*.

CHECAGEM DE SOM

Antes das entrevistas, sempre testo o equipamento com a mesma pergunta. A intenção é fazer as pessoas falarem por pelo menos dez segundos. Eis o que aconteceu com Pavel:

> **TF:** "Pavel, se não se importa, diga-me o que você comeu hoje no café da manhã. É para a checagem de som."
>
> **PAVEL:** "Checagem de som. Café da manhã: café."

Achei isso tão engraçado que pus no começo do episódio. Muitos fãs ouvem sem parar e começam a rir.

DOIS AQUECIMENTOS: HALO E AGACHAMENTO DE COSSACO

Se estiver à procura de um aquecimento rápido e de ótimo retorno, aqui temos dois:

Halo

Segure um peso com as duas mãos e rode-o em torno da cabeça para soltar a cintura escapular. Uso um kettlebell ou uma anilha de onze a vinte quilos e faço cinco repetições *lentas* em cada direção. Comece leve.

AGACHAMENTO DE COSSACO

Quando nada mais deu certo, o agachamento de cossaco com um kettlebell (conforme mostrado na ilustração abaixo) duplicou a mobilidade dos meus tornozelos, gerando uma cadeia de efeitos positivos. Mantenha os calcanhares no chão o tempo todo, os joelhos alinhados com os dedões dos pés e os quadris na menor altura possível ao trocar de lado. Faço duas ou três séries de cinco ou seis repetições de cada lado, com frequência emendando com o aquecimento de "caminhada do Homem-Aranha", de Eric Cressey.

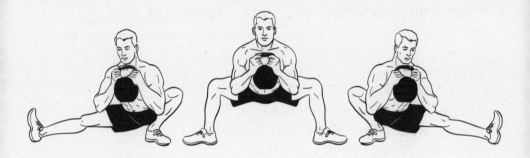

PRINCÍPIOS BÁSICOS DA FORÇA

≫ "A força é a mãe de todas as qualidades físicas."

≫ "A força é uma habilidade e, como tal, deve ser praticada."

≫ "Se levantar peso: que seja pesado, não difícil."

≫ "Qualquer coisa com mais de cinco repetições é musculação... Se você quiser ser forte, vai querer manter suas repetições em cinco ou menos que isso."

≫ "Se estiver treinando para ter força, evite a sensação de queimação. Ela é sua inimiga."

≫ "Treinamento é algo do qual você tem que gostar de fazer."

A última citação não é um comentário motivacional qualquer. É literal. Se estiver treinando para ter força máxima, é necessário sair dos exercícios melhor do que quando entrou. Trata-se de um enorme componente mental.

SUPER-HUMANO SEM ESFORÇO

Pavel me apresentou ao treinador de corrida Barry Ross. O técnico havia lido um estudo realizado por Peter Weyand em Harvard concluindo que a chave para o sucesso de um velocista é sua força relativa: quanto de força ele ou ela põe no chão por quilo de peso corporal.

Barry aprendeu a receita de Pavel para aumentar a força com o mínimo de ganho muscular: levantamentos terra com pesos pesados, poucas repetições, baixo volume e diminuição da ênfase da [fase] negativa, ou seja, quando o músculo relaxa. Barry ligou os pontos e desenvolveu um programa à base de levantamentos terra para criar velocistas de nível internacional. Um de seus primeiros prodígios foi Allyson Felix. Seu programa utiliza amplitude parcial de movimento e nenhuma negativa/excêntrica (abaixamento). Segui o protocolo durante oito semanas e o descrevi em detalhes em *4 horas para o corpo*. Aqui apresentarei apenas um resumo:

A técnica básica: Levante o peso até os joelhos e, em seguida, largue a barra. Usei uma postura "estilo sumô", mas sem problemas com a convencional.

Formato: Duas ou três séries de duas ou três repetições, cada série seguida de pliometria (correr de dez a vinte metros a toda a velocidade, seis a oito saltos na caixa etc.) e então pelo menos cinco minutos de descanso. Evoluí mais com descansos de dez minutos, que não são incomuns entre atletas de força.

Frequência: Fiz duas vezes por semana, segundas e sextas-feiras. O "tempo sob tensão" total durante as séries é de menos de cinco minutos por semana.

Resultados: Acrescentei mais de cinquenta quilos ao meu levantamento terra máximo em oito semanas, e ganhei menos de 4,5 quilos de massa adicional. Para força relativa, nunca experimentei nada igual. Você se acha velho demais ou fraco demais para levantamentos terra? O pai de Pavel começou a pegar peso com mais de setenta anos. Ergueu mais de 180 quilos sem cinto alguns anos depois e bateu vários recordes americanos.

INTERVALO PARA RESPIRAR

Sua resistência é péssima? Eis a estratégia de Rob Lawrence, colega de Pavel e instrutor de fitness. Para balançar kettlebell, fazer corridas de velocidade ou iniciar qualquer exercício que faça você bufar, decida de antemão que descansará por um certo número de respirações entre uma série e outra (isto é, você tem que respirar cinco, dez, trinta ou quantas vezes for entre uma série e outra). Isso vai discipliná-lo a tornar sua respiração lenta e parar de sobrecarregar seu sistema nervoso. Esse controle o ajudará em sua resistência, antes mesmo de adaptações bioquímicas.

Amelia Boone (página 30) usa respiração e burpees como aquecimento. Ela faz séries ascendentes de burpees, de uma repetição a dez. Em outras palavras, ela faz um burpee, uma respiração, dois burpees, duas respirações, e assim por diante até fazer dez burpees e dez respirações.

TRÊS EXERCÍCIOS DE ALTO RENDIMENTO — O PROGRAMA DE KETTLEBELL "SIMPLES E SINISTRO" DE PAVEL

> One-arm swing [balanço de um braço].

> Turkish get-up (TGU) [levantamento turco].

> Goblet squat [agachamento em taça].

Faça esses três exercícios todos os dias e com certeza você terá um grande retorno para seu investimento. O TGU também é excelente para diagnosticar limitações.

A POSIÇÃO "TORSO OCO" NÃO É APENAS PARA GINASTAS

Se quiser dominar as elevações na barra fixa, é preciso desenvolver a posição "torso oco" (veja a página 47). Isso, além de virar os dedos dos pés para dentro (envolvendo os oblíquos mais completamente), ajudou-me a fazer elevações militares na barra sem balançar (pescoço na altura da barra com pausa) e com 24 quilos nos pés. Para ver a posição "torso oco" em ação, assista a qualquer ginasta nas argolas: o traseiro fica contraído e o corpo, reto. Dica de Pavel: tente aproximar o cóccix do umbigo.

"NA DÚVIDA, TREINE SUA PEGADA E SEU CENTRO"

"Fortalecer o centro do corpo e a pegada aumentará automaticamente sua força em qualquer levantamento. No abdome, o efeito se deve em parte a uma pressão intra-abdominal e uma estabilidade maiores. Na pegada, você está tirando proveito do fenômeno neurológico da *irradiação* — a tensão "irradia" dos músculos da pegada para outros músculos.

"O caminho mais direto para uma maior força de pegada são os Captains of Crush Grippers da IronMind [disponíveis com resistência até 165 quilos].

Entre os exercícios eficazes para a parte central do corpo estão: power brea-thing, hollow rocks, abdominal supra, elevação de pernas na barra e prancha hard-style. Para este último, mantenha-se na posição de prancha por dez se-gundos sob contração máxima, e não por vários minutos. Mantenha a prancha como se você estivesse prestes a ser chutado e respire 'atrás do escudo' de sua parte tensionada. Se quiser um desafio maior, ponha os pés na parede, a pou-cos centímetros do chão."

Faça de três a cinco séries de três a cinco repetições cada uma nos exer-cícios dinâmicos (com movimento) ou se mantenha por dez segundos nos exercícios estáticos. Descanse por um período de três a cinco minutos entre uma série e outra nos dois tipos de exercício.

"GREASE THE GROOVE" (GTG) PARA TER RESISTÊNCIA E FORÇA

"Para aumentar o número de elevações na barra, comece fazendo metade das repetições que você consegue fazer (por exemplo, séries de quatro se seu máximo é de oito) em séries repetidas ao longo do dia. Simplesmente acumule repetições com pelo menos quinze minutos entre as séries e ajuste o volume diário para se sentir sempre bem."

Usando o "GTG" por vários meses, o sogro de Pavel passou de dez para vinte elevações na barra aos 64 anos — número que ele não conse-guia fazer nem quando era um jovem fuzileiro naval. O descanso míni-mo de quinze minutos é necessário para a hipercompensação da creatina fosfato.

"Enquanto a maioria dos programas de **força e resistência** condiciona a pessoa a tolerar mais ácido lático, o foco deste treino é produzir menos ácido lático. Isso aumenta a quantidade e a qualidade da mitocôndria nas fibras musculares de contração rápida e as torna mais aeróbicas."

Se você vai recorrer ao "GTG" para um movimento de **força má-xima**, não faça mais do que cinco repetições por série. Nesse caso, o método funciona por meio de um mecanismo diferente (para os aficio-nados: *facilitação sináptica* e *mielinação*). Digamos que você esteja tra-balhando para uma única repetição perfeita de elevação de um braço. Em sua progressão, você pode fazer elevações de um braço com os pés no chão e as mãos na extremidade de uma mesa ou um balcão. Se o seu limite for de seis repetições, você fará séries de não mais que duas ou três repetições.

MEU ALONGAMENTO ESTRANHO FAVORITO: WINDMILL

O windmill (moinho de vento) com kettlebell ("high windmill") é incrível para reabilitação e "pré-habilitação" de quadris. A posição em pé é semelhante à *trikonasana* da ioga, mas você apoia de 70% a 80% do seu peso sobre uma das pernas enquanto mantém um kettlebell acima da cabeça. O YouTube é seu amigo e tem mais detalhes.

UMA CITAÇÃO FAVORITA

De *Operação Dragão*: "Esparta, Roma, os cavaleiros medievais, os samurais... Eles veneravam a força. Porque força é o que torna todos os outros valores possíveis."

"A CALMA É CONTAGIOSA"

Outra das citações favoritas de Pavel. Eis uma elaboração a partir de um discurso de Rorke Denver, ex-comandante Seal da Marinha:

"Um comandante supremo, a patente mais alta da Marinha — que era como um deus para nós —, nos deu um conselho inestimável que ouvira de outro comandante supremo durante a Guerra do Vietnã. 'Esta é a melhor lição do treinamento de Seal.' Ficamos empolgados para saber o que era, e ele nos disse que quando se é um líder, as pessoas, minimamente, imitam seu comportamento... Isso é uma garantia. Portanto, eis o conselho: 'A calma é contagiosa.'"

✳ Livro mais presenteado ou recomendado

"A maioria das pessoas não sabe lidar com seu botão de liga e desliga. São incapazes de ligar e pôr em potência alta e não conseguem se desligar completamente e aproveitar um descanso de verdade. Para aprender a controlar seu botão de liga e desliga, leia o livro *Psych*, do dr. Judd Biasiotto. Ele é um dos mais bem-sucedidos halterofilistas da história, tendo levantado em posição agachada mais de 270 quilos aos 44 anos, com um peso corporal de quase sessenta, sem drogas e após uma cirurgia nas costas."

LAIRD HAMILTON, GABBY REECE E BRIAN MacKENZIE

Laird Hamilton (TW/FB: @LairdLife, lairdhamilton.com) é considerado por muitos o maior surfista de ondas grandes de todos os tempos. É reconhecido pela criação do surfe tow-in (usando um jet ski para levar surfistas a ondas enormes) e pelo renascimento do standup paddle. Hamilton estrelou vários filmes de surfe e foi a peça central de *Riding Giants — No Limite da Emoção*, um documentário sobre surfe de ondas grandes.

Gabrielle Reece (TW/IG: @GabbyReece, gabriellereece.com) foi nomeada uma das "vinte mulheres mais influentes nos esportes" pela revista *Women's Sports & Fitness* e é mais conhecida por seu sucesso no voleibol. Gabrielle esteve entre as melhores jogadoras da Liga Feminina de Vôlei de Praia em quatro temporadas consecutivas. Ela aproveitou o sucesso e construiu uma bem-sucedida carreira de modelo e estrelou, como treinadora, o programa *The Biggest Loser*. Seu êxito em diferentes campos a levou a se tornar a primeira atleta feminina a criar um calçado para a Nike. A revista *Rolling Stone* a incluiu em sua lista de "Mulheres Maravilhas".

Brian MacKenzie (TW/IG: @iamunscared) é o fundador do Cross-Fit Endurance. Brian causou controvérsia ao sugerir uma abordagem minimalista, longe do convencional, para as corridas de distância. Ele se desafia a não apenas corridas de muitos quilômetros, como também dietas de alto carboidrato, e utiliza treinamento intenso de força para conquistar desde corridas de cinco quilômetros até ultramaratonas. Descreveu em *4 horas para o corpo* como se preparar para uma maratona em oito a doze semanas.

Animais espirituais: Laird = Orca; Gabby = Falcão; Brian = Corvo

HISTÓRIA

Laird foi um dos meus professores de surfe em minha série na TV, *The Tim Ferriss Experiment*, gravada pela ZPZ, a empresa que também produziu *No Reservations* e *Parts Unknown*, de Anthony Bourdain.

Minha entrevista com Laird, Gabby e Brian aconteceu à mesa da cozinha de Laird e Gabby, em Malibu, logo após uma sessão de exercícios. Eu me sentia muito bem. Brian me levara para experimentar o treinamento de Laird em sua piscina customizada, que tem quatro metros de profundidade e escada até o piso. A piscina inclui ainda alto-falantes submersos para música e um slackline sessenta centímetros acima da superfície. Brian já me convidara antes, mas eu sempre declinava, por medo de me afogar. Naquela manhã, resolvi encarar e, nervoso, juntei-me a uns dez caras para repetir o seguinte ciclo de mais ou menos noventa minutos: treinamento embaixo d'água com halteres, banho de gelo por pelo menos três minutos e, em seguida, sauna a 104°C por quinze minutos. Todo o grupo faz esses exercícios duas vezes por semana, alternando com duas sessões semanais de treinamento com peso em terra firme. Eles incentivam uns aos outros, é maravilhoso. Os imbecis não duram muito tempo ali.

O "AQUECIMENTO" PARA DURÕES

Atletas profissionais de ponta visitam Laird de vez em quando para experimentar sua famosa malhação na piscina. Quando um fortão chega cheio de marra, ele sugere um "aquecimento" com Gabby. Esse é o código. Gabby então o aniquila, deixando-o de olhos arregalados, aterrorizado e exausto. Depois que ele recebe à força uma lição de humildade, Laird pergunta: "Muito bem, você está pronto para começar a malhar?" Como explica Brian: "Ele quer algo forte e agressivo? Perfeito. Vou afogá-lo."

O QUE BEBEMOS

PRÉ-MALHAÇÃO: Laird ofereceu café a todos, que misturou com seu próprio "supercreme" com aroma de moca (lairdsuperfood.com). Isso me deixou mais ligado que uma árvore de Natal.

PÓS-MALHAÇÃO: Raiz de cúrcuma recém-espremida, cogumelo-chaga, extrato líquido de pimenta, mel cru, vinagre de maçã e água (para diluir o sabor). Laird às vezes combina cúrcuma com kombucha KeVita para reduzir qualquer amargor residual.

EQUIPAMENTO NA PISCINA

Máscara de mergulho Cressi Big Eyes com duas lentes. Óculos de natação vão se soltar.

LIBERAÇÃO DO PSOAS — NÃO É PARA SE SENTIR BEM

Laird volta e meia solta o seu psoas — músculo que liga a parte inferior das costas aos quadris — descendo ao chão e deitando em cima de uma alça de kettlebell ou em cima da extremidade de uma anilha de levantamento de peso de onze quilos.

CLUBE DO LIVRO DOS HOMENS

Laird tem o que Gabby chama de "clube do livro dos homens". Aqueles que frequentam a casa deles para treinar — supercelebridades, recordistas mundiais de mergulho livre e CEOs bem-sucedidos — podem sugerir o livro de não ficção do mês, e todos o lerão para discuti-lo. Rick Rubin é um colaborador frequente. Aqui estão dois que foram escolhidos antes da nossa entrevista:

Natural Born Heroes, de Christopher McDougall.

Deep Survival, de Laurence Gonzales, que Laird considera "um livro incrível sobre o medo e sobre como lidar com o medo".

PRATIQUE IR PRIMEIRO

GABBY: "Eu sempre digo que eu 'vou primeiro'... Isso significa que quando estou dando uma olhada em uma loja, eu digo olá primeiro. Se passo por alguém e faço contato visual, eu sorrio primeiro. [Eu gostaria] que as pessoas experimentassem isso um pouquinho mais em sua vida: seja o primeiro, porque, na maioria das vezes, isso favorece você. A reação é incrível... Outro dia, eu estava com as crianças no Hurricane Harbor, um parque aquático. Lá é um inferno. Havia duas mulheres um pouco mais velhas do que eu. Não tínhamos nada a ver umas com as outras. E eu me aproximei e apenas olhei para elas e sorri. Sorrisos se abriram no rosto delas imediatamente. Elas estão dispostas, mas você tem que ir primeiro, porque agora estamos sendo treinados neste mundo [a optar por não participar] — ninguém mais vai primeiro."

TF: As pessoas são mais legais do que parecem, mas você tem que dar o primeiro passo. Isso me fez pensar em uma fala do personagem fictício Raylan Givens na série de TV *Justified*: "Se você esbarra em um imbecil de manhã, você esbarrou em um imbecil. Se esbarrar em imbecis o dia inteiro, *você* é o imbecil." Escrevo "vá primeiro" com frequência em minha agenda, como um registro diário. Derek Sivers (página 212) ouviu esse episódio e o princípio "vá primeiro" de Gabby foi uma das mensagens favoritas que ele levou para a vida.

EXPERIÊNCIAS INICIAIS COM KITEBOARDING, ANTES DE SUA POPULARIZAÇÃO

"Fomos os primeiros a ter aqueles kites franceses que não permitiam novas decolagens... em que você solta o cara e ele voa até se ferrar, e então acabou. Às vezes, você estava, digamos, três quilômetros mar adentro com uma colcha gigante. **Você já tentou nadar com uma colcha? É muito difícil.** Com uma colcha gigante... e uma bandeja. A prancha parece uma bandeja, literalmente! Você está a três quilômetros da praia e pensa: *Este não é um bom dia.*"

ONDE OS OUVINTES PODEM ENCONTRAR VOCÊ?

Pergunto isso no fim de todas as minhas entrevistas, para que os convidados possam divulgar seus perfis em redes sociais, sites etc. Laird respondeu sem hesitar: "No oceano Pacífico."

A INSPIRAÇÃO DE DON WILDMAN

BRIAN, discutindo sobre Don Wildman e sua incrível façanha física aos 82 anos: "Bem, Don Wildman passou oitenta dias praticando snowboarding no ano passado. Fui fazer helisnowboarding com ele há um ou dois meses, no Alasca. Quer dizer, heliboarding é uma atividade pesada, uma semana direto com quinze, dezesseis corridas por dia. No terceiro ou quarto dia você está cambaleando, [mas] nenhuma reclamação dele... Posso levar praticamente quase qualquer pessoa numa bicicleta, a não ser que você seja um ciclista profissional, e ele vai acabar com você."

GABBY: "Tem uma coisa que Don faz que é genial... Ele solicita às pessoas que fiquem em seu grupo. Assim, ele tem sempre uns caras com ele, a maioria deles bem mais jovem. **Então a energia acaba e todo mundo rola.**" [TF: Rick Rubin fala sobre Don na página 551.]

"UM LUGAR SOLITÁRIO É UM LUGAR SEM MOTIVAÇÃO"

Essa frase de Laird assinalou bem o que eu vi à sua volta. Ele tem um grupo com uma ligação forte, e o exercício programado parece ser a cola que mantém o grupo unido.

Você passa muito tempo pensando em "como fazer" e "qual é o melhor exercício"? Então comece a se perguntar: o que eu faria se esses exercícios só fossem permitidos a outras pessoas? Foi assim que acabei mergulhando na AcroYoga (página 81).

CONSELHOS DE PAIS

Casados desde 1997, Laird e Gabby têm uma relação muito próxima e afetuosa com suas três filhas. Já observei o comportamento deles diversas vezes. Eles se abraçam e fazem carinho, e o sentimento dominante é o de ternura. É encantador estar perto deles. As frases a seguir provêm de diferentes momentos da nossa conversa:

LAIRD: "Amar os filhos pode suprimir muitos erros. [Principalmente quando você entende errado alguns detalhes ou dá alguns passos equivocados.]"

GABBY: "Somos inclusivos, e os tratamos como adultos. Sempre falamos com elas como adultos... Como pai ou mãe, você tem que aprender a pedir desculpas por ter perdido a cabeça... Às vezes é importante dizer: 'Sabe, estou muito cansada hoje e meu pavio está curto. Estou sendo injusta, me desculpe.' Você tem que aprender que é normal ser imperfeito... Sempre pergunto às minhas filhas: 'Você se sente amada?' E elas respondem: 'Ah, por favor, mãe.' Mas acho importante perguntar...

"Eu as ensinei a dizer: 'Sinto muito, isso não funciona para mim.' Aprendi muito ficando perto de homens. Você pode passar a mensagem sem se exaltar. Defenda seus ideais e saiba mandar um 'Não, isso não funciona para mim' quando for necessário. E é importante não voltar atrás depois de dizer isso. Isso é realmente importante. Se você tem dons e talentos, quaisquer que sejam, não se sinta culpado, mal nem desconfortável por causa disso...

"Sempre digo às crianças: 'Se você faz parte de um grupo, tem sorte. Se for o melhor do grupo, tem mais sorte ainda.'"

GABBY SOBRE APRENDER A SE AFIRMAR

"Como mulheres, nos ensinam desde meninas: 'Ei, seja boazinha. Meninas gentis agem dessa forma.' Leva algum tempo para se chegar à etapa de: 'Eu vou fazer coisas, dizer coisas e acreditar em coisas das quais as pessoas não vão gostar, e isso é normal.' Os homens fazem isso com muito mais facilidade, e para as mulheres leva muito mais tempo. As atletas que vi fazerem isso geralmente eram as meninas caçulas [na família] que tinham irmãos mais velhos" (veja Caroline Paul, página 502).

SOBRE A DINÂMICA MASCULINO/FEMININO NAS RELAÇÕES

LAIRD: "[Em dez mil casais bem-sucedidos estudados,] só há uma coisa que todo mundo tinha em comum, independentemente da dinâmica. *O homem respeitava a mulher.*"

GABBY: "Mas posso dizer uma coisa? Eu sei que as dinâmicas variam de casal para casal. A mulher é a provedora, o homem é o provedor, ela é dominante, ele é dominante, seja o que for. Mas, no fim das contas, se a mulher se abstiver de tentar mudar seu parceiro ou de tentar agir como a mãe dele, ela em geral tem mais oportunidade de se pôr em uma posição em que o cara a respeitará. O homem precisa de apoio. Quer dizer, vocês, homens, são muito frágeis e precisam de apoio e de que os ajudemos a perceber plenamente sua voz, qualquer que ela seja.

"Nos primeiros anos de relacionamento, Laird me deu um puxão de orelha: 'Ei, eu tive mãe e ela já morreu.' Ele deixou bem claro que eu o estava tratando como se fosse a mãe dele. Mas às vezes não dá para evitar. Somos as nutridoras, certo? Então às vezes isso vem à tona. 'Meu bem, essa piada foi meio inapropriada a uma mesa de jantar, você está falando meio alto', essas coisas. E como o homem está tentando ser afetuoso, ele nos tranquiliza e muda de todas as maneiras que queremos. Assim, é uma grande coisa dizer: 'Ei, vou escolher um parceiro quando sentir que nossos valores são parecidos. Pode ser que cheguemos lá de maneiras muito diferentes, mas... o modo como finalizamos é o mesmo.'"

SOBRE PESAR SACRIFÍCIOS COM BASE NO INDIVIDUAL — O QUE É FÁCIL PARA VOCÊ NÃO É FÁCIL PARA O OUTRO

GABBY: "Quando um homem diz que 'vai fazer de tudo para tentar ficar com uma mulher', ele está dando a maior parte do que tem. Está dando 80%. Para uma mulher, talvez ela esteja dando 35% [para ser monógama]... Ou digamos que eu fosse muito tímida, me soltasse e estivesse tendo uma conversa muito legal com você. Talvez eu estivesse dando 200% por causa dessa minha natureza. Então acho que o relacionamento também é compreender quem está do outro lado, o que estão oferecendo e quanto estão recebendo em troca..."

SOBRE REPARAR FRAQUEZAS FÍSICAS

LAIRD: "Todas as pessoas flexíveis devem puxar um pouco de ferro e todos os grandes levantadores de peso devem fazer um pouco de ioga... Sempre gravitamos em torno de nossas forças porque queremos estar no auge."

CONSELHO A EX-ATLETAS ACABADOS

BRIAN: "Mais humildade. É por isso que achei tão importante você vir aqui. Não foi algo como 'Ah, tenho que dar uma dose de humildade ao Tim'. Foi um 'Ei, venha ver como é aplicar algo que você pode fazer pelo resto da vida'."

TF: Por "mais humildade", acho que Brian quis dizer considerar opções assustadoras com a mente aberta. Fiquei muito empolgado por ter corrido o risco de constrangimento ao treinar com Laird e companhia. Primeiro, isso me mostrou um método de treinamento intenso, mas sustentável, que inclui ingredientes que com frequência negligencio (coesão social, treinamento ao ar livre etc.). Segundo, isso me fez acreditar que sou capaz de muito mais do que eu pensava.

CONSELHO PARA O SEU EU DE TRINTA ANOS

GABBY: "Não leve nada para o lado pessoal, mas também **não se contenha**. Acho que isso é uma característica mais feminina do que masculina. Às vezes temos uma tendência a sabotar nossos talentos e potenciais porque não queremos ofender ninguém ou sermos escolhidas... Ouvi uma história ótima. Conheci um cara que foi técnico-assistente do time masculino de vôlei dos Estados Unidos. Durante um jogo, eles precisavam de apenas um ponto para vencer e o treinador olhou direto para Karch Kiraly. 'Preciso que você faça o ponto e vença este jogo.' E pronto! Karch conseguiu.

"[Depois, o mesmo técnico] estava treinando mulheres de altíssimo nível e fez a mesma coisa com uma atleta. Não funcionou, porque... [isso é] uma escolha com a qual nós [mulheres] temos dificuldade, em vez de entender que você pode ser a escolhida... para um bem maior."

LAIRD: "Pare de beber agora. Pare de beber imediatamente e trate de patentear todas as suas ideias... e exercite a compaixão todos os dias."

JAMES FADIMAN

James Fadiman, ph.D. (psychedelicsresearch@gmail.com, jamesfa-diman.com), está envolvido em pesquisas com substâncias psicodéli-cas desde os anos 1960. Formou-se em Harvard e fez sua pós-gradua-ção em Stanford, onde colaborou com o Grupo de Harvard, o Grupo de Pesquisa da Costa Oeste, em Menlo Park, e Ken Kesey. Autor de *The Psychedelic Explorer's Guide*, é considerado por muitos a mais res-peitada autoridade dos Estados Unidos em psicodélicos e seu uso.

PREFÁCIO

Alguns entes queridos insistiriam que a coisa mais importante que fiz nos últimos quatro anos foi o estudo e o uso criterioso de psicodélicos. Só para dar um exemplo, 90% da raiva e dos ressentimentos que tive durante mais de 25 anos foram erradicados depois de 48 horas de "trabalho medicinal". Mesmo após dois anos, por motivos ainda não completamente esclarecidos, meu hábito arraigado de explodir por qualquer coisa não retornou.

NOTA: Acho que exageram os riscos farmacológicos desses compostos, mas não seus efeitos colaterais na esfera legal. Nos Estados Unidos, a maioria dos psicodélicos clássicos (LSD, psilocibina em "cogumelos mágicos", peiote etc.) está na mesma categoria legal da heroína (escala 1) e implica penalidades semelhantes. Embora a DL50 — uma medida comum de toxicidade que mede a dose necessária de uma dada substância para matar 50% de uma população em teste — seja inacreditavelmente alta ou praticamente inexistente na maioria dos psicodélicos, as coisas podem dar errado em ambientes não controlados (por exemplo, usar a substância na rua e acabar na frente do trânsito) e podem exacerbar condições mentais preexistentes. Vi um amigo da família ir do "normal" ao esquizofrênico (sua família tinha histórico) depois do uso frequente de LSD. É claro que eu não gostaria que você fosse preso ou se machucasse, portanto use psicodélicos apenas em contextos legais, com supervisão médica profissional. Para uma alternativa legalizada, veja a discussão de Dan Engle sobre tanques de flutuação na página 138.

O QUE SÃO PSICODÉLICOS

A palavra *psicodélico* (termo grego para "manifestação da mente") é usada para se referir a compostos que podem separar indivíduo e ego, provocando experiências místicas ou transcendentais. A melhor definição formal de "psicodélicos" que encontrei é a de N. Crowley em *The British Journal of Psychiatry*:

A diferença entre os psicodélicos (enteógenos) e outras drogas psicotrópicas é que os enteógenos funcionam como "amplificadores não específicos da psique", induzindo um estado de consciência alterado e incomum (Grof, 2000). Acredita-se que o conteúdo e a natureza das experiências não sejam produtos artificiais de interação farmacológica deles com o cérebro ("psicoses tóxicas"), mas expressões autênticas da psique revelando seu funcionamento em níveis geralmente indisponíveis para observação e estudo.

Muitos psicodélicos (psilocibina, mescalina etc.) têm sido usados em rituais há centenas ou milhares de anos por culturas indígenas. Mais recentemente, universidades do mundo todo começaram a testar essas moléculas para lidar com depressão resistente a tratamento, diminuir a ansiedade em pacientes com câncer terminal, acabar com o vício em nicotina e outros.

Roland Griffiths, ph.D., professor da Johns Hopkins School of Medicine, compartilha um resultado típico de um estudo inicial: "A maioria dos [36] voluntários rememorou sua experiência quatorze meses depois e a classificou como a mais significativa ou uma das cinco mais significativas de suas vidas." Em voluntários com filhos, a experiência com frequência foi colocada acima ou no mesmo patamar do nascimento do primeiro filho.

De uma perspectiva psicofarmacológica, muitos psicodélicos se assemelham a uma molécula de ocorrência natural chamada DMT e agem competindo com receptores 5-HT2A (serotonina) ou NMDA, mas há exceções, e os mecanismos de ação permanecem pouco compreendidos. Isso é parte do motivo pelo qual ajudo a financiar estudos científicos em lugares como a Johns Hopkins e a Universidade da Califórnia em São Francisco.

Embora a maconha, a ketamina e o NMDA tenham aplicações médicas convincentes, não os considero psicodélicos. Jim lança mão do NMDA para explicar essa distinção que compartilhamos: "Não é exatamente um psicodélico, porque **você não deixa sua identidade para trás**, mas é a melhor maneira de superar um transtorno de estresse pós-traumático intratável."

O nome "enteógeno", que significa "manifestação interior do divino", tornou-se uma alternativa popular ao termo "psicodélico".

MEU BOM AMIGO

Tenho um bom amigo, vamos chamá-lo de *Slim Berriss*, que montou uma programação para si mesmo que combina microdosagens práticas e viagens de um a dois dias a territórios mais profundos. Para ele, essa combinação proporciona uma abordagem estruturada para aumentar o bem-estar diário, desenvolvendo empatia e explorando o "outro" de maneira intensiva. Eis como:

Microdosagem de hidrocloreto de ibogaína duas vezes por semana, às segundas e às sextas-feiras. A dosagem é de quatro miligramas, aproximadamente 1/200 do que seria a dosagem cerimonial para o peso de Slim, de oitenta quilos. Ele não gosta de LSD e acha difícil dosar com precisão a psilocibina de cogumelos. Uma vez ele "microdosou" errado e sentiu como se tivesse sido atingido por um trem de carga ao fazer o check-in em um aeroporto (pobre Slim). A ibogaína em cápsula resolveu esse problema.

Dosagem moderada de psilocibina (de 2,2 a 3,5 gramas), como cogumelos triturados em chocolate, uma vez a cada seis a oito semanas. Sua experiência bastante individual se encaixa em algum ponto na descrição de 150 a duzentos microgramas de LSD nesta parte. Slim é supervisionado por um cuidador experiente.

Dose maior de ayahuasca uma vez a cada intervalo de três a seis meses, durante duas noites consecutivas. Os efeitos podem ser comparados (embora as experiências sejam muito diferentes) a mais de quinhentos microgramas de LSD. Slim é supervisionado por um ou dois cuidadores experientes em um grupo coeso de quatro a seis pessoas, no máximo. Nas quatro semanas anteriores a essas sessões, ele não consome ibogaína nem psilocibina.

Vale lembrar que nem todos os psicodélicos são para qualquer pessoa. Jim, por exemplo, não usa ayahuasca. Em nossa caminhada em um cânion em São Francisco, ele me explicou: "Sinto como se a planta [aya] tivesse seu próprio plano." Eu teria que concordar com ele, mas isso poderia começar um livro inteiramente novo. Certifique-se de ler os perfis de Martin Polanco e Dan Engle na página 137, que exploram a ayahuasca e a ibogaína, especificamente.

ORIGENS E LIVROS PERIGOSOS

"Há dois grandes seres que inventaram os psicodélicos: Deus e Sasha Shulgin. Acho que Sasha pode ter inventado mais, mas existem literalmente centenas com os quais ele brincou e que examinou." Sasha escreveu dois livros sobre suas criações e experiências:

Pihkal: A Chemical Love Story (Pihkal = Phenethylamines I Have Known and Loved) [Fenetilaminas que conheci e amei].

Tihkal: The Continuation (Tihkal = Tryptamines I Have Known and Loved) [Triptaminas que conheci e amei].

Os dois volumes são repletos de instruções sobre como sintetizar essas moléculas variadas. Ele disse que publicou esses livros para que o governo não pudesse impedir as pessoas de experimentar. Na verdade, prefiro as originadas inteiramente de plantas, que são usadas há milênios.

Qual é a sensação?

"Se você está deprimido, está vivendo no passado. Se você está ansioso, está vivendo no futuro. Se você está em paz, está vivendo no presente."

— Lao Tzu

A maioria das pessoas já teve a experiência de se sentar diante de um computador com vinte abas abertas. *Como isso aconteceu?* De repente, você recebe um aviso de "disco de inicialização quase cheio". Então deleta alguns vídeos para resolver o problema, mas... por que tudo ainda está tão devagar? Ah, o Dropbox está sincronizando. O Slack tem dezessete novas notificações. A Microsoft precisa de *outra* atualização? Há vinte aplicativos funcionando além de vinte janelas, prejudicando sua capacidade de se concentrar. Sessenta minutos depois, você fez um monte de *coisas*, bateu bastante no teclado e queimou uma tonelada de energia, mas não saberia dizer o que conseguiu. Sentindo-se agitado e frustrado, a opressão começa a se instalar. Hora de pegar outro café...

Isso pode se assemelhar à vida. Finanças, impostos, relacionamentos, convites de casamento, revisões no carro, Facebook, mercado... "Disco de inicialização quase cheio."

Para mim, uma dose entre moderada e alta de psilocibina com supervisão serve como uma reinicialização potente. Fecha todas as janelas, força a sair de todos os aplicativos, instala atualizações e, quando volto ao "normal", restaura minha ampla visão das coisas. Remove o ruído, dando-me uma visão cristalina das prioridades e decisões mais cruciais. Na primeira vez que usei psilocibina em doses suficientemente altas, o efeito ansiolítico (redução de ansiedade) durou quase seis meses. Ela catalisa não apenas a percepção, mas a ação.

Parece ótimo, certo? Pode ser, mas esse resultado está longe de ser garantido. Os psicodélicos geralmente lhe dão o que você precisa, não o que você quer. Para obter prazer, você com frequência precisa primeiro se engalfinhar com a dor.

DOSES E EFEITOS — DAS CATARATAS DO NIÁGARA A UM PASSEIO POR AÍ

As dosagens abaixo são especificadas por Jim. Estão listadas da mais alta para a mais baixa e são específicas para LSD, mas os efeitos correspondem a muitos psicodélicos. Eis o contexto da estrutura segundo Jim: "Essas substâncias, diferentemente de quase todos os outros tipos de medicamento, têm efeitos muito distintos em dosagens diferentes. É quase como se fossem outras substâncias."

Dose heroica: O etnobotânico Terence McKenna cunhou o termo "dose heroica", que com frequência é igual a cinco gramas ou mais de cogumelos ou mais de quatrocentos microgramas de LSD. James não recomenda essa dosagem brutal, que McKenna descreveu como "o bastante para achatar o ego mais resistente". Jim acha que, com essa dose, não dá para se lembrar de nada nem trazer nada de volta. "É como: quer dar um mergulho? Que tal ir às Cataratas do Niágara?"

Quatrocentos microgramas é a dose com a qual se tem uma experiência transcendental ou mística. Para essa dose ou mais, é crucial ter a supervisão qualificada de um guia. "Transcendental" aqui significa mais ou menos "a sensação ou consciência de que você está conectado não apenas a outras pessoas, mas a outras coisas e a sistemas vivos". Mais sobre isso adiante.

Duzentos microgramas podem ser usados para psicoterapia, autoexploração, trabalho interno profundo e cura.

Cem microgramas são úteis para a solução de problemas de criatividade em assuntos não pessoais (por exemplo, física, biomecânica ou arquitetura). Vários laureados com o Prêmio Nobel de Química, Biologia e outras áreas atribuem avanços ao LSD.

Jim certa vez trabalhou em um estudo envolvendo grandes empresas e institutos de pesquisa, para tentar resolver problemas incrivelmente difíceis, como design de novas placas de circuito. Voluntários receberam psicodélicos, e 44 dos 48 problemas foram "resolvidos", o que significa que resultou em patente, produto ou publicação. Jim atribui isso ao foco ampliado e ao reconhecimento de padrões. Doses suficientemente baixas (isto é, cem microgramas de LSD ou duzentos miligramas de mescalina) podem provocar um enorme aumento na capacidade de resolver problemas.

"Nós dissemos: 'Venha para esse estudo e nós lhe propiciaremos o dia mais criativo da sua vida. Mas você tem que ter um problema que o deixa obcecado, no qual venha trabalhando há alguns meses e não conseguiu [resolver]'... Queríamos que eles tivessem 'algo em jogo'. Nós lhes demos psicodélicos e fizemos com que relaxassem com músicas e máscaras para dormir por algumas horas. E então, bem no auge, nós os trouxemos para fora e dissemos: 'Você pode trabalhar em seu problema agora.' O maravilhoso é que ninguém fez nenhum trabalho terapêutico pessoal porque não foi para isso que eles tinham vindo. E, dos 48 problemas que as pessoas trouxeram, 44 tiveram soluções."

Cinquenta microgramas são considerados uma "dose de concerto" ou "dose de museu". Autoexplicativo.

De dez a quinze microgramas compõem uma "microdose". Segundo Jim, "tudo fica um pouco melhor. Você sabe no fim do dia, quando diz: 'Uau, hoje foi um dia realmente bom.' É isso que a maioria das pessoas relata com uma microdosagem. Elas ficam um pouco mais gentis."

Ele continua: "Tenho verificado que microdoses de LSD ou cogumelos podem ser muito úteis para depressão, porque **levam o indivíduo a se sentir melhor, bem o suficiente para fazer alguma coisa a respeito do que está errado em sua vida**. Nós fizemos [da depressão] uma doença. Ela pode ser a maneira de o corpo dizer: 'É melhor você lidar com algo, porque isso está deixando você muito triste.'

"[Uma microdose de psicodélicos] é, na verdade, tão baixa que pode ser chamada de 'subperceptiva', o que significa que você não necessariamente vê alguma diferença no mundo externo. Como me disse uma pessoa: 'As pedras não brilham nem um pouco, e as flores não se viram para observar você.'"

Albert Hofmann, o inventor do LSD, considerava a microdosagem a área mais negligenciada das pesquisas. Hofmann tomou microdoses de LSD com frequência em suas últimas décadas de vida. Permaneceu esperto até sua morte, aos 101 anos. Ele o consumia enquanto passeava entre as árvores. Na opinião de Jim, a microdosagem de psicodélicos faz um trabalho muito melhor do que uma classe inteira de drogas que chamamos agora de "estimuladores cognitivos", a maioria das quais é simplesmente um derivado da anfetamina.

Por mais estranho que pareça, há relatos consistentes de microdosagem tendo um efeito retardado. Eu mesmo experimentei isso, e este é o motivo do espaçamento de segunda/sexta-feira de Slim Berriss para a ibogaína. Muitos usuários de microdosagens, incluindo um executivo que dirige uma grande corporação com fábricas em cinco continentes, alegam que "o segundo dia é melhor".

QUAIS USUÁRIOS TÊM OS EFEITOS POSITIVOS MAIS DURADOUROS?

Em resumo, são aqueles que têm uma "experiência transcendental". Está lembrado desse termo esquisito?

Jim descreve isso como "a sensação ou consciência de que você está conectado não apenas a outras pessoas, mas a outras coisas e sistemas vivos, e ao ar que você respira". E vai mais além: "Tendemos a pensar que estamos meio que encapsulados... Obviamente, o ar que respiro vem do mundo inteiro, e parte desse ar tem bilhões de anos. Toda a minha alimentação está conectada a mim. Todo mundo que encontro está conectado a mim. Neste exato momento você e eu estamos sentados do lado de fora e nossos pés estão tocando o chão. Estamos conectados ao solo. **Agora, é muito fácil dizer isso intelectualmente e até de maneira poética. Mas quando você realmente sente que faz parte desse sistema maior, uma das coisas das quais você toma consciência é que seu ego — sua identidade pessoal — não é uma parte tão grande assim de você.**

"O que aprendi, e isso vem de minha própria experiência pessoal em 1961, foi que 'Jim Fadiman' é um subconjunto de quem sou. Mas o *eu* é muito grande e muito mais inteligente do que 'Jim Fadiman'."

Ele viu uma mudança semelhante nos voluntários durante a pesquisa para sua dissertação, e com muita frequência eles riam durante essas percepções:

"Riem de maneira muito profunda, não são as risadinhas de quem usa maconha. **É a risada de 'como pude ter me esquecido de quem eu realmente sou?'.** E então, muito depois naquele dia, quando estavam se reintegrando e constatando que, surpreendentemente, ainda estavam no mesmo corpo em que chegaram... uma pessoa disse uma coisa muito bonita: **'Voltei à prisão de todas as coisas que me retiam, mas pude ver que a porta estava trancada pelo lado de dentro.'"**

NÃO APRESSE NEM DEPRECIE A EXPERIÊNCIA

"Existe uma coisa chamada *Salvia* [*divinorum*], e o mais incrível é que, quimicamente, ela não tem nada a ver com nada do que acabei de citar...

Tem sido usada no México há sabe-se lá quantos milhares de anos para adivinhações, para se descobrir coisas. E, mais uma vez, parecemos capazes, como americanos que somos, de pegar qualquer elemento indígena e estragá-lo de alguma maneira. Então as pessoas fumam sálvia e têm uma experiência curta, intensa, às vezes com algum significado. Não é assim que ela é usada [tradicionalmente]. Ela é mascada, o que significa que leva uma hora, e o efeito vem devagar. É uma experiência totalmente diferente."

TF: Por favor, observe que a *Salvia divinorum* é ilegal nos dois casos. A questão é que o modo de administração faz diferença.

SOBRE "CUIDADORES"

Um "cuidador" é alguém que supervisiona uma experiência psicodélica, garantindo segurança e conforto. O livro de Jim (*The Psychedelic Explorer's Guide*) oferece diretrizes abrangentes para essa função, mas, em termos simples: "Um bom cuidador é alguém em quem você confia. Um ótimo cuidador é alguém que o ama. Um excelente cuidador é alguém que não tem nenhuma agenda própria. O objetivo dele não é fazer você ver nem descobrir determinada coisa. Não é fazer você se comportar de determinada maneira." Com ou sem substâncias psicodélicas, parecem bons critérios para amigos próximos.

SOBRE A IMPORTÂNCIA DOS TRABALHOS "PRÉ" E "PÓS"

Há um ditado no mundo psicodélico: **"Se você receber a resposta, deve desligar o telefone."** Em outras palavras, quando receber a mensagem de que precisa, não continue perguntando (isto é, tendo mais experiências), pelo menos até você ter feito o dever de casa ou usado a clareza obtida para fazer mudanças significativas. É fácil usar o remédio como uma muleta e evitar fazer o seu trabalho, já que os próprios compostos ajudam, a curto prazo, como antidepressivos.

Usuários compulsivos geralmente negligenciam os trabalhos de preparação e integração pós-sessão, que são cruciais. O MDMA é uma ferramenta maravilhosa para livrar pessoas do transtorno de estresse pós-traumático (TEPT), por exemplo, mas o êxito geralmente pode ser atribuído, em grande parte, à preparação para a experiência com um psicoterapeuta, tendo dois guias (um masculino e outro feminino) e passando muito tempo falando e se integrando após a experiência. Não faz sentido ir a um seminário motivacional se você não vai dar nenhum dos passos seguintes.

MARTIN POLANCO E DAN ENGLE

Martin Polanco, médico (TW: @Martin_Polanco7, CrossroadsIbo-gaine.com), é o fundador e diretor de programa do Crossroads Treatment Center, com sede em Rosarito, México. O Crossroads é especializado em ajudar pacientes a vencer vícios fortes, como em heroína e cocaína, usando o alucinógeno ibogaína e o 5-MeO-DMT, também chamado de "a molécula de Deus".

Dan Engle, médico (TW: @drdanengle, drdanengle.com), tem certificação nacional em psiquiatria e neurologia. Ele combina medicina funcional com psiquiatria integrativa para melhorar a saúde regenerativa e elevar ao máximo o desempenho. Suas experiências anteriores incluem uma pesquisa sobre lesão cerebral traumática e um trabalho na selva peruana com medicamentos vegetais, como ayahuasca.

Neste perfil, discutimos vários psicodélicos, incluindo uma opção legal: a terapia da flutuação. A ibogaína e o 5-MeO-DMT são abordados em detalhes, já que ambos são usados na clínica de Martin. A ibogaína é o único composto que já vi ser capaz de eliminar mais de 90% dos sintomas físicos de abstinência do vício em heroína de uma só tacada. É também um dos poucos psicodélicos que podem matar, então abordo essa questão no fim.

Animal espiritual: Martin = Ursinho de gelatina

* O que você colocaria em um outdoor?

DAN: "Seja curioso."

TANQUE DE FLUTUAÇÃO COMO "PSICODÉLICO"

DAN: "Sou tão entusiasta da terapia de flutuação quanto das substâncias psicodélicas, porque nem todo mundo vai querer a segunda opção. Talvez não seja do interesse de todos fazer isso... mas qualquer um pode flutuar. Quando bem preparada e feita regularmente ao longo do tempo, essa terapia pode ser também uma extraordinária arena 'psicodélica'. Mas com isso quero dizer, essencialmente, voltar a uma conexão mais profunda com o seu eu."

TF: A "terapia de flutuação", em termos simples, é flutuar em uma banheira a 37°C, com uma tampa em cima. A escuridão e o silêncio são totais, e há de 350 a 550 quilos de sal de Epsom na água para fazer o indivíduo flutuar na superfície, sentindo-se leve. Pode-se pensar nisso como um tanque de privação sensorial.

Quem não consegue lidar com pelo menos sessenta minutos em um tanque de flutuação não está pronto para ter uma experiência psicodélica que não pode ser interrompida. Como um guia me explicou: "Posso começar a música, mas não posso pará-la." Por outro lado, se ficar nervoso durante a flutuação, você poderá sair. Use esse ambiente como um treinamento. Sonhos lúcidos verificados em laboratório (pesquise no Google "Lucid Dreaming 101 Ferriss") também são úteis para desenvolver habilidades para viajar com psicodélicos, mas deitar em água salgada requer menos trabalho.

Quando possível, tento flutuar duas vezes por semana: segunda e sexta--feira. Depois de duas semanas, me sinto como em geral me sentiria depois de um mês meditando diariamente.

DAN: "[Fazer a flutuação em um tanque de isolamento] é ficar pela primeira vez sem os estímulos ambientais sensoriais desde que fomos concebidos. Não há som, visão, variação de temperatura nem gravidade. Portanto, a busca de informações do ambiente e o seu processamento pelo cérebro estão relaxados. Tudo o que estava no fundo do cérebro — meio que "atrás do pano" — pode ser exposto. Quando isso é feito de forma regular, é basicamente uma supermeditação. Passa a recalibrar todo o sistema neuroendócrino. Pessoas que estão no modo estresse ou com o [sistema nervoso] simpático acelerado começam a relaxar com o passar do tempo, e esse efeito se propaga no dia a dia. Não é apenas o que acontece no tanque, pois os efeitos continuam fora dele. Os batimentos cardíacos se normalizam, bem como a pressão arterial e o nível de cortisol. A dor tende a desaparecer. Problemas metabólicos começam a se resolver.

"A ansiedade, a insônia e a agitação mental podem diminuir significativamente em algum momento entre três e sete sessões [feitas duas ou três vezes por semana]. Para dor, são normalmente de sete a dez sessões. Recomendo uma flutuação de duas horas se a pessoa conseguir."

TF: De acordo com Dan, a maioria das pessoas obtém benefícios exponencialmente maiores com uma única sessão de duas horas do que com duas sessões de uma hora. Entretanto, flutuações de duas horas ainda me deixam inquieto, então costumo fazer sessões de apenas uma.

Simplificando, Dan sugere que você comece com duas ou três flutuações por mês. "Ninguém nunca voltou e disse: 'Ah, aquilo não funcionou.'"

AYAHUASCA OU *LA PURGA* (A PURGAÇÃO)

Essa infusão de origem amazônica é uma das especialidades de Dan. A experiência geralmente dura de quatro a sete horas.

Se você pensar em psilocibina, LSD ou peiote como se fossem diferentes tipos de álcool — vamos supor, vodca, vinho tinto e uísque —, a ayahuasca é mais como um coquetel. Por conta disso, é difícil padronizá-la. Assim como no Old Fashioned,* há ingredientes centrais. Nesse caso, são a folha de chacrona, que contém dimetiltriptamina (DMT), e a trepadeira ayahuasca em si, que contém um inibidor da monoamina oxidase (MAO), que torna o DMT da chacrona biodisponível via oral. Diferentes *ayahuasqueros* (xamãs de ayahuasca) acrescentam seus próprios ingredientes ao chá, incluindo às vezes plantas fortes ou até perigosas, como a toé (semelhante ao estramônio norte-americano, que contém escopolamina). Nenhuma sessão é igual a outra.

Por muitas razões, a ayahuasca tem sido única entre as substâncias psicodélicas para mim.

Em minha segunda sessão, por exemplo, tive a experiência mais assustadora da minha vida. Tive ataques convulsivos descontrolados no chão durante duas horas, entre outras coisas. Acordei com o rosto e as mãos esfolados, por causa da fricção no chão, e fiquei dissociado da realidade pelas 48 horas seguintes. Felizmente, eu contratara alguém para me observar 24 horas por dia, durante e após o fim de semana. Ele conseguiu cuidar de mim e evitar

---

* Coquetel feito em geral com uísque de centeio, *bitter* Angostura (bebida amarga de plantas e ervas) e açúcar. (N. do T.)

que ideias insanas se tornassem atitudes autodestrutivas. Seu conselho repetido era: "Se é realmente verdade hoje, ainda será verdade amanhã."

Nunca mais tive essa reação extrema, mas aconteceu.

E essa resposta, embora não seja típica, não é *tão* incomum. Você pode se perguntar: por que eu usaria ayahuasca de novo depois disso? Bem, nas semanas posteriores, percebi que algumas das relações mais cruciais da minha vida haviam sido completamente restauradas. Eu via as coisas, reagia e interagia de maneira diferente, como se tivesse sido reprogramado. Todas essas mudanças persistem até hoje. Portanto, há um enorme lado positivo em potencial, mas, em igual medida, um enorme lado negativo, se tomado de maneira leviana ou com as pessoas erradas.

Menciono essa história como advertência, porque a ayahuasca se tornou um modismo. É *o assunto* para se conversar em festas, e eu chego a tremer sempre que ouço algo do tipo: "Vou na casa de uma amiga em Manhattan para uma cerimônia de aya domingo à noite. Ela encomendou pelo correio um pouco de chá do Havaí e vamos tomar juntas. Vai ser incrível." Existem hoje centenas de pessoas *new age* — professores de ioga, tocadores de didjeridu etc. — que decidem "bancar o xamã" com base na leitura de alguns livros, assistindo a um ou outro vídeo no YouTube ou depois de participar de algumas cerimônias. Considero isso tudo uma roleta-russa psicológica.

Minha sugestão é que você trate a ayahuasca como se estivesse planejando retirar um tumor cerebral com um neurocirurgião. Espiritualmente, isso é o que você está tentando fazer.

Nesse caso, você passaria meses, se possível, pesquisando os melhores médicos. Trataria isso como uma decisão de vida ou morte, por conta do que poderia dar errado. Com base em minhas experiências diretas, acho que a ayahuasca merece esse nível de cautela, respeito, preparação e a devida diligência. Martin elabora:

"É por isso que é tão crucial ter uma preparação antes da experiência e um período de integração depois, porque você se encontra em um estado aberto, receptivo e mais sugestionável. Qualquer hábito incorporado nas semanas seguintes pode permanecer. E pode ser bom ou ruim."

DAN: "A ayahuasca tradicionalmente é tomada em um ambiente de cerimônia em grupo, mas é uma jornada interna, muito individual. Em geral, é feita no escuro, no mato. A pessoa passa por uma cura profunda, psicológica, com frequência uma cura pré-verbal em torno de questões traumáticas que [ocorreram] entre o nascimento e os quatro anos de idade. De uma perspectiva da psicologia do desenvolvimento, é quando a maioria das características da personalidade de longo prazo é formada. Você ganha uma perspectiva de testemunha, os centros do medo relaxam, o trauma é trazido de volta à tela da mente... Com frequência o usuário tem uma reprise de coisas que ocorreram muito cedo e pode ter uma experiência corretiva...

"Através disso, posso ver a rede de fatores inter-relacionados e potenciais. Minha mente começa a entender como as coisas me afetaram, como as coisas estão afetando o mundo [e], possivelmente, o próximo passo a dar em minha trajetória."

TF: A ayahuasca é às vezes chamada de *la purga* ("a purgação"), porque os participantes com frequência têm uma experiência de vômitos e defecação descontrolados. Nunca tive nenhum dos dois, mas todos os meus companheiros pelo menos vomitaram. Em determinado momento, tive receio de não estar "fazendo certo" ou obtendo o benefício máximo, e o xamã me assegurou que purgar não é uma boa medida do valor da experiência. Ele só havia purgado duas vezes em dez anos.

DAN: "[A ayahuasca] tem muito êxito em ajudar pessoas a fazer uma transição da depressão crônica para o que seria chamado de *eutimia*, ou humor equilibrado. Muita gente nem sequer sabe o que é ter um humor equilibrado; mas otimismo, fé, coragem, força [e] empoderamento pessoal são algumas de suas qualidades."

TF: A ayahuasca é tradicionalmente descrita como muito "visionária", responsável por alucinações visuais, embora algumas pessoas tenham mais experiências mentais ou cinestésicas. Tendo a passar por três estágios: visual (muitas vezes avassalador), mental (capacidade intelectual de engajar e ver soluções ou respostas) e, em seguida, físico. Com frequência, passo por essas três fases durante cada longo *ícaro*, ou canção, que é entoado. Para entender melhor, busque "Ayahuasca Visions", de Jan Kounen, no YouTube.

5-MEO-DMT

Martin usa o 5-MeO-DMT em seus pacientes depois de tratá-los com ibogaína e iboga. O DMT às vezes é chamado de "molécula do espírito", e sua variante 5-MeO-DMT recebe o nome de "molécula de Deus". O 5-MeO-DMT é encontrado no veneno de um sapo do deserto e é vaporizado e inalado (não pode ser administrado via oral, pois é tóxico quando ingerido). Trata-se de uma experiência curta, de cinco a quinze minutos.

Para dar um exemplo, a programação a seguir seria para um usuário de heroína na clínica de Martin:

Cuidados prévios por várias semanas: Melhorar a dieta e os exercícios, retirando aos poucos os medicamentos psiquiátricos etc.

Segunda-feira da semana de tratamento: Exames médicos abrangentes no México. Usuários de heroína são transferidos para a morfina.

Quarta-feira à noite: Administração intravenosa de solução salina e eletrólitos, em seguida ibogaína em cápsula, com uma dose de dez a doze miligramas por quilo de peso corporal. Pacientes ficam ligados a um monitoramento cardíaco contínuo. O cateter do dispositivo intravenoso é mantido com um fecho de heparina, caso seja necessário administrar atropina em razão de batimentos cardíacos anormalmente lentos (bradicardia).

Quinta-feira: É comum os pacientes não terem dormido, então a quinta-feira é chamada de "dia cinza". Os adictos às vezes têm sintomas residuais de abstinência e sentem como se não estivessem se beneficiando.

Sexta-feira: Os pacientes começam a se sentir melhor e a se levantar. Se algum sintoma de abstinência persistir, usa-se iboga (cápsula de trezentos miligramas, depois mais, se necessário), que contém ibogaína e outros alcaloides.

Sábado: O 5-MeO-DMT é administrado.

Cuidados posteriores: Duas a três semanas em San Diego (recomendadas, mas opcionais).

MARTIN: "O DMT é encontrado na ayahuasca, enquanto o 5-MeO-DMT é encontrado naturalmente em certas plantas e no veneno do sapo do deserto de Sonora (também conhecido como sapo do rio Colorado), que vive no norte do México e no sul do Arizona. Acredita-se que seu veneno seja usado em cerimônias há centenas, se não milhares, de anos em culturas indígenas mexicanas, para induzir estados de consciência místicos.

"O que gostamos nesse remédio, que é particularmente útil para o vício em drogas, é que ele ocasiona experiências místicas de maneira confiável. Entre os nossos pacientes, 75% relatam ter uma sensação intensa e profunda de deslumbramento, presença divina, paz, alegria e felicidade que transcende o tempo e o espaço. As pessoas com frequência descrevem sua experiência com o 5-MeO como um dos maiores momentos de transformação de toda a sua vida.

"No corpo, o 5-MeO-DMT age sobre os locais dos receptores 1A e 2A de serotonina, que têm sido associados a experiências místicas com outras substâncias psicodélicas, como LSD e psilocibina. Entretanto, comparado a psicodélicos clássicos, o 5-MeO parece induzir essas experiências de maneira mais consistente, com potência maior e duração menor. Curiosamente, o 5-MeO também é conhecido por ter efeito analgésico, anti-inflamatório e regulador do sistema imunológico, graças à sua ação no receptor sigma-1. Nossos pacientes com frequência relatam uma redução ou eliminação da dor como resultado de suas experiências. Frequentemente, as pessoas esticam ou movem o corpo durante as sessões para resolver tensões físicas e emocionais das quais talvez não estivessem conscientes.

"Ao incorporarmos o 5-MeO-DMT ao programa de tratamento, podemos ajudar pacientes que tiveram a experiência da ibogaína a ter uma sensação de se libertar do que surgiu, bem como motivação e inspiração para seguir com a vida. A ibogaína pode trazer muita coisa do subconsciente, e as pessoas ficam emocionadas depois da experiência. Em um artigo recente sobre o uso de substâncias psicodélicas no tratamento de vícios, a profundidade da experiência mística de uma pessoa foi o maior indicador do êxito a longo prazo. Quando acrescentamos o 5-MeO-DMT ao nosso procedimento de ibogaína, vimos melhores resultados em nossos pacientes em relação à ibogaína sozinha."

TF: O 5-MeO-DMT só foi classificado como substância da escala 1 nos Estados Unidos em 2011, e seu uso é legal no México.

DAN: "Tem um sabor extraordinariamente forte e age como um foguete de volta a Deus... Leva você de volta à consciência da origem."

MARTIN: "[Os adictos] percebem que são seres divinos, e quando se tem essa percepção de que se é indestrutível e infinito, é muito difícil pôr uma agulha no braço e continuar usando."

TF: Usei o 5-MeO-DMT, mas prefiro psicodélicos comestíveis, de ação mais prolongada. Não me preocupo muito com o vício em 5-MeO, mas o início rápido e a curta duração se aproximam mais de substâncias que quero evitar (como o crack). Acho que é muito propício ao usuário que busca conveniência. Gosto do fato de a maioria das opções de plantas integrais comestíveis causar uma leve náusea, ter um efeito de quatro a oito horas, ou mais longo, e se você consumir demais, é praticamente certo que vai acabar vomitando. Vejo essas características como mecanismos de segurança naturais.

IBOGA/IBOGAÍNA

Está bem, agora vamos falar de cargas mais pesadas.

MARTIN: "A iboga é um psicodélico obscuro que não tem uma longa história de uso recreativo porque não é uma experiência recreativa. Provavelmente é a substância psicodélica menos recreativa... É originária da África e usada há décadas para tratar vício em opiáceos e outros tipos de transtorno por abuso de substâncias."

NOTA: As doses cerimoniais tradicionais de ibogaína/iboga, embora incrivelmente promissoras para eliminar o vício em opiáceos (como heroína), também podem causar problemas cardíacos fatais em aproximadamente uma em cada trezentas pessoas. Mesmo certos antibióticos interagem com a ibogaína/iboga e podem causar arritmias.

Por esse motivo, Dan e Martin geralmente reservam seu uso a dependentes químicos em condições graves, com probabilidade de morrer prematuramente em decorrência do uso da droga ou por causa da violência. Com base em observações de amigos não dependentes que fizeram um "curso completo" de iboga, uma microdosagem duas vezes por semana parece proporcionar pelo menos 50% dos benefícios de um ansiolítico (redução da ansiedade), mas com muito menos risco.

TF: "Iboga" se refere à planta, especificamente à raiz, que é ingerida há séculos, como rito de passagem, pelos seguidores do culto bwiti, no Gabão. A ibogaína é o principal alcaloide da iboga. Ambas agem como dissociativas. Os efeitos são semelhantes, mas não idênticos. É como a diferença entre usar casca de salgueiro-branco para inflamação e usar sua versão refinada, a aspirina. A clínica de Martin usa ibogaína para desintoxicar pacientes e iboga como "reforço" ou medicamento suplementar, depois do tratamento.

Curiosamente, a ibogaína parece causar alucinações que são mediadas via caminhos colinérgicos muscarínicos envolvidos no sonho e na memória, bem como por meio de receptores opioides kappa (ativados também pela planta *Salvia divinorum*), e não via receptores de serotonina.

MARTIN: "Quem é um bom candidato para a ibogaína e quem não é? Recebo pedidos de pessoas que querem apenas explorar sua psique, ou têm depressão, ou querem lidar com algum trauma de infância. Com frequência eu as direciono para a ayahuasca, porque considero a ibogaína uma arma pesada e mais adequada ao tratamento de vícios. Isso não quer dizer que pessoas sem vício não se beneficiem dela, mas acho que há outras modalidades que elas devem explorar primeiro, alternativas menos arriscadas."

DAN: "O fato de uma coisa ser eficiente não significa que alguém está pronto para ela... A iboga é como o Everest. É escalar uma montanha enorme. Não é uma boa ideia começar pelo Everest sem nunca ter feito uma caminhada.

"É um remédio muito focado no ego. Conduz a psique de maneira incessante até a pessoa não ter escolha a não ser basicamente desistir e se entregar à experiência. Ela pode se render à experiência maior de se tornar quem pensava que podia ser, ou talvez quem temesse ser, libertada da limitação de algo como um vício...

"A iboga é de quatro a cinco ordens de magnitude [superior a] qualquer coisa do campo da reabilitação psiquiátrica [para tratamento de adictos em opiáceos]. Tem-se o mesmo nível de sucesso usando terapia com ajuda do MDMA para tratar transtorno do estresse pós-traumático (TEPT). É por isso que o MDMA está indo para os testes da fase III. De maneira semelhante, a psilocibina está indo para os testes da fase III porque há um índice de sucesso muito grande, com pessoas que estão passando por transições no fim da vida [relacionadas a câncer] tendo alívio de ansiedade e sendo realmente capazes de enfrentar a morte com dignidade e força."

TF: Os testes da fase III são de importância crucial para reclassificar as substâncias psicodélicas, o que as tornaria receitáveis por médicos qualificados. Conforme observado antes, quase todos os psicodélicos são atualmente drogas da escala 1, definidos por "alto potencial de abuso" e "nenhum uso em tratamento médico aceito nos Estados Unidos". Essas substâncias são não viciantes, de modo que a alegação de abuso é infundada, mas é difícil provar isso em estudos de longo prazo com humanos, em razão das atuais restrições legais. Portanto, o caminho mais eficiente para a "prescrição legal" é demonstrar uma clara aplicação médica para distúrbios como depressão resistente a tratamento ou ansiedade no fim da vida em pacientes terminais de câncer. Desde que abandonei o jogo dos investimentos (veja a página 424), redirecionei grande parte do meu foco financeiro para essa área.

Uma história engraçada para desanuviar: durante a corrida presidencial de 1972, Hunter S. Thompson alegou que o candidato das primárias democratas Edmund Muskie era usuário de ibogaína. Hunter inventou tudo, mas usou isso para azucrinar os meios de comunicação.

A EXPERIÊNCIA COM IBOGA/IBOGAÍNA

A típica experiência com ibogaína é de longa duração, até 36 horas, e tem três grandes fases. Costuma manter os pacientes acordados por vários dias. Martin explica:

Primeira fase

"A primeira fase é um componente visionário que pode durar entre três e doze horas, e essas alucinações são percebidas quase como se você estivesse assistindo a um filme da sua existência.

"É uma análise da vida. As pessoas relatam que atrás de suas pálpebras há telas gigantescas nas quais veem imagens da infância. Elas observam oportunidades que perderam, pessoas que magoaram e negócios pendentes que precisam ser resolvidos. Acho que a pessoa se ver diante de quem ela realmente é e não ser capaz de desviar o olhar pode ser difícil. Em geral, pacientes que usam opiáceos querem ficar entorpecidos. Eles não querem pensar; não querem sentir. A ibogaína realmente os força a se confrontar. Veja o que você fez, veja onde você vai parar se continuar usando. Então não é uma experiência divertida.

"Muitos casos de vício estão ligados a transtornos de estresse pós-traumático. Isso pode ser resolvido com ibogaína porque permite ao paciente voltar ao acontecimento traumático e vivê-lo sem qualquer dor emocional. O indivíduo é capaz de voltar e se soltar da experiência, aceitá-la, ou dar um novo contexto a ela.

"Como o dr. Engle estava dizendo, muito do trauma que acontece é pré-verbal... O cérebro armazena isso como uma carga emocional porque não há palavras associadas à experiência. A ibogaína permite às pessoas reviver a situação e ver o que aconteceu, quase como se elas estivessem flutuando no recinto como um observador. Como estão vivenciando a experiência com os olhos de um adulto, isso lhes permite colocá-la em um contexto diferente.

"Outras imagens que surgem durante a experiência com ibogaína estão relacionadas à sensibilidade ou à inteligência da vida vegetal, à criação e ao destino do Universo e à nossa mortalidade. Há certas imagens que podem ser perturbadoras para os pacientes. Você vê espíritos e imagens de pessoas mortas. Na África, dizem que a ibogaína é uma 'experiência de morte controlada'. É basicamente uma entrada na terra dos mortos para receber informações dos ancestrais que podem ser aplicadas à sua vida."

Segunda fase

"A segunda fase é de introspecção e pode durar até 24 horas. A abstinência de opiáceo praticamente passou [a essa altura], assim como a ânsia. A ibogaína tem um efeito antidepressivo muito potente, então as pessoas que a tomam experimentam um humor elevado por um tempo depois.

"Em termos de diferenças entre ibogaína e ayahuasca, acho que a análise da vida introspectiva é mais pronunciada com a primeira, embora apenas 70% das pessoas a tenham. Não conheço a estatística com a ayahuasca, mas nesse aspecto ela pode ser confiavelmente mais psicodélica do que a ibogaína."

Terceira fase

"A terceira fase, que acontece depois da experiência clínica, é chamada de 'liberdade temporária' ou 'janela de oportunidade', já que a noribogaína, um metabólito da ibogaína, continua a fazer seu trabalho por até três meses, tornando mais fácil o início de novos padrões e hábitos. Isso é chamado de 'fase de integração', em que a pessoa age para fomentar as mudanças positivas necessárias que foram reveladas por meio da experiência. É importante tirar proveito das oportunidades de aprendizado e crescimento nessa fase e desenvolver hábitos que ajudarão a sustentar o autocontrole depois que a noribogaína for eliminada."

BIOQUIMICAMENTE, POR QUE A IBOGAÍNA É TÃO ESTRANHAMENTE EFICAZ?

"[A ibogaína não] apenas mascara a abstinência, como faria uma droga de substituição. Por exemplo, se alguém que usa heroína consome metadona, passará um tempo sem abstinência. Mas a abstinência voltará assim que a metadona sair do seu organismo. Isso não acontece com a ibogaína. O usuário a toma e a abstinência some — 90% da abstinência some completamente. Ela está, na verdade, mudando o receptor para como era antes de a pessoa começar a usar [a droga]. Está, na verdade, reestruturando-o e curando-o. A ibogaína parece afetar quase toda grande classe de neurotransmissores, principalmente via receptores opioides, NMDA, de serotonina, sigma e nicotínicos. Proeminente pesquisador de ibogaína, o dr. Kenneth Alper [da Escola de Medicina da Universidade de Nova York] afirmou em apresentações que certos aspectos da ibogaína desafiam paradigmas tradicionais da farmacologia."

TF: Notei que a microdosagem pareceu aumentar o "limite" da minha felicidade em algo entre 5% e 10%, para colocar em números minha experiência subjetiva. Isso persistiu por vários dias depois do consumo. De modo preliminar, o efeito parece se relacionar a uma regulação elevada de receptores opioides-μ. Segundo um estudo, "... foram apresentadas evidências *in vivo* da possível interação da ibogaína com o receptor opioide-μ depois de seu metabolismo para noribogaína."[5]

MARTIN: "[Em tratamento para dependência química] a ibogaína é específica para opiáceos. Temos visto alguns benefícios para certos medicamentos psiquiátricos, mas não para abstinência de benzodiazepina ou álcool. Essas duas abstinências são, na verdade, perigosas. Quando alguém tem os tremores, é o *delirium tremens* (DT) entrando em ação, podendo provocar a morte. Portanto, é um processo muito delicado, e uma pessoa fisicamente dependente de álcool não deve tomar ibogaína. Ela precisa se desintoxicar primeiro a fim de conseguir os benefícios psicológicos e antivício."

GUARDE O OURO — MANTENHA-O JUNTO AO PEITO

Depois de poderosas experiências de cura com substâncias psicodélicas, a recomendação de Dan é **"Guarde o ouro"**. Ele explica:

"Mantenha essa experiência realmente fechada e privada. Quando achar adequado compartilhá-la, fale com pessoas que são mais sensíveis ao fato de que você fez uma viagem que mudou sua vida e que vão apoiá-lo nisso.

"[Escolha] pessoas que não vão ridicularizar sua situação nem julgá-lo, porque tudo isso afeta sua experiência básica. Muitas pessoas, quando têm uma experiência como essa, querem compartilhá-la, e às vezes a resposta que obtêm não é de apoio. Isso altera a cura que elas acabaram de receber."

RECURSOS

Heffter Research Institute (heffter.org): Tenho interagido muito com essa organização. Fundada e dirigida basicamente por ph.Ds. e médicos, o Heffter viabiliza pesquisas de ponta em instituições de ensino como Johns Hopkins, Universidade de Nova York, Universidade de Zurique e outras.

MAPS (maps.org): Fundada em 1986, a Multidisciplinary Association for Psychedelic Studies (MAPS) é uma organização educacional sem fins lucrativos 501(c)(3)* que desenvolve contextos médicos, legais

---

[5] Bhargava, H.N.; Ying-Jun, C.; Guo-Min, Z. "Effects of ibogaine and noribogaine on the antinociceptive action of μ-, δ-and κ-opioid receptor agonists in mice". *Brain research* 752, no. 1 (1997): pp 234-238.

* Categoria de organização sem fins lucrativos nos Estados Unidos. (N. do T.)

e culturais para pessoas se beneficiarem do uso cuidadoso de psicodélicos e maconha.

ICEERS (iceers.org): Com sede na Espanha, o International Center for Ethnobotanical Education, Research, and Service tem o objetivo de construir pontes entre o conhecimento etnobotânico de culturas indígenas (sobretudo iboga e ayahuasca) e a ciência e a prática terapêutica ocidentais.

GITA (ibogainealliance.org): A Global Ibogaine Therapy Alliance é um grupo internacional de fornecedores, pesquisadores e defensores da ibogaína. Recentemente, publicou o primeiro padrão estabelecido de diretrizes para cuidados no tratamento com ibogaína.

LIVROS RELACIONADOS E RECOMENDADOS

Singing to the Plants: A Guide to Mestizo Shamanism in the Upper Amazon, de Stephan V. Beyer. Esta obra não apareceu no podcast, mas é o mais abrangente livro relacionado à ayahuasca que encontrei.

The Cosmic Serpent, de Jeremy Narby.

Autobiografia de um iogue, de Paramahansa Yogananda. Um dos livros de maior impacto que Dan leu quando morou na selva. Steve Jobs pediu que este livro fosse distribuído às pessoas presentes em seu funeral.

A caminho de casa — Autobiografia de um swami americano, de Radhanath Swami.

Ibogaine Explained, de Peter Frank.

Tryptamine Palace: 5-MeO-DMT and the Sonoran Desert Toad, de James Oroc. Martin o considera uma leitura fantástica porque analisa a experiência com 5-MeO-DMT a partir de uma perspectiva budista e hindu.

The Toad and the Jaguar, de Ralph Metzner. Uma leitura rápida sobre o 5-MeO-DMT proporcionada por um pioneiro da terapia e da pesquisa psicodélicas.

KELLY STARRETT

O dr. Kelly Starrett (TW/IG: @thereadystate, thereadystate.com) é um dos meus treinadores de desempenho favoritos. Treinou atletas de CrossFit por mais de 150 mil horas e onze anos na San Francisco CrossFit, que fundou com a esposa em 2005.

É um dos primeiros cinquenta afiliados do CrossFit, entre os mais de dez mil que existem hoje no mundo. Entre os seus clientes estão medalhistas de ouro olímpicos, ciclistas da Volta da França, recordistas mundiais de levantamento de peso, medalhistas dos CrossFit Games, bailarinos profissionais e militares de elite. Ele é uma fábrica de boas tiradas e autor de *Becoming a Supple Leopard*, best-seller na lista do *The New York Times*.

Animal espiritual: Leão com três lótus

NOS BASTIDORES

» Pouco antes de gravarmos nosso segundo podcast juntos, Kelly me ofereceu uma xícara de café. Depois que a tomei, ele me mostrou a garrafa: era um concentrado de café gelado que deveria ser diluído. Eu tinha acabado de consumir o equivalente a cinco xícaras de café. Kelly fala que é a sua "xícara do medo". Fomos gravar e eu imediatamente comecei a suar como se estivesse sendo perseguido por hienas.

» Mesmo com 104 quilos, Kelly dá mortais para trás. Com o mesmo peso, completou uma ultramaratona sem nenhuma corrida de treinamento maior do que cinco quilômetros, graças a Brian MacKenzie (página 121). Ele também faz power clean — um exercício com levantamento de peso — com 165 quilos, mas tem um pulso ferrado e pega o peso com um dos braços inclinado e cruzado à frente do peito, como se fizesse uma saudação.

» Ele bebe uma quantidade incrível de água, pondo uma pitada de sal sempre que possível. Por quê? O maior risco não é a desidratação, mas a hiponatremia, uma concentração perigosamente baixa de sódio no sangue. De acordo com um estudo de 2005 para a *New England Journal of Medicine*, "a hiponatremia emergiu como uma importante causa de morte relacionada a corridas e doenças que ameaçam a vida entre corredores de maratona".[6]

» Kelly é um legítimo fã de fantasia e de ficção científica. Conhece *Duna*, de Frank Herbert, e *The Diamond Age*, de Neal Stephenson, de trás para a frente. Por qualquer que seja o motivo, muitos homens em *Ferramentas dos titãs* gostam justamente desses dois livros de ficção. Kelly tem filhas e me mandou uma mensagem sobre o livro de Stephenson, que tem uma jovem protagonista: "É muito bom criar suas filhas mostrando uma personagem que esmaga o sistema enquanto reconstrói outro melhor."

---

[6] Almond, C.S.; Shin, A.Y.; Fortescue, E.B.; Mannix, R.C.; Wypij, D.; Binstadt, B.A. et al. "Hyponatremia among runners in the Boston Marathon". *New England Journal of Medicine* 352, n. 15 (2005): pp 1.550-1.556.

COM EREÇÃO OU SEM EREÇÃO?

"Cara, se você acorda sem uma ereção é porque tem algum problema. Sim ou não? Um ou zero? Ereção ou nada de ereção?

TF: É fácil deixar de ver o sinal vermelho diante da sua cara quando se está perseguindo o exame de sangue perfeito. Para os homens, o teste de "com ereção ou sem ereção" é um indicador simples, mas excelente, de qualidade de sono, saúde hormonal (GH, FSH, testosterona), regulação do ritmo circadiano e outros.

O TESTE DO AGACHAMENTO DA FOGUEIRA

"Se você não consegue se agachar até o chão com os pés e os joelhos juntos, está perdendo a plena amplitude de movimento dos quadris e dos tornozelos. Esse é o mecanismo que causa impacto coxofemoral, fascite plantar, ruptura do tendão de aquiles, distensão na panturrilha etc. É um problema complicado, e você deve fazer o possível para resolvê-lo."

> "O esporte mais perigoso para homens de meia-idade é o treinamento em pista de corrida de velocidade [porque o corpo está trabalhando com alta produção de força em amplitudes de movimento que não são habituais]."

SOBRE O AGACHAMENTO DE ARRANCO

"[Greg] Glassman [o fundador do CrossFit] considera esse exercício um dos mais importantes. Na verdade, um dos primeiros e melhores treinos de CrossFit — acho que se chama "Nancy" — é correr quatrocentos metros e, em seguida, fazer quinze agachamentos de arranco com 45 quilos. Achou fácil? Então repita [essa sequência] cinco vezes. Você vai perceber bem rápido que todo mundo pode disfarçar e fazer umas três. Mas quando começa a se cansar, ou quando as posições não estão firmes, a pessoa quica para fora. Não tem acesso à compensação e começa a sofrer.

"Pedir para fazer um agachamento de arranco é o mesmo que perguntar: 'Você consegue se agachar com o torso ereto?' Parece provocação, não?

Se a pessoa precisa se inclinar muito à frente para fazer o exercício, isso quer dizer que ela está com as funções do quadril e do tornozelo comprometidas e não sabe como manter a estabilidade no tronco."

TF: Fazer agachamentos de arranco com peso leve e postura estreita, em combinação com agachamentos de cossaco (página 116), durante três meses foi o que me ajudou a passar no "teste do agachamento da fogueira", citado anteriormente. Mas meu tornozelo esquerdo está doendo até agora.

"SE NÃO CONSEGUE RESPIRAR, VOCÊ NÃO SABE SUA POSIÇÃO"

Em outras palavras, se você não conseguir respirar em determinada posição, significa que não a dominou.

AS PRINCIPAIS MOBILIZAÇÕES PARA FAZER TODOS OS DIAS

"Aqui estão algumas coisas que você deveria fazer todos os dias:

"**1.** Todo mundo pode se beneficiar de algo semelhante ao alongamento do gato (também chamado de 'gato e camelo' na ioga). É um alongamento estático de nível básico que coloca você nesse padrão de extensão, e em vez do outro padrão de se sentar em posição de flexão arredondada.

"**2.** Fique em lunge, posição também conhecida como afundo, o máximo que conseguir. [**TF:** Uma maneira simples de fazer isso antes da malhação é o exercício de 'caminhada do Homem-Aranha', de Eric Cressey. Eu toco a parte interna do cotovelo no chão antes de mudar de lado. Isso também é ótimo para flexibilidade de quadril na AcroYoga.]

"**3.** 'Esmague' sua barriga (isto é, role sobre ela), para uma regulação decrescente antes de dormir, com uma bola medicinal. [**TF:** Isso realmente ajuda a dormir. Minha ferramenta favorita foi, na verdade, criada por Kelly, a MobilityWOD Supernova (120 milímetros). Amelia Boone (página 30) sempre viaja com uma.]

"**4.** A rotação interna do ombro é crucial. O aquecimento Burgener ajudará a mostrar se você tem uma rotação interna de ombro plena.

"Todas essas coisas têm que ser habituais para você."

"CALÇAR MEIAS DE COMPRESSÃO [DEPOIS DA MALHAÇÃO] É UMA EXPERIÊNCIA QUE MUDA TUDO"

Kelly atualmente usa as da marca Skins.

HIGIENE DO SONO

Escuro significa ESCURO. "Foram feitos estudos em que irradiam um laser sobre a parte de trás do joelho de uma pessoa e ela percebe. É a luz. Você não pode ficar com o telefone no quarto. Não pode ter TV no quarto. O cômodo precisa estar escuro, escuro como a noite."

Outro conselho: o ideal para um bom colchão é maciez. "O ser humano de hoje precisa dormir em um colchão macio. O ideal seria dormir em uma rede. Você deve acordar de manhã sentindo-se incrível, sem ter que alongar as costas. A maioria dos atletas e das pessoas é sensível à extensão por causa do excesso de tempo sentado e do treinamento que tende a estender (por exemplo, correr, saltar, agachar). Dormir em uma cama dura põe você em extensão, o que é exatamente o oposto do desejável. O ideal seria você ser capaz de dormir no chão e acordar se sentindo bem, mas não somos mais essas pessoas em razão do excesso de tempo sentado e do sedentarismo.

Checklist de Kelly para o colchão

» O ideal é o colchão mais macio que você conseguir, mas evite aqueles feitos somente de espuma de memória [viscoelástica], porque eles prendem você na extensão.

» Deite-se na cama por cinco minutos em uma loja de colchões. Se você tiver que cruzar os pés, a cama é dura demais.

» Se você precisa pôr um travesseiro embaixo das pernas para se pôr em flexão, então você precisa de uma cama mais macia. Você também deve focar em abrir a extensão do quadril.

OXÍMETRO DE PULSO VÁ/NÃO VÁ

De manhã, Kelly usa o software Restwise juntamente com oxímetros de pulso (para medir a saturação do oxigênio sanguíneo) para determinar se seus atletas devem se exercitar ou não. A tecnologia responde à pergunta (e fornece o slogan inteligente): "Será que estou treinando duro demais ou não duro o bastante?"

A empresa alega que 62 campeonatos mundiais foram vencidos por atletas que usaram o sistema. Há muitas sutilezas no sistema, mas eis uma observação básica: se a leitura do seu oxímetro de pulso estiver um ou dois pontos abaixo do normal, isso pode indicar inflamação no pulmão e o início de um resfriado. Nesse caso, é melhor adiar o treinamento.

MULTIVITAMÍNICO INDICADO

Nutriforce WODPak (Nutriforce Sports), baseado em alimentos integrais.

UMA TÁTICA PARA A DOR CRÔNICA: RECORRA A ALGO PARECIDO COM O MOVIMENTO QUE LESIONOU VOCÊ

"Movimento e dor se associam. Se você sentir dor ao fazer determinado movimento durante um mês, trata-se de uma situação de dor crônica. Seu cérebro começa a associar o caminho da dor ao caminho motor do movimento, e ambos ficam ligados um ao outro.

"O cérebro passa a se lembrar do movimento que criou a dor (que o lesionou) e, mesmo que não haja nenhum trauma, toda vez que você se movimenta de um jeito específico ainda tem a sensação da dor. Portanto, uma das maneiras pelas quais conseguimos ajudar as pessoas a sair da dor crônica é lhes dando um novo programa motor (por exemplo, não se agache com os joelhos para dentro)."

ESCOLHA "DROP ZERO" PARA SEUS FILHOS

Compre tênis planos com "drop zero" para seus filhos (e para você), em que os dedos e o calcanhar ficam à mesma distância do chão. Eu uso Vans por esse motivo, sendo meu modelo favorito o tênis para skate Vans Classic Slip-On (unissex, sola de borracha) na cor preta.

Esse tênis pode ser usado para caminhada, se necessário, ou para uma reunião de negócios, quando se viaja com pouca bagagem. Kelly explica melhor a importância do drop zero: "Não encurte sistematicamente os tendões de aquiles de seus filhos com tênis ruins. Isso vai resultar em uma amplitude de movimento de tornozelo ruim no futuro. Compre tênis da Vans, da Converse ou semelhantes para seus filhos. Faça-os usar tênis planos ou ficar descalços o máximo que puderem."

"Quando você vence, o trabalho fica mais difícil."

PAUL LEVESQUE (TRIPLE H)

Paul Levesque, popularmente conhecido como Triple H (TW/FB/IG: @TripleH), foi quatorze vezes campeão mundial do World Wrestling Entertainment (WWE). Ele também é vice-presidente executivo de talentos, eventos ao vivo e criação do WWE.

Animal espiritual: Leão

NOS BASTIDORES

Paul tem três filhos, e os negócios e a família tomam muito de seu tempo. Por isso, geralmente ele treina entre dez da noite e uma da manhã com Joe DeFranco, que apareceu em *4 horas para o corpo* na seção "Desconstruindo a análise física da NFL". Paul acorda mais ou menos às seis da manhã e começa tudo de novo. Um de seus movimentos de aquecimento comuns é uma versão sem peso do agachamento de cossaco (página 116).

"As crianças não fazem o que você diz. Fazem
o que veem. O modo como você vive sua vida
é o exemplo delas."

O "FRAPPUCCINO CETO"

Com frequência ele trabalha com o fisiculturista Dave "Jumbo" Palumbo na dieta de preparação para o WrestleMania, o maior evento do ano do WWE (com mais de cem mil participantes em 2016). David o faz seguir a dieta cetogênica, e Paul desenvolveu um "frappuccino" saudável que satisfaz suas necessidades:

"Uso a proteína em pó [de Palumbo] da Species Nutrition. Toda manhã, rolo escada abaixo e: duas conchas de whey protein [Isolyze], gelo, um punhado de pó de café da Starbucks, um pouco de óleo de macadâmia e faço um shake. Esse é o começo."

VENCENDO O JET LAG

Paul viaja mais de 260 dias por ano, apresentando-se em uma cidade diferente a cada noite. Eis uma de suas regras:

"Quando eu desembarcava, ia fazer o check-in no hotel. Imediatamente depois de fazer isso, eu perguntava: 'A academia está aberta? Posso treinar?' Mesmo que fosse para montar em uma bicicleta e pedalar quinze minutos para reinicializar as coisas. Notei logo que, a cada vez que eu fazia isso, não tinha jet lag."

TF: Isso com certeza parece funcionar, mesmo quando feito à uma da manhã e durante cinco minutos. Não sei qual é o mecanismo fisiológico, mas eu faço isso.

ISSO É UM SONHO OU UM OBJETIVO?

"[Evander Holyfield] contou que seu treinador lhe disse em um momento, no primeiríssimo dia de treinamento: 'Você poderia ser o próximo Muhammad Ali. Quer fazer isso?' Evander respondeu que precisava perguntar para a mãe. Ele foi para casa, voltou e disse: 'Eu quero fazer isso.' O treinador então falou: 'Está bem. Isso é um sonho ou um objetivo? Porque tem uma diferença.'

"Eu nunca tinha ouvido algo assim, mas a frase ficou grudada na minha cabeça. Tanto que pergunto a meu filho agora: 'Isso é um sonho ou um objetivo?' Porque sonho é algo que você fantasia e que provavelmente nunca acontecerá. Objetivo é algo para o qual se estabelece um plano, trabalha e alcança. Sempre abordei meus assuntos sob esse prisma. Os modelos de sucesso para mim eram pessoas que haviam estruturado objetivos e posto um plano em ação para chegar a uma meta. Acho que foi isso que me impressionou em Arnold [Schwarzenegger]. Foi o que me impressionou em meu sogro [Vince McMahon]."

PREOCUPAR-SE COM ISSO AGORA NÃO VAI MUDAR NADA

"Sou amigo de Floyd Mayweather. Acompanhei o cara até o ringue uma vez, acho que na luta dele com Juan Manuel Márquez. Eu queria assistir um pouco ao card preliminar, por isso chegamos cedo. Então vieram uns caras da equipe dele, chegaram para mim e disseram: 'Floyd queria lhe dar um alô antes de começar a se preparar, bater um papo com você por alguns minutos.' Então minha esposa, Steph, e eu fomos aos bastidores, entramos no vestiário e ele estava deitado no sofá vendo um jogo de basquete. Ele disse: 'Oi, fiquem à vontade.' Ficamos conversando um pouco, mas adotei uma postura ultrarrespeitosa com ele. Floyd estava prestes a entrar em uma luta difícil.

"No instante em que houve uma pausa na conversa, falei: 'Cara, vamos parar de perturbar. Voltaremos aqui na hora de nos prepararmos para a sua luta.' E ele: 'Cara, vocês não precisam sair. Estou gostando da conversa.' Ele estava completamente relaxado.

"Então, em outro momento de silêncio, eu disse: 'Floyd, não quero atrapalhar você.' E ele respondeu: 'Guerreiro, estou só relaxando, vendo o jogo.' Então perguntei, surpreso: 'Você não fica nem um pouco tenso com isso?' E ele simplesmente respondeu: 'Por que ficaria? Ou estou pronto ou não estou. Ficar preocupado com isso agora não vai mudar nada, certo? Ou eu fiz tudo o que podia para me preparar para isso ou não fiz.'"

TF: Whitney Cummings (página 521) me disse algo parecido sobre seus grandes especiais de standup: "Meu trabalho não é feito hoje à noite. Meu trabalho foi feito três meses atrás, e eu só tenho que mostrá-lo."

UMA LIÇÃO DO SEU PRIMEIRO MENTOR, KILLER KOWALSKI

"Eu me pego dizendo para os caras mais jovens muita coisa que ele me disse. Por exemplo, se você não faz bem uma coisa, não a faça, a menos que queira gastar um tempo para melhorá-la. Ainda assim, até hoje vejo muitos caras fazendo coisas no ringue e penso: *Ele não faz isso bem, mas faz o tempo todo. Você deveria parar.*"

TF: Isso me levou a perguntar a mim mesmo, geralmente durante minhas análises 80/20 trimestrais de pontos de pressão: "O que é que estou continuando a fazer no que não sou bom?" Melhore, elimine ou delegue isso.

"Aprendi um truque importante: para desenvolver uma visão prospectiva, você precisa praticar a visão retrospectiva."

"O oposto de brincar não é trabalhar. É depressão."

JANE McGONIGAL

Jane McGonigal (TW: @avantgame, janemcgonigal.com) é afiliada de pesquisas do Institute for the Future e autora de *A realidade em jogo — Por que os games nos tornam melhores e como eles podem mudar o mundo*, best-seller na lista do *The New York Times*. Seu trabalho foi divulgado na *The Economist*, na *Wired* e no *The New York Times*. Ela foi considerada pela *BusinessWeek* um dos "dez maiores inovadores para se ficar de olho" e, pela *Fast Company*, uma das "cem pessoas mais criativas nos negócios". Suas palestras sobre games no TED tiveram mais de dez milhões de visualizações.

Animal espiritual: Polvo-do-coco

TETRIS COMO TERAPIA

Está com dificuldade para dormir? Experimente jogar dez minutos de Tetris. Pesquisas recentes demonstraram que Tetris — ou Candy Crush Saga ou Bejeweled — pode ajudar a substituir visualizações negativas, o que tem aplicações em vícios (como gula), prevenção de transtorno do estresse pós-traumático (TEPT) e, no meu caso, ataques de insônia. Como Jane explica, por causa das características visuais intensas e de solução de problemas desses jogos, "a pessoa tem flashbacks visuais [por exemplo, blocos caindo ou peças sendo trocadas]. Eles ocupam o centro de processamento visual do cérebro de modo que ela não consegue imaginar a coisa pela qual está ansiando [ou pela qual está obcecada, o que também tem um caráter muito visual]. Esse efeito pode durar de três a quatro horas. Isso ocorre também com quem joga Tetris depois de testemunhar um acontecimento traumático [o ideal é dentro de seis horas, mas isso foi demonstrado 24 horas depois]. Essa prática previne recordações e reduz sintomas de transtorno do estresse pós-traumático".

UM FATO POUCO CONHECIDO

Entrevistei duas pessoas que têm irmãos gêmeos idênticos: Jane McGonigal e Caroline Paul (página 502). Ambas tiveram "ação fantasmagórica a distância": sentir ou perceber o que o irmão gêmeo está passando.

* **Documentários recomendados**
   G4M3RS: A Documentary (pode ser encontrado no YouTube).
   The King of Kong.
   TF: Este último é também um dos documentários favoritos de Kevin Kelly (página 514).

* **Livros mais presenteados ou recomendados**
   Jogos finitos e infinitos, de James Carse.
   Suffering Is Optional, de Cheri Huber.
   TF: Cheri também tem um podcast, *Open Air*.

* **Melhor compra recente por menos de 100 dólares**
Carregador de bebê BabyBjörn.

* **Você tem alguma citação que rege sua vida ou na qual pensa com frequência?**
"'Qualquer afirmação útil sobre o futuro deve parecer ridícula a princípio',

de Jim Dator. Também gosto de 'Em se tratando do futuro, é muito mais importante ter imaginação do que estar certo', de Alvin Toffler. Ambos são futuristas famosos. Essas frases me lembram de que ideias que mudam o mundo parecerão absurdas para a maioria das pessoas, e que o trabalho mais útil que posso fazer é expandir o limite do que é considerado possível. Se o que estou fazendo parece razoável para a maioria das pessoas, então não estou trabalhando em um espaço que é criativo e inovador o bastante."

✳ Existe algo em que você acredita, mas as pessoas acham loucura?
"Sim, acredito que você nunca deve criticar publicamente alguém ou alguma coisa, a não ser que seja uma questão de moral ou ética. Qualquer coisa negativa que você diz pode no mínimo arruinar o dia de alguém, ou pior, partir o coração de uma pessoa, ou simplesmente fazer com que alguém deixe de ser seu futuro aliado para se tornar um indivíduo que jamais esquecerá que você foi indelicado ou fez uma crítica injusta. Hoje é muito comum reclamar ou criticar o trabalho dos outros nas redes sociais, ou agredir alguém por causa de algo interpretado como ofensa. Não faço isso. Não é meu trabalho ser crítica do mundo, e prefiro não descartar nenhum aliado no futuro."

ADAM GAZZALEY

O dr. Adam Gazzaley (FB/TW: @adamgazz, neuroscape.ucsf.edu) obteve seus títulos de doutor e ph.D. em neurociência na Mount Sinai School of Medicine, em Nova York, e depois fez treinamento de pós--doutorado na Universidade da Califórnia, em Berkeley. Atualmente, é diretor do Gazzaley Lab, um laboratório de neurociência cognitiva da Universidade da Califórnia em São Francisco.

O dr. Gazzaley é cofundador e consultor-chefe de ciência da Akili Interactive, uma companhia que desenvolve video games terapêuticos, e é também cofundador e cientista-chefe da JAZZ Venture Partners, uma empresa de capital de risco que investe em tecnologia experimental para melhorar o desempenho humano. Além disso, é consultor científico de mais de dez empresas de tecnologia, incluindo Apple, GE, Magic Leap e Nielsen.

Animal espiritual: Raposa-de-prata

NOS BASTIDORES

Adam fez uma aposta com Kevin Rose (página 377) sobre o futuro da realidade virtual. Adam tem uma opinião otimista e Kevin, pessimista. O prêmio: uma garrafa de uísque Suntory Hibiki 25 anos, mas com a condição de ir até o Japão para procurá-la. Eles iriam juntos e beberiam juntos. Portanto, como explica Kevin, é uma aposta em que os dois saem ganhando.

OS HUMANOS USAM APENAS 10% DO CÉREBRO? NÃO É BEM ASSIM...

"O cérebro, a mais complexa estrutura de todo o Universo, não tem um estacionamento vazio à espera de que alguém entre ali e comece a construir. Ele é usado o tempo todo, e de maneiras complexas que nem sempre entendemos."

COMO ELE CONTRATA PARA AS COBIÇADAS VAGAS DE SEU LABORATÓRIO

"Não tenho uma metodologia rígida para isso. Em grande parte, contrato quando ocorre uma conexão, quando o candidato está falando sobre o que faz e sobre o que o deixa animado. Geralmente é por aí que começo: **'O que deixa você realmente empolgado?'** Estou mais interessado no que impulsiona e motiva a pessoa a sair da cama de manhã do que numa lista de itens de um currículo tradicional."

MUITO TRABALHO E POUCA DIVERSÃO...

Desde 2008, Adam oferece uma festa para diversos amigos (em geral, de quarenta a oitenta pessoas) na primeira sexta-feira de cada mês, chamada First Friday. Ele já experimentou todo tipo de álcool imaginável nesses eventos, e seu atual favorito é o uísque de centeio. Sua recomendação em nossa conversa foi o **Whistle Pig**.

"Os uísques de centeio são interessantes porque eram a forma dominante de uísque americano pré-proibição, pois a indústria era mais ao norte — Pensilvânia, Vermont, Nova York etc. —, onde se produzia bastante centeio. Depois, com a proibição e a mudança para o sul, com estados produtores de milho, o bourbon explodiu e ainda é, de longe, dominante. Mas o centeio está voltando, e eu adoro."

* Documentário favorito

A série *Cosmos*, de Carl Sagan, inspirou Adam a virar cientista, assim como também foi fonte de inspiração para muitos cientistas de primeira linha que conheci e entrevistei. [**TF:** Neil deGrasse Tyson tem uma versão revisada de *Cosmos* que também é espetacular.]

"Foi uma maneira realmente forte e agradável de ser apresentado às complexidades e maravilhas que estavam me prendendo a atenção quando criança. Eu assistia com meu pai. Foi um grande vínculo para nós. O modo como Sagan apresentava era cativante, e isso foi realmente decisivo para eu querer ser cientista."

✳ Conselho para o seu eu de trinta anos

"Eu diria para não ter medo. Quer dizer, você tem uma chance aqui de fazer coisas incríveis. Ter medo de estar errado, de cometer um erro ou de se atrapalhar não é a melhor maneira de fazer algo impactante. Você precisa ser destemido."

Para dar um contexto, Adam disse o seguinte antes em nossa conversa: "Quero promover avanços fundamentais, se possível. Se você tem essa mentalidade, se é assim que se desafia, se é isso que quer realizar na sua vida, com o pouco tempo que tem aqui para fazer alguma diferença, então **a única maneira é se dedicar ao tipo de pesquisa que outras pessoas achariam arriscado ou mesmo temerário. Isso faz parte do jogo.**"

CINCO FERRAMENTAS PARA DORMIR MAIS RÁPIDO E MELHOR

Como um ex-insone durante boa parte da minha vida, tentei de tudo para adormecer mais rápido e ter mais horas de sono.

Aqui estão cinco truques que funcionam. Decidi omitir melatonina e medicamentos controlados, que só uso se estiver me adaptando a grandes diferenças de fuso horário. Sigo os passos apresentados nas próximas páginas, começando de sessenta a noventa minutos antes de dormir. Ignore o que não gostar e experimente o que achar mais interessante.

(Opcional) Se eu tiver algum parceiro, ser a base da Acro

Ponho o parceiro na Folha Dobrada e sirvo de base durante alguns minutos (detalhes na página 84). Depois de um dia sentado, esse exercício empurra a cabeça do fêmur de volta para onde deveria estar no quadril. Isso não é desfeito pelo próximo passo.

Descomprima a coluna vertebral

Aprendi a fazer a descompressão diária com Jerzy Gregorek, imigrante polonês de sessenta e poucos anos e recordista olímpico de levantamento de peso. Ele também escreveu *The Happy Body*, que explica o trabalho matinal de mobilidade que Naval Ravikant (página 593, que nos apresentou um ao outro) e eu fazemos quase todos os dias.

Jerzy considera obrigatório se pendurar de cabeça para baixo após sessões de treinamento com carga. Saiba que Jerzy, com um peso em torno de 61 quilos, ainda consegue erguer mais de cem quilos acima da cabeça e aterrissar em um snatch perfeito. Retire um pouco de peso e ele pode fazer o mesmo sobre uma prancha de equilíbrio (Indo Board).

Ele tem uma sinceridade revigorante e não é pessoa de meias palavras.

Antes de minha primeira sessão de treinamento com ele, nós nos sentamos para tomar um chá (Jerzy só bebe chá preto Mariage Frères, da Marco Polo) e discutir objetivos. No meio da conversa, ele estreitou os olhos e me encarou. Esticou-se sobre a mesa, beliscou meu peito e anunciou: "Você está gordo demais." Meu tipo de homem.

Abaixo estão três opções, listadas em ordem *crescente* de segurança. Meu protocolo para qualquer uma delas são duas ou três séries de cinco a sete segundos e mais nada:

1. **Botas de gravidade Teeter EZ-Up:** São a minha opção-padrão, e com frequência acrescento pesos (nove a 22 quilos) para aumentar a tração, mas as botas de gravidade podem ser fatais se forem mal utilizadas, porque você cairá sobre o pescoço. Faça-nos um favor e não morra. Pule direto esse item se você não consegue fazer uma elevação na barra estrita com facilidade ou tocar os dedos dos pés com as pernas retas.

2. **Mesa de inversão:** Eu mesmo não a uso, mas vários amigos das Operações Especiais juram que a utilizam diariamente. Elas são anunciadas na TV e a probabilidade de que matem você é infinitamente menor do que a das botas de gravidade.

3. **Alongador de costas Lynx portátil ou Teeter P3:** Trata-se de um equipamento portátil mais ou menos do tamanho de um tripé grande de câmera fotográfica. Eu o uso várias vezes por semana, quando é muito incômodo (depois de um jantar mais tarde que o normal) ou arriscado (depois de beber) se pendurar de cabeça para baixo nas botas de gravidade. Ele permite prender os tornozelos, deitar e usar um movimento do tipo dip [mergulho nas paralelas] para liberar a tensão na lombar. É a mais rápida das três opções, mas não proporciona um relaxamento na parte superior das costas (torácica/cervical). Se houver um ser humano por perto, a "Love leg", na página 85, é um ótimo substituto.

ChiliPad

O ChiliPad me foi apresentado por Kelly Starrett (página 150) e Rick Rubin (página 547). Rick e eu o regulamos para a temperatura mais fria possível uma hora antes de dormir.

Vamos descrever uma cena familiar. Um homem e uma mulher estão dormindo na cama sob o mesmo conjunto de lençóis e cobertas. A temperatura da mulher é de aproximadamente 370ºC, o calor de um forno de pizza. O cara fica suado e coloca uma das pernas para fora, em cima dos lençóis. Dez minutos depois, ele sente frio e põe a perna para baixo, repetindo esse ciclo *ad nauseam*. Ele pode até puxar as cobertas com força, que nem uma criança, perturbando a mulher. Trata-se de uma enorme dor de cabeça para todo mundo. A temperatura para dormir é de caráter altamente individual.

O ChiliPad permite que você ponha por baixo dos lençóis normais um lençol extremamente fino — com uma espessura quase imperceptível — pelo qual circula água, por meio de um dispositivo na cabeceira, a uma temperatura muito precisa à sua escolha. Há versões com duas zonas, de modo que duas pessoas lado a lado podem escolher temperaturas diferentes. Talvez sua temperatura mágica para dormir seja 13ºC. Ou 16ºC. Ou 24ºC? Se você sentir frio, pode aumentar a temperatura do ChiliPad embaixo das cobertas, em vez de jogar um cobertor grosso por cima, o que faria seu parceiro suar como um porco. Pode-se regular o aparelho entre 13ºC e 43ºC. Experimente.

Vários amigos meus no Vale do Silício admitiram, envergonhados, que, de todos os conselhos que dei em meus livros e podcasts, o ChiliPad foi o que teve o maior impacto na qualidade de vida deles. Vários outros disseram o mesmo sobre o mel + vinagre de maçã, descrito a seguir.

Mel + vinagre de maçã ou chá Soothing Caramel Bedtime da Yogi ou extrato de papoula da Califórnia

O benefício pode variar, mas geralmente pelo menos um destes funcionará:

Mel + vinagre de maçã: Minha bebida tranquilizante sempre à mão: duas colheres de sopa de vinagre de maçã e uma colher de sopa de mel misturadas em uma xícara de água quente. Quem me ensinou isso foi o grande Seth Roberts, ph.D. Alguns de seus leitores observaram também melhoras consideráveis e imediatas nos exercícios depois de alguns dias usando esse "coquetel" antes de dormir.

Chá Soothing Caramel Bedtime da Yogi: Se você está tentando evitar açúcar (mel), essa é uma alternativa. A embalagem desse chá é tão direcionada às mulheres que chega a ser cômico. Eu me lembro de recusá-lo quando uma ex-namorada me ofereceu, pensando que era para cólica menstrual. Algumas noites depois, o pequeno Timmy se viu sozinho e ansiando por uma bebida quente e aromática. Apanhei o chá, deixei-o ferver por cinco minutos e o tomei de uma vez. Dez minutos depois, comecei a ficar zonzo e me senti como Leonardo DiCaprio na cena do telefone público de *O Lobo de Wall Street*. Da maneira mais desajeitada possível, arrastei meu traseiro até o quarto e adormeci. Eram nove da noite. Nota: esse chá parece afetar dessa maneira apenas 30% dos meus leitores.

Extrato de papoula da Califórnia: Se mel + vinagre de maçã e o chá Bedtime da Yogi não funcionarem, tente o plano C: algumas gotas de extrato de papoula da Califórnia em água quente. O chá Bedtime da Yogi contém extrato de papoula da Califórnia, mas tomar o extrato diretamente lhe permite aumentar a dose.

Substituição visual

A "substituição visual" é algo que faço antes de dormir para expulsar qualquer coisa que esteja dando voltas na minha mente, inibindo meu sono (por exemplo, e-mail, listas de afazeres, uma discussão...). Aqui estão duas ferramentas específicas que achei eficientes:

Dez minutos de Tetris antes de dormir: Essa recomendação é de Jane McGonigal (página 161). A versão grátis funciona bem.

Episódio de série de TV curto e inspirador: Farei apenas uma recomendação aqui: *Escape to River Cottage*. Já vi essa série várias e várias vezes. Se você já fantasiou em esbravejar um "Foda-se", largar o emprego e ir para o campo, dê esta série de presente para si mesmo. Se já sonhou em sair da cidade e se mudar para Montana, ou sabe-se lá para qual paraíso rural, obtendo seu próprio alimento e por aí em diante, então você vai amar. É adoravelmente retrô, feito uma colcha quentinha da mamãe, e o anfitrião/chef Hugh Fearnley-Whittingstall fará você querer plantar tomate, mesmo que odeie esse fruto. E pescar enguias também. Não se esqueça das enguias.

Entre na escuridão

Máscara para dormir Sleep Master e Pillow Soft Silicone Putty (protetores de ouvido) da Mack's: Máscara para dormir Sleep Master — produto ótimo, nome horrível. Depois de tentar dezenas de máscaras para dormir, essa é a minha favorita. Quem me mostrou foi Jeffrey Zurofsky, que é parte integral de *The 4-Hour Chef*, em que aparece como "JZ". Alguns de vocês talvez se lembrem da nossa "maratona de comida", que envolveu 26,2 pratos em 26 locais diferentes de Manhattan em menos de 24 horas. Mas estou me desviando do assunto principal aqui... A característica mais importante dessa máscara é que ela *cobre* suas orelhas. Isso pode parecer pouco, mas é um enorme aperfeiçoamento no design: silencia os barulhos, não irrita as orelhas e não sai do lugar. Além disso, tem velcro em vez de elástico para manter o acessório fixo na cabeça.

Os tampões de silicone da Mack's podem ser usados para bloquear roncos, água (para nadar) ou praticamente qualquer coisa irritante. Confortáveis mesmo para quem dorme de lado, são macios nas orelhas e firmes contra barulhos.

"Condicionador de som" Marpac Dohm DS, máquina de ruído de fundo: Se os protetores de ouvido incomodam você — e de vez em quando me incomodam —, use o condicionador de som Marpac Dohm DS, uma máquina de ruído de fundo com duas velocidades. Esse aparelho, que os leitores me apresentaram, elimina tudo, desde ruído de trânsito (motivo da minha compra) até o incômodo de vizinhos barulhentos, torneiras pingando e cachorros agitados. Atualmente tem mais de onze mil avaliações na Amazon e cerca de 75% são de cinco estrelas. Se você quiser dar uma de MacGyver, um ventilador barato (tem que ter ruído alto) apontado para longe de você pode ser uma alternativa.

CINCO RITUAIS MATINAIS QUE ME AJUDAM A VENCER O DIA

E então... você acorda. E agora?

Depois de perguntar a mais de cem entrevistados sobre suas rotinas matinais, testei muitas e descobri o que funciona para mim.

Aqui estão cinco coisas que tento fazer todo dia de manhã. Sinto que ganhei a manhã quando consigo fazer três das cinco. E se você ganha a manhã, ganha o dia também. Provavelmente não sou a primeira pessoa a dizer isso, mas é assim que vejo a importância dos primeiros sessenta a noventa minutos do dia. Eles vão facilitar ou dificultar as doze horas seguintes.

Estabeleço de propósito um padrão baixo para "vencer". Estas coisas provavelmente parecerão simples, mas lembre-se: as pequenas coisas são as melhores.

Nº I — Arrume a cama (menos de três minutos)

Em 2011, em Toronto, conheci por acaso o ex-monge Dandapani (Dandapani.org) em um evento chamado Mastermind Talks. Eu passava por um período bem disperso da minha vida e sentia como se minha energia estivesse espalhada em um milhão de direções. Pedi um conselho e ele me convenceu a começar a arrumar minha cama.

Se um monge com três pontos na testa é muito para você, eu diria primeiro: "Abra sua mente, seu selvagem!" Segundo, eu citaria o lendário almirante William McRaven, que foi comandante em cada nível da comunidade de Operações Especiais, inclusive chefe do Comando de Operações Conjuntas Especiais durante a busca por Osama bin Laden. Em seu discurso em uma cerimônia de formatura na Universidade do Texas, em Austin, ele disse:

"Se você arrumar sua cama todas as manhãs, terá cumprido a primeira tarefa do dia. Isso lhe dará um pequeno sentimento de orgulho e o incentivará a realizar outra tarefa e outra e outra. No fim do dia, aquela tarefa concluída terá se transformado em muitas tarefas concluídas. Arrumar a cama também reforçará o fato de que pequenas coisas na vida têm sua importância."

O que é "arrumar a cama" para mim? Eu uso o método "varrer para debaixo do tapete". O objetivo é ter um visual que transmita asseio, não imitar um hotel cinco estrelas. Eu não enfio os lençóis por baixo. Tenho um cobertor grande ou um edredom e o uso para cobrir os lençóis, alisando-o para fora. Em seguida, ponho os travesseiros simetricamente embaixo ou em cima do cobertor e pronto. É isso. É muito simples. Se você trabalha em casa, isso é um dever de dupla importância, principalmente se trabalhar no quarto ou em algum cômodo por perto. Ao deparar com uma distração externa, você acaba criando um estado de distração interna. Noah Kagan (página 360) e eu "arrumamos" a cama até quando estamos em hotéis.

A vida também é imprevisível. Muitos problemas inesperados vão aparecer, e constatei que duas coisas me ajudam a navegar em águas turbulentas durante o dia. Ambas são feitas de manhã: A) ler algumas páginas sobre estoicismo, como *Meditações*, de Marco Aurélio, e B) controlar pelo menos algumas coisas que eu puder controlar.

Primeiro, para A, eis uma citação de Marco Aurélio fixada em minha geladeira que com frequência dá certo (o grifo é meu):

"Quando você acordar de manhã, diga a si mesmo: As pessoas com quem vou lidar hoje serão intrometidas, ingratas, arrogantes, desonestas, invejosas e mal-humoradas.** Elas são assim porque não podem diferenciar o bem do mal. Mas eu vi a beleza do bem e a feiura do mal; e reconheci que o malfeitor tem uma natureza relacionada à minha própria — não o mesmo sangue ou origem, mas a mesma mente, e possuindo uma parcela do divino. Portanto, **nenhum deles pode me machucar**." (Para mais sobre estoicismo, veja a página 518.)

Agora, para B, controle o que puder controlar. **Não importa quanto seu dia seja uma merda, não importa quanto ele pode se tornar catastrófico, você pode arrumar sua cama. E isso dá a sensação, pelo menos para mim, mesmo em um dia desastroso, de que me segurei na beira do penhasco com a unha de um dedo e não caí. Há pelo menos uma coisa que controlei, há alguma coisa que manteve a mão sobre o volante da vida do motorista.** No fim do dia, a última experiência que você tem é voltar para algo que cumpriu. É difícil explicar como esse ritual se tornou importante, mas... número um: arrume sua cama.

Nº 2 — Medite (de dez a vinte minutos)

Abordo diferentes opções na página 177. Pelo menos 80% dos convidados retratados neste livro têm algum tipo de prática diária de atenção plena. Às vezes faço exercícios de mobilidade "Happy Body", de Jerzy Gregorek (que Naval Ravikant, página 593, me apresentou), em vez de meditação.

Depois dessa etapa, vou até a cozinha para ferver água em uma chaleira elétrica utiliTea da Adagio. Isso é para o chá (passo 4).

Nº 3 — Faça de cinco a dez repetições de alguma coisa (menos de um minuto)

Comecei a fazer isso depois de inúmeras trocas de mensagens com Jocko Willink (página 454), que acorda às 4h45. Ele treina antes de a maioria das pessoas acordar, e eu treino quando a maioria está se preparando para dormir (como Triple H, na página 157).

As repetições aqui não fazem parte de uma malhação. A intenção é acordar, inteirar-me do meu corpo, mesmo que por trinta segundos, provocando um efeito radical sobre o meu humor e silenciando a tagarelice dentro da minha cabeça. O meu exercício preferido é a flexão de braço com argolas voltadas para fora (veja a página 44), porque é um belo despertador para o sistema nervoso. Depois disso, com frequência tomo uma chuveirada de água fria por um período de trinta a sessenta segundos, à la Tony Robbins (página 239).

Nº 4 — Prepare um "chá de titânio" (esse nome é uma piada, mas pegou) (de dois a três minutos)

Preparo um chá de folhas soltas em uma chaleira de vidro Rishi, mas você pode usar uma prensa francesa. O combo abaixo é excelente para cognição e perda de gordura. Uso uma colher de chá rasa de cada um:

Chá preto envelhecido Pu-erh

Chá verde Dragon Well (ou outro chá verde)

Raspas de cúrcuma e gengibre

Acrescente a água quente a sua mistura e deixe em infusão de um a dois minutos. Alguns puristas de chá ficarão muito chateados. "Porra, Ferriss, você deveria fazer seu dever de casa, porque as temperaturas de infusão para esses chás são todas diferentes. E a primeira infusão deve ser de quinze segundos!"

Tudo isso é verdade, e posso fazer a coisa do jeito mais sofisticado, mas não estou nem aí e gosto dos meus estimulantes simples quando ainda estou zonzo de sono. Explore as complexidades do chá nos fins de semana. Mais ou menos 85°C está bom.

Separadamente, acrescente um dos ingredientes seguintes à caneca: Uma ou duas colheres de sopa de óleo de coco, que corresponde a cerca de 65% de triglicerídeos de cadeia média (MCT, na sigla em inglês) por peso, ou uma concha de óleo MCT em pó da Quest, o que dará ao chá uma consistência cremosa.

Despeje o chá na caneca, mexa para misturar e aprecie. No meu caso, apanho meu chá, um copo de água gelada e me sento à minha confortável mesa de cozinha de acácia para o próximo passo.

Nº 5 — Páginas matinais ou diário de cinco minutos (de cinco a dez minutos)

Em seguida vem o diário, mas que não é do tipo "querido diário".

Tenho dois tipos de registro e os alterno: as páginas matinais e o diário de cinco minutos (D5M). Uso o primeiro principalmente para resolver um problema (o que devo fazer?), e o segundo é para priorizar e agradecer (como devo me concentrar e executar?). Abordo as páginas matinais detalhadamente na página 254, portanto descreverei apenas o D5M aqui.

O D5M é simples e mata vários coelhos com uma cajadada só: cinco minutos de manhã e cinco à noite para responder a algumas indicações. Cada indicação tem três linhas para três respostas.

Para ser respondido de manhã:

Sou grato por 1. _____ 2. _____ 3. _____

O que tornaria o dia de hoje ótimo? 1. _____ 2. _____
3. _____

Afirmações diárias. Eu estou 1. _____ 2. _____ 3. _____

Para ser preenchido à noite:

Três coisas incríveis que aconteceram hoje: 1. _____
2. _____ 3. _____ (Isso é semelhante à prática de "três vitórias" de Peter Diamandis; veja a página 412.)

Como eu poderia ter tornado o dia de hoje melhor? 1. _____
2. _____ 3. _____

As frases em negrito são as mais importantes para mim. Eu já sou um checklist ambulante e uma máquina de execução. Quando se é como eu, obcecado e ansioso, é normal estar constantemente focado no futuro. Assim, fazer uma avaliação, mesmo que por dois ou três minutos, é um remédio para contrabalançar. O D5M me força a pensar sobre o que tenho, em oposição ao que estou perseguindo.

Quando você responder a "Sou grato por...", recomendo considerar quatro categorias diferentes. Do contrário, seguirá no piloto automático e repetirá os mesmos itens dia após dia (por exemplo, "minha família saudável", "meu cachorro carinhoso" etc.). Eu com certeza já fiz o mesmo, só que isso destrói o propósito. Nas quatro categorias abaixo, você é grato pelo quê? Eu me pergunto isso toda manhã ao preencher meu D5M e escolho meus três favoritos para aquele dia:

>> Uma antiga relação que realmente ajudou você, ou que você valorizou muito.

>> Uma oportunidade que você teve no dia. Talvez seja apenas uma chance de telefonar para seus pais, ou a de ir para o trabalho. Não precisa ser algo grande.

>> Algo bom que aconteceu no dia anterior, quer você tenha vivido, quer tenha testemunhado.

>> Algo simples perto de você. Esta recomendação foi de Tony Robbins. Os tópicos de gratidão não devem ser todos para "minha carreira" e outros temas abstratos. Misture isso a algo simples e concreto: uma nuvem bonita na janela, o café que você está tomando, a caneta que está usando ou o que quer que seja.

Uso o diário de cinco minutos da Intelligent Change, e, por conveniência, essa é a minha sugestão. Mas você pode praticar no seu próprio caderno. É divertido e uma boa terapia revisar suas respostas para "coisas incríveis" pelo menos uma vez por mês.

Entendeu? Minha rotina de manhã parece mais longa no papel do que é na realidade.

É claro que há dias em que a vida interfere e temos que lidar com emergências. Se eu sempre preencho os cinco itens? De jeito nenhum. Isso acontece 30% das vezes, no máximo.

Mas é sempre possível liquidar pelo menos um. Se fizer três, garanto que a probabilidade de o dia ser um sucesso será maior.

LIÇÕES BÁSICAS DE TREINAMENTO DA MENTE

"Nós não subimos ao nível de nossas expectativas. Nós caímos ao nível de nosso treinamento."

— Arquíloco

O padrão mais constante de todos

Mais de 80% dos realizadores de nível mundial que entrevistei têm alguma forma de meditação ou prática de atenção plena diária. Ambas podem ser encaradas como "cultivar uma consciência do estado presente que ajuda a não ser reativo". Isso se aplica a todos, de Arnold Schwarzenegger (página 204) a Justin Boreta, do Glitch Mob (página 393), e de atletas de elite como Amelia Boone (página 30) a escritores como Maria Popova (página 448). Este é o mais constante de todos os padrões.

Trata-se de uma "meta-habilidade" que melhora todo o resto. Você começa o dia praticando foco quando isso *não* importa (sentar-se em um sofá por dez minutos), para poder focar melhor mais tarde, quando *for* importante (negociação, conversa com a pessoa amada, levantamento terra máximo, elo mental com um vulcano etc.).

Se quiser resultados melhores com menos estresse e menos arrependimentos, a meditação age como um banho morno e aconchegante para a mente. Talvez você seja uma máquina de desbravar o mundo com um foco além do normal, mas às vezes é necessário resfriar alguns minutos por dia antes de pegar fogo.

A meditação me permite recuar e ganhar mais "perspectiva", como acontece com alguns psicodélicos, de modo a observar meus pensamentos em vez de ser derrubado por eles.

Na maior parte do tempo que passamos acordados, nós nos sentimos como se estivéssemos em uma trincheira no campo de batalha, com balas zunindo perto da nossa cabeça. Com vinte minutos de meditação regular, posso me tornar o comandante, observando o campo de batalha do alto do morro. Sou capaz de olhar um mapa do território e tomar decisões de alto nível. "Aqueles caras não deveriam estar lutando ali. Que diabo o regimento B está fazendo lá? Traga-os de volta. Precisamos de mais tropas no cume. Nossos objetivos são perseguir A, B e C, nessa ordem. Ignore todas as outras supostas emergências até lidarmos com isso. Ótimo. Agora, respire fundo e... execute."

O bufê de opções

Se eu pudesse escolher apenas um exercício físico, provavelmente seria o levantamento terra com barra hexagonal ou o balanço de kettlebell com as duas mãos. Se eu pudesse escolher apenas um exercício para a mente, seria fazer de dez a vinte minutos de meditação pelo menos uma vez por dia.

Há muitas opções. Estranhamente, em pesquisas com leitores, um número maior de homens acaba fazendo meditação transcendental (MT) e um número maior de mulheres, vipassana. Vai entender. Atualmente uso ambos em uma proporção aproximada de 60/40. Mas cada pessoa precisa descobrir qual é o sapato que lhe calça bem.

Como descobrir o que funciona melhor para você? Experimente uma ou mais entre as opções a seguir. Usei cada uma com êxito, e assim o fizeram centenas (e com frequência milhares) de fãs do meu podcast:

1. **Use um aplicativo como o Headspace ou o Calm.** O "Take10" grátis do Headspace guiará você dez minutos diários durante dez dias. Vários convidados meus também usam o Headspace para ajudá-los a dormir. Alguns ouvintes que trabalham com mídia, como Rich Feloni, do *Business Insider*, escreveram artigos inteiros sobre como esse aplicativo mudou suas vidas. Amelia Boone usa o Headspace e o Calm, dependendo da circunstância. Prefiro o narrador do Headspace (Andy Puddicombe), mas o Calm tem sons de natureza ao fundo que acalmam os nervos.

2. **Ouça a meditação guiada de Sam Harris (página 497) ou Tara Brach (página 603).** Maria Popova, do BrainPickings.org (página 448), ouve a mesma gravação toda manhã: Smile Guided Meditation de Tara Brach, do verão de 2010.

3. **Faça um curso de meditação transcendental (tm.org).** Provavelmente custa até mais de 1.000 dólares, mas é uma opção que oferece um treinador e a certeza de aprender com uma empresa responsável e ética. Para mim, foi o pontapé inicial para mais de dois anos de meditação regular. Não sou fã de tudo o que a organização TM faz, mas o treinamento deles é tático e tem praticidade. Rick Rubin e Chase Jarvis me convenceram a encarar o custo quando eu estava passando por um período difícil. Fico feliz por eles terem feito isso. A pressão social de ter um professor por quatro dias consecutivos foi exatamente o incentivo de que eu precisava para meditar com regularidade o bastante no intuito de estabelecer o hábito. Rick e Chase disseram: "Você tem condições de pagar e isso pode ajudar. O que você tem a perder?" Nesse caso específico, reduzi os pequenos gastos para compensar os grandes durante muito tempo. Também tive medo de "perder parte de quem eu sou", como se a meditação fosse me tornar menos agressivo ou determinado. Isso não tinha fundamento; a meditação simplesmente ajuda você a canalizar sua energia para as coisas que importam, e não para cada alvo e oponente imaginário que aparecem.

4. **Se quiser experimentar a meditação baseada em mantras sem recorrer a um curso, pode se sentar e repetir em silêncio uma palavra de duas sílabas durante um período de dez a vinte minutos assim que acordar.** Os puristas da meditação transcendental chamariam isso de heresia, mas mesmo assim pode dar resultado. Tenha como meta o conforto físico. Nada de pernas cruzadas nem contorção de ioga. O padrão é se sentar razoavelmente ereto em uma cadeira com os pés no chão, as mãos nas coxas ou no colo e as costas apoiadas.

5. **Experimente um ou mais dos exercícios sugeridos por Chade-Meng Tan, a partir da página 182.** São simples e brilhantes. Eu os pratico algumas vezes por semana, com frequência na sauna.

Quanto tempo leva para sentir os resultados?

Macro

Comprometa-se com pelo menos um ciclo de sete dias. Odeio dizer isso, mas acho que menos do que sete dias não adianta. Se seu médico receita uma semana de antibiótico e você toma o medicamento durante três dias, a infecção não é combatida e você volta à estaca zero. Acredito que há uma dose eficaz mínima para a meditação, que gira em torno de sete dias.

Se precisar de um empurrãozinho, considere contar com a ajuda de parceiros responsáveis ou apostar em um serviço como o Coach.me ou o Stickk.com. Conclua sete sessões antes de ficar ambicioso e aumentar a duração. Dez minutos são suficientes. NÃO comece com sessões de trinta a sessenta minutos. Você pode acabar desistindo antes de alcançar a mudança de fase. Comece com pouco e ajuste o jogo para poder vencer.

Certa vez, perguntaram ao Dalai-Lama quanto tempo era preciso para se chegar aos efeitos que *mudam a vida* e percebê-los, ao que ele respondeu: "Em torno de cinquenta horas." Não é realmente muito, e pode ser menos. Com base em vários estudos recentes, meros cem minutos de prática acumulados parecem suficientes para produzir mudanças subjetivamente significativas.

Curiosamente, para algumas pessoas atípicas, como Arnold Schwarzenegger (página 204), parece que um ano de prática diligente pode proporcionar uma vida inteira de recalibragem, mesmo que você nunca mais medite.

Micro

Em minhas sessões de vinte minutos, quinze são para deixar a poeira baixar e os últimos cinco são realmente quando sinto a maior parte do benefício. Para mim, é mais ou menos como treinar levantamento de peso até não conseguir mais. Os benefícios provêm das últimas repetições, mas é preciso fazer todas as repetições precedentes para chegar lá.

Mas e se você pensar em sua lista de afazeres, em discussões passadas ou em pornografia por dezenove dos vinte minutos? Você ganha nota zero em meditação? Não. Se você passar até mesmo um segundo notando esse vagar e trazendo sua atenção de volta ao mantra (ou a seja lá o que for), a sessão será "bem-sucedida". Como Tara Brach me explicou, o músculo que você está trabalhando traz sua atenção *de volta* a alguma coisa. Minhas sessões são 99% mente de macaco, mas é o 1% que importa. **Se você está ficando frustrado, seus padrões estão altos demais ou suas sessões estão longas demais.** Mais uma vez: durante sete dias, ajuste o jogo para você poder vencer. O objetivo não é "silenciar a mente", o que dará ao cérebro um furor hiperativo; o objetivo é observar seus pensamentos. Se estiver repassando alguma bobagem na cabeça e perceber isso, apenas diga "Pensando, pensando" para si mesmo e retorne ao seu foco.

Quando medito de maneira consistente, minha recompensa após a sessão é ser de 30% a 50% mais produtivo durante o resto do dia e com muito menos estresse. Por quê? Porque já fiz um aquecimento para evitar distrações. Se mais tarde eu for interrompido durante o trabalho, posso retornar à minha tarefa de maneira muito mais rápida. (Nota de nerd de tecnologia: a extensão Momentum para Chrome também é muito útil.)

Para encerrar

"Dê-me seis horas para derrubar uma árvore e passarei as
primeiras quatro afiando o machado."

— **Abraham Lincoln**

Cortar árvores com um machado cego não é uma maneira de passar pela vida.

Experimente alguma dessas opções sete vezes por semana e afie sua mente. Como me perguntaram Rick Rubin e Chase Jarvis: "O que você tem a perder?"

TRÊS DICAS DE UM PIONEIRO DO GOOGLE

Chade-Meng "Meng" Tan (TW/FB: @chademeng, chademeng.com) é um pioneiro do Google, engenheiro premiado e escritor best-seller. Foi o funcionário nº 107 do Google e liderou a criação de um curso de inteligência emocional inovador para funcionários baseado em atenção plena, chamado Search Inside Yourself, que costumava ter uma lista de espera de até seis meses.

Seu trabalho foi endossado pelo presidente Carter, por Eric Schmidt, do Google, e pelo Dalai-Lama. Meng é copresidente da One Billion Acts of Peace, indicada para o Prêmio Nobel da Paz em 2015. Seu livro *Joy on Demand* é uma das obras sobre meditação mais práticas que encontrei.

Entra Meng

Como você mantém sua prática de meditação até o ponto em que esta se torna tão imprescindível que se autossustenta? Tenho três sugestões:

I. Tenha um companheiro

Aprendi isso com meu querido amigo e mentor Norman Fischer, que chamamos, de brincadeira, de o "abade zen do Google". Ir para a academia de ginástica sozinho é difícil, mas se você tem um "companheiro de malhação" com o qual se compromete a ir, é muito mais provável que vá regularmente. Em parte porque você tem companhia, mas também porque esse arranjo os leva a incentivar um ao outro e a assumir a responsabilidade um pelo outro (o que eu chamo, também de brincadeira, de "importunação mútua").

Animal espiritual: Dragão chinês

Sugerimos encontrar um "companheiro de atenção plena" e se comprometer a ter uma conversa de quinze minutos com ele toda semana, abordando pelo menos dois assuntos:

a) Como estou indo em meu compromisso com a prática?
b) O que surgiu na minha vida que está relacionado com a minha prática?

Também sugerimos terminar a conversa com a pergunta: "Como foi essa conversa?"

Instituímos isso em nosso programa de inteligência emocional baseado em atenção plena, o Search Inside Yourself, e achamos muito eficaz.

2. Faça menos do que você pode

Aprendi isso com Mingyur Rinpoche, cujo livro *A alegria de viver* recomendo muito. O objetivo é fazer menos práticas "obrigatórias" do que você seria capaz de fazer. Por exemplo, se você se senta em atenção plena e, depois de cinco minutos, começa a sentir como se estivesse cumprindo uma obrigação, então não se sente por cinco minutos, mas por apenas três ou quatro, talvez algumas vezes por dia. O motivo é evitar que a prática se torne um fardo. Uma prática que parece obrigação não se sustenta.

Minha amiga Yvonne Ginsberg gosta de dizer: "Meditação é prazer." Acho que a percepção dela capta muito bem o cerne do pensamento de Rinpoche. Não se sente por tanto tempo a ponto de isso se tornar incômodo. Sente-se com frequência, por períodos curtos, e sua prática de atenção plena logo poderá parecer um prazer.

3. Faça uma respiração por dia

Devo ser o instrutor de atenção plena mais preguiçoso do mundo, porque digo aos meus alunos que tudo o que eles precisam fazer é se comprometer com uma respiração atenta por dia. Apenas uma. Inspire e expire atentamente e seu compromisso para o dia está cumprido. Tudo o que vier a mais é bônus.

Há dois motivos pelos quais uma respiração é importante. O primeiro é o impulso. Se você se compromete com uma respiração por dia, pode facilmente cumprir esse compromisso e preservar o impulso de sua prática. Mais tarde, quando se sentir pronto para mais, poderá retomá-la com tranquilidade. Você pode alegar não ter dez minutos hoje para meditar, mas não pode dizer que não tem tempo para uma respiração, portanto tornar isso uma prática diária é possível.

O segundo motivo é que ter a intenção de meditar já é *em si* uma meditação. Essa prática desperta uma disposição a fazer algo bom e benéfico para si mesmo todos os dias. Com o tempo, essa bondade autodirigida se torna um hábito mental valioso. Quando a bondade autodirigida é forte, a atenção plena se torna mais fácil.

Lembrem-se, meus amigos: nunca subestimem o poder de uma respiração. A boa forma mental e a alegria por encomenda começam aqui, com uma respiração.

Meus dois exercícios favoritos de Meng, em suas próprias palavras

I. Apenas note que se foi

Há uma prática simples que pode aumentar muito sua capacidade de notar a ausência de dor, seja física, mental ou emocional.

Com "Apenas note que se foi", treinamos a mente para perceber que algo previamente sentido não existe mais. Por exemplo, ao fim de uma respiração, note que a respiração acabou. Foi-se. Quando o som se dissipar, note que isso aconteceu. Foi-se. Ao fim de um pensamento, note que este acabou. Foi-se. Ao fim de uma experiência de emoção — alegria, raiva ou tristeza, por exemplo —, note que ela acabou. Foi-se.

Essa prática, sem dúvida, é uma das mais importantes da meditação de todos os tempos. O mestre da meditação Shinzen Young disse que, se pudéssemos ensinar apenas uma técnica de foco e mais nada, seria esta. Aqui estão as instruções para a prática informal de "Apenas note que se foi", do artigo "The Power of Gone", de Shinzen:

———

Sempre que toda a experiência sensorial, *ou parte* dela, sumir de repente, note isso. Por notar, quero dizer reconhecer com clareza que você detecta o ponto de transição entre toda a experiência estar presente e pelo menos parte dela já não estar.

Se quiser, você pode usar uma marca mental para lhe ajudar. A marca para qualquer um desses términos repentinos é "Foi-se".

Se nada desaparecer por algum tempo, tudo bem. Fique ali até algo desaparecer. Se você começar a se preocupar com o fato de que nada está terminando, note toda vez que *esse* pensamento terminar. "Foi-se." Se tiver muitas frases em sua mente, terá muitos fins em sua mente — muitos pontos-finais, muitos "Foi-se"!

————————

E daí? Por que devemos nos importar se podemos detectar o momento em que um surto de conversa mental específico, ou determinado som ambiente, ou alguma sensação no corpo diminuir de modo repentino?

Como primeiro passo para responder a essa pergunta, vamos começar com um exemplo propositadamente extremo.

Suponha que você teve que passar por uma experiência horrível que envolveu dor física, sofrimento emocional, confusão mental e desorientação, tudo de uma vez. Para onde você pode se voltar a fim de encontrar segurança, conforto e algum sentido?

Voltar-se para seu corpo não vai ajudar. Não há nada além de dor e medo ali. Voltar-se para sua mente não vai ajudar. Não há nada além de confusão e incerteza ali. Voltar-se para a visão e o som não vai ajudar. Não há nada além de tumulto e caos ali.

Sob uma pressão extrema assim, será que existe algum lugar para onde você pode se voltar e encontrar alívio? Existe.

Você pode se concentrar no fato de que cada insulto em sua mente vai passar. Em outras palavras, pode reverter o hábito normal de se voltar para cada coisa que surge e, em vez disso, voltar-se para cada coisa que passa. O alívio está constantemente disponível.

2. Bondade amorosa e o dia mais feliz nos últimos sete anos

Em muitas palestras que faço, conduzo um exercício muito simples de dez segundos. Peço aos membros da plateia que identifiquem dois indivíduos na sala e pensem: *Desejo que essa pessoa seja feliz e desejo que aquela pessoa seja feliz.* Só isso. Não é para fazer ou dizer nada, apenas pensar. Este é um exercício totalmente de pensamento. O exercício inteiro equivale a dez segundos de pensamento.

Todos saem do exercício sorrindo, mais felizes do que dez segundos antes. Esta é a **alegria da bondade amorosa**. Acontece que estar na posição de emitir um pensamento bondoso já é gratificante em si... Em condições normais, tudo o que você precisa fazer para aumentar sua felicidade é desejar aleatoriamente que outra pessoa seja feliz. Só isso. Não exige tempo nem esforço.

Até onde você pode levar essa alegria da bondade amorosa? Certa vez, dei uma palestra em um centro de meditação chamado Spirit Rock, na Califórnia. Como de costume, conduzi a plateia nesse exercício de dez segundos e, só por diversão, passei a eles um dever de casa.

A palestra ocorreu em uma segunda-feira à noite, e no dia seguinte todo mundo tinha que trabalhar, então sugeri à plateia que fizesse o seguinte exercício na terça-feira: "Uma vez por hora, a cada hora, identifique duas pessoas passando no escritório e secretamente deseje que cada uma delas seja feliz. Você não precisa fazer nem dizer nada. Apenas pense: *Desejo que essa pessoa seja feliz*. Como ninguém sabe o que você está pensando, não é constrangedor — esse exercício pode ser feito sem ninguém ver. Depois de dez segundos, volte ao trabalho. E só."

Na quarta-feira, recebi um e-mail de uma completa estranha, Jane (não é o seu nome real), que disse: "Odeio meu trabalho. Odeio ir trabalhar todo dia. Mas assisti a sua palestra e fiz o dever de casa. Terça-feira foi o meu dia mais feliz nos últimos sete anos."

O dia mais feliz nos últimos sete anos. E o que foi preciso para alcançar isso? Dez segundos desejando secretamente que duas pessoas fossem felizes, e repetindo isso sete vezes, em um total de oitenta segundos de pensamento. Isso, meus amigos, é o poder impressionante da bondade amorosa.

PRÁTICA INFORMAL: DESEJAR QUE PESSOAS ALEATÓRIAS SEJAM FELIZES

Durante o trabalho ou os estudos, identifique duas pessoas aleatórias que passam por você ou que estejam em pé ou sentadas por perto. Secretamente, deseje que sejam felizes. Apenas pense consigo mesmo: *Desejo que essas pessoas sejam felizes*. Esse é o procedimento inteiro. Não faça nem diga nada, apenas pense. Este exercício é apenas de pensamento.

Você pode fazer isso em qualquer momento do dia, em qualquer lugar e pelo tempo que quiser. Se não houver ninguém presente, é só trazer uma pessoa à mente e fazer o exercício.

PRÁTICA FORMAL: ATENDER À ALEGRIA DA BONDADE AMOROSA

Sente-se em qualquer postura que lhe permita estar alerta e relaxado ao mesmo tempo. Você pode manter os olhos abertos ou fechados.

Repita o seguinte ciclo uma vez por minuto: pense em alguém por quem você pode sentir bondade amorosa. Deseje que ele ou ela sejam felizes. A alegria da bondade amorosa pode surgir, e, se isso acontecer, volte toda a sua atenção para essa alegria, até que o sentimento se desvaneça. Nos segundos que restarem para completar o minuto, apenas descanse a mente.

Quando o minuto seguinte começar, inicie o ciclo novamente, para um total de três minutos.

Você pode fazer isso por quantos minutos quiser. Não precisa manter um regime de uma vez por minuto. Sinta-se livre para descansar a mente por quanto tempo desejar entre um ciclo e outro. A regulação do tempo não é importante; a única coisa importante é atender à alegria da bondade amorosa, só isso.

TF: Tendo a fazer uma única sessão de três a cinco minutos à noite, pensando em três pessoas que quero que sejam felizes, com frequência dois amigos de hoje em dia e um velho amigo que não vejo há anos.

Depois de apenas três dias fazendo isso em Paris, enquanto trabalhava neste livro, eu me vi me perguntando ao longo do dia: "Por que estou tão feliz?" Parte do motivo pelo qual acho isso tão eficaz é que a meditação em geral é uma atividade muito focada em "mim", e somos facilmente apanhados em um redemoinho de pensamentos sobre as "nossas coisas". Este exercício de bondade amorosa tira completamente o foco de você, o que resolve imediatamente pelo menos 90% do falatório dentro da cabeça.

TREINADOR SOMMER — A DECISÃO ÚNICA

Todos nós ficamos frustrados.

Eu, particularmente, fico suscetível quando vejo pouco ou nenhum progresso depois de várias semanas praticando algo novo.

Apesar dos lembretes regulares do treinador Sommer (página 37) sobre adaptações do tecido conjuntivo que demoram aproximadamente duzentos dias, após algumas semanas penando com minhas extensões de ombro, eu estava no limite das minhas faculdades mentais. Mesmo depois da terceira sessão de exercícios, eu as havia rebatizado de "sapo convulsivo" em meu diário de malhação, porque era o que eu parecia quando fazia aquilo: um sapo sendo eletrocutado.

Toda semana, eu enviava vídeos dos meus treinamentos ao treinador Sommer via Dropbox. Nas notas que acompanhavam cada ponto, eu expressava quanto era desanimador não fazer nenhum progresso em cada exercício. Em seguida, está a resposta dele por e-mail, que eu imediatamente salvei no Evernote para rever com frequência.

A resposta é ótima. Marquei em negrito minha parte favorita.

Oi, Tim,

Paciência. É cedo demais para esperar progressos na força. E, para um movimento como esse, demora no mínimo seis semanas. Qualquer progresso percebido antes disso é simplesmente resultado de uma facilitação sináptica melhorada. Para ser mais claro: com a prática, o sistema nervoso central simplesmente se tornou mais eficiente nesse movimento específico. Isso, porém, não deve ser confundido com ganhos de força reais.

Lidar com a frustração temporária por não fazer progresso é parte integral do caminho para a excelência. Na verdade, é essencial, e algo com o qual todo atleta de elite precisa aprender a lidar. Se a busca pela excelência fosse fácil, todo mundo iria atrás dela. Na verdade, essa impaciência para lidar com a frustração é o principal motivo pelo qual a maioria das pessoas não consegue alcançar seus objetivos. Expectativas de tempo pouco razoáveis, resultando em frustração desnecessária, decorrência de um sentimento de fracasso aparente. Alcançar o extraordinário não é um processo linear.

O segredo é comparecer, fazer o trabalho e ir para casa.

Uma profunda ética de trabalho conjugada a uma vontade indomável. É simples assim. Nada pode tirar você de seu propósito. Depois que a decisão é tomada, simplesmente se recuse a ceder. Recuse-se a fazer concessões.

E aceite que resultados de qualidade a longo prazo exigem foco de qualidade a longo prazo. Nada de emoção. Nada de drama. Nada de se castigar por causa de pequenos solavancos na estrada. Aprenda a apreciar o processo. Isso é especialmente importante, porque vamos passar muito mais tempo na jornada do que em todos aqueles momentos tão breves de triunfo no fim.

Comemore os momentos de triunfo quando eles ocorrerem, é claro. O mais importante, porém, é aprender com as derrotas. Na verdade, se não estiver enfrentando derrotas regularmente, você não está se esforçando o bastante. E se recuse terminantemente a aceitar menos do que o melhor.

Jogue fora o cronograma. Isso levará o tempo que tiver que levar.

Se o compromisso é com um objetivo a longo prazo e não com uma série de objetivos intermediários menores, apenas uma decisão precisa ser tomada e seguida. Clara, simples, direta. É muito mais fácil mantê-la do que ter que tomar uma pequena decisão após a outra para permanecer no curso ao lidar com cada passo pelo caminho. Isso aumenta muito mais as chances de se afastar inadvertidamente de seu objetivo escolhido. A decisão única é uma das peças mais poderosas de sua caixa de ferramentas.

2

RICO

"Se você estabelecer metas ridiculamente altas e fracassar, terá falhado acima do sucesso de todos os outros."

— *James Cameron*

"Se estiver enfrentando uma luta justa, você não planejou sua missão direito."

— *Coronel David Hackworth*

"Não é o meu circo, não são os meus macacos."

— *Provérbio polonês*

"Pode ser sorte, mas não é por acaso."

CHRIS SACCA

Chris Sacca (TW/FB/IG/SC: @sacca, lowercasecapital.com) é investidor da fase inicial de dezenas de empresas, incluindo Twitter, Uber, Instagram, Kickstarter e Twilio. Estampou a capa da edição da "Lista dos Midas" de 2015 da *Forbes* graças ao que provavelmente será o mais bem-sucedido fundo de capital de risco da história: o Lowercase I, da Lowercase Capital. (Captou o nome? Demorei uma quantidade vergonhosa de tempo até entender.) Antes, Chris foi chefe de iniciativas especiais do Google Inc. e atualmente é convidado recorrente do programa *Shark Tank*, da ABC.

Animal espiritual: Biscoitos de bichinho

TRECHOS ALEATÓRIOS

≫ Conheci Chris em 2008, em um churrasco organizado por Kevin Rose (página 377). Passei a vida inteira com fobia de natação e um medo agudo de me afogar. Esse assunto surgiu enquanto tomávamos vinho, e Chris disse: "Eu tenho a resposta para suas preces." Ele me apresentou à natação do Total Immersion, de Terry Laughlin, e em menos de dez dias de treinamento solo passei de nadar no máximo duas vezes a extensão da piscina (25 metros) para mais de quarenta vezes a cada treinamento, em séries de duas e quatro vezes. Fiquei fascinado com isso e comecei a nadar por diversão.

≫ Chris é uma das pessoas que, com toda a generosidade, atuaram como meus mentores no jogo dos investimentos em startups. Também fui ajudado por outras, entre as quais Naval Ravikant (página 593), Kevin Rose (página 377) e Mike Maples, que me iniciou nesse mundo (veja o MBA do Mundo Real na página 282).

≫ Chris mencionou vários livros quando esteve em meu podcast, incluindo *I Seem to Be a Verb*, de Buckminster Fuller. Quarenta e oito horas depois, exemplares usados estavam sendo vendidos a 999 dólares na Amazon.

VOCÊ ESTÁ JOGANDO NO ATAQUE OU NA DEFESA?

Apesar de as pessoas se referirem a Chris como um "investidor do Vale do Silício", ele não mora em São Francisco desde 2007. Em vez disso, comprou uma cabana na área rural, em Truckee, vizinha mais barata de Tahoe, e se mudou para um interior ideal a fim de esquiar e fazer caminhadas. Não é nenhum celeiro de tecnologia. Na época, Chris ainda não ganhara dinheiro de verdade no jogo dos investimentos, mas tinha um argumento para comprar o refúgio:

"Eu queria ir para o ataque. Queria ter tempo para me concentrar, aprender as coisas que eu queria aprender, construir o que eu queria construir e investir de fato nas relações que eu queria cultivar, em vez de apenas ter um dia de café após café após café."

TF: Ele já não se sentia compelido a participar de reuniões que não queria. Já não havia cafés de manhã cedo nem jantares sociais tarde da noite aos quais ele não queria comparecer. Em vez disso, Chris convidava fundadores de startups para passar fins de semana na "casinha" e a usufruir da "banheirinha" (a banheira de água quente do lado de fora). Ele considera a cabana o melhor investimento que já fez:

"Todo mundo adora vir para as montanhas. Com o passar dos anos, isso me ajudou a construir amizades duradouras. Algumas delas foram os catalisadores dos meus investimentos na Uber, no Twitter e em outros. Cheguei a receber algumas vezes um escritor *body-hacker*, churrasqueiro e best-seller. [TF: Também passei vergonha exibindo minha sunga estilo europeu por lá.] Pegar dinheiro emprestado para comprar uma casa de três quartos e receber em troca o equivalente a uma vida inteira de amigos e negócios imensamente bem-sucedidos? O melhor negócio de todos os tempos."

Chris continua: "Em geral, tudo se reduz a estar no ataque ou na defesa. Acho que ao examinar os desafios em sua vida a coisa se resume a: **quais são aqueles que você designa a si mesmo e quais são aqueles que você está cumprindo para agradar alguém? Sua caixa de mensagens é uma lista de tarefas à qual qualquer pessoa no mundo pode acrescentar um item a ser cumprido**. Precisei sair da minha caixa de mensagens e voltar à minha própria lista de tarefas.

VÁ A TODAS AS REUNIÕES DE ALTO ESCALÃO QUE PUDER

TIM: "Quando se está trabalhando em um ambiente de startup, o que é preciso fazer, ou no que é preciso focar, para aprender e melhorar o máximo possível?"

CHRIS: "Vá a todas as reuniões que puder, mesmo que não tenha sido convidado, e descubra como ser útil. Se as pessoas se perguntarem por que você está ali, simplesmente comece a fazer anotações. Leia todas as outras anotações que existirem sobre a empresa e adquira um conhecimento geral que sua restrita área de atuação talvez nunca lhe ofereça. Torne-se útil e capaz de ajudar. Isso funcionou para mim em ambientes diversos, e recomendo que você experimente fazer o mesmo."

TF: Chris ficou célebre no Google por aparecer em reuniões com qualquer pessoa, inclusive os cofundadores. Mesmo que os participantes olhassem um para o outro, intrigados, Chris se sentava e informava que faria anotações. Funcionou. Ele ganhou assento de primeira fila nos níveis mais altos da empresa e logo se tornou uma presença permanente nessas reuniões.

CAMISAS DE CAUBÓI

Chris é conhecido por usar camisas de caubói meio ridículas. Tornaram-se sua marca registrada. Para contextualizar melhor, eis um trecho tirado do perfil de Chris na *Forbes*, por Alex Konrad: "Steve Jobs tinha sua gola rulê preta. Chris Sacca tem sua camisa de caubói bordada. Ele comprou a primeira por impulso no aeroporto de Reno, a caminho de uma palestra, e a reação o levou a comprar metade da loja ao retornar." Ele gosta das marcas Scully e Rockmount. Um bom lugar para dar uma olhada em uma vasta seleção é no VintageWesternWear.com.

À primeira vista, a camisa pode parecer um pequeno detalhe, mas Chris percebeu cedo que, para obter sucesso como investidor, não basta simplesmente saber em quais empresas você deve colocar dinheiro. Parte do processo é assegurar que os fundadores saibam quem *você* é. Se uma simples camisa pode criar menções aparentemente intermináveis na mídia sobre você e não prejudica a sua reputação, então aproveite, é um belo negócio. Além do mais, segundo Chris: "Isso também me poupou de passar um tempão pensando no que vestir e um bocado de dinheiro que teria desperdiçado em ternos."

QUANDO CONTINUAR FICA DIFÍCIL — "HOJE À NOITE VOU ESTAR NA MINHA CAMA"

Em 2009, Chris participou de um passeio de bicicleta beneficente com a equipe Trek Travel, de Santa Barbara, na Califórnia, até Charleston, na Carolina do Norte.

"Havia uma frase que eu ficava repetindo sem parar em minha mente: 'Hoje à noite vou estar na minha cama. Hoje à noite vou estar na minha cama. Hoje à noite vou estar na minha cama. Hoje à noite vou estar na minha cama...' Era algo que eu repetia para lembrar que a dor que eu sentia era temporária e que, independentemente do que acontecesse, no fim daquele dia eu estaria na minha cama."

SOBRE A VANTAGEM DE CULTIVAR UMA MENTE DE INICIANTE

"**A experiência com frequência incorpora suposições que antes de mais nada precisam ser questionadas.** Quando você tem muita experiência em alguma coisa, não nota as novidades a respeito dela. Não percebe as particularidades que precisam ser ajustadas. Não sabe onde estão as lacunas, o que está faltando, ou o que não está funcionando."

TF: Assim como Alex Blumberg (veja na página 337) e o pai de Malcolm Gladwell (página 623), Chris é incrivelmente habilidoso em fazer as perguntas "bobas" que passam despercebidas.

EMPATIA NÃO É BOM SÓ PARA A VIDA, É BOM PARA OS NEGÓCIOS

"Seja como construtor ou empreendedor, como é possível criar algo para uma pessoa se você não tem a mínima familiaridade que lhe permita imaginar o mundo através dos olhos dela?"

VERÕES AGRIDOCES

"Meus pais tinham esse hábito bem particular. Meu irmão e eu nos referimos a isso como 'O verão agridoce'. Na primeira metade do verão, eles nos mandavam estagiar com algum parente ou amigo da família que tivesse um trabalho interessante. Então, aos doze anos, fiz um estágio com o filho do meu padrinho, que é lobista em Washington. Eu ia com ele abordar congressistas. Tinha uma única gravata e escrevia muito bem. Elaborava resumos de uma página daqueles projetos de lei que estávamos propondo e literalmente me sentava com aqueles congressistas de boca suja — você sabe, aquele velho senador do Alabama e coisas do tipo — e via a abordagem acontecer. Era impressionante. Aprendi muito, desenvolvi muita confiança e aprimorei minha habilidade para contar histórias.

"Mas, então, dali eu voltava para casa e para o meu emprego numa firma de construção — um trabalho muito, muito desagradável. Quer dizer, lavar com mangueira o equipamento que fora usado para consertar sistemas sépticos, jogar gás na merda, arrastar a merda pelo pátio, encher tanques de propano. Eu estava na base do sistema hierárquico e tinha meu traseiro chutado por qualquer condenado que estivesse bravo comigo naquele dia. Acho que isso fazia parte do plano deles: há um mundo de boas oportunidades lá fora, mas construiremos em você não apenas um senso de ética no trabalho, como também vamos lhe dar uns chutes na bunda para entender por que não quer terminar empregado em um desses trabalhos *de verdade*..."

TIM: "Você teve essa experiência, o *lobbying*, com o filho do seu padrinho. Mas seus pais também programavam a parte azeda de cada verão?"

CHRIS: "O cara que dirigia a empresa de construção era o melhor amigo do meu pai. Ele tinha ordens estritas de assegurar que tivéssemos dias muito difíceis ali."

"BOAS HISTÓRIAS SEMPRE VENCEM BOAS PLANILHAS"

"Quer você esteja levantando dinheiro, promovendo seu produto junto aos clientes, vendendo a empresa ou contratando funcionários, nunca se esqueça de que por baixo de toda matemática e do papo furado de MBA, todos nós ainda somos seres humanos motivados pelas emoções. Queremos nos apegar a narrativas. Não agimos por causa de equações. Seguimos nossas crenças. Vamos atrás de líderes que mexam com nossos sentimentos. Nos primeiros dias de seu empreendimento de risco, se encontrar alguém mergulhando fundo demais em números, isso significa que essa pessoa está lutando para encontrar um motivo para se importar profundamente com você."

"SEJA ESTRANHO SEM SE SENTIR CONSTRANGIDO"

"Fiz um discurso em uma formatura em Minnesota alguns anos atrás [na Carlson School of Management]. O ponto principal da minha fala era **ser estranho sem se sentir constrangido**. Acho que autenticidade é uma das características que menos se vê por aí hoje em dia."

Um trecho desse discurso: "É por causa da estranheza que adoramos nossos amigos... A estranheza é o que nos liga a nossos colegas. A estranheza é o que nos diferencia, o que nos faz ser contratados. Seja estranho sem se sentir constrangido. Na verdade, sendo estranho você pode até encontrar felicidade total."

TF: Usando perucas com *mullet*, por exemplo.

CHRIS: "Se puder levar um acessório para tornar a festa incrível, escolha a peruca. Sério. Entre na internet agora e compre cinquenta perucas com *mullet*. As perucas com *mullet* mudam tudo."

MARC ANDREESSEN

Marc Andreessen (TW: @pmarca, a16z.com) é uma figura lendária no Vale do Silício, e suas criações mudaram o mundo. Mesmo no epicentro da tecnologia, é difícil encontrar um ícone mais fascinante que ele. Marc ajudou a criar o influente Mosaic, o primeiro navegador gráfico de internet amplamente usado. É também um dos fundadores do Netscape, que mais tarde foi vendido para a AOL por 4,2 bilhões de dólares. Depois, ajudou a fundar a Loudcloud, que foi adquirida como Opsware pela Hewlett-Packard por 1,6 bilhão de dólares. Ele é considerado um dos pais da internet moderna, juntamente com pioneiros como Tim Berners-Lee, que lançou o Localizador Uniforme de Recursos (URL, na sigla em inglês), o Protocolo de Transferência de Hipertexto (HTTP, na sigla em inglês) e os padrões iniciais de HTML.

Isso tudo o torna um dos poucos humanos que criaram categorias de software usadas por mais de um bilhão de pessoas *e* fundaram empresas que valem muitos bilhões de dólares. Marc é cofundador e sócio-geral da empresa de capital de risco Andreessen Horowitz, onde se tornou um dos principais e mais influentes investidores em tecnologia do planeta.

"AUMENTE OS PREÇOS"

Esta foi a resposta de Marc para "Se você pudesse ter um outdoor em qualquer lugar, o que colocaria nele?". Marc o instalaria bem no coração de São Francisco, e eis o motivo:

"O principal assunto das empresas que estão na luta é: não estamos cobrando o bastante por nossos produtos. Virou consenso no Vale do Silício que para ter êxito é preciso baixar o preço ao máximo, pois, se o preço é baixo, todo mundo pode comprar e o volume é alcançado", disse ele. "Mas repetidamente vemos pessoas fracassando com essa estratégia, porque elas entram em um problema chamado 'faminto demais para comer'. Elas não cobram o suficiente por seus produtos para conseguirem arcar com o custo para fazer qualquer pessoa comprá-los. Será que seu produto é bom se as pessoas não vão pagar mais por ele?"

NÃO FAÇA DO FRACASSO UM FETICHE

"Sou antiquado. De onde vim, as pessoas gostam de ter êxito... Quando eu era empresário, no começo não tínhamos a expressão 'mudar o eixo'. Não tínhamos expressões sofisticadas para isso. Dizíamos apenas: fodeu.

"Vemos empresas que, literalmente, mudaram o eixo toda vez que as visitamos. Estão sempre partindo para algo novo, e é como ver um coelho correndo em um labirinto. Elas nunca vão convergir para nada porque nunca dedicarão tempo de verdade a resolver e fazer direito."

(Veja os pensamentos de Peter Thiel sobre fracasso na página 264.)

O TESTE DOS "NERDS À NOITE"

Como Marc procura novas oportunidades? Ele tem dezenas de ferramentas, mas um de seus métodos é simples:

"Nós chamamos de 'O que os nerds fazem no tempo livre?'. O trabalho diurno deles é na Oracle, no Salesforce.com, na Adobe, na Apple, na Intel ou em alguma empresa do tipo, numa seguradora, um banco [ou são estudantes]. Seja o que for, eles vão lá e fazem o necessário para ganhar a vida. A questão é: qual é o hobby desses caras? O que eles curtem fazer à noite ou no fim de semana? É aí que as coisas ficam realmente interessantes."

SUBMETER IDEIAS AO TESTE DO ESTRESSE COM UMA "EQUIPE VERMELHA"

"Cada um de nossos SGs [sócios-gerais] tem capacidade para fechar negócios sem que haja uma votação ou um consenso. Se a pessoa mais ligada ao acordo tem um grau muito forte de compromisso e entusiasmo, então devemos fazer esse investimento, mesmo que todos os outros na sala achem que é a coisa mais estúpida que já ouviram... No entanto, você não precisa fazer isso totalmente por conta própria, já que antes pode ser feito o teste do estresse. Se necessário, criamos uma 'equipe vermelha', formalmente uma força contrária para discutir o outro lado."

TF: Para evitar o potencial problema de funcionários mais novos serem mais atacados do que os colegas antigos, Marc e seu sócio-fundador, Ben Horowitz, fazem questão de bater um no outro. "Sempre que [Ben] traz um negócio, meto a porrada na ideia. Posso até achar que é a melhor ideia que já ouvi, mas vou criticá-la quanto puder e tentar fazer com que todos os outros façam o mesmo. E então, no fim, se ele ainda estiver dando socos na mesa e dizendo 'Não, não, isso é muito bom...', dizemos que estamos todos dentro, que todos iremos apoiá-lo... É uma espécie de cultura de 'discordo e aprovo'. A propósito, ele faz a mesma coisa comigo. É o teste da tortura."

TF: Como criar uma "equipe vermelha" em sua vida e submeter suas crenças mais valiosas ao teste do estresse? (Veja Samy Kamkar, página 470; Stan McChrystal, página 478; e Jocko Willink, página 454.)

SEMPRE EM FRENTE

Deixarei o diálogo a seguir falar por si mesmo. Essa filosofia combina bem com o experimento dos 21 Dias Sem Reclamar sobre o qual já escrevi em meu blog (fourhourblog.com):

TIM: "Que conselho você daria ao Marc, o garoto de vinte e poucos anos do Netscape?"

MARC: "Nunca passei um momento sequer pensando sobre isso. Não sou muito bom para fazer reprises. Uma pergunta a que nunca responderei é: 'O que você teria feito de diferente se soubesse X?' Nunca faço esse jogo porque a gente não sabia X.

"Você já leu as histórias de Elvis Cole, do grande autor de romances policiais Robert Crais? Elvis Cole é uma espécie de detetive particular pós-moderno de Los Angeles. Os livros são ótimos e ele tem um parceiro, Joe Pike, que é o meu personagem favorito, talvez de todos os tempos. Ele é ex-fuzileiro naval da Força de Reconhecimento, muito parecido com seu amigo Jocko. E, nas histórias, Joe Pike usa a mesma roupa todo dia. Calça jeans, uma blusa de moletom com as mangas cortadas e óculos escuros de aviador espelhados. Ele tem flechas vermelhas e brilhantes tatuadas no ombro, apontando para a frente. E, basicamente, esse é o lance dele: 'ir em frente'."

TIM: "Então é assim que você se sente?"

MARC: "Sempre em frente. Tipo, não vamos parar. Não vamos diminuir a velocidade. Não vamos revisitar decisões tomadas no passado. Nem desconfiar. Então, sinceramente, não tenho a menor ideia de como responder a sua pergunta."

TIM: "Acho que você acabou de responder."

MARC: "Está bem, ótimo. Vamos em frente."

"MANTENHA VISÕES SÓLIDAS, MAS FROUXAS"

Durante muito tempo essa frase esteve na biografia de Marc no Twitter. Pedi que me explicasse o sentido:

"A maioria das pessoas passa pela vida e nunca desenvolve visões sólidas sobre as coisas ou, mais especificamente, aceita o consenso e o acompanha. O que eu acho que você quer procurar tanto como empresário quanto como investidor são conceitos que estejam fora do consenso, algo que se oponha à sabedoria convencional... Então, se você vai abrir uma empresa com base nisso, se vai investir nisso, é melhor ter uma convicção forte, porque você está fazendo uma aposta muito grande de tempo, dinheiro ou ambos. Mas o que acontece quando o mundo muda? O que ocorre quando outra coisa acontece?

TF: É aí que entra o "frouxas". As pessoas em todos os lugares odeiam mudar sua maneira de pensar, mas é preciso ter a capacidade de se adaptar frente a novas informações. Muitos dos meus amigos neste livro lutarão com unhas e dentes para argumentar com você a respeito de um tópico, talvez fazendo o acompanhante no jantar olhar em volta, nervoso. Mas assim que você chegar com uma informação melhor ou uma lógica melhor, eles vão reconhecer isso e dirão algo como: "Você está totalmente certo. Nunca tinha pensado nisso."

DUAS REGRAS PARA VIVER

Marc e eu somos grandes fãs da autobiografia de Steve Martin, *Nascido para matar... de rir*. Marc destacou uma passagem:

"Ele diz que a chave para o sucesso é: 'Seja tão bom que não consigam ignorar você.'"

TF: Marc tem outro preceito que serve de guia: "Pessoas inteligentes devem fazer coisas." Ele diz: "Se você tem esses dois princípios, está bem orientado."

COMO É O SEU DIA PERFEITO?

"O dia perfeito é cafeína por dez horas e álcool por quatro. Isso equilibra tudo perfeitamente."

TF: Embora seja uma brincadeira, é incrivelmente parecido com meu método de abordar momentos difíceis. Tenho um drinque que batizei de "Vale do Silício Turbinado" — meu preferido para a madrugada, ou para escrever quando o prazo é curto. Trata-se de uma combinação de chá de erva-mate Cruz de Malta e duas ou três taças de vinho tinto Malbec. Não misturados, mas alternados. Beberico o chá durante horas com uma bombilha tradicional, tomando um gole do néctar dos deuses a cada cinco ou dez minutos. Dica de profissional: seu texto *não* melhora depois da terceira taça.

NÃO COLOQUE PESSOAS EM PEDESTAIS

"Entre na cabeça das pessoas que fizeram coisas no passado, entenda como elas eram de verdade e perceba que elas não eram tão diferentes assim. Na época em que começaram, elas eram mais ou menos iguais a você... portanto, não há nada que impeça o restante de nós de fazer a mesma coisa."

TF: Tanto Marc quanto Brian Chesky, CEO do Airbnb, leram e recomendam a biografia de Walt Disney, escrita por Neal Gabler. Marc também mencionou uma citação de Steve Jobs em nossa conversa, que está na íntegra a seguir. Foi registrada em uma entrevista em 1995 conduzida pela Santa Clara Valley Historical Association, quando Jobs ainda estava na NeXT:

"A vida pode ser muito mais ampla depois que você descobre um simples fato: **tudo à sua volta que você chama de 'vida' foi inventado por pessoas que não eram mais inteligentes do que você**. E você pode mudá-la, influenciá-la, pode construir suas próprias coisas que outras pessoas poderão usar. Depois que aprender isso, você nunca mais será o mesmo."

ESTUDE OS OPOSTOS

Além de estudar sua concorrência em tecnologia e investimentos em fase inicial, Marc analisa investidores de valor que estão no lado oposto do espectro, como Warren Buffett e Seth Klarman. Isso não significa que eles investem no mesmo tipo de empresa; em vez disso, a sinergia está relacionada aos princípios basais.

TIM [brincando]: "Você não vai investir na See's Candies [um dos primeiros investimentos de Buffett]?

MARC: "Não. Não. Com certeza não. Além disso, toda vez que ouço uma história como a da See's Candies, quero encontrar a nova empresa de

balas com superalimentos científicos que vai acabar com eles. Nesse sentido, Warren e eu estamos programados para coisas completamente opostas.
Basicamente, ele está apostando contra mudanças e nós, a favor. Quando
Warren comete um erro, é porque algo que ele não esperava mudou. Quando
nós cometemos um erro, é porque algo que pensávamos que mudaria ficou
na mesma. Portanto, não poderíamos ser mais diferentes. Mas eu diria que
ambas as escolas têm em comum essa orientação para o pensamento original, que nos torna capazes de ver as coisas como elas são em oposição ao
que todo mundo diz a respeito, ou ao modo como acreditam que são."

DIRETO AO PONTO

Eu seguia Marc no Twitter bem antes de nos conhecermos pessoalmente.
Aqui estão alguns dos meus tuítes favoritos de autoria dele, muitos relacionados às questões já abordadas:

"Minha meta não é fracassar rapidamente. É ter êxito a longo prazo.
Não é a mesma coisa."

"Para fazer um trabalho original, não é necessário saber algo que ninguém sabe. É necessário acreditar em algo em que poucas pessoas
acreditam."

"Andy Grove tinha a resposta: para cada métrica deve haver outra
métrica 'emparelhada' abordando as consequências adversas da
primeira."

"Mostre-me uma grande empresa incapaz de se adaptar às mudanças
e eu lhe mostrarei altos executivos recebendo enormes compensa-
ções em dinheiro por metas trimestrais e anuais."

"Todo bilionário sofre do mesmo problema. Ninguém à sua volta jamais diz: 'Olha, aquela ideia idiota que você teve era realmente
idiota.'"

"'Muito mais dinheiro foi perdido por investidores tentando prever
correções do que com as correções em si' — Peter Lynch."

ARNOLD SCHWARZENEGGER

Arnold Schwarzenegger (FB: @arnold, TW/IG: @Schwarzenegger, schwarzenegger.com) nasceu em Thal, na Áustria, em 1947, e aos vinte anos já dominava o fisiculturismo competitivo, tornando-se a pessoa mais jovem a conquistar o título de Mr. Universo. De olho em Hollywood, emigrou para os Estados Unidos em 1968 e conquistou cinco títulos de Mr. Universo e sete títulos de Mr. Olympia antes de se aposentar do fisiculturismo e se dedicar à carreira de ator. Schwarzenegger, que em sua primeira atuação trabalhou sob o pseudônimo de Arnold Strong, teve sua grande oportunidade em 1982, com *Conan, o Bárbaro*. Até hoje, seus filmes renderam mais de 3 bilhões de dólares no mundo todo.

Ele serviu ao povo da Califórnia como 38º governador do estado, de 2003 a 2010. De forma marcante, Schwarzenegger fez da Califórnia um líder mundial em energia renovável e, ao combater as mudanças climáticas com a Lei de Soluções para o Aquecimento Global, de 2006, tornou-se o primeiro governador em décadas a investir na reconstrução da infraestrutura crítica da Califórnia com seu Plano de Crescimento Estratégico. Além disso, instituiu reformas políticas dinâmicas que interromperam a prática secular de divisão arbitrária de zonas eleitorais no intuito de obter vantagens, criando uma comissão independente para redividir os distritos eleitorais. Com isso, levou líderes políticos para mais perto do centro e criou um sistema de primárias aberto.

Schwarzenegger preside o After-School All-Stars, um programa extraescolar nacional, e continua seu trabalho político por meio do USC Schwarzenegger Institute for State and Global Policy, que busca levar adiante sua visão de pós-partidarismo, em que líderes colocam as pessoas acima dos partidos e trabalham juntos para encontrar as melhores ideias e soluções em benefício das pessoas a que servem.

NOS BASTIDORES

≫ Arnold é um grande fã de xadrez e joga diariamente. Ele faz um rodízio com diferentes parceiros e mantém cartões de pontuação anuais. Ao fim de um ano, alguns cartões contabilizam milhares de jogos. Um de seus documentários favoritos é *Brooklyn Castle*, um filme sobre xadrez em escolas de bairros centrais pobres.

≫ Quando conheci Arnold e nos sentamos à mesa de sua cozinha, eu não sabia como me dirigir a ele e, nervoso, acabei perguntando. Ele respondeu: "Bem, você pode se dirigir a mim como quiser. Pode me chamar de governador, *Schnitzel*, Arnold, qualquer coisa. Mas acho que pode ser Arnold."

≫ Usei um gravador Zoom H6 para o áudio principal, mas também um gravador de backup (Zoom H4n), em nossa primeira entrevista. Arnold perguntou: "Isso serve para quê?" Respondi: "Backup, caso o principal falhe." Ele bateu na cabeça e olhou para o pessoal de sua equipe, sentado na sala. Fazer um backup de áudio causa boa impressão. Cal Fussman (página 540) recebeu resposta igual de Richard Branson, e nenhuma pessoa ocupada quer perder de uma a três horas dando uma entrevista que nunca será publicada.

"EU NÃO ESTAVA ALI PARA COMPETIR. ESTAVA ALI PARA GANHAR"

Levei uma foto de Arnold aos dezenove anos, pouco antes de ele vencer sua primeira grande competição, o Mr. Europa Junior. Perguntei: "Sua expressão estava muito confiante se comparada à dos demais concorrentes... De onde veio essa confiança?" Ele respondeu:

"Minha confiança veio da minha visão... **Acredito muito que, se você tiver uma visão clara de para onde quer ir, o resto fica muito mais fácil**. Afinal, você sempre sabe por que está treinando cinco horas por dia, você sempre sabe por que está indo além e atravessando a barreira da dor, e por que precisa comer mais, e por que precisa lutar mais, e por que precisa ser mais disciplinado... Eu sentia que podia vencer, e era por isso que estava ali. **Eu não estava ali para competir. Estava ali para ganhar**."

ALVENARIA EUROPEIA

Em 1971, Arnold abriu uma empresa de alvenaria com o melhor amigo, Franco Columbu, um italiano campeão de levantamento de peso, boxe e fisiculturismo que havia morado na Alemanha. Na época, qualquer coisa "europeia" era exótica e supostamente melhor (por exemplo, a febre da massagem sueca), então eles puseram anúncios no *L.A. Times* dizendo "pedreiros europeus, especialistas em alvenaria e mármore. Construímos chaminés e lareiras no estilo europeu".

"Franco fazia o papel do cara mau e eu, o do cara bom. Íamos a uma casa e alguém dizia: 'Bem, olhem só esse pátio. Está todo quebrado. Vocês conseguem fazer um novo?' Eu respondia 'Sim' e então saíamos correndo para pegar a fita métrica, mas era uma fita métrica em centímetros. Ninguém naquela época podia entender nada em centímetros, só em polegadas. Medíamos e eu dizia 'Quatro metros e 82 centímetros'. Eles não tinham a menor ideia do que eu estava falando. Anotávamos dólares, quantias, centímetros quadrados e metros quadrados. Então eu chegava para o cara e dizia 'São 5 mil dólares', e o cara ficava em estado de choque. 'Cinco mil? É um valor exorbitante.' Eu respondia: 'O que você esperava?' E ele dizia: 'Eu esperava 2 mil ou 3 mil dólares.' Eu dizia: 'Bem, vou falar com meu sócio, porque ele é realmente o especialista em alvenaria, mas consigo fazer com que ele baixe um pouco o preço. Vou lá amaciar a carne.' Então eu ia até Franco e começávamos a discutir em alemão [conteúdo em alemão!!!]. Aquilo continuava, continuava e ele respondia, gritando comigo em italiano. Então, de repente, ele se acalmava e eu chegava para o cara e dizia: 'Ufa... tudo bem, aqui está. Consegui que ele baixasse para 3.800 dólares. Você topa?' E o cliente dizia 'Muito obrigado. Você é um cara incrível' e blá-blá-blá e coisa e tal. E eu: 'Você nos dá metade agora e vamos direto pegar o cimento, os tijolos e tudo de que precisamos para começar na segunda-feira.' O cara ficava em êxtase. Ele nos dava o dinheiro e imediatamente íamos ao banco e descontávamos o cheque. Tínhamos que nos assegurar de que o dinheiro estava na conta bancária, e então saíamos e pegávamos o cimento, o carrinho de mão e todas as coisas de que precisávamos e íamos trabalhar. Seguimos assim durante dois anos com muito sucesso.

TF: É bem divertido escutar o "conteúdo em alemão". A maioria das pessoas, inclusive eu, nunca tinha ouvido Arnold falando seu alemão nativo, que dirá gritando insultos. É fantástico. Pule para 29:30 no episódio completo em fourhourworkweek.com/arnold.

"VOCÊ MACHUCOU O JOELHO?" E OUTRAS GUERRAS PSICOLÓGICAS

"Na época em que cheguei aos Estados Unidos e comecei a participar de competições locais [eu dizia aos meus concorrentes algo como]: 'Me diz uma coisa, você tem alguma lesão no joelho ou qualquer outra do tipo?' Então eles me olhavam e respondiam: 'Não, por quê? Não tenho nenhuma lesão... meus joelhos estão ótimos. Por que você está fazendo essa pergunta?' Então eu explicava: 'Bem, porque suas coxas me parecem um pouco mais finas. Achei que talvez você não estivesse conseguindo se agachar, ou talvez fosse algum problema com a extensão da perna.' E então eu o via por duas horas na academia, sempre indo para a frente do espelho e examinando as coxas... As pessoas são sensíveis a esses comentários. Naturalmente, quando há uma competição em jogo, nós usamos táticas como essas. Pergunte à pessoa se ela esteve doente. Diga que parece um pouco mais magra. Ou 'Você comeu algum alimento salgado recentemente? Parece estar retendo líquido e menos em forma do que há uma semana, mais ou menos'. Isso tem um poder inacreditável para desconcertar o indivíduo."

COMO ARNOLD GANHOU MILHÕES ANTES DE SE TORNAR UM ASTRO DE CINEMA

"[No início] eu não contava com minha carreira no cinema para ganhar a vida. Essa era a minha intenção, porque ao longo dos anos eu via as pessoas que malhavam na academia e que eu encontrava nas aulas de interpretação, e todas eram muito vulneráveis. Elas não tinham dinheiro, precisavam aceitar qualquer coisa que lhes ofereciam porque aquilo era seu sustento. Eu não queria ficar naquela situação. Achava que se fosse esperto no ramo imobiliário e somasse ao dinheirinho que eu ganhava com fisiculturismo, em seminários e vendendo meus cursos por correspondência, poderia economizar o bastante para dar entrada em um prédio de apartamentos. Percebi nos anos 1970 que a inflação era muito alta e, portanto, um investimento como esse seria imbatível. Prédios que eu compraria por 500 mil dólares valeriam 800 mil dólares em um ano, e eu daria uma entrada de apenas, talvez, 100 mil dólares, o que significava um lucro de 300%... Progredi rapidamente, negociei meus prédios residenciais, comprei outros, e também prédios comerciais no centro de Santa Monica, e assim por diante... Eu me beneficiei [de uma década mágica] e fiquei milionário graças aos meus investimentos imobiliários.

Isso foi antes de a minha carreira de ator e no *show business* decolar, o que foi depois de *Conan, o Bárbaro*."

TF: Isso me faz pensar em uma das minhas citações favoritas em relação aos negócios: "Em uma negociação, aquele que se importa menos vence." Arnold pôde ignorar papéis pequenos porque tinha fluxo de dinheiro de seus investimentos imobiliários. Vale observar que Arnold produz ou estrela filmes, mas não investe neles. Ele compensou a potencial volatilidade da própria carreira investindo principalmente em imóveis. Tenho utilizado um método semelhante até hoje, focando nas duas extremidades do espectro: startups de tecnologia em fase inicial (extremamente voláteis) e imóveis que ficaria feliz em manter para sempre, se necessário.

TESTES DE ATUAÇÃO, NUNCA: TENHA UM NICHO ÚNICO OU CRIE UM

"Nunca fiz teste de atuação. Nunca. Eu jamais tentaria conseguir papéis normais porque não sou um cara de aparência normal, então minha ideia sempre foi: todo mundo vai parecer igual e todo mundo está tentando ser o californiano loiro, ir a entrevistas em Hollywood e parecer meio atlético, bonitinho e coisa e tal. **Como posso cavar um nicho que só eu ocupe?**... É claro que sempre tinha alguém do contra por ali e para dizer coisas do tipo: 'Bem, você sabe que o tempo [dos fisiculturistas] passou. Foi há vinte anos. Você é grande demais, monstruoso demais, musculoso demais, nunca vai entrar para o cinema.' Era isso que os produtores diziam no começo em Hollywood. Era também o argumento de agentes e empresários. 'Duvido que você tenha êxito... Os ídolos de hoje são Dustin Hoffman, Al Pacino, Woody Allen, e esses caras são todos pequenos. Esses são os símbolos sexuais. Olhe para você. Você pesa 110 quilos, sei lá. Esse tempo acabou.' Mas eu tinha certeza absoluta e uma visão muito clara de que chegaria a hora em que alguém valorizaria isso... [Por fim] as próprias coisas que agentes, empresários e executivos de estúdios diziam que seriam um obstáculo total se tornaram uma vantagem, e minha carreira começou a decolar."

TF: Arnold foi capaz de usar seus maiores "defeitos" como suas maiores vantagens, em parte porque tinha condições de esperar o momento certo e não precisava correr para conseguir pagar o aluguel. Ele contou uma história da época em que gravava *O Exterminador do Futuro*: "James Cameron disse que, se não tivéssemos o Schwarzenegger, não teríamos feito o filme, porque só ele parecia uma máquina."

PESSOALMENTE, O FILME MAIS LUCRATIVO DE ARNOLD FOI... *IRMÃOS GÊMEOS?*

"*Irmãos Gêmeos* deu certo porque eu sabia que tinha uma veia humorística muito forte. E sabia que, se algum diretor fosse paciente o bastante e se dispusesse a trabalhar comigo, ele seria capaz de tirar essa graça de mim."

Arnold adorou *Os Caça-Fantasmas*, então persuadiu o diretor, Ivan Reitman. Como a maioria das pessoas achava que uma comédia com Schwarzenegger seria um fracasso, esse era um ponto cego sobre o qual eles poderiam capitalizar:

"Fomos a um restaurante e fechamos o acordo em um guardanapo: 'Vamos fazer o filme de graça. Não queremos salários, mas vamos receber uma grande participação nos lucros. Ivan passou isso para Tom Pollock, que na época dirigia a Universal Studios. Pollock disse: 'Ótimo. Nesses termos, podemos fazer esse filme por 16,5 milhões de dólares. Vamos dar 37% a vocês de participação nos lucros', ou seja lá o que fosse para mim, Danny [DeVito] e Ivan. Calculamos os percentuais [nossos salários teriam saído do orçamento da produção]... e foi assim que acabamos dividindo um dinheirão entre nós. Olha, foi o filme com o qual ganhei mais dinheiro na vida, e continuo ganhando. O que é maravilhoso. Depois que o filme saiu, Pollock disse: 'Tudo o que posso dizer é que foi isso que vocês fizeram comigo.' Então ele se virou, se curvou e puxou os bolsos para fora. 'Vocês me foderam e me deixaram liso.' Foi muito engraçado. Ele disse que jamais faria aquele acordo de novo. O filme foi um enorme sucesso. Entrou em cartaz pouco antes do Natal e nesse período até o ano-novo faturou de 3 a 4 milhões de dólares por dia, o que em termos atuais seria, é claro, o dobro. Isso era muito, e chegou a 129 milhões de dólares no mercado interno. Acho que no mundo foram 270 milhões de dólares ou algo assim."

TF: Isso me lembra do acordo que George Lucas fez para *Star Wars*, em que o estúdio efetivamente disse: "Brinquedos? Sim, claro, tanto faz. Você pode ficar com a parte dos brinquedos." Foi um erro de muitos bilhões de dólares que deu a Lucas um financiamento infinito pelo resto da vida (estima-se que mais de 8 bilhões de *unidades* de brinquedos da franquia já foram vendidas até hoje). Ao fechar um acordo, pergunte a si mesmo: será que posso trocar um ganho de curto prazo, incremental, por uma vantagem potencial de longo prazo e que mude o jogo? Será que há um elemento aqui com potencial para se tornar mais valioso em cinco ou dez anos (por exemplo, direitos autorais sobre e-book dez anos atrás)? Será que pode haver direitos ou opções que eu posso explicitamente "cavar" e manter? Se você for capaz de limitar as desvantagens (tempo, capital etc.) e tiver confiança, aceite apostas em si mesmo contra pouca gente. Você só precisa de um bilhete de loteria premiado.

MEDITE DURANTE UM ANO, RECEBA BENEFÍCIOS PELO RESTO DA VIDA?

Quando a carreira de Arnold no cinema começou a dar certo, surgiram novas oportunidades e opções. Pela primeira vez, sentiu-se preocupado e ansioso demais, com pressões que nunca tinha sentido. Por pura coincidência, ele conheceu um professor de meditação transcendental na praia. "O cara me disse: 'Ah, Arnold, isso não é raro. É muito comum, na verdade. Muita gente passa por isso. É por essa razão que as pessoas usam a meditação transcendental como forma de lidar com o problema.' Ele soube vender a ideia muito bem, porque não disse que essa era a única resposta. Disse que era apenas uma de muitas." O homem incentivou Arnold a ir a Westwood, em Los Angeles, fazer uma aula na quinta-feira seguinte.

"Fui lá, fiz uma aula, depois voltei para casa e tentei fazer aquilo. Eu disse para mim mesmo: *Você tem que tentar uma vez.* Fiz vinte minutos de manhã e vinte minutos à noite e, depois de duas ou três semanas, cheguei a um ponto em que podia realmente desconectar minha consciência, permanecer nesse estado, passar alguns segundos nessa conexão e com isso rejuvenescer a mente, aprender a me concentrar mais e me acalmar. Vi o efeito imediatamente. Eu estava muito mais calmo em relação aos desafios que vinha enfrentando. Continuei a fazer aquilo por um ano. Na época, pensei: *Acho que dominei isso. Acho que agora já não me sinto sobrecarregado.*

"**Até hoje, ainda me beneficio disso porque não misturo as coisas**, não vejo tudo como um grande problema. Encaro um desafio de cada vez. Quando estudo um roteiro para um filme, não deixo que nada interfira naquele momento específico. Eu me concentro naquilo. Outra coisa que aprendi é que há muitas formas de meditação no mundo. Por exemplo, quando estou estudando ou trabalhando pesado e preciso de concentração máxima, só consigo fazer isso por 45 minutos, talvez uma hora.

"Também descobri que posso usar meus exercícios físicos como uma forma de meditação, porque me concentro muito no músculo, ponho a mente dentro do bíceps quando faço meus *curls*. Ponho a mente dentro do peitoral quando faço meu supino no banco. Estou realmente lá dentro e meio que alcanço uma forma de meditação, porque não existe qualquer jeito de pensar ou me concentrar em mais nada naquela hora."

✳ Em quem você pensa quando ouve a palavra "bem-sucedido"?

Ele mencionou várias pessoas, incluindo Warren Buffett, Elon Musk, Nelson Mandela e Muhammad Ali, mas sua última observação se destacou:

"**Cincinato**. Ele foi um líder romano. A cidade de Cincinnati, aliás, tem esse nome por causa dele, porque ele era um grande ídolo de George Washington. Ele é um grande exemplo de sucesso porque estava relutante quando foi alçado ao poder para ajudar, já que Roma estava prestes a ser aniquilada por todas as guerras e batalhas. Ele era agricultor, um cara forte. Aceitou o desafio, assumiu o comando de Roma e do exército e venceu a guerra. Depois disso, de ter achado que cumprira sua missão, foi chamado para ser o líder máximo, mas devolveu o anel e voltou para a agricultura. Ele não fez isso uma vez. Fez duas. Quando tentaram derrubar Roma de dentro para fora, pediram a ele que voltasse e ele voltou. Ele limpou a bagunça sendo um grande líder, graças à sua tremenda habilidade de unir as pessoas. E de novo ele devolveu o anel e voltou a ser agricultor."

DEREK SIVERS

Derek Sivers (TW/FB: @sivers, sivers.org) é um dos meus seres humanos favoritos, e com frequência eu o procuro em busca de conselhos. Pense nele como um filósofo-rei programador, um grande professor e uma pessoa alegre e brincalhona. Originalmente músico profissional e palhaço de circo (tornou-se palhaço para diminuir sua introversão), Derek criou a CD Baby em 1998, uma plataforma que se tornou a maior vendedora de música independente on-line, com 100 milhões de dólares em vendas para 150 mil músicos.

Em 2008, Derek vendeu a CD Baby por 22 milhões de dólares, doando a renda para uma fundação beneficente de educação musical. É orador frequente em conferências do TED, com mais de 5 milhões de visualizações de suas palestras. Além de ter publicado 33 livros por meio de sua empresa Wood Egg, é autor de *Anything You Want*, uma coleção de breves lições de vida que eu li pelo menos umas dez vezes. Ainda tenho um rascunho com destaques e notas.

NOS BASTIDORES

≫ Derek leu, analisou e ordenou mais de duzentos livros em sivers. org/books. As obras estão classificadas da melhor para a pior. É grande fã de Charlie Munger, sócio de Warren Buffett, e me apresentou ao livro *Seeking Wisdom: From Darwin to Munger*, de Peter Bevelin.

≫ Leu *Desperte seu gigante interior*, de Tony Robbins (página 239), quando tinha dezoito anos, e isso mudou sua vida.

≫ Postei o seguinte no Facebook quando estava escrevendo este capítulo: "Talvez eu precise de um segundo volume para o meu próximo livro, 100% dedicado às bombas de conhecimento de Derek Sivers. É tanta coisa boa que fica difícil cortar." O comentário mais elogiado foi o de Kevin O., que disse: "Ponha um link para o podcast para que eles ouçam. São menos de duas horas, e vai mudar a vida deles. Graças a você e Derek, passei de funcionário de call center a freelancer com um poder de negociação de renda e benefícios maior do que eu imaginava. Vocês dois também me ensinaram o valor de 'suficiente', contentamento e valorização, bem como de realização." Ganhei minha semana com isso e espero que você ganhe a sua: fourhourworkweek.com/derek.

"SE [MAIS] INFORMAÇÃO FOSSE A RESPOSTA, TODOS NÓS SERÍAMOS BILIONÁRIOS COM ABDOMES PERFEITOS"

TF: A resposta não é o que você sabe, mas o que você faz de maneira consistente (veja Tony Robbins, página 239).

"COMO PROSPERAR EM UM FUTURO DESCONHECIDO? ESCOLHA O PLANO QUE TENHA MAIS OPÇÕES. O MELHOR PLANO É AQUELE QUE LHE PERMITE MUDAR OS PLANOS"

TF: Esta é uma das "Diretrizes" de Derek, regras simples que ele estabeleceu para a vida, destiladas de centenas de livros e décadas de lições aprendidas. Outras incluem: "Seja caro" (veja Marc Andreessen, página 198), "Espere pelo desastre" (veja Tony Robbins, página 239) e "Possua o menos possível" (veja Jason Nemer, página 75, e Kevin Kelly, página 514).

✻ Em quem você pensa quando ouve a palavra "bem-sucedido"?

"A primeira resposta a qualquer pergunta não tem muita graça porque é automática. Qual é a primeira pintura que vem à sua mente? A *Mona Lisa*. Cite um gênio. Einstein. Um compositor? Mozart.

"Assunto, aliás, que é tema do livro *Rápido e devagar — Duas formas de pensar*, de Daniel Kahneman. Há o pensamento imediato, inconsciente, automático, e há o pensamento mais lento, consciente, racional, deliberado. Estou realmente imbuído de um pensamento mais lento, parando com as respostas automáticas e refletindo para responder de forma mais deliberada. Então, para as coisas da vida em que uma resposta automática é útil, posso criar uma outra resposta de maneira consciente.

"A pergunta poderia ser feita da seguinte forma: **Quando você pensa na palavra 'bem-sucedido', quem é a *terceira* pessoa que vem à sua mente? Por que ela é, na verdade, mais bem-sucedida do que a primeira pessoa que lhe veio à mente?** Nesse caso, a primeira seria Richard Branson, porque ele é o estereótipo. Para mim, ele é como a *Mona Lisa* do sucesso. Sinceramente, *você* poderia ser minha segunda resposta, mas podemos falar sobre isso outra hora. Minha terceira e verdadeira resposta, depois de refletir, é que não podemos saber sem conhecer os objetivos do indivíduo.

"E se Richard Branson resolvesse ter uma vida tranquila, mas, agindo como um jogador compulsivo, não conseguisse parar de criar empresas? Isso mudaria tudo e não poderíamos mais chamá-lo de bem-sucedido."

TF: Isso é genial. Ricardo Semler, CEO e sócio majoritário da Semco Partners, com sede no Brasil, costuma perguntar "Por quê?" três vezes. Isso acontece quando ele questiona seus próprios motivos, ou quando está lidando com grandes projetos. O raciocínio é idêntico ao de Derek.

PARA PESSOAS QUE ESTÃO COMEÇANDO — DIGA "SIM"

Aos dezoito anos, Derek morava em Boston e estudava no Berklee College of Music.

"Eu tocava em uma banda e certo dia, durante um ensaio, o baixista disse: 'Cara, meu agente acabou de me oferecer um trabalho. São 75 dólares para tocar em uma exposição de porcos em Vermont.' Ele revirou os olhos: 'Não vou topar, você quer?' E eu: 'Claro, um trabalho pago?! Ai, meu Deus! Topo!' Então aceitei o trabalho para ir a Burlington, Vermont.

"E acho que a passagem de ida e volta de ônibus era 58 dólares. Cheguei à exposição de porcos, pendurei meu violão pela correia e caminhei pelo evento, tocando. Fiz isso durante três horas e peguei o ônibus de volta.

No dia seguinte, o agente me telefonou e disse: 'Oi, então, você fez um bom trabalho ontem...'

"Tantas oportunidades e dez anos de experiência no palco começaram com aquela exposição de porcos pequenininha... Quando a gente está no início da carreira, acho que a melhor estratégia é dizer 'sim' para tudo. Para cada trabalhinho. A gente nunca sabe quais serão os bilhetes de loteria."

O RITMO PADRÃO É PARA IDIOTAS

"Kimo Williams é um homem de porte grande. Frequentou a Berklee College of Music e depois ficou lá por algum tempo para lecionar... O que ele me ensinou me levou a me formar em metade do tempo que eu [normalmente] levaria. Ele disse: 'Acho que você pode se formar na Berklee em dois anos em vez de quatro. O ritmo-padrão é para idiotas. A escola precisa organizar seu currículo em torno do menor denominador comum, para que quase ninguém fique de fora. Eles têm que ir devagar para todo mundo poder acompanhar. Só que você é mais esperto que isso. Acho que você pode comprar os livros, [matar as aulas] e depois entrar em contato com o chefe do departamento para fazer o exame final e ganhar o crédito.'"

NÃO SEJA UM ASNO

TIM: "Que conselho você daria para o seu eu de trinta anos?"

DEREK: "Não seja um asno."

TIM: "E o que isso quer dizer?"

DEREK: "Bem, conheço muita gente de trinta anos que está tentando seguir em muitas direções diferentes ao mesmo tempo, mas sem progredir em nenhuma. Ficam frustrados porque o mundo quer que escolham uma coisa só, embora eles queiram fazer todas: 'Por que tenho que fazer isso? Não sei o que escolher!' Mas o problema é que, pensando a curto prazo, [você passa a agir como] se elas não fossem acontecer caso não sejam feitas todas na mesma semana. A solução é pensar a longo prazo. É perceber que dá para fazer uma dessas coisas durante alguns anos e depois fazer outra por alguns anos, e depois outra. Você provavelmente já ouviu a fábula 'O asno de Buridan', sobre um asno que está parado a meio caminho entre um monte de feno e um balde de água. Ele fica olhando o feno à esquerda e a água à direita, tentando decidir. Feno ou água, feno ou água? Incapaz de decidir, o asno acaba morrendo de fome e de sede. Um asno não consegue pensar no futuro. Se conseguisse, perceberia que pode claramente beber a água primeiro e depois comer o feno.

"Portanto, o conselho que daria ao meu eu de trinta anos é: não seja um asno. Você pode fazer tudo o que quiser. Só precisa ter visão e paciência."

MODELOS DE NEGÓCIO PODEM SER SIMPLES: NÃO É PRECISO "MUDAR O EIXO" TODA HORA

Derek conta a história das origens sofisticadas do modelo de negócios e da fixação de preços da CD Baby:

"Na época eu morava em Woodstock, no estado de Nova York, e havia uma loja de discos bonitinha que vendia CDs por consignação de músicos locais. Então entrei ali um dia e disse: 'Oi, como é que funciona se eu quiser vender meu CD aqui?' A balconista respondeu: 'Bem, você determina o preço de venda que quiser. Nós ficamos apenas com 4 dólares por CD vendido, você passa aqui toda semana e nós lhe pagamos.' Então fui para casa, entrei no meu novo site naquela noite e escrevi: 'Você determina o preço de venda, ficamos com apenas 4 dólares por CD vendido e pagamos a você toda semana.' E depois percebi que precisava de 45 minutos para inserir um álbum no sistema, porque era preciso escanear a arte da capa, abrir no Photoshop, recortar, consertar os erros na biografia dos músicos e esse tipo de coisa.

"Eu pensei: 45 minutos do meu tempo... Isso equivale a 25 dólares. O que mostra como eu valorizava meu tempo naquela época. Decidi que iria cobrar uma taxa de montagem de 25 dólares no ato da contratação. E então, humm... na minha cabeça, 25 dólares e 35 dólares não eram muito diferentes em termos de custo. Dez e 50 dólares são, mas 25 e 35 ocupam o mesmo espaço na mente. Então quer saber? Vou deixar 35 dólares e assim vou poder dar desconto se alguém pedir. Se alguém estiver contrariado ao telefone, vou dizer: 'Quer saber? Vou te dar um desconto.' Então acrescentei essa folguinha para poder dar descontos, e as pessoas adoram. **Estabelecemos 35 dólares de taxa de montagem, 4 dólares por CD vendido, e então, Tim, durante os dez anos seguintes foi isso. Esse é todo o meu modelo de negócio, criado em cinco minutos andando até a loja de discos local e perguntando o que eles faziam.**"

DEPOIS DE ALGUM SUCESSO — SE NÃO FOR UM "CLARO QUE SIM!" É UM "NÃO"

Esse mantra de Derek logo se tornou uma das minhas regras favoritas, e me levou a tirar umas "férias de startups" indefinidas a partir do fim de 2015. Falo mais a respeito na página 438, mas eis aqui a história original:

"Estava na hora de reservar a passagem [para uma viagem com a qual ele se comprometera havia muito tempo] e eu fiquei pensando: *Droga. Não quero ir para a Austrália agora. Estou ocupado com outras coisas...* Eu estava ao telefone com minha amiga Amber Rubarth, que é uma musicista brilhante, lamentando sobre o fato. Foi ela que observou: 'Olha, pelo que você está me dizendo, parece que sua decisão não é entre sim e não. Você precisa descobrir o que está sentindo: *Claro que sim!* ou *Não*.'

"Porque a maioria de nós diz sim a quase tudo e depois deixamos que essas coisinhas medíocres preencham nossas vidas... O problema é que quando aparece esse negócio ocasional de 'Ah, meu Deus, claro que sim!', você não tem tempo suficiente para dar a atenção que deveria, porque já disse sim a muitas outras coisinhas fáceis de fazer... né? Depois que comecei a aplicar essa nova filosofia, minha vida se abriu."

"OCUPADO" = FORA DE CONTROLE

"As pessoas sempre dizem o mesmo quando entram em contato comigo: 'Olha, eu sei que você deve estar incrivelmente ocupado...' Eu sempre penso: *Não, não estou*. Porque estou no controle do meu tempo. Estou acima dele. 'Ocupado', para mim, parece significar 'fora de controle'. Algo como: 'Ai, meu Deus, estou tão ocupado. Não tenho tempo para essa merda!' Para mim, uma pessoa assim parece não ter controle sobre a própria vida."

TF: Falta de tempo é falta de prioridade. Se estou "ocupado", é porque fiz escolhas que me puseram nessa posição, então proibi a mim mesmo de responder "Ocupado" quando me perguntam como eu estou. Não tenho o direito de reclamar. Sendo assim, se estou ocupado demais, uso isso como dica para reavaliar meus sistemas e regras.

✱ O que você colocaria em um outdoor?

"Admiro de verdade lugares como Vermont e São Paulo, que proíbem outdoors. Mas sei que não foi realmente isso o que você perguntou. Portanto, acho que meu outdoor diria: **'Isso não vai te fazer feliz.'** Seria instalado do lado de fora de qualquer grande shopping ou concessionária de carros. Sabe o que seria, de fato, um projeto divertido? Comprar milhares de papagaios, treiná-los para dizer 'Isso não vai te fazer feliz!' e depois soltá-los nos shoppings e nas lojas de departamentos do mundo. Essa é minha missão de vida. Alguém topa? Alguém me acompanha? Vamos fazer isso."

TIRE 45 MINUTOS EM VEZ DE 43 — SERÁ QUE VALE A PENA ESSE ROSTO VERMELHO?

"Minha personalidade sempre foi muito tipo A, então um amigo meu me pôs para pedalar quando eu estava morando em Los Angeles. Eu morava bem em frente à praia, em Santa Monica, onde há uma grande ciclovia que segue por, se não me engano, uns quarenta quilômetros. Eu pedalava por todo o percurso de cabeça baixa, bufando, de rosto vermelho, forçando o máximo que podia. Eu ligava o cronômetro, ia até o fim da ciclovia e depois voltava para casa...

"Notei que sempre fazia isso em 43 minutos. Era o tempo que eu levava indo o mais rápido possível naquela ciclovia. Mas notei que, com o tempo, eu estava começando a me sentir menos animado para andar de bicicleta. Porque, ao pensar em pedalar, eu sentia como se aquilo fosse dor e trabalho duro... Então pensei: *Sabe, não é bom associar coisas negativas a passear de bicicleta. Por que eu simplesmente não relaxo? Pelo menos uma vez, vou fazer o mesmo percurso, mas irei na metade de meu ritmo normal sem ser uma lesma completa, é claro.* Subi na bicicleta e foi agradável.

"Fiz o mesmo trajeto e notei que estava levantando a cabeça e observando mais à minha volta. Olhei para o mar e vi que havia golfinhos. Fui até Marina del Rey, meu ponto de retorno, e percebi que um pelicano voava acima de mim. Olhei para cima. Eu estava, tipo, *Ei, um pelicano!*, e ele cagou na minha boca.

"Então a questão é: eu me diverti muito. Foi puro prazer. Nada de rosto vermelho, nada de ficar bufando. E quando voltei ao ponto de chegada habitual, olhei para o relógio, que indicava 45 minutos. *Como diabos podem ter sido 45 minutos? Não é possível*, pensei. Mas era isso mesmo: 45 minutos. Foi uma lição profunda que desde então mudou minha maneira de conduzir a vida...

"Podemos fazer as contas, [mas] seja lá o que for, uns 93% daquele tempo bufando e soprando, de todo aquele rosto vermelho, todo aquele estresse, eram apenas por dois minutos. Praticamente por nada... Portanto, pelo resto da vida, vou pensar nessa maximização — extrair o máximo de dólares de tudo, o máximo de cada segundo, o máximo de cada minuto — sem me estressar a respeito de nada disso. Sinceramente, essa tem sido minha atitude desde então. Faço as coisas, mas paro antes que qualquer uma delas se torne estressante...

"Você nota aquele 'argh' dentro de si. Essa é a pista que eu sigo. Trato esse estresse como uma dor física. O que estou fazendo? Preciso parar de fazer essa coisa que provoca dor. O que é isso? E geralmente significa que estou forçando demais, ou fazendo coisas que realmente não quero."

SOBRE A FALTA DE ROTINA MATINAL

"Não apenas não tenho rituais matinais, como não há realmente nada que eu faça todos os dias, além de comer ou escrever alguma coisa. Eis por quê: eu realmente, mas realmente *mesmo*, faço uma coisa de cada vez. Por exemplo, há um ano descobri uma nova maneira de programar meu banco de dados PostgreSQL, que tornou todo o meu código muito mais fácil. Passei cinco meses — cada hora do dia — completamente imerso nessa única coisa.

"Cinco meses depois, terminei esse projeto. Tirei uma semana e fui fazer trilhas em Milford Sound, na Nova Zelândia. Totalmente off-line. Quando voltei, estava tão garoto-natureza-zen que passei as duas semanas seguintes apenas lendo livros ao ar livre."

✳ Existe algo em que você acredita, mas as pessoas acham loucura?

"Ah, essa é fácil. Tenho muitas opiniões impopulares. Detesto o gosto das bebidas alcoólicas e de azeitonas. Nunca experimentei café, mas não gosto do cheiro. Acho que todos os audiolivros deveriam ser lidos e gravados por pessoas da Islândia, porque elas têm o melhor sotaque. Acho que seria maravilhoso me mudar para um novo país a cada seis meses pelo resto da vida. **Acho que não se deve abrir um negócio, a não ser que as pessoas estejam pedindo.** Acho que estou abaixo da média. Essa é uma crença deliberada, cultivada, para compensar nossa tendência a pensar que estamos acima da média. Acho o filme *Scott Pilgrim Contra o Mundo* uma obra-prima. Acho que música e pessoas não se misturam; que se deve apreciar música sozinho, sem ver nem conhecer os músicos e sem outras pessoas por perto. Apenas escutar música pelo valor da experiência em si, sem dar ouvidos às pessoas ao redor e sem que ela tenha sido filtrada pelo que você sabe a respeito da vida pessoal do músico."

TRATE A VIDA COMO UMA SÉRIE DE EXPERIMENTOS

"Meu conselho é fazer pequenos testes. Experimente viver alguns meses a vida que você pensa que quer, mas elabore um plano de escape, estando aberto à grande chance de não gostar daquilo depois de experimentar... O melhor livro sobre esse assunto é *O que nos faz felizes*, de Daniel Gilbert. A recomendação dele é falar com algumas pessoas que estejam atualmente onde você pensa que quer estar e perguntar a elas os prós e os contras. Confie na opinião delas, já que elas estão de fato vivendo a experiência, e não apenas lembrando ou imaginando."

"MESMO QUANDO TUDO ESTÁ INDO MUITO MAL, E NÃO TENHO NENHUM MOTIVO PARA ESTAR CONFIANTE, EU DECIDO ESTAR"

"Há uma bela citação de Kurt Vonnegut, apenas uma linha solta no meio de um de seus livros, que diz: 'Nós somos o que quer que finjamos ser.'"

O E-MAIL MAIS BEM-SUCEDIDO QUE DEREK JÁ ESCREVEU

Derek gastava no máximo quatro horas com a CD Baby *a cada seis meses*. Ele sistematizara o negócio para que tudo funcionasse sem ele. Derek é bem--sucedido e realizado porque nunca hesita em desafiar o *status quo*, em testar hipóteses. Não é preciso muito, e seu e-mail abaixo ilustra muito bem isso.

ENTRA DEREK

Quando criamos um negócio, estamos construindo um pequeno mundo onde controlamos as leis. Não importa como as coisas são feitas em todos os outros lugares. Naquele pequeno mundo, podemos decidir como as coisas devem ser.

Quando construí a CD Baby, cada pedido tinha um e-mail automático que permitia ao cliente saber quando o CD era enviado. De início, isso era o normal: "Seu pedido foi enviado hoje. Por favor, informe-nos se não recebê--lo. Obrigado por sua compra."

Depois de alguns meses, essa metodologia parecia realmente incongruente com minha missão de fazer as pessoas sorrirem. Eu sabia que podia fazer melhor. Então tirei vinte minutos e escrevi uma coisinha boba:

Seu CD foi delicadamente retirado de nossas prateleiras na CD Baby com luvas esterilizadas, livres de contaminação, e depositado em uma almofada de cetim.

Uma equipe de cinquenta funcionários inspecionou seu CD e deu polimento nele para assegurar que estivesse nas melhores condições possíveis antes de remetê-lo.

Nosso especialista em embalagens, vindo do Japão, acendeu uma vela e o silêncio se abateu sobre o grupo quando ele pôs seu CD na mais fina caixa revestida de ouro que o dinheiro pode comprar.

Fizemos uma celebração maravilhosa e depois o grupo inteiro marchou pelas ruas até a agência de correio, onde toda a cidade de Portland acenou e desejou *"Bon voyage!"* para o seu pacote, encaminhado a você em nosso jato particular CD Baby neste dia, sexta-feira, 6 de junho.

Espero que sua experiência de compra na CD Baby tenha sido excelente. Nós, com certeza, assim a consideramos. Seu retrato está em nossa parede como "Cliente do Ano". Estamos todos exaustos, mas mal podemos esperar para que você volte ao CDBABY.COM!

Esse e-mail bobo, enviado junto com cada pedido, agradou tanto que se você fizer uma busca por "private CD Baby jet" no Google, vai achar mais de vinte mil resultados. Cada um deles é de alguém que recebeu o e-mail e gostou tanto que postou e contou para todos os amigos.

Esse e-mail bobo criou milhares de novos clientes.

Quando se está pensando em como aumentar seu negócio, é tentador repassar todas as grandes ideias, todos os planos de ação maciços que mudaram o mundo.

Mas, por favor, saiba que, com frequência, são os pequenos detalhes que realmente empolgam uma pessoa o bastante para fazê-la contar a todos os seus amigos sobre você.

ALEXIS OHANIAN

Alexis Ohanian (TW/IG: @alexisohanian, alexisohanian.com) talvez seja mais conhecido por ser um dos fundadores do Reddit e da Hipmunk. Foi aluno da primeira turma do Y Combinator, possivelmente o "acelerador" de startups mais seletivo do mundo, do qual agora é sócio. É investidor e consultor de mais de cem startups, ativista de direitos digitais (por exemplo, Sopa/Pipa) e autor do best-seller *Without Their Permission*.

Animal espiritual: Urso-negro

"VOCÊ É UM ERRO DE ARREDONDAMENTO"

"Um executivo da Yahoo! levou Steve e a mim [para discutir uma potencial aquisição], logo no início do Reddit, e nos disse que éramos um erro de arredondamento porque nosso tráfego era pequeno demais... Escrevi 'Você é um erro de arredondamento' em uma das paredes do escritório do Reddit depois dessa reunião, como se fosse um muro de reforço negativo para mim. Isso acabou sendo um tanto valioso e útil e sou grato até hoje por ele ter sido tão imbecil, porque serviu de grande motivação. Só não quero ser esse cara."

(Veja a citação de Amanda Palmer "Pegue a dor e vista-a como se fosse uma camiseta", na página 567.)

TF: O Reddit é hoje um dos cinquenta maiores sites do mundo.

VOCÊ PRECISA SE IMPORTAR MUITO

"[Nosso site] fazia [os usuários] rirem às vezes, porque tínhamos piadas nas mensagens de erro e coisas do tipo. Sempre pergunto às pessoas... 'Me dê um exemplo de algo que você incorporou a seu produto ou serviço do qual tenha um orgulho especial, um daqueles aspectos que faria alguém dizer 'Uau... se você consegue injetar tamanha vivacidade em uma coisa, no que quer que seja, você consegue se conectar com as pessoas'. Quer dizer, as pessoas ainda tuítam sobre nossa mensagem de erro na Hipmunk, e ela é só uma mensagem de erro. Por que estão fazendo isso? Porque isso lhes trouxe alguma leveza enquanto faziam algo que esperavam ser bastante entediante, como procurar um voo.

"Os fundadores precisam perceber que o padrão é tão baixo assim porque a maioria das empresas parou de se importar já faz muito tempo... Isso é uma coisa que eu realmente espero que outros fundadores façam. E acaba sendo bem fácil: comparado a construir o site e a arquitetar o *back-end*, esse tipo de atitude não exige anos de experiência em programação. **Exige apenas que você se importe muito, o que bastante gente não faz**.

UMA TAREFA PARA SE IMPORTAR QUE LEVA MENOS DE QUINZE MINUTOS

Melhore as notificações por e-mail do seu negócio (por exemplo, confirmação de assinatura, confirmação de pedido):

"Invista um pouquinho de tempo para tornar seu negócio um pouquinho mais humano ou — dependendo de sua marca — mais divertido, mais diferente ou um pouquinho mais seja lá o que for. Valerá a pena, e esse é o meu desafio."

(Veja o melhor e-mail de Derek Sivers na página 220.)

✳ **Uma das perguntas de Alexis a fundadores que se candidatam ao Y Combinator:**
"O que você está fazendo que o mundo não percebe que é um baita negócio?"

DANDO UM FEEDBACK AOS FUNDADORES — COMO VOCÊ EXPRESSA CETICISMO?

Alexis tem muitos métodos, é claro, mas gostei deste exemplo, um que Cal Fussman (página 540) chamaria de "deixar o silêncio fazer o trabalho": "Acredito de verdade que dá para transmitir muita coisa com uma sobrancelha levantada."

ORGANIZAÇÕES QUE ALEXIS ME APRESENTOU

A **Electronic Frontier Foundation (eff.org)** é uma proeminente organização sem fins lucrativos que defende as liberdades civis no mundo digital.

A **Fight for the Future (fightforthefuture.org)** se dedica a proteger e expandir o poder transformador da internet em nossa vida criando campanhas cívicas que estão mobilizando milhões de pessoas.

TRUQUES DE "PRODUTIVIDADE" PARA NEURÓTICOS, MANÍACO-DEPRESSIVOS E LOUCOS (COMO EU)

Este capítulo foi um dos mais difíceis de escrever. Fiz o rascunho de uma parte e o deixei repousando durante meses. Sentindo-me culpado, trabalhei mais algumas horas nele e em seguida repeti minha procrastinação. Como resultado, as lições estão espalhadas ao longo de alguns anos.

Por fim, foi a citação abaixo que me ajudou a terminar esta parte, que espero que seja tão útil a você quanto é embaraçosa para mim.

"O momento em que você sente que, possivelmente, está andando nu pela rua, expondo demais seu coração, sua mente e o que existe por dentro, mostrando demais de si mesmo, este é o momento em que você pode estar começando a entender certo."

— **Neil Gaiman, discurso em cerimônia de formatura na University of the Arts**

Portanto, aqui está, e espero que ajude pelo menos alguns de vocês.

Voltar à realidade

Não muito tempo atrás, tive uma festa de aniversário.

Eu e uns dez amigos nos reunimos durante alguns dias de sol maravilhoso, praia e muita conversa. No último dia, só me levantei às 11h30, sabendo muito bem que os últimos amigos restantes iriam partir ao meio-dia.

Tive medo de ficar sozinho.

Feito uma criança, escondi a cabeça debaixo das cobertas (literalmente) e fiquei postergando a hora de me levantar até a realidade não poder mais ser adiada.

Mas... por que estou contando isso a vocês?

Os mitos perigosos das pessoas "bem-sucedidas"

Todos nós gostamos de parecer "bem-sucedidos" (um termo nebuloso, na melhor das hipóteses), e os meios de comunicação adoram retratar pessoas de destaque como super-heróis.

Às vezes, essas histórias dramáticas de superação das adversidades são inspiradoras. Só que, mais frequentemente, elas levam a uma conclusão automática nada saudável:

"Bem... talvez ele [empreendedor/artista/criador pintado de super--herói] consiga fazer isso, mas eu sou apenas um cara/uma garota normal..." Este capítulo pretende oferecer um olhar sobre os bastidores da minha própria vida. Embora eu já tenha feito perfis como "A Day In the Life", com a equipe de Morgan Spurlock, raramente deixo jornalistas me acompanharem em um dia "normal".

Por quê?

Porque não sou nenhum super-herói. Não sou sequer um "normal" consistente.

Em 2013, passei por um período difícil de três meses durante o qual:

>>> Chorei enquanto assistia ao filme *Rudy*.

>>> Ficava na cama **de uma a três horas** além do horário de acordar planejado, porque simplesmente não queria enfrentar o dia.

>>> Pensava em largar tudo e me mudar para Montreal, Sevilha ou Reykjavík. O lugar variava de acordo com o escape que eu imaginava.

》 Fui a um terapeuta pela primeira vez, convencido de que estava condenado ao pessimismo pelo resto da vida.

》 Navegava em sites para cavalheiros (aham) a fim de "relaxar" durante o dia, quando tinha claramente alguma merda urgente e importante para fazer.[7]

》 Tomava uma quantidade diária de cafeína (leia-se: automedicação) tão grande que minha frequência cardíaca "em repouso" era de mais de 120 batimentos por minuto. Eram, no mínimo, de oito a dez xícaras de café por dia.

》 Usava a mesma calça jeans dias a fio só para ter uma sensação muito necessária de constância durante as semanas de caos.

Parece bem problemático, certo?

Mas nas últimas oito semanas desse mesmo período eu também:

》 Aumentei minha renda passiva em mais de 20%.

》 Comprei a casa dos meus sonhos.

》 Meditava duas vezes por dia, vinte minutos por sessão, sem faltar. Foi a primeira vez que consegui meditar com regularidade.

》 Acabei reduzindo minha ingestão de cafeína a quase nada (nas últimas quatro semanas): geralmente optando por chá pu-erh de manhã e chá verde à tarde.

》 Com a ajuda dos leitores do meu blog, arrecadei mais de 100 mil dólares para uma causa beneficente: levar água a regiões carentes.

》 Arrecadei 250 mil dólares em 53 minutos para uma startup chamada Shyp.

》 Assinei um dos meus contratos mais empolgantes dos últimos dez anos de carreira — meu programa na TV, *The Tim Ferriss Experiment*.

---

[7] Não devemos confiar em nenhum sujeito que disser que nunca fez isso.

⟫ Ganhei nove quilos de músculos depois de aprender a dor e a alegria dos agachamentos frontais de alta repetição e dos comprimidos de desidroepiandrosterona (DHEA), por cortesia de Patrick Arnold (página 64).

⟫ Transformei meu exame de sangue.

⟫ Percebi — mais uma vez — que sintomas do meu quadro maníaco-depressivo são apenas parte do empreendedorismo.

⟫ Passei a me sentir mais próximo de todos os membros do meu núcleo familiar.

O objetivo

A maioria dos "super-heróis" não é nada disso. São criaturas estranhas, neuróticas, que fazem grandes coisas APESAR de seus muitos hábitos autodestrutivos e de falarem sozinhos.

Sou muito pouco eficiente (fazer coisas com rapidez). Para compensar isso, eis meu processo de oito passos para maximizar a eficácia (fazer as coisas certas):

1. Acorde pelo menos uma hora antes de ficar diante da tela do computador. E-mails ferram com a nossa cabeça.

2. Faça uma xícara de chá e tenha uma caneta/lápis e um papel à mão ao se sentar.

3. Escreva de três a cinco coisas — e não mais — que estão deixando você mais ansioso e desconfortável. Com frequência serão coisas que foram jogadas de uma lista de tarefas para a seguinte e a seguinte e a seguinte, e assim por diante. Normalmente, o mais importante é igual ao mais desconfortável, com alguma chance de rejeição ou conflito.

4. Para cada item, pergunte a si mesmo: **"Se esta fosse a única coisa que eu cumprisse hoje, eu ficaria satisfeito com o meu dia?" "Avançar nesse sentido tornaria todas as outras tarefas menos importantes ou mais fáceis de resolver?" Colocando de outra maneira: "O que, se for feito, tornará todo o restante mais fácil ou irrelevante?"**

5. Trate apenas dos itens aos quais você respondeu "sim" para pelo menos uma dessas perguntas.

6. Separe de duas a três horas para focar em apenas UM deles no dia. Deixe de lado as outras coisas urgentes, mas menos importantes. Elas estarão no mesmo lugar no dia seguinte.

7. PARA SER BEM CLARO: separe de duas a três HORAS para focar em UM item no dia. Considere isso UM BLOCO DE TEMPO. Remendar dez minutos aqui e ali para chegar a 120 minutos não funciona. Não é permitido fazer ligações nem entrar em redes sociais.

8. Se você se distrair ou começar a procrastinar, não se descontrole nem entre em uma espiral decrescente; de forma suave, volte para a ÚNICA coisa que se propôs a fazer.

Parabéns! É isso.

Esta é minha única maneira de conseguir gerar grandes resultados apesar do meu interminável impulso para procrastinar, cochilar e desperdiçar dias com bobagens. Se eu tiver dez coisas importantes para fazer em um dia só, é 100% certo que *nada importante* será feito nesse dia. Por outro lado, geralmente consigo lidar com esse único item necessário e bloquear as distrações por duas ou três horas em um dia.

Não é preciso muito para parecer sobre-humano e "bem-sucedido" para quase todo mundo ao redor. Na verdade, basta uma regra: **o que você faz** é mais importante do que **como você faz** todas as outras coisas, e fazer uma coisa **bem** não a torna **importante**.

Se você vive sentindo uma necessidade contraproducente por volume e por fazer um monte de *coisas*, ponha o seguinte num post-it:

Estar ocupado é uma forma de preguiça — pensamento preguiçoso e ações genéricas.

Estar ocupado é, com muita frequência, um disfarce para evitar algumas ações de importância crucial, mas desconfortáveis.

E quando — apesar de seus maiores esforços — você sentir que está perdendo no jogo da vida, lembre-se: mesmo o melhor dos melhores às vezes se sente assim. Quando estou num poço de desespero, eu me lembro do que o icônico escritor Kurt Vonnegut disse sobre seu processo: "Quando escrevo, me sinto como um homem sem braços, sem pernas e com um lápis de cera na boca."

Não superestime o mundo e não subestime você. Você é melhor do que pensa.

E não está sozinho.

"Quando você consegue escrever bem, consegue pensar bem."

"Todo mundo é interessante. Se ficar entediado durante uma conversa, o problema é com você, e não com a outra pessoa."

MATT MULLENWEG

Matt Mullenweg (TW/IG: @photomatt, ma.tt) foi considerado uma das 25 Pessoas Mais Influentes na Internet pela *BusinessWeek*, mas acho que isso não faz jus à sua importância. Matt é mais conhecido como o principal programador original do WordPress, que hoje move mais de 25% da internet. Se você já acessou sites como os de *The Wall Street Journal*, *Forbes*, TED, NFL ou Reuters (ou até o meu pequenino site), já viu o WordPress em ação. Matt também é CEO da Automattic, empresa avaliada em mais de 1 bilhão de dólares e com uma equipe de mais de quinhentos funcionários distribuída pelo mundo. Tenho a honra de ser um de seus consultores.

Quando ele esteve em meu podcast, tentei embebedá-lo com golinhos de tequila (Casa Dragones Blanco, mas ele também gosta da Don Julio 1942) e fazê-lo falar palavrões, duas coisas difíceis.

Animal espiritual: Lagosta-boxeadora

NOS BASTIDORES

≫ Matt realmente não fala palavrão. Certa vez eu o ouvi dizer — não estou brincando — "Isso é fera". Ao que eu respondi: "Quê? Você está evitando dizer 'isso é foda'? Não, você não tem permissão para fazer uma coisa dessas."

≫ Nós dois somos grandes fãs de Peter Drucker e seu livro *O gestor eficaz*, bem como de *Como Proust pode mudar sua vida*, de Alain de Botton (página 531).

≫ Matt escreveu a maior parte do código do WordPress ao longo de um ano de sono "polifásico": em torno de quatro horas acordado para cada vinte ou trinta minutos de sono, repetindo o ciclo indefinidamente. Isso é chamado de método "Uberman". Por que ele parou? "Arrumei uma namorada."

≫ Já viajamos juntos para muitos países. Ele tira todas as fotos e eu tento aprender a língua para traduzir. Em um voo para a Grécia, em 2008, eu estava tenso porque pessoas estavam pirateando *Trabalhe 4 horas por semana* na internet. Ele me perguntou: "Por que você está chateado?" Isso me deixou confuso. Não era óbvio? Ele desenvolveu seu raciocínio: "As pessoas que baixam seu livro em um PDF ruim não são seus clientes. Elas nem comprariam seu livro, para início de conversa. Encare isso como propaganda gratuita." E com uma intervenção de trinta segundos ele eliminou minha preocupação com aquilo.

≫ Matt é uma das pessoas que mais tento imitar. Ele é excepcionalmente calmo e razoável sob pressão. Já o vi enfrentar múltiplos colapsos de centros de dados com uma quase indiferença, bebericando cerveja calmamente antes de dar outra tacada na sinuca. "O que devo dizer a um jornalista incrivelmente influente que me pergunte sobre isso?", questionei. "Diga a ele que estamos dando uma olhada", respondeu, encaçapando outra bola em seguida. Ele é o epítome do pensamento "ficar preocupado não ajuda em nada". Com frequência me pergunto "O que Matt faria?" ou "O que Matt me diria?".

NÃO SEJA UM CÃO — PENSE "E SE?"

"Desde os primeiros dias de vida do WordPress, sempre pensamos: *Ok, se fizermos X hoje, qual será o resultado amanhã, daqui a um ano, daqui a dez anos?* A metáfora que mais me vem à cabeça — porque é simples — é a do cachorro perseguindo o carro. O que o cachorro fará se pegar o carro? Ele não tem um plano para isso. Vejo essa situação com frequência no ambiente empresarial. As pessoas não se planejam para o sucesso."

SOBRE PERDER UM CHEQUE DE 400 MIL DÓLARES

Matt constantemente põe as coisas no lugar errado.

"Tenho que ir a uma reunião, mas passo dez minutos procurando minha carteira, porque a enfiei em algum lugar. Está na geladeira ou algo assim. Não sei. Estou sempre perdendo alguma coisa. Na verdade, perdi um dos nossos cheques de investimento inicial. De 400 mil dólares.

TIM: "Não é a melhor coisa para se perder por aí."

MATT: "Era de um investidor chamado Phil Black, que está no conselho até hoje. Ele fez um cheque, desses que a gente usaria no mercado ou para comprar coisas comuns. Era a maior quantia que eu já tinha visto na vida. Eu tinha vinte anos. Fiquei meio 'O que é isso?'. Eu esperava que fosse um cheque enorme como aqueles de premiação, sabe? Do tamanho de uma mesa."

TIM: "Sei, aqueles em que a gente poderia ir voando até o banco, como se fosse o tapete do Aladdin."

MATT: "Por sorte os outros investidores transferiram o dinheiro porque perdi esse cheque. E eu estava pensando: *Ah, meu Deus, o que faço nessa situação?* Porque é claro que ele podia sustar o cheque, mas o sujeito me confiou 400 mil dólares e eu perdi. Será que conto a ele? Será que não conto? Será que ele vai perceber em algum momento? E meses se passaram. Literalmente meses se passaram. Ele não disse nada, eu também não."

TIM: "Porque você não queria pedir a ele."

MATT: "E não pedi. Até que um belo dia estou voltando a Houston para o Dia de Ação de Graças e abro o livro que estou lendo: eu havia usado [o cheque] como marcador de página. E ele meio que caiu do livro no chão do avião. Eu disse: 'Ah, meu Deus!'"

O FINALZINHO

Em uma caminhada em São Francisco, Matt me recomendou a leitura de "The Tail End", de Tim Urban, no blog Wait But Why — se for ler apenas um post este mês, leia esse. Ele usa diagramas para salientar como a vida é curta. Eis apenas uma das pérolas: "Quando me formei no ensino médio, eu já tinha passado 93% dos dias de convívio com meus pais. Agora estou aproveitando os últimos 5% desse tempo. Estamos no finalzinho." Talvez seja a hora de repensarmos nossas prioridades. Em uma triste observação relacionada a isso, o pai de Matt faleceu inesperadamente semanas depois de ele me recomendar esse artigo. Matt estava junto ao leito.

QWERTY É PARA O TIME JÚNIOR

O layout de teclado Qwerty foi criado para diminuir a velocidade dos datilógrafos e evitar travamentos nas máquinas de escrever. Esse tempo passou, então experimente em vez disso o layout Dvorak, que é mais fácil para seus tendões e ajuda a evitar a síndrome do túnel do carpo. Leia *The Dvorak Zine* (dvzine.org). O teclado Colemak é ainda mais eficiente, se você tiver coragem. Na Automattic, Matt tem feito desafios de velocidade de digitação, em que o perdedor tem que trocar para o layout do vencedor. Até agora, o Dvorak sempre venceu o Qwerty.

SOBRE OBTER O NOME DE DOMÍNIO MA.TT

"Tive que transferir dinheiro [milhares de dólares] para Trinidad e Tobago. Eu estava no Bank of America, e disseram: 'O senhor tem certeza disso?' E eu: 'Sim, sim, tudo bem. Li sobre isso na internet.'"

FERRAMENTAS DO NEGÓCIO

Eis alguns capacitadores de tecnologia indicados por Matt:

P2 (tema do WordPress) em substituição ao e-mail — p2theme.com

Slack em vez de IM — slack.com

Momentum: Extensão do Chrome que ajuda você a se concentrar

Wunderlist: Aplicativo/ferramenta de tarefas para ajudar você a dar conta de tudo

Telegram: Aplicativo de mensagens com uma criptografia realmente boa

Calm.com para meditação

COMO MATT ENTROU EM FORMA

Ele se comprometeu a fazer uma flexão de braço antes de dormir. Sim, apenas uma flexão de braço.

"Não importa quanto você esteja atrasado, não importa o que esteja acontecendo no mundo, não se pode argumentar contra fazer uma flexão. Vamos lá. Não tem desculpa. Com frequência descubro que preciso só vencer a dificuldade inicial estipulando uma meta que seja quase constrangedora de tão pequena, e depois isso pode se tornar um hábito."

TF: Você se lembra de "uma respiração", de Chade-Meng Tan, na página 183? É a mesma ideia.

TUDO POR TEXTO, TUDO DISTRIBUÍDO

A Automattic tem mais de quinhentos funcionários e está totalmente distribuída por mais de cinquenta países. Eles não fazem quase nenhuma reunião pessoal ou por telefone. Não há uma "sede", por assim dizer. Eles suprimem os escritórios, contratam os melhores talentos do mundo e gastam as economias em pagamentos mensais de 250 dólares e outros benefícios.

"O processo de entrevista é o mais parecido possível com o trabalho real. É tudo [por e-mail ou] por conversas de texto, porque é assim que nos comunicamos principalmente. Isso também evita qualquer propensão subconsciente."

TIM: "O que você procura?"

MATT: "Procuro paixão, atenção aos detalhes, ir além das coisas que eles precisam fazer. Não tenho problema nenhum com os esquisitões."

TIM: "Que perguntas você faz para ter uma indicação de que a pessoa tem essas qualidades?"

MATT: "Nesse momento [nas fases iniciais], tudo o que faço é olhar e-mails. Portanto, literalmente, não há conversa, não há nada. É puramente baseado no cuidado e no esforço que eles põem no e-mail. Já tentamos formulários e coisas que eles preenchem, mas voltamos ao e-mail porque quero ver que tipo de anexos eles enviam. Quero ver qual é o servidor que escolheram. Quero ver se dá para perceber que eles copiaram e colaram coisas, por conta de textos e tamanhos de fontes diferentes. Todas essas coisas são indicadores, mas não [apenas] uma delas.

"Você perguntou sobre o que procuramos em candidatos... Bem, algo que posso dizer é clareza ao escrever. Acho que clareza ao escrever indica clareza de pensamento."

TF: Recomendo muito ler "The CEO of Automattic on Holding 'Auditions' to Build a Strong Team", na edição de abril de 2014 da *Harvard Business Review* (encontre em hbr.org).

PALAVRAS QUE FUNCIONAM

Matt presta uma atenção inacreditável à escolha e à ordenação de palavras (fluência e sintaxe). Ele adora estudar os "poetas de códigos" — os codificadores que têm um estilo elegante, poético —, mas faz o mesmo com a língua falada. Ele recomendou que eu lesse o livro *Palavras que funcionam*, escrito por Frank Luntz, estrategista político do Partido Republicano. É brilhante. Matt acrescentou: "Quando alguém gosta do livro, recomendo George Lakoff na sequência. Ele tem uma grande obra fundamental publicada nos anos 1980 chamada *Women, Fire, and Dangerous Things*." Ele adora livros sobre estrutura e linguagem.

✳ Conselho para o seu eu de vinte anos

"Vá devagar. Acho que muitos erros da minha juventude foram causados pela ambição, e não pela preguiça. Portanto, vá devagar, seja meditando, seja tirando um tempo para si longe das telas, seja se concentrando de verdade no seu interlocutor ou na sua companhia."

I04 CHICKEN MCNUGGETS

"O Super Bowl era em Houston, Texas [em 2004]. Eu morava a menos de dois quilômetros do estádio Reliant. O McDonald's fez para a ocasião uma oferta especial de vinte McNuggets por mais ou menos 4 dólares, e eu estava bem quebrado na época. Então pensei: *Cara, vou estocar esses nuggets*. Era a mesma coisa que eu já fazia quando encontrava macarrão instantâneo ou latas de sopa Campbell's em oferta. Eu sempre comprava um bocado.

"Então comprei um monte de McNuggets — eu adoro McNuggets — e depois tive que convencer a atendente a me dar um monte de molho agridoce extra."

TIM: "Meu Deus."

MATT: "E o molho agridoce do McDonald's não é como o de nenhum outro lugar do mundo. Todo molho agridoce é vermelho, e por algum motivo o deles é marrom. Não sei por quê. Vai saber."

TIM: "Será que é porque foi modificado geneticamente para viciar o máximo possível? Sei lá."

MATT: "É gostoso demais... Então comecei a comer, um atrás do outro, e quando vi tinham sido 104."

TIM: "Não era nem uma aposta ou algo do tipo? Você simplesmente devorou 104 nuggets?"

MATT: "Enquanto via o Super Bowl."

NICHOLAS McCARTHY

Nicholas McCarthy (TW: @NMcCarthyPiano, nicholasmccarthy.co.uk) nasceu em 1989 sem a mão direita e começou a tocar piano aos quatorze anos. Disseram que ele nunca teria êxito como concertista de piano, mas aqueles que duvidaram estavam errados. Sua formatura no respeitado Royal College of Music de Londres, em 2012, foi noticiada no mundo inteiro e Nicholas se tornou o único pianista com apenas uma das mãos a se formar na prestigiosa escola em seus 130 anos de história.

Nicholas tem se apresentado incansavelmente pelo mundo afora, inclusive ao lado de bandas como Coldplay. Além disso, interpretou o Hino Paralímpico diante de uma plateia de 86 mil pessoas e para uma audiência de quinhentos milhões de telespectadores do mundo inteiro. As dezessete peças de seu primeiro disco — intitulado *Solo* e aclamado pela crítica — abarcam três séculos de repertório escrito para a mão esquerda.

FRANZ LISZT

Fico constrangido ao admitir que nunca tinha ouvido Liszt antes da minha conversa com Nicholas. Agora faz parte do que ouço regularmente. Procure no YouTube "Best of Liszt" (no canal HalidonMusic):

"Franz Liszt é um dos grandes compositores românticos da literatura do piano. Foi considerado o supervirtuoso do século XIX."

∗ Músicos menos conhecidos para pôr no seu radar

"Os concertos da pianista argentina Martha Argerich. Ela é sobre-humana. Está bem idosa agora, mas ainda toca. Participou, inclusive, do festival BBC Proms em 2016. Martha tem um status de cult em nosso mundo."

TF: Se quiser fazer sua mente explodir, procure por "Tchaikovsky Piano Concerto N. 1 FULL Argerich Charles Dutoit" e preste atenção ao minuto 31.

TOCANDO POR MUITO TEMPO

Nicholas explica por que decidiu se especializar no repertório para a mão esquerda, em vez de usar também sua "pequena mão" direita, uma extensão muito curta do antebraço a partir do cotovelo.

"Foi o que minha professora na época disse: 'Você não precisa de artifícios.' Principalmente com todos os programas de talentos na TV, que na época estavam começando. Isso foi no início do *Britain's Got Talent*... Sinto muito alívio por ter seguido o conselho dela, porque eu poderia ter usado esses artifícios e talvez ganhado um dinheiro fácil por dois anos, mas certamente não teria o respeito que tenho agora como pianista nem teria trilhado a carreira que tive até hoje e que espero continuar até chegar aos sessenta."

∗ A melhor compra de Nicholas por 100 dólares ou menos

Um difusor de aromaterapia da Neal's Yard, que ele usa sempre quando está em casa: "Acho que [gerânio] me relaxa, mas ao mesmo tempo me mantém alerta o bastante para trabalhar."

TF: Comecei a usar o óleo de gerânio pouco tempo depois do nosso podcast, enquanto buscava ideias para este livro e fazia os primeiros rascunhos. Na falta de um difusor, comecei colocando um pouquinho nos pulsos e em seguida esfregando no pescoço, perto das orelhas. Placebo ou não, nitidamente me senti revigorado. Até que comprei o difusor de duzentos mililitros da marca InnoGear com "textura de madeira" (a maioria parece de qualidade inferior) para usar em casa.

TONY ROBBINS

Tony Robbins (TW/FB/IG: @tonyrobbins, tonyrobbins.com) é o coach de desempenho mais famoso do mundo. Ele aconselhou desde Bill Clinton e Serena Williams até Leonardo DiCaprio e Oprah (que o chama de "super-humano"). Tony prestou consultoria ou aconselhamento a líderes internacionais como Nelson Mandela, Mikhail Gorbachev, Margaret Thatcher, François Mitterrand, a princesa Diana, madre Teresa e três presidentes dos Estados Unidos. Também desenvolveu e produziu cinco infomerciais premiados para a televisão, que continuam sendo exibidos — em média — a cada trinta minutos, 24 horas por dia, em algum lugar da América do Norte desde 1989.

PRIMÓRDIOS

Li *Poder sem limites*, de Tony Robbins, pela primeira vez no ensino médio, recomendado por um colega que só tirava dez. Mais tarde, recém-saído da faculdade, eu escutava uma fita cassete usada de *Personal Power II* durante meu percurso na minivan que tinha sido da minha mãe. Isso catalisou meu primeiro negócio de verdade, o que levou às muitas aventuras (e desventuras) descritas em *Trabalhe 4 horas por semana*. As pessoas dizem "Não conheça seus heróis" porque quase sempre termina em decepção. Com Tony, porém, tem sido o oposto. Quanto mais o conheço, mais ele me impressiona.

FATO POUCO CONHECIDO

A primeira foto que postei no Instagram (@timferriss) foi de Tony com a palma da mão literalmente cobrindo o meu rosto inteiro. Suas mãos são como luvas de *catcher* de beisebol.

"EU NÃO SOBREVIVI, EU *ME PREPAREI*"

Resposta de Nelson Mandela quando Tony lhe perguntou: "Como o senhor sobreviveu a todos aqueles anos na prisão?"

HÁ ALGUMA CITAÇÃO QUE ORIENTA SUA VIDA?

"Há uma crença: **A vida está sempre acontecendo *para* nós, e não *conosco*.** Cabe a nós descobrir onde está o benefício. Se descobrirmos, a vida é magnífica."

DIRETO AO PONTO

"'Estressado' é a palavra número um para 'medo'."

"Perdedores reagem, líderes preveem."

"A maestria não provém de um infográfico. O que você *sabe* não significa merda nenhuma. O que você *faz* de forma consistente?"

O MELHOR INVESTIMENTO QUE TONY JÁ FEZ

Trinta e cinco dólares por um seminário de três horas de Jim Rohn, aos dezessete anos. Ele sofreu com a decisão de gastar 35 dólares, uma vez que estava ganhando 40 por semana como porteiro, mas Jim deu direção à vida de Tony. Décadas depois, quando Tony perguntou a Warren Buffett qual tinha sido seu melhor investimento de todos os tempos, a resposta foi um curso de Dale Carnegie para aprender a falar em público, aos vinte anos. Até então, Buffett vomitava antes de discursar. Dois anos depois do curso — e esta é uma informação crucial —, Buffett foi imediatamente à Universidade do Ne-braska em Omaha e pediu para lecionar, já que não queria voltar a seu antigo comportamento. Conforme Tony contou, Buffett lhe disse:

"Investir em si mesmo é o investimento mais importante que você fará na vida... Não há investimento financeiro que se compare a isso, porque se você desenvolver mais habilidade, mais aptidão, mais percepção, mais capacidade, é isso que vai de fato lhe proporcionar liberdade financeira... São esses con-juntos de habilidades que fazem a coisa acontecer."

Isso reitera a memorável fala de Jim Rohn: "Ao deixar seu aprendizado levar ao conhecimento, você se torna um tolo. Ao deixar seu aprendizado levar à ação, você fica rico."

PERGUNTAS DE QUALIDADE CRIAM UMA VIDA DE QUALIDADE

Tony às vezes expressa isso como "A qualidade de sua vida é a qualidade das perguntas que você faz". São elas que determinam seu foco. A maioria das pessoas — e eu com certeza faço isso de vez em quando — passa a vida fo-cando na negatividade (por exemplo: "Como ele pôde me dizer aquilo?!") e, portanto, nas prioridades erradas.

UM FOCO EM "MIM" = SOFRIMENTO

"Esse cérebro dentro da nossa cabeça é um cérebro de dois milhões de anos... É um software antigo e sobrevivente, que está executando você há muito tempo. Sempre que você sofre, esse software sobrevivente está ali. **E a razão do seu sofrimento é estar focado em si mesmo.** As pessoas me dizem: 'Eu não estou sofrendo assim. Estou preocupado com meus filhos. Meus filhos não são o que têm que ser.' Não, o motivo que preocupa essas pessoas é a sensação de que falharam com os filhos, algo que ainda diz res-peito a elas... O sofrimento provém de três padrões de pensamento: perda, menos, nunca."

TF: A parte em negrito do parágrafo anterior, combinada ao conselho de outro amigo, mudou minha vida. Demorei algum tempo para ligar os pon-tos. Não acho que sou um completo narcisista (calvo e pálido demais para is-so), mas ainda assim me perguntei sobre como aplicar isso em uma prática diária e comprometida. Então aprendi um exercício muito simples de "me-ditação da bondade amorosa", ensinado por meu amigo Chade-Meng Tan (página 185), que teve um efeito profundo depois de apenas três ou quatro dias. Experimente.

ESTADO → HISTÓRIA → ESTRATÉGIA

Aprendi isso no primeiro evento de Tony Robbins que vi, Unleash the Power Within (UPW), para o qual fui convidado depois de nosso primeiro podcast. Talvez mais do que qualquer outra lição de Tony, pensei nisso durante a maior parte do ano passado. Se qualquer um olhasse meu diário neste exato momento, veria que escrevi "estado → história → estratégia" no alto de cada página das próximas semanas. É um lembrete para cumprir as tarefas nessa ordem.

Tony acredita que, em um estado emocional abatido, só enxergamos problemas, e não soluções. Digamos que você acorde se sentindo cansado e sobrecarregado. Então se senta para tentar desenvolver estratégias que resolvam seus problemas, mas isso não dá em nada e você se sente ainda pior. Você não teve êxito porque começou o processo em um estado negativo (por causa de uma visão limitada dos problemas). Provavelmente contou a si mesmo histórias de frustração pessoal (por exemplo: "Sempre faço isso. Por que estou tenso a ponto de nem conseguir pensar direito?"). Para contornar essa situação, Tony incentiva você a "preparar" seu **estado** primeiro. A bioquímica vai ajudá-lo a ser proativo e a contar para si mesmo uma **história** motivadora. Só então você vai pensar na **estratégia**, porque verá opções em vez de becos sem saída.

"Preparar" meu estado é muito simples: é como fazer de cinco a dez flexões de braço ou ficar vinte minutos exposto ao sol (veja Rick Rubin, página 547). Embora faça meus exercícios mais intensos à noite, comecei a fazer um ou dois minutos de ginástica — ou de balanço de kettlebell (veja Justin Boreta, página 393) — de manhã a fim de preparar meu estado para o dia. O processo que Tony usa está incluído mais adiante.

Agora pergunto a mim mesmo com frequência: "Isso é realmente um problema para o qual preciso *pensar* em uma saída? Ou será possível que eu precise apenas consertar minha bioquímica?" Desperdicei muito tempo registrando os "problemas" quando, na verdade, eu só precisava tomar o café da manhã mais cedo, fazer dez flexões de braço ou dormir uma hora a mais. Às vezes, pensamos que é preciso descobrir nosso propósito na vida, mas só precisamos mesmo é de algumas macadâmias e um bom banho frio.

"PREPARAÇÃO" MATINAL EM VEZ DE MEDITAÇÃO

Ao acordar, Tony inicia imediatamente sua rotina de preparação, cuja intenção é provocar uma mudança rápida em sua fisiologia: "Para mim, se você quiser uma vida plena, tem que se preparar diariamente." Vi Tony usar muitas ferramentas ao longo dos anos, várias das quais adotei para minha vida, incluindo:

>>> Mergulho em água fria (tomo uma rápida chuveirada de água fria, que dura apenas de trinta a sessenta segundos).

>>> Em seguida, Tony faz exercícios respiratórios. Três séries de trinta respirações. Sua técnica sentada é semelhante à rápida "respiração de fogo" nasal da ioga, mas ele acrescenta uma rápida extensão de braços sobre a cabeça ao inalar, com os cotovelos caindo abaixo da caixa torácica ao exalar.

>>> Alternativa: "respirar caminhando". Isso é característico do Tony antigo, mas ainda faço com frequência quando viajo. Simplesmente caminhe por alguns minutos usando um ciclo de respiração de quatro inspirações curtas pelo nariz seguidas de quatro expirações curtas pela boca.

Depois de seguir mais ou menos o descrito anteriormente, Tony faz nove ou dez minutos do que alguns poderiam considerar uma meditação. Para ele, porém, o objetivo é muito diferente: é preparar e estimular emoções motivadoras para o resto do dia. Seus nove ou dez minutos são divididos em três partes. Eis uma "sinopse":

Os primeiros três minutos: "Sentir-se totalmente grato por três coisas. Eu me certifico de que uma delas seja bem simples: o vento no rosto, o reflexo das nuvens que acabei de ver. Mas não fico simplesmente pensando na gratidão. Eu a deixo preencher minha alma. Quando somos gratos, todos nós sabemos que não existe raiva. É impossível sentir raiva e ser grato ao mesmo tempo. Quando somos gratos não há medo. É impossível sentir medo e ser grato ao mesmo tempo."

Os três minutos seguintes: "Concentração total para sentir a presença de Deus, por assim dizer, por mais que você use uma linguagem própria para definir tal coisa. Logo sinto essa presença interna chegando, capaz de curar tudo em meu corpo, minha mente, minhas emoções, minhas relações, minhas finanças. Encaro isso como resolver qualquer coisa que precise ser resolvida. Sinto o fortalecimento de minha gratidão, minha convicção, minha paixão..."

Os últimos três minutos: "Focar em três coisas que vou fazer acontecer. **Veja-as como se já tivessem sido feitas, sinta as emoções etc...**

"E, como sempre digo, não há desculpa para não reservar dez minutos para essa finalidade. Se você não tem dez minutos, não tem uma vida."

Isso me lembrou algo que ouvi de muitos especialistas em meditação (como Russell Simmons): "Se você não tem vinte minutos para se aprofundar em si mesmo por meio da meditação, isso significa que você precisa de duas horas."

QUATRO PONTOS EM COMUM ENTRE OS MELHORES INVESTIDORES

Tony entrevistou alguns dos melhores investidores do mundo, dos quais acabou ficando amigo, como Paul Tudor Jones (que ele orientou por mais de dez anos), Ray Dalio, Carl Icahn, David Swensen, Kyle Bass e muitos outros. Todos estão à frente de iniciativas bilionárias e são difíceis de entrevistar: homens que sistematicamente vencem o mercado, mesmo quando isso é considerado impossível. Tony escreveu um livro baseado em seus aprendizados (*Money: Master the Game*), e aqui estão alguns padrões que ele identificou:

1 **Limitar o lado negativo:** "Cada uma dessas [pessoas] é obcecada por *não* perder dinheiro. Um nível de obsessão impressionante." Richard Branson, por exemplo: "Suas primeiras perguntas para cada negócio são: 'Qual é o lado negativo? E como me protejo dele?' Quando participou da transação da Virgin — é um grande risco abrir uma companhia aérea —, Branson foi à Boeing e negociou um acordo em que [ele] podia enviar os aviões de volta se aquilo não funcionasse, isentando-se de responsabilidade."

TF: Branson também já fez testes com pouco ou nenhum risco. Em *Perdendo minha virgindade*, que teve um enorme impacto em mim na época da formatura na faculdade, ele descreveu seu primeiro voo: "Estávamos tentando pegar um voo para Porto Rico, mas a conexão doméstica porto-riquenha havia sido cancelada. O terminal do aeroporto estava cheio de passageiros retidos. Dei alguns telefonemas para empresas de *charter* e negociei o frete de um avião para Porto Rico por 2 mil dólares. Dividi o preço pelo número de poltronas, peguei emprestado um quadro de giz e escrevi: VIRGIN AIRWAYS: VOO DE IDA PARA PORTO RICO A US$ 39. Caminhei pelo terminal do aeroporto e logo ocupei cada poltrona do avião fretado. Quando aterrissamos lá, um passageiro se virou para mim e disse: 'A Virgin Airways não é tão ruim assim — melhore um pouco o serviço e quem sabe você entra no ramo.'"

Voltando a Tony, "limitar o lado negativo" também se aplica a pensar a longo prazo em taxas e intermediários. "Digamos que dois amigos e eu separamos a mesma quantia, 1 milhão ou 100 mil, por exemplo. Todos recebemos um retorno de 7%, mas um deles paga 3% de taxa, o outro 2% e eu 1%... Aquele que paga 3% acaba com 65% menos dinheiro [a longo prazo]..."

2 **Riscos e recompensas assimétricos:** "Cada um deles é obcecado por risco e recompensa assimétricos... Isso significa simplesmente que estão procurando correr o menor risco possível para obter a quantidade máxima de vantagens, e esse é o objetivo de vida desses homens... [Eles não acreditam que] precisam correr riscos enormes por recompensas enormes. **Diga: 'Como não correr nenhum risco e receber recompensas enormes?' Fazendo essa pergunta continuamente e, acreditando que há uma resposta, você acaba conseguindo.**"

TF: Eis um exemplo inacreditável. Kyle Bass, em determinado momento, comprou 1 milhão de dólares em moedas de 5 centavos (20 milhões de moedas). Por quê? Porque na época o valor do metal era 6,8 centavos por moeda. Um ganho imediato de 360 mil dólares. Ótima jogada.

3 **Alocação de ativos: "Eles, sem sombra de dúvida, sabem que vão estar errados...** então montam um sistema de alocação de ativos que os tornará bem-sucedidos. Todos concordam que a alocação de ativos é a mais importante decisão de investimento." Em *Money: Master the Game*, Ray Dalio explicou para Tony: "Quando as pessoas acham que conseguiram um portfólio equilibrado, as ações estão três vezes mais voláteis do que os títulos. Então quando você está 50/50, na verdade está 90/10. O investidor está de fato correndo um risco enorme, e é por isso que, quando os mercados caem, ele é devorado vivo... Qualquer que seja o tipo de ativo no qual você investe, eu juro que ele não cairá menos do que 50% ao longo da vida e mais provavelmente 70% em algum momento. Por isso é tão importante diversificar."

4   **Contribuição:** "E o último que constatei: quase todos eles eram doadores de verdade, e não apenas doadores superficiais... São homens
realmente apaixonados por doar... Uma coisa realmente sincera."

   TF: Um bom exemplo é a Robin Hood Foundation, concebida por
Paul Tudor Jones para combater a pobreza em Nova York.

✳ Quem vem à sua mente diante da expressão "merece um soco na cara"?

Em vários episódios do podcast, repeti a pergunta: **"Quem vem à sua
mente diante da expressão 'merece um soco na cara'?"** E em nove a
cada dez vezes não deu em nada, e desde então parei de perguntar. Mas
em minha entrevista com Tony todos esses fiascos foram redimidos. Ele
fez uma longa pausa e disse "Um soco na cara. Ah, Deus. Bem, tive uma
reunião interessante com o presidente Obama...", e continuou descrevendo uma conversa com o presidente restrita a poucas pessoas (ouça a
história inteira em 42:15 no episódio nº 38). Foi um daqueles momentos
"Meu Deus, eu realmente espero que meu equipamento de áudio esteja
funcionando". "Então, não sei se eu diria 'um soco na cara', mas 'uma boa
sacudida', quem sabe", concluiu Tony.

✳ Livros mais presenteados ou recomendados

   Em busca de sentido, de Viktor Frankl

   The Fourth Turning, de William Strauss (também *Generations*, de Wil-
      liam Strauss, que foi dado a Tony por Bill Clinton)

   Mindset, de Carol Dweck (para pais)

   O homem é aquilo que ele pensa, de James Allen (veja Shay Carl, página
      484)

CASEY NEISTAT

Casey Neistat (TW:@Casey, IG: @CaseyNeistat, youtube.com/casey-neistat) é diretor de filmes e youtuber e mora em Nova York. Fugiu de casa aos quinze anos e teve seu primeiro filho aos dezessete. Começou a receber ajuda da assistência social para conseguir leite e fraldas e nunca mais pediu dinheiro aos pais.

Seus filmes on-line foram vistos quase trezentos milhões de vezes nos últimos cinco anos. Ele é escritor, diretor, editor e astro da série *The Neistat Brothers*, na HBO, e ganhou o prêmio John Cassavetes do Independent Spirit Awards de 2011 pelo filme *Daddy Longlegs*. Grande parte de seu trabalho consiste em dezenas de curtas que vem lançando exclusivamente na internet, incluindo contribuições regulares à aclamada série Op-Docs do *The New York Times*. Neistat também é fundador da Beme, startup cujo objetivo é simplificar o processo de criação e compartilhamento de vídeos.

Animal espiritual: Cão de trenó

TUDO DE QUE PRECISAMOS SABER PROVÉM DA SEGUNDA GUERRA MUNDIAL

"Sempre digo que tudo o que sei a respeito da vida e dos negócios advém do estudo da Segunda Guerra Mundial." Além de *Autobiografia de Malcolm X*, o livro favorito de Casey é *The Second World War*, de John Keegan. Ele leu três vezes esse volume enorme, de cabo a rabo, e se lembra de arrumar problemas no trabalho por estar cansado, já que ficava noites acordado imerso na leitura.

O filme favorito de Casey é *Coronel Blimp — Vida e Morte*, feito durante a Segunda Guerra Mundial. Wes Anderson estudou esse longa, e é possível ver que muito de seu estilo foi inspirado por esse filme.

✳ Documentário favorito

O Pequeno Dieter Precisa Voar, de 1997, dirigido por Werner Herzog. É a história de um piloto de caça americano no Vietnã que é derrubado em sua primeira missão e passa seis meses como prisioneiro de guerra. É uma obra arrebatadora. Quando tiver um dia ruim (ou achar que as coisas estão muito difíceis), assista a esse filme e você entenderá o significado de sobrevivência (veja Jocko Willink, página 454).

SIGA O QUE LHE DÁ RAIVA

Em 2011, Casey fez um curta chamado *Bike Lanes*, que se tornou seu primeiro sucesso viral. A ideia surgiu quando Casey foi intimado pela polícia de Nova York por pedalar fora da ciclovia, o que não é uma infração de fato. Em vez de ir ao tribunal, lutar contra uma intimação de 50 dólares e gastar metade do dia nesse processo, Casey redirecionou sua raiva e fez um filme para expressar sua frustração de maneira inteligente.

Casey começa o filme repetindo o que o policial lhe disse: ele precisa permanecer na ciclovia em virtude da lei e por motivos de segurança, aconteça o que acontecer. Então Casey começa a pedalar pela ciclovia de Nova York, batendo em tudo o que está no caminho e que impede as pessoas de cumprirem a regra. O *grand finale* é Casey batendo em uma viatura que estava estacionada bem em cima da faixa dos ciclistas.

O filme viralizou absurdamente e teve cerca de cinco milhões de visualizações no primeiro dia. Em determinado momento, o prefeito Michael Bloomberg teve que responder a uma pergunta a respeito do curta durante uma entrevista coletiva. Quando estiver em dúvida sobre seu próximo projeto criativo, siga sua raiva (veja Whitney Cummings, página 521, e James Altucher, página 278).

QUAL É A COISA MAIS ULTRAJANTE QUE VOCÊ CONSEGUE FAZER?

Make It Count, com mais de vinte milhões de visualizações, é um dos vídeos de Casey mais populares no YouTube. O catalisador: em 2011, Casey construíra uma bem-sucedida carreira na publicidade, mas estava extremamente entediado. Estava envolvido em um projeto com a Nike para desenvolver três comerciais: "Os dois primeiros filmes haviam sido bem concluídos, como era de se esperar. Eu contava com atletas de peso, de peso enorme, atletas de 100 milhões de dólares. Os dois primeiros foram muito bem recebidos e adorei fazê-los, mas, na hora de rodar o terceiro, eu realmente estava esgotado com o processo.

"Em cima da hora, chamei meu editor e disse: 'Ei, não vamos fazer esse anúncio. Em vez disso, vamos fazer algo que eu sempre quis. Vamos pegar todo o orçamento da produção, viajar pelo mundo até o dinheiro acabar e gravar esse processo. Isso vai render algum tipo de filme.' Meu editor disse: 'Você é maluco, mas vamos, sim.'"

A abertura de *Make It Count* tem um texto rolando na tela: "A Nike pediu que eu fizesse um filme sobre o que significa 'Faça valer a pena'. Em vez de rodar o filme, gastei o orçamento inteiro viajando pelo mundo com meu amigo Max. Iríamos até onde o dinheiro desse. Durou dez dias." Eles foram a quinze países.

Make It Count se tornou um filme que fala sobre ir em busca do que é importante para você. Essa era toda a mensagem e o objetivo da campanha. Durante vários anos, foi a campanha da Nike mais assistida da internet.

TF: É possível fazer com que a lista de coisas que queremos realizar antes de morrer se pague simplesmente compartilhando-a. É assim, a rigor, que desde 2004 tenho construído minha carreira, cujo modelo é este excelente conselho de Benjamin Franklin: "Se não quiser ser esquecido assim que estiver morto e enterrado, ou você escreve coisas que vale a pena ler ou faz coisas sobre as quais vale a pena escrever."

O PONTO DE INFLEXÃO NO YOUTUBE

O número de assinantes do canal de Casey no YouTube (e seu consequente sucesso) decolou quando ele decidiu, em seu aniversário de 34 anos, fazer um vlog diário. Shay Carl (página 484) passou pela mesma experiência.

FILOSOFIA E ROTINA DIÁRIA

"Você percebe que nunca será a pessoa mais bonita do lugar. Nunca será a pessoa mais inteligente do lugar. Nunca será o mais instruído, o mais versado. Jamais conseguirá competir nesses moldes. Mas um campo no qual é sempre possível competir, o real aspecto igualitário do sucesso, é o do trabalho duro. Sempre podemos ser mais dedicados do que o cara ao lado."

Casey faz o que diz. Ele acorda às 4h30, sete dias por semana, e imediatamente finaliza a edição de seu vlog da noite anterior.

>>> A edição geralmente termina entre as 6h30 e as 7h.

>>> O horário das 7h às 7h45 é dedicado a processar e fazer o upload do vídeo.

>>> O vídeo vai ao ar exatamente às oito da manhã, sete dias por semana.

Logo depois, Casey faz exercícios, o que geralmente inclui uma corrida (de doze a dezenove quilômetros) ou uma sessão na academia. Enquanto se exercita, gosta de ouvir a playlist de Jonny Famous no Spotify.

Chega ao escritório às 9h30. Trabalha o dia inteiro e tenta sair às 18h30, com a intenção de voltar correndo para casa e dar banho no filho pequeno. Depois aproveita a companhia da esposa por mais ou menos uma hora até ela ir dormir, por volta das nove da noite.

Então Casey se senta e edita até desmaiar diante do computador, geralmente por volta da uma da manhã. Casey costuma dormir no sofá até as 4h30, quando reinicia todo o processo.

* Em quem você pensa quando ouve a palavra "bem-sucedido"?

"Na minha avó, que faleceu aos 92 anos. É minha heroína, minha musa, meu tudo. Começou a fazer sapateado quando tinha seis anos. Como era uma garota gordinha, os pais dela a levaram a fazer algo para perder peso, então ela começou a sapatear e adorou. Uma mulher que se apaixonou por algo aos seis anos e só parou um dia antes de morrer, com 92. Ela nos deixou na manhã de uma segunda-feira, e a primeira coisa que tivemos que fazer foi ligar para os cem alunos dela e dizer que não haveria aula naquele dia.

"**Qual é a suprema quantificação do sucesso? Para mim, não é a quantidade de tempo que você passa fazendo o que ama.** É o pouco **tempo que você passa fazendo o que odeia**. E essa mulher passava o dia inteiro, todos os dias, fazendo o que amava."

MORGAN SPURLOCK

Morgan Spurlock (TW: @MorganSpurlock, morganspurlock.com) é um documentarista indicado ao Oscar, além de um prolífico escritor, diretor, produtor e cobaia humana. Seu primeiro filme, *Super Size Me — A Dieta do Palhaço*, estreou no Sundance Film Festival em 2004, ganhando o prêmio de Melhor Direção. Mais tarde, o filme recebeu uma indicação para o Oscar de Melhor Documentário.

Desde então, Morgan dirigiu, produziu e/ou distribuiu a aclamada série *Morgan Spurlock: Inside Man*, da CNN, a série da FX *30 Days* e os filmes *Where in the World Is Osama Bin Laden?*, *Freakonomics*, *The Greatest Movie Ever Sold* e muitos outros.

Seu projeto mais recente é uma startup de tecnologia chamada Clect (clect.com), um misto de comunidade e ferramenta de compra e venda em que as pessoas podem navegar e negociar itens colecionáveis de todo tipo que se possa imaginar (Star Wars, Smurfs, revistas em quadrinhos, uma Millennium Falcon feita de peças de motocicleta etc.).

Animal espiritual: Rinoceronte

"QUANTO MAIS SOFISTICADO FICA, MAIS FÁCIL DAR PROBLEMA"

TF: Morgan se referia a equipamentos, mas a lógica pode se estender a muito mais coisa.

COMO *SUPER SIZE ME* SURGIU

"Eu estava sentado no sofá da casa da minha mãe, em uma onda espetacular de triptofano, quando apareceu uma notícia sobre duas garotas que estavam processando o McDonald's. 'Estamos gordas, doentes, e a culpa é de vocês', disseram as duas. Então pensei: *Calma aí, isso é uma loucura. Você vai culpar e processar alguém por lhe vender uma comida que você comprou, que você comeu? Como isso é possível?* Até que um porta-voz do McDonald's apareceu: 'Não se pode associar nossa comida ao fato de essas meninas estarem doentes. Não se pode associar nossa comida ao fato de essas meninas estarem obesas. Nossa comida é saudável. É nutritiva. É boa para você.' Pensei: *Também não sei se é possível dizer isso... Se o que vocês vendem é assim tão bom, então será que eu poderia comer só isso durante trinta dias seguidos sem nenhum efeito colateral?* Aí veio a ideia: *É isso.*"

TF: Existe algum senso comum, algum pronunciamento público, algo que você pode contestar por meio da arte? Colocando à prova? O que lhe dá raiva? (Veja Casey Neistat, página 247, e Whitney Cummings, página 521.)

SOBRE TORCER POR VOCÊ MESMO EM PRIMEIRO LUGAR

"Touré é um grande escritor e comentarista. Ele me contou uma história sobre ter ido à casa de Kanye West certa vez... e ter visto um pôster gigantesco do próprio Kanye na sala de estar. Touré perguntou: 'Por que você tem uma foto gigante sua na parede?' E o rapper respondeu: 'Bem, eu tinha que torcer por mim antes de qualquer outra pessoa fazer isso.' *Há uma lógica fantástica nisso aí. Ótima resposta*, pensei."

A HISTÓRIA SUPERA A CINEMATOGRAFIA

Conselho para aspirantes a cineastas: "Você pode sacrificar a qualidade em favor de uma grande história... Estou disposto a ver filmes em que a câmera treme... contanto que seja uma boa história e me cative."

"VÊ-LO ILUMINAR É COMO ASSISTIR A UM MACACO FODENDO UMA BOLA DE FUTEBOL" — JAMES CAMERON

Esta é uma das frases favoritas de Morgan atribuídas a James Cameron, tirada de um perfil do diretor feito pela *The New Yorker*, "Man of Extremes".

Conheci James de passagem por intermédio de Peter Diamandis (página 408), quando participamos juntos de um voo G zero (voo parabólico em gravidade zero). Como parte da experiência, cujo objetivo era a arrecadar fundos para a XPRIZE, todos nós vestimos camisetas da produção de *Avatar*. São apenas três frases estampadas na frente: ESPERANÇA NÃO É UMA ESTRATÉGIA. SORTE NÃO É UM FATOR. MEDO NÃO É UMA OPÇÃO. Ainda uso essa camiseta para me motivar durante grandes projetos, como fiz na correria do prazo final de *4 horas para o corpo*.

NÃO TENHA MEDO DE MOSTRAR SUAS CICATRIZES

"Um amigo meu me deu um bom conselho alguns anos atrás: '**Você não pode ter medo de mostrar suas cicatrizes.**' É o que você é, e ele disse que você precisa permanecer fiel a isso. Acho que foi um dos melhores conselhos que já recebi."

* Livro mais presenteado ou recomendado

> *The Living Gita: The Complete Bhagavad Gita — A Commentary for Modern Readers*, de Sri Swami Satchidananda.

* Documentários favoritos

> *Sob a Névoa da Guerra*, de Errol Morris — muitos convidados o recomendam. É maravilhoso e tem uma inacreditável média de 98% no Rotten Tomatoes
> *Brother's Keeper*, de Joe Berlinger e Bruce Sinofsky
> *Basquete Blues*, de Steve James
> *Enron — Os Mais Espertos da Sala* e *Going Clear: Scientology and the Prison of Belief*, de Alex Gibney

COMO É O MEU DIÁRIO

A história é repleta de exemplos de pessoas bem-sucedidas (e malsucedidas) que mantinham diários, de Marco Aurélio a Benjamin Franklin, de Mark Twain a George Lucas.

Mas sobre o que eles escreviam?

Talvez você tenha visto trechos de seus diários e pensado consigo mesmo *Caramba, isso parece o Discurso de Gettysburg!*,* e se sentido humilhado.

Neste capítulo, mostrarei a você como é meu diário matinal tosco e descreverei como ele funciona.

Por quê?

Porque ele é uma bagunça, e ver essa bagunça pode encorajar você. É fácil imaginar nossos heróis como forças descomunais e imperturbáveis, que vencem a insegurança com um majestoso golpe de caratê mental todas as manhãs. É claro que isso é uma fantasia. A maioria das pessoas que você vê nas capas de revista vivem muitas manhãs em que prefeririam se esconder sob as cobertas o dia inteiro.

Se você quiser ser rico — de dinheiro, tempo, relacionamentos, facilidade para dormir ou qualquer outra coisa —, os "limpadores de para-brisa espirituais" o ajudarão a alcançar seu objetivo com menos acidentes e menos dores de cabeça. Vou explicar...

---

* O mais famoso discurso de Abraham Lincoln. (N. do T.)

A luta diária

Quase toda manhã, eu me sento com um coquetel quente de cúrcuma, gengibre, chá pu-erh e chá verde. Em seguida, abro as páginas de *O caminho do artista*, a versão com o diário, de Julia Cameron.

A primeira pessoa que me recomendou *O caminho do artista* original foi o roteirista e produtor Brian Koppelman (página 669), portanto devo agradecer a ele por esse hábito. Mas, em grande medida, passei por cima do original — talvez injustamente — porque não estava interessado em consumir mais livros. Uso a leitura com frequência para procrastinar. O que eu precisava era de uma prática de produção diária e meditativa, como uma cerimônia do chá. Então, *voilà*, comprei o diário. Essa "companhia" oferece por si só um amplo contexto para ser usada.

Para ser claro, não mantenho um diário para "ser produtivo". Não faço isso para encontrar boas ideias nem para escrever uma prosa que eu possa publicar depois. As páginas não são dirigidas a ninguém além de mim.

As páginas matinais são, como explica a autora, Julia Cameron, "**limpadores de para-brisa espirituais**". São a terapia com a melhor relação entre custo e benefício que já vi. Ainda segundo Julia, um trecho da página 8:

"Depois que colocamos na página aqueles pensamentos turvos, enlouquecedores, confusos [preocupações, nervosismos e receios nebulosos], enfrentamos nosso dia com olhos mais límpidos."

Por favor, releia a citação acima. Talvez seja o aspecto mais importante de aprisionar pensamentos em papel (isto é, escrever) que você encontrará. Mesmo que você ache que escreve muito mal, escrever pode ser visto como uma *ferramenta*. Há benefícios enormes em fazer isso, mesmo que ninguém — incluindo você — jamais leia o que você escreveu. Em outras palavras, *o processo importa mais do que o produto*.

A seguir está um registro verdadeiro do meu diário, que digitei para facilitar a leitura.

———————

DOMINGO, 28 DE DEZEMBRO, NOVA YORK
Acordei às 7h30, antes de todo mundo. Estou me sentindo ótimo.
Hoje é domingo, então sinto que posso fazer as coisas devagar, deve ser por isso que estou me sentindo ótimo.

Por que segunda-feira ou terça têm que ser diferentes? Mesmo assim, ainda há pessoas esperando. Que esperem.

É engraçado como trabalhamos, estabelecemos objetivos e nos esforçamos para chegar a um ponto em que as pessoas esperam por nós, e não o contrário. Dica: o filme *O Nome do Jogo*!

E ainda assim, quando chegamos a esse ponto tão vangloriado, as multidões de pessoas (frequentemente com razão) batendo incessantemente na porta, uma após outra, causam mais estresse do que quando éramos meros peões.

Será culpa de cem vezes mais opiniões nos influenciando, o que diminui o sentimento de livre-arbítrio autodirigido? Essa sensação de estar constantemente escolhendo algo do bufê de outra pessoa, em vez de fazer sua própria comida?

Ou será porque "sentimos" ser necessário estar na defensiva e proteger o que temos: tempo, dinheiro, relações, espaço etc.?

Para uma pessoa que "venceu" em meio a uma vida inteira de ofensas e ataques, jogar na defensiva entra em conflito com o cerne de quem se é.

Então... qual é mesmo o objetivo?

Há duas maneiras de interpretar o registro anterior, e elas não são mutuamente excludentes:

I. Estou tentando descobrir coisas, e isso pode ajudar.

Por exemplo: identifiquei conflitos entre objetivos (tornar-me "bem-sucedido" em algum aspecto) e efeitos colaterais relacionados (cem vezes mais opiniões), que neutralizam os benefícios. Também notei que minhas grandes vitórias na vida vieram de uma atitude agressiva, em grande parte como o icônico treinador Dan Gable, de cujas épicas falas bombásticas no raro documentário *Competitor Supreme* vale a pena ir atrás. Mas os grilhões do sucesso, até mesmo um sucesso modesto, fazem o indivíduo se sentir como se tivesse que jogar na defensiva, ou administrar em vez de conquistar. Isso vai contra o meu DNA, o que leva à infelicidade. Portanto, preciso me desfazer de ativos que exijam "proteção" ou preciso delegar melhor essa responsabilidade.

Isso tudo soa agradavelmente analítico. Olha só como somos inteligentes! Mas talvez o real valor seja que...

2. Estou apenas aprisionando minha mente agitada no papel para dar continuidade ao meu maldito dia.

Se você ignorar o capítulo inteiro e só aproveitar o nº 2 acima e as próximas linhas, considerarei minha missão cumprida.

Escrever páginas matinais não precisa resolver seus problemas. Esse exercício simplesmente se propõe a tirá-los de sua cabeça, onde, do contrário, eles ficarão batendo o dia inteiro como uma bala ricocheteando dentro do crânio.

Será que se lamentar no papel durante cinco minutos, todas as manhãs, pode mudar sua vida?

Por mais louco que pareça, acredito que sim.

REID HOFFMAN

Reid Hoffman (LI/TW: @reidhoffman, reidhoffman.org) com frequência é chamado de "O Oráculo do Vale do Silício" por pessoas
da área de tecnologia, que olham com reverência para sua trajetória de criação de empresas e investimentos (Facebook, Airbnb, Flickr
etc.). Reid é um dos fundadores e presidente-executivo do Linked-
In, que tem mais de quatrocentos milhões de usuários e foi vendido para a Microsoft por 26,2 bilhões de dólares. Antes, foi vice-
-presidente-executivo do PayPal, que foi comprado pelo eBay por
1,5 bilhão de dólares. É mestre em filosofia pela Universidade de
Oxford, onde foi bolsista pela Marshall Scholar.

NOS BASTIDORES

>> Ao lado de Mullenweg (página 230), Reid é uma das pessoas mais calmas que já conheci. Seu ex-chefe de gabinete contou que, certa vez, Reid respondeu a um insulto com "Estou perfeitamente disposto a aceitar isso" e seguiu adiante.

>> No PayPal, Reid foi apelidado de "bombeiro em chefe" pelo então CEO, Peter Thiel.

>> Eu e Reid fazemos parte do conselho consultivo do Quest-Bridge, do qual ele é o presidente. O QuestBridge fornece mais talentos de baixa renda (isto é, jovens) às principais universidades do que todas as outras organizações sem fins lucrativos juntas. A ONG criou um pedido de inscrição padronizado para faculdades que é aceito por mais de trinta instituições de ponta, como Stanford, MIT, Amherst e Yale. Isso lhes permite fazer algumas coisas inovadoras, como fornecer notebooks e fazer com que os formulários de doação sirvam como pedidos de inscrição nas faculdades. Também oferecem bolsas de estudos a muitos jovens que de outro modo nem ao menos poderiam pensar em ter acesso ao ensino superior. Sabia que cerca de 3 bilhões de dólares disponíveis para bolsas de estudos são desperdiçados todos os anos? Não é um problema de financiamento: é um problema de gerenciamento de recursos. O que Billy Beane — do Oakland A's, que ficou famoso com o livro *Moneyball* — foi para o beisebol, o QuestBridge é para a educação universitária.

COMO REID DESENVOLVEU A CAPACIDADE DE DESCONSTRUIR PROBLEMAS E INTERAGIR COM TANTAS PARTES INTERESSADAS AO MESMO TEMPO (OPERADORAS DE CARTÃO DE CRÉDITO, BANCOS, REGULADORES ETC.)

"Acho que o fundamental é que, quando criança, eu jogava muito os jogos de tabuleiro da Avalon Hill, e cada jogo de tabuleiro é, na verdade, um conjunto complexo de regras e circunstâncias." Reid também leu Carl von Clausewitz e Sun Tzu quando era garoto, o que formou seu pensamento estratégico.

PARA QUEM TEM FOBIA DE FILOSOFIA, UM FILÓSOFO PARA COMEÇAR

Reid recomenda estudar Ludwig Wittgenstein, sobre o qual ele aprendeu em um curso em Oxford. "Um dos fundamentos da filosofia analítica moderna é pensar na [linguagem]... se você está tentando falar com alguém sobre algum problema, tentando progredir nesse sentido, como tornar a linguagem um instrumento o mais positivo possível? De que maneira essa linguagem pode funcionar e de que maneira pode falhar?"

TF: Uma das minhas citações favoritas do querido Ludwig é: "Os limites da minha linguagem são os limites do meu mundo."

NEM SEMPRE PRECISA SER DIFÍCIL

"Aprendi que parte da estratégia no mundo dos negócios é **resolver o problema mais simples, mais fácil e mais relevante**. E, na verdade, **parte de elaborar uma estratégia é resolver o problema mais fácil**. Portanto, em grande medida, o motivo pelo qual você trabalha com softwares e bits tem a ver com o fato de que os átomos [produtos físicos] são, na verdade, difíceis demais de lidar."

TF: As linhas em negrito são elementos-chave que estou propenso a examinar. Ao fazermos uma análise 80/20 de nossas atividades (colocando em termos simples: determinar quais são os 20% de atividades/tarefas que geram 80% dos resultados que queremos), geralmente terminamos com uma lista curta. Torne "fácil" seu próximo critério. **Qual dessas atividades de maior relevância** é a mais fácil para mim? Você pode construir uma carreira inteira baseada em análises 80/20 e fazendo-se essa pergunta.

DÊ À MENTE UMA TAREFA PARA A NOITE

Diariamente, Reid anota em um caderno problemas nos quais ele quer que sua mente trabalhe durante a noite. O grifo abaixo é meu porque acho as palavras importantes. Note os "pode ter" em vez de "tem" etc.:

"Quais são os elementos-chave que podem **restringir uma solução** ou ser **atributos dessa solução** e **quais são as ferramentas ou ativos que posso ter?**... Acho que a maioria dos nossos pensamentos é subconsciente, claro. Parte do que estou tentando fazer é admitir o fato de que durante o sono temos uma espécie de relaxamento, de rejuvenescimento, para, em essência, talvez aflorar nossos pensamentos e soluções."

Ele pode anotar coisas do tipo "um elemento-chave sobre o qual quero pensar: o design de um produto, uma estratégia, a solução para um problema de uma das empresas do meu portfólio" ou outra coisa que queira resolver de maneira criativa antes de uma reunião marcada.

Josh Waitzkin (página 629) tem um hábito quase idêntico, embora seja específico sobre o horário em que toma notas — logo depois do jantar, e não antes de dormir. Para Josh, o período de algumas horas antes do sono é importante, porque ele não quer ficar pensando *de modo consciente* no problema quando estiver debaixo das cobertas.

Josh e Reid também têm comportamentos semelhantes ao acordarem. Em condições ideais, Reid reserva sessenta minutos para o seguinte: "A primeira coisa que faço ao me levantar, quase sempre, é me sentar e trabalhar naquele problema [determinado no dia anterior], porque é quando estou com a cabeça mais fresca. É um momento sem distrações de celular, sem mensagens para responder, e assim por diante. É o momento mais *tábula rasa* — lousa em branco — que tenho. Eu o uso para maximizar minha criatividade em um projeto específico. Em geral, faço isso antes do banho, porque frequentemente continuo pensando no assunto debaixo do chuveiro."

TF: As descrições de Reid e Josh me levaram a pôr a seguinte citação no alto do meu caderno: "Nunca vá dormir sem um pedido a seu subconsciente." — Thomas Edison

LIÇÕES ADICIONAIS DE BEN CASNOCHA (FB: CASNOCHA), EX-CHEFE DE GABINETE DE REID

O primeiro princípio de Reid é a velocidade

"Combinamos que eu tomaria decisões sobre uma série de questões em seu nome sem consultá-lo. Ele me disse: '**Para ir rápido, suponho que você cometerá algumas faltas de pé. Se o índice de erros for de 10% a 20% — ocasiões em que eu teria tomado uma decisão diferente em determinada situação —, por mim tudo bem se isso significar que você consegue ir rápido.**' Eu me senti capacitado a tomar decisões com esse índice em mente, e isso foi incrivelmente libertador."

TF: "Falta de pé" é uma metáfora aqui. A "foot fault" é, literalmente, um erro no tênis quando o jogador, normalmente por pressa, saca com o pé em cima da linha.

Sobre avaliar os melhores funcionários ou parceiros

"Como você sabe que tem jogadores de alto nível na equipe do seu projeto? Quando esses jogadores não apenas aceitam a estratégia que você lhes entrega. Eles devem sugerir alterações no plano com base em sua proximidade com os detalhes."

Reid busca um único motivo — e não um monte deles — para uma jogada de alto custo em potencial

"Por exemplo, certa vez discutíamos se faria sentido ele viajar para a China. O LinkedIn estava em expansão na China, havia alguns eventos intelectuais divertidos acontecendo, a tradução de *Comece por você* [livro de Reid] para o chinês seria lançada. Era uma variedade de bons motivos para ir, mas nenhum por si só justificava uma viagem. Ele disse: **'É preciso haver um motivo decisivo, e então a importância da viagem precisa ser medida de acordo com ele. Se eu for, poderemos remanejar na agenda todas as demais atividades secundárias. Mas se eu for por um monte de motivos, é quase certo que voltarei com a sensação de que desperdicei meu tempo.'"**

PETER THIEL

Peter Thiel (TW: @peterthiel, com apenas um tuíte e mais de 160 mil seguidores; foundersfund.com) é um fundador de empresas em série (PayPal, Palantir), investidor bilionário (o primeiro investidor externo no Facebook e em mais de cem outros projetos) e autor do livro *De zero a um*. Seus ensinamentos sobre diferenciação, criação de valor e competição me ajudaram a tomar algumas das melhores decisões de investimento da minha vida (como Uber, Alibaba e mais).

PRIMÓRDIOS

>>> Peter é conhecido como um mestre do debate. Quando esteve em meu podcast, respondeu a perguntas dos meus seguidores, que foram curtidas no Facebook. Note a frequência com que ele reformula a pergunta (examina se é a pergunta certa) antes de responder. Em vários casos, o modo como ele disseca as palavras é tão interessante quanto suas respostas.

>>> As "ferramentas" deste perfil são o pensamento de Peter e suas crenças de nível macro que orientam milhares de decisões menores. Vale a pena reler cada uma de suas respostas algumas vezes, perguntando a si mesmo depois: *Se eu acreditasse nisso, como afetaria minhas decisões na semana que vem? E nos próximos seis ou doze meses?*

✱ O que você gostaria de ter sabido sobre negócios vinte anos atrás?
"Se voltássemos de vinte a 25 anos, **eu gostaria de saber que não havia nenhuma necessidade de esperar**. Fiz faculdade de direito, trabalhei na área e também em bancos, embora não por um tempo dolorosamente longo. Mas só quando comecei o PayPal percebi, de fato, que não é preciso esperar para começar alguma coisa. **Portanto, se você planeja fazer algo com a sua vida, se tem um plano de dez anos para como chegar lá, deve se perguntar: por que não posso fazer isso em seis meses?** Às vezes realmente é necessário passar por uma trajetória complexa durante uma década, mas acho ao menos válido questionar se essa é a história que você está contando a si mesmo ou se essa é a realidade."

✱ Qual é a importância do fracasso nos negócios?
"Acho o fracasso maciçamente superestimado. A maioria dos negócios fracassa por mais de um motivo. Quando isso acontece, com frequência não aprendemos nada, porque o fracasso é sobredeterminado. [**TF:** *Sobredeterminado*: 'Determinar, explicar ou causar (algo) de mais de uma maneira ou com mais condições do que o necessário.'] Você pensará que falhou pelo Motivo 1, mas na verdade foi por causa do Motivo 1 ao 5. E então o próximo negócio começará fracassando pelo Motivo 2, depois pelo 3 e assim por diante.

"Acho que não dá para aprender muito com o fracasso. Acho que a longo prazo ele acaba prejudicando e desmoralizando as pessoas, e a minha sensação é de que a morte de cada negócio é uma tragédia. O progresso não é um tipo de imperativo educacional nem envolve alguma estética bonita onde há muita carnificina. Desse modo, acho que também o fracasso não é um imperativo nem darwiniano nem educacional. O fracasso sempre é simplesmente uma tragédia."

* Quais são as maiores tendências de tecnologia que, segundo sua visão, estão definindo o futuro?

"Não gosto de falar em termos de 'tendências' de tecnologia porque acho que quando se tem uma tendência é porque muita gente está fazendo a mesma coisa. E quando muitas pessoas estão fazendo a mesma coisa, há muita concorrência e pouca diferenciação. Em geral, os indivíduos não querem ser parte de uma tendência popular. Nenhuma empresa quer ser a quarta maior vendedora de ração pela internet no fim dos anos 1990. Nenhuma empresa quer ser a 12ª no ramo de painéis solares finos na década passada. E nenhuma quer ser a enésima em qualquer tendência específica. Portanto, acho que tendências são, com frequência, coisas para se evitar. Em vez delas, prefiro um senso de missão. Estar trabalhando em um problema exclusivo que as pessoas não estão resolvendo em outros lugares.

"Quando iniciou a SpaceX, Elon Musk estabeleceu a missão de ir a Marte. Qualquer um pode concordar ou discordar disso enquanto declaração de missão, mas era um problema que não estava sendo abordado fora da SpaceX. Todas as pessoas que trabalhavam lá sabiam disso, e isso as motivou tremendamente."

TF: Peter escreveu em outro lugar: "O próximo Bill Gates não construirá um sistema operacional. Os próximos Larry Page ou Sergey Brin não farão um mecanismo de busca. E o próximo Mark Zuckerberg não criará uma rede social. Se estiver copiando esses caras, você não está aprendendo com eles."

* Como você responderia a alguém que diz que seu ponto de vista a respeito do ensino superior é hipócrita porque você mesmo cursou direito em Stanford?

[Contexto: Muita gente vê Peter como um "antifaculdade" por causa de sua bolsa de estudos Thiel, que "dá 100 mil dólares a jovens que querem construir coisas novas em vez de se sentar em uma sala de aula".]

"Acho que algumas pessoas sempre encontrarão objeções de um tipo ou de outro. Se eu não tivesse ido para Stanford ou escolhido cursar direito, as pessoas argumentariam que eu não fazia a menor ideia do que estava perdendo. Então acho que provavelmente reclamariam de qualquer jeito. Mas eu diria que meu ponto de vista não é hipócrita porque nunca aleguei existir um modelo único que sirva para todos. Se eu tivesse dito que ninguém deveria ir para a faculdade, aí, sim, eu teria sido hipócrita. Mas o que eu disse é que nem todo mundo deve fazer a mesma coisa. Há algo muito estranho em uma sociedade na qual todos os indivíduos mais talentosos vão para as mesmas faculdades de elite, onde acabam estudando o mesmo número reduzido de matérias e seguindo o mesmo número limitado de carreiras.

"Essa ideia me parece um tipo de pensamento pouco diversificado a respeito das coisas que as pessoas deveriam estar fazendo. O que é muito limitador para a nossa sociedade, bem como para esses estudantes. Eu mesmo tive muita culpa nisso, se passar em revista meus anos como aluno de direito em Stanford. É possível que eu repetisse esse erro, mas, se eu tivesse que fazer algo de novo, pensaria muito mais a respeito. **Eu questionaria. Por que estou fazendo isso? Será que estou fazendo isso porque tenho boas notas e pontuações nos testes e porque acho que dá prestígio? Ou estou fazendo isso porque sou extremamente apaixonado pela prática do direito?**

"Acho que há respostas boas e respostas ruins. E, em uma retrospectiva dos meus vinte e poucos anos, minha avaliação é a de que eu estava focado demais nas respostas erradas na época."

✳ Como você acha que será o futuro da educação?
[**TF:** Incluo isto sobretudo por causa da primeira frase e da reformulação posterior.]

"Não gosto da palavra 'educação' porque ela é uma abstração extraordinária. Sou muito a favor do aprendizado. Sou muito cético a respeito dos títulos e dessa abstração chamada 'educação'. Vejo todas essas questões espinhosas como: o que é isso que estamos aprendendo? Por que você está aprendendo isso? Você está indo para a faculdade porque é uma festa que dura quatro anos? É uma decisão baseada em consumo? É uma decisão com a qual você está investindo no futuro? É um tipo de seguro? Ou é um torneio em que você só está vencendo os outros? E as universidades de elite são realmente como as boates só para VIPs? Acho que se sairmos da bolha educacional em que vivemos hoje, teremos um futuro em que as pessoas poderão falar sobre essas coisas com mais clareza.

[Ouça o comentário inteiro no episódio nº 28 em 17:24.]

* **Uma coisa que você gostaria muito de mudar ou melhorar em si mesmo**

"É difícil responder, porque incorre na pergunta sobre por que ainda não melhorei isso. Mas eu diria que quando olho para meu eu mais jovem, vejo que eu era insanamente focado e competitivo. E quando somos muito competitivos, nos tornamos bons naquilo que disputamos com as pessoas. Só que isso acontece à custa de perder muitas outras coisas.

"Se você é um jogador de xadrez competitivo, pode se tornar muito bom no xadrez, mas acabar negligenciando outras coisas porque está focado em vencer seus concorrentes em vez de fazer algo importante ou valioso. Então, acho que, com o passar dos anos, me tornei muito mais consciente da natureza problemática de ser competitivo demais. Há rivalidades em que somos apanhados. Não vou fingir ter me livrado disso por completo. **Então penso, todos os dias, que isso é algo para refletir: 'Como me tornar menos competitivo para me tornar mais bem-sucedido?'.**"

* **Você estudou filosofia na faculdade. O que filosofia tem a ver com negócios? E como essa disciplina ajuda você em seus investimentos e em sua carreira hoje em dia?**

"Não tenho certeza de quanto o estudo formal de filosofia faz diferença, mas acho que é importante ter em mente a questão filosófica fundamental: 'O que as pessoas concordam meramente por convenção e o que é a verdade?' Há um consenso de coisas que as pessoas acreditam serem verdade. Talvez as convenções estejam certas, talvez não. E não queremos deixar uma convenção ser um atalho para a verdade. **Sempre precisamos perguntar: 'Isso é verdade?' E é sempre a esse ponto que chego quando faço esta questão indireta: 'Diga-me algo que é verdade e que pouquíssimas pessoas concordam que seja.'**"

TF: Às vezes Peter também pergunta a candidatos em entrevistas de emprego: "Qual é o problema que você enfrenta todo dia e que ninguém resolveu ainda?" ou "Qual é a grande empresa que ainda não foi criada?". Às vezes apresento aos convidados do podcast uma versão degenerada de sua pergunta acerca de "algo sobre o qual poucas pessoas concordam com você": "Existe algo em que você acredita, mas as pessoas acham loucura?"

TRÊS PERGUNTAS DE SETE

Há sete perguntas que Peter recomenda que todos os fundadores de startups façam a si mesmos.

Consulte *De zero a um* para saber todas elas, mas aqui estão três que revisito com frequência:

A pergunta do monopólio: Você está começando com uma grande parcela de um mercado pequeno?

A pergunta secreta: Você identificou uma oportunidade única que os outros não estão vendo?

A pergunta da distribuição: Você tem uma maneira de não somente criar, mas também entregar seu produto?

"É sempre a parte difícil que cria valor.**"**

"Você é mais poderoso do que pensa. Aja de acordo.**"**

SETH GODIN

Seth Godin (TW: @thisissethsblog, sethgodin.com) é autor de dezoito best-sellers traduzidos para mais de 35 idiomas. Escreve sobre disseminação das ideias, marketing, demissão estratégica, liderança e desafiar o *status quo* em todas as áreas. Entre seus livros estão *Linchpin*, *Tribos*, *O melhor do mundo*, *A vaca roxa* e *What to Do When It's Your Turn (and It's Always Your Turn)*.

Seth fundou várias empresas, dentre as quais estão a Yoyodyne e a Squidoo. Seu blog (que você pode encontrar digitando "Seth" no Google) é um dos mais populares do mundo. Em 2013, Godin passou a integrar o Hall da Fama do Marketing Direto. Recentemente, provocou uma reviravolta no mundo editorial ao lançar uma série de quatro livros via Kickstarter. A campanha alcançou a meta em apenas três horas e se tornou o projeto editorial mais bem-sucedido da história da plataforma de financiamento coletivo.

Animal espiritual: Mergulhão

"Confiança e atenção — esses são os itens escassos em um mundo pós-escassez."

"Quando se trata de competição, nada supera a obediência."

TF: Gosto tanto disso que quero mencionar duas vezes. Estará mais contextualizado na próxima vez.

SEJA ESPECÍFICO EM VEZ DE SEGUIR A MAIORIA

Sobre dizer "não" e recusar ofertas: "O telefone toca e muita gente quer alguma coisa. Se essa oferta, contudo, não se alinha com o que a pessoa deseja, mas ainda assim ela aceita, o objetivo de quem ligou foi atingido. Não há nada de errado em seguir a maioria, mas, agindo assim, quem aceita a oferta não deve esperar ser capaz de realizar as mudanças que deseja."

"DINHEIRO É UMA HISTÓRIA... E É MELHOR CONTAR UMA HISTÓRIA A RESPEITO DELE QUE DEIXE VOCÊ FELIZ"

"Se você tem o suficiente para o arroz e o feijão e para cuidar da família e de algumas outras coisas, o dinheiro é uma história. Você pode contar a si mesmo a história que quiser sobre ele, mas é melhor optar por uma que o faça feliz."

SE VOCÊ TIVER UM NÚMERO SUFICIENTE DE IDEIAS RUINS, ALGUMAS BOAS TENDEM A SURGIR

"Se estiverem sendo sinceras, as pessoas com dificuldade de ter boas ideias dirão que não têm tantas ideias ruins. Mas as que têm muitas ideias boas, se estiverem sendo sinceras, dirão que têm uma quantidade ainda maior de ideias ruins. **Portanto, a meta não é ter ideias boas; a meta é ter ideias ruins. Porque quando se tem um número suficiente de ideias ruins, algumas boas tendem a surgir.**"

(Veja James Altucher na página 278.)

AQUILO QUE VOCÊ MANTÉM REGISTRADO DETERMINA SUA MANEIRA DE VER O MUNDO — ESCOLHA COM CUIDADO

"Aqueles com sorte o bastante para viver em um mundo onde têm o suficiente, um teto e comida se veem nesse ciclo de manter registrados os acontecimentos ruins. Quantas vezes fomos rejeitados, quantas vezes determinada coisa deu errado, todas as vezes que alguém partiu nosso coração, nos enganou ou nos decepcionou. É claro que podemos manter essas coisas registradas, mas por quê? Elas nos tornam pessoas melhores?

"Não faria mais sentido preservarmos outras coisas? Todas as vezes que algo deu certo, por exemplo? Todas as vezes que assumimos um risco? Todas as vezes que conseguimos iluminar o dia de alguém? Quando começamos a fazer isso, podemos nos transformar em pessoas capazes de causar um impacto no mundo. **Precisei de vários ciclos para descobrir que a narrativa dependia de mim.**

"Se uma narrativa não está funcionando, por que você a mantém? A narrativa não é feita para você; ela é algo que você escolhe. Quando podemos cavar fundo e encontrar outra que seja diferente, conseguimos mudar o jogo."

"HISTÓRIAS NOS PERMITEM MENTIR PARA NÓS MESMOS, E ESSAS MENTIRAS SATISFAZEM NOSSOS DESEJOS"

TF: As histórias que contamos a nós mesmos às vezes podem ser autodestrutivas. Um dos refrãos que adotei para a vida e que escrevi em meu diário depois de um trabalho com "ervas medicinais" (veja James Fadiman, página 128, para mais informações) é "Não se refugie na história".

EXPERIMENTE SENTAR-SE A UMA MESA DIFERENTE

"Se você prestar bastante atenção, vai perceber que a maioria das pessoas passa a maior parte do tempo na defesa, no modo reativo, jogando com as cartas que recebeu em vez de se mudar para uma mesa diferente com cartas diferentes. Em vez de procurar mudar outras pessoas, elas estão querendo ser mudadas. Parte do que estou tentando ensinar é: todo mundo tem mais poder do que pensa. A questão é: o que você vai fazer com ele?"

VOCÊ PODE EMPURRAR ALGO MORRO ABAIXO?

"Se você pensa em como será difícil empurrar um negócio morro acima, sobretudo quando estiver no início, que tal esta mudança: 'Por que não começar um negócio diferente, que você possa empurrar morro abaixo?'

"Minha amiga Lynn Gordon é uma pensadora e designer brilhante que passou anos criando brinquedos e produtos têxteis para mães com filhos pequenos. Todas as empresas de brinquedo dos Estados Unidos eram cruéis com ela, rejeitavam-na, não tinham nada a ver com ela. Eu disse: 'Lynn, é simples. Empresas de brinquedos não gostam de designers de brinquedos.

Elas não são organizadas para fazer negócios com designers de brinquedos, não esperam que esse tipo de profissional vá até elas.' Então continuei: 'Vamos comigo para o mercado editorial. Porque todo dia há pessoas mal remuneradas e realmente inteligentes nessa área que acordam esperando que a próxima ideia apareça em suas mesas. Estão ávidas para comprar o que você tem para vender.' E dois meses depois ela fez os baralhos de 52 atividades e vendeu mais de cinco milhões de unidades."

PRIMEIRO, DEZ PESSOAS

Seth publicou cerca de 6.500 posts em seu blog desde 2002. Qual dos posts ele indicaria às pessoas, se tivesse que escolher só um?

"Seria um que se chama 'First, Ten'. Uma teoria de marketing simples que diz: diga a dez pessoas, mostre a dez pessoas, compartilhe com dez pessoas; dez pessoas que já confiam em você e já gostam de você. Se elas não contarem essa ideia a ninguém, não é tão boa assim, então comece de novo. Se elas contarem a outras pessoas, você está no caminho certo."

PARA CRIAR ALGO GRANDE (OU, NO FIM DAS CONTAS, ENORME) COMECE EXTREMAMENTE PEQUENO

"Minha sugestão é, sempre que possível, perguntar a si mesmo: qual é a menor marca que posso deixar? Qual é o menor projeto possível que merece meu tempo? Qual é o menor grupo de pessoas para o qual eu poderia fazer diferença? Porque o menor é alcançável. O menor parece arriscado. Porque se você escolher o menor e fracassar, então está realmente ferrado.

"Nós queremos escolher as coisas grandiosas. O infinito é nosso amigo. O infinito é seguro. O infinito nos dá um lugar para esconder. Mas quero incentivar as pessoas a, em vez disso, procurarem pelas coisas pequenas. Estar em um meio, um lugar, onde as pessoas possam encontrar você. Ter um tipo de interação com uma tribo, com um grupo no qual você não tenha muitos botes salva-vidas."

(Veja "Mil fãs fiéis" na página 322.)

"NINGUÉM FAZ UMA TATUAGEM COM A LOGO DA SUZUKI. ESTÁ NAS SUAS MÃOS SER DIGNO DE TATUAREM SUA LOGO"

Seth sobre Suzuki *versus* Harley-Davidson, que cuidadosamente criou uma marca desejada.

"NÃO QUANTIFICO QUASE NADA NA MINHA VIDA"

Às vezes tenho medo de perder minhas qualidades se parar de mensurar tudo. Para mim foi libertador ouvir essa citação do subtítulo, já que Seth é uma espécie de ídolo há anos. Ele me inspirou a começar a sair do ciclo da quantificação, mais ou menos como saio do ciclo dos suplementos por pelo menos uma semana a cada dois meses (exemplo: em julho de 2016 deixei de acompanhar peso/gordura corporal, redes sociais, sites e boletins estatísticos).

Gosto de estudar o que Seth *não* faz, tanto quanto aquilo que ele faz. Ele não tem caixa de comentários no blog, não presta atenção em estatísticas de acesso e não usa Twitter nem Facebook (exceto para retransmitir seus posts diários do blog, o que é automático). Em um mundo de obsessão por ferramentas e medo de perder a próxima plataforma social, Seth parece não se importar. Ele simplesmente foca em publicar posts bons e curtos diariamente, ignora o resto e continua a prosperar. Não há regras de verdade, portanto faça as regras que funcionam para você.

TOMADAS RÁPIDAS

Café da manhã

"O café da manhã é mais uma decisão que não tomo, portanto é banana congelada, cânhamo em pó, leite de amêndoas, uma ameixa seca e algumas nozes no liquidificador."

Lições de culinária

"Minha esposa me levou para uma aula de culinária de Chris Schlesinger, e foi a única aula de culinária que já tive na vida. Em vinte minutos, aprendi mais sobre o assunto do que acho que aprendi antes ou desde então. Porque Chris me ensinou como pensar sobre o que você está tentando fazer e basicamente disse: **A) Você deve provar a comida enquanto a prepara, o que um número surpreendentemente pequeno de pessoas faz. B) Sal e azeite de oliva são realmente uma trapaça, são armas secretas e sempre funcionam.**"

Audiogon

Seth adora aparelhos de som. Gosta principalmente de equipamentos analógicos e, de muitas maneiras, anacrônicos, ainda feitos a mão. O Audiogon é um site na internet "em que você pode encontrar pessoas que compram coisas novas e as vendem seis meses depois em perfeitas condições".

CONSELHO A PAIS

"O que poderia ser mais importante do que seu filho? Por favor, não banque o ocupado. Se você passar duas horas por dia sem um aparelho eletrônico, olhando seu filho nos olhos, falando com ele e resolvendo problemas interessantes, criará uma criança diferente daquela cujos pais não fazem isso. Esse é um dos motivos pelos quais preparo o jantar todas as noites. Porque nasce um ambiente maravilhoso e descontraído em que a criança pode falar a verdade. Proporciona conversas amenas, mas superimportantes, com alguém que é importante para você.

SOBRE EDUCAÇÃO E ENSINAR ÀS CRIANÇAS

"Mais cedo ou mais tarde, os pais precisam assumir a responsabilidade de pôr seus filhos em um sistema que está lhes deixando endividados e lhes ensinando a ser peças de engrenagem em uma economia que já não quer mais isso. Os pais precisam decidir [e] lembrar que, das três da tarde às dez da noite, essas crianças são educadas em casa. Portanto, ou estão sendo educadas em casa e assistindo aos *Flintstones* ou estão sendo educadas em casa e aprendendo algo útil.

"Acho que temos que ensinar duas coisas às crianças: como liderar e como resolver problemas interessantes. Porque o fato é que há muitos países na Terra onde existem pessoas se dispondo a ser obedientes e trabalhar com mais afinco e por menos dinheiro do que nós. **Quando se trata de competição, nada supera a obediência.** Portanto, temos que superar as outras pessoas no aspecto da liderança ou da solução de problemas...

"A melhor maneira de ensinar as crianças a resolver problemas interessantes é dar a elas problemas interessantes para resolver. E não as critique quando elas falharem. Porque as crianças não são idiotas. Se tiverem dificuldade toda vez que tentarem resolver um problema interessante, voltarão a tirar nota boa memorizando o que está no livro. Passo muito, muito tempo com crianças. Considero um privilégio poder olhar nos olhos de uma criança de onze anos confiante, ativa, inteligente, e lhe dizer a verdade. E o que podemos dizer a essa criança de onze anos é: 'Realmente não me importa como você se saiu no seu teste de vocabulário. O que importa para mim é se você tem algo a dizer.'"

✳ **Existe algo em que você acredita, mas as pessoas acham loucura?**
"No fundo, tenho certeza de que **as pessoas são maleáveis em um sentido positivo: flexíveis e capazes de crescer. Acho que quase tudo é**

construído, e não gerado do nada, e isso deixa as pessoas desconfortáveis porque as coloca em uma situação difícil, mas realmente acredito nisso."

✳ Audiolivros favoritos de Seth, que os escuta sempre

TF: Primeiro vou apresentar a lista, e em seguida os usos recomendados por ele.

> *Goals: Setting and Achieving Them on Schedule, How to Stay Motivated* e *Secrets of Closing the Sale*, de Zig Ziglar: "Zig é seu avô e meu avô. Ele é avô de Tony Robbins. Nenhum de nós estaria aqui se não fosse por Zig."

> Obras de Pema Chödrön: "É quase o outro lado da moeda. Eu me sinto muito melhor [em períodos difíceis e prolongados] por causa de Pema, graças à meditação e por aprender a me acostumar com a ideia e não insistir para que a tensão desapareça."

> *Leap First*: "Inspirado por [Zig e Pema] e por alguns trabalhos meus anteriores, fiz esse livro para fins beneficentes. É um audiolivro curto e você pode adquiri-lo na Sounds True.

> *A arte da possibilidade*, de Rosamund Stone Zander e Benjamin Zander: "É muito difícil encontrar em áudio, mas vale totalmente a pena procurar."

> *A guerra da arte*, de Steven Pressfield: "Também difícil de encontrar em áudio. Acho a voz de Steven cativante, e antes mesmo de conhecê-lo ficava fascinado ouvindo-o falar suas próprias palavras. *A guerra da arte* é um daqueles livros, pelo menos para mim, quando finalmente fui exposto a ele, que me fez pensar: *Por que não me contaram sobre ele? Por que demorou tanto para esse livro aterrissar na minha mesa?...* Você precisa ser claro consigo mesmo sobre seus medos, sobre os motivos desses medos e sobre sua disposição para lidar com eles, porque nunca irão embora."

> *Só garotos*, de Patti Smith: "O melhor audiolivro já gravado por Patti Smith. Não vai mudar o modo como você faz negócios, mas pode mudar a maneira como você vive. É sobre amor, perda e arte."

> *Dívida*, de David Graeber: "Recomendo em áudio porque David às vezes é meio repetitivo e um pouco elíptico. Em áudio é bom porque dá para ouvir de novo."

TIM: "Por qual desses, de Zig a Pema, e adiante até *Dívida*, de David, você acha que eu deveria começar? Ou qual deles você sugeriria?"

SETH: "Para mim, se você estiver se sentindo empacado, está tudo em *A guerra da arte* e *A arte da possibilidade*. Se estiver se sentindo estressado, ouça Pema. Se você precisar ver um caminho que seja mais colorido do que aquele em que já está, que seja bem Technicolor, então é Zig. E se você só quiser chorar um pouco, *Só garotos*. E *Dívida* é aquele que está mais próximo de uma leitura de livro. Não acho que muita gente deveria escutar *Dívida* dez vezes."

✳ A melhor compra de Seth por 100 dólares ou menos

"A pessoa pode acabar obcecada por **chocolate artesanal do grão à barra**. Não que deva, mas pode. Então fiquei, e fui progredindo. Há mais ou menos um ano, eu ia abrir uma empresa de chocolate, porque não é tão difícil. Então esbarrei em algumas marcas que estavam fazendo melhor do que eu jamais conseguiria fazer... Há duas empresas de chocolate que quero destacar: a **Rogue** [do oeste de Massachusetts] e a **Askinosie**. E, na verdade, sou consultor de uma nova empresa muito perspicaz chamada **Cacao Hunters**, na Colômbia."

✳ Conselho para o seu eu de trinta anos

"Tive muitos baques aos trinta. Duraram nove anos, e eu não diria nada a meu eu de então. **Porque, se eu não tivesse passado pelo que passei, eu não seria eu, e estou feliz por ser eu.**"

PEQUENAS OBSESSÕES — CAFÉ E VODCA

Seth não consome café nem álcool. Entretanto, gosta de preparar um *espresso* e uma vodca elaborados para sua família e seus convidados. Estranhas obsessões paralelas são uma característica comum de quase todos neste livro, e acho a descrição de Seth muito divertida. Sua receita de vodca também é simplesmente deliciosa:

"A coisa do café, vamos lá. Não bebo café. Quem me dera, porque preciso de um vício. Mas gosto de preparar para os outros. Gosto — sem ser uma daquelas pessoas que mede tudo, porque essa não é minha praia — de ter um senso intuitivo sobre o que torna um café *espresso* bom. Eu tinha uma máquina Slayer sofisticada, um superaparelho digital imenso que não ficava bem na cozinha de ninguém, muito menos na minha. Então, quando a máquina começou a dar problema, consegui vendê-la por um preço justo e a substituí, só que indo em uma direção completamente oposta. Comprei uma máquina suíça totalmente manual, com dezessete anos de uso, na qual é preciso puxar uma alavanca.

"E eu mesmo torro meus grãos, o que é o segredo. Marco Arment [um dos fundadores do Tumblr, criador do Instapaper e do Overcast] me ensinou isso. Torrar os grãos é mais importante do que qualquer outra coisa para quem quer fazer café. Acho que há uma metáfora aí. Sei que há: você pode gastar muito tempo tentando consertar uma coisa depois, mas começar com a matéria-prima certa faz uma enorme diferença."

TIM: "Então, a vodca..."

SETH: "Há um lugar perto de casa chamado [Blue Hill, no] Stone Barns Center, que era a casa de verão dos Rockefeller. É um restaurante bonito. No bar — também não consumo álcool, mas soube disso lá —, eles servem vodca com aveia e mel. Fiz uma engenharia reversa da receita para prepará-la, não em uma destilaria, mas no porão de casa mesmo. A receita, para quem estiver interessado, é: uma garrafa de vodca — não precisa ser uma muito barata, mas tampouco a mais cara, porque é meio que um roubo. Despeje a vodca sobre meio quilo da boa e pura farinha de aveia, não cozida, e meio vidro de mel. Deixe descansar na geladeira por duas semanas, mexendo de vez em quando. Depois é só coar essa mistura dentro da garrafa original e pronto."

CONSELHO FINAL?

"Envie uma mensagem de agradecimento a alguém amanhã."

"Todos nós temos, digamos, vinte ou trinta pontos significativos em nossa vida com os quais todo mundo se identifica. Basicamente tento escrever sobre eles e depois sobre como tentei me recuperar deles.**"**

JAMES ALTUCHER

James Altucher (TW: @jaltucher, jamesaltucher.com) é administrador de fundo de *hedge*, empresário e escritor best-seller americano. Fundou ou ajudou a fundar mais de vinte empresas, incluindo a Reset e a Stockpickr. Dezessete delas faliram e três lhe renderam dezenas de milhões de dólares. É autor de dezessete livros, incluindo *The Power of No*. Nunca vi ninguém formar com tanta rapidez um público tão grande e comprometido como James.

Animal espiritual: Camundongo

TF: Para mim, a citação da página anterior explica como James deixou de ser um desconhecido e passou a ter milhões de leitores mais rápido do que a maioria dos escritores leva para ganhar mil leitores. James ganhou notoriedade explorando a dor e o medo em sua vida, e mostra a luz no fim do túnel sem ignorar a escuridão no meio. Isso é revigorante em um mundo de "gurus" de pensamento positivo cheios de entusiasmo, com seus sorrisos forçados e *high-fives*.

Alguns dos meus posts mais populares no blog desde 2007 foram os que consumiram menos tempo, mas também os que provocaram mais desconforto. Para produzi-los, geralmente pergunto a mim mesmo: "O que tenho vergonha de enfrentar? E o que vou fazer em relação a isso?"

SE NÃO CONSEGUIR TER DEZ IDEIAS, TENHA VINTE

James recomenda o hábito de anotar dez ideias toda manhã em um caderninho. Esse exercício serve para desenvolver sua "musculatura da ideia" e a confiança para ser criativo sob demanda. Sendo assim, a prática constante é mais importante do que os tópicos:

"E se você não conseguir produzir dez ideias? Eis um truque mágico: se não conseguir produzir dez, produza vinte... Mas sem pressão. O perfeccionismo é inimigo da criatividade... é o seu cérebro tentando proteger você de eventuais danos, de produzir algo que soe constrangedor, estúpido e que possa magoá-lo. Para bloquear isso, force seu cérebro a produzir ideias ruins.

"Então vamos supor que você anotou cinco ideias para livros e todas são muito boas. E agora você está empacado... Bem, vamos produzir algumas ideias ruins. Eis uma: *Dorothy e o Mágico de Wall Street*. Dorothy está em um furacão no Kansas e aterrissa bem na esquina da Broadway com a Wall Street, em Nova York. E ela precisa percorrer toda a região para encontrar 'O Mágico de Wall Street' (Lloyd Blankfein, CEO da Goldman Sachs) e conseguir voltar para sua casa no Kansas. Em vez disso, ele lhe oferece um trabalho como negociadora de alta frequência. Uma péssima ideia! Pronto, agora você pode ir para as próximas quinze.

"[Em seguida] divido meu papel em duas colunas. Em uma coluna está a lista de ideias. Na outra está a lista de primeiros passos. Lembre-se: é apenas o primeiro passo. Porque você não faz a menor ideia de onde esse primeiro passo o levará. Um dos meus exemplos favoritos é o de Richard Branson. Ele não gostava do serviço das companhias aéreas que usava, então teve uma ideia: 'Vou abrir uma nova.' Como diabo um publisher de revista abre uma companhia aérea do nada e sem dinheiro? Seu primeiro passo: ele telefonou para a Boeing para saber se tinham um avião que ele pudesse fretar. Nenhuma ideia é tão grande que não possamos dar o primeiro passo. Se o primeiro passo parecer difícil demais, simplifique. E, mais uma vez, não se preocupe se a ideia for ruim. Tudo é prática."

TF: Se você não consegue ter dez ideias boas, tenha vinte. Esse mantra se mostrou muito valioso. Há mais ou menos um ano, pensei em ideias para uma lista das "coisas mais loucas que eu poderia fazer" enquanto estava em uma conferência da *Wired* ouvindo gente que pensava fora da caixa, como o icônico fotógrafo Platon. Depois de algumas tentativas (por exemplo, "Dar todo o meu dinheiro", "Vender todos os meus pertences", "Ficar completamente off-line por seis meses"), empaquei. Então, em uma estratégia *à la* James, decidi baixar meu padrão e enlouquecer. As coisas logo se aprofundaram no território das "ideias ruins", incluindo até "Cortar os dois pés" (Ahn???). Mas a lista foi crescendo, crescendo, e uma das ideias foi "Tirar umas férias do ramo das startups por tempo indefinido", o que acabou sendo uma das ideias mais importantes dos últimos cinco anos da minha vida (veja mais na página 438).

EXEMPLOS DE LISTAS PARA PRATICAR AS "DEZ IDEIAS DIÁRIAS" DE JAMES

Nem todas as listas de James são relacionadas a negócios. Na verdade, poucas são. Ele explica: "É difícil produzir mais de três mil ideias relacionadas a negócios por ano. Tenho sorte quando consigo algumas. A chave é se divertir com isso, senão é melhor nem começar."

Em suas palavras, mas condensados por questão de espaço, aqui estão alguns exemplos dos tipos de lista que James faz:

- **10 ideias antigas que posso modernizar**
- **10 coisas ridículas que eu inventaria** (por exemplo, vaso sanitário inteligente)
- **10 livros que posso escrever** (*O guia escolha você mesmo para uma educação alternativa* etc.)
- **10 ideias de negócios para Google/Amazon/Twitter/etc.**
- **10 pessoas para as quais posso mandar ideias**
- **10 ideias de podcasts ou vídeos que posso gravar** (por exemplo, *Almoço com James*, um vídeo/podcast em que almoço com pessoas pelo Skype e conversamos)
- **10 indústrias das quais posso remover o intermediário**

10 coisas das quais discordo e que todas as outras pessoas consideram sagrado (faculdade, casa própria, votar, médicos etc.)

10 maneiras de pegar antigos posts meus e transformá-los em livros

10 pessoas das quais quero ser amigo (depois descubra o primeiro passo para entrar em contato com elas)

10 coisas que aprendi ontem

10 coisas que posso fazer diferente hoje

10 maneiras de poupar tempo

10 coisas que aprendi com X, sendo X alguém com quem falei recentemente, ou cujo livro li, ou sobre o qual aprendi. Escrevi posts sobre isso falando de Beatles, Mick Jagger, Steve Jobs, Charles Bukowski, Dalai-Lama, Super-Homem, *Freakonomics* etc.

10 coisas que estou interessado em melhorar (e em seguida dez maneiras de melhorar em cada uma delas)

10 coisas pelas quais eu tinha interesse quando criança e que podem ser divertidas de explorar agora (Por exemplo: escrever aquela revista em quadrinhos *O filho do Dr. Estranho* que sempre planejei. E agora preciso de dez ideias de tramas.)

10 maneiras de tentar resolver um problema meu (Isso me salvou da Receita Federal inúmeras vezes. Infelizmente, o Departamento de Veículos Motorizados é imune aos meus superpoderes.)

DIRETO AO PONTO

Sobre o valor da ignorância seletiva, depois de trabalhar em um jornal

"Basicamente lhe dizem: 'Encontre a coisa que mais vai assustar as pessoas e escreva a respeito...' Em um jornal, todo dia é como se fosse Halloween. Sempre evito jornais." **TF:** Muitas pessoas produtivas fazem isso, incluindo Nassim Taleb.

O mundo não precisa da sua explicação. Sobre dizer "não":

"Parei de dar explicações, e quando estou prestes a dizer coisas como 'Ah, me desculpe, não posso fazer isso. Tenho que ir ao médico hoje. Estou doente. Quebrei a perna no fim de semana', simplesmente digo: 'Não vou poder. Espero que corra tudo bem.'"

Não encontrou seu propósito único e abrangente? Talvez você não tenha que encontrá-lo

"Esqueça o propósito. Tudo bem ser feliz sem ele. A busca por um propósito único arruinou muitas vidas."

COMO CRIAR UM MBA DO MUNDO REAL

É divertido pensar em fazer um MBA.

Eles são tentadores por muitos motivos: desenvolvimento de novas habilidades de negócios, uma rede de contatos mais ampla ou — com mais frequência — a chance de tirar o que de fato são férias de dois anos causando boa impressão no currículo.

Em 2001, e de novo em 2004, eu quis fazer todas essas três coisas.

Neste breve capítulo compartilharei minha experiência com programas de MBA e como criei o meu próprio. Minha esperança é que isso faça você pensar sobre experiências do mundo real *versus* treinamento teórico, sobre suposições não comprovadas (em especial sobre tolerância a risco) e sobre o bom jogo dos negócios como um todo. Não há nenhuma necessidade de gastar 60 mil dólares por ano para aplicar os princípios que discutirei aqui.

Última advertência: nada aqui tem a intenção de me retratar como um especialista em investimentos, coisa que não sou.

Primórdios

Ah, a Graduate School of Business (GSB) de Stanford... Essa faculdade, com suas avenidas ladeadas de palmeiras e seus telhados de terracota, sempre teve um lugar especial em minha mente.

Mas minhas fantasias de frequentar a GSB chegaram a um estado de extrema excitação quando assisti a uma aula chamada empreendedorismo e capital de risco, lecionada por Peter Wendell, que conduzira investimentos iniciais em empresas como a Intuit.

Trinta minutos depois, Pete me ensinara mais sobre o mundo real do capital de risco e as suas minúcias do que todos os livros que eu tinha lido sobre o assunto.

Fiquei extasiado e pronto para me candidatar à GSB. Quem não ficaria?

Então, muito entusiasmado, iniciei o processo que viria a repetir duas vezes: baixar o aplicativo para dar o pontapé inicial, fazer o tour completo pelo *campus* e assistir a outras aulas.

E foram elas que me deixaram nervoso. Algumas eram incríveis, ministradas por astros que sabiam tudo, mas muitas outras por ph.Ds. que usavam palavras grandes e muitos slides em PowerPoint. Um professor passou 45 minutos exibindo um slide atrás do outro com equações que poderiam ser resumidas em "Se você fez um produto vagabundo, as pessoas não o comprarão". Ninguém precisava provar isso para mim, que dirá me afogar em cálculos para fazer isso.

No fim dessa apresentação de PowerPoint, eu me virei para o estudante que me guiou no passeio e lhe perguntei como era aquela aula em comparação às demais. Ele respondeu: "Ah, essa é, de longe, a minha favorita."

Aquilo foi a morte da GSB para mim.

Como fazer uma pequena fortuna

Em 2005, eu estava farto de tentar sem sucesso a GSB, mas ainda queria aprender mais sobre capital de risco (CR). Em 2007, comecei a almoçar com mais frequência com o brilhante Mike Maples, que ajudara a fundar a Motive Communications (IPO calculado em 260 milhões de dólares) e a Tivoli (vendida para a IBM por 750 milhões de dólares). Ele agora é sócio-fundador da Floodgate Fund.

Nossas conversas geralmente giravam em torno de alguns tópicos, incluindo desempenho físico, campanhas de marketing (eu tinha acabado de lançar *Trabalhe 4 horas por semana*) e um assunto sobre o qual ele se debruçava na época: "investimento-anjo".

Comparado ao CR tradicional, o investimento-anjo envolve destinar quantias relativamente pequenas — com frequência de 10 mil a 50 mil dólares — para startups em fase inicial. No mundo de Mike, "fase inicial" podia significar dois engenheiros com um protótipo de site, ou um bem-sucedido empreendedor em série com uma nova ideia. Os anjos geralmente têm experiência relevante nos negócios e são considerados "dinheiro inteligente". Em outras palavras, seus conselhos e suas apresentações são tão valiosos quanto o dinheiro que investem.

Depois de vários almoços com Mike, eu havia encontrado minha escola de negócios.

Decidi fazer um "Fundo Tim Ferriss" de dois anos que substituiria a GSB de Stanford. Eu não passaria pelos passos formais para criar um fundo legalmente viável; simplesmente estabeleceria um plano e investiria meu capital como se tivesse um fundo assim.

A GSB de Stanford não é barata. Custava em torno de 60 mil dólares por ano em 2007, para um total de 120 mil dólares em dois anos. Para o Fundo Tim Ferriss, minha meta seria gastar de maneira inteligente 120 mil dólares durante dois anos em investimentos-anjos de 10 a 20 mil dólares, o que daria um total de seis a doze empresas. O objetivo dessa "escola de negócios" seria aprender o máximo possível sobre financiamento de startups, estruturação de acordos, design rápido de produtos, conversas sobre aquisição etc.

Mas currículo era apenas uma parte da escola. A outra era conhecer os "estudantes", de preferência os mais poderosos e astutos do mundo de investimentos em startups. Escola de negócios = currículo + rede de contatos.

A característica mais importante do meu MBA pessoal: planejei "perder" 120 mil dólares.

Entrei no Fundo Tim Ferriss vendo os 120 mil dólares como um custo de aprendizado, mas esperando que as lições aprendidas e as pessoas encontradas fizessem valer a pena o investimento com o passar do tempo. O plano de dois anos era gastar metodicamente esses 120 mil dólares para obter a experiência de aprendizado, e não para ter algum retorno sobre o investimento.

Por favor, note que eu não sugeriria imitar essa abordagem com um investimento-anjo, a não ser que você:

1. Tenha uma clara vantagem informacional (acesso privilegiado) que lhe dê uma margem competitiva. Eu moro no meio do Vale do Silício e conheço muitos CEOs e investidores importantes, portanto tenho fontes de informação melhores do que a maioria das pessoas. Quase nunca invisto em empresas públicas justamente porque sei que os profissionais têm mais ferramentas e influência do que eu.

2. Esteja 100% confortável caso perca seus fundos de "MBA". Aposte apenas aquilo que se sente tranquilo de perder. Se a perda financeira prospectiva levar você ao desespero ou à depressão, ainda que suaves, não faça isso.

3. Tenha aberto e/ou administrado negócios bem-sucedidos no passado.

4. Limite seus fundos de investimento-anjo de 10% a 15% ou menos de seus ativos líquidos. Sigo a escola de investimentos "haltere" de Nassim Taleb, que implemento da seguinte forma: 90% em grupos de ativos conservadores como equivalentes a dinheiro e os 10% res-

tantes em investimentos especulativos que podem capitalizar sobre "cisnes negros" positivos.

Mesmo que os critérios acima sejam atendidos, as pessoas superestimam a tolerância a risco que possuem. Mesmo que você tenha apenas 100 dólares para investir, trata-se de um ponto importante para explorar. Em 2007, um administrador de bens me perguntou: "Qual é a sua tolerância a risco?" Respondi com sinceridade: "Não faço a menor ideia." Isso o deixou desconcertado.

Então lhe perguntei qual era, em média, a resposta de seus clientes. Ele disse: "A maioria responde que não entraria em pânico com uma queda de 20% em um trimestre."

Minha pergunta seguinte foi: "E quando a maioria realmente entra em pânico e começa a vender tudo por uma ninharia?" Sua resposta: "Quando caem 5% em um trimestre."

A menos que você tenha perdido 20% em um trimestre, é praticamente impossível prever sua resposta. Você também pode achar que não há problema em perder 20 dólares de 100, mas talvez tenha um surto se perder 20 mil dólares de 100 mil. O número absoluto pode importar tanto quanto o percentual.

Como disse de forma memorável Cus D'Amato, o primeiro e lendário treinador de Mike Tyson: "Todo mundo tem um plano até levar um soco na cara." A pretensos investidores-anjos, sugiro o seguinte: vá a um cassino ou a um hipódromo e não saia de lá até gastar 20% de um investimento típico e ver isso desaparecer.

Vamos supor que você esteja planejando fazer investimentos de 25 mil dólares. Eu lhe pediria então que perdesse de propósito 5 mil ao longo de pelo menos três horas, e certamente não tudo de uma vez. É importante que você sangre suas perdas lentamente enquanto tenta aprender o jogo, para assim exercer algum controle sobre algo que não pode controlar. Se conseguir não se sentir afetado depois de perder bem aos poucos seus 5 mil dólares (ou 20% de seu investimento típico planejado), considere fazer seu primeiro investimento-anjo.

Mas aja com cuidado. Mesmo entre pessoas brilhantes do mundo das startups, há uma expressão: "Se você quiser fazer uma pequena fortuna, comece com uma fortuna grande e um investimento-anjo."

O primeiro negócio e a primeira lição

Então o que eu fiz? Saí imediatamente e quebrei minhas próprias regras como um idiota.

Havia uma startup muito promissora que, com base no uso de correlações entre a classificação da Alexa e as avaliações (cuidado com esse método), estava desvalorizada a um quinto do que era antes! Mesmo que chegasse a um "base hit" como uma saída de 25 milhões de dólares, eu poderia facilmente recuperar meus planejados 120 mil dólares!

Fiquei muito animado e fiz um cheque de 50 mil dólares. "Um pouco agressivo para um primeiro negócio, não acha?", perguntou Mike enquanto tomávamos um café. De jeito nenhum, respondi. Minha intuição era clara e otimista. Baseado em outros investidores e em toda a animação em torno do negócio, eu estava convencido de que a tal empresa estava prestes a explodir.

Dois anos depois a startup respirava com ajuda de aparelhos e logo em seguida morreu. Ops... Joguei fora 50 mil dólares.

Seguindo as regras

Lição nº 1: se você formulou regras inteligentes, siga essas malditas regras.

Abaixo seguem algumas que funcionaram bem comigo. Note que não preciso cumprir todas elas, mas quero cumprir a maioria:

>>> Se a empresa só tem um fundador, ele deve ser técnico. Dois fundadores técnicos é o número ideal.

>>> Eu mesmo devo estar ansioso para usar o produto. Isso exclui muitas grandes empresas, mas quero um mercado testado que eu entenda.

>>> Relacionado ao item anterior: produto/serviço voltado para o consumidor (Uber, Twitter, Facebook etc.) ou pequeno negócio focado em produto/serviço (por exemplo, Shopify), e não um grande empreendimento de software. Estas são empresas com avaliações que podem impactar diretamente por meio da minha plataforma, gerar promoção junto ao meu público, ser apresentadas à imprensa etc.

>>> Mais de cem mil usuários ativos OU fundadores em série com empresas vendidas OU mais de dez mil clientes pagantes. Sem-

pre que possível, quero jogar a gasolina no fogo, e não começar o incêndio.

» Crescimento de atividade superior a 10% por mês.

» "Tabela de capitalização" limpa, financiamento prévio mínimo (ou nenhum), nenhum *bridge round*.

» Empresas com sede nos Estados Unidos ou empresas dispostas a criar entidades nos Estados Unidos nas quais se pode investir com sede. A Shopify começou no Canadá, por exemplo.

» Os fundadores já trabalharam em serviços considerados inferiores, como servir ou limpar mesas em restaurantes? Neste caso, eles tendem a ter os pés no chão por mais tempo. Ter tido menos direitos e ser menos megalomaníaco geralmente significa melhores decisões e uma companhia mais agradável para beber, já que normalmente essas coisas demoram alguns anos.

No fim de 2010, seguindo essas regras, dei a sorte de ter duas saídas bem-sucedidas.

A primeira, a Daily Burn, foi adquirida pela IAC. Isso garantiu que eu não perdesse dinheiro em meu fundo de dois anos, considerando que não exagerei nos gastos. Uma observação relevante sobre a Daily Burn: eles cumpriram todos os requisitos, mas a maioria dos investidores (embora não todos) que convidei se recusou porque os fundadores moravam no Alabama e no Colorado, e não no eixo da tecnologia. Mike Maples me explicou uma regra prática e simples na época, e desde então eu a apliquei em muitos negócios: **violar suas regras para conseguir apoio de investidores bem conhecidos geralmente é uma ideia ruim, mas seguir suas regras enquanto outros rejeitam uma startup pode funcionar extremamente bem**.

A segunda saída pode parecer estranha. Lembre-se de que originalmente *aprender* era meu principal motivo para fazer o MBA do mundo real.

Minha segunda saída foi a *minha própria empresa*! Usando o que aprendi por meio de investimentos-anjos sobre estruturas de acordos e processo de aquisição, fiquei menos intimidado pela ideia de "vender" uma empresa. Isso não precisa ser complicado, conforme aprendi, e a BrainQUICKEN foi vendida no fim de 2009. Isso significa que o retorno sobre o investimento em meu MBA pessoal foi, baseado em apenas essas duas iniciativas, bem superior ao dobro da minha "taxa de inscrição".

Isso pode parecer uma soma miserável para algumas pessoas (120 mil e 200 mil dólares por dois anos de esforço?), mas é importante frisar duas coisas:

1. Vender minha empresa liberou completamente minha agenda para que eu me concentrasse em outras coisas, como o livro *4 horas para o corpo*, que chegou ao primeiro lugar da lista de mais vendidos do *The New York Times* e me garantiu milhares de oportunidades.

2. A história não termina em duas saídas. Isso foi apenas o começo.

Investimentos em startups podem não ter liquidez e ser mantidos por sete a dez anos. Por isso a "vida" da maioria dos fundos de capital de risco é dez anos. É esse o tempo que os maiores sucessos demoram para fazer um IPO ou serem adquiridos. Em outras palavras, você pode passar muito tempo sem saber se é bom ou ruim em investimentos-anjos, se está certo ou errado em suas apostas.

Então quais foram as melhores apostas que fiz entre 2007 e 2009? Algumas acabaram sendo estágios mais posteriores do que Semente ou Série A, porque comecei a ser convidado para negócios como:

» Shopify (IPO – consultor)

» Uber (a ser determinado, mas parecendo ser o maior de todos para mim)

» Facebook (IPO)

» Twitter (IPO)

» Alibaba a US$ 9/ação (IPO)

Enquanto escrevo isto, em 2016, tive mais seis a dez saídas bem-sucedidas e também pude vender algumas ações no "mercado secundário". Quando startups levantam novas rodadas de financiamento, isso às vezes é oferecido a acionistas já existentes.

Vale mencionar que precisei ajustar meu método de investimento de 2008 para 2010 em razão do meu deslize de 50 mil dólares e ao limite autoimposto de 120 mil dólares de capital inicial.

Adotei as regras adicionais a seguir, que — embora aparentemente arbitrárias — me ajudaram a descartar 90% dos negócios e não perder dinheiro. Eu as usei até mais ou menos 2010, quando tinha mais capital e A) preferi investir dinheiro em vez de tempo (mais fácil de dimensionar) e B) pude usar regras ligeiramente diferentes, já que eu tinha uma rede de segurança mais robusta.

Mesmo que você não tenha o menor interesse no jogo das startups, deve ter interesse nas regras que o ajudem a não tomar decisões ruins. Aqui estão algumas que me ajudaram.

Se cada startup sai a cinco vezes sua avaliação atual na Série A, ela deve ser capaz de cobrir dois terços do seu capital de fundo

A maioria das suas startups vai quebrar, então os sucessos precisam compensar as perdas.

Digamos que uma startup lhe ofereceu 15 mil dólares em investimentos e terá uma avalição "pós-dinheiro" de 1,5 milhão de dólares após a rodada de financiamento. Se estamos usando a regra de "dois terços" e seu fundo (assim como o meu de 2007 a 2009) é de 120 mil dólares, você não deve investir 15 mil dólares nessa startup, já que 15 mil *v.* 5 = 75 mil dólares. Dois terços de 120 mil dólares são 80 mil dólares, portanto ou você precisa investir um pouco mais, ou baixar a avaliação, ou acrescentar em consultoria (veja mais adiante) e obter maior participação acionária em troca. Isso não está sequer levando em conta uma diluição, o que está além do escopo deste livro, mas é provável na maioria dos casos.

Se uma startup sai a três vezes sua avaliação atual, isso deve permitir a você ir embora com 300 mil dólares

Esse foi um dos meus métodos preferidos para qualificar ou desqualificar uma startup. Por mais que eu possa gostar muito de alguém, não posso assumir outro trabalho de meio expediente por sete a dez anos por um pagamento de 50 mil dólares.

Suponhamos que uma startup termine com uma avaliação pós-dinheiro de 3 milhões de dólares. Se eu os ajudo a mais do que triplicar o valor da empresa deles para 10 milhões de dólares, com quanto eu vou embora se não há mais rodadas de financiamento? Se isso resulta em 50 mil dólares, não vale a pena para mim. Considerando o tempo investido, se eu puder ganhar cinco vezes isso fazendo outras coisas, não faz sentido entrar no negócio.

Passe de investidor a investidor/consultor a consultor

Digamos que você se comprometeu a gastar 60 mil dólares por ano em investimentos-anjos, assim como fiz sem saber no que estava me metendo. Isso significa duas coisas:

1. Para muitas empresas você não vai conseguir cumprir as regras anteriores de "cobrir dois terços do fundo" ou "ganhar 300 mil dólares em três vezes". Talvez você faça de três a seis investimentos.

2. Fazer de três a seis investimentos geralmente não dá certo em investimentos-anjos, nos quais a maioria dos profissionais supõe que 90% fracassarão.

Portanto, é quase impossível obter uma boa margem estatística com 60 mil dólares por ano. A matemática não funciona. E funciona menos ainda se você estragar tudo como estraguei ao ficar animado demais e abrir mão de 50 mil dólares no meu primeiro investimento.

Eis como alterei minha trajetória e lidei com esse problema:

Primeiro, investi pequenas quantias em algumas startups selecionadas, de preferência aquelas em redes "aceleradoras" coesas (formalmente chamadas de "incubadoras") como a Y Combinator e a Techstars. Em seguida, dei o meu melhor para entregar acima e além do valor do meu investimento. Em outras palavras, eu queria que os fundadores perguntassem a si mesmos: *Por que diabo esse cara está nos ajudando tanto por uma participação acionária ridiculamente pequena?* Isso foi crucial para estabelecer uma reputação de grande valor agregado: eu me tornei alguém que ajudou muito por muito pouco.

Segundo, apoiando-me nessa reputação que florescia, comecei a negociar acordos combinados com startups envolvendo algum investimento, mas com a exigência de uma participação acionária adicional por meio de consultoria. A participação em "consultoria" é uma participação acionária que eu adquiro com o passar do tempo (digamos, $1/24$ do total todo mês durante dois anos), mas pela qual não tenho que pagar. A startup pode cancelar a qualquer momento se meu desempenho estiver aquém.

Terceiro e último, dei o salto para a consultoria pura. Após o fim do primeiro ano do Fundo Tim Ferriss, mais de 70% dos meus "investimentos" em startups foram feitos em tempo e não em dinheiro. Nos últimos seis meses, assinei apenas um cheque.

Ir gradualmente do investimento puro para a consultoria pura me permitiu reduzir a quantia total de capital investido, aumentar os percentuais de participação acionária e fazer os 120 mil dólares funcionarem, apesar dos meus erros iniciais. Acredito que esse método também gerou melhores resultados para as startups.

No fim das contas, elas se tornaram minha galinha dos ovos de ouro. E quando a CB Insights analisou os mil maiores investidores-anjos em 2014, fiquei em sexto lugar. A ironia é que agora parei completamente com isso, embora no fim das contas terei obtido dez vezes mais com eles do que com publicações e tudo o mais. Por quê? Isso está na página 424.

Mas chega dessa maldita conversa técnica. Vamos ver algumas outras opções para você.

Criando seu próprio programa de pós-graduação

Como você pode criar seu próprio MBA ou outro programa de pós-graduação? Aqui estão três exemplos com custos hipotéticos, que obviamente dependem do programa:

Mestrado em Escrita Criativa — US$ 12 mil/ano

Como você pode gastar (ou sacrificar) 12 mil dólares por ano para se tornar um escritor criativo de alto nível? Se você ganha 75 mil dólares por ano, poderia entrar para um grupo de escritores e, em troca de um corte salarial de 10 a 15 mil dólares, negociar folgas às segundas para se concentrar em um romance ou um roteiro.

Mestrado em Ciência Política — US$ 12 mil/ano

Use o mesmo método para dedicar um dia da semana a um trabalho voluntário ou a uma campanha política. Proponha-se a ler, toda semana, um livro exigido no currículo do primeiro ano do departamento de Ciência Política da Georgetown.

MBA — US$ 30 mil por ano

Comprometa-se a gastar 2.500 dólares por mês para testar diferentes "musas" que sejam fontes de renda automatizadas. Veja *Trabalhe 4 horas por semana* ou busque no Google "muse examples Ferriss" como ponto de partida.

E em geral

Firme um compromisso, dentro de um propósito financeiro, com a ação em vez da teoria.

Aprenda a confrontar os desafios do mundo real em vez de recorrer ao ventre protetor dos círculos acadêmicos. A maioria dos riscos pode ser controlada e as recompensas são inimagináveis.

Recursos

Para os nerds de tecnologia entre vocês, aqui estão alguns recursos para aprender sobre investimento-anjo, criação de empresas de tecnologia ou escolha da startup certa para a qual trabalhar:

Venture Deals, de Brad Feld e Jason Mendelson.

Venture Hacks (venturehacks.com), criado por Naval Ravikant (página 593) e Babak "Nivi" Nivi. Conteúdo prático grátis sobre quase qualquer faceta imaginável desse jogo. Alguns termos e normas podem estar obsoletos, mas isso compreende menos de 20% do conteúdo, e a teoria e a estratégia do jogo são excelentes.

AngelList, também fundado por Naval e Nivi. Ótimo para encontrar negócios, saber quem está investindo em que e encontrar empregos em startups de crescimento rápido. Sou consultor da AngelList, e você pode ver meu portfólio inteiro em **angel.co/tim**.

"Perdedores têm metas. Vencedores têm sistemas."

SCOTT ADAMS

Scott Adams (TW: @scottadamssays, dilbert.com) é criador da tirinha de humor *Dilbert*, publicada em dezenove idiomas e em mais de dois mil jornais de 57 países. É autor do best-seller *Como fracassar em quase tudo e ainda ser bem-sucedido*, *Partículas de Deus* e *O princípio Dilbert*.

Animal espiritual: Pastor-australiano (toy)

NOS BASTIDORES

≫ A mãe de Scott deu à luz a filha caçula sob hipnose, opção sugerida pelo médico. Ela não tomou nenhum analgésico, não sentiu dor e ficou acordada o tempo todo.

≫ Naval Ravikant (página 593) volta e meia diz que passou a escrever melhor graças a um breve post de Scott, "The Day You Became a Better Writer".

CARTUNS MENOS CONHECIDOS QUE ELE LÊ E APRECIA
F Minus
Pearls Before Swine

OS SEIS TIPOS DE HUMOR

Scott acredita que há seis tipos de humor: travesso, inteligente, bonitinho, bizarro, maldoso e reconhecível. É necessário ter pelo menos duas dimensões para fazer sucesso.

"Vou dar um exemplo. Bonitinho geralmente são crianças e cachorros e bizarro é qualquer coisa fora de propósito. Se você conhece a história do cartum, sabe que *The Far Side* usava principalmente o recurso das coisas despropositadas. Um animal falando, por exemplo.

"Assim que ele coloca um animal para falar, já está fazendo uso de um dos tipos. Ele basicamente começou uma corrida. E já está à sua frente se você for o cartunista que está sentado ali dizendo: 'Acho que vou fazer uns quadrinhos sobre qualquer coisa, o mundo é a minha tela.' Ele já está em posse do bizarro e então fará o animal dizer alguma coisa, com frequência nos moldes ou com o tipo de humor com o qual um humano falaria. Essa é a parte 'reconhecível'.

"É só ver a melhor tirinha de todos os tempos, que eu acho que quase todas as pessoas no mundo diriam que é *Calvin e Haroldo*. Há um tigre falante que é ao mesmo tempo bizarro e bonitinho. Sendo assim, ele levou adiante uma dimensão de *The Far Side* como ponto de partida. No momento em que você começa a ler *Calvin e Haroldo*, já tem o bonitinho, porque o traço é incrível. E aí vem o bonitinho em dobro, porque além de o animal ser superlegal, há uma criança. Tudo isso já conta antes mesmo de o cartunista escrever uma piada. Então, se a criança estiver fazendo alguma travessura — e se houver algo de ruim acontecendo com alguém ('maldoso') —, isso, é claro, aumenta o número de dimensões..."

ÀS VEZES AINDA É PRECISO UMA NOITE DE SONO

"Eu tinha um personagem, Dilbert, e ele era o tipo de cara que seria solitário. Queria lhe dar um cachorro só para que tivesse alguém com quem interagir, e queria que o nome do cachorro tivesse alguma correspondência com o personagem principal. Então o nome original de Dogbert era Dildog."

TIM: "O nome Dildog chegou a ser impresso?"

SCOTT: "Não, concluí sabiamente que não era uma boa decisão comercial, pelo menos não para os jornais, já que todos os periódicos se destinam a públicos de todas as idades e têm posturas agressivas com a veiculação do seu conteúdo."*

"SISTEMAS" *VERSUS* "METAS"

Scott me ajudou a reajustar meu foco para trabalhar com "sistemas" em vez de "metas". Isso envolve escolher projetos e hábitos que, mesmo que resultem em "fracassos" aos olhos do mundo, dão a você habilidades ou relações úteis para outras empreitadas. Em outras palavras, você escolhe opções que lhe permitem inevitavelmente "ter sucesso" com o passar do tempo, porque você constrói ativos que leva para projetos mais adiante.

Em essência, pensar em "sistemas" equivale a perguntar a si mesmo "Que habilidades ou relações persistentes posso desenvolver?" no lugar de "Que meta de curto prazo eu posso alcançar?". O primeiro tem um efeito potente, como uma bola de neve, ao passo que o segundo é um recurso binário de passar/fracassar sem nenhum prêmio de consolação. Scott escreve sobre isso amplamente em seu livro *Como fracassar em quase tudo e ainda ser bem-sucedido*. Eis um exemplo do mundo real:

"Quando comecei o blog, minha futura esposa com frequência perguntava qual era a minha meta. A atividade parecia duplicar minha carga de trabalho enquanto prometia um acréscimo de 5% de renda que não fazia nenhuma diferença real na minha vida. Parecia um uso insensato do meu tempo. Tentei explicar que o blog era um sistema e não uma meta. Mas nunca consegui fazer isso muito bem. Tentarei de novo aqui.

"Escrever é uma habilidade que exige prática. Portanto, a primeira parte do meu sistema se resumia a praticar com regularidade. Eu não sabia exatamente para que estava praticando, e é isso que tornava o processo um sistema e não uma meta. Eu estava indo de um lugar com chances baixas (ser um

---

* A decisão foi tomada porque "Dildog" contém a palavra *dildo*, que em inglês significa "consolo", "vibrador". (N. do T.)

escritor sem prática) para um lugar de boas chances (um escritor experiente com visibilidade maior).

"A segunda parte do meu sistema relacionado ao blog é uma espécie de pesquisa e desenvolvimento para escrever. Escrevo sobre diversos tópicos e vejo quais recebem uma resposta melhor. Também escrevo em diferentes 'vozes'. Tenho uma voz com humor depreciativo, uma voz zangada, uma pensativa, uma analítica, uma meio louca, uma ofensiva, e assim por diante. Os leitores fazem o bom trabalho de me dizer o que funciona e o que não funciona.

"Depois de prestar atenção em meus posts no blog, o *The Wall Street Journal* pediu que eu escrevesse alguns artigos como convidado. Graças a toda a minha prática de escrever, e ao conhecimento sobre quais tópicos tinham uma resposta melhor, os artigos foram bastante populares. Esses textos também não me deram muito dinheiro, mas tudo isso se encaixou no meu sistema.

"Meus textos para o *The Wall Street Journal*, juntamente com a prática no blog, atraíram a atenção de editoras, e essa atenção resultou em um acordo para a publicação de um livro. E o acordo gerou pedidos de palestras constrangedoramente lucrativas. Portanto, a remuneração pela atividade do blog acabou chegando, mas eu não sabia de antemão que caminho isso tomaria. Minha atividade no blog impulsionou dezenas de oportunidades de negócios nos últimos anos, mas isso poderia ter ido para qualquer direção."

TF: Nunca tive intenção de fazer do meu podcast um negócio. Fiquei esgotado depois de *The 4-Hour Chef*, que tem quase setecentas páginas, e queria uma trégua temporária, embora criativa, dos grandes projetos. Como gostei de ser entrevistado por Joe Rogan, Marc Maron, *Nerdist* e outros pesos-pesados dos podcasts, decidi experimentar o áudio em formato longo por seis episódios. Se eu não gostasse depois dos seis, jogaria a toalha e seguiria adiante. Meu raciocínio: na pior das hipóteses, a experiência me ajudaria a melhorar minhas entrevistas, me forçaria a refinar minhas perguntas e a eliminar tiques verbais, e tudo isso me ajudaria em projetos posteriores. Um ou dois episódios não me dariam prática suficiente para uma curva de aprendizado acentuada, então escolhi, de modo arbitrário, seis episódios como teste. Cerca de duzentos episódios depois, aqui estamos nós.

SOBRE A ESTRANHA EFICÁCIA DAS AFIRMAÇÕES

Acredito que o segredo dessa dica está nos detalhes, portanto ela será mais longa do que o normal. É uma daquelas coisas que *não deveriam* funcionar, mas parece melhorar as chances de quem tenta. Testei o método de Scott em minha vida depois de um evento de Tony Robbins ao vivo, detalhado nas páginas 243 e 244. Por ora, eis a história original de Scott:

"Antes de tudo preciso dizer que não acredito que afirmações ditas em voz alta possam realizar algo mágico, nem que o Universo mudará de alguma maneira [não científica]... Mas usei a técnica e adquiri certa experiência que ficarei feliz em compartilhar. Vamos lá...

"Eu tinha vinte e poucos anos e estava fazendo um curso de hipnose profissional, em busca de um certificado. Certo dia uma colega de turma disse: 'Você precisa tentar uma coisa chamada afirmações. Li sobre isso em um livro, mas não lembro o título.' Portanto, não posso compartilhá-lo aqui, porque ela não me disse. Então ela prosseguiu:

"**Basta escolher um objetivo e moldá-lo em uma frase, como, por exemplo: 'Eu, Scott Addams, me tornarei um astronauta.' Depois escreva isso quinze vezes todos os dias.** Logo vai parecer que o Universo está jorrando oportunidades. A princípio vai dar a impressão de que são coincidências, e se são ou não é menos relevante do que o fato de que elas parecem surgir.

"Portanto, eu, sendo meu eu racional, disse: parece um desperdício absurdo de tempo. Não há ciência por trás disso, blá-blá-blá. Mas ela me convenceu em parte por ser membro da Mensa. Ela não era boba.

"As duas afirmações marcantes aqui são: primeiro, eu disse que me tornaria um autor best-seller. Isso foi antes de eu escrever um livro, e eu nunca tinha participado de uma aula sequer para escrever melhor, exceto um curso de dois dias de escrita voltada para negócios. *O princípio Dilbert* se tornou número um da lista de mais vendidos.

"Houve um período em que perdi a voz [a partir de 2005, em decorrência de uma disfonia espasmódica]. Fiquei sem falar por três anos e meio... Esta foi a segunda vez que usei as afirmações. E foi a seguinte: eu, Scott Adams, vou falar perfeitamente. Agora percebo que não falo perfeitamente, mas quando chegarmos a essa história você verá que há mais nisso aí."

TIM: "Como exatamente você está praticando essas afirmações?"

SCOTT: "Vou lhe dizer exatamente como fiz isso, mas também preciso frisar que estou certo de que o método exato não importa. Na minha opinião, o que importa é o grau do foco e o compromisso que você tem com ele. Porque a última afirmação que mencionei era feita sobretudo em minha cabeça enquanto dirigia, mas de maneira continuada durante três anos. A princípio eu usava um lápis ou uma caneta e um pedaço e papel e escrevia a mesma frase quinze vezes todo dia. Eis por que acho que isso parece funcionar, e há várias possibilidades. Uma é algo que aprendi há muito tempo. Não lembro quem cunhou isso, mas você já ouviu o termo 'ativação reticular'? É basicamente a ideia de que é fácil ouvir seu nome falado no meio da multidão.

"Você ouve o barulho de fundo, *blá-blá-blá*, 'Tim Ferriss', *blá-blá-blá*. E aí se pergunta: 'Como ouvi isso em meio ao barulho de toda essa gente?' Basicamente, seu cérebro não é capaz de processar tudo no ambiente em que está. Na verdade, não chega nem perto disso. Então o melhor que ele pode fazer é estabelecer pequenos filtros. E o modo como ele faz isso tem a ver com aquilo em que você presta atenção. Com aquilo no qual você gasta mais energia... Então seu filtro é estabelecido automaticamente para captar seu nome, porque isso é o mais importante para você.

"Mas presumo que seja possível usar essas afirmações — apenas uma hipótese — para voltar a mente e a memória para algo muito específico. E isso nos permitiria notar coisas no ambiente que talvez já estivessem ali, mas que nosso filtro tenha sido desenvolvido para ignorar. Por meio desse truque de memória e repetição, podemos reajustá-lo até que seja levemente ampliado e permita a entrada de dados extra. Agora, existe uma ciência para sustentar isso...

"Acabei decidindo começar a fazer a afirmação: eu, Scott Adams, me tornarei um cartunista famoso. As chances de me tornar um cartunista famoso — penso em duas mil pessoas enviando envelopes aos grandes sindicatos, às pessoas que podem oferecer um grande contrato, sua grande oportunidade. Eles escolhem talvez meia dúzia. Dessa meia dúzia, a maioria só vencerá depois de um ano ou dois, então isso é muito raro. Na verdade, *Dilbert* foi o maior sucesso, ou um dos maiores, em vinte anos."

PREVENDO TRUMP — O QUE VOCÊ PODE APRENDER

Em 22 de setembro de 2015, Scott Adams previu corretamente, em meu podcast, que dez meses depois Donald Trump seria o candidato republicano escolhido nas primárias. Na época, uma afirmação dessas era considerada risível. Scott baseou isso no que considerava a habilidade de Trump para a hipnose e sua habilidade com a mídia, e não em suas propostas políticas. Pode parecer notícia antiga, mas há lições práticas no que Scott notou:

"Veja o debate em que Trump chegou como um palhaço mal preparado prestes a implodir. E Megyn Kelly, da Fox News, concluiu que, sim, era exatamente isso o que iria acontecer, portanto foi direto ao ponto: 'O senhor falou todas aquelas coisas ruins sobre as mulheres?' Qualquer outro político teria saído do palco difamado por aquilo, porque não importaria o que ele dissesse...

"A resposta lógica talvez fosse: 'Ah, aquela frase estava fora do contexto.' Sabe-se lá o que significa, mas é o que as pessoas normalmente dizem, e geralmente é. Mas o público não iria dar ouvidos. Só se lembrariam da sensação que tiveram ao ouvir Megyn Kelly dizer o nome daquela pessoa nociva para as mulheres.

"Isso é realmente o começo e o fim do pensamento para, digamos, pelo menos 20% do público; mais ou menos os mesmos 20% que podem ser hipnotizados com facilidade, coincidentemente. Mas o que Trump fez? Assim que a pergunta foi feita, ele meio que interrompeu Kelly e disse: 'Apenas sobre Rosie O'Donnell.' Isso, meu amigo, é hipnose. Ele pegou uma âncora que todo mundo podia visualizar, e de quem seu público central já tinha uma impressão negativa. A impressão negativa deles sobre Rosie O'Donnell quase certamente era maior, mais forte, mais visual e mais importante do que qualquer coisa que Megyn Kelly tivesse dito...

"Ela botou quatro reis na mesa e ainda assim a mão dele era maior. Trump fez isso sem o menor esforço, com um método que é bem compreendido. É uma técnica de negociação. Você joga uma âncora, distrai todo mundo. Em vez de sair como sexista, que ele poderia ter sido desde o começo, ele saiu como alguém que fala diretamente.

"Como você acompanha as manchetes, sabe o que aconteceu em seguida. Roger Ailes, da Fox News, intercedeu: 'Precisamos fazer as pazes com Donald Trump porque isso está saindo do controle.' E Donald Trump, por sua vez, aceitou a trégua. Como se interpreta isso? Bem, a minha interpretação é que Trump comprou a Fox News sem pagar um mísero centavo. Porque se a emissora quer tê-lo no programa a decisão é exclusivamente de Trump, que provou que não precisa deles."

TF: Nesse momento, perguntei a Scott sobre uma frase inteligente que Trump usa com frequência para calar jornalistas: "Cheque seus fatos [insira o nome do jornalista]."

SCOTT: "'Cheque seus fatos' é o que eu chamo de 'manobra do ponto de vista privilegiado'. É a mesma coisa que Jobs fez quando explicou o Antennagate: 'Todos os smartphones têm problemas. Estamos tentando fazer nossos clientes felizes.' Ele fez uma história de relevância nacional desaparecer em menos de trinta segundos com essas duas frases."

"INUNDAÇÃO" MATINAL — ESCUTANDO O CORPO E NÃO A MENTE

Para minimizar decisões, Scott acorda, aperta um botão para preparar café e toma o mesmo desjejum todos os dias: uma barra de proteína de vinte gramas da Clif Builder sabor chocolate e manteiga de amendoim. O passo seguinte é entrar em contato com novas informações a fim de gerar ideias para sua tirinha de humor:

"Há um processo em que, uma vez que esvaziamos a mente, precisamos voltar a inundá-la. Os termos para definir podem ser diferentes, mas é isso que todo mundo faz. Então esvaziamos e depois inundamos nosso cérebro com novos dados. Então leio notícias, olho para coisas que ainda não vi. Não fico encarando o problema de ontem pela quinta vez. Eu me coloco diante de algo inédito, penso em uma nova ideia. Mas é preciso descobrir em que ponto desse influxo está a pecinha com a qual vale a pena trabalhar. É aí que uso o modelo do corpo. Eu meio que circulo por todas essas coisas.

"O modelo é: não é o cérebro que faz o contato, não diretamente em um sentido intelectual. Ele está envolvido, é claro, mas o que quero dizer é que enquanto **penso nessas ideias e elas fluem na minha cabeça, estou monitorando meu corpo e não a mente. E quando meu corpo muda, eu tenho algo com o qual outras pessoas também vão se importar.**"

TF: B.J. Novak (página 417) expressou algo muito semelhante. Essa reação corporal — uma meia risada involuntária, uma onda de adrenalina, uma explosão de endorfinas, uma mudança rápida de emoções etc. — pode agir como um detector de metais para coisas valiosas. Exige prática, mas funciona.

SOBRE DIVERSIFICAÇÃO PARA ADMINISTRAR O ESTRESSE

O que se segue abaixo proveio da pergunta: "Que conselho você daria para o seu eu de trinta anos?":

"Meu eu de trinta anos não teria acesso a maconha medicinal, então eu teria um cenário mais limitado para montar. Desde a adolescência sempre tive como maior prioridade aprender a não ter estresse — e olha que eu tinha uma tonelada de problemas de saúde relacionados ao estresse. **Hoje em dia, de muitas maneiras, eu me consideraria um campeão mundial em evitar estresse. Boa parte disso está relacionado à minha maneira de enxergar o mundo, mas a maior parte tem realmente a ver com o processo de diversificação.** Não vou me preocupar em perder um amigo se tenho cem, mas se eu tiver dois amigos, a coisa muda de figura. Não vou me preocupar em perder meu emprego porque meu único chefe vai me demitir, pois tenho centenas de outros chefes em jornais em toda parte. Uma das maneiras de não se preocupar com o estresse é eliminá-lo. Não me preocupo com minhas escolhas de ações no mercado porque tenho um portfólio diversificado. A diversificação funciona como redutor de estresse em quase todas as áreas da vida."

O HARDWARE DE DILBERT — ONDE SCOTT DESENHA
Tablet Wacom Cintiq.

A LÓGICA DA AMEAÇA DUPLA OU TRIPLA
O conselho de Scott para carreiras é efetivamente meu mantra, e você vai entender por quê. Apresento aqui ligeiramente editado por questões de espaço:

> Se você quer uma vida mediana, bem-sucedida, não é preciso muito planejamento. Apenas não se meta em confusão, estude e candidate-se a empregos dos quais você possa gostar. Mas se quiser algo extraordinário, você tem dois caminhos: 1) Tornar-se o melhor em uma coisa específica. 2) Tornar-se muito bom (entre os 25% melhores) em duas coisas ou mais.
>
> A primeira estratégia é tão difícil que chega a ser quase impossível. Poucas pessoas jogarão na NBA ou ganharão um disco de platina. Recomendo que a pessoa nem chegue a tentar essa estratégia.
>
> A segunda estratégia é relativamente fácil. Todo mundo tem pelo menos algumas áreas nas quais pode estar entre os 25% melhores com algum esforço. No meu caso, posso desenhar melhor do que a maioria das pessoas, mas estou longe de ser um artista. E não sou nem um pouco mais engraçado do que um comediante de standup mediano que nunca fez muito sucesso, mas sou mais engraçado do que a maioria das pessoas. A mágica é que poucas pessoas podem desenhar bem e escrever piadas. É a combinação das duas coisas que torna o que faço tão raro. E ao acrescentar minha experiência em negócios, de repente eu tinha um assunto que poucos cartunistas poderiam esperar entender sem vivenciar.
>
> Sempre aconselho jovens a se tornarem bons oradores (25% melhores). Com prática, qualquer um pode fazer isso. Se puder acrescentar esse talento a qualquer outro, de repente você passa a ser o chefe de gente que só tem uma habilidade. Ou obtenha um diploma em negócios além do seu diploma de engenharia, direito, medicina, ciências, seja lá o que for. De repente você está no comando, ou talvez esteja abrindo uma empresa própria usando conhecimentos combinados.

O capitalismo recompensa coisas que são ao mesmo tempo raras e valiosas. Você se torna raro combinando dois ou mais "muito bom" enquanto ninguém tiver o mesmo mix de habilidades... Lembre-se de que ao menos uma delas deve envolver comunicação, seja escrita ou falada. E isso pode ser simples, como aprender a vender com mais eficiência do que 75% do resto do mundo. Agora acrescente a isso qualquer que seja a sua paixão e você já tem duas habilidades, porque essa é a coisa na qual você facilmente investirá energia o bastante para chegar aos 25% melhores. Se tiver aptidão para uma terceira habilidade, talvez negócios ou falar em público, desenvolva isso também.

Parece um conselho genérico, mas você teria dificuldade de encontrar uma pessoa bem-sucedida que não tenha três habilidades nos 25% superiores.

TF: Marc Andreessen (página 198) se referiu há muito tempo ao conceito de dupla/tripla ameaça acima, citando o texto de Scott como "a fórmula secreta para se tornar um CEO. Todos os CEOs bem-sucedidos são assim". Ele reiterou que você também pode cultivar isso na academia obtendo combinações incomuns de diplomas, como engenharia + MBA, direito + MBA ou física + economia.

SHAUN WHITE

Shaun White (TW/FB/IG: @ShaunWhite, shaunwhite.com) é snow-boarder e skatista profissional. Entre seus muitos feitos, foi duas vezes medalhista de ouro olímpico e detém o recorde dos X Games em número de medalhas de ouro: 15 (bem como a maior soma geral de medalhas, 24). Shaun ficou em segundo lugar na lista da *Business-Week* dos Cem Atletas Mais Poderosos e Vendáveis. É sócio majoritário da série de eventos Air + Style, que foi chamada de "uma combinação de Coachella e X Games".

NOS BASTIDORES

>>> Shaun nasceu com uma alteração cardíaca chamada tetralogia de Fallot. As válvulas de seu coração vazavam, o que exigiu várias cirurgias de coração aberto para repará-las. Na infância, ele desmaiava por excesso de esforço quando jogava futebol.

>>> Meu episódio de podcast com Shaun foi gravado ao vivo diante de uma multidão e com ingressos esgotados na Troubadour, em Los Angeles, onde o Guns N' Roses fez o show que os levou a assinar contrato com a Geffen.

* O que você fala consigo mesmo antes de enfrentar uma disputa olímpica?
"Eu digo: 'No fim do dia, **que importância isso terá? O que tem de mais?** Estou aqui, vou dar o meu melhor e depois vou para casa ver minha família... Embora todo o meu mundo esteja envolvido na situação, que importância tem?'"

TF: O "e depois vou para casa ver minha família" é uma frase que ele adotou de Andre Agassi, um de seus mentores. Shaun e eu adoramos e recomendamos *Agassi — Autobiografia*.

SUPERANDO A PRESSÃO DOS COLEGAS E O VALOR DOS OBJETIVOS "IDIOTAS"

"Houve uma situação incrível em uma competição chamada Toyota Big Air, no Japão. Eu participei como atleta não ranqueado. Minha mãe foi comigo. Estávamos arcando com os custos da estadia, da alimentação e de tudo o mais. Todos os outros competidores tinham sido convidados [despesas de transporte e hospedagem incluídas]. Além disso, todos eram pagos por dia para se apresentar e havia um grande prêmio final de 50 mil dólares.

"Na véspera da competição, todos saíram e comemoraram feito loucos. Como eu era só um garoto, fiquei no hotel com minha mãe. Todos os competidores apareceram de ressaca no dia seguinte e disseram coisas típicas como 'Pô, a pista está fraca. Melhor a gente não competir hoje. Vamos só fazer uma demonstração e dividir o dinheiro'. Fiz umas contas rapidamente e pensei: *Cara, isso não cobre nem os nossos voos*. Então disse: 'Não quero fazer isso. Não quero dividir o dinheiro.'

"Eles me maltrataram e disseram: 'Ah, você só quer saber de dinheiro...' E eu fiquei ali sentado: 'Estou esquiando muito bem hoje. Não vou participar desse trato.' No local havia pôsteres com as fotos dos competidores e os caras desenharam cifrões nos meus olhos. Eu tinha uns quinze anos. Aquilo foi intimidador. Meus heróis estavam me provocando e, cara, eu ganhei... Foram 50 mil dólares e um carro. Eu fiquei: 'Ah, meu Deus! O que vamos fazer?'."

TIM: "Diante de uma pressão vinda dos próprios colegas, de onde você tirou essa força? Porque isso é incomum para um garoto de quinze anos, ainda mais quando está sendo confrontado pelos próprios ídolos, que de repente estão atirando dardos em você. Acha que veio dos seus pais? É algo que você sempre teve ou há uma resposta diferente?"

SHAUN: "Eu diria que foi o trabalho, que foi o momento, senti que eu era o melhor ali e aqueles caras tinham sido patrocinados para estar no evento... Pensei, quer saber? Hoje é o meu dia e não vou deixar que eles o arruínem. Eu tinha trabalhado para aquele objetivo. Geralmente estabeleço metas, sabe? **Toda temporada estabeleço um objetivo, geralmente dois.** É meio idiota, mas ao mesmo tempo é sério e divertido."

TIM: "Como assim? Você pode dar um exemplo?"

SHAUN: "Você vai rir... É ridículo. Um era vencer os Jogos Olímpicos e o outro ver quantos carros eu conseguiria ganhar. Porque na época as indústrias automotivas estavam distribuindo carros. Eu estava em uma época boa, e acho que no fim da temporada eu tinha nove carros. Um Suzuki Sidekick, um Volvo, um Jeep e uns carros aleatórios... Acabei doando todos eles no fim porque teria que pagar impostos e todas aquelas coisas."

TIM: "Você ainda estabelece metas dessa forma?"

SHAUN: "Sim, sim. E são sempre aleatórias, cara. Nas Olimpíadas de Inverno de Vancouver... Não acredito que estou contando isso... Minhas metas eram ganhar a medalha de ouro e usar uma calça de bandeira americana que eu mesmo fiz... Vi uma foto do Axl Rose vestindo algo parecido. Provavelmente um pouco mais justa e curta, mas eu meio que pensei: *Posso não ter o sucesso do cara, mas posso ter uma calça dessas.* Era uma meta idiota, tipo, 'se eu vencer, talvez eu saia na capa da *Rolling Stone* ou algo assim...'.

"Mas é divertido fazer coisas do tipo porque ajuda a aliviar a tensão. Vencer uma Olimpíada é um objetivo muito grande e muito estressante, então é bom ter outra coisa em mente para contrabalançar. Tudo era muito sério na época e essa foi minha maneira de lidar com aquilo."

TF: Shaun conseguiu a capa da *Rolling Stone* usando a calça de bandeira americana.

SOBRE SER "FORA DE SÉRIE"

Às vezes, estar fora dos lugares badalados é uma enorme vantagem — algo que Malcolm Gladwell (página 623) explora em seu livro *Fora de série — Outliers*. A história de Shaun que se segue me faz lembrar da lógica de Richard Betts para escolher restaurantes, na página 613:

"Eu estava lendo *Fora de série* e fiquei impressionado com a história dos jogadores de hóquei e esse tipo de anomalia no sistema. Comecei a aplicar isso à minha vida e pensei: *As pessoas podem achar que estou em desvantagem por ter sido criado no sul da Califórnia, mas não vejo nem um pouco dessa forma. Nossa temporada de inverno, bem como todo o restante do ano, era ensolarada e agradável.* Nossos invernos não são como em alguns lugares do Colorado ou de Vermont. Então o número de dias em que eu podia praticar era, sei lá, o dobro ou o triplo da quantidade de alguém que cresce em outros lugares.

"Ao mesmo tempo, tinha um cara construindo os parques de Bear Mountain e Snow Summit Resort, no sul da Califórnia (era uma montanha pequena). Quando a administração disse a ele 'Pode fazer o que você quiser', o cara fez saltos incríveis, um *half-pipe* fantástico. Hoje em dia é ele quem constrói todos os percursos dos melhores eventos do mundo, e ele começou lá, naquelas montanhas.

"Você sabe que não o deixariam ir a Aspen fazer o que quisesse em uma pista imaculadamente limpa por máquinas ou algo assim. Além disso, o *half- -pipe* tinha um teleférico, como um cabo de guindaste. Então pensei: *Uau, olha quantos dias tenho para praticar porque está ensolarado e o número de corridas que estou fazendo porque não tenho que tirar a prancha e subir de volta andando.* Eu fazia o que queria, voltava na cadeira e ia de novo. 'Estou concentrando meses de treinamento nesses pequenos períodos. Estou à frente dos caras em Vermont, por exemplo, onde é bem abaixo de zero e eles precisam caminhar até os picos. Eles estão cansados.

"No frio, é assustador pensar *Ok, vou tentar esse salto.* Não, você não vai. Você está em um ambiente absurdamente intimidador, morrendo de frio, e tudo o que quer é voltar para casa e se aquecer. Eu estava em condições em que a neve era macia, tinha um cara construindo o melhor terreno ao meu redor e então... pude aplicar na minha vida muitas coisas divertidas do livro *Fora de série.*"

ACEITE O SHOW E PROCURE OUTRAS PORTAS PARA ABRIR

"O lance da música foi estranho, porque nenhuma pessoa na minha família é minimamente musical... Ganhei uma guitarra em um campeonato de snowboard e pensei: *Uau, e se eu estivesse em uma festa em algum lugar e conseguisse tocar uma música?* E uma música se transformou em *Ok, agora estou praticando para ser guitarrista.*

"Eu sou a guitarra principal de uma banda chamada Bad Things. É composta em sua maior parte por amigos meus do bairro onde cresci e por alguns caras incrivelmente talentosos que conheci em Los Angeles. Começamos com composições próprias e nos chamaram para algumas apresentações. Chegamos até a ser convidados para ir ao Lollapalooza, e eu meio que pensei: *Cara, isso vai ser pesado.*

[**TF:** Nesse momento da história, eu disse um "Uau..." baixinho.]

"Mas calma... era para o *palco infantil.* Então eu disse: 'Você sabe o que seria muito punk rock? Se fôssemos e tocássemos nesse palco mesmo.' Porque eu não deveria estar no palco principal. Só porque estou na banda não significa que devam nos encaixar nesses cenários. Então fomos e fizemos nosso trabalho. Fizemos um ótimo show para os pequenos. Então a coisa mais incrível aconteceu, como se fosse em um filme. A principal atração do palco Grove no Lollapalooza decidiu que não iria tocar. Os integrantes da banda puseram uma placa grande do lado de fora dizendo: 'Nossa arte não será apresentada aqui.' Os fãs deles destruíram completamente os equipamentos, foi a maior loucura.

"Foi aí que os organizadores olharam em volta meio que pensando: *Precisamos de uma banda para tocar no palco principal.* E eu disse: 'Nós somos uma banda.' Os caras falaram: 'Ok, vamos nessa.' E eu pensei: *Ah, meu Deus, esse é o nosso momento, temos que fazer isso.* Tocamos um dos sets mais incríveis da nossa vida, estávamos à altura da ocasião. Tínhamos um repertório maravilhoso e, assim como qualquer pessoa que pega uma guitarra e sonha em estar no palco, você sonha com aquele momento em que está saindo do palco e todo mundo pede bis. E o melhor momento disso: eu olho para meus companheiros e eles estão meio que: 'Nós temos outra música? Nós não temos.' Então o organizador mandou a gente repetir a primeira."

CINQUENTA TONS DE FRANGO

Este é o título do livro que Shaun mais deu de presente. É verdade. Achei que fosse uma completa piada, mas o livro tem mais de oitocentas avaliações na Amazon e uma média de 4,8 estrelas.

A LEI DA CATEGORIA

"No mundo das ideias, dar nome a algo é possuí-lo.
Se você pode dar nome a uma questão, pode se apropriar dela."

— **Thomas L. Friedman**

Recomendo constantemente a empreendedores que leiam *As 22 consagradas leis do marketing*, de Al Ries e Jack Trout. O livro serve tanto para fundadores iniciantes quanto para especialistas que estão lançando um novo produto. Incluí a seguir uma versão condensada de "A lei da categoria", capítulo que revisito com mais frequência. O livro foi publicado em 1993, então algumas referências a "hoje" estão datadas, mas os princípios são atemporais.

A lei da categoria

Qual é o nome da terceira pessoa a ter voado sozinha sobre o oceano Atlântico?

Se você não sabia que Bert Hinkler foi a segunda pessoa a ter voado sobre o Atlântico, pode imaginar que não teria a menor chance de saber o nome da terceira. Mas você sabe. É Amelia Earhart.

Agora, será que Amelia é conhecida como a terceira pessoa a ter voado sobre o oceano Atlântico ou como a primeira mulher a fazer isso?

Depois que a Heineken se tornou um grande sucesso, o pessoal da Anheuser-Busch poderia ter dito: "Deveríamos trazer uma cerveja importada também." Mas não foi o que aconteceu. Em vez disso, eles disseram: "Se existe mercado para uma cerveja importada de preço elevado, talvez haja mercado para uma cerveja nacional de preço elevado." E então eles começaram a promover a Michelob, a primeira cerveja nacional de preço elevado, que logo passou a vender o dobro da Heineken. (Na verdade, a Anheuser-Busch também trouxe uma cerveja importada, a Carlsberg, que tem uma reputação muito boa na Europa. Nos Estados Unidos, porém, a marca nunca foi a lugar nenhum.)

A Miller Lite foi a primeira cerveja light nacional. Demorou cinco anos para um importador dizer: "Se existe mercado para uma cerveja light nacional, talvez haja um mercado para uma cerveja assim importada." O resultado foi a Amstel Light, que se tornou a importada mais vendida nesse segmento.

Se você não foi o primeiro a entrar na mente do provável comprador, não perca a esperança. Encontre uma nova categoria em que você possa ser o pioneiro. Não é tão difícil quanto parece.

Depois que a IBM se tornou um grande sucesso em computadores, todo mundo pulou para dentro do barco. Burroughs, Control Data, General Electric, Honeywell, NCR, RCA, Sperry. Ficaram conhecidos como Branca de Neve e os sete anões.

Qual dos anões cresceu e se tornou uma potência mundial, com 126 mil funcionários e vendas de 14 bilhões de dólares, uma companhia que volta e meia é chamada de "a segunda maior empresa de computadores do mundo"? Nenhum. A empresa de computadores mais bem-sucedida nos anos 1970 e 1980, depois da IBM, era a Digital Equipment Corporation (DEC). A IBM era a primeira em computadores. A DEC era a primeira em *minicomputadores*.

Muitas outras empresas do ramo (e seus proprietários empreendedores) ficaram ricas e famosas seguindo um princípio simples: se você não pode ser o primeiro em sua categoria, crie uma categoria em que possa ser o primeiro.

A Tandem foi a primeira em computadores tolerantes a falhas e construiu um negócio de 1,9 bilhão de dólares. Então a Stratus desceu um nível e se transformou na primeira em minicomputadores tolerantes a falhas.

As leis do marketing são difíceis? Não, são bem simples. Colocar as coisas em prática, porém, é outra questão.

A Cray Research subiu além do topo com o primeiro supercomputador. Então a Convex ligou os pontos e lançou o primeiro minissupercomputador.

Às vezes também é possível transformar um perdedor em um vencedor inventando uma outra categoria. A Commodore era apenas mais um fabricante de computadores pessoais domésticos que não estava indo a lugar nenhum, até posicionar o Amiga como o primeiro computador multimídia.

Há muitas maneiras diferentes de ser o primeiro. A Dell entrou no ramo lotado dos computadores pessoais sendo a primeira a vendê-los por telefone.

Ao lançar um novo produto, a primeira pergunta a fazer a si mesmo não é "Como esse novo produto é melhor do que o da concorrência?", mas "Primeiro em quê?". Em outras palavras, em qual categoria esse novo produto é o primeiro?

Charles Schwab não abriu uma firma de corretagem melhor, mas abriu a primeira corretora com desconto.

Isso vai contra o pensamento clássico do marketing, que é orientado para a marca: como faço as pessoas preferirem a minha marca? Esqueça isso. Pense em categorias. Os prováveis compradores ficam na defensiva em relação às marcas. Todo mundo exalta a própria marca, mas os prováveis compradores têm a mente aberta quando se trata de categorias. Todo mundo está interessado no que é novo. Poucas pessoas estão interessadas no que é melhor.

Ao se tornar o primeiro em uma nova categoria, você a promove. Basicamente não há concorrência. A DEC disse aos possíveis compradores por que eles deveriam comprar um minicomputador, e não um minicomputador DEC.

No começo de sua trajetória, a Hertz vendia um serviço de aluguel de carros. A Coca-Cola vendia refrigerante. Os programas de marketing das duas empresas eram mais eficazes na época.

TF: Em grande parte como a DEC e os "minicomputadores", eu criei o termo "design de estilo de vida" e o lancei em *Trabalhe 4 horas por semana*. Eis como ele apareceu pela primeira vez, com alguns parágrafos removidos:

> Os Novos-Ricos (NR) são aqueles que abandonam o plano de vida adiada [poupar e se aposentar depois de vinte a quarenta anos] e criam estilos de vida luxuosos no presente usando a moeda dos Novos-Ricos: tempo e mobilidade. Isso é uma arte e uma ciência às quais nos referiremos como Design de Estilo de Vida (DEV)... Um milhão de dólares no banco não é a fantasia. A fantasia é o estilo de vida de liberdade completa que isso em teoria permite. A questão então é: como se pode alcançar o estilo de vida milionário de liberdade completa sem antes ter 1 milhão de dólares?

Ferramentas e princípios se seguem, como geoarbitragem, triagem de e-mails, alternativas a viagens de luxo e "miniaposentadorias" (outro termo que criei) etc.

"Design de estilo de vida" representou um rótulo novo e conciso para algo que antes exigia algumas frases. Não fiz nenhuma tentativa de registrar a marca ou protegê-la. Em vez disso, tratei de propagá-la amplamente e o mais rápido possível. Semeei o termo em entrevistas para os meios de comunicação, usei-o como tônica em minhas conferências, nos artigos que escrevi e em vários outros lugares. Eu queria que isso entrasse no vernáculo popular e tivesse comunidades orgânicas de "designers de estilo de vida" brotando na internet e pelo mundo todo. Depois que *Trabalhe 4 horas por semana* foi parodiado por Jay Leno e o seriado *The Office*, vi que tinha conseguido. O efeito colateral foi que — pelo menos no primeiro ano — sempre que "design de estilo de vida" era usado ou definido por alguém, meu nome ou *Trabalhe 4 horas por semana* eram mencionados também. Isso porque eu tinha a *mindshare*, a "categoria" mental, e não a marca registrada. Agora, é claro, o termo está por aí, totalmente adulto e com vida própria. No momento, há 41,2 milhões ou 763 mil resultados de busca no Google para "lifestyle design", dependendo do uso ou não das aspas.

"Não crio arte para conseguir projetos que dão muito dinheiro, faço projetos que dão muito dinheiro para poder criar mais arte.**"**

CHASE JARVIS

Chase Jarvis (TW/FB/IG: @chasejarvis, CreativeLive.com) é CEO da CreativeLive e um dos fotógrafos mais bem-sucedidos do mundo. É a pessoa mais nova já indicada para o Hasselblad Master, o Nikon Master e o ASMP Master. Chase fotografou para Nike, Apple, Columbia Sportswear, REI, Honda, Subaru, Polaroid, Lady Gaga, Red Bull e muitos outros. É conhecido por um estilo hipercinético e pela ênfase em esportes e retratos. Sua CreativeLive é uma plataforma de aprendizado on-line que transmite aulas ao vivo, em alta definição, para mais de dois milhões de estudantes em duzentos países. Todas as aulas ao vivo são grátis e podem ser compradas para serem vistas depois. O corpo docente conta com ganhadores do Prêmio Pulitzer e celebridades do mundo dos negócios.

Animal espiritual: Libélula

NOS BASTIDORES

>>> Chase e Rick Rubin (página 179) foram as duas primeiras pessoas que me levaram a meditar com frequência.

>>> Chase foi também a pessoa que me apresentou ao Moscow Mule (cerveja de gengibre picante + vodca + suco de limão).

>>> Em nossa primeira visita à Casa Branca, o segurança gritou várias vezes para que Chase saísse do gramado enquanto ele encontrava uns ângulos ótimos para tirar suas selfies. Pensei de verdade que usariam uma arma de choque contra ele. Passei o restante do dia gritando "saia da grama!" sempre que ele pisava em algo verde em Washington D.C., e ele pulava feito um gato vendo um pepino (procure gatos + pepino no Google. Vale o preço deste livro).

"A CRIATIVIDADE É UM RECURSO INFINITO. QUANTO MAIS VOCÊ GASTA, MAIS VOCÊ TEM"

Isso foi Chase parafraseando uma citação de Maya Angelou e discutindo como criatividade e meditação são semelhantes.

SOBRE A PRIMEIRA VENDA

"A primeira venda aconteceu porque cresci esquiando e praticando snowboard e era muito familiarizado com o assunto. Comecei com um bom grupo [de atletas] e fotografei pessoas com os equipamentos que seriam lançados no ano seguinte, porque conhecia fabricantes e representantes. Tendo as fotos certas das pessoas certas com os equipamentos certos, os fabricantes batem na sua porta... Os fabricantes viram meu trabalho, entraram em contato e acabei autorizando — não vendendo diretamente — o uso de uma imagem por 500 dólares e um par de esquis.

"Acho que provavelmente eu estava ganhando 10 dólares por hora na época. Pensei comigo mesmo: *Espera aí. Acabei de ganhar 500 dólares por ter ido esquiar alguns dias com os meus amigos. Queria conseguir isso de novo. Então o que eu fiz? O que funcionou e o que não funcionou?...* A partir daí, comecei a fazer aquilo com regularidade, sempre aumentando o preço."

SOBRE SER PREMIUM DESDE O PRIMEIRO DIA

"Consegui entrar no sistema fixando o valor da minha diária em milhares de dólares desde o meu primeiro trabalho contratado. Eu me pressionei até um ponto incrivelmente desconfortável e exigi de mim alcançar o nível mais alto. Cobrei de acordo, porque tinha feito o trabalho e a pesquisa e sabia o que os melhores estavam recebendo. Eu me pus nesse calibre imediatamente... Fixei em uma faixa de 2 mil a 2.500 dólares por dia.

"Eles [os primeiros interessados em contratá-lo] disseram: 'Está bem, é um trabalho de seis dias...' Na minha cabeça, estava me borrando ao fazer as contas. Na semana seguinte eu receberia mais do que tinha recebido em todo o ano anterior. E então eles disseram: 'Pode ser que precisemos acrescentar mais um dia...'

"Eu disse que daria um retorno [para não parecer tão animado], e achei que fosse vomitar no banheiro. Havia algumas apostas em jogo... A situação era um indicador de aonde eu queria ir. Eu sabia que queria um nível de preço superior. Queria fazer menos trabalhos e me empenhar em coisas mais sofisticadas. Mas não vou fingir que não fiz uma quantidade absurda de trabalhos. Isso é um sistema que parece ter feito sucesso da noite para o dia, mas levou muito tempo para dar certo... Eu estava comendo, respirando e dormindo fotografia. E **quando pude começar a monetizar meu trabalho, fiz isso a um nível de preço muito alto**. Um lembrete: se alguém disser 'sim' com essa rapidez, você não pediu o suficiente."

TF: Chase e eu compartilhamos muitas filosofias, incluindo esta. Só aceitei anunciantes no podcast depois de ter mais de 100 mil downloads por episódio, conforme medido no padrão da indústria seis semanas após a publicação. Por quê? Novatos de podcasts (meu caso na época), bem como blogueiros e artistas de todos os tipos, prestam muito pouca atenção à monetização no começo. Para podcasts: nos primeiros meses, você deve aperfeiçoar sua arte e apresentar um trabalho cada vez melhor. "O bom conteúdo é o melhor chamariz", como me disse Robert Scoble.

No fim das contas, você tem duas escolhas, e a maioria das pessoas escolhe a Opção A.

Opção A: Você pode gastar de 30% a 50% do seu tempo persuadindo alguns pequenos patrocinadores a se comprometerem no início, depois estancar em trinta mil downloads por episódio porque está negligenciando a parte criativa. As coisas se tornam ainda piores se você fica atolado no mundo dos acordos imprecisos com seus afiliados.

Opção B: Você pode fazer o jogo a longo prazo e esperar de seis a doze meses até ter uma massa crítica, depois chegar a trezentos mil downloads por episódio e ganhar mais de dez vezes por episódio com marcas muito maiores, que têm recursos para subir com você à medida que você cresce. A pressa é inimiga da perfeição. Nesse caso, a pressa pode facilmente fazer a diferença entre 50 mil dólares por ano e mais de 1 milhão de dólares por ano.

AMPLIE SEUS PONTOS FORTES EM VEZ DE CONSERTAR SUAS FRAQUEZAS

"Tudo é um remix, mas qual é a sua versão do remix? Vamos supor que eu me relacione com uma penca de celebridades, então pode ser que eu consiga tirar uma fotografia delas que ninguém mais poderia porque elas estavam no meu sofá jogando PlayStation... A questão é pensar: *Qual é o atrativo único que eu posso trazer, e como posso fortalecê-lo?* Amplie seus pontos fortes em vez de consertar suas fraquezas.

"Se você não for a melhor pessoa para captar algo visualmente, mas é um bom contador de histórias, você tem sua arte visual e uma narrativa incrível para acompanhá-la. Ao entrar em galerias de arte — e eu não tenho orçamento para isso, mas sou um cara do tipo clássico —, você vê coisas na parede por 10 milhões de dólares e não consegue entender o que são. Você lê a placa ao lado e meio que pensa: *Mas que história boa. Entendi como estão vendendo essas coisas.*"

DIFERENTE, NÃO APENAS MELHOR

"Peguei muitas dicas de Andy Warhol, Jean-Michel Basquiat [que tirou o grafite das ruas e levou para as galerias] e Robert Rauschenberg [cara importante, usa uma mistura muito louca de elementos] — os artistas de Nova York nos anos 1950, 1960 e 1970 —, porque eles eram visionários... [Alguns deles] estavam fazendo arte sobre fazer arte. Estavam reinventando o jogo conforme o jogavam.

"Se olho em frente e todo mundo está fazendo X, como ir por uma direção quando todo mundo está seguindo por outra? A maneira como trilhei meu próprio caminho na fotografia — enquanto todo mundo seguia a mesma trajetória — foi relatar minhas explorações no aprendizado do meu ofício... Isso foi dez anos antes de ser legal ser transparente, e na verdade fui vilipendiado por compartilhar segredos do negócio."

QUEM SE ESPECIALIZA SÃO OS INSETOS (COMO DIRIA HEINLEIN)[8]

"Durante toda a minha carreira as pessoas me disseram: você precisa se especializar, precisa se especializar. Eu me 'especializei' em perseguir as coisas que me interessavam. Falei muito sobre esportes, mas também sobre moda, break dance e todo tipo de cultura diferente. Fiz programas na TV, fotografei para comerciais, fiz campanhas de publicidade, criei startups e [fiz] o primeiro aplicativo de iPhone que compartilhava imagens nas redes sociais. Historicamente, eu teria sido chamado de diletante, mas ser capaz de ter contato com todas essas coisas [é] descobrir que no fim das contas elas informam umas às outras."

(Isso lembra o conselho para carreira de Scott Adams na página 295.)

MOSTRE SEU TRABALHO

Chase e Derek Sivers (página 212) são grandes fãs do livro *Show Your Work*, de Austin Kleon.

---

[8] De *Amor sem limites*: "Um ser humano deve ser capaz de trocar uma fralda, planejar uma invasão, abater um porco, conduzir um navio, projetar um prédio, escrever um soneto, equilibrar contas, construir um muro, imobilizar um osso, confortar um moribundo, receber ordens, dar ordens, cooperar, agir sozinho, resolver equações, analisar um novo problema, adubar a terra, programar um computador, preparar uma refeição saborosa, lutar com eficiência, morrer corajosamente. Quem se especializa são os insetos."

DAN CARLIN

Dan Carlin (TW/FB: @HardcoreHistory, dancarlin.com) é anfitrião do meu podcast favorito, *Hardcore History*, bem como de *Common Sense*. Jocko Willink (página 454) é também um grande fã de *Hardcore History*. Dica: comece com "Wrath of the Khans".

SOBRE NÃO FAZER O QUE VOCÊ É QUALIFICADO PARA FAZER

"Se aprendi alguma coisa com podcasts foi **não ter medo de fazer algo que não estou qualificado para fazer**."

TF: Trata-se de um tema comum ao longo deste livro. Kamal Ravikant, irmão de Naval Ravikant (página 593), revelou o que Naval lhe disse certa vez (parafraseado): "Se eu sempre tivesse feito o que estava 'qualificado' para fazer, estaria empunhando uma vassoura em algum lugar." Como eu também já ouvi dizer: "Amadores construíram a Arca, profissionais construíram o *Titanic*." Como prevenção, Dan desarma potenciais críticas às suas credenciais dizendo em quase todo episódio: "Lembre-se de que não sou historiador, mas..."

A ORIGEM DE *HARDCORE HISTORY*

"Eu costumava contar as histórias que contei a vida inteira, sempre em volta de uma mesa de jantar. E, uma vez que eu já estava fazendo um podcast sobre atualidades [*Common Sense*], minha sogra me perguntou: 'Por que você não faz um podcast sobre as coisas que está falando aqui no jantar?' Respondi que não podia: 'Isso é história, e não sou qualificado para falar sobre o tema. Não tenho doutorado, não sou historiador.' 'Não sabia que é preciso um doutorado para contar histórias', disse ela. Pensei um pouco a respeito... A maioria dos grandes historiadores da era não moderna também não tinha doutorado. Eram apenas contadores de histórias. Contanto que eu não esteja me passando por historiador, e contanto que esteja me baseando no trabalho deles... Posso contar a controvérsia [histórica] e em seguida dizer: 'Eis o que dizem os historiadores A e B sobre o assunto.' Fiquei surpreso com quanto os ouvintes gostam de ouvir sobre 'historiografia', que é o processo de como a história é escrita, feita e interpretada. As pessoas adoram! Então, na verdade, você fala sobre as diferentes teorias. Não estou inventando nada. Estou usando especialistas para contar uma história."

TF: Ao ler diferentes relatos históricos, frequentemente conflitantes, Dan cria seu podcast em torno das respostas para a pergunta "O que há de estranho nessa história?".

"ADQUIRA OS DIREITOS AUTORAIS DE SEUS DEFEITOS"

"Quando estava no rádio, vivia 'no vermelho'... Eu gritava tão alto, e ainda faço isso, que o medidor saltava para o vermelho. Eles diziam: 'Você precisa falar nessa zona de volume, senão vai estragar o compressor da estação de rádio.' Depois de algum tempo, comecei a escrever vinhetas [introduções lidas por outros locutores] para o cara do vozeirão, 'Deem alô para Dan Carlin, ele fala muito alto...', ou alguma coisa assim.

"Esse é o meu estilo. 'Fiz isso de propósito. Na verdade, se você fizer isso está me imitando.' Então, em grande medida, é pegar o que você já faz e dizer: 'Não, não, isso não é uma coisa negativa. Isso é o que eu ofereço, parceiro. Adquiri os direitos autorais disso. Eu falo alto de verdade e depois falo realmente baixo, e se você tem algum problema com isso, então você não entende o que é um bom estilo.' **Adquira os direitos autorais de seus defeitos, cara**."

✳ Conselho para o seu eu de 25 ou trinta anos

"Eu me lembro de sair da emissora onde eu era repórter e trabalhava no turno da noite. Passava o dia inteiro envolvido com as mesmas histórias e ficava completamente insatisfeito quando elas iam ao ar. Eu me lembro de sair da TV por volta da meia-noite. Era no alto de uma montanha, um lugar bonito. Eu me lembro de olhar lá para baixo e dizer: 'Ah, meu Deus, quando é que eu vou gostar disso? Quando vou ficar realmente feliz com o trabalho que estou fazendo de maneira mecânica?' Eu me lembro disso o tempo todo... Se eu pudesse voltar, diria a mim mesmo: **'Não se estresse com isso, no fim tudo vai dar certo.'** Qualquer um de nós gostaria de saber isso, não? Só me fale que tudo vai ficar bem, e eu posso sobreviver aos meus vinte e poucos anos. A casa dos vinte foi realmente difícil para mim... Se alguém pudesse ter me dito que tudo ficaria bem, eu teria poupado uma tonelada de estresse e preocupação. Não sou um preocupado nato. **No entanto, se eu tivesse ouvido isso poderia ter relaxado a ponto de nunca chegar à minha atual realidade. Então é por isso que não dá para voltar na máquina do tempo e pisar na borboleta — você vai estragar tudo.** Então eu não voltaria para me dar esse conselho, Tim, porque estragaria meu futuro."

RAMIT SETHI

Ramit Sethi (TW/IG: @ramit, iwillteachyoutoberich.com) formou-
-se na Universidade Stanford, em 2005, com diplomas de bacharel
e mestre em tecnologia, psicologia e sociologia. Fez seu blog de finanças pessoais alcançar mais de um milhão de leitores por mês, então transformou esse projeto paralelo da faculdade em um negócio
multimilionário, com mais de trinta funcionários. Agora, seu faturamento em algumas semanas passa de 5 milhões de dólares. Em um
espaço de finanças saturado por "gurus" de credenciais duvidosas,
Ramit sempre se dispôs a compartilhar números de verdade.

Animal espiritual: Andorinhão-preto

NOS BASTIDORES

>>> Ramit e eu rimos com frequência sobre como somos abençoados e amaldiçoados com títulos de livros que soam vigaristas. Pior do que *I Will Teach You to Be Rich* [Ensinarei você a ser rico] e *Trabalhe 4 horas por semana*, impossível. Fáceis de lembrar, difíceis de superar.

>>> De tempos em tempos, ao longo dos últimos vinte anos, Ramit lê *Iacocca — Uma autobiografia*, de Lee Iacocca e William Novak.

UM HOMEM CHAMADO "ASS"
"Meu verdadeiro nome de batismo é Amit, um nome muito mais comum na Índia. Dois dias depois do meu nascimento, meu pai acordou, levantou-se da cama e disse para minha mãe: 'Não podemos chamá-lo de Amit, porque suas iniciais serão ASS.'* E a melhor parte é que, como verdadeiros imigrantes — meus pais são indianos —, eles foram ao hospital, mas não quiseram pagar a taxa de 50 dólares para mudar o nome. Então disseram que haviam se esquecido de acrescentar o R e conseguiram a mudança de graça. Obrigado, mãe e pai."

TF: Em uma nota relacionada, recebi recentemente esta mensagem de Ramit: "A propósito, acho que eu lhe disse que durante quinze anos minhas irmãs quiseram ter um cachorro. Não podíamos porque meu pai é alérgico. Só que... descobrimos que ele não era. Ele mentiu esse tempo todo porque odeia animais de estimação."

VOCÊ É A J. CREW?
"Enviamos milhões de e-mails por mês com muitos milhões de [variantes de combinação] do funil de marketing, e geramos aproximadamente 99% de nosso faturamento por meio dessa abordagem.

"Os meus e-mails são escritos com clareza... Eu não sou a J. Crew. A J. Crew está vendendo uma marca, então a comunicação por e-mail deles precisa ser bonita. Os e-mails que redijo parecem ser escritos para *você* porque quero ser seu amigo. É por isso que os meus parecem realmente simples... é como se eu tivesse escrito um bilhete."

TF: Um dos motivos que me levara a adiar durante anos o envio de newsletters por e-mail era a complexidade. Eu não queria ter que fazer modelos

---

* Em inglês, *asno* e também *bunda*. (N. do T.)

bonitos e enviar mensagens lindas, dignas de revista. Ramit me convenceu a enviar e-mails com textos comuns em meu comunicado sobre o *5-Bullet Friday*, que em seis meses se tornou uma das partes mais fortes do meu negócio.

ALGUMAS FERRAMENTAS DO SEU NEGÓCIO

Infusionsoft: Software completo de automação de vendas e marketing para pequenos negócios, com foco específico em "funis"

Visual Website Optimizer: Software de teste A/B para profissionais de marketing

CONSELHO DE UM MENTOR

"Táticas são coisas ótimas, mas se tornam comoditizadas."

TF: Se você entende de princípios, pode criar táticas. Se você for dependente de táticas perecíveis, estará sempre em desvantagem. É por isso que Ramit estuda psicologia comportamental e os elementos de persuasão que parecem fazer parte da estrutura. Um de seus livros mais presenteados é *Age of Propaganda*, de Anthony Pratkanis e Elliot Aronson, e seu livro favorito sobre redação publicitária é um antigo: *The Robert Collier Letter Book*, publicado originalmente em 1931.

"INDIANOS NUNCA LEVAM SOCO NA CARA, MEU CHAPA. INDIANOS NÃO CAEM NA PORRADA. ESTAMOS FAZENDO CONCURSOS DE SOLETRAÇÃO"

Por alguma razão miserável, perguntei a Ramit: "Você se lembra da última vez que levou um soco na cara?" Ele respondeu o que está acima.

MIL FÃS FIÉIS

"['1,000 True Fans', de Kevin Kelly] foi um dos artigos seminais que de fato me inspiraram a desenvolver um material incrível, em vez de apenas reciclar o que havia por aí. Eu sabia que, se tivesse mil fãs fiéis, não apenas seria capaz de viver fazendo as coisas que eu queria, como seria capaz de transformá-los em dois mil, cinco mil, dez mil — e foi exatamente o que aconteceu.

"Para saber como consegui meus primeiros mil fãs fiéis, basta olhar meus posts. Eles tendem a ser muito, muito longos [e definitivos]. Em alguns casos, com quinze, vinte páginas ou mais... Se seu material é bom, se é cativante, o limite praticamente não existe... Meu objetivo não é 'escreva mais'. É 'não se preocupe com espaço'.

"Segundo, posts convidados nunca são demais. Fiz um para você ['The Psychology of Automation'] que provavelmente demorei de vinte a 25 horas para escrever. Era muito detalhado, incluía vídeo, todo tipo de coisa. Até hoje pergunto 'Como você ouviu falar de mim?' para muita gente que encontro, e todos dizem: 'Ah, foi pelo Tim Ferriss.'

TF: Para o lançamento de *Trabalhe 4 horas por semana*, usei a mesma estratégia de post convidado no Gigaom, no Lifehacker e em outros sites.

"CEDO 98% DO MEU MATERIAL, ENTÃO MUITOS DOS MEUS CURSOS PRINCIPAIS SÃO EXTREMAMENTE CAROS. NA VERDADE, DE DEZ A CEM VEZES MAIS DO QUE MEUS CONCORRENTES COBRAM"

TF: Eu me espelhei no método de Ramit para precificar e vender. Raramente vendo itens muito caros, mas, quando o faço, cobro de dez a cem vezes mais do que os "concorrentes" poderiam cobrar. Em geral, divido meu conteúdo de maneira bastante binária: grátis ou ultraespecial.

"Grátis" significa que 99% do que faço é grátis para o mundo (por exemplo, podcast, blog) ou quase grátis (livros). Escrevo sobre:

A) Tópicos que aprecio e sobre os quais quero aprender mais;

B) Assuntos que talvez atraiam pessoas inteligentes, determinadas e competentes. Isso é o que permite o ultraespecial.

Ultraespecial significa:

>>> Muito raramente ofereço um produto ou uma oportunidade de preço alto e muito limitado, como um evento com duzentas vagas por 7,5 mil a 10 mil dólares a cadeira. Posso vender uma oportunidade rara, ultraespecial, em um único post no blog por 48 horas, como fiz com meu evento "Opening the Kimono" (OTK) em Napa. É claro que nesse caso você tem que oferecer mais. Minha medida da satisfação do cliente? O grupo criado no Facebook para os participantes ainda está ativo... *cinco anos* depois.

>>> Uso a rede de comunicação e os contatos que desenvolvi por meio do "grátis" para encontrar excelentes oportunidades que não estão ligadas a conteúdo, como investir em tecnologias na fase inicial. Encontrei a Shopify, por exemplo, por meio dos meus fãs no Twitter, quando atualizava *Trabalhe 4 horas por semana*. Comecei dando consultoria à Shopify quando eles tinham uns dez funcionários. Agora eles têm mais de mil e são uma empresa com ações

na bolsa. Fãs nas redes sociais me recomendaram o Duolingo quando ainda estava em teste beta privado. Investi na primeira rodada de financiamento. Agora, eles têm cem milhões de usuários e são o software mais popular do mundo para aprendizado de idiomas.

Uma abertura para caminhos indiretos significa que não sou obcecado por vender meu "conteúdo" e nunca fui. Minha rede de contatos, em parte construída por conta da escrita, é o meu patrimônio líquido. Se você quiser aumentar sua renda dez vezes, e não 10%, as melhores oportunidades com frequência estão aparentemente em campos inusitados (por exemplo, livros → startups).

CHECKLISTS

Ramit e eu somos obcecados por checklists e adoramos um livro de Atul Gawande intitulado *Checklist — Como fazer as coisas benfeitas*. Tenho esse livro em uma prateleira na sala de casa, com a capa para fora, como um lembrete constante. Atul Gawande é também um dos inovadores favoritos de Malcolm Gladwell (página 623). Ramit faz checklists para todos os processos de negócios possíveis, conteúdo esse que ele organiza usando um software chamado Basecamp. Procure no Google "entrepreneurial bus count" para encontrar um bom artigo sobre por que os checklists podem salvar sua startup.

* Em quem você pensa quando ouve a palavra "bem-sucedido"?

"Penso em um cara que conheci recentemente chamado Mark Bustos, um cabeleireiro muito sofisticado em Nova York que tem uma conta impressionante no Instagram (@markbustos). Ele trabalha em um salão de alto nível e nos fins de semana sai para cortar o cabelo das pessoas em situação de rua na cidade. Mark registra essas experiências e escreve sobre as histórias dessas pessoas. Acho incrível ele estar no auge como cabeleireiro, trabalhando com celebridades e coisa e tal, e, em seu único dia de folga, sair por aí a serviço de pessoas que normalmente não teriam a chance de cortar o cabelo, muito menos com alguém como ele."

* Duas pessoas com as quais Ramit aprendeu no último ano (ou que acompanhou de perto)

Jay Abraham e Charlie Munger.

TF: Jay Abraham é um dos mentores de Daymond John (página 358) e autor de *Getting Everything You Can Out of All You've Got*, um dos livros mais presenteados de Ramit. Com frequência recomendo a obra de Jay a pessoas que perguntam sobre como estruturar *joint ventures*.

FAZ MUITO TEMPO... E VOCÊ ESTÁ GORDO

"Se você está acima do peso e sai de um avião [na Índia], a primeira coisa que a família vai dizer é: 'Uau, você engordou.'"

TF: Se quiser lançar mão dessa sinceridade brutal nos Estados Unidos, sugiro ler antes o artigo de A.J. Jacob para a *Esquire* intitulado "I Think You're Fat".

MIL FÃS FIÉIS — REVISITADO

Já recomendei "1,000 True Fans", de Kevin Kelly, a literalmente milhões de pessoas. Muitos daqueles que foram convidados para este livro fizeram o mesmo. "Se você ler apenas um artigo sobre marketing, que seja este", é o que costumo dizer. Eis uma sinopse bastante simplificada: **O "sucesso" não precisa ser complicado. Comece apenas fazendo mil pessoas extremamente felizes**.

O artigo original de Kevin ficou datado em alguns trechos, então ele teve a bondade de escrever um resumo atualizado dos conceitos centrais para os leitores deste livro.

Como li o original há quase dez anos, testei os conceitos em dezenas de negócios, muitos dos quais são hoje empresas bilionárias. Acrescentei alguns de meus aprendizados e recomendações no fim.

Entra Kevin

Publiquei essa ideia pela primeira vez em 2008, quando era embrionária e irregular, e agora, anos depois, meu ensaio original precisa de uma atualização — por outra pessoa que não seja eu. Aqui, simplesmente reafirmarei as ideias essenciais, que, acredito, serão úteis a qualquer pessoa que esteja fazendo coisas, ou fazendo coisas acontecerem.

— KK

Para ser um criador bem-sucedido, você não precisa de milhões. Não precisa de milhões de dólares ou de milhões de fregueses, clientes e fãs. Para ganhar a vida como artesão, fotógrafo, músico, designer, escritor, animador, criador de aplicativos, empreendedor ou inventor, você só precisa de mil fãs fiéis.

Um *fã fiel* é definido como "um fã que comprará qualquer coisa que você produzir". Esses fãs incondicionais dirigirão trezentos quilômetros para ver você cantar; comprarão as versões em capa dura, brochura e áudio do seu livro; comprarão sua próxima estatueta mesmo sem vê-la; pagarão pelo DVD com os melhores momentos do seu canal grátis no YouTube; comprarão a edição superluxo do boxe do seu material reeditado em alta resolução, embora tenham a versão em baixa. Eles configuram o Google Alert para notificar o seu nome; eles marcam a página do eBay em que aparecem suas edições esgotadas; eles vão a seus lançamentos. Eles pedem a você que autografe seus exemplares; compram a camiseta, a caneca e o boné; mal podem esperar para que você lance seu próximo trabalho. Esses são os fãs fiéis.

Se tiver cerca de mil fãs assim (também conhecidos como superfãs), você pode ganhar a vida — se você se satisfaz com ganhar a vida, e não uma fortuna.

Eis como a matemática funciona. Você precisa atender a dois critérios: primeiro, crie a cada ano o suficiente para obter, em média, 100 dólares de lucro com cada fã fiel. É mais fácil fazer isso em alguns ramos das artes e dos negócios do que em outros, mas é um bom desafio criativo em todas as áreas, porque é sempre mais fácil e melhor oferecer mais a seus clientes antigos do que encontrar novos fãs.

Segundo, você precisa ter uma relação direta com essas pessoas. Isto é, esses fãs precisam pagar diretamente a você. Seja a pessoa que fica com todo o apoio deles, diferentemente do pequeno percentual de remuneração que você receberia de um selo musical, editora, estúdio, rede varejista ou outro intermediário. Quem fica com os 100 dólares inteiros de cada fã fiel vai precisar de apenas mil deles para receber 100 mil dólares por ano. Isso é um sustento para quase todas as pessoas.

É muito mais factível ter como meta mil clientes do que um milhão de fãs. Milhões de fãs pagantes não são um objetivo realista, sobretudo no começo. Mas mil fãs é algo viável. Você pode até ser capaz de lembrar mil nomes. Se você acrescentar um novo fã fiel a cada dia, demorará apenas três anos para alcançar esses mil. É viável. Fazer um superfã feliz é agradável e revigorante. É compensador para um artista manter uma relação honesta com essas pessoas, focar em aspectos únicos de seu trabalho, em qualidades que os fãs fiéis apreciam.

O número mil não é absoluto. Seu significado está em sua ordem aproximada de magnitude — três ordens a menos do que um milhão. O número real precisa ser ajustado para cada pessoa. Se você só consegue ganhar 50 dólares por fã fiel, então vai precisar de dois mil. (Da mesma forma, se conseguir vender 200 dólares por ano, serão apenas quinhentos.) Ou, se precisar de apenas 75 mil dólares por ano para viver, ajuste mais para baixo. Se estiver em uma dupla, ou tiver um sócio, multiplique por dois para chegar a dois mil fãs etc.

Outra maneira de calcular o apoio de um fã fiel é ter como meta receber um dia do salário dele por ano. Você consegue animá-lo ou agradá-lo o
suficiente para obter o que ele ganha em um dia de trabalho? É uma meta
elevada, mas não impossível considerando mil pessoas no mundo.

E é claro que nem todo fã será um superfã. Embora o apoio de mil seguidores comprometidos possa ser uma fonte suficiente de sustento, para
cada fã fiel você talvez tenha dois ou três fãs comuns. Pense em círculos
concêntricos com os fãs fiéis no meio e um círculo maior de fãs comuns
em torno dele. Esses fãs comuns podem comprar suas criações de vez em
quando ou podem ter comprado apenas uma vez. Mas as compras deles
expandem sua renda total. Talvez eles forneçam mais 50%. Ainda assim,
procure se concentrar nos superfãs porque o entusiasmo deles pode aumentar o apoio dos fãs comuns. **Os fãs fiéis não são apenas a fonte direta de sua renda, mas também a principal força de marketing atuando
sobre esses** fãs menores.

Fãs, clientes e fregueses sempre estiveram por aí. O que há de novo nessa
teoria? Algumas coisas. Embora as relações diretas com os clientes fossem
o padrão nos velhos tempos, os benefícios do varejo moderno sugerem que
a maioria dos criadores no século passado não tinha contato direto com os
consumidores. Com frequência, editoras, estúdios, selos e fabricantes não
tinham informações cruciais, tais como os nomes desses clientes. Por exemplo, mesmo estando no negócio há centenas de anos, nenhuma editora na cidade de Nova York sabia o nome de seus principais e dedicados leitores. Para
os criadores de outrora, esses intermediários (e muitas vezes havia mais de
um) implicavam a necessidade de públicos muito maiores para chegar ao
sucesso. Com o advento dos onipresentes sistemas de comunicação e pagamento ponto a ponto — também conhecidos hoje como internet —, há acesso
irrestrito a ferramentas excelentes que permitem vendas diretas a qualquer
indivíduo no mundo. Portanto, um criador em Bend, no Oregon, pode vender e entregar uma canção a alguém em Katmandu, no Nepal, com a mesma
facilidade que um selo nova-iorquino (talvez até com mais facilidade). Essa
nova tecnologia permite manter relações em que o cliente pode se tornar um
fã, de modo que o criador fique, então, com o pagamento total, o que reduz o
número de fãs necessários.

Essa nova possibilidade — de o criador ficar com o lucro total — é revolucionária, mas uma segunda inovação tecnológica amplia ainda mais esse
poder. Uma virtude fundamental de uma rede de comunicação ponto a ponto (como a internet) é que o elemento mais desconhecido está a apenas um

clique de distância do elemento mais popular. Em outras palavras, o livro, a canção ou a ideia mais obscuros e fracassados estão a um clique do livro, da canção ou da ideia mais vendidos. No começo da internet, os grandes agregadores de conteúdo e produtos, como eBay, Amazon, Netflix etc., notaram que o total de vendas de *todos* os itens que menos vendiam era igual ou, em alguns casos, maior do que o total dos poucos best-sellers. Chris Anderson (meu sucessor na *Wired*) chamou esse efeito de "cauda longa", por causa do formato da curva de distribuição de vendas: uma linha baixa e quase interminável de itens cujas vendas eram de apenas alguns exemplares por ano, formando uma "cauda" longa para a besta vertical formada pelos poucos campeões de vendas. Mas a área da cauda é tão grande quanto a cabeça. Com essa percepção, os agregadores foram bastante incentivados a estimular seu público a clicar em itens desconhecidos. Eles inventaram os mecanismos de recomendação e outros algoritmos que canalizavam a atenção para as criações raras da cauda longa. Mesmo empresas de busca na internet, como Google, Bing e Baidu, perceberam que era interessante recompensar os usuários com os itens menos conhecidos porque podiam vender anúncios na cauda longa também. O resultado foi que os mais obscuros se tornaram menos obscuros.

Se você mora em alguma cidade pequena, entre as duas milhões que existem no planeta, talvez seja o único nela que adore *death metal*, ou que fique excitado com sussurros, ou que precise de um molinete de pesca para canhotos. Antes da internet, você jamais conseguiria satisfazer esse desejo e ficaria sozinho em sua fascinação. Agora, a satisfação está a apenas um clique de distância. Quaisquer que sejam seus interesses como criador, seus mil fãs fiéis estão a um clique de você. Pelo que eu saiba, não há *nada* — nenhum produto, nenhuma ideia, nenhum desejo — sem uma base de fãs na internet. Tudo o que é feito ou pensado pode despertar o interesse de pelo menos uma pessoa em um milhão (uma meta baixa). Mas se pelo menos uma pessoa em um milhão se interessou existem sete mil interessados em potencial ao redor do planeta. Isso significa que *qualquer* apelo em um milhão pode encontrar mil fãs fiéis. O truque é encontrá-los na prática ou, mais precisamente, fazer com que eles o encontrem.

Uma das muitas inovações recentes que servem ao criador com fãs fiéis é o crowdfunding. Fazer com que seus fãs financiem seu próximo produto é genial. Todo mundo sai ganhando. Existem cerca de duas mil plataformas de crowdfunding no mundo, muitas delas especializadas em determinados campos: arrecadar dinheiro para experimentos científicos, bandas ou documentários. Cada uma tem suas próprias exigências e diferentes modelos de financiamento, além de interesses específicos. Algumas plataformas exigem metas de financiamento "tudo ou nada"; outras permitem financiamento parcial; algumas arrecadam dinheiro para projetos concluídos; outras, como o Patreon, financiam projetos em andamento. Os apoiadores do Patreon podem, por exemplo, financiar uma revista mensal, ou uma série de vídeos ou o salário de um artista. A maior e mais famosa plataforma de crowdfunding é o Kickstarter, que arrecadou 2,5 bilhões para mais de cem mil projetos. O número médio de financiadores de um projeto bem-sucedido no Kickstarter é 290 — bem menos do que mil. Ou seja, se você tem mil fãs fiéis, pode fazer uma campanha de crowdfunding, porque, por definição, esse tipo de fã se tornará um financiador no Kickstarter. (Embora o sucesso de sua campanha dependa do que você pede a eles.)

A verdade é que cultivar mil fãs fiéis consome tempo, muitas vezes exaspera e não é para qualquer um. Quando bem-feito (e por que não fazer bem?), esse processo pode se tornar outro trabalho em tempo integral. Na melhor das hipóteses, será uma tarefa de meio expediente desgastante e desafiadora, que exige habilidades permanentes. Há muitos criadores que não querem lidar com fãs, e, sinceramente, não deveriam. São indivíduos que devem apenas pintar, ou costurar, ou fazer música, e contratar outra pessoa para lidar com os superfãs. Se você é uma delas, ter um ajudante vai alterar sua fórmula e ampliar o número de fãs necessários, mas essa pode ser a melhor solução. Se você for longe assim, então por que não "subcontratar" intermediários para lidar com seus fãs — selos, estúdios, editoras e varejistas? Se eles trabalharem para você, tudo bem, mas lembre-se: na maioria dos casos serão ainda piores nisso do que você.

A matemática dos mil fãs fiéis não é uma escolha binária. Você não precisa excluir uma rota para seguir a outra. Muitos criadores, inclusive eu, usam relações diretas com superfãs e também grandes intermediários. Meus trabalhos foram publicados por várias editoras importantes de Nova York, mas também me autopubliquei e usei o Kickstarter a fim de publicar para meus fãs fiéis. Escolhi cada formato dependendo do conteúdo e do objetivo. Mas, em todos os casos, cultivar fãs fiéis enriquece a rota escolhida.

A mensagem final: os mil fãs fiéis são um caminho alternativo para o sucesso, diferentemente do estrelato. Em vez de tentar alcançar os picos estreitos e improváveis dos discos de platina, dos best-sellers, dos campeões de bilheteria e do status de celebridade, você pode ter como meta uma conexão direta com essas mil pessoas. Dessa forma — não importa quantos fãs consiga conquistar —, você estará cercado não por uma paixão passageira, mas por uma admiração genuína e leal. É um destino muito mais razoável e é muito mais provável que você realmente o alcance.

Alguns pensamentos de Tim

Kevin faz uma distinção entre "ganhar a vida" e "ganhar uma fortuna", o que é um ponto de partida importante para a discussão. Vale a pena notar, porém, que as duas coisas não se excluem necessariamente. Criar mil fãs fiéis é também uma maneira de criar sucessos enormes, mega-best-sellers perenes e fama mundial (tome cuidado com o que deseja). Tudo o que é grande começa pequeno e focado (veja Peter Thiel, página 263). Ter mil fãs fiéis é o passo nº 1, quer você almeje um negócio que renda 100 mil dólares por ano, quer seja se tornar a próxima Uber. Observei essa dinâmica em todas as startups em que investi e que se tornaram mais bem-sucedidas e tiveram crescimento mais rápido. Todas começaram bem focadas em algo entre cem e mil pessoas e foram reduzindo o nicho, quando necessário, com mensagens e alvos (demograficamente, geograficamente etc.) para alcançar um número administrável e factível em termos de custo-benefício.

Portanto, você pode até perguntar a si mesmo: "Por que minha meta é de meros 100 mil dólares se posso tentar construir um negócio de 1 bilhão?" Por dois motivos: 1) Ter 1 bilhão como meta desde o começo leva o criador a, com frequência, negligenciar os mil fãs fiéis que agem como a força de marketing gratuita mais poderosa para "atravessar o abismo" e ganhar popularidade. Sem esse exército inicial, é provável que você fracasse. 2) Você realmente quer construir e administrar uma grande empresa? Para a maioria das pessoas, essa experiência não é divertida; é um trabalho exaustivo de capataz. Certamente existem CEOs craques que encontram um equilíbrio e gostam dessa montanha-russa, mas eles são exceções. Leia *Pequenos gigantes*, de Bo Burlingham, para ver alguns exemplos fantásticos de empresas que optaram por serem as melhores e não as maiores.

E, como Kevin observou, seu número de fãs fiéis pode, na verdade, ser bem menor do que mil. Isso é especialmente verdade quando você produz um conteúdo que atraia um nicho pequeno, mas com alto poder de compra, e busca fontes de renda indireta que não sejam baseadas em transações *in loco* (por exemplo, palestras pagas, oportunidades de investimento, consultoria). Elas podem ser bem mais lucrativas do que a maioria das propagandas, caixinhas de gorjetas e afins.

Uma categoria que comumente critica a abordagem dos "mil fãs fiéis" é a dos músicos, que argumentam: "Mas eu só posso vender disco por, no máximo, 10 dólares e só consigo produzir um por ano. Isso dá apenas 10 mil dólares, o que não é o suficiente para viver. Os 'mil fãs fiéis' não funcionam." Muitos escritores têm um argumento semelhante, mas é furado. Lembre--se, um fã fiel *de verdade* comprará *o que quer que você produza*. Se eles se recusam a efetuar compras acima de 10 dólares, seu trabalho de encontrar e cultivar fãs fiéis ainda não acabou. Se você tem fãs fiéis, sua responsabilidade é considerar (e testar) opções de preços mais altos que estejam fora do paradigma dos 10 dólares. Não fique preso ao modelo de preço daqueles que já estão estabelecidos. Em 2015, em um leilão, o Wu-Tang Clan vendeu a uma pessoa um único disco feito por encomenda — em uma caixa de prata e níquel feita a mão pelo artista britânico-marroquino Yahya — por 2 milhões de dólares. Há muitas opções entre 10 dólares e 2 milhões de dólares. Veja na página 323 meu método "grátis ou ultraespecial", que me deu completa liberdade criativa e financeira.

Você não precisa sacrificar a integridade da sua arte por uma renda respeitável. Só precisa proporcionar uma grande experiência e cobrar o suficiente.

Não tem certeza de quanto cobrar? Talvez você deva descobrir qual é a Renda Mensal Alvo (RMA) para o seu estilo de vida ideal e trabalhar nisso. Para ver exemplos e um exercício simples sobre planilha, acesse fourhourworkweek.com/tmi.

COMO SE DAR BEM NO KICKSTARTER

Como arrecadar 100 mil dólares em dez dias

O texto a seguir foi escrito por Mike Del Ponte, um dos fundadores da Soma, uma startup para a qual presto consultoria (FB/IG/TW: @somawater, drink-soma.com). Ele arrecadou 100 mil dólares no Kickstarter em dez dias, e pedi a ele que compartilhasse algumas das melhores ferramentas e alguns truques para reproduzir esse sucesso.

Observe que "AV" nas referências abaixo se referem a "assistente virtual", o que ele encontra por meio do Upwork ou do Zirtual.

Entra Mike

Quantas vezes você sonhou em lançar um novo produto, para em seguida deixar seu sonho ir por água abaixo?

Não tenho dinheiro nem para começar! E se der errado?

No passado, essas desculpas tinham algum peso, já que levar um novo produto ao mercado podia ser incrivelmente caro. Muitas vezes era preciso fazer um protótipo, fabricar e depois esperar que o mundo desejasse o que você estava vendendo. Caso contrário, o destino era acabar com um depósito cheio de dívidas: um estoque sem qualquer apelo.

Hoje em dia, existem novas opções. As plataformas de crowdfunding, como **Kickstarter** e **Indiegogo**, permitem apresentar (testar) um novo produto antes de começar a fabricá-lo, eliminando uma quantidade enorme de risco. Se as pessoas gostarem do que você está oferecendo, é possível atrair milhares, ou mesmo milhões, de dólares para financiar seu sonho. Na pior das hipóteses, pelo menos a ideia foi testada sem que fosse necessário investir muito tempo ou dinheiro.

Mas com frequência as pessoas planejam e executam campanhas no Kickstarter de maneira aleatória.

Para nos prepararmos para a nossa, não queríamos deixar nada ao acaso, então entrevistamos quinze dos criadores que mais arrecadaram no Kickstarter.

Trabalhei com firmas de RP que cobram 20 mil dólares por mês e levam três meses para planejar um lançamento. Siga nossos conselhos — com base no que aprendemos —, e haverá uma boa chance de você conseguir resultados melhores sem gastar nada.

Usando assistentes virtuais, técnicas de *growth hacking* e princípios dos livros de Tim, arrecadamos mais de 100 mil dólares em menos de dez dias. Depois de alcançarmos nossa meta com quase trinta dias de antecedência, conseguimos tirar férias para relaxar.

Aqui estão apenas algumas das chaves menos previsíveis que aprendemos.

Encontre a DME para o tráfego no Kickstarter

Se você quiser arrecadar muito dinheiro no Kickstarter, precisa direcionar muito tráfego para o seu projeto. E é de se esperar que o tráfego inclua prováveis apoiadores. Aplicando o conceito de "dose mínima eficaz", de *4 horas para o corpo*, percebemos que precisávamos descobrir as melhores fontes de tráfego e focar nelas.

Meu amigo Clay Hebert é especialista em Kickstarter. Uma das coisas que ele me ensinou é um simples truque usando o rastreamento do bit.ly, um serviço de encurtamento de links utilizado por milhões de pessoas... e pelo Kickstarter. Se acrescentarmos um + no fim de qualquer URL no bit.ly, podemos ver estatísticas relacionadas a ele. Por exemplo: aqui estão as estatísticas para shortlink que o Kickstarter gerou para nossa campanha: http://kck.st/VjAFva+.

[**TF:** Você vai pirar com isso. Vá a qualquer projeto do Kickstarter, clique em compartilhar e escolha uma rede social, como o Twitter. Aparecerá um tuíte editável com um shortlink para publicar. Copie e cole o link sozinho em uma nova aba, acrescente + no fim e tecle Enter. *Voilà.*]

Para descobrir as principais fontes de referência, demos ao nosso AV uma lista de projetos do Kickstarter semelhantes ao nosso e pedimos a ele que listasse as referências de cada um. Com base nesses dados, decidimos concentrar toda a nossa atenção em apenas dois objetivos:

1. Obter uma cobertura nos blogs certos

2. Ativar nossas redes de comunicação para criar burburinho no Facebook, no Twitter e por e-mail

Sabíamos que, se fizéssemos isso, seríamos listados nas seções de Projetos Populares do Kickstarter, e é assim que sabemos quais são as pessoas que estão navegando a esmo para verificar e apoiar seu projeto.

Encontre blogueiros relevantes usando imagens do Google

Comece olhando quem cobriu projetos semelhantes ao seu no Kickstarter. Você pode fazer isso usando um simples acesso ao Google Imagens. Se você arrastar e soltar qualquer arquivo de imagem na barra de busca de **images. google.com**, será apresentado a todos os sites que postaram essa mesma imagem. Bacana, né?

Eis o processo que seu AV usará:

≫ Encontre dez projetos do Kickstarter semelhantes ao seu e, para cada um, faça o seguinte:

→ Clique com o botão direito do mouse e salve na área de trabalho duas ou três imagens.

→ Arraste e solte cada um desses arquivos na barra de busca do Google Imagens.

→ Examine os blogs listados na página de resultados para ver quais podem ser relevantes para o seu projeto.

≫ Preencha os seguintes campos da planilha da lista de mídia que você criar: publicação, URL, nome e sobrenome do autor e links desse autor para posts relevantes.

≫ Agora você tem dezenas de blogs com probabilidade alta de relevância, todos bem organizados em uma planilha. Seu AV pode encontrar mais sites como esses pesquisando em SimilarSites.com.

Pesquise tráfego em sites em SimilarWeb.com ou Alexa.com

Maior nem sempre é melhor, mas é útil saber o tamanho do público leitor de cada blog. Faça seu AV pesquisar quantos visitantes mensais únicos cada blog tem e acrescente os dados à sua planilha. **TF:** Eu pessoalmente uso a extensão Chrome SimilarWeb.

Identifique relações no Facebook

Este passo pode ser a parte mais importante de seus esforços de RP. Para nós, oito em cada dez posts valiosos de blog resultaram dessas relações. Quando promovemos um blogueiro sem relações, menos de 1% respondeu. Com apresentações, nosso índice de sucesso foi superior a 50%.

Como identificar essas relações? Facebook. Faça seu AV se conectar à sua conta no Facebook, procure blogueiros em sua lista de mídia e acrescente amigos mútuos à planilha. Você também pode buscar em redes de comunicação de profissionais, como o LinkedIn.

Use as ferramentas certas

O **TextExpander** permite colar qualquer mensagem salva — seja um número de telefone ou um e-mail de duas páginas — em qualquer documento ou campo de texto, simplesmente digitando uma abreviação. Isso é extremamente útil para uma expansão repetitiva. É um aplicativo obrigatório que provavelmente nos poupou de uma a duas horas de digitação por dia.

Uma ferramenta que não usamos, mas deveríamos ter usado, é o **Boomerang**, um módulo de extensão do Gmail que permite programar e-mails. No dia do lançamento, criamos e-mails para amigos influentes que estavam a par do assunto usando o TextExpander e em seguida fizemos ligeiras edições em cada um. O que deveríamos ter feito seria escrever e salvar esses e-mails personalizados alguns dias antes do lançamento. Assim, os teríamos programado para serem enviados automaticamente pelo Boomerang no instante em que lançássemos. Isso teria liberado muitas horas preciosas no dia do lançamento.

TF: Para mais dez dicas e meia dúzia de modelos de e-mail que a Soma usou para sua expansão de RP e seu lançamento (só isso poderia lhe poupar mais de cem horas), acesse **fourhourworkweek.com/kickstarter**.

"Se tiver sorte, de vez em quando uma boa ideia surgirá de primeira. Geralmente elas só chegam depois de muitas ideias ruins."

ALEX BLUMBERG

Alex Blumberg (TW: @abexlumberg, gimletmedia.com) é um premiado radialista, CEO e um dos fundadores da Gimlet Media, criadora de *Reply All*, *StartUp*, *Mystery Show* e muitos outros podcasts campeões de audiência. Antes da Gimlet, foi produtor de *This American Life* e um dos fundadores do *Planet Money*. Alex apareceu duas vezes em meu podcast, primeiro como entrevistado e depois em um trecho de seu curso de 21 lições na CreativeLive, *Power Your Podcast with Storytelling*.

Por que colocar um contador de histórias em áudio na seção Rico? Lembre-se do que escrevi em Como Usar Este Livro (página 17): as perguntas são suas picaretas. Boas perguntas fazem as pessoas se revelarem, abrem novas portas e criam oportunidades.

Animal espiritual: Lontra

EM GERAL — FAÇA A PERGUNTA BOBA QUE TODO MUNDO ESTÁ COM MEDO DE FAZER

"No centro de qualquer história há, com frequência, uma pergunta básica e muito boba que ninguém está fazendo. Uma das maiores histórias que já fiz, 'The Giant Pool of Money', baseava-se em uma pergunta boba desse tipo: 'Por que os bancos estão emprestando dinheiro a pessoas que não podem devolvê-lo?' **Fazer a pergunta boba é, com frequência, a coisa mais inteligente que você pode fazer.**"

(Malcolm Gladwell também discute isso na página 624.)

EM PARTICULAR — USE AS PERGUNTAS E AS INDUÇÕES CERTAS

Para Alex, boas entrevistas devem ter histórias como ingrediente principal, e não se basearem no modelo de "sim" ou "não", que é pouco informativo. Como Alex provoca o que ele chamaria de "momentos de emoção autênticos"? Como você leva as pessoas a abrir o coração? A contar histórias divertidas com naturalidade? Como você torna a fala delas memorável — concreta e específica — e não abstrata e geral? Alex passou mais de vinte anos pensando nisso e testando diferentes abordagens.

Em geral, ele tenta cobrir três áreas: ambientação (por exemplo, onde, quando, quem, o quê), emoções e detalhes. Aqui estão algumas frases específicas que ele usa, e que tomei emprestadas. Você notará que pseudocomandos às vezes são mais eficazes do que perguntas:

Induções que incentivam o entrevistado (um ponto fraco da maioria dos entrevistadores)

"Conte-me sobre a vez que..."

"Conte-me sobre o dia [ou o momento ou a época] em que..."

"Conte-me a história de... [como você se especializou em X, como você conheceu fulano etc.]"

"Conte-me sobre o dia em que você percebeu..."

"Quais foram os passos que levaram você a..."

"Descreva a conversa em que..."

TF: Com frequência uso esta última com pessoas que em determinado momento estavam considerando deixar um emprego para abrir uma empresa. Sempre digo: "Descreva a conversa em que você mencionou pela primeira vez a sua esposa/seu marido que queria abandonar essa carreira lucrativa em X e abrir sua própria empresa." Nunca deixei de conseguir uma boa história.

Perguntas posteriores quando algo interessante surge, talvez de passagem

"Como você se sentiu com isso?"

"O que você faz com isso?"

TF: Com frequência digo "Explique isso um pouco mais..." ou "O que você aprendeu com isso?".

Iscas de uso geral

"Se o velho você pudesse ver o novo você, o que diria o novo você?"

"Você parece muito confiante agora. Sempre foi assim?"

"Se você tivesse que descrever o debate em sua cabeça sobre [decisão ou evento X], como você o descreveria?

TF: Com frequência adapto esta última para algo como "Quando você faz X [ou 'Quando Y aconteceu com você'], como é sua conversa interna? O que você diz a si mesmo?"

ALGUMAS FERRAMENTAS DE ALEX

Gravação

Microfone direcional Audio-Technica AT8035

Gravador TASCAM DR-100mkII

Fones de ouvido Sony MDR-7506

Cabo(s) XLR

Softwares

Avid Pro Tools para editar

Chartbeat para análise de acessos

OS EQUIPAMENTOS DE PODCAST QUE USO

Como sempre me perguntam sobre a montagem dos equipamentos em meu podcast — e acho que todo mundo deveria experimentar começar um, pelo menos uma vez, para aprender —, este capítulo abre o jogo.

Mexer com áudio pode ser infinitamente complexo, mas você pode simplificar o processo. Como diria Morgan Spurlock (página 252): "Quanto mais sofisticado fica, mais fácil dar problema." Minha sugestão é começar gravando entrevistas por telefone via Skype. É uma forma extremamente barata de praticar, e também de trapacear: recorrer a perguntas, notas e "colas" no Evernote ou em outro programa enquanto fala. Isso elimina a pressão. Entrevistas pessoais são muito mais difíceis de preparar, mais difíceis de conduzir bem e, tecnicamente, mais fáceis de dar errado.

A seguir está minha "receita mínima eficaz" para produzir um podcast que não será motivo de piada na internet. Ainda uso todas essas ferramentas. Para links de todos os equipamentos, acesse fourhourworkweek.com/podcastgear.

Entrevistas presenciais

» **Gravador portátil Zoom H6 com seis faixas:** Para gravações presenciais, uso o H6 com microfones de palco simples (abaixo). Para gravar entrevistas com duas a quatro pessoas, o H6 é melhor que o modelo mais antigo, H4n. Dica de profissional: sempre coloque baterias novas para cada entrevista importante. Uso fones de ouvido simples para checar o som.

» **Microfone vocal cardioide Shure SM58-LC:** Agradeço a Bryan Callen (página 528) por ter me apresentado a esse microfone. Tentei todo tipo de microfones boom, de lapela etc. Para podcasts presenciais, em matéria de dinheiro nada supera este microfone de palco das antigas. Você pode jogá-lo contra a parede e provavelmente ele não sofrerá nada. Algumas pessoas usam um suporte, mas prefiro que os convidados o segurem, porque assim é menos provável que se inclinem e se afastem. Os níveis de som (volume) são, portanto, mais regulares, causando menos transtornos na pós-produção.

» **Cabo de microfone de três pinos XLR (1,80 metro):** Para conectar o microfone Shure SM58-LC ao gravador Zoom H6. Não seja descuidado aqui. Em minha experiência limitada, se alguma coisa der errado (e só for detectada tarde demais), será um ajuste frouxo em um deles.

» **Capas de espuma windscreen para microfone Bluecell, pacote com cinco:** Elas minimizam os cliques, estalos e outros ruídos captados dos vocais, bem como ruídos no fundo e vento. A marca não faz muita diferença.

Entrevistas por telefone/Skype

» **Gravador de chamadas Ecamm para Skype:** É usado para gravações das ligações por Skype. Não encontrei nenhum software fora de série, mas este dá conta do trabalho. Usei-o em mais de 50% das entrevistas do meu podcast. O Zencastr também tem críticas favoráveis, mas às vezes exige muito espaço no HD por parte do seu entrevistado.

» **Microfone cardioide dinâmico ATR2100 USB/XLR da Audio-Technica:** Este é o meu microfone de viagem preferido para todas as entrevistas por telefone. Também pode ser usado para gravar introduções, leituras do patrocinador etc., com o QuickTime. Com frequência envio este microfone aos meus convidados, via Amazon Prime, quando eles precisam de um, porque em termos de valor ele representa o melhor retorno sobre o investimento. Certifique-se de usar uma bola de espuma windscreen ou um "pop filter".

» **Yellowtec iXm:** Uso este microfone para gravações em viagens de última hora e introduções pós-produção. É um incrível microfone tudo-em-um, que permite gravar sem zoom nem laptop. Corrige automaticamente os níveis e — sinceramente — produz o melhor áudio entre todos os vários microfones que tenho. Uso-o para minhas introduções ("Bem-vindos a mais um episódio de *The Tim Ferriss Show...*") e recados do patrocinador, que gravo em separado. Se estou viajando mas *posso* precisar de um microfone, é ele que levo na mochila. O danado é caro, mas adoro a qualidade e a conveniência que ele proporciona.

Pós-produção e edição

>> **Seja lá o que for:** Dos meus primeiros trinta episódios, editei uns vinte usando o GarageBand, apesar de não gostar dele. Por quê? Porque foi fácil aprender a usá-lo e isso me forçou a manter o formato do podcast bem simples. Esses absurdos sofisticados não eram possíveis para uma pessoa como eu, que não lida muito bem com a modernidade, nem para o software, e era isso o que eu queria: uma restrição positiva. Se o GarageBand parecer amador demais para seu primeiro ou três primeiros episódios, aposto que 99% de vocês desistirão no episódio cinco. A maioria dos pretensos *podcasters* desiste porque fica sobrecarregada de equipamentos e edições. Mais ou menos como Joe Rogan, decidi gravar e publicar conversas inteiras (minimizando a pós-produção), e não apenas os destaques.

>> **Simplifique:** Aqui estão algumas opções que meus editores/engenheiros têm usado: Audacity (grátis), Ableton, Sound Studio e Hindenburg. Se eu fosse aprender a mexer em outro software de edição, provavelmente escolheria o Hindenburg.

>> **Auphonic:** Uso com frequência o Auphonic.com para finalizar e refinar meus podcasts depois de editar conforme acima. Trata-se de uma ferramenta para pós-produção de áudio com base na internet, criada para ajudar a melhorar a qualidade geral do áudio do seu podcast.

COISAS QUE NÃO USO

Até hoje, não usei pré-amplificadores, mesas de som ou outros equipamentos. Isso melhoraria ligeiramente as coisas, mas achei que a complexidade adicional, a bagagem a mais e o risco de defeito não valiam a pena.

ED CATMULL

Ed Catmull (TW: @edcatmull, pixar.com) é, juntamente com Steve Jobs e John Lasseter, fundador da Pixar Animation Studios. É o atual presidente da Pixar e dos Walt Disney Animation Studios. Ganhou cinco Oscars e, como cientista da computação, contribuiu para muitas melhorias importantes na animação gráfica. É autor de *Criatividade S.A.*, citado pela *Forbes* como "talvez o melhor livro de negócios já escrito".

FATO POUCO CONHECIDO

Em 1995, também o último ano em que *Calvin e Haroldo* foi publicado, comprei minhas primeiras ações — eram da Pixar.

TODOS NÓS COMEÇAMOS COM UMA PORCARIA

"Tivemos que [recomeçar internamente] *Toy Story 2*. O mesmo se deu com *Ratatouille...* [porque] todos os nossos filmes, no início, são uma porcaria."

TIM: "Por que você diz isso? A primeira versão é sempre tosca?"

ED: "É uma grande concepção errada que as pessoas têm: a de que [no começo] um filme em produção é uma versão bebê do filme final, quando na verdade a versão final não tem nenhuma relação com aquilo do começo. O que constatamos é que a primeira versão é sempre uma porcaria. Não quero dizer que sou humilde ou que somos modestos em relação ao processo. Quero dizer que realmente são uma porcaria."

O INCRÍVEL PODER DE ESTRATÉGIA E PREVISÃO DE STEVE JOBS

"Abrimos o capital uma semana depois de [*Toy Story*] sair... A lógica de Jobs era que, embora ele quisesse que abríssemos o capital — e ele tinha alguns motivos para isso em relação aos quais estávamos céticos, para ser sincero —, ele queria fazer isso depois que o filme saísse, para demonstrar às pessoas que, de fato, uma nova forma de arte estava nascendo e que valia a pena investir..."

TIM: "Preciso colocar o dedo nessa ferida, quais eram os motivos dele para abrir o capital na bolsa em relação aos quais as pessoas estavam céticas?

ED: "Estávamos fazendo o primeiro filme. Nenhum de nós jamais havia estado em uma empresa de capital aberto, que dirá saber o que isso significa. Então pensamos: *Pode ser que isso seja um caos total*. Havia a visão de que iríamos fazer alguns filmes, provaríamos nosso valor e dominaríamos o negócio antes de abrirmos o capital, mas Steve tinha uma lógica diferente. Ele disse: 'Nesse momento, temos um acordo de três filmes com a Disney.' Os termos financeiros do acordo, embora fossem os melhores que podíamos ter depois que nos tornamos uma empresa bem-sucedida, nos proporcionava uma participação bem pequena nos lucros.

"Todos nós tínhamos uma relação muito boa com a Disney, mas Steve quis renegociar o acordo. Ele disse que, ao fim de três anos, se saíssemos, fundássemos uma outra empresa e já não estivéssemos com a Disney, seríamos o pior pesadelo para eles, porque eles teriam ajudado a lançar um concorrente bem-sucedido... Tudo isso foi antes de acontecer, então estávamos supondo o futuro. Mas eram prognósticos de Steve Jobs, porque ele acreditava que o filme seria um grande sucesso.

"Então ele disse: 'O que vai acontecer é que, assim que o filme sair, Michael Eisner vai perceber que ajudou a criar um concorrente, então ele vai querer renegociar, e se renegociarmos, o que queremos é ser sócios meio a meio.'

"Naquele momento tínhamos um Steve diferente dos anos anteriores, quando ele meio que dava tudo de si e tentava ficar com quase tudo. Ele chegou a um ponto que disse que não era um bom lugar para estar. Um bom lugar para estar seria uma parceria meio a meio. Uma boa posição e o caminho mais fácil para se tomar. Mas se nos tornássemos sócios meio a meio, isso também significaria ter que providenciar metade do dinheiro. Bem, a Pixar não tinha nenhum."

TIM: "Certo. Era preciso ter um pé-de-meia."

ED: "Exatamente. Se abríssemos o capital, teríamos essa grana. E aí, na renegociação, poderíamos buscar um tipo de acordo que fosse 50/50. Então o filme saiu e alguns meses depois Steve recebeu uma ligação de Michael Eisner dizendo: 'Vamos renegociar.' 'Está bem, queremos que seja meio a meio', foi a resposta de Steve. Tudo aconteceu como ele tinha previsto. Para mim, foi incrível. Uau, previu perfeitamente."

SE NÃO CONSEGUIR LER, TENTE OUVIR

"Meu cérebro funciona de maneira diferente. Acabei descobrindo que sou incapaz de ler poesia... Se eu ler poesia, meu cérebro para de funcionar em questão de segundos.

"Tudo isso aconteceu porque havia uma nova tradução da *Ilíada*, feita por Robert Fagles, e era em forma de verso. O problema é que eu não conseguia ler aquilo. Então, durante um jantar, uma mulher me disse: 'Não leia, ouça.' Comprei a fita, escutei e me vi completamente encantado. Fiquei surpreso com o fato de a história ter sido transmitida oralmente 2.800 anos atrás em uma língua diferente para uma cultura diferente. Seu propósito era a transmissão oral, é claro, porque tinha ritmo."

AULAS FAVORITAS DA TEACHING COMPANY

Durante vários anos, Ed escutava aulas da Teaching Company todo dia durante o deslocamento para o trabalho:

"Eles têm aulas de economia, Shakespeare e tudo o mais. O que teve maior impacto em mim foi todo o conjunto de história mundial... Embora, devo admitir, houve uma especial, falando sobre a época do rei Henrique VIII, **os Tudors e os Stuarts**. Fiquei tão impressionado que assim que a ouvi, voltei ao começo e ouvi de novo.

PARA SE TORNAR UM ARTISTA, APRENDA A VER

No ensino médio, Ed se saía bem em arte e queria trabalhar com animação. No entanto, perto do fim do primeiro ano na faculdade, não se via trilhando o caminho rumo ao nível exigido para trabalhar com animação na Disney, então mudou para física. Muita gente acha que são coisas incompatíveis, não relacionadas. Ele discorda.

"A maioria das pessoas até hoje pensa nessas áreas como radicalmente diferentes. Mas quero propor uma maneira distinta de ver isso. Provém do que considero uma má compreensão fundamental da arte por parte de muita gente. Porque elas pensam em arte como aprender a desenhar ou aprender um certo tipo de autoexpressão. **Mas, na verdade, o que os artistas fazem é aprender a ver.**"

MEDITAÇÃO

Ed pratica a meditação vipassana fazendo uma sessão de trinta a sessenta minutos por dia. Começou depois de visitar o Symbol of Man Center, que é tibetano.

✳ **Livro mais presenteado ou recomendado**
"Eu diria que há certos livros infantis que dei de presente algumas vezes, como *One Monster After Another*, de Mercer Mayer. Adoro esse livro."

TRACY DiNUNZIO

Tracy DiNunzio (TW: @TracyDiNunzio, tradesy.com) é uma fera. É fundadora e CEO da Tradesy, que disparou como um foguete. Ela arrecadou 75 milhões de dólares com investidores, incluindo Richard Branson, Kleiner Perkins e eu mesmo, e o conselho conta com o lendário John Doerr. A Tradesy tem a missão de tornar disponível sob demanda o valor de revenda de qualquer coisa que você possua. O lema deles é "Ganhe com o seu armário".

Animal espiritual: Abelha

"QUANDO RECLAMAMOS, NINGUÉM QUER NOS AJUDAR"

"Nasci com espinha bífida, um defeito congênito em que as vértebras não se formam em torno da medula espinhal. Minha condição foi atribuída provavelmente à exposição do meu pai ao agente laranja quando ele estava no Vietnã... Fiz muitas pinturas enquanto me recuperava das cirurgias, então tive que usar técnicas curiosas, como me arrastar no chão durante o processo porque não podia me levantar. Lidei com isso reclamando e sendo amarga. Não funcionou. Foi horrível... Stephen Hawking tem a melhor citação sobre isso, e também uma história legítima... Stephen provavelmente tem mais direito a reclamar do que qualquer um, mas ele diz: **'Quando reclamamos, ninguém quer nos ajudar.'** É uma coisa tão simples e colocada de forma tão clara que só mesmo ele poderia ter dito uma verdade tão brutal e honesta. **Se você gasta seu tempo focando em coisas que estão erradas, e se é isso que você expressa e projeta para as pessoas ao redor, você não se torna uma fonte de crescimento para elas, mas uma fonte de destruição.** E destruição atrai destruição.

"Como eu estava determinada a pensar e falar a respeito do meu sofrimento, isso iniciou um impulso que foi em uma direção negativa em minha vida. Em dado momento, provavelmente 2006 ou 2007, decidi impor a mim mesma uma 'dieta de reclamação' em que eu dizia: 'Não apenas não vou dizer nada negativo sobre a situação em que estou, como também não vou me permitir *pensar* em nada negativo a respeito'... O processo levou muito tempo, e eu não o dominava perfeitamente, mas... substituir esses pensamentos não apenas me ajudou a começar a mover minha vida em uma direção melhor, em que eu não me via obcecada pelo que estava errado, como também fez com que eu não sentisse tanta dor física, o que é muito libertador e um tanto necessário se você quer fazer alguma coisa."

ESCOLHA O PÚBLICO CERTO PARA MANDAR MAL

"Na procura por investidores, meu conselho é fazer as dez primeiras reuniões de um projeto com investidores que, na verdade, você não quer conquistar, porque provavelmente as dificuldades serão maiores no começo. Eu fui uma porcaria durante muito tempo."

TF: Até Jerry Seinfeld fracassou com seu material inicial (veja o documentário *Comedian — Nos Bastidores da Comédia*), e por isso resolveu desenvolvê-lo em casas de show pequenas. A Nike testou muitos de seus novos produtos e campanhas em lugares como a Nova Zelândia antes de subir no grande palco nos Estados Unidos. Fui rejeitado por 27 editoras quando tentei vender *Trabalhe 4 horas por semana* em Nova York. Felizmente, em geral só é preciso uma editora, um investidor principal, um X. Reserve sua lista de prioridades para depois das dez primeiras tentativas de venda.

PHIL LIBIN

Phil Libin (TW: @plibin, evernote.com) é um dos fundadores e presidente do conselho da Evernote, que tem cerca de 150 milhões de usuários. Eu, pessoalmente, utilizo essa plataforma pelo menos dez vezes por dia. É o meu cérebro externo para capturar informações, documentos, artigos on-line, listas etc. de toda a minha vida. O Evernote foi usado para reunir toda a pesquisa para este livro. Phil é também diretor administrativo da General Catalyst, uma firma de capital de risco que investiu em empresas como Airbnb, Snapchat, Stripe e Warby Parker. A lista de mentores de Phil me impressiona, como você vai ver neste perfil.

Animal espiritual: Polvo

* **Qual é a primeira pessoa que vem à sua mente quando você pensa na palavra "bem-sucedido"?**

"A primeira *coisa* que brotou na minha mente quando você disse 'bem-sucedido' foi o iPhone... Acho que não penso realmente em pessoas como 'bem-sucedidas'... Toneladas de pessoas merecem ser bem-sucedidas porque são superinteligentes, interessantes e trabalham duro, só que não tiveram sorte.

* **Documentário obrigatório**

Os Guardiões (2012) mostra entrevistas com todos os chefes vivos do Shin Bet, a agência de segurança israelense, que falam francamente sobre vida, guerra e paz. O lema do Shin Bet é "Magen veLo Yera'e", literalmente "o escudo invisível", ou "defender sem ser visto".

JEFF BEZOS SOBRE QUESTIONAR SUPOSIÇÕES

"Toda conversa que tenho com Bezos [fundador da Amazon.com] muda minha vida... Por exemplo, passei a vida inteira achando que queria ir a Marte... isso estava em *A Família Sol-Lá-Si-Dó*. Eu pensava que seria a melhor coisa que poderia acontecer.

"Em algum momento, se eu estruturar minha vida corretamente, talvez consiga ir. Acho que é muito importante para a humanidade ser capaz de fazer isso... falei com Elon [Musk] algumas vezes e me senti imensamente inspirado por tudo o que ele e a SpaceX estão fazendo...

"Esbarrei em Jeff Bezos um pouco depois e disse: 'Acabei de falar com Elon e estou muito animado em relação a Marte. Espero ir um dia.' Bezos olhou para mim e disse: 'Marte é bobagem. Depois de sair do planeta, a última coisa que vamos querer fazer é entrar em outra gravidade.'

"Bezos disse: 'A questão toda, o motivo pelo qual é tão difícil sair da Terra, é vencer a gravidade pela primeira vez. Depois que fizermos isso, por que ir a Marte? Deveríamos morar em estações espaciais, analisar asteroides, tudo isso é muito melhor do que estar em Marte.' E em trinta segundos ele havia mudado completamente o rumo da minha vida, porque ele está totalmente certo."

MIKITANI SOBRE A REINVENÇÃO NECESSÁRIA — A REGRA DE TRÊS E DEZ

Phil considera Hiroshi Mikitani, fundador e CEO da Rakuten, uma das pessoas mais impressionantes do mundo. Quase 90% da população que tem acesso à internet no Japão está registrada na Rakuten, o maior mercado on-line do país. Mikitani ensinou a Phil "a regra de três e dez".

"Isso efetivamente significa que cada coisa em sua empresa quebra toda vez que você triplica de tamanho.

"Mikitani foi o primeiro funcionário da Rakuten, e agora eles têm dez mil ou mais. Ele disse que quando se é apenas uma pessoa, tudo meio que funciona. Você consegue resolver. E então, em algum momento, você tem três pessoas, e as coisas passam a ser meio diferentes. Tomar decisões e tudo o mais com três pessoas é diferente, mas a empresa se adapta e fica bem por um tempo. Depois chega a dez pessoas e tudo quebra de novo. A questão é resolvida e então chega a trinta pessoas, e tudo é diferente, e depois cem, trezentas e mil.

"A hipótese de Mikitani é a de que tudo quebra mais ou menos nesses pontos de três e dez [múltiplos de três e potências de dez]. E 'tudo' significa tudo mesmo: como lidar com a folha de pagamento, como marcar reuniões, que tipo de comunicação usar, como fazer o orçamento, quem realmente toma as decisões. Cada parte implícita e explícita da empresa muda de maneira significativa quando ela triplica.

"Sua percepção é de que muitas empresas entram em dificuldades por causa disso. Quando o negócio é uma startup de crescimento rápido, surgem enormes dificuldades porque ele passa correndo por algumas dessas triplicações sem notá-las de fato. E então você se vira e percebe... somos quatrocentas pessoas agora, mas usamos alguns dos processos e sistemas de quando éramos trinta... O CEO deve pensar constantemente em como se reinventar e lidar com a cultura.

"Grandes empresas entram em dificuldades pelo motivo diametralmente oposto. Vamos supor que você chegue a dez mil pessoas e, em teoria, descobriu como fazer as coisas funcionarem com esse número. Seu próximo grande ponto só virá em trinta mil. A questão é que você provavelmente nunca chegará a trinta mil, ou certamente não dentro de alguns anos. Pode demorar uma década ou mais para uma empresa ir de dez mil para trinta mil. Mas ninguém quer esperar uma década ou mais para se reinventar, e então grandes empresas estão constantemente empurrando todas aquelas bobagens de iniciativas de inovação porque sentem que precisam fazer alguma coisa. Mas, na verdade, essas coisas não estão ligadas a nenhuma mudança fundamental para o negócio."

TF: Você cresceu muito além de seus sistemas ou crenças? É hora de se atualizar? Ou, em um nível pessoal, assim como Jerry Colonna, coach executivo de algumas das maiores estrelas de tecnologia no Vale do Silício, você perguntaria: "Quão envolvido você está na criação de condições que você diz não querer?"

CHRIS YOUNG

Chris Young (TW: @ChefChrisYoung, chefsteps.com) é um experimentador, inventor e inovador obsessivo. Suas áreas de conhecimento vão desde aviação radical a matemática e churrascos em escala apocalíptica. É, sobretudo, um dos pensadores de maior clareza que conheço.

Chris é um dos principais autores da obra de seis volumes *Modernist Cuisine*, que redefiniu o gênero. Foi também o chef fundador da cozinha experimental do Fat Duck, de Heston Blumenthal, o laboratório secreto de culinária por trás dos pratos inovadores de um dos melhores restaurantes do mundo. Antes de se tornar chef, concluiu cursos superiores de matemática teórica e bioquímica. Agora, é o CEO da ChefSteps, situada acima do Pike Place Market, em Seattle, estado de Washington.

Animal espiritual: Fragata

NOS BASTIDORES

» Matt Mullenweg (página 230) e eu visitamos o laboratório de Chris muitas vezes. Busque "Ferriss aerated green apple sorbet" para ver o vídeo em que pareço Puff, o Dragão Mágico.

» Nas horas vagas, Chris está treinando para quebrar o recorde mundial de voo em planador. Localização-alvo: Patagônia.

» Chris foi meu cientista escolhido para a seção "Scientist" de *The 4-Hour Chef*, e várias de suas receitas me levaram a uma demonstração de culinária ao vivo com Jimmy Fallon.

» Chris é grande amigo do escritor de ficção científica Neal Stephenson, autor de vários livros que estão entre os meus favoritos, incluindo *Nevasca* e *Cryptonomicon*. Muitos convidados deste livro recomendam *Nevasca* e *The Diamond Age* (Seth Godin, página 269, e Kelly Starrett, página 150). Todo ano, Chris e Neal realizam o Festival Espalhafatoso Anual no quintal de Neal, onde constroem máquinas absurdas e aparelhos de culinária: "Não foi difícil cavarmos um poço de seis metros cúbicos no quintal dele e transformá-lo em uma jacuzzi para cozinhar em *sous-vide* um porco de 136 quilos", diz Chris. "A cada edição depois dessa, ao longo dos cinco anos seguintes, o projeto tinha que ser mais exagerado, mais bizarro, mais ridiculamente perigoso. Perigoso no sentido de que talvez as casas dos vizinhos pegassem fogo, talvez alguém morresse soterrado por concreto, talvez alguém fosse queimado e virasse cinzas porque estávamos cozinhando com magma, esse tipo de coisa."

* O que você colocaria em um outdoor?

"'Tudo acabou se resolvendo'", instalado em frente à sua escola do ensino médio. "O ensino médio não foi uma boa época para mim."

"OS TRABALHOS INTERESSANTES SÃO AQUELES QUE VOCÊ INVENTA"

Seu pai, um empreendedor muito bem-sucedido, deu-lhe um conselho quando ele estava no primeiro ou segundo ano do ensino médio:

"Eu me lembro nitidamente de ele me dizendo para eu não me preocupar com o que iria fazer, porque **o trabalho que eu faria ainda não havia sido**

inventado... Os trabalhos interessantes são aqueles que você inventa. Isso é algo que com certeza espero incutir em meu filho: não se preocupe com qual será seu trabalho... Faça coisas pelas quais você se interesse e, se as fizer realmente bem, encontrará uma maneira de combiná-las com alguma boa oportunidade de negócio."

"VOCÊ ESTÁ TRABALHANDO EM ALGUMA COISA INTERESSANTE? POR QUE É INTERESSANTE PARA VOCÊ? O QUE HÁ DE SURPREENDENTE NISSO? ALGUÉM MAIS ESTÁ PENSANDO NISSO?"

São perguntas comuns de Heston Blumenthal, o ex-chef executivo do Fat Duck, restaurante já classificado como o nº 1 do mundo. Chris explica: "Nunca vi alguém tão curioso quanto ele, que podia falar com praticamente qualquer pessoa sobre o que quer que ela fizesse. Ele fazia perguntas como as acima a qualquer um, sobre qualquer coisa, fossem psicólogos, treinadores esportivos, chefs, escritores etc."

Isso me fez sorrir. Encontrei Heston certa vez no início dos anos 2000, em um lançamento de livro em uma escola de culinária em São Francisco. Eu me aproximei dele timidamente e perguntei: "Qual é a sua maneira favorita de fazer feijão? Estou constrangido de perguntar, mas tenho muita dificuldade de fazer feijão direito." Ele se empertigou, olhou diretamente em meus olhos e disse: "Sabe, as pessoas não têm noção de como os feijões podem ser complexos." Fez mais de dez perguntas esclarecedoras e então me deu um curso de mestrado de cinco minutos sobre cozinhar feijão. Desde então sou fã de Heston.

"SE VOCÊ TIVESSE 100 MILHÕES DE DÓLARES, O QUE CONSTRUIRIA QUE NÃO TERIA VALOR PARA OUTROS COPIAREM?"

Gabe Newell, o bilionário cofundador da empresa de desenvolvimento e distribuição de video games Valve, financiou amplamente a ChefSteps, empresa de Chris. Deu-lhe um imenso apoio, mas só depois de fazer perguntas que desafiaram o cérebro de Chris:

"Então Gabe diz: 'Se eu lhes desse 100 milhões de dólares, o que vocês construiriam? E que, se construíssem, não haveria nenhum valor para alguém copiar?' Vou dar um exemplo. Quando a Intel constrói uma nova montadora de chips, são bilhões e bilhões de dólares investidos e não há nenhum valor para alguém copiar. Quem copiasse não apenas teria que gastar ainda mais bilhões para alcançá-los, como também gastar mais bilhões para aprender tudo o que a Intel sabe a respeito, e então eles têm que ser dez vezes melhores para alguém querer trocar. É um desperdício de tempo para todo mundo [tentar copiar]."

TF: Um dos dez maiores capitalistas de risco que conheço usa uma variante desse teste determinante como medida de "interrupção": para cada dólar de renda que você gera, você pode custar a um beneficiado 5 a 10 dólares? Se a resposta for sim, ele investirá. Em tempo: um dos meus PDFs favoritos a respeito de negócios que circula pela internet é "Valve: Handbook for New Employees", da empresa de Gabe. Como explica Chris: "É o único documento de RH que você de fato vai querer ler."

O TRUQUE MENTAL JEDI INVOLUNTÁRIO

Chris conseguiu seu primeiro trabalho como cozinheiro de primeira linha por acaso, apelando ao ego do chef (William Belickis). Ele vinha estagiando e queria dar o salto para o expediente integral:

"Ao fim do serviço, William foi muito gentil. Ele se sentou comigo no salão de jantar, abriu um vinho e me ofereceu uma taça. Então disse: 'Olha, receio que esse não seja um bom momento. Não tenho certeza se tenho trabalho para você.' Repliquei, com toda a sinceridade: 'Entendo perfeitamente. Você recomendaria outra pessoa na cidade que teria um bom lugar para mim? Estou realmente determinado a fazer isso. Quero mesmo ver como é.'

"E na hora eu não percebi que provavelmente tinha sido a coisa perfeita a dizer para William, porque ele tinha um ego enorme e não seria capaz de forçar a si mesmo a dizer que qualquer outra pessoa na cidade era boa. Então imagine-o nervoso, dizendo: 'Bem, na verdade não há ninguém. Acho que devo ser a pessoa certa para lhe ensinar. Por que você não volta na terça-feira?'"

MANTENHA O PADRÃO

Chris mencionou que, na época em que chegou ao Fat Duck, Heston já não gritava com as pessoas, mas "demonstrava decepção de outras maneiras... ele realmente pressionava você, a equipe, todas as outras pessoas, a buscar a excelência o tempo todo". Pedi um exemplo, e Chris deu a resposta, abreviada aqui por questão de espaço:

"Chegou um pedido [de geleia de codorna] e eu vi que [o prato] não estava bem montado. Mesmo assim tentei pôr o creme de lagostim por cima e passei adiante sabendo que não estava perfeito. Essas coisas voltavam como um bumerangue. Heston apareceu no canto segurando o prato e dizendo 'Chris'. Ele olhou para mim, depois para o prato, depois de novo para mim, para o prato...

'Menor chance.' Ele coloca o prato de volta, e tudo o que me lembro é daquele olhar intimidador: 'Se fizer isso de novo, não apareça mais aqui.' Eu me lembro da lição porque ele disse: 'Podemos fazer outra coisa. Se um prato não está pronto, não vamos mandá-lo e esperar que não notem que não está bom. Vamos consertar. Vamos fazer outra coisa, mas não tentar passar disfarçadamente algo que sabemos que está abaixo do padrão.' É o tipo de lição que a gente só precisa ter uma vez. O prato não estava no padrão, e sabemos qual é o padrão. **Mantenha o padrão. Peça ajuda. Conserte. Faça o que for preciso. Mas não trapaceie.**"

TIM: "Mas como você administra a linha tênue entre insistir em padrões altos e simplesmente ser um imbecil autoritário?" [Chris agora administra uma empresa com mais de cinquenta funcionários.]

CHRIS: "Em um dia bom, a primeira coisa é tentar voltar atrás e dizer: **'Qual é o contexto em que essa pessoa está? Será que proporcionei a ela o contexto apropriado?'**... Considerando todo o contexto que eles tinham, talvez eu tivesse feito o mesmo, ou poderia imaginar outra pessoa tomando a mesma decisão. Então, cada vez mais, tento pensar: *Quais são o contexto e a visibilidade que tenho e quais são os que eles têm? Será que estou simplesmente sendo injusto porque estou operando a partir de um conjunto maior de informações?*"

O MANUAL ANTIBOBAGENS

Um dos livros que Chris mais se viu dando de presente é uma obra esgotada sobre termodinâmica chamada *The Second Law*. "Foi escrito por um professor de físico-química da Universidade Oxford chamado P.W. Atkins. É uma leitura fenomenal, leve e cheia de infográficos sobre como o mundo funciona de uma perspectiva da energia. Achei o livro incrivelmente útil para tentar entender como criar algo, como fazer determinada coisa funcionar, se o que desejamos realizar é pelo menos possível. Com frequência é meu detector de bobagens."

* **Em quem você pensa quando ouve a palavra "bem-sucedido"?**
Chris diz que pensa no pai. E, como explica a seguir, Winston Churchill.

"Há uma ótima série de livros, *The Last Lion*, de William Manchester, sobre Winston Churchill. O terceiro volume, na verdade, saiu postumamente há alguns anos. Mas os dois primeiros, que só chegam até a vida dele quando a Segunda Guerra Mundial estoura, nem sequer tocaram em tudo o que aconteceu depois do conflito. Eu me lembro de pensar [antes mesmo de o estadista se consagrar]: *Ele foi um best-seller aos vinte anos, lutou em guerras, foi um dos escritores mais bem pagos e um membro importante do Parlamento.*"

DAYMOND JOHN

Daymond John (TW/FB/IG: @TheSharkDaymond, DaymondJohn.com) é CEO e fundador da Fubu, que ele transformou, a partir de seu orçamento original de 40 dólares, em uma marca de 6 bilhões de dólares. Daymond é embaixador presidencial da Global Entrepreneurship e aparece no programa *Shark Tank*, da ABC. Recebeu mais de trinta prêmios da indústria, incluindo o de Profissional de Marketing do Ano, da *Brandweek*, o Marketing 1000 Award, da *Advertising Age*, para campanhas publicitárias de destaque, e o de Empreendedor do Ano em Nova York, da Ernst & Young. É autor de três best-sellers, entre os quais *The Power of Broke*.

Animal espiritual: Mangusto

"Se você sair por aí e começar a fazer barulho e vender, as pessoas vão encontrá-lo. Vender cura tudo. Qualquer um pode falar sobre como seu plano de negócios é bom e como vai se sair bem. Qualquer um pode inventar suas próprias opiniões, mas não pode inventar seus próprios fatos. Vender cura tudo."

"Cinco dias por semana, leio minhas metas antes de dormir e quando acordo. Há dez metas sobre saúde, família, negócios etc., com datas de vencimento, e eu as atualizo a cada seis meses."

"Meus pais sempre me ensinaram que meu trabalho diário nunca me tornaria rico, e sim meu dever de casa."

"Não me importo se você é meu irmão — se vamos jogar futebol, vou tentar acabar com você. Isso não significa que não amo você. Não significa que não o respeito."

* Qual foi seu melhor investimento, ou o que mais valeu a pena? Pode ser em dinheiro, tempo, energia ou outra coisa.

"Quando trabalhei como mensageiro da First Boston na época do ensino médio. Eu corria por Manhattan inteira e me deparava com todo tipo de gente. Alguns eram executivos importantes totalmente infelizes. Outros, funcionários iniciantes extremamente felizes. Eu nunca tinha tido esse tipo de exposição na minha vida, e isso abriu por completo meus olhos para as oportunidades."

* Você tem alguma citação que rege sua vida ou na qual pensa com frequência?

"O dinheiro é um ótimo servo, mas um péssimo mestre."

* Livros mais presenteados ou recomendados

Quem pensa enriquece, Quem mexeu no meu queijo?, A estratégia do oceano azul, Invisible Selling Machine, O homem mais rico da Babilônia e *Gengis Khan e a formação do mundo moderno.*

TF: Vários bilionários me recomendaram esse último livro sobre Gengis Khan.

NOAH KAGAN

Noah Kagan (TW/IG: @noahkagan, sumome.com) foi o funcionário nº 30 do Facebook, o nº 4 do Mint.com (vendido para a Intuit por 170 milhões de dólares) e é fundador do SumoMe, que oferece ferramentas gratuitas para ajudar a aumentar o tráfego em sites. Para apimentar a coisa, Noah se tornou especialista em *tacos* e criou quatro produtos diferentes que geraram uma receita de mais de sete dígitos. Noah foi meu professor assistente no episódio "Starting a Business" de *The Tim Ferriss Experiment*.

Animal espiritual: Tâmia

ACEITE O DESAFIO DO CAFÉ

Para aspirantes a empreendedores, ou empreendedores que ficaram um pouco confortáveis demais, Noah faz uma recomendação: peça 10% de desconto em seus próximos cafés. "Chegue ao balcão e peça um café. Se não beber café, peça um chá. Se não beber chá, peça água. Não importa. Apenas peça 10% de desconto... Parece meio bobo, mas a questão é que, nos negócios e na vida, você não precisa estar no extremo, mas sempre vai ter que pedir coisas aos outros, e é preciso dar a cara a tapa."

MELHORE AS FERRAMENTAS NO "ALTO DO FUNIL"

Procure otimizar itens que estão acima e têm resultados em cascata mais abaixo. Por exemplo, procure gargalos (pontos de estrangulamento) técnicos que afetam quase tudo o que você faz no computador. Quais são as coisas que, se pararem ou ficarem mais lentas, tornam inútil sua lista de tarefas? Aqui estão duas recomendações simples de Noah que implementei:

>>> Aumente a velocidade do seu mouse. Vá em Configurações ou Preferências do Sistema e duplique a velocidade atual. Leva-se menos de trinta segundos para fazer isso.

>>> Invista no melhor roteador que você puder pagar. Noah atualmente usa o roteador ASUS RT-AC87U sem fio AC2400. Kevin Rose (página 377) e outros usam a tecnologia da Eero para melhorar a internet sem fio em casa.

* **Relacionado — Qual foi o seu melhor investimento ou o que mais valeu a pena?** Correção a laser na córnea.

APLICATIVOS/SOFTWARES PARA TESTAR

Erradicador de feed de notícias do Facebook: Precisa se concentrar? Proteja-se do Facebook e do seu eu menor.

ScheduleOnce (escolha a opção de 99 dólares por ano): Isso pode eliminar o interminável vaivém de "Que tal na próxima terça ou quinta-feira às dez?" que consome sua vida.

FollowUp.cc: Para automatizar lembretes e acompanhamentos por e-mail. Uso um primo próximo chamado Nudgemail, combinado ao Boomerang. Você nunca mais precisará se lembrar de acompanhar um projeto.

TRUQUE RÁPIDO PARA GMAIL

Noah e eu usamos o truque do "+" no Gmail o tempo todo. Digamos que seu e-mail seja bob@bobsmith.com. Depois de se registrar para serviços ou newsletters, como saber quem está compartilhando seu e-mail ou como conter os danos se alguém descobrir seu login? Empresas são hackeadas o tempo todo. Simplesmente use + como uma forma barata de proteção. Se você acrescentar + e uma palavra ao início, as mensagens ainda serão entregues em sua caixa de entrada. Quer se registrar na Instacart, por exemplo? Você pode usar bob+insta@bobsmith.com. Eu uso isso, ou me beneficio disso, diariamente.

NÃO TENTE ENCONTRAR TEMPO. AGENDE O TEMPO

Às terças-feiras, das dez da manhã ao meio-dia, Noah só marca uma coisa: "Aprender". Trata-se de um ótimo lembrete de que, para qualquer coisa importante, você não encontra tempo. Só é real se estiver no calendário. Minhas quartas-feiras das nove da manhã à uma da tarde são atualmente reservadas para "Criação" — escrever, gravar podcasts ou outras atividades que criem um produto tangível. Desligo o wi-fi durante esse período para ser o menos reativo possível. (Veja Neil Strauss, página 384, e Ramit Sethi, página 320.)

UMA OBSESSÃO COMPARTILHADA

O livro *O senhor está brincando, Sr. Feynman!*, de Richard P. Feynman: "Se você algum dia me conhecer pessoalmente, terei um exemplar extra, porque é incrível."

✳ Qual é o pior conselho disseminado na sua área de negócios ou de conhecimento?

"Que se deve priorizar o cultivo de seguidores nas redes sociais (Instagram, FB, Twitter, Snapchat, YouTube). Cultive coisas que você pode controlar totalmente e que afetam diretamente as vendas, como sua lista de e-mails. 'Curtidas' não pagam as contas. Vendas, sim."

✳ Três pessoas ou fontes com as quais você aprendeu ou que acompanhou de perto no último ano

Andrew Chen (equipe Growth da Uber), Tomasz Tunguz (capitalista de risco e especialista em software como serviço [SaaS]), Jonathan Siegel (presidente do conselho da Earth Class Mail).

PARA CONTRATAR BEM: "QUEM?" COM FREQUÊNCIA É MAIS IMPORTANTE DO QUE "O QUÊ?"

"O livro *Quem?* [de Geoff Smart e Randy Street] é uma versão condensada de *Topgrading*, e aprendi isso na Mint, onde o fundador usava seus ensinamentos."

TF: Agora recomendo esse livro a todos os meus fundadores de startups, que, por sua vez, o recomendam a outros.

OS CLÁSSICOS DA REDAÇÃO PUBLICITÁRIA

Noah, conhecido por sua habilidade de redator, recomenda duas fontes: *The Gary Halbert Letter* (também *The Boron Letters*) e *Ogilvy on Advertising*.

✳ A melhor compra de Noah por 100 dólares ou menos

O NutriBullet, um pequeno liquidificador com copo removível, que ele volta e meia dá de presente. Bateu, bebeu, enxaguou. Não é preciso limpar. Noah tem um liquidificador Vitamix de 500 dólares, mas parou de usá-lo, em favor do mais conveniente NutriBullet, de 79,99 dólares.

NO SHAME, NO GAIN — INCENTIVOS HUMILHANTES NO INSTAGRAM

Não faz muito tempo, Noah ganhou dezoito quilos de músculos em seis meses. Um truque motivacional que ele usou foi encher seu feed no Instagram com imagens e vídeos que acabavam com as suas desculpas. Agora faço o mesmo. Velho demais? Corpulento demais? Ocupado demais? Sempre tem alguém para lhe dizer que isso é uma besteira. Eis alguns exemplos retirados do meu feed pessoal (@timferriss):

@matstrane: Esse cara de 53 anos me deixa constrangido por reclamar da minha idade. Ele começou a treinar aos 48.

@gymnasticbodies (treinador Sommer, página 37): A maior parte de seus alunos eram adultos sedentários quando começaram a fazer ginástica.

@arboone11: Amelia Boone (página 30), a mulher mais forte que já conheci. Ela é advogada da Apple em tempo integral e a única a vencer três vezes a World's Toughest Mudder, uma corrida de 24 horas.

@bgirlmislee: Essa dançarina de break e dublê faz movimentos que eram considerados "impossíveis" para mulheres nos anos 1990 (por exemplo, dar saltos plantando bananeira com um braço só).

@jessiegraffpwr: Concorrente feminina do Ninja Warrior. A força da pegada de sua mão faz meus antebraços derramarem lágrimas de fraqueza.

@jujimufu: O Acrobata Anabólico supermusculoso que faz movimentos aéreos de capoeira, splits completos e outras loucuras. Força e flexibilidade não são mutuamente excludentes. Ele também é muito engraçado.

KASKADE

Kaskade (TW/FB/IG: @kaskade, kaskademusic.com) é amplamente considerado um dos "pais" do house progressivo. Foi eleito o melhor DJ dos Estados Unidos duas vezes pela *DJ Times*, tocou quatro vezes no Coachella e foi indicado cinco vezes ao Grammy.

COMO VOCÊ ADQUIRIU SEU PRIMEIRO EQUIPAMENTO?

"Cheguei para o dono de uma boate em Utah e perguntei: 'Qual é a pior noite que você tem? Qual é a noite mais fraca?' Ele respondeu: 'Segunda--feira. Nem chego a abrir.' Eu disse: 'Cara, posso vir tocar às segundas?' Esse bar, Club Manhattan, foi inaugurado na década de 1940 e mantinha toda a decoração original. É um lugar incrível em um porão. Então o dono disse: 'Vou te dar uma parte do lucro da bilheteria. Você chama seus amigos, convida algumas pessoas e vamos ver o que acontece.' Aconteceu que a noite foi um arraso. Eu a fiz durante cinco anos, e acabei fazendo duas noites por semana, porque também peguei a quinta-feira... Eu trabalhava em uma loja de roupas para tentar ajudar a pagar a escola e pedi demissão depois da primeira semana... Comecei a tocar e, quando estava ganhando dinheiro suficiente, fui comprando meu primeiro equipamento de estúdio."

PONHA AS PEDRAS GRANDES PRIMEIRO

"Sempre que posso, viajo com minha família. Sou casado e tenho três filhos, então estou sempre tentando descobrir como posso fazer isso funcionar. Pôr as pedras no balde, sabe? O que é realmente importante para mim e como posso encher o balde com essas coisas?"

TF: Essa metáfora visual me foi ensinada por um professor da faculdade e é uma ótima maneira de pensar em prioridades. Parafraseando meu professor: "Imagine que você tem um grande jarro de vidro. Ao lado dele, você tem algumas pedras grandes, um montinho de pedrinhas do tamanho de bolas de gude e um monte de areia. Se você puser primeiro a areia e as pedrinhas ali dentro, o que acontece? Não vai conseguir encaixar as pedras grandes. Mas se você puser as pedras grandes primeiro, depois as pedrinhas e só então a areia, vai caber tudo." Em outras palavras, as minúcias se encaixam ao redor das coisas grandes, mas as coisas grandes não se encaixam ao redor das minúcias.

LEMBRE-SE DE QUEM VOCÊ É

"Toda vez que eu saía de casa meu pai me dizia: **'Lembre-se de quem você é.'** Agora que sou pai, isso é uma coisa muito profunda para mim. Na época eu pensava: *Pai, que diabo é isso? Você é estranho demais. Como se eu fosse esquecer quem eu sou... O que você está dizendo?* Agora eu penso: *Caramba, o cara era inteligente.*"

✳ Festivais favoritos

Kaskade adora o Coachella, mas mencionou também o Electric Zoo em Nova York. "É em Randall's Island e você fica olhando a silhueta dos edifícios enquanto está tocando."

✳ Discos icônicos para começar

Homework, do Daft Punk (*Discovery* também é ótimo, mas ele é mais fã de *Homework*)

   Qualquer disco do Kraftwerk

> **"**Frustração é uma questão de expectativa.**"**

LUIS VON AHN

Luis von Ahn (TW: @LuisvonAhn, duolingo.com) é professor de informática da Carnegie Mellon University e CEO do Duolingo, uma plataforma de aprendizado gratuito de idiomas com mais de cem milhões de usuários. Trata-se da maneira mais popular de aprender línguas do mundo, e eu o conheci como investidor na primeira rodada de financiamento. Antes, Luis era conhecido por ter inventado o CAPTCHA, por ter recebido a bolsa Genius Grant, da Fundação MacArthur, e por ter vendido duas empresas ao Google quando tinha menos de trinta anos. Luis foi incluído na lista das Dez Pessoas Mais Brilhantes pela revista *Popular Science* e uma das Cem Pessoas Mais Criativas em Negócios pela revista *Fast Company*.

Animal espiritual: Coruja

COMO FLAGRAR ALUNOS COLANDO NA CARNEGIE MELLON USANDO "ARMADILHAS NO GOOGLE"

"Havia um [problema em uma tarefa] que foi chamado de Enigma de Giramacristo. Eu tinha inventado essa palavra. Assegurei-me de que não havia nada parecido no Google. Fiz um site com a solução do problema, mas ele registrava o IP de todo mundo. Como na CMU é possível descobrir o dormitório da pessoa a partir do endereço IP, pude saber quem estava checando. Nessa ocasião, dos duzentos estudantes, quarenta procuraram a resposta no Google, o que foi divertido. Eu costumava fazer todo tipo de coisa assim. Geralmente todos os alunos tinham medo de que quase tudo fosse um truque. [Eu dizia: 'Se você confessar, recebe um zero no trabalho.' E as pessoas confessam.] Eu fazia isso no primeiro ou nos dois primeiros trabalhos, e depois eles aprendiam a não colar."

A ORIGEM DA CORUJA VERDE, MASCOTE E LOGO DO DUOLINGO

"Estávamos começando o Duolingo e havíamos contratado uma empresa canadense chamada silverorange para nos ajudar na construção da marca... Eles fizeram o logo da Firefox, por exemplo. Adoramos trabalhar com eles, e em uma de nossas primeiras reuniões sobre a construção da marca da empresa, meu parceiro fundador, Severin Hacker, disse: 'Sabe, não sei muito de design e, na verdade, não me importo muito. Mas vou lhes dizer uma coisa: eu odeio verde. Odeio.'

"Todos nós achamos que seria muito engraçado se a nossa mascote fosse justamente verde, e assim foi. É literalmente uma piada com a cara dele, que desde então precisa ver um troço verde todos os dias. Severin não deveria ter dito aquilo."

O VALOR DE "NÃO ENTENDI"

"Meu orientador no ph.D. [na Carnegie Mellon] foi um cara chamado Manuel Blum, que muita gente considera o pai da criptografia [codificação etc.]. Ele é incrível e muito divertido, e aprendi muito com ele. Quando o conheci, há uns quinze anos, acho que ele tinha mais de sessenta, mas sempre agia como se fosse mais velho do que de fato era. Agia como se esquecesse tudo...

"Eu tinha que explicar a ele o objetivo do meu trabalho, que na época era o CAPTCHA, aqueles caracteres distorcidos que a gente tem que digitar por toda a internet. É muito irritante. Era nisso que eu estava trabalhando [mais tarde adquirido pelo Google], e eu tinha que explicar isso a ele. Era muito divertido, porque geralmente eu começava a explicar alguma coisa e na primeira frase ele dizia: 'Não entendi o que você está dizendo.' E então eu tentava encontrar outra maneira de dizer aquilo, e uma hora se passava sem que eu conseguisse ir além da primeira frase. Ele dizia: 'Bem, nosso tempo acabou. Nos vemos na semana que vem.' Isso aconteceu durante meses, e em algum momento comecei a pensar: *Não sei por que as pessoas acham esse cara tão inteligente.* Mais tarde entendi o que ele estava fazendo: uma encenação. No fim das contas, eu não estava sendo claro no que dizia e não tinha um entendimento completo do que estava tentando explicar a ele. Blum estava cavando cada vez mais e mais fundo, até eu perceber que havia algo que não estava claro na minha cabeça. Foi ele que me ensinou a pensar profundamente nas coisas, e acho que isso é algo que não esqueci."

TF: Esta semana, tente experimentar dizer "Não entendi. Você pode me explicar?" com mais frequência. (Veja a menção de Malcolm Gladwell ao pai dele na página 624.)

CONSTRUINDO UMA STARTUP FORA DO VALE DO SILÍCIO

"Ao falar com as pessoas do Vale do Silício em eventos corporativos, é incrível perceber que o período médio delas em uma dessas startups é de mais ou menos um ano e meio... Enquanto para nós, em Pittsburgh, as pessoas não precisam ir embora. Porque, em termos de startups, não somos exatamente a única opção na cidade — seria injusto dizer isso —, mas não há muitas opções."

TF: Tive saídas bem-sucedidas de fundadores estabelecidos em vários lugares, de Oklahoma e Colorado (Daily Burn) a Ottawa, no Canadá (Shopify). De um ponto de vista de contratação, a Shopify não apenas é uma das maiores empresas de tecnologia do leste do Canadá, como também não tem muita perda de pessoal. As pessoas estão estabelecidas em Ottawa e não estão sendo caçadas por Facebook, Google, Uber. Essas famílias não querem se mudar para São Francisco, e a Shopify, portanto, não precisa entrar em um banho de sangue na guerra de propostas.

Você acha que está condenado porque está fora do epicentro de sua indústria? Tente encontrar benefícios, porque pode haver algumas vantagens em potencial.

A ESTRATÉGIA DA TELA EM BRANCO

"Grandes homens quase sempre se mostram tão dispostos a obedecer quanto depois se provam capazes de comandar."

— **Lorde Mahon**

Se você quer grandes mentores, tem que se tornar um grande pupilo. Se quer liderar, precisa primeiro aprender a seguir. Ben Franklin, o lendário técnico da NFL Bill Belichick e muitas figuras históricas nas quais você pensa como "líderes" seguiram uma única estratégia no começo. Usei a mesma estratégia para construir minha rede de contatos. Isso também explica como meu primeiro livro chegou ao topo e pode ser responsável por meu sucesso em investimento em tecnologia.

Ryan Holiday (TW/FB/IG: @ryanholiday, ryanholiday.net) chama isso de "estratégia da tela em branco", da qual ele próprio é praticante. Estrategista e escritor, Ryan largou a faculdade aos dezenove anos para se tornar aprendiz de Robert Greene, autor de *As 48 leis do poder*, tornando-se diretor de marketing da American Apparel aos 21 anos. Sua empresa atual, a Brass Check, tem assessorado clientes como Google, TASER e Complex, bem como muitos autores best-sellers. Holiday escreveu quatro livros, mais recentemente *O ego é seu inimigo* e *O obstáculo é o caminho*, com os quais conquistou um grupo de seguidores formado por técnicos da NFL, atletas de nível internacional, líderes políticos e outros ao redor do mundo. Ele mora em um pequeno rancho nos arredores de Austin, Texas.

Entra Ryan

No sistema romano de arte e ciência, havia um conceito para o qual temos apenas um análogo parcial. Homens de negócios bem-sucedidos, políticos ou playboys ricos subsidiavam vários escritores, pensadores, artistas plásticos e performáticos. Mais do que serem pagos para produzir obras de arte, esses artistas realizavam uma série de tarefas em troca de proteção, comida e presentes. Um dos papéis era o de *anteâmbulo* — que significa, literalmente, "aquele que abre o caminho". Um anteâmbulo seguia na frente de seu patrono em qualquer lugar que eles fossem em Roma, abrindo o caminho, transmitindo mensagens e, geralmente, facilitando a vida do patrono. O famoso epigramatista Marcial cumpriu esse papel durante muitos anos, servindo por algum tempo ao patrono Mela, um rico homem de negócios, irmão do filósofo estoico e assessor político Sêneca. Nascido em uma família sem riqueza, Marcial também serviu a outro homem de negócios chamado Petílio. Quando ainda era um jovem escritor, passava a maior parte do dia indo às casas desses patronos ricos, fornecendo serviços, prestando homenagens e recebendo pequenos pagamentos simbólicos e favores em troca.

Aqui está o problema: assim como a maioria de nós durante o estágio ou em início de carreira (ou, mais tarde, como editores, chefes ou clientes), Marcial odiava absolutamente cada minuto daquilo. Ele parecia acreditar que, de algum modo, esse sistema o escravizava. Aspirando viver como um proprietário de terras — como os patronos aos quais servia —, Marcial queria dinheiro e a posse de uma propriedade. Então poderia finalmente produzir suas obras em paz e com independência. Como resultado, seus textos com frequência carregam ódio e amargura em relação às altas-rodas de Roma, das quais ele acreditava ter sido cruelmente relegado.

Por conta de toda a sua raiva e impotência, Marcial não conseguiu ver que sua posição única à margem da sociedade lhe deu uma percepção fascinante sobre a cultura romana que sobrevive até hoje. E se em vez de sofrer com esse sistema ele tivesse sido capaz de aceitá-lo? E se — *suspiro* — ele pudesse ter valorizado as oportunidades que o sistema lhe oferecia? Não. Em vez disso, aquilo parecia consumi-lo por dentro.

Esta é uma atitude comum que transcende gerações e sociedades. O gênio não valorizado, enraivecido, é forçado a fazer coisas de que não gosta para pessoas que não respeita enquanto abre seu caminho no mundo. *Como eles ousam me forçar a me rebaixar assim? Uma injustiça! Um desperdício!*

Vemos isso em recentes ações judiciais, em que estagiários processam seus empregadores por pagamento. Vemos garotos mais dispostos a morar na casa dos pais do que se submeterem a um trabalho para o qual são "qualificados demais". Vemos nisso uma incapacidade de satisfazer uma pessoa nos termos dela, uma relutância em dar um passo atrás para, potencialmente, dar vários outros à frente. *Não deixarei que ele se dê bem às minhas custas. Prefiro, em vez disso, que nós dois não tenhamos nada.*

Vale a pena dar uma olhada nas supostas indignidades de "servir" a uma pessoa. Porque, na realidade, não apenas o modelo de aprendiz é responsável por parte da melhor arte da história até hoje — todos, de Michelangelo a Leonardo da Vinci e Benjamin Franklin, foram forçados a circular por um sistema assim —, como, já que você vai se tornar esse bambambã que está pensando, será que isso não é uma imposição um tanto trivial, temporária?

Quando uma pessoa consegue seu primeiro emprego ou ingressa em uma nova organização, com frequência recebe este conselho: faça os outros parecerem bons e você se sairá bem. Mantenha a cabeça baixa, dizem, e sirva ao seu chefe. Naturalmente, não é isso que o garoto escolhido entre todos os outros para o cargo quer ouvir. Não é isso que alguém formado em Harvard espera — afinal de contas, ele obteve o diploma precisamente para evitar essa suposta indignidade.

Vamos inverter isso para não parecer tão humilhante. Não se trata de bajular. Não se trata de fazer *alguém parecer bom*. Trata-se de dar apoio para que os outros possam *ser* bons. A melhor maneira de explicar esse conselho é: encontre telas para as outras pessoas pintarem. Seja um *anteâmbulo*. Abra o caminho para as pessoas acima de você e acabará criando um caminho para si mesmo.

Quando estiver começando, tenha em mente algumas realidades fundamentais: 1) Você não é nem de longe tão bom ou tão importante quanto pensa que é; 2) Sua atitude precisa ser reajustada; 3) A maior parte do que você acha que sabe ou a maior parte do que aprendeu nos livros ou na escola está ultrapassada ou errada.

Há uma maneira maravilhosa de trabalhar tudo isso dentro de você: junte-se a pessoas e organizações que já são bem-sucedidas, submeta sua identidade à identidade delas e leve ambas adiante simultaneamente. Perseguir a própria glória com certeza é mais glamoroso, mas dificilmente tão eficaz quanto. Deferência é o caminho para seguir em frente.

Esse é o outro efeito dessa atitude: reduz seu ego em um momento crucial de sua carreira, deixando você absorver tudo o que pode sem as obstruções que bloqueiam a visão e o progresso de outros.

Ninguém está endossando a adulação. Em vez disso, trata-se de ver o que acontece de dentro para fora e procurar oportunidades para *outra pessoa em vez de você*. Lembre-se de que *anteâmbulo* significa abrir o caminho — encontrar a direção que uma pessoa já pretendia seguir e ajudá-la a carregar a mala, liberando-a para focar em seus próprios pontos fortes. Na verdade, o conceito é tornar as coisas melhores, em vez de simplesmente parecer que você é melhor.

Muita gente conhece as famosas cartas de Benjamin Franklin escritas sob pseudônimos como Silence Dogwood. *Que jovem prodígio*, pensam, deixando passar por completo a parte mais impressionante: Franklin escreveu essas cartas, submeteu-as à apreciação passando-as por baixo da porta de uma gráfica e não recebeu absolutamente nenhum crédito por elas, a não ser muito tarde em vida. Na verdade, foi seu irmão, o dono da gráfica, quem lucrou com a imensa popularidade das cartas, publicando-as regularmente na primeira página de seu jornal. Franklin, no entanto, estava fazendo o jogo a longo prazo, aprendendo como a opinião pública funcionava, gerando consciência daquilo no qual acreditava, trabalhando seu estilo, seu tom e sua verve. E usou essa estratégia várias vezes em sua carreira — certa vez, publicando até no jornal de seu concorrente para minar um terceiro concorrente — porque Franklin via o constante benefício de fazer outras pessoas parecerem boas e deixar que recebessem o crédito por suas ideias.

Bill Belichick, técnico dos New England Patriots quatro vezes ganhador do Super Bowl, subiu nos quadros da NFL amando e dominando a única parte do trabalho que os técnicos não gostavam na época: análise de vídeo. Em seu primeiro trabalho no futebol americano profissional, para os Baltimore Colts, ele se ofereceu como voluntário não remunerado — e suas percepções, que ofereceram munição e estratégias cruciais para o jogo, foram atribuídas exclusivamente aos técnicos. Ele se candidatou a um trabalho considerado servil, progrediu nele e se esforçou para se tornar o melhor precisamente naquilo que outros pensavam que eram bons demais para fazer. "Ele era como uma esponja, absorvendo tudo, ouvindo tudo", disse um técnico. "Você lhe dava uma tarefa, ele se enfurnava em uma sala e você só o via de novo quando a tivesse feito, e depois ele queria fazer mais", revelou outro. Como você pode imaginar, logo Belichick começou a receber pelo que fazia.

Antes disso, quando era jogador no ensino médio, ele sabia tanto sobre o jogo que funcionava como uma espécie de técnico assistente mesmo quando estava em campo. O pai de Belichick, ele próprio técnico assistente de futebol americano da Marinha, ensinou-lhe uma lição importantíssima na política desse esporte: se quisesse dar um feedback ao técnico ou questionar uma decisão, fizesse isso em particular e com discrição para não ofender seu superior. Ele aprendeu a ser um astro em ascensão sem ameaçar nem alienar ninguém. Em outras palavras, tinha dominado a estratégia da tela em branco.

É fácil enxergar como a sensação de merecimento e o sentimento de superioridade (as armadilhas do ego) teriam tornado impossíveis as conquistas desses homens. Benjamin Franklin jamais teria publicado se tivesse priorizado o crédito em detrimento da expressão criativa — na verdade, quando o irmão descobriu, literalmente bateu nele, por inveja e raiva. Belichick teria irritado seu técnico e provavelmente ido para o banco se tivesse batido de frente com ele em público. Se ele se importasse com status, com certeza não teria aceitado seu primeiro emprego sem pagamento e não teria ficado sentado assistindo a milhares de horas de vídeo. A grandeza vem de começos humildes; vem de trabalhos servis. Isso significa que você é a pessoa menos importante do lugar — até conseguir mudar isso com resultados.

É como o velho ditado "Fale menos, faça mais". O que realmente devemos fazer é atualizar e aplicar uma versão disso à nossa postura inicial. Seja *menos*, faça *mais*. Imagine pensar em uma maneira de ajudar cada pessoa que você conhece. Em algo que pudesse fazer por ela. E se encarasse isso de uma maneira que beneficiasse totalmente a pessoa, e não você? O efeito cumulativo que isso teria com o passar do tempo seria profundo: você aprenderia bastante resolvendo problemas diversos. Desenvolveria a reputação de indispensável. Teria inúmeras relações novas. Teria um enorme banco de favores ao qual recorrer mais adiante.

É disso que se trata a estratégia da tela em branco: ajudar a si mesmo ajudando os outros. Fazer um esforço concentrado para negociar sua gratificação em curto prazo por uma compensação em prazo mais longo. Enquanto todas as outras pessoas querem receber o crédito e ser "respeitadas", você pode esquecer o crédito. Pode esquecer de tal maneira que ficará *feliz* quando outros o receberem, e não você — era esse seu objetivo, afinal. Deixe os outros receberem crédito após crédito, enquanto você o adia e recebe juros sobre o principal.

A parte *estratégica* disso é a mais difícil. É fácil ser amargo, como Marcial. Odiar até mesmo a ideia de subserviência. Menosprezar aqueles que têm mais meios, mais experiência ou mais status do que você. Dizer a si mesmo que cada segundo gasto não fazendo seu trabalho nem trabalhando em si mesmo é um desperdício de seu talento. Insistir em pensar *Eu não serei humilhado assim*.

Depois que combatemos esse impulso emocional e egoísta, a estratégia da tela em branco é fácil. As iterações são intermináveis:

» Talvez ter ideias para propor a seu chefe.

» Encontrar pessoas, pensadores e estrelas em ascensão e apresentá-los uns aos outros. Fazer conexões para criar novas centelhas.

» Encontrar e realizar o que ninguém quer fazer.

» Detectar desperdícios, redundâncias e falta de eficiência. Identificar vazamentos e remendos a fim de liberar recursos para novas áreas.

» Produzir mais do que qualquer outra pessoa e liberar suas ideias.

Em outras palavras, descobrir oportunidades de promover a criatividade dos outros, encontrar saídas e pessoas para colaborar com você e eliminar distrações que impeçam o progresso e o foco. Uma estratégia gratificante e com um poder de expansão infinito. Considere cada pessoa um investimento em relações e em seu próprio desenvolvimento.

A estratégia da tela em branco está aí para você em todos os momentos. Ela também não tem data de validade. É uma das poucas coisas que a idade não limita — dos dois lados, jovem ou idoso. Pode-se praticá-la a partir de qualquer momento — antes de ter um emprego, antes de ser contratado e enquanto está fazendo outra coisa. Ou se estiver começando algo novo ou se estiver dentro de uma organização sem aliados fortes ou apoio. Você talvez chegue a perceber que não há motivo para parar de fazer isso nunca mais, mesmo depois que estiver expert em conduzir seus próprios projetos. Deixe que isso se torne natural e permanente; deixe os outros aplicarem na sua vida enquanto você estiver ocupado aplicando isso àqueles que estão acima de você.

Porque, depois que começar a fazer isso, você verá o que o ego da maioria das pessoas as impede de reconhecer: o indivíduo que abre o caminho acaba determinando sua direção, assim como a tela dá forma à pintura.

KEVIN ROSE

Kevin Rose (TW/IG: @kevinrose, thejournal.email) é um dos melhores investidores de ações do mundo das startups. Ele pode prever até mesmo tendências não tecnológicas com uma precisão impressionante. Foi um dos fundadores do Digg, do Revision3 (vendido para a Discovery Communications) e do Milk (vendido para o Google). Subsequentemente, foi sócio-geral do Google Ventures, onde fez parte da equipe de investimentos que financiou empresas como Uber, Medium e Blue Bottle Coffee. Atualmente é CEO da Hodinkee, o principal portal sobre relógios de pulso na internet. É um dos 25 Maiores Investidores-Anjos da Bloomberg e uma das 25 Pessoas Mais Influentes na Internet segundo a *Time*. Tem uma newsletter mensal popular chamada *The Journal*.

Kevin é um grande amigo e temos um programa de vídeo juntos chamado *The Random Show*, assim batizado porque o conteúdo e o cronograma de veiculação são extremamente instáveis. Este perfil também pretende ser meio aleatório. Por que ele recebe tratamento especial? Porque foi o primeiríssimo convidado do meu podcast.

Ele está em Rico por causa da próxima parte, na página 380, que foca em seu método de investimento.

Animal espiritual: Lagarta-mede-palmos

PRIMÓRDIOS E TRECHOS ALEATÓRIOS

>>> Kevin adora chá. Gosta tanto que tem uma tatuagem do impera-
dor chinês Shen Nung (literalmente, o "agricultor divino"), considerado o descobridor do chá, na parte interna do bíceps esquerdo.
Dois de seus chás favoritos e fáceis de encontrar são da Red Blos-
som Tea Company: o chá oolong torrado escuro Tung Ting e, para
algo mais suave, o chá branco Silver Needle.

>>> Kevin foi meu convidado do episódio nº 1 do *The Tim Ferriss
Show*, que não tinha esse nome na época. Ele sugeriu timtimtalk-
talk (longa história), e dezenas de milhares de fãs ainda usam esse
apelido nas redes sociais. KevKev, seu maldito.

>>> A pior pergunta que eu lhe fiz foi: "Se você pudesse ser um ce-
real de café da manhã, qual escolheria e por quê?" Estávamos bebendo vinho e as coisas ficaram meio confusas.

>>> Em 2012, Kevin e a esposa, a neurocientista Darya Pino Rose,
passaram três semanas no Japão comigo e a minha namorada à
época. Certa noite, depois de jantar, eu me aproximei da minha
ex na calçada e pus a mão no bolso de trás dela, bem no traseiro.
"Opa, olá, TimTim", disse Darya tranquilamente. Era a bunda
da esposa de Kevin. As duas eram idênticas de costas! Mesmo
cabelo, mesma constituição física, mesma cintura. Me desculpe,
KevKev!

>>> Kevin é a única pessoa que eu já vi atirar um guaxinim para longe,
como se fosse uma bola. O animal estava atacando seu cão e a cena
foi capturada por câmeras de segurança de dois ângulos. Está no
YouTube (procure "Kevin Rose raccoon") e parece uma imagem
gerada por computador.

>>> Nosso caldo favorito é o mesmo: de frango com cúrcuma e gengi-
bre comprado para viagem no Brodo, em Nova York.

COMBATENDO OS TROLLS NA INTERNET

Kevin também é perito em lidar psicologicamente com absurdos na internet. Fiquei uma pilha de nervos por causa de um comentarista anônimo e
persistente em 2009, e Kevin me fez duas perguntas simples nas quais penso
com frequência desde então:

"Pessoas que você respeita ou com as quais se importa deixam comentários maldosos na internet?" (Não.)

"Você realmente quer se envolver com pessoas que têm um tempo infinito nas mãos?" (Não.)

* Uma de suas ferramentas favoritas para rastrear hábitos e modificação de comportamentos

O aplicativo Way of Life.

DERRUBANDO O AÇÚCAR NO SANGUE

Meses atrás, recebi uma mensagem de Kevin afirmando "Encontrei o santo graal", com a imagem capturada de seu monitor contínuo de glicose Dexcom mostrando seu nível em 79mg/dL (o que é saudavelmente baixo) depois de ele consumir duas cervejas, uma costeleta de porco caramelizada, quatro fatias de pão de milho com mel e manteiga e um acompanhamento de nhoque.

O que era o "santo graal"? Vinte e cinco miligramas de acarbose (¼ de comprimido) ingeridos junto com a comida. Ele aprendeu esse truque com Peter Attia (página 88), a quem eu o apresentei.

INVESTINDO COM INSTINTO

Como investidor, Kevin é uma dupla ameaça bem rara: é excelente para investir tanto em tecnologias em fase inicial (Semente ou Série A) quanto em ações negociadas publicamente. A maioria daqueles que são bons em uma coisa é péssima na outra.

Quando lhe pergunto sobre uma coisa ou outra, com frequência ele me faz variações das seguintes perguntas:

"Você entende isso?"

"Você acha que eles serão dominantes e estarão crescendo daqui a três anos?

"Você acha que essa tecnologia será mais ou menos uma parte de nossa vida daqui a três anos?"

Ele tem feito dezenas de investimentos espetaculares com base em suas próprias respostas a essas perguntas, e acrescentando uma dimensão: resposta emocional. Pode ser que alguém descarte de cara essa conversa sobre "instinto", mas, como se diz, "uma vez você tem sorte, duas vezes você é bom". Kevin tem alcançado um sucesso após outro.

Há muitos métodos complexos para investir, abordados *ad nauseam* por aí. Aqui está uma perspectiva alternativa pouco difundida.

Entra Kevin

Pouco antes de eu subir no palco de uma conferência de tecnologia, o fundador da TechCrunch, J. Michael Arrington, me perguntou: "Você investiu em muitas startups excelentes. Como seleciona suas empresas?" "Confio em meu instinto", respondi. Ele não pareceu satisfeito e retrucou: "Você tem que inventar algo melhor do que isso."

Sempre admirei os investidores de tecnologia que constroem uma tese grande e abrangente para emoldurar sua filosofia de investimento. "O software está conquistando o mundo", "a economia de baixo para cima", para citar algumas.

Esse tipo de investimento em tema é uma grande estratégia para fundos, mas nunca se aplicou a mim como investidor-anjo individual.

Para mim, a decisão de investir em uma startup é tomada depois de seguir um processo muito influenciado pelo QE (quociente emocional). Esse processo começa explorando-se a ideia emocionalmente. Se ela passar por essa barreira, então faço a devida diligência tradicional, usando dados objetivos para validar as suposições dos empreendedores sobre aspectos quantificáveis do negócio.

Então como explorar uma ideia pelo viés emocional?

Quando avalio um novo produto, pego as características novas (não todas) e imagino à exaustão como elas podem impactar as emoções dos consumidores que as usam. Depois disso, pego essas mesmas características e reflito sobre como elas poderiam evoluir com o passar do tempo.

Vejamos, por exemplo, minhas observações sobre o Twitter (que me levaram a investir em 2008). Eu estava intrigado com um punhado de características novas:

Tuitar — compartilhamento público rápido

Reação emocional: digitar 140 caracteres é mais rápido e mais fácil do que começar um blog. O temor e o tempo associados a escrever um post longo não existem. Podem ser feitas atualizações no texto, não é necessário um computador (lembre-se, isso foi antes dos "aplicativos"). Pode ser uma enorme atração para celebridades sem intimidade com a tecnologia.

Seguir — um novo conceito divergente que permitia aos usuários seguir pessoas que eles não conheciam. Embora hoje pareça um lugar-comum, isso inverteu completamente o modelo mais popular de amizade bidirecional na época

Reação emocional: construir uma base de seguidores parece um jogo ou uma competição. Os usuários incentivarão seus amigos e fãs a segui-los, trazendo usuários adicionais. Esse "jogo" de trazer os amigos e os fãs é um marketing gratuito para o Twitter. Seguir fomenta o compartilhamento público. Isso dá aos fãs uma conexão mais profunda com pessoas que eles admiram, mas não conhecem. [**TF:** O Twitter também usava uma lista dos "cem mais seguidos" no começo para incitar a competição.]

Distribuição de conteúdo

Reação emocional: os usuários estão começando a usar a nomenclatura "RT" para indicar "retuíte" (uma prática comum antes do desenvolvimento do retuíte oficial). Essa característica *ad hoc* permite aos usuários distribuir as mensagens além de seu gráfico social, dando uma visibilidade maior à mensagem de um usuário. A natureza em tempo real do Twitter permite que as notícias saiam mais rapidamente do que na mídia tradicional (na época, até mesmo do que na Digg, minha startup).

Ao me permitir perceber essas características pelos olhos dos usuários, posso ter uma sensação de empolgação com elas.

———

Esse tipo de pensamento também pode ser aplicado a tendências industriais maiores.

Meu amigo David Prager foi um dos primeiros proprietários do Tesla Model S. Assim que recebeu o carro, ele gentilmente deixou todos os seus amigos fazerem um test-drive. O mais impressionante não foi o carro, mas o som que emitia. Quando saiu comigo, David apertou com força o acelerador e subiu em disparada uma ladeira íngreme de São Francisco. Tudo o que ouvi foi um assobio/zumbido de aceleração. Para mim, foi como aqueles filmes de ficção científica que eu cresci vendo — soou como o futuro.

Alguns dias depois, eu me lembro de ter ouvido um ônibus grande tentando subir a mesma ladeira. O motor a diesel berrava e se esforçava, quase como se estivesse fora de forma, com dificuldade de respirar.

Embora os consumidores fossem aderir lentamente, para mim ficou claro que, com os avanços tecnológicos em armazenamento de energia (apenas uma questão de tempo), os veículos elétricos seriam o futuro dessa indústria.

Esses sentimentos me levaram a investir na empresa quando esta, em grande parte, ainda não estava na moda.

———

Usei essa estrutura mais para me ajudar a evitar os investimentos ruins do que para encontrar os bons. Avaliando minhas reuniões do último ano fiscal, eu me reuni, em média, com dezoito empresas antes de encontrar uma na qual valia a pena investir. É muito "não" para dizer.

Por exemplo, a atual encarnação dos óculos de realidade virtual (RV) não passa no meu teste. Os dispositivos são grandes, pesados, exigem computadores absurdamente caros e o ajuste é complicado. A experiência, embora divertida, não é muito melhor do que a dos games tradicionais.

Portanto, na presente data, tenho evitado investimentos em RV. Em algum momento (daqui a alguns anos) a mistura certa de poder, tamanho, preço e tecnologia resultará em um dispositivo que provavelmente será adotado em massa. Mas nesse exato momento eu passo.

————

[**TF:** Kevin previu a explosão da realidade aumentada (RA) meses antes de o Pokémon Go explodir, enfatizando que RA e RV não são a mesma coisa. Ele expressou otimismo com a RA e muito pessimismo com a RV.]

É importante observar: também acredito em dados objetivos e em seu uso para sustentar decisões, em especial nas rodadas de financiamento mais tardias. Mas na fase inicial, na semente de uma ideia, a aposta se baseia em grande parte na qualidade da equipe e na conexão emocional que o produto desperta em você.

Muitos companheiros investidores acreditam que não se deve confiar no instinto e atribuem o sucesso a pura sorte. É claro que a intuição criativa varia de pessoa para pessoa. Não há fórmula mágica aqui. Mas acredito que podemos considerar a intuição uma ferramenta capaz de avaliar ideias quando há poucos dados, como startups que ainda não foram lançadas.

NEIL STRAUSS

Neil Strauss (TW: @neilstrauss, neilstrauss.com) escreveu oito livros que entraram na lista dos mais vendidos do *The New York Times*, incluindo *O jogo* e *The Truth*. Ele também foi editor na *Rolling Stone* e articulista do *The New York Times*. Além disso, construiu empresas bastante lucrativas. Mesmo que você nunca queira escrever, os pensamentos dele podem ser aplicados em quase todas as áreas.

Animal espiritual: Peixe-bolha

NÃO ACEITE AS NORMAS DE SUA ÉPOCA

"Eu estava falando com um amigo bilionário e lhe disse: 'Eu realmente gostaria de escrever um livro sobre o modo como sua mente funciona.' Ele estava [comentando sobre] a diferença entre um bilionário e um indivíduo que não é bilionário... Então falou: **'O maior erro que você pode cometer é aceitar as normas de sua época.'** Inovamos quando não aceitamos o senso comum, quer seja em tecnologia, quer seja em livros, qualquer coisa. Portanto, não aceitar a norma é o segredo do sucesso realmente grande e de mudar o mundo."

✳ Recomendação de livro relacionado a artistas

A vida está em outro lugar, de Milan Kundera: "Acho que é uma analogia àquela escolha que todos nós temos na vida. Você vai satisfazer seu potencial? Ou vai apenas ceder à pressão dos colegas e se tornar nada?"

✳ A melhor compra de Neil por I00 dólares ou menos

"Freedom [aplicativo]. Não tenho nenhum interesse em investir nisso, mas é o meu programa de computador favorito e provavelmente salvou minha vida. Ele pergunta: 'Quantos minutos de liberdade você quer?' Você põe seja lá o que for, 120, por exemplo. E então você fica completamente fora da internet, não importa o que aconteça, por esse período. Portanto, assim que me sento para escrever, a primeira coisa que faço é ligar o Freedom, porque se estiver escrevendo e quiser pesquisar alguma coisa, você pesquisa e acaba sendo fisgado pelas iscas de cliques. O que você pode fazer é salvar todas as coisas que quer pesquisar e depois pesquisá-las quando acabar o tempo. Você vai ver que isso é muito mais eficiente.

TF: Neil, eu e muitos outros escritores usamos "TK" no lugar de coisas que precisamos pesquisar depois (por exemplo, "Ele tinha TK anos na época"). Essa é uma prática comum, já que quase nenhuma palavra em inglês tem TK (exceto a irritante Atkins), o que facilita o uso de Control-F/Control-L na hora de pesquisar ou checar fatos.

EDITE PARA VOCÊ, SEUS FÃS E SEUS INIMIGOS

Neil edita o que escreve em três fases. Parafraseado:

Primeiro, edito para mim. (O que eu gosto?)

Em segundo lugar, edito para meus fãs. (O que seria mais agradável e útil para meus fãs?)

Em terceiro, edito para meus inimigos. (O que meus detratores tentam criticar, desacreditar ou ridicularizar?)

Neil elabora o raciocínio sobre o último tópico: "Sempre uso Eminem como exemplo. Você não pode realmente criticar o cara, porque [em suas músicas] ele personifica os críticos e responde a eles... Não há nada que as pessoas disseram sobre ele que já [não tenha sido] respondido ou realizado de alguma maneira autoconsciente. Portanto, realmente quero responder aos críticos — a suas perguntas, suas provocações — de uma maneira que ainda seja divertida e interessante. [Essa é] a ideia de ficar 'à prova de *haters*'."

TF: Esse "à prova de *haters*" pode assumir muitas formas, seja ridicularizando a si mesmo ("Eu sei que isso é risivelmente contraditório, mas...") ou trazendo à tona uma provável crítica, abordando-a de antemão (por exemplo, "algumas pessoas poderão compreensivelmente dizer... [crítica]"). Sêneca fez isso de maneira fantástica em *Cartas morais a Lucílio*, e Scott Adams (página 293) usou uma técnica semelhante em sua novela *Partículas de Deus*.

> "Bloqueio criativo na verdade não existe... Bloqueio criativo é quase o mesmo que impotência. É a pressão de desempenho que impomos a nós mesmos que nos impede de fazer algo que deveríamos ser capazes de fazer naturalmente."

BLOQUEIO CRIATIVO É COMO IMPOTÊNCIA

Trata-se de um refrão comum de jornalistas tarimbados. Tanto para ter ideias (veja James Altucher, página 278) quanto para escrever, a chave é abaixar o padrão temporariamente.

Um dos melhores conselhos que recebi para escrever foi um mantra: "Duas páginas horríveis por dia." Um autor mais experiente relacionou isso à IBM, que era o gorila de quatrocentos quilos em meio a várias indústrias diferentes algumas décadas atrás. Seus vendedores eram conhecidos por serem incrivelmente eficientes e quebrar recordes. Como a IBM desenvolveu isso? De certa maneira, fazendo o oposto do que você esperaria. Por exemplo, a IBM propunha metas realmente baixas. Queria que os vendedores não ficassem intimidados ao pegar o telefone. Queria que eles ganhassem impulso e ultrapassassem suas cotas e metas. Foi exatamente isso o que aconteceu. Traduzindo para o ato de escrever, disseram-me que minha meta deveria ser "duas páginas horríveis por dia". É isso. Se você conseguir duas páginas horríveis, mesmo que nunca as use, poderá se sentir "bem-sucedido" naquele dia. Às vezes você mal consegue escrever duas páginas, e elas são realmente ruins. Mas em pelo menos 50% das vezes você produzirá talvez cinco, dez ou até — em um raro dia de milagre — vinte páginas. Faça um rascunho feio e uma edição bonita.

SEJA VULNERÁVEL PARA OBTER VULNERABILIDADE

Neil é um entrevistador experiente, e muito cedo me ensinou uma chave de ouro: seja aberto e demonstre vulnerabilidade com o entrevistado *antes* de começar. Isso funciona incrivelmente bem. Antes de iniciar a gravação, reservo de cinco a dez minutos para brincar, me aquecer, checar o som etc. Em algum momento, apresento informações pessoais ou vulnerabilidades (por exemplo, como antes eu odiava que distorcessem minhas palavras e que sei como é a sensação; como estou lutando com um prazo final baseado em pressões externas etc.). Isso deixa as pessoas muito mais inclinadas a fazer o mesmo depois. Às vezes, em vez disso, peço sinceramente um conselho, mas não interrompo as coisas, na linha de "Você é muito bom em X, e estou realmente lutando com Y. Quero respeitar o seu tempo e fazer esta entrevista, é claro, mas um dia adoraria perguntar a você sobre isso".

Os ouvintes com frequência me perguntam: "Como você desenvolve uma afinidade tão rápido?" O que está acima é a parte um.

Parte dois: abordo de antemão preocupações comuns naqueles primeiros minutos. A imprensa acabou comigo no passado e quero que meus convidados saibam que: A) Eu sei como isso é horrível; B) Minha entrevista é um espaço seguro para eles se abrirem e experimentarem. Entre outros temas, incluo:

>>> Esse programa não tem armadilhas nem pegadinhas, e a intenção é extrair o melhor deles.

>>> Eu digo: "Vamos avançar uma semana ou um mês após a veiculação desta entrevista. O que a tornaria um gol de placa para você? O que lhe parece ser 'bem-sucedido'?"

≫ Eu pergunto: "Há alguma coisa sobre a qual você preferiria não falar?"

≫ Mais ou menos como em *Inside the Actors Studio* (contratei o pesquisador sênior deles para ler minhas transcrições e me ajudar a melhorar), o convidado faz o "corte final". A gravação não é ao vivo (99% das vezes), e podemos deletar qualquer coisa que ele quiser. Se ele repensar alguma coisa na manhã seguinte, por exemplo, podemos cortar.

≫ Eu digo: "Sempre sugiro ser o mais natural e aberto possível. Meus fãs adoram detalhes estratégicos e histórias. Sempre podemos cortar, mas não posso acrescentar coisas interessantes depois."

✶ Três pessoas ou fontes com as quais você aprendeu ou que acompanhou de perto no último ano?
Rick Rubin, Laird Hamilton, Gabby Reece e Elmo (de *Vila Sésamo*, por assistir junto com o filho pequeno).
TF: Neil me apresentou a Rick, que me apresentou a Laird e a Gabby. Elmo não retornou minhas ligações.

✶ Você tem alguma citação que rege sua vida ou na qual pensa com frequência?

"Esteja aberto para o que quer que venha em seguida." — John Cage

"Não importa qual possa ser a situação, a linha correta a seguir é sempre a compaixão e o amor." (Parafraseado de uma de suas professoras, Barbara McNally.)

"Só respondo a entrevistas impressas por e-mail porque as pessoas adoram distorcer suas palavras para inferir que você disse algo muito absurdo.**"**
— *da letra de "Get Me Gone", do Fort Minor*

MIKE SHINODA

Mike Shinoda (TW: @mikeshinoda, mikeshinoda.com) é mais conhecido como rapper, compositor principal, tecladista, guitarra base e um dos dois vocalistas (sim, isso tudo) do Linkin Park, que vendeu mais de sessenta milhões de discos e ganhou dois Grammys. Mike já colaborou com todo mundo, de Jay-Z a Depeche Mode, e também é o rapper líder de seu projeto paralelo, o Fort Minor. E, se isso não for suficiente, ele também fez o trabalho de arte, a produção e a mixagem de todos os projetos mencionados acima. Conheci Mike quando o entrevistei para a BlogWorld & New Media Expo, em 2008.

Animal espiritual: Leopardo-das-neves

Sou um grande fã do Fort Minor, e a letra da página anterior ganha um sentido especial depois que você foi enganado. Quase todo mundo neste livro já teve suas palavras distorcidas pela imprensa. Geralmente isso é produto de uma entrevista por telefone, e o resultado pode ser desastroso. Para o entrevistador, é só mais uma matéria que, com sorte, receberá cliques e compartilhamentos. Para você, pode ser uma confusão que o assombrará na Wikipédia para sempre.

Mike esmiuçou esse assunto em nossa conversa: "Acho que as pessoas não estão sendo necessariamente traiçoeiras. É só perceber que todo mundo tem sua própria agenda. Até uma revista de música não está entrevistando você porque adora música, certo? O dia a dia deles é: 'Precisamos dos dólares de anúncios, precisamos de muitos cliques...' Se você tem uma frase de quarenta palavras que são cortadas para sete, [e] ela fica realmente estimulante, [mesmo que] não tenha nada a ver com tudo o que você disse na entrevista. É só uma isca para atrair cliques, [mas] eles vão em cima disso, sem dúvida, porque é nisso que o negócio deles está fundamentado."

TF: A moral da história é: sempre que possível, faça entrevistas impressas via e-mail. Um registro por escrito lhe dará prova e recurso se as pessoas se comportarem mal. E se você não conseguir guardá-las na caixa de mensagens? E se não conseguir (ou não quiser) escapar de telefonemas? Meu método evoluiu com o passar dos anos, mas agora dá conta de duas tarefas: evitar a dor do tempo desperdiçado e não ter as palavras distorcidas ou deturpadas.

O problema é reservar de uma a três horas para uma entrevista por escrito e terminar com apenas uma frase publicada. Os outros 99% das perguntas e respostas nunca verão a luz do dia. Mesmo quando o jornalista grava a ligação (um passo na direção certa), nunca consegui usar esses áudios. Esse jornalista tem um chefe que por sua vez tem um chefe que tem um chefe. Essa situação consome tempo e me entristece. Então como resolver?

Fácil, grave você também. Isso lhe dá proteção e ainda combate qualquer intenção maliciosa. Diga ao jornalista: "Olha, será ótimo falar com você. Costumo gravar a ligação para ter um backup [via Skype, usando um gravador de chamadas Ecamm; o Zencastr também funciona bem] e depois mando a entrevista para você por e-mail com um link do Dropbox. Tudo bem por você?" Se ele concordar, você não estará violando a lei ao gravar a conversa e tudo será uma beleza. Se ele não concordar, bandeira vermelha e você deve abortar. Você não vai morrer se perder uma oportunidade na mídia, mas palavras distorcidas podem persistir como uma doença crônica.

Hoje em dia, antes de concordar com a entrevista, geralmente digo: "Talvez eu queira pôr o áudio todo em meu podcast depois que a sua matéria sair, o que já fiz antes. Tudo bem?" Do contrário, não vale a pena trocar duas horas (não esqueça os e-mails seguintes, a checagem de fatos etc.) na expectativa de quem sabe ter uma linha do que você disse publicada em uma matéria. Se a troca funciona, no entanto... o panorama é outro. Um dos episódios mais populares intermediários do meu podcast foi com Joel Stein (TW: @thejoelstein), jornalista e hilário escritor de sátiras da *Time*, que arrasou. Foi ótimo para nós dois.

QUAIS SÃO OS INCENTIVOS DELES?

É sempre sábio, antes de iniciar qualquer colaboração, perguntar a si mesmo: *Quais são os incentivos dessas pessoas e os cronogramas desses incentivos? Como eles medem o "sucesso"? Estamos na mesma sintonia?* Não aposte pra valer em artifícios se estiver fazendo o jogo a longo prazo. Com frequência haverá pressão de pessoas que estão pensando em uma promoção no trimestre seguinte, e não em sua carreira dentro de um a dez anos. Mike contou uma história sobre o conselho que o Linkin Park recebeu da gravadora bem no começo:

"Eles nos dizem coisas como, 'Bem, vocês precisam de uma bossa. Queremos vestir Joe com um jaleco e um chapéu de caubói. E, Chester, você deve tirar um sapato e chutá-lo em cada show.' Eram coisas idiotas de gravadora que parecem ter saído de um filme como *Isto é Spinal Tap*. Mas é totalmente verdade, e essas sugestões de fato foram dadas. Imagino que se você [fosse lembrá-los disso agora] eles diriam: 'Ah, não, nós estávamos brincando, é claro.' Mas posso garantir que não estavam."

A banda combinou de bater o pé e oferecer duas opções à gravadora: mandar todo mundo embora ou deixá-los fazer o que sabiam fazer. Funcionou. "Perdi" muitas grandes oportunidades financeiras baseadas nessa falta de artifícios. Como disse Thomas Huxley de forma memorável: "É muito melhor um homem dar errado em liberdade do que dar certo algemado." Se você é bom, terá mais de uma chance.

DIRETO AO PONTO

∗ Fato pouco conhecido

Eu e Mike somos grandes fãs dos filmes de animação de Hayao Miyazaki. *Princesa Mononoke* é uma das principais inspirações por trás do clipe de

"In the End", do Linkin Park. E, já que você perguntou, meu museu favorito no mundo é o Ghibli, em Tóquio, criado por Miyazaki na "Floresta Mitaka".

* Bandas menos conhecidas que Mike me apresentou

Royal Blood: Gosto de "Figure It Out" e a uso para escrever.

Doomriders: "Come Alive" é para *headbangers* e lembra Danzig. Mais adequada para malhar ou para brincar de acertar a *piñata*.

* Mike e Justin Boreta, do Glitch Mob (página 393), usam o Ableton Live para editar

Boreta usa plug-ins Universal Audio para emular todos os periféricos que você pode imaginar. Ira Glass, do podcast *This American Life*, também usa o Ableton para apresentações ao vivo.

* Em quem você pensa quando ouve a palavra "bem-sucedido"?

Mike pensou em Rick Rubin (página 547), não apenas por compor e produzir, mas também pelas lições de vida.

JUSTIN BORETA

Justin Boreta é membro fundador do Glitch Mob (TW/IG: @theglit-chmob, theglitchmob.com). O último álbum deles, *Love Death Immortality*, emplacou na Billboard como Álbum Eletrônico nº 1, Selo Indie nº 1 e Álbum Digital Geral nº 4. O Glitch Mob é um grupo independente e, portanto, uma verdadeira startup que alcançou o sucesso com o próprio esforço. Suas músicas já apareceram em filmes como *Sin City 2: A Dama Fatal*, *No Limite do Amanhã*, *Capitão América: O Primeiro Vingador* e *O Espetacular Homem-Aranha*. O remix que fizeram de "Seven Nation Army", do White Stripes, é apresentado no trailer de video game mais visto de todos os tempos, o do jogo *Battlefield 1*.

Animal espiritual: Lula-gigante

* Você tem alguma citação que rege sua vida?

"Seja o silêncio que escuta." — Tara Brach

"A vida não deve ser uma jornada para o túmulo com a intenção de chegar em segurança em um corpo bonito e bem preservado, mas sim derrapar em uma nuvem de fumaça, completamente acabado, esgotado e proclamando em voz alta: 'Uau! Que viagem!'" — Hunter S. Thompson, *The Proud Highway: Saga of a Desperate Southern Gentleman, 1955-1967.*

JUSTIN: "Tenho um lembrete do aniversário de Hunter S. Thompson todo ano. Esse em particular me lembra de não me levar tão a sério e me divertir durante o processo. Também reservo algumas páginas em branco em meu diário matinal para fazer uma seção de citações ao longo das páginas (extraindo citações de leituras, podcasts etc.). Assim, posso recorrer a elas e folhear quando estiver procurando alguma ideia.

* Se você pudesse levar um disco, um livro e um objeto de luxo para uma ilha deserta, quais seriam?

Selected Ambient Works, do Aphex Twin, *A insustentável leveza do ser*, de Milan Kundera, e uma Chemex para fazer café.

* Um dos artistas favoritos de Justin — Boards of Canada

"Tem um tipo de música bem minimalista, bonita, e seus discos, para mim, são como um velho amigo que posso sempre revisitar."

* Melhor conselho que já recebeu?

"Foi uma coisa que meu pai me disse quando eu era muito, muito pequeno. Eu tinha provavelmente cinco ou seis anos, e foi: **'Não force a barra.'** É uma coisa tão simples... Acho que para o processo criativo isso é realmente a luz que nos guia... Tentar forçar um pino quadrado a entrar em um buraco redondo muito raramente tem os resultados pretendidos, seja em algo criativo, seja na vida em geral..."

TF: A pergunta que faço sempre que estou forçando a barra por períodos prolongados é: "Como seria isso se fosse fácil?"

* Qual é o pior conselho disseminado na sua área de negócios ou de conhecimento?

"Há muitos conselhos ruins jogados por aí sobre se inspirar e procurar uma revelação. Como diz Chuck Close: 'Inspiração é para amadores — o restante de nós apenas dá as caras e trabalha.' E cremos que as coisas surgirão da atividade em si e que, por meio do trabalho, iremos deparar com outras possibilidades e abrir outras portas com as quais nunca sonharíamos se ficássemos sentados em busca de uma grande inspiração."

* Se você pudesse dar um conselho para o seu eu de vinte anos, qual seria?

"'Relaxe. Tenha calma.' Sinto que eu e outras pessoas que conheço com seus vinte e poucos anos ficamos realmente tensos porque as coisas têm que ser de determinada maneira. Isso não é tão importante quanto você pensa."

TIM: "Sim, é verdade. Você se lembrará disso daqui a dez anos? Provavelmente não."

JUSTIN: "Não. As pessoas não se lembram nem de um tuíte dez minutos depois."

DIRETO AO PONTO

* Quais são as três pessoas ou fontes com as quais você aprendeu ou que acompanhou de perto no último ano?

"Revista *Nautilus*, o site Brain Pickings e Esther Perel."

* Qual foi seu melhor investimento ou o que mais valeu a pena?

"Depois de ser demitido, decidi mudar de rumo e mergulhar de cabeça na música. Cheguei ao limite do cartão de crédito para comprar meu primeiro par de monitores (caixas de som) de estúdio profissionais: Genelec 8040. Os monitores são provavelmente a compra de estúdio mais importante a ser feita. Ainda uso esse mesmo par até hoje."

* Recomendação de podcast

"In The Dust of This Planet", do *Radiolab*: o episódio explora por que um pouco conhecido tratado acadêmico acabou de repente aparecendo na cultura pop (em *True Detective*, revistas de moda, uma das jaquetas de Jaz-Z etc.).

✳ Rotina matinal

Toda manhã, Justin faz vinte minutos de meditação transcendental seguidos de balanços de kettlebell de 24 quilos. Faço exatamente a mesma coisa duas ou três vezes por semana, tendo como meta de cinquenta a 75 repetições de balanços com as duas mãos, conforme *4 horas para o corpo*.

✳ Música para dormir

Justin escuta *From Sleep*, de Max Richter, um álbum sereno com uma versão reduzida no Spotify. "Ponho esse disco bem baixinho quando estou começando minha rotina antes de dormir, então ele geralmente termina de quinze a vinte minutos depois de eu adormecer. Ou então uso um temporizador de sono quando estou em casa. Se eu usar todo dia, ele começa a ter um efeito pavloviano de sonolência depois de algum tempo, como uma cantiga de ninar. Se achar que isso é melodia demais, há um artista chamado Mute Button que tem gravações de alta qualidade e longa duração. O som de chuva suave com o temporizador de sono é fantástico. Acho ótimo para abafar sons de hotel quando estou viajando."

SCOTT BELSKY

Scott Belsky (TW: @scottbelsky, scottbelsky.com) é empreendedor, escritor e investidor. É sócio da Benchmark, uma firma de capital de risco com sede em São Francisco. Scott ajudou a fundar a Behance em 2006 e foi seu CEO até a Adobe adquiri-la, em 2012. Milhões de pessoas usam a Behance para exibir seus portfólios, bem como para rastrear e encontrar os maiores talentos de indústrias criativas. Ele é investidor inicial e consultor do Pinterest, da Uber e do Periscope, entre muitas outras startups de rápido crescimento.

Animal espiritual: Urso-polar

* Existe algo em que você acredita, mas as pessoas acham loucura?

"É essencial se perder e abortar seus planos de vez em quando. É uma fonte de criatividade e perspectiva. O perigo de esquemas, assistentes competentes e planejamentos é que você pode acabar vivendo sua vida conforme planejado. Se fizer isso, seu potencial não tem a possibilidade de exceder suas expectativas."

* Como um "fracasso" preparou você para um sucesso posterior?

"As decisões mais difíceis no mundo dos negócios são aquelas que decepcionam pessoas importantes para nós. Um dos maiores erros que cometi no começo da Behance foi fazer coisas demais. Tínhamos muitos produtos no mercado, muitas linhas de negócio, e nossa energia estava distribuída entre coisas demais. Por fim, depois de cinco anos, a estrutura chegou a um ponto crítico. Estávamos ficando sem tempo e precisávamos nos concentrar em uma coisa. Fechei vários projetos, incluindo nosso popular aplicativo de administração de tarefas, e decepcionamos milhares de clientes. Mas fazer isso nos permitiu focar na concepção de um produto que acabaria alcançando muitos milhões de pessoas criativas no mundo.

"Com essa experiência aprendi o que escritores lendários chamam de 'matar seus queridos' — os momentos do enredo e da trajetória dos personagens que diminuem a história. Às vezes é necessário **parar de fazer algo que adoramos para cuidarmos do que é mais importante**."

* O pior conselho que você costuma ouvir

"'Procure padrões.' Como empreendedor e investidor, sou cercado por pessoas que tentam categorizar e generalizar os fatores que tornam uma empresa bem-sucedida... A maioria delas esquece que inovação (e investir em inovação) é um negócio de exceções.

"É fácil entender por que a maioria dos investidores confia no reconhecimento de padrões. Isso começa com uma empresa bem-sucedida que surpreende todo mundo com um modelo inédito. Talvez a Uber e as redes de comunicação sob demanda, o Airbnb e a economia compartilhada, ou a Warby Parker e o e-commerce verticalmente integrado. O que se segue são análises intermináveis e a adoção em massa de um manual de estratégia que já foi usado... É claro que essas companhias podem criar um derivado bem-sucedido, mas não vão mudar o mundo.

"Tento aprender com o passado sem ser inspirado por ele. Minha grande pergunta sempre é: 'O que eles tentaram e por que funcionou?' Quando ouço histórias de sucesso e fracasso, procuro as pequenas coisas que fizeram uma grande diferença. **Qual sabedoria convencional foi deixada de lado?**... Evito usar um sucesso passado como parâmetro para o futuro. Afinal, o segredinho sujo é que todo sucesso quase foi um fracasso um dia. O momento e as circunstâncias incontroláveis exercem um papel maior do que qualquer um de nós se dá ao trabalho de admitir.

"Talvez a maior lição do passado seja como é importante sermos inspirados por coisas que nos surpreendem. Quando me deparo com um modelo de negócios estranho em um espaço impopular, tento encontrar um fio que me fascine e que valha a pena puxar. Eu me desafio a parar de comparar o que aprendo com o que ficou no passado. Se você olhar apenas para esses padrões, não vai se aventurar longe."

✳ Conselho para o seu eu de trinta anos
"O ambiente errado compromete a sua criatividade. Aos trinta anos, eu achava que meus pontos fortes sempre estariam comigo, independentemente de onde eu os aplicasse. Eu estava errado. A verdade é que o ambiente faz diferença."

✳ O que você colocaria em um outdoor?
"'Não se trata de ideias, mas de fazer ideias acontecerem.' Eu colocaria isso em cada *campus* universitário do planeta. Na juventude, somos maravilhosamente criativos e idealistas... **A verdade é que mentes criativas jovens não precisam de mais ideias. Elas precisam assumir mais responsabilidade pelas ideias que já tiveram.**"

COMO CONQUISTAR
SUA LIBERDADE

Ao pensar em "riqueza", é natural que surja uma obsessão por acumulação. Isso é normal, mas nem sempre útil. Muitas vezes, as finanças não são a principal restrição em nosso caminho. Em 2004, iniciei uma viagem pelo mundo que duraria mais ou menos dezoito meses. As lições que aprendi durante o processo formaram a base de grande parte de meu primeiro livro, *Trabalhe 4 horas por semana*. Em minha viagem — dos becos de Berlim aos lagos escondidos da Patagônia —, eu não tinha quase nada: uma mochila e uma malinha. Levei apenas dois livros comigo. Um deles era *Walden*, de Henry David Thoreau (naturalmente), e o outro *Vagabonding: An Uncommon Guide to the Art of Long-Term World Travel*, de Rolf Potts (TW: @rolfpotts, rolfpotts.com).

Escrevi a lápis uma lista de destinos que eu sonhava visitar na contracapa de *Vagabonding* quando o comprei. Eram lugares como Estocolmo, Praga, Paris, Munique, Berlim e Amsterdã. A lista continuava. Usando o mapa rodoviário e as dicas de Rolf, fui a todos. Consegui explorar muitos deles por dois ou três meses seguidos em meu próprio ritmo, sem pressa e sem preocupação. Foi um sonho que se tornou realidade. Lendo-o diversas vezes durante minhas viagens, percebi que viajar não é apenas para mudar o que está fora, é para reinventar o que está dentro.

Entra Rolf

De todas as falas ultrajantes que ouvimos em filmes, há uma que se destaca para mim. Não é de uma comédia maluca, nem de um filme de ficção científica, nem de um *thriller* de ação cheio de efeitos especiais. É de *Wall Street — Poder e Cobiça*, de Oliver Stone, quando o personagem de Charlie

Animal espiritual: Caranguejo-eremita

Sheen — uma jovem promessa do mercado de ações — está contando a sua namorada sobre seus sonhos.

"Acho que consigo ganhar um bom dinheiro antes dos trinta e sair dessa confusão", diz ele. "Vou poder viajar de moto pela China."

A primeira vez que vi essa cena, há alguns anos, quase caí de espanto da poltrona. Afinal, Charlie Sheen ou qualquer um pode trabalhar oito meses limpando banheiros e ter dinheiro suficiente para viajar de moto pela China. E se ele ainda não tiver uma moto, com mais alguns meses esfregando vasos sanitários ganharia o suficiente para comprar uma quando chegasse lá.

A questão é que a maioria dos americanos provavelmente não acharia essa cena do filme estranha. Por algum motivo, vemos uma viagem longa por terras distantes como um sonho recorrente ou uma tentação exótica, mas não como algo que se aplica ao aqui e agora. Em vez disso — por nosso insano dever em relação ao medo, à moda e ao pagamento mensal de coisas que não precisamos de fato —, limitamos nossas viagens a surtos rápidos e frenéticos. Assim, enquanto jogamos nossa riqueza em uma noção abstrata chamada "estilo de vida", a viagem se torna apenas mais um acessório — uma experiência indolor, encapsulada, que compramos da mesma maneira que adquirimos roupas e móveis.

Não muito tempo atrás, li que quase 250 mil temporadas curtas de férias em mosteiros e conventos haviam sido reservadas e vendidas por agentes de viagem no ano anterior. Os enclaves espirituais, da Grécia ao Tibete, estavam se tornando atrações turísticas cobiçadas, e os especialistas em viagem atribuíam esse "boom de lenitivos" ao fato de profissionais de desempenho excepcional e muito ocupados estarem "buscando uma vida mais simples".

O que ninguém se importou em observar, é claro, é que comprar um pacote de férias para encontrar uma vida mais simples é mais ou menos como usar um espelho para ver sua aparência quando você não está se olhando no espelho. Tudo o que realmente se vende é a noção romântica de uma vida mais simples e — assim como por mais que você vire a cabeça ou pisque os olhos, não conseguirá se ver no espelho sem ter consciência disso — nenhuma combinação de férias de uma semana ou dez dias afastará você realmente da vida levada em casa.

No fim das contas, esse casamento forçado entre tempo e dinheiro tem o poder de nos manter em uma situação estática. Quanto mais associamos experiência a valor em dinheiro, mais pensamos que dinheiro é o que precisamos para viver. E quanto mais associamos dinheiro a vida, mais nos convencemos de que somos pobres demais para comprar nossa liberdade. Com esse tipo de mentalidade, não é de admirar que tantos americanos pensem que férias prolongadas no exterior são um reino exclusivo para estudantes, egressos da contracultura e ricos desocupados.

Na realidade, viagens longas nada têm a ver com critérios demográficos — idade, ideologia, renda —, mas com perspectiva pessoal. Viagens longas não dizem respeito a ser um estudante universitário — dizem respeito a ser um estudante da vida cotidiana. Viagens longas não são um ato de rebeldia contra a sociedade — mas de bom senso dentro da sociedade. Viagens longas não exigem "um monte de dinheiro"; exigem apenas que caminhemos pelo mundo de um modo mais deliberado. Modo esse que sempre foi intrínseco a uma tradição de viagem consagrada e despretensiosamente disponível chamada "vagabundear".

Vagabundear é tirar um período prolongado de folga de sua vida normal — seis semanas, quatro meses, dois anos — para viajar pelo mundo com suas próprias regras.

Mas, além de viajar, vagabundear é uma perspectiva de vida. Vagabundear significa usar a prosperidade e a possibilidade da era da informação para aumentar suas opções, e não suas posses. Diz respeito a procurar aventuras na vida normal, e vida normal dentro da aventura. É uma atitude — um interesse amistoso por pessoas, lugares e coisas que torna o indivíduo um explorador no sentido mais verdadeiro e claro da palavra.

Vagabundear não é um estilo de vida, não é uma tendência. É apenas uma maneira incomum de encarar a vida — um ajuste de valores que naturalmente nos incentiva à ação. E, tanto quanto qualquer coisa, vagabundear diz respeito a tempo, nosso único bem real, e a como escolhemos usá-lo.

Fundador do Sierra Club, John Muir (um vagabundo clássico, se é que já houve algum) costumava expressar seu espanto com viajantes abastados que visitavam o Yosemite e saíam apressados depois de algumas horas de passeio. Muir chamava esses turistas de "pobres de tempo" — pessoas que eram tão obcecadas por cuidar de sua riqueza material e posição social que não conseguiam reservar um tempo para experimentar de verdade o esplendor da natureza de Sierra Nevada, na Califórnia. Um dos visitantes de Yosemite recebidos por Muir no verão de 1871 foi Ralph Waldo Emerson, que suspirou ao ver as sequoias: "É espantoso que possamos ver essas árvores sem nos espantarmos mais." No entanto, quando Emerson saiu às pressas algumas horas depois, Muir especulou com ironia se o famoso transcendentalista havia de fato visto as árvores.

Quase um século depois, o naturalista Edwin Way Teale usou o exemplo de Muir para lamentar o ritmo frenético da sociedade moderna. "A liberdade conforme John Muir a conheceu", escreveu ele em seu livro de 1956, *Autumn Across America*, "com sua riqueza de tempo, seus dias não regulados, seu horizonte de escolhas... essa liberdade parece mais rara, mais difícil de alcançar, mais remota, a cada nova geração."

Mas o lamento de Teale pela deterioração da liberdade pessoal foi uma generalização tão rasa em 1956 quanto é hoje. Como John Muir sabia muito bem, vagabundear nunca foi regulado pela instável definição pública de "estilo de vida". Em vez disso, sempre foi uma escolha privada dentro de uma sociedade que está constantemente nos exortando a agir de outra forma.

———

Há uma narrativa que vem da tradição dos Padres do Deserto, uma ordem de monges cristãos que vivia nas terras desérticas do Egito há cerca de 1.700 anos. Na história, uma dupla de monges chamados Teodoro e Lúcio compartilhava o intenso desejo de sair e ver o mundo. Contudo, como haviam feito votos de contemplação, eles não tinham permissão para fazer isso. Então, para saciar a sede de correr o mundo, Teodoro e Lúcio aprenderam a "burlar suas tentações" relegando suas viagens para o futuro. Quando o verão chegava, eles diziam um ao outro: "Partiremos no inverno." Quando o inverno chegava, diziam: "Partiremos no verão." E assim fizeram por mais de cinquenta anos, sem nunca deixar o mosteiro ou quebrar seus votos.

A maioria de nós, é claro, nunca fez tais votos — mas ainda assim escolhemos viver como monges, enraizando-nos em uma casa ou uma carreira e usando o futuro como uma espécie de ritual falso que justifica o presente. Assim, acabamos passando (como diz Thoreau) "a melhor parte da vida ganhando dinheiro para aproveitar uma liberdade questionável durante sua parte menos preciosa". Adoraríamos largar tudo e explorar o mundo lá fora, dizemos a nós mesmos, mas nunca parece ser o momento certo. Assim, considerando a quantidade ilimitada de escolhas, não fazemos nenhuma. Acomodando-nos em nossas vidas, ficamos tão obcecados em nos agarrarmos a nossas certezas internas que esquecemos por que as desejamos.

Vagabundear diz respeito a criar coragem para perder o controle das chamadas certezas deste mundo. Diz respeito a se recusar a relegar a viagem para outro momento, aparentemente mais apropriado, de sua vida. Diz respeito a assumir o controle de suas circunstâncias em vez de esperar de modo passivo que elas decidam seu destino.

Portanto, a questão de como e quando começar a vagabundear não é realmente uma questão. Vagabundear começa agora. Mesmo que a realidade prática de viajar ainda esteja a meses ou anos de distância, vagabundear começa no momento em que você para de dar desculpas, começa a guardar dinheiro e a olhar mapas com o frisson extasiante da possibilidade. A partir daí, a realidade de vagabundear assume um foco mais nítido conforme ajustamos nossa perspectiva e começamos a abraçar a incerteza estimulante que uma verdadeira viagem promete.

Desse modo, vagabundear não é meramente um ritual de resolver pendências e arrumar as malas. Em vez disso, é uma prática contínua de olhar e aprender, de enfrentar temores e mudar hábitos, de cultivar uma nova fascinação por pessoas e lugares. Essa atitude não é algo que podemos pegar no balcão do aeroporto com o cartão de embarque; é um processo que começa em casa. É um processo pelo qual primeiro testamos as águas que nos levarão a novos lugares maravilhosos.

———

É claro que conquistar a liberdade requer trabalho — e este, tanto por motivos psíquicos quanto por financeiros, é intrínseco a vagabundear.

Para entender a importância psíquica do trabalho, não é preciso olhar além das pessoas que viajam pelo mundo usando o dinheiro da família. Essas pessoas estão entre os andarilhos mais visíveis e menos felizes no ambiente das viagens. Vestindo-se de acordo com os hábitos locais, elas vão rápido de um cenário exótico de viagem para outro, oferecendo-se compulsivamente a causas políticas locais, experimentando substâncias tóxicas exóticas e se metendo em todas as religiões não ocidentais imagináveis. Basta perguntar, e elas lhe dirão que estão em busca de algo "significativo".

Entretanto, o que estão procurando de verdade é o motivo pelo qual começaram a viajar. Como nunca trabalharam por sua liberdade, suas experiências de viagem não têm nenhuma referência pessoal — nenhuma conexão com o resto de suas vidas. Elas estão gastando muito tempo e dinheiro na estrada, mas nunca gastaram o suficiente de si mesmas. Assim, suas experiências de viagem têm um senso de valor reduzido.

Thoreau tocou nessa mesma noção em *Walden*. "Qual deles teria avançado mais no fim de um mês", postulou ele, "o menino que fizera seu próprio canivete a partir do minério que escavara e fundira, lendo todo o necessário para fazer isso, ou o menino que ganhara do pai um canivete Rodgers? Qual deles teria a maior probabilidade de cortar os dedos?"

Em certo nível, a ideia de que a liberdade está ligada ao trabalho pode parecer um pouco deprimente. Não deve parecer. Por todas as experiências incríveis que esperam por você em terras distantes, a parte "significativa" da viagem sempre começa em casa, com um investimento pessoal nas maravilhas que estão por vir.

Em um nível prático, há inúmeras maneiras de engendrar suas viagens. Na estrada, encontrei vagabundos de todas as idades, com todo tipo de trajetória e meio de vida. Encontrei secretárias, banqueiros e policiais que largaram o emprego e estavam fazendo uma pausa antes de começar algo novo. Encontrei advogados, corretores e assistentes sociais que negociaram meses de licença enquanto levavam a carreira a novos lugares. Encontrei especialistas talentosos — garçons, web designers, strippers — que achavam que podiam financiar meses de viagem com algumas semanas de trabalho. Encontrei músicos, motoristas de caminhão e orientadores vocacionais que estavam tirando um período de folga prolongado entre um trabalho e outro. Encontrei soldados semirreformados, engenheiros e homens de negócios que reservaram um ano ou dois para viajar antes de se meterem em alguma outra coisa. Alguns dos vagabundos mais prolíficos que encontrei eram trabalhadores sazonais — carpinteiros, trabalhadores de serviços de parques, pescadores — que todo ano passam o inverno em lugares quentes e exóticos do mundo. Outros — professores, médicos, atendentes de bar, jornalistas — optaram por levar a carreira para a estrada, alternando trabalho e viagem conforme decidiam. Antes de eu começar a escrever, várias atividades "antissabáticas" (paisagismo, vendas no varejo, trabalhos temporários) garantiram meu tempo para vagabundear.

"Não gosto de trabalho", diz Marlow em *Coração das trevas*, de Joseph Conrad, "mas gosto do que o trabalho proporciona — a oportunidade de se encontrar." Marlow não estava se referindo a vagabundear, mas a noção ainda se aplica. Trabalho não é apenas uma atividade que gera fundos e cria desejo: é o tempo de gestação da vagabundagem, em que você conquista sua integridade, começa a fazer planos e a se organizar para realizá-los. Trabalho é um tempo para sonhar com a viagem e fazer anotações, mas também para resolver pendências. Trabalho é quando você confronta os problemas dos quais, de outro modo, poderia ser tentado a fugir. É como você resolve suas dívidas financeiras e emocionais — para que suas viagens não sejam um escape de sua vida real, mas uma descoberta de sua vida real.

———

Alguns de vocês poderão pensar: *Isso parece maravilhoso, mas só tenho duas semanas de férias por ano.*

A boa notícia é que, como cidadãos de uma democracia estável e próspera, qualquer um de nós tem o poder de criar seu tempo livre.

Para exercer esse poder, precisamos apenas fazer um uso estratégico (ainda que por apenas algumas semanas em meses) de uma técnica de liberdade pessoal consagrada, popularmente conhecida como "pedir demissão". E, apesar da implicação pejorativa, pedir demissão não precisa ser um ato imprudente como pode parecer. Muita gente consegue criar tempo para vagabundear por meio de uma "demissão construtiva" — ou seja, negociando com seus empregadores períodos sabáticos especiais e licenças longas.

E mesmo o ato de deixar o trabalho de modo mais permanente não precisa ser negativo — sobretudo em uma época em que o trabalho tende a ser definido pela especialização profissional e pela fragmentação de tarefas. Embora exercer um trabalho com a intenção de largá-lo pudesse ser um ato de imprudência há cem anos, hoje é com frequência cada vez mais um ato de bom senso em uma época de habilidades portáteis e opções de emprego diversificadas. Tendo isso em mente, não se preocupe com a possibilidade de as viagens prolongadas deixarem uma "lacuna" em seu currículo. Em vez disso, você deve incluir com entusiasmo e sem desculpas sua experiência de vagabundagem no currículo quando retornar. Relacione as habilidades profissionais que a viagem lhe ensinou: independência, flexibilidade, negociação, planejamento, ousadia, autossuficiência, improvisação. Fale com franqueza e confiança sobre sua experiência de viajar — há boas chances de seu próximo empregador ficar interessado e impressionado (e com uma pontinha de inveja).

Como Pico Iyer observou, o ato de se demitir "não significa desistir, mas seguir adiante; mudar a direção não porque algo não está de acordo com você, mas porque você não está de acordo com algo. Em outras palavras, não é uma reclamação, mas uma escolha positiva, e não é uma parada na viagem, mas um passo para uma direção melhor. Deixar — tanto um emprego quanto um hábito — significa mudar o rumo para você ter certeza de que ainda está indo na direção de seus sonhos".

Assim, demitir-se não deve ser encarado como o fim de um período desagradável e cheio de ressentimentos. É, em vez disso, um passo vital para começar algo novo e maravilhoso.

> **"Converso com CEOs o tempo todo e digo: 'Ouçam, qualquer coisa revolucionária é uma ideia maluca até um dia antes. Se não foi uma ideia maluca, não é uma revolução, apenas uma melhoria, um incremento. Onde vocês estão experimentando ideias malucas dentro de suas empresas?"**

PETER DIAMANDIS

O dr. Peter H. Diamandis (TW: @PeterDiamandis, diamandis.com) foi considerado um dos Cinquenta Maiores Líderes do Mundo pela revista *Fortune*. É fundador e presidente-executivo da XPRIZE Foundation, mais conhecida por seu Ansari XPRIZE de 10 milhões de dólares para voos espaciais privados. Hoje, a XPRIZE lidera o mundo na criação e execução de concursos globais de larga escala para resolver falhas no mercado. Peter é também cofundador (juntamente com J. Craig Venter e Bob Hariri) e vice-presidente da Human Longevity, Inc. (HLI); e cofundador e presidente-executivo da Planetary Resources, uma empresa que projeta naves espaciais para prospectar materiais preciosos em asteroides próximos à Terra (é sério). Ele é o autor de livros como *Bold* e *Abundância*, referendados por Bill Clinton, Eric Schmidt, Ray Kurzweil, entre outros.

Animal espiritual: Águia

NOS BASTIDORES

>>> Peter é a segunda pessoa mais descrita como uma "força da natureza" por jogadores de peso. Só perde para Tony Robbins, amigo de Peter.

>>> Peter é um daqueles caras que, toda vez que você o encontra, deixa você balançando a cabeça e se perguntando (no bom sentido): "O que é que estou fazendo com a minha vida?!" Recentemente, ele me perguntou "Qual é a sua principal aposta agora?", levando-me a voltar a explorar muitas perguntas e conceitos deste perfil.

"UM PROBLEMA É UMA COISA TERRÍVEL DE SE DESPERDIÇAR"

Isso está bastante relacionado à linha "coce sua própria coceira" que surge no decorrer de todo este livro. Peter vai além: "Penso em problemas como minas de ouro. Os maiores problemas do mundo são as maiores oportunidades de negócio do mundo."

"QUANDO 99% DAS PESSOAS DUVIDAM DE UMA IDEIA SUA, OU VOCÊ ESTÁ TOTALMENTE ERRADO OU PRESTES A FAZER HISTÓRIA"

"Vi isso outro dia. Foi dito por Scott Belsky [página 397], um dos fundadores da Behance."

"A MELHOR MANEIRA DE SE TORNAR UM BILIONÁRIO É AJUDAR UM BILHÃO DE PESSOAS"

Peter é um dos fundadores da Singularity University, juntamente com Ray Kurzweil. Em 2008, na conferência de fundação, no Ames Research Center, da Nasa, um dos fundadores do Google, Larry Page, discursou. Entre outras coisas, ele assinalou como avalia projetos:

"Uso uma métrica muito simples agora: você está trabalhando em algo que pode mudar o mundo? Sim ou não? A resposta de 99,99999% das pessoas é 'não'. Acho que precisamos treinar pessoas para mudar o mundo."

ORIGENS DA XPRIZE E DA "SUPERCREDIBILIDADE"

"A verdade é que li um livro, *The Spirit of St. Louis*, que meu bom amigo Gregg Maryniak me deu... e pensei: *Ei, se eu puder criar um prêmio* [Lindbergh atravessou o Atlântico para ganhar o prêmio], *talvez possa motivar equipes a construir naves espaciais privadas, e esse é o meio de eu ir ao espaço.*

"Comecei a explorar essa ideia conforme lia o livro. Dez milhões de dólares parecia dinheiro suficiente. Decidi chamá-lo de 'XPRIZE', porque eu não tinha a menor ideia de quem iria pôr os 10 milhões de dólares. O 'X' representaria o nome da pessoa que acabaria investindo o dinheiro, como uma variável a ser substituída. Então eu estava correndo atrás disso na época, 100 dólares ali, 1.000 dólares lá, conseguindo o capital para levar isso adiante. Fui parar em St. Louis, onde um homem incrível, Al Kerth, disse: 'Ajudarei você a levantar o dinheiro.' Ele se animou e se conectou com minha paixão e com meu compromisso em relação ao projeto.

"Resumindo, depois de um ano e muito joelho gasto, acabei levantando meio milhão de dólares em cheques de 10 mil e 20 mil dólares, e então nossa arrecadação de fundos estancou.

"Tomamos a decisão muito ousada de anunciar o prêmio de 10 milhões de dólares mesmo sem ter o dinheiro, e a maneira com que você anuncia uma ideia grande e arrojada ao mundo faz diferença. Todos nós temos uma linha de credibilidade em torno das ideias. Nós as julgamos constantemente.

"Se anunciarmos abaixo da linha de credibilidade, as pessoas descartam imediatamente nossa ideia. Depois surge a linha de supercredibilidade. Se a divulgarmos acima dessa linha, as pessoas pensam: *Uau, quando isso vai acontecer? Como posso me envolver?*

"Estamos em maio de 1996. Tenho meio milhão de dólares. Decido gastar tudo no evento de lançamento, e fazemos isso sob o Arco de St. Louis. No palco, não tenho um astronauta comigo, tenho vinte. Sem contar com o chefe da Nasa, o chefe da Administração Federal de Aviação (FAA, na sigla em inglês) e a família Lindbergh ao meu lado, anunciando o prêmio de 10 milhões de dólares. Eu tinha algum dinheiro? Não. Eu tinha alguma equipe registrada para competir? Não. Mas o prêmio de 10 milhões de dólares foi notícia de primeira página em jornais do mundo inteiro...

"Eu pensava: *Quem não iria querer pagar 10 milhões de dólares depois que uma pessoa fizesse isso? Isso se paga apenas com sucesso.* O desafio foi, 150 CEOs depois, nos cinco anos seguintes, entre 1996 e 2001, todos virarem a cara para mim.

"Por fim conheci a família Ansari. Há muito mais detalhes a contar, mas a verdade é que muitas vezes, às três da manhã, fiquei tentado a desistir. E só segui em frente porque estava sendo motivado por um propósito meu, imensamente transformador. E estamos aqui hoje tendo esta conversa porque não desisti. Vou parar por aqui."

TIM: "Adoro essa história, e o que eu adoraria destacar, tanto para mim quanto para qualquer pessoa que esteja nos ouvindo, é que você também teve que prestar contas ao público..."

PETER: "Eu não tinha como voltar atrás, cara."

TIM: "Qual foi a pessoa mais difícil de convencer a ficar naquele palco com você?"

PETER: "Ah, o chefe da Nasa, com certeza."

TIM: "Qual foi o argumento? Como você o convenceu?"

PETER: "O argumento foi: 'Ouça, você não iria querer empreendedores do mundo inteiro trabalhando em novas tecnologias e isso ficando fora do seu balanço financeiro?'"

TF: Peter é um senhor vendedor. Já vi alguns dos grandes, e ele está bem no topo. Um dos livros que ele recomenda para cultivar a capacidade de fazer acordos é, na verdade, um livro infantil e uma leitura de dez minutos: *Stone Soup*. "É uma história *infantil* que é o melhor diploma de MBA que você vai ler. Entre o conceito de supercredibilidade e *Stone Soup* há uma grande fundação. Se você é um empreendedor que ainda está na faculdade ou tem sessenta anos e está construindo a vigésima empresa, *Stone Soup* é de uma importância crucial."

ROTINAS MATINAIS

Peter se alonga durante o banho de manhã:

"Principalmente a parte inferior do corpo, e depois faço um exercício de respiração também e entoo um mantra de afirmação... O exercício consiste em uma respiração profunda e acelerada para oxigenar e expandir os pulmões. Há dois elementos muito ligados à longevidade humana. É estranho... Um é usar fio dental e o outro é ter um volume de oxigênio máximo mais alto."

TF: O exercício respiratório de Peter foca na expansão dos pulmões com inspirações rápidas e profundas. Seu mantra de afirmação, que ele repete muitas vezes, é: "Eu sou alegria. Eu sou amor. Eu sou gratidão. Eu vejo, ouço, sinto e sei que o propósito da minha vida é inspirar e orientar a transformação da humanidade sobre a Terra e fora da Terra."

A respiração de Peter é semelhante a alguns exercícios de Wim Hof (página 70), que agora faço durante um banho frio (estado de "preparação" por Tony Robbins, página 243), logo depois da minha meditação matinal.

Quanto à ligação entre uso de fio dental e longevidade, Peter é o primeiro a admitir que isso pode ser uma correlação e não uma causa: pessoas obcecadas o bastante para usar o fio dental com regularidade provavelmente têm outros hábitos que contribuem para uma vida mais longa.

ROTINA ANTES DE DORMIR

Antes de dormir, Peter sempre revisa suas três "vitórias do dia". Uma estratégia análoga à revisão do diário de cinco minutos que faço à noite (página 174).

SOBRE VENCER O DESÂNIMO

TIM: "Para vencer aquele desânimo de dois dias [depois que uma de suas primeiras startups fracassou], como foi a conversa consigo mesmo? Quer dizer, qual é o ritual que você usa?

PETER: "A conversa comigo mesmo, com toda a sinceridade, deve ter durado umas duas semanas, e não dois dias. É voltar a estas questões: '**Por que acredito que isso é importante?**' '**Olhe até onde consegui levar isso.**' É uma questão de lembrar a si mesmo qual é o seu propósito na vida. Os motivos que o levam a estar aqui. Se você não se conectou com o seu propósito e a sua missão na vida, então pode esquecer qualquer coisa que eu disse. Essa é a estratégia número um que você precisa fazer: descobrir o que é preciso ser feito neste planeta, por que você foi posto aqui e o que o faz se levantar de manhã."

COMO DESCOBRIR SEU PROPÓSITO, OU MISSÃO, MOTIVADOR

Peter recomenda o programa Date with Destiny, de Tony Robbins, que, segundo ele, ajuda as pessoas a melhorarem seus "sistemas operacionais". Foi assim que ele desenvolveu seu mantra de afirmação. Peter também faz as três perguntas:

"O que você queria fazer quando era criança, antes de alguém lhe dizer o que deveria fazer? O que você queria ser? O que você queria fazer mais do que qualquer outra coisa?"

"Se Peter Diamandis ou Tim Ferriss lhe dessem 1 bilhão de dólares, como você gastaria isso além de festas, Ferraris e assim por diante? Se eu lhe pedisse que gastasse 1 bilhão de dólares para melhorar o mundo, para resolver um problema, o que você buscaria?"

"Onde você consegue se colocar em um ambiente que lhe dê o máximo de exposição a novas ideias, problemas e pessoas? Exposição a coisas que capturem seu 'momento no chuveiro' [aquelas coisas nas quais você não consegue parar de pensar quando está tomando banho]?" [Peter recomenda ambientes como a Singularity University.]

TF: Ainda lutando com um senso de propósito ou missão? Umas seis pessoas neste livro (por exemplo, Robert Rodriguez) sugeriram o livro *Por quê: Como motivar pessoas e equipes a agir*, de Simon Sinek.

OS BENEFÍCIOS DE PENSAR 10 VEZES MAIOR *VERSUS* 10% MAIOR

"Entrevistei Astro Teller para meu livro *Bold*. Astro é chefe do Google X (agora chamado de 'X'), a equipe de projetos de ponta do Google... Ele diz: 'Quando você persegue um projeto top de linha, algo dez vezes maior, e não 10% maior, várias coisas acontecem...'

"Antes de mais nada, ao procurar crescer 10%, você está competindo com todo mundo. Todos estão tentando o mesmo objetivo. Ao tentar ser dez vezes maior, aí você está sozinho. Eu, por exemplo, não tenho muita concorrência no meu campo [mineração de asteroides], nem em prospecção. Ou considere a Human Longevity Inc., que está tentando acrescentar quarenta anos à expectativa de vida saudável do ser humano. Não há muitas empresas por aí tentando fazer isso.

"A segunda coisa é que, ao tentar ser dez vezes maior, você tem que começar com uma folha de papel em branco e abordar o problema de maneira completamente diferente. Meu exemplo favorito é a Tesla. Como Elon Musk começou a Tesla e construiu, do nada, o carro mais seguro, mais extraordinário, não só dos Estados Unidos, mas talvez do mundo? A resposta: não ter um legado do passado a ser arrastado para o presente. Isso é importante.

"A terceira coisa é que tentar ser dez vezes maior, e não 10% maior, geralmente não é cem vezes mais difícil, mas a recompensa é cem vezes maior."

MAIS PERGUNTAS EXCELENTES DE PETER

"Uma das perguntas é: 'Existe algum grande desafio ou algum problema que envolva um bilhão de pessoas no qual você pode focar?

"De três a cinco *bilhões* de novos consumidores estarão chegando à internet nos próximos seis anos. Caramba, isso é extraordinário. Do que eles precisam? Considerando que eles representam dezenas de trilhões de dólares na economia global, além de um incrível recurso de inovação, o que você pode lhes dar? Portanto, penso muito nisso.

"A outra pergunta que faço é: 'Como você provocará a disrupção em si mesmo?' Uma das percepções mais fundamentais é que cada empreendedor, cada negócio, cada empresa, passará por grandes transformações de paradigma. Tive a honra de falar com Jeff Immelt, o CEO da General Electric, em suas reuniões com a equipe de liderança. O mesmo para Muhtar Kent, presidente do conselho e CEO da Coca-Cola, e para a Cisco e muitas empresas. Perguntei a eles: 'Como você se destruirá e como está tentando se destruir? Se não está, prepare-se para uma grande surpresa.' Encontre os mais inteligentes de vinte e poucos anos na sua empresa. Não me importo que eles estejam na sala de correspondência. Dê a eles permissão para imaginar como derrubariam sua empresa."

LEIS DE PETER

Peter tem um conjunto de leis que orienta sua vida. As 28 Leis de Peter foram reunidas ao longo das décadas. Aqui estão algumas de minhas favoritas:

Lei 2: Quando puder escolher entre duas coisas... fique com ambas.

Lei 3: Múltiplos projetos levam a múltiplos sucessos.

Lei 6: Se for obrigado a se comprometer, peça mais.

Lei 7: Se não conseguir vencer, mude as regras.

Lei 8: Se não conseguir mudar as regras, ignore-as.

Lei 11: "Não" significa simplesmente começar de novo em um nível mais alto.

Lei 13: Quando estiver em dúvida, pense.

Lei 16: Quanto mais rápido você se move, mais devagar o tempo passa, mais tempo você vive.

Lei 17: A melhor maneira de prever o futuro é criá-lo por conta própria (adotado de Alan Kay).

Lei 19: Você recebe o que você incentiva.

Lei 22: Qualquer coisa revolucionária é uma ideia maluca até um dia antes.

Lei 26: Se você não puder medir, não pode melhorar.

SOPHIA AMORUSO

Sophia Amoruso (TW/IG: @sophiaamoruso, girlboss.com) é funda-dora e presidente-executiva da Nasty Gal, um portal global para rou-pas, sapatos e acessórios novos e *vintage*. Fundada em 2006, a Nasty Gal foi considerada o Varejista de Crescimento Mais Rápido em 2012 pela revista *Inc.*, graças a seu índice de crescimento de 10.160% em três anos.

Sophia foi chamada de "novo fenômeno da moda" pela revista *Forbes* e se tornou uma das figuras mais proeminentes e icônicas do va-rejo. Recentemente, ela fundou a #Girlboss Foundation, que premia com doações financeiras mulheres dos mundos do design, da moda e da música. Seu primeiro livro, *#GIRLBOSS*, foi best-seller do *The New York Times* e publicado em quinze países.

SALTANDO E CONSTRUINDO UM AVIÃO DURANTE A QUEDA

"Gosto de fazer promessas que não tenho certeza se posso manter e depois descobrir como cumpri-las. Acho que, só de se comprometer com as coisas, às vezes você consegue transformá-las em realidade... Eu começara a deixar feedbacks para meus clientes no eBay dizendo coisas como: 'Ei, em breve, nastygalvintage.com.' Não muito tempo depois, percebi: 'Ah, merda, é melhor eu construir logo esse site.' Então fui lá, lancei o site e, na mesma época, o eBay decidiu suspender minha conta. Não foi uma transição, foi literalmente: 'Vou tentar esse negócio do site e espero poder voltar para o eBay se não der certo.' Ficou claro muito rapidamente que isso não seria uma opção. Fui suspensa por deixar o URL no feedback para os clientes."

UM DIA QUE TERMINA BEM...

TIM: "Quando você era CEO da empresa, como eram os primeiros sessenta a noventa minutos ou a rotina matinal de um dia em que você olhava para trás e pensava: *Porra, mandei bem hoje?*"

    SOPHIA: "**Um dia que termina bem é um dia que começou com exercícios.** Isso com certeza."

* Em quem você pensa quando ouve a palavra "bem-sucedido"?

"Só quero realmente que as pessoas se lembrem de que são capazes de fazer tudo o que seus ídolos estão fazendo. Talvez não tudo, mas... **não fique tão impressionado**. Acho que é por aí que minha cabeça vai... Não há motivo para você não poder ter as coisas que as pessoas que você admira têm. O 'sucesso' vende essa espécie de destino final, mas — embora eu tenha realizado algo e você [Tim] tenha realizado algo — eu lhe disse que estava chorando ontem à noite. Não é algo do tipo 'Terminei, já cheguei lá', ou qualquer coisa assim."

* Conselho para o seu eu de trinta anos

"Não fica mais fácil... os desafios são maiores quando as coisas são maiores."

"Uma boa comédia funciona exatamente do mesmo jeito que um bom mistério. O desfecho da história é algo que está bem na sua cara o tempo todo e o qual você jamais teria sido capaz de perceber."

B.J. NOVAK

B.J. Novak (TW/IG: @bjnovak) é mais conhecido por seu trabalho como ator, escritor e produtor-executivo da série de comédia vencedora do Emmy *The Office*. Ele apareceu em filmes como *Bastardos Inglórios*, de Quentin Tarantino, e *Walt nos Bastidores de Mary Poppins*, da Disney. É autor da aclamada coleção de contos *One More Thing* e de *O livro sem figuras*, que ficou em primeiro lugar na lista dos mais vendidos do *The New York Times* e teve um milhão de exemplares impressos. Por último, mas não menos importante, ele é cofundador da li.st, uma nova maneira de criar e descobrir listas sobre tudo e qualquer coisa.

Animal espiritual: Gaivota

"TODA VEZ QUE DIGO A MIM MESMO 'MAS ESTOU GANHANDO TANTO DINHEIRO', ISSO É UM SINAL DE ALERTA DE QUE ESTOU FAZENDO A COISA ERRADA."

Ao se lembrar de sua carreira, B.J. observou que poderia ter ficado empacado em vários lugares. Em vez disso, ele se tornou muito conhecido por *The Office* e outros megassucessos. Como B.J. conseguiu escolher várias vezes a direção certa na bifurcação da estrada? Ele atribui boa parte disso a ficar atento à regra prática descrita acima.

Se você se vê dizendo para si mesmo *Mas estou ganhando tanto dinheiro*, em relação a um trabalho ou projeto, fique atento. "Mas estou ganhando tanto dinheiro", ou "Mas estou ganhando um bom dinheiro" são sinais de alerta de que você provavelmente não está no caminho certo ou, pelo menos, não deveria ficar aí por muito tempo. O dinheiro sempre pode ser recuperado. Tempo e reputação não podem.

TORNANDO-SE VIP QUANDO VOCÊ NÃO É NINGUÉM

Uma das atividades extracurriculares de B.J. como estudante de Harvard foi fazer um show chamado *The B.J. Show* com outro garoto convenientemente chamado B.J. No último ano, os dois B.J.s decidiram fazer o show e pensaram em convidar Bob Saget para se apresentar. Eles souberam que o íntegro astro de *Três é Demais* era, na verdade, um comediante de standup realmente incrível.

Mas como dois garotos desconhecidos poderiam conseguir que uma enorme celebridade viesse de graça? B.J. Novak (de agora em diante "B.J.") teve duas ideias. A primeira foi "homenagear" Bob no *Harvard Lampoon*, esperando que ele concordasse em se apresentar para receber um prêmio. A segunda parte da jogada foi que toda a renda do show iria para uma instituição de caridade. Essa abordagem foi tão bem-sucedida que B.J. a usou várias vezes mais tarde na vida: sempre que possível dê dinheiro a instituições de caridade, porque isso lhe permite interagir com pessoas que estão bem acima do seu nível de remuneração.

B.J. telefonou para o escritório de Saget, propôs tudo isso e a estratégia funcionou como um feitiço. A conversa foi com o empresário de Saget (que mais tarde se tornou empresário de B.J.). Saget foi a Boston com Jonathan Katz, o criador de *Raising Dad* (seu novo programa na época). Os dois gostaram do estilo de texto instigante de B.J. e lhe ofereceram um trabalho na equipe deles.

COLOQUE A META DE LONGO PRAZO NO CALENDÁRIO ANTES DE A DOR DE CURTO PRAZO BATER

A primeira vez que B.J. tentou a comédia standup, em uma noite de microfone aberto em Los Angeles, a coisa foi um desastre. Ele precisou de três meses para criar coragem e voltar ao palco. B.J. aconselha comediantes de primeira viagem a marcar a primeira semana de shows (datas agendadas em noites de microfone aberto) com antecedência, para que não possam desistir depois da primeira apresentação. Ele aprendeu que não pode fazer de cada noite um parâmetro sobre continuar ou não. "Fiquei realmente mal por algum tempo, mas digamos que você faça vinte piadas e três delas recebam risadas por pena — bem, essas são as três que você mantém. E então, depois de algum tempo, uma delas sempre vai bem... Pronto, você já tem a abertura. E agora duas delas vão bem... Bem, conseguimos o encerramento... E a coisa evolui assim."

TF: Marque (e, se possível, pague) as coisas com antecedência para evitar voltar atrás. Apliquei isso às sessões de AcroYoga de manhã cedo, aos treinos de ginástica tarde da noite, às aulas de arco e flecha etc. Faça compromissos quando estiver bem-disposto para que não possa voltar atrás quando estiver para baixo.

PARA FICAR GRANDE, MIRE PEQUENO (E EM TECNOLOGIA, SE PUDER)

B.J. disse que foi bizarro quando *The Office* se tornou uma série muito bem-sucedida, porque eles não almejavam um enorme sucesso nacional. Estavam só tentando alcançar um status de *cult* junto a um grupo de fãs pequeno e leal. Um fator que fez diferença: o lançamento do iTunes da Apple. Os fãs que cultuavam a série eram muito jovens e conhecedores de tecnologia, o que tornou o programa um enorme sucesso no iTunes, mesmo não sendo um enorme sucesso na NBC naquele momento. *The Office* foi um dos programas pioneiros a se tornar um sucesso on-line, criando um dos primeiros propulsores virais para um programa de TV de horário nobre.

TF: De novo, leia "Mil fãs fiéis" (página 326). A propósito, em 2007 *Trabalhe 4 horas por semana* se beneficiou do lançamento do Twitter na conferência SXSW, quando fiz uma apresentação. Eu estava mirando de propósito os jovens adeptos de tecnologia. Fiz isso para cada livro desde então, adotando diferentes tecnologias com poucos usuários, mas que estão ganhando influência rapidamente (por exemplo, Product Hunt, BitTorrent Bundles).

SOBRE TRABALHAR COM STEVE CARELL

B.J. certa vez levou uma penca de piadas para Steve Carell, que disse: "São só piadas." Para Steve, a comédia era um subproduto da autenticidade. Essa é a diferença entre um garoto que sabe que é bonito e outro que não sabe (aquele que sabe que é bonito não é bonito).

A IMPORTÂNCIA DO PERÍODO DE "CÉU AZUL"

O processo de escrita de cada temporada de *The Office* começava com o Período de Céu Azul, que era a parte favorita de cada ano para B.J.

Durante três semanas, a brincadeira na sala dos redatores era cada pessoa perguntar "E se...?" repetidamente. Cenários loucos eram incentivados, e não penalizados. Cada ideia, não importava o que fosse, era válida durante esse período. A geração de ideias e a fase de filtragem/edição eram totalmente separadas. Como explicou B.J.: "Para mim, tudo é ideia e execução, e se você separa ideia de execução, não exerce pressão demais sobre nenhum dos dois processos."

"CONSIDERO ESTAR DE BOM HUMOR A PARTE MAIS IMPORTANTE DO MEU PROCESSO CRIATIVO"

B.J. geralmente passa as primeiras horas do dia se "energizando" e entrando em um estado de bom humor até chegar a uma ideia que o anime. Ou até ficar com tanto ódio de si mesmo e com tanta cafeína que precisa fazer alguma coisa a respeito (veja Paulo Coelho, página 557).

B.J. pode precisar de horas caminhando, lendo jornais diante de um café, ouvindo música etc. para entrar no ritmo e sentir que consegue escrever, o que normalmente acontece entre as onze da manhã e as duas da tarde. Ele diz: "Acho que estar de bom humor para um trabalho criativo vale as horas que se demora para ficar de bom humor."

Ele acrescentou: "Li o livro *Os segredos dos grandes artistas* e me senti desmoralizado com a quantidade de grandes pessoas que começam o dia muito cedo." Para quem passou a vida inteira sendo uma coruja na madrugada, como eu, é bom saber que *o horário* em que você começa todos os dias importa menos do que aprender a começar de maneira consistente, seja lá como fazer isso.

NADA DE ASPIRINA ARTESANAL

Todo dia B.J. toma o mesmo café: um Pike Place puro, extragrande, da Starbucks. Ele constatou que fazer o próprio café em casa tem resultados muito imprevisíveis, e é "como tomar Tylenol artesanal". Ele quer uma dose-padrão de cafeína.

SE ELE DESSE UM CURSO DE REDAÇÃO DE COMÉDIA

P.J. O'Rourke, um dos grandes editores do *National Lampoon*, disse que se algum dia fosse ensinar redação ou inglês, passaria paródias como trabalho, porque realmente aprendemos uma coisa quando tentamos parodiá-la. B.J., portanto, determinaria aos alunos escrever paródias dos livros de literatura que eles estivessem lendo e estudando em outras aulas. Isso abriria a mente deles. Travessuras são cruciais na comédia.

E DE ROTEIRO PARA CINEMA ESPECIFICAMENTE...

Há roteiros de filmes que B.J. faria os alunos estudarem:

Casablanca rompeu o formato de sua época, e agora é o formato.

Pulp Fiction subverte por completo o formato cronologicamente.

Curtindo a Vida Adoidado narra o filme para a câmera.

Corra que a Polícia Vem Aí faz qualquer coisa por uma risada.

Adaptação fala de si mesmo o tempo todo e rompe todas as regras.

APRENDA A PERSUADIR (E RIR)

B.J. adora e recomenda dois podcasts relacionados a debates, sendo o segundo completamente farsesco: *Intelligence Squared* e *The Great Debates*.

CAIXAS DE CADERNINHOS

B.J. usa um caderninho Moleskine Cahier para fazer anotações ao longo do dia. Gosta desse modelo porque é bem mais fino do que o Moleskine-padrão, portanto mais fácil de levar, e ele tem uma sensação de conquista quando termina um. Ele encomenda de cores diferentes e também compra bateladas de adesivos de formas geométricas. Sempre que inicia um novo caderninho de anotação, ele escreve seu nome e número de telefone na primeira página e põe um adesivo no alto da capa à esquerda, para saber qual caderninho está usando no momento. Ele não põe datas, o que pode ser problemático, mas acha que a falta de datas de algum modo ajuda no processo criativo. Ele guarda os caderninhos não transcritos em uma caixa branca e reserva uma caixa vermelha para aqueles já transcritos para o computador.

* Playlist de B.J. para trabalhar

Programa de rádio *Morning Becomes Eclectic*, que tem músicas novas sem comerciais das nove da manhã ao meio-dia, todo dia de semana.

Sirius XM, canal 35 — música indie

Early Blues, estação Pandora

* Em quem você pensa quando ouve a palavra "bem-sucedido"?

Shakespeare, porque ele fez coisas emocionantes, permanentes e populares.

* Livros mais presenteados

The Oxford Book of Aphorisms, de John Gross, porque contém as citações mais brilhantes da história. Dá para passar horas na mesma página, ou simplesmente folheá-lo.

B.J. também recomenda *Os segredos dos grandes artistas*, de Mason Currey, a todos que gostariam de conhecer a rotina diária de lendas como Steve Jobs, Charles Darwin e Charles Dickens. "É reconfortante ver que cada um tem seu próprio sistema, e como muitos deles não funcionam direito." Extra: produzi a versão em audiolivro de *Os segredos dos grandes artistas*.

* Conselho para o seu eu mais jovem

B.J. ficou muito ansioso durante a primeira temporada de *The Office*, porque estava sempre tentando escrever algo extra paralelamente e nunca tinha tempo para terminar. Ele realmente não parou para aproveitar a experiência incrível, única na vida, de *The Office*. B.J. queria ter dito a si mesmo na época que aquele era um momento muito especial que ele deveria assumir e aproveitar, em vez de ficar tão nervoso com algo que acabou se mostrando vão.

"E você sabe o que também digo às pessoas o tempo todo? Se Will Smith passar três anos sem estrelar um filme, você não vai sair por aí dizendo: 'Onde está Will Smith?' Ninguém está prestando atenção em ninguém. Pensamos que todo mundo está, mas não é verdade. **Portanto, demore o tempo que quiser se você tiver talento. Você receberá atenção de novo se houver motivo para isso.**"

* Documentários favoritos

Catfish — "É um clichê, mas é um documentário brilhante, que define uma geração."

Ser e Ter — "Um filme bonito e simples sobre uma escola com apenas uma sala na França, e o que acontece ao longo de um ano."

The Overnighters — "Aborda a exploração de petróleo na Dakota do Norte, que se tornou talvez maior do que a Corrida do Ouro nos anos 1800, por causa do processo de fraturamento hidráulico."

COMO DIZER "NÃO" QUANDO NECESSÁRIO

"A sabedoria da vida consiste na eliminação do que não é essencial."
— **Lin Yutang**

"Disciplina é igual a liberdade." — **Jocko Willink** (página 454)

Este capítulo ensinará você a dizer "não" quando necessário.

Também explicará o que penso sobre investir, superar o "medo de perder" e reduzir a ansiedade.

Por último, é também sobre como matar a galinha dos ovos de ouro quando ela não estiver mais a seu serviço.

Examinarei uma decisão especificamente difícil — dizer "não" ao investimento em startups, que é de longe a atividade mais lucrativa na minha vida. Ainda que você não se veja como "investidor" — o que você é, mesmo que não perceba —, o processo que usei para chegar ao "não" deve ser útil.

Advertência a qualquer profissional de investimento que estiver lendo isso:

>> Percebo que há exceções para cada "regra" que uso. A maior parte deste capítulo é tão subjetiva quanto os medos que sinto.

>> Minhas regras podem ser simplistas, mas me deram um bom retorno sobre o investimento e também boas noites de sono. Toda vez que tentei dar uma de "sofisticado", o Universo me deu um chute no saco.

>> Muitos investidores de startups usam métodos diametralmente opostos e se saem muito bem.

>>> Há investimentos que fiz em fases posteriores (acordos com retorno de duas a quatro vezes) que vão de encontro à parte do que você lerá a seguir (por exemplo, ter como meta mais de dez vezes). No entanto, essas empreitadas envolvem um desconto no valor marcado, por causa de vendedores ansiosos ou de algum acontecimento atípico.

>>> Muitos conceitos são simplificados para não confundir o público leigo.

O caminho para o não

Então, por que decidi cair fora e mudar de marcha?

Em seguida, estão algumas perguntas-chave que fiz para chegar à conclusão. Revisito estas perguntas com frequência, em geral todo mês. Espero que elas ajudem você a remover ruídos e conflitos internos da sua vida.

Você está fazendo aquilo que só você é capaz de fazer, aquilo que você sente que está aqui na Terra para fazer? Você pode ser substituído?

Eu me lembro de um café da manhã com Kamal Ravikant (irmão de Naval, página 593). Em pé na cozinha da casa de um amigo, comendo ovos, salmão defumado e tomando café, falávamos sobre nossos sonhos, temores, obrigações e vidas. Os investimentos haviam se tornado uma parte grande do meu patrimônio líquido e da minha identidade. Listando as opções que eu via para meu próximo grande movimento, perguntei a ele se deveria criar um fundo e me tornar um capitalista de risco (CR) em tempo integral, uma vez que já estava fazendo o trabalho, mas tentando equilibrá-lo com outros cinco ou dez projetos. Ele percebeu minha ansiedade. Não era um sonho meu; eu simplesmente sentia que seria burrice não aproveitar essa chance.

Ele pensou com muito cuidado e então disse: "Fui a eventos onde as pessoas se aproximavam de você chorando porque perderam mais de quarenta quilos com a dieta Slow-Carb. Você jamais terá esse impacto como CR. Se você não investir em uma empresa, eles acharão outro CR. Você é totalmente substituível."

Ele fez mais uma pausa e terminou com: "Por favor, não pare de escrever." Penso nessa conversa todos os dias desde então.

Para algumas pessoas, ser um CR é uma vocação, e nesse mundo é como se elas fossem o jogador de maior destaque, tipo Michael Jordan. Elas devem cultivar esse dom. Mas se eu parar de investir, ninguém sentirá falta de mim. Em 2015, isso ficou claro. Nunca houve tantos investidores de startups e — bem ao lado deles — fundadores baseando a "adequação" de seus investimentos na avaliação mais alta e em termos antes desconhecidos. Há exceções, é claro, mas está cheio. Se eu sair pela porta lateral, a festa de startups continuará sem problemas.

Com certeza não sou o melhor escritor do mundo. Não tenho ilusões. Pessoas como John McPhee e Michael Lewis me fazem querer chorar no travesseiro.

MAS... se eu parar de escrever, talvez esteja desperdiçando a maior oportunidade que tenho — algo criado por meio de muita sorte — de conseguir gerar um impacto duradouro sobre um grande número de pessoas. Esse sentimento de urgência foi multiplicado por cem nos dois meses que precederam a decisão, e, como vários amigos próximos que morreram em acidentes, ninguém viu o que estava por vir. A vida é curta. Explicando de outra maneira: uma vida longa está longe de ser uma garantia. Quase todo mundo morre antes de estar pronto.

Eu estava cansado de ser intercambiável, mesmo em um jogo tão lucrativo. Eu poderia até estar errado a respeito de escrever, mas me amaldiçoaria se não tivesse tentado pelo menos uma vez.

Você está desperdiçando suas habilidades únicas? Ou, em primeiro lugar, a chance de encontrá-las?

Com que frequência você está dizendo "Claro que sim!"?

O programador-filósofo Derek Sivers (página 212) é uma das minhas pessoas favoritas.

Seu pensamento incisivo sempre me impressionou, e sua filosofia de "Claro que sim!" ou "não" se tornou uma das minhas regras práticas prediletas. De seu blog:

Aqueles de vocês que com frequência se comprometem demais, ou se sentem dispersos demais, poderão apreciar uma nova filosofia que estou experimentando: se não estou dizendo "Claro que sim!" para alguma coisa, então eu digo não. Ao decidir se me comprometo com alguma coisa, se a sensação for qualquer tom abaixo de "Uau! Seria incrível! Com certeza! Claro que sim!", minha resposta será não. Ao dizer não para a maioria dos convites, você deixa espaço em sua vida para se jogar completamente naquelas coisas raras que fazem você dizer "claro que sim!". Todos nós somos ocupados. Todos nós assumimos coisas demais. Dizer sim a menos coisas é a saída.

Para se tornar "bem-sucedido" você tem que dizer "sim" a muitas experiências. Para saber aquilo no qual você é melhor, ou aquilo que mais desperta sua paixão, você tem que pagar para ver.

Quando, porém, você deixa de lançar coisas para fora e começa a se defender contra a entrada de coisas, é necessário seguir o padrão de dizer "não", sem piedade. Em vez de sair atirando lanças, você se torna a pessoa que segura o escudo.

De 2007 a 2009, e depois de 2012 a 2013, eu exagerei ao dizer "sim" a coisas "legais". Eu gostaria de ir a uma conferência na América do Sul? De escrever um artigo que vai consumir todo o meu tempo para uma revista conhecida? De investir em uma startup onde cinco amigos meus estão? "Com certeza, isso parece legal", eu dizia, colocando a atividade no calendário. Mais tarde, eu pagaria o preço pela imensa dispersão e sobrecarga. Minha agenda se tornou uma lista de agendas de todo mundo.

Aceitar todas as coisas "legais" enterrará você vivo e o tornará um jogador de segunda linha, mesmo que você tenha habilidades de primeira grandeza. De início, para desenvolver sua vantagem, você aprende a estabelecer prioridades; para manter essa vantagem, é preciso se defender das prioridades dos outros.

Quando se alcança um nível razoável de sucesso profissional, a falta de oportunidade não será problema. Afogar-se em compromissos que "parecem legais" é o que afundará o navio.

Hoje em dia, eu me vejo dizendo cada vez menos "claro que sim!" a novas startups. Essa é minha deixa para sair do palco discretamente, em especial quando posso fazer um trabalho que adoro (por exemplo, escrever) com um décimo do gasto de energia.

Preciso parar de espalhar as sementes da minha própria destruição.

Quanto de sua vida é fazer e quanto é administrar? Como você se sente com a divisão?

Um dos meus textos favoritos sobre gestão de tempo é "Maker's Schedule, Manager's Schedule", de Paul Graham, do Y Combinator. Recomendo que você leia esse artigo.

Conforme já observado pelo investidor Brad Feld e muitos outros, bons trabalhos criativos não são possíveis se você está tentando juntar trinta minutos aqui e quarenta e cinco acolá. Blocos de tempo grandes e ininterruptos — de três a cinco horas, no mínimo — criam o espaço necessário para encontrar e ligar os pontos. E um bloco por semana não é o bastante. É preciso que haja folga suficiente no sistema para uma síntese de CPU intensiva, de muitos dias. Para mim, isso significa pelo menos três ou quatro manhãs por semana em que estou no modo "criador" até pelo menos uma da tarde.

Se eu estiver reativo, o modo criador é impossível. E-mails e mensagens como "Estamos muito enrolados, mas pode ser que sejamos capazes de encaixar você por 25 mil dólares. Fechando amanhã. Interessado?" são kriptonita para a criatividade.

Sinto falta de escrever, criar e trabalhar em projetos maiores. "Sim" a isso significa "não" a qualquer jogo que não leva a muita coisa.

Quais bênçãos em excesso se tornaram uma maldição? Onde você tem demais de uma coisa boa?

Em excesso, a maioria das coisas assume características de seu oposto.

Sendo assim, pacifistas se tornam militantes. Defensores da liberdade se tornam tiranos. Bênçãos se tornam maldições. Ajuda se torna obstáculo. Mais se torna menos.

Para explorar mais esse conceito, leia sobre o meio-termo em Aristóteles.

Em meus primeiros anos como investidor-anjo, meus critérios básicos eram simples (e complementam aqueles do MBA do Mundo Real, na página 282):

» Produtos ou serviços voltados para o consumidor.

» Produtos dos quais eu poderia ser um dedicado usuário, ou seja, produtos que aliviavam um anseio pessoal.

» Meta demográfica inicial de homens de 25 a quarenta anos conhecedores de tecnologia, em grandes cidades como São Francisco, Nova York, Chicago, Los Angeles etc. (permitindo-me acelerar o crescimento/escalada com meu público).

» Menos de 10 milhões de dólares de avaliação pré-dinheiro.

» Tração demonstrada e crescimento consistente (não adulterados com aquisição paga).

≫ Nada de "rodadas de grupo" — rodadas de financiamento cheias de gente e sem um principal investidor bem definido. As rodadas de grupo com frequência levam a uma diligência fraca e a poucas pessoas com comprometimento financeiro o bastante para se importarem.

A verificação desses itens me permitiu adicionar com rapidez um bocado de valor, mesmo com um esforço relativamente barato (isto é, recebi uma fatia pequena da empresa).

Minha capacidade de ajudar se espalhou de boca em boca e consegui o que queria: um grande "fluxo de acordos". Eles começaram a fluir em massa, vindos de outros fundadores e investidores.

Avance para 2015, e um grande fluxo de acordos estava paralisando o resto da minha vida. Eu estava me afogando em entradas.

Em vez de tornar coisas boas possíveis na minha vida, eu estava impedindo que coisas boas acontecessem. Estou animado para voltar ao básico, e isso exige eliminar bênçãos que se tornaram fardos.

Por que você está investindo, afinal?

Para mim, o objetivo de "investir" sempre foi simples: **alocar recursos (como dinheiro, tempo e energia) para melhorar a qualidade de vida**. É uma definição pessoal, assim como a sua provavelmente será.

Algumas palavras são com tanta frequência usadas que acabam perdendo o sentido. Se você se vê usando termos nebulosos como "sucesso", "felicidade" ou "investir", vale a pena defini-los explicitamente ou parar de usá-los. Responder à pergunta "Como seria se eu tivesse ___?" ajuda a tornar as coisas mais claras. **A vida favorece as perguntas específicas e pune os desejos vagos.**

Portanto, aqui "investir" significa alocar recursos (como dinheiro, tempo e energia) para melhorar a qualidade de vida.

Isso se aplica tanto ao presente quanto ao futuro. Eu, por exemplo, estou disposto a aceitar uma *suave e temporária* redução de 10% na atual qualidade de vida por uma probabilidade alta de um retorno de dez vezes, quer o retorno sobre o investimento venha em forma de dinheiro, tempo, energia ou outra coisa. Daria para fazer um livro só com esse assunto. Mas em contrapartida:

Um investimento que gera um retorno financeiro maciço, mas me deixa completamente nervoso, transforma minha vida em uma bagunça ou me causa insônia e explosões de raiva por um longo período, NÃO é um bom investimento.

Em geral não invisto na bolsa de valores por esse motivo, mesmo quando sei que estou perdendo dinheiro. Meu estômago não aguenta altos e baixos, mas — assim como os motoristas que viram a cabeça para olhar um acidente — parece que não consigo ignorar os gráficos. Checo compulsivamente o Google News e o Google Finance, apesar de saber que isso é uma autossabotagem. Eu me torno o Mr. Market de Benjamin Graham. Como exemplos contrários, amigos como Kevin Rose (página 377) e Chris Sacca (página 192) se programam de maneiras diferentes e se sentem confortáveis jogando nessa arena. Eles conseguem ser racionais em vez de reativos.

Alguém poderia argumentar que eu deveria trabalhar minha reatividade, em vez de evitar ações na bolsa de valores. Eu concordaria em moderar a reatividade, mas discordaria de consertar fraquezas como uma estratégia básica de investimento (ou de vida).

Todas as minhas maiores vitórias provêm da potencialização de forças, e não do conserto de fraquezas. Investir é difícil até para quem não precisa mudar comportamentos básicos. Não empurre uma pedra morro acima só porque você consegue.

Tubarões do mercado me comerão vivo no mundo deles, mas vencerei 99% deles em minha pequena caixa de areia com startups em fase inicial. Vivo como intermediário de distribuição de informações e conheço os operadores.

Paradoxalmente, de 2007 até pouco tempo atrás, achei o investimento em startups muito pouco estressante. O mesmo se dava para algumas negociações de opções. Apesar do alto risco, lido bem com decisões binárias. Em outras palavras, faço uma tonelada de dever de casa e me comprometo com um investimento que não posso reverter. Esse aspecto "o que está feito está feito" me permite dormir bem à noite, já que não há nenhuma escolha de compra e venda em um futuro próximo. Estou protegido do meu eu menor, sujeito a mudanças bruscas. Isso produziu alguns investimentos com retorno de dez a cem vezes.

Nos últimos dois anos, porém, as coisas mudaram.

Quando investidores e fundadores que atuam em momentos bons inundaram a cena da tecnologia "em alta", ela se tornou um dilúvio de ruídos. Onde antes havia um punhado de micro CRs, por exemplo, agora existem centenas. Firmas de participações privadas e fundos de *hedge* estão apostando cada vez mais cedo. O campo ficou lotado. No meu caso, esse panorama significou o seguinte:

>>> Recebi de cinquenta a cem propostas de compras por semana. Isso criou um problema na caixa de mensagens, mas a coisa piora porque...

>>> Muitas dessas mensagens são "apresentações" não solicitadas em que outros investidores me enviam e-mails com cópias para dois, três, quatro fundadores, dizendo "Eu adoraria que você conhecesse A, B e C", sem perguntar se poderiam compartilhar meu e-mail.

>>> Esses fundadores, então, "laçam" outras pessoas, criando, a partir daí, um efeito cascata horrível. Antes que eu me dê conta, dezenas de pessoas que não conheço estão me enviando perguntas e pedidos por e-mail. Como resultado, tive que declarar "falência de e-mail" duas vezes em seis meses. Isso é totalmente insustentável.

Há uma bolha de tecnologia? Essa pergunta está além do que recebo para responder e não vem ao caso. Mesmo que me garantissem que não haveria nenhuma implosão nos próximos cinco anos, ainda assim eu sairia agora. Perdi meu amor pelo jogo, em grande parte em razão da sobrecarga de comunicação. Além disso, ter um minuto agora me importa mais do que ter um dólar (uma lição que aprendi com Naval Ravikant).

Mas por que não cortar 50%, ou até 90%, e ser mais seletivo? Boa pergunta. Essa é a próxima...

Você está enganando a si mesmo com um plano de moderação?

"O primeiro princípio é que você não deve enganar a si mesmo, e você é a pessoa mais fácil de enganar." — **Richard P. Feynman**

Onde em sua vida você é bom em moderação? Em que parte você é do tipo tudo ou nada? Onde lhe falta um botão de desligar? Vale a pena conhecer a si mesmo.

A dieta Slow-Carb, de *4 horas para o corpo*, funciona onde outras dietas fracassam por muitos motivos, mas o maior deles é: ela aceita comportamentos humanos comuns em vez de tentar consertá-los. Em vez de dizer "não trapaceie" ou "você não pode mais comer X", planejamos de antemão "dias de folga" (geralmente sábados). Pessoas de dieta vão trapacear de qualquer jeito, então mitigamos os danos programando isso com regularidade e limitando a 24 horas.

Fora dos dias de folga, os adeptos da Slow-Carb mantêm os "alimentos com efeito dominó" fora de casa. Que alimentos são esses? São aqueles que *poderiam* ser aceitáveis se os humanos controlassem estritamente a porção, mas que não são permitidos porque praticamente nenhum de nós faz isso. Aqui estão alguns alimentos com efeito dominó:

Grão-de-bico
Manteiga de amendoim
Castanha-de-caju com sal
Álcool

Os desencadeadores do efeito dominó não se limitam à comida. Para algumas pessoas quinze minutos de *World of Warcraft* se transformam em quinze horas. É zero ou quinze horas jogando.

Para mim, as startups são um alimento com efeito dominó.

Teoricamente, "Só vou fazer um negócio por mês" ou "Só vou fazer dois negócios por trimestre" soa muito bem, mas literalmente nunca vi isso funcionar para mim ou para qualquer amigo investidor-anjo. Zero. É claro que há maneiras de peneirar as propostas. Sim, você pode perguntar a qualquer CR que lhe apresentar um negócio "Esse é o maior ou um dos dois maiores empreendedores que você conhece?" e rejeitar qualquer "não". Mas e se você se comprometer com dois negócios por trimestre e deparar com dois grandes na primeira semana? E aí? Se você investir nesses dois, será capaz de ignorar cada proposta que aparecer nas dez semanas seguintes? Provavelmente não.

Para mim, é tudo ou nada. Não se pode estar meio grávido de investimento em startup. Seja escolhendo duas ou vinte startups por ano, você tem que filtrá-las a partir do volume total que chega.

Se deixo uma startup entrar, mesmo que seja apenas uma, outras cinquenta parecem preencher, como num passe de mágica, o meu tempo (ou pelo menos minha caixa de mensagens). Não quero contratar uma equipe para avaliar, então concluí que devo ignorar todas as novas propostas de startups e apresentações.

Saiba onde você pode moderar e onde não pode.

Você diz "Saúde em primeiro lugar"... mas será que é isso mesmo?

Depois de contrair a doença de Lyme em 2014 e funcionar com 10% da minha capacidade durante nove meses, pus a saúde em primeiro lugar. Antes da doença, eu malhava e comia bem, mas quando a coisa ficava feia, a saúde em primeiro lugar era relativizada. Agora, ela é literalmente minha prioridade número um. O que isso significa?

Se durmo mal e tenho uma reunião de manhã cedo, cancelo a reunião na última hora, se necessário, e coloco o sono em dia. Perdi uma sessão de exercícios e tenho uma conferência em trinta minutos? A mesma coisa. Festa de aniversário tarde da noite com um amigo próximo? Não, a menos que eu possa dormir na manhã seguinte. Na prática, tornar a saúde estritamente uma prioridade é algo que gera implicações bem concretas na vida social e nos negócios. Acredito que esse seja um tipo de preço que eu preciso pagar com muito boa vontade, senão perco semanas ou meses para a doença e a fadiga.

Priorizar a saúde em 50% do tempo não funciona. É, de fato, tudo ou nada. Se adotar essa postura em 50% do tempo, você a comprometerá precisamente quando for mais importante não fazer isso.

A sensação artificial de urgência, comum às startups, torna a saúde mental e física uma raridade. **Estou cansado de injustificáveis emergências do tipo "assine esse contrato correndo" no último minuto e de treinamentos para incêndio que vêm no encalço. Essa é uma cultura do consumo de cortisol**.

Você está correlacionado demais?

[**NOTA:** Dois amigos investidores acharam esta parte lenta, já que estão mergulhados em assuntos semelhantes. Sinta-se livre para pular para a próxima se a leitura ficar arrastada, mas acho que há alguns conceitos importantes para novatos aqui.]

"Correlacionado" significa que os valores de investimentos tendem a subir e descer ao mesmo tempo.

Como o lendário administrador de fundos de *hedge* Ray Dalio disse a Tony Robbins (página 239): "É quase certo que, onde quer que você ponha seu dinheiro, chegará o dia em que você perderá de 50% a 70%." Vale a pena lembrar que, se você perder 50%, vai precisar de um retorno posterior de 100% para voltar ao ponto onde começou. Esse cálculo é complicado.

Então como subtrair o risco de seu portfólio?

Muitos investidores "reequilibram" classes de ativos entre si para manter certas proporções (por exemplo, X% de títulos, Y% de ações, Z% de commodities etc.). Se uma classe de ativo dá um salto, eles liquidam uma parte dela e compram mais de classes com desempenho mais baixo. Essa prática tem prós e contras, mas é bem comum.

De 2007 a 2009, durante o MBA do Mundo Real que me ensinou a fazer investimentos-anjos (página 283), menos de 15% de meus ativos líquidos estavam em startups. Mas a maioria dessas startups não tinha liquidez. Normalmente, só posso vender participações de sete a doze *anos* depois de investir, pelo menos para meus grandes êxitos até hoje. O que isso quer dizer? Em 2015, as startups representavam mais de 80% de meus ativos. Caramba!

Como não posso reduzir minha participação, o primeiro passo mais simples para diminuir o estresse foi parar de investir em ativos sem liquidez.

Vendi grandes porções de ações líquidas — na maioria investimentos em startups na China (por exemplo, Alibaba) — para voltar a dormir em paz, mesmo que estivessem mais baixas do que as altas históricas dos últimos seis, doze meses. **Cuidado para não ancorar em preços altos do passado (por exemplo: "Vou vender quando voltar ao preço X por participação...").** Só tenho uma ou duas participações acionárias restantes.

Alguns de vocês poderiam sugerir investimentos com *hedging* em startups com posições vendidas, e seria algo que eu adoraria fazer, mas não é o meu forte, e é fácil se complicar com questões legais se isso for feito de forma arbitrária.

A melhor aproximação de *hedge* que já vi no mundo geralmente dependente do CR e é o investimento em negócios como a Uber, por dois motivos: A) Esses negócios têm muita exposição externa (como os *blue chips* dos Estados Unidos); B) Podem ser considerados contracíclicos em uma esfera macroeconômica. Por exemplo, é plausível que uma correção ou quebra no mercado de ações leve simultaneamente menos pessoas a comprar carros e/ou mais pessoas a se tornarem motoristas da Uber para suplementar ou substituir seus trabalhos. O mesmo vale para o Airbnb e outros que têm custos mais variáveis do que fixos se comparados a empresas estabelecidas (Hilton, por exemplo).

Qual é a pressa? Você pode se "aposentar" e voltar?

Estou nas startups para jogar a longo prazo. Em alguma medida, planejo estar fazendo isso daqui a vinte anos.

Eis a realidade: se você está gastando seu próprio dinheiro, ou de algum outro modo não contando com taxas de administração, pode esperar as propostas perfeitas, mesmo que elas demorem anos. Pode não ser o "melhor" método, só que é mais do que suficiente. Para ficar rico como em seus sonhos mais distantes, não é nem um pouco necessário apostar no Facebook ou no Airbnb todo ano. Se você conseguir uma aposta decente em UM daqueles unicórnios com negócios de verdade, a cada dez anos, ou se conseguir dois ou três investimentos que transformem 25 mil dólares em 2,5 milhões de dólares, você pode se aposentar e ter uma qualidade de vida escandalosamente boa. Muitos argumentariam que é preciso investir em mais cinquenta startups para encontrar aquele único bilhete premiado. Acho possível estreitar essas chances um pouco (Peter Thiel, na página

263, provavelmente concordaria), e muito disso se baseia em manter critérios rigorosos; assegurar-se de ter uma vantagem de informação, analítica ou comportamental; e timing.

A maioria dos meus investimentos foi feita durante a "Depressão do Pontocom", de 2008 a 2009 (por exemplo, Uber, Shopify, Twitter etc.), quando só os durões permaneceram em pé em um campo de batalha repleto de cadáveres de startups. Em tempos de vacas magras, quando as startups já não enfeitam capas de revistas, os fundadores são aqueles que não conseguem deixar de construir empresas. O LinkedIn, em 2002, é outro exemplo.

Agora, é claro que grandes empresas ainda são construídas em períodos instáveis. A instabilidade torna minha atividade e meu trabalho de detetive dez vezes mais difíceis, e a *margem de segurança* se torna bem mais estreita.

Pense na margem de segurança como um espaço de manobra.

Warren Buffett foi um dos investidores mais bem-sucedidos no século XX e se autodescreveu como um "investidor de valor". Seu objetivo é comprar ações com desconto (abaixo do valor intrínseco) para que mesmo no pior cenário ele possa se dar bem. Esse desconto é considerado a "margem de segurança", e é o princípio básico de algumas das mentes mais brilhantes do mundo dos investimentos (por exemplo, Seth Klarman). Não é garantia de um bom investimento, mas permite espaço para erro. Enfim, voltando ao mundo das startups...

Quero que cada um de meus investimentos, quando bem-sucedido, tenha a capacidade de devolver meu "fundo inteiro", que é a quantidade de capital que destinei às startups ao longo de dois anos, por exemplo. Isso geralmente significa potencial para um retorno de dez vezes, no mínimo. Esse mínimo de dez vezes é uma parte importante da minha fórmula que permite margem para estragos.

Para o retorno sobre o investimento que justifica o fundo ter uma chance mínima de acontecer, preciso: A) Saber álgebra básica para assegurar que minha quantidade de investimento (tamanho do cheque) o permita; B) Evitar empresas que parecem estar com preço exagerado, nas quais dez vezes o preço é algo que o mundo nunca viu.

Se você faz jogadas desesperadas em startups por toda parte e justifica isso com "Podem ser a próxima Uber!", é quase certo que você sangre lentamente até morrer. Apesar da euforia atual, aplicar algo como a aposta de Pascal em startups é uma ótima maneira de quebrar.

Bons investidores de startups que sugerem ser "promíscuos" ainda são metódicos

Na terra das startups, é comum falar sobre *moonshots* — as startups impossivelmente ambiciosas que ou vão mudar o mundo ou vão incinerar a si próprias na poeira das estrelas.

Sou fã de fundadores corajosos para financiamentos (o que inclui mulheres, como Tracy DiNunzio, página 347), e é um desejo meu que muitas *moonshots* sejam financiadas, mas meu portfólio reflete outra realidade. Quando assinei os documentos de investimento em cada grande sucesso que tive, sempre pensei: *Jamais perderei dinheiro com esse negócio.*

Os negócios do tipo "isso será um gol de placa ou nada" em geral não acabam em nada. Não estou dizendo que esses negócios não podem funcionar, mas tento não me especializar neles.

Hoje em dia, os unicórnios reais não são os queridinhos da mídia com avaliações de bilhões de dólares. Estes se tornaram assustadoramente antiquados. Os unicórnios são as startups de grande crescimento com margem de segurança razoável.

Por sorte não estou com pressa, e posso esperar a mudança da maré.

Se você simplesmente espera até que haja sangue nas ruas, quando os verdadeiros fiéis são os únicos que restam, conseguirá assegurar que fundadores intrinsecamente motivados são pelo menos metade do total em suas reuniões.

Pode parecer mórbido, mas é prático. Se você está investindo para o resto da vida, não tenha pressa. O timing com frequência prevalece sobre a técnica.

Você está desmoronando ou progredindo?
Um breve guia prático

"Faça as pazes com o fato de que dizer 'não' com frequência exige trocar popularidade por respeito." — **Greg McKeown**, *Essencialismo*

Se estiver se sentindo sobrecarregado, pode ser útil fazer a si mesmo duas perguntas:

1. No meio da sobrecarga, a vida está me mostrando exatamente o que devo subtrair dela?

2. Estou desmoronando ou progredindo?

Como diriam Marco Aurélio e Ryan Holiday (página 371), "o obstáculo é o caminho". Isso não significa ver os problemas, aceitá-los e deixá-los contaminar tudo. Nem significa racionalizar os problemas e interpretá-los como coisas boas. Para mim, significa usar a dor para encontrar a clareza. Se a dor for examinada, se ela não for ignorada, isso pode mostrar a você o que extirpar de sua vida.

Para mim, o primeiro passo é sempre o mesmo: escreva os 20% de atividades e pessoas que causam 80% ou mais de suas emoções negativas.

Meu segundo passo é fazer o exercício de "controlar o medo" no papel (página 507), no qual pergunto e respondo: "Qual seria a pior coisa que poderia acontecer se eu parasse de fazer o que estou considerando parar? E daí? Como eu poderia reverter qualquer dano?"

Permita-me compartilhar um exemplo do mundo real: uma transcrição da página do diário que me convenceu a escrever isto e dar a partida para umas férias prolongadas de startups.

As perguntas na minha cabeça eram: "Qual é a pior coisa que poderia acontecer se eu interrompesse os investimentos-anjos por um período de seis a doze meses? Esses piores cenários realmente importam? Como eu poderia reverter qualquer dano potencial? Eu poderia fazer um teste de duas semanas?

Como você notará, fiz uma lista de lados positivos *garantidos* e lados negativos *especulados*. Se definirmos "risco" à minha maneira — a probabilidade de um resultado negativo irreversível —, podemos ver como era idiota (e desnecessariamente dolorosa) toda a minha preocupação e procrastinação. Tudo o que eu precisava fazer era pôr isso no papel.

Desligar o soneca do despertador quatro ou cinco vezes, então acordar às 10h15 em vez de às 8h33. A ansiedade está relacionada principalmente a e-mails e startups: novas propostas de negócios, novas apresentações etc.

Fazer um teste de duas semanas para dizer "não" a todas as propostas e apresentações?

Por que estou hesitante? Por dizer "não" a tudo:

PRÓS:

— *Redução de ansiedade 100% garantida.*
— *Sensação de liberdade.*

— *Menos indecisão, menos deliberação, muito mais tempo para criar, ler, fazer exercício físico, experimentos.*

CONTRAS (isto é, por que não?):
— *Poder encontrar a próxima Uber (<10% chance).*
— *Quem se importa? Algo assim levaria, no mínimo, de sete a nove anos para se materializar. Se a Uber estourar (IPO), isso não terá importância.*
— *Não fazer mais negócios. Mas quem se importa?*
  * Jantar com cinco amigos conserta isso.
  * Um post no blog [para ouvir de leitores] conserta isso.
  * Nenhum dos meus melhores negócios (Shyp, Shopify, Uber, Twitter, Facebook, Alibaba etc.) proveio de apresentações de conhecidos.

Se tentar duas semanas, como assegurar êxito:
— *Nem sequer ver e-mails de [novas] startups.*
— *Nada de teleconferência. "Férias de teleconferências" → empurrar para e-mail ou análise no fim do dia com assistente.*
— *Oferecer "horas no escritório" [adicionais] nas sextas-feiras [para portfólio existente]?*

———

No fim das contas, percebi o seguinte: se eu estabelecer políticas para evitar novas startups ao longo de duas semanas, os sistemas persistirão. Posso também tornar isso semipermanente e tirar umas "férias de startups" de verdade.

Agora é a sua vez: do que você precisa tirar férias?

Meu desafio a você: escreva os "E se"

"Sou um homem velho e passei por muitas dificuldades, mas a maioria delas nunca existiu." — **Mark Twain**

"Aquele que sofre antes de ser necessário sofre mais do que o necessário." — **Sêneca**

Hoje à noite, ou amanhã de manhã, pense em uma decisão que você vem adiando e desafie os "E se" imprecisos que o mantêm refém.

Se não agora, quando? Se forem deixados no atual estado, como estarão sua vida e seu estresse daqui a seis meses? Daqui a um ano? Daqui a três anos? Quem à sua volta também sofrerá?

Espero que você encontre força para dizer "não" quando for necessário. Estou me esforçando para fazer o mesmo, e só o tempo dirá se consegui. Até agora, o resultado foi melhor do que eu jamais poderia ter imaginado.

Em que gastarei meu tempo em seguida? Mais experimentos loucos e projetos criativos, é claro. As coisas vão ficar ainda mais malucas.

Mais importante, porém: como *você* pode usar uma nova perspectiva de vida?

Surfar todos os dias, como o advogado de *Trabalhe 4 horas por semana* que largou a correria insana do dia a dia para abrir um negócio próprio em um paraíso tropical? Viajar com a família pelo mundo por mais de mil dias? Aprender línguas ou trabalhar remotamente em mais de vinte países enquanto constrói um negócio enorme? Tudo isso é possível. Eu sei porque meus leitores viveram esses casos. Tudo isso pode ser feito. As opções são praticamente ilimitadas.

Portanto, comece anotando. Examine a fundo seus temores: você vai ver com frequência que os monstros mentais não passam de espantalhos inofensivos. Às vezes, é preciso apenas uma folha de papel e algumas perguntas para conseguir um grande avanço.

O que você tem a perder? Bem provável que a resposta seja: quase nada.

3
SÁBIO

"A luta termina quando a gratidão começa."

— *Neale Donald Walsch*

"Não há caminho para a felicidade — a felicidade é o caminho."

— *Thich Nhat Hanh*

"O que você procura está procurando você."

— *Rumi*

"No fim da vida, você pode deixar um monte de regras que governam nossa vida diária sair voando pela janela. Porque você percebe que estamos caminhando por sistemas na sociedade, e muito daquilo que consome a grande parte de nossos dias não é uma ordem natural. Estamos navegando por uma superestrutura que nós, seres humanos, criamos."

BJ MILLER

BJ Miller (TW: @bjmillermd, zenhospice.org) é um médico de cuidados paliativos da Universidade da Califórnia em São Francisco e consultor do Zen Hospice Project, em São Francisco. Ele se dedica a pensar profundamente sobre como criar um fim de vida digno e harmonioso para seus pacientes.

BJ é especialista em morte e aprendeu como podemos melhorar, e muito, nossa vida, frequentemente com mudanças mínimas. Já orientou, ou se envolveu, com mais de mil falecimentos e identificou padrões com os quais todos nós podemos aprender. BJ também sofreu três amputações em decorrência de um acidente envolvendo eletricidade durante a faculdade. Sua palestra no TED em 2015, "O que realmente importa no fim da vida", foi uma das quinze mais vistas de 2015.

"NÃO ACREDITE EM TUDO O QUE VOCÊ PENSA"

Essa foi a resposta de BJ para "O que você colocaria em um outdoor?". Ele não sabia ao certo quem era o autor, mas a atribuiu a um adesivo de para-choque. No fim deste perfil, você vai ver como BJ adora esse tipo de maluquice.

OLHAR AS ESTRELAS COMO TERAPIA

"Quando você estiver lutando contra praticamente tudo, olhe para cima. Observe o céu noturno por um minuto e perceba que estamos todos no mesmo planeta ao mesmo tempo. Até que se prove o contrário, a Terra é o único planeta em que existe vida como a nossa em todo o espaço próximo. Então você começa a olhar as estrelas e se dá conta de que a luz que chega aos seus olhos é antiga. [Algumas] estrelas que você está vendo já não existem quando a luz chega a você. Refletir sobre os fatos puros e simples do cosmos já é o bastante para me estimular, me assombrar, me alucinar e, de certa forma, pôr todas as minhas ansiedades neuróticas em seu devido lugar. Quando você está parado na linha do seu horizonte, à porta da morte, pode estar muito mais sintonizado com o cosmos."

TF: Ed Cooke (página 563) faz algo surpreendentemente semelhante, e comecei a fazer a "terapia das estrelas" sempre que possível. Os efeitos são desproporcionais ao esforço.

DELICIANDO-SE COM A PERECIBILIDADE

A seguir a resposta de BJ para "Qual foi a compra de 100 dólares ou menos que teve o impacto mais positivo em sua vida?".

"Eu provavelmente destacaria um belo pinot noir da Joseph Swan no condado de Sonoma. É como a arte de Andy Goldsworthy, ou qualquer um que se delicie com algo efêmero. Acho realmente proveitoso o charme de uma garrafa de vinho, a arte, todo o trabalho que há ali dentro... deliciar-se com o fato de que aquilo é perecível e vai embora. Aproveito muito uma bela garrafa de vinho, não apenas pelo gosto e pela sensação, mas pelo simbolismo de aproveitar uma coisa que vai embora."

EIS UM BOM MOTIVO PARA QUESTIONAR OS SEUS "NÃO POSSO"

Seja paciente e leia esta parte até o fim. Vale a pena. A concessionária de motocicletas Scuderia, em São Francisco, também ajudou BJ em sua missão aparentemente ultrajante.

TIM: "Odeio enfatizar um assunto que talvez soe superficial, mas você disse, de passagem, "pilotar sua motocicleta". Peço desculpas se parecer uma pergunta estranha, mas você tem três membros comprometidos [efetivamente amputados]. Como você pilota uma motocicleta?"

BJ: "Sabe, isso era uma espécie de sonho antigo que recentemente se tornou realidade."

TIM: "Parabéns. Isso é fantástico. Só estou muito curioso com a logística."

BJ: "Obrigado. Bem, é interessante você ter perguntado. O homem que ajudou a tornar esse sonho realidade, Randy, acabou sendo meu paciente e nosso residente no Zen Hospice Project não muito tempo depois de adaptar minha moto. Portanto, há muita coisa nesta história, meu amigo.

"Eu adoro estar sobre duas rodas. Adoro o estilo de vida *giroscópico*. Adoro essa sensação, e gostava muito de andar de bicicleta. Sempre quis montar em uma motocicleta. Mas eu ia às lojas, as pessoas me olhavam e eu nunca conseguia encontrar um mecânico disposto a assumir essa tarefa e ajudar a transformar em realidade o meu sonho.

"Um companheiro chamado Mert Lawwill, um antigo campeão de corridas de moto — uma espécie de lenda nesse mundo —, por acaso mora aqui perto [norte da Califórnia], em Tiburon. Não sei o que inspirou Mert, mas ele é mecânico e leva muito jeito para a coisa. E ao se aposentar, ele entrou em um negócio de construir um componente protético que se presta muito bem à montagem de um braço para uma bicicleta ou motocicleta.

"Então a primeira peça desse quebra-cabeça foi descobrir a invenção de Mert e obtê-la, o que me permitiu prender meu braço protético a um guidom de maneira bastante funcional."

TIM: "De que maneira os controles manuais são modificados?"

BJ: "Randy descobriu... A Aprilia fez um modelo — a Mana — sem embreagem. É basicamente uma moto com câmbio automático. Portanto, dispensa embreagem e mudanças de marcha. Trata-se de uma enorme parte do quebra-cabeça resolvida. Depois Randy descobriu uma maneira de juntar os freios — tanto o frontal quanto o traseiro em uma certa proporção — na mesma alavanca. Então não faço nada com meus pés protéticos, além de prendê-los na motocicleta. E o mesmo se dá com meu braço protético; a única coisa que faço com ele é segurar o guidom. Toda a ação se concentra na minha mão direita. Os freios são uma alavanca. Depois Randy construiu uma caixa e moveu todos os controles — pisca-pisca, buzina, todas essas coisas — para o lado direito da moto, a uma boa distância para meu polegar alcançá-los. Tenho acelerador, alavanca de freio e o pisca-pisca, tudo acionado com a mão."

TIM: "É impressionante."

BJ: "É isso. E lá vamos nós!"

TIM: "Tenho que fazer uma pausa aqui e perguntar a todos que estão ouvindo: que desculpa boba você tem para não ir atrás do que você quer, seja lá o que for? Por favor, escreva, fale conosco nas redes sociais por que essas desculpas são reais, com #bobagem depois. Ah, meu Deus, cara, essa história é ótima."

O MILAGRE DA BOLA DE NEVE

BJ descreveu como foi acordar em uma unidade de queimados depois de ter sido eletrocutado na faculdade e perder três membros:

"A unidade de queimados é peculiar. É um lugar medonho. A dor que os pacientes estão sentindo é angustiante. Trabalhar em uma unidade de queimados é muito difícil, tanto é que as pessoas geralmente não duram muito ali como clínicos. O que com frequência mata as vítimas de queimaduras depois que elas sobrevivem ao trauma inicial são infecções, então as unidades de queimados são ambientes incrivelmente esterilizados. Todo mundo de touca, máscara, luvas. Nas primeiras semanas, eu só podia receber uma pessoa de cada vez em meu quarto.

"Você fica isolado de tudo. Não há dia ou noite. Não havia janela no quarto. Mesmo quando as pessoas estão à sua cabeceira, há toda aquela indumentária entre você e elas. Você não tem nenhuma relação com o mundo natural. Não pode tocar em nada. Você também sente bastante dor, é claro, e não necessariamente compensa tentar prestar atenção em alguma outra coisa. Não é legal.

"Então novembro foi assim. Em algum momento em dezembro — talvez tenha sido início de janeiro — havia duas enfermeiras das quais eu me sentia muito próximo, e pode ser que tenha sido uma delas [que me trouxe uma bola de neve]. [Uma que se chamava] Joi Varcardipone. Deve ter sido Joi. Estava nevando lá fora e eu não sabia.

"Ela teve a brilhante ideia de me trazer às escondidas uma bola de neve, para eu poder sentir o gelo. Cara, foi chocante. Uma coisa tão simples, não é? Mas ela a pôs na minha mão, e sentir o contraste daquela neve fria sobre minha pele crespa, queimada — a pele repugnante, inflamada —, e vê-la derreter, ver a neve se tornar água, o simples milagre disso foi uma maravilha para mim. Isso tornou muito palpável que nós, como seres humanos, enquanto estamos nesse corpo, somos máquinas que sentem. Se ficamos isolados, se nossos sentidos são bloqueados, nós somos bloqueados. Foi o momento mais terapêutico que eu já tive.

"Eu jamais teria imaginado isso. Antes de tudo, a sensação, simplesmente segurar aquela bola de neve. Mas também a perspectiva implícita, inerente, que isso me ajudou a ter, *de que tudo muda*. A neve se torna água. É bonita porque muda. As coisas são passageiras. Pareceu tão bonito ser parte desse mundo estranho naquele momento... Eu me senti parte do mundo de novo, e não afastado dele. Foi um momento intenso."

O PODER DE TESTEMUNHAR E ESCUTAR

Perguntei a BJ: "Se você fosse levado, como médico ou mentor, a alguém que sofreu ferimentos quase idênticos aos seus, como seria sua conversa? Ou que recursos, leituras ou outra coisa você indicaria a ele?"

"Acho que tive dificuldade quando tentei chegar com uma ideia prede-terminada de dar conselhos. Muitas vezes, isso não é o mais importante. É mais a camaradagem e o testemunho. Portanto, respondendo à sua pergunta, quando entro no quarto das pessoas, estou ali e tiro proveito de cada pergunta que elas tiverem. Mas acho que a maior parte do poder da visita é apenas visitar, estar junto e compartilhar esse momento."

TF: Desde que conversei com BJ, notei que isso se aplica a muitas áreas. Para "consertar" o problema de alguém, muitas vezes só é preciso escutar com empatia. Mesmo nas redes sociais ou em meu blog, percebi que as pessoas *saberem* que você está escutando — valorizando-as, coletivamente — é mais importante do que responder a todas elas. Por exemplo, às vezes ponho um ponto antes dos nomes dos leitores quando respondo a alguém no Twitter (por exemplo, "@Widgett, essa pergunta é muito boa. A respos-ta é..."), para que todo mundo veja a resposta. Embora eu não possa res-ponder a todos, isso mostra que estou prestando atenção aos comentários do blog e às menções no Twitter. É um simples "Eu vejo você".

* Se um paciente introvertido da casa de repouso pedisse "Me dê uma, duas ou três coisas que eu possa observar, absorver, ver etc., sem interação humana", qual seria sua resposta?

"Acho que eu poria um livro com as pinturas de Mark Rothko diante dele. Provavelmente colocaria qualquer música de Beethoven em seus ouvidos. E a terceira coisa talvez fosse olhar para o espaço."

* Documentário favorito

"*O Homem-Urso*. Qualquer obra de arte em que eu não saiba bem se cho-ro ou se rio descontroladamente. Adoro esse sentimento: quando você vai em uma ou outra direção e não faz a menor ideia de qual é a emoção correta. Você é simultaneamente atraído e repelido por alguma coisa. Foi essa a minha experiência assistindo a esse filme, é por isso que o considero uma obra-prima da sétima arte."

ÀS VEZES BISCOITOS SÃO O MELHOR REMÉDIO

Para pacientes de casas de repouso que estão à beira da morte, grandes conversas existenciais nem sempre são a melhor terapia. Uma alternativa estranha, mas muito contundente, é assar biscoitos junto com eles.

"Só a alegria corriqueira de sentir o cheiro de um biscoito. O cheiro é ótimo. [E é como a bola de neve.] Você é recompensado por estar vivo, e naquele momento. Sentir o cheiro de um biscoito não é algo para longo prazo. É ótimo naquele momento, por si só, em benefício de nada. E isso é outra característica da arte. A arte pela arte. Arte, música e dança. Em grande parte, a pungência dessa prática reside na falta de propósito, em apenas se deleitar com um fato maluco de um Universo talvez sem sentido e em como isso é incrível. Uma maneira de todos nós vivermos até a morte de fato é apreciar esses pequenos momentos."

✳ Conselho para o seu eu de trinta anos

"Relaxe. Realmente pretendo levar a vida muito a sério, mas preciso levar muito a sério coisas como brincadeiras e falta de propósito... Não quero dizer ser leve, mas acho que de algum modo teria me incentivado a relaxar um pouco mais, a insistir nisso e não fingir saber onde tudo isso vai dar. Você não precisa saber onde tudo isso vai dar."

"Se você está procurando uma fórmula para a grandeza, o mais perto a que chegaremos, eu acho, é isto: consistência motivada por um profundo amor pelo trabalho."

"A vida é um processo contínuo de chegar a quem somos."

MARIA POPOVA

Maria Popova (TW: @brainpicker, themarginalian.org) já escreveu para veículos como *The Atlantic* e *The New York Times*, mas acho o The Marginalian seu projeto mais incrível. Fundado em 2006 como um e-mail semanal para sete amigos, o site (que originalmente se chamava Brainpickings.org) tem agora milhões de leitores por mês. É um trabalho de amor de uma única mulher — uma investigação sobre como viver e o que significa levar uma boa vida. Com frequência ela lê um livro por dia, destilando uma sabedoria atemporal e significativa que vale a pena lembrar e compartilhar. Sua qualidade e sua produtividade são surpreendentes.

Animal espiritual: Poodle médio

BASTIDORES

Maria tem uma tatuagem no antebraço (mais ou menos como Ryan Holiday, página 371) com a frase "O que focar" acima de um círculo, como um alvo. Bem no meio do círculo está a palavra "Feliz". "É uma obra do artista Marc Johns que tive na parede de casa durante anos", disse Maria. "Quando eu estava passando por um período particularmente difícil da minha vida, concluí que essa era uma daquelas verdades simples, enormes, que esquecemos com facilidade, e uma espécie de encantamento maravilhoso que nos faz acordar. Para tê-lo o mais perto possível no começo de cada dia, eu o pus no braço."

ÀS VEZES, O MELHOR "NÃO" É NÃO RESPONDER

"Para que se dar ao trabalho de explicar por que algo não é adequado, se a pessoa não fez o dever de casa para saber se é adequado?" Maria poderia passar o dia inteiro respondendo a ofertas ruins com recusas educadas. Penso com frequência em sua política acima. A pessoa tirou dez minutos para fazer o dever de casa? Está prestando atenção aos detalhes? Se não, evite incentivar mais incompetência recompensando-a. Aqueles que são negligentes na lua de mel (no começo) só fazem piorar depois. Para um exemplo muito engraçado de como conferir rapidamente a atenção aos detalhes, busque no Google "David Lee Roth Ferriss". Neil Strauss (página 384) com frequência põe bem no fim de suas postagens de trabalho na Craigslist: "Não envie resposta por e-mail, telefone para [número de telefone] e deixe uma mensagem de voz em A, B ou C." Qualquer pessoa que responde por e-mail é desqualificada. Não sucumba: evite responder a alguém por culpa. Segundo Maria, **"a culpa [é] interessante porque ela é o outro lado do prestígio, e ambos são motivos horríveis para fazer coisas".**

SOBRE DIZER NÃO AO CANTO DA SEREIA DOS CONVITES DA MÍDIA

"Talvez aparecer por dois minutos na CNN deixe sua avó orgulhosa, mas se o deslocamento, a preparação e a logística consumirem vinte horas do seu tempo, prejudicando sua atividade de escrever e, no fim das contas, você não se orgulhar do resultado, então talvez não valha a pena. **Penso com frequência no paradoxo de aceitar pedidos à custa da qualidade do próprio trabalho — antes de tudo o motivo por trás dos pedidos —,** e é isso o que você sempre tem que proteger."

TF: Foi justamente por isso que parei com quase todos os investimentos, compromissos de palestras e entrevistas. Maria contou que o famoso neurologista e escritor Oliver Sacks (falecido) punha uma "folha de papel na parede junto à escrivaninha dizendo simplesmente 'NÃO!', em letras maiúsculas e com ponto de exclamação. Era um lembrete a si mesmo para recusar convites que lhe roubavam seu tempo para escrever".

* A qual texto você se refere com frequência?

"Neste momento, e essa resposta poderá ser diferente daqui a nove anos, aos diários de Henry David Thoreau. Falando da interseção do mundo externo com o mundo interno, ninguém escreve sobre o diálogo imutável entre os dois de maneira mais bonita do que ele. Há muitas — e quero dizer *muitas* — verdades universais e atemporais em suas reflexões privadas sobre tudo: da melhor definição de sucesso aos perigos de ficar sentado, que ele escreveu 150 anos antes de começarmos a dizer que 'sentar é o novo fumar'

"Todos esses artistas e escritores que lamentam como o trabalho é difícil e, ah, como o processo criativo é entediante e, ah, como eles são gênios atormentados. Não compre essa ideia... Como se dificuldade, luta e tormento de algum modo conferissem seriedade ao trabalho que eles escolheram. Fazer um ótimo trabalho simplesmente porque você o ama soa meio frívolo na nossa cultura, e isso é uma falha da nossa sociedade, e não da escolha de trabalho que os artistas fazem." Isso a fez se lembrar de um registro no diário de Thoreau de março de 1842:

"'O trabalhador realmente eficiente não é aquele que enche seu dia de trabalho, mas aquele que passeia por sua tarefa cercado por um amplo halo de tranquilidade e lazer. Haverá uma grande margem para relaxamento em seu dia. Ele só é sério para assegurar o núcleo do tempo e não superestimar o valor da casca.' Pense nessa bonita metáfora e não confunda a casca — os acessórios externos da produtividade, como a ocupação, uma agenda cheia, ou um programa de resposta automática inteligente — com o núcleo, o cerne e a substância do real trabalho produzido. E em seguida ele diz: 'Aqueles que trabalham muito não trabalham duro.' Adoro essa frase."

"Em nossa cultura, achamos que dormir muito pouco é uma espécie de distintivo de honra que simboliza ética no trabalho, ou firmeza, ou alguma outra virtude — mas, na verdade, é uma profunda falta de prioridade e respeito próprio."

Para nos lembrarmos dessa falta de prioridade, eu, Maria e pelo menos outros seis convidados deste livro lemos e recomendamos *Sobre a brevidade da vida*, de Sêneca.

IMAGEM DE CAPA DE MARIA NO FACEBOOK, E UMA BOA REGRA PARA ADOTAR

"Isto deveria ser uma regra essencial da internet (e do ser humano): se você não tem paciência para ler uma coisa, não tenha a petulância de comentar sobre ela."

TOMANDO NOTA — EXTRAINDO AS JOIAS

Maria e eu temos um processo quase idêntico para fazer anotações de livros: "Eu as destaco no aplicativo do Kindle no iPad, e a Amazon tem uma função que nos permite ver as notas e os destaques no Kindle na área de trabalho do computador. Eu as copio e colo em um arquivo do Evernote para ter todas as minhas notas sobre determinado livro no mesmo lugar. Também capturo a imagem de uma página específica do Kindle no iPad com meu trecho destacado e a envio por e-mail para meu endereço no Evernote, porque esse aplicativo tem um reconhecimento óptico de caracteres. Então, quando faço uma busca, ele também busca o texto naquela imagem. Não preciso esperar terminar o livro para explorar todas as minhas notas... Adoro o Evernote. Eu o uso há muitos anos e provavelmente não conseguiria passar o dia sem ele."

Se Maria estiver lendo um livro impresso e acrescentando notas nas margens (o que ela chama de "marginalia"), às vezes ela acrescenta "LB" para indicar "linguagem bonita". Eu uso "FR", de "frase", para indicar a mesma coisa. Nós dois criamos nossos próprios índices no início dos livros, em páginas com pouco texto, como a do título. Isso torna muito mais rápido rever depois. Por exemplo, posso ter "FR 8, 12, 19, 47" para indicar as páginas em que encontrei boas frases e acrescentar mais números de páginas conforme forem surgindo.

LENDO EM MOVIMENTO

Maria faz a maior parte de sua leitura de textos mais longos na academia, usando o iPad. Sua primeira opção é o elíptico, no qual faz um treino de alta intensidade com intervalos. O Plano B, para aumentar o condicionamento físico, são as corridas de velocidade (que impossibilitam a leitura, por isso são o Plano B e o Plano C é pular corda. Ela sempre leva uma corda com peso em suas viagens.

NA DÚVIDA, SATISFAÇA A SI MESMO

"Quando Kurt Vonnegut escreveu 'Escreva para agradar a uma só pessoa', o que ele estava realmente dizendo era para escrever para si mesmo. Não tente satisfazer ninguém além de você mesmo... **No instante em que começar a fazer isso para um público, você perdeu o jogo a longo prazo, porque criar algo gratificante e sustentável no futuro exige, sobretudo, manter-se animado com isso...** Ao tentar prever aquilo pelo qual o público estará interessado e se contorcer todo para corresponder a essas expectativas, você logo começa a agir com má vontade e se torna amargo — e essas características passam a transparecer no seu trabalho. **O seu ressentimento sempre — sempre — aparece no trabalho.** E não há nada menos prazeroso para ler do que um texto amargurado."

TF: Para manter a diversão durante a escrita, incluo piadas e referências a *Star Wars* em meus livros que só alguns amigos entenderão.

✷ Dos mais de 4.600 artigos no The Marginalian, quais são as recomendações de Maria?

"The Shortness of Life: Seneca on Busyness and the Art of Living Wide Rather Than Living Long"

"How to Find Your Purpose and Do What You Love"

"9 Learnings from 9 Years of Brain Pickings"

Qualquer coisa sobre Alan Watts: "Alan Watts mudou minha vida. Escrevi bastante sobre ele."

✷ Qual é o pior conselho disseminado na sua área de negócios ou de conhecimento?

"Siga seus sonhos." É impossível fazer isso sem autoconhecimento, o que demora anos. Descobrimos o nosso 'sonho' (ou senso de propósito) no próprio ato de seguir o caminho, que é guiado por partes iguais de escolha e acaso.

✷ Três pessoas ou fontes com as quais Maria aprendeu ou que acompanhou de perto no último ano

"Três escritores e pensadores que vim a conhecer por meio de seus textos excepcionalmente perspicazes e bonitos, e que desde então se tornaram amigos queridos: a memorialista, romancista e ensaísta Dani Shapiro, uma espécie de Virginia Woolf dos nossos tempos; o extraordinário escritor de ciência James Gleick; e a cosmóloga e romancista Janna Levin, que faz polinização cruzada de ciência e sociedade."

✳ Qual foi o melhor investimento que você já fez ou que mais valeu a pena?
Uma edição muito rara de *Poems from William Blake's "Songs of Innocence"*, ilustrada por Maurice Sendak.

DIRETO AO PONTO
"A cultura do novo é uma cultura sem nuances."

✳ Se você pudesse garantir que cada autoridade ou líder político lesse um livro, qual seria?
"A resposta é um tanto óbvia, mas o livro seria *A República*, de Platão. Fico chocada por não ser exigido para o juramento de posse, assim como a Constituição é exigida a nós, imigrantes americanos, na hora de obter a cidadania americana."

JOCKO WILLINK

Jocko Willink (FB/TW: @jockowillink; jockopodcast.com) é um dos seres humanos mais assustadores que se pode imaginar. É um homem magro de 104 quilos. É um faixa preta em jiu-jítsu que derrotava vinte Seals — soldados da tropa de elite da Marinha — por treinamento. É uma lenda no mundo das operações especiais, e seus olhos enxergam *através* de você, mais do que você. Sua entrevista para o podcast foi a primeira que ele deu, e foi um enorme sucesso na internet.

Jocko passou vinte anos na Marinha dos Estados Unidos e comandou a Task Unit Bruiser do Seal Team Three, a unidade de operações de batalha mais condecorada da Guerra do Iraque. Ao retornar aos Estados Unidos, Jocko serviu como oficial em comando de treinamento para todas as equipes Seal da Costa Oeste, criando e implementando alguns dos treinamentos para combate mais desafiadores e realistas do mundo. Depois de se reformar na Marinha, ele ajudou a fundar a Echelon Front, uma empresa de consultoria em liderança e administração, e coescreveu *Extreme Ownership: How U.S. Navy SEALs Lead and Win*, que chegou ao primeiro lugar na lista de livros mais vendidos do *The New York Times*. Agora ele discute guerra, liderança, negócios e vida em seu conceituado podcast, *Jocko Podcast*. Ele é um surfista aficionado, é casado e tem quatro filhos "bastante motivados".

DISCIPLINA É IGUAL A LIBERDADE

À pergunta "O que você colocaria em um outdoor?" Jocko respondeu: "Meu mantra é muito simples, 'Disciplina é igual a liberdade'."

TF: Pela minha interpretação, esse mantra significa, entre outras coisas, que podemos usar restrições positivas para aumentar a percepção do nosso livre-arbítrio e dos nossos resultados. Dias com total liberdade podem parecer idílicos, mas são paralisantes em razão do contínuo paradoxo da escolha (por exemplo, "O que devo fazer agora?") e à fadiga da decisão (por exemplo, "O que devo tomar no café da manhã?"). Por outro lado, atitudes simples, como agendar os exercícios físicos, funcionam como uma estrutura em torno da qual podemos planejar e executar nosso dia de maneira mais eficaz. Isso nos dá um senso de ação e um sentimento de liberdade maiores. Jocko acrescenta: "Isso também significa que, se você quiser liberdade na vida — liberdade financeira, mais tempo livre ou mesmo se livrar de doenças e saúde ruim —, só poderá alcançar essas coisas por meio da disciplina."

"DOIS SÃO UM E UM É NENHUM"

Trata-se de uma expressão comum entre os Seals. "Isso quer dizer: 'Tenha uma reserva'", afirma Jocko. Se você tem dois de uma coisa e quebra ou perde um, acaba lhe restando um; se tem um e o quebra ou perde, está ferrado. Uma de minhas citações favoritas de Franz Kafka tem a ver com esse raciocínio: "Melhor ter e não precisar do que precisar e não ter." Onde você pode eliminar "pontos únicos de falha" em sua vida ou em seu negócio? Jocko acrescenta: "E não tenha apenas um equipamento reserva — tenha um plano reserva para lidar com eventuais contingências."

EXPONDO-SE À ESCURIDÃO PARA VER A LUZ

"Acho que para experimentar verdadeiramente a luz e o brilho, é preciso ver a escuridão. Se você se proteger da escuridão, não apreciará — e não entenderá por inteiro — a beleza da vida."

Em 4 de julho de 2016, enviei uma mensagem a Jocko para lhe agradecer por seu serviço. Trocamos olás e eu lhe perguntei como ele e a família estavam indo. Ele respondeu: "Tudo bem aqui. Com exceção do livro que estou lendo sobre o massacre de My Lai. Que pesadelo. Grato pelo que temos..."

Todos os entrevistados deste livro têm métodos de realização. A maioria dos que são bem-sucedidos há décadas também tem métodos de cultivar a gratidão. Lembrando-se de seus amigos que fizeram o máximo sacrifício na guerra, Jocko é verdadeiramente grato a cada nascer do sol, cada sorriso, cada risada, cada respiração. Ele também se expõe de maneira deliberada e com frequência às histórias daqueles que foram submetidos ao horror, ao infortúnio e à escuridão. Se você estiver disposto a ler um livro "sombrio" a fim de ajudar a pôr as coisas em perspectiva, *É isto um homem?* e *A trégua* (com frequência combinados em um único volume), de Primo Levi, são dois de meus favoritos. Eles foram recomendados pelo ilusionista David Blaine, que tem tatuado no braço o número de identificação de Levi no campo de concentração. Quando lhe perguntei "O que você aprendeu com o livro?", ele respondeu: "Tudo."

SE VOCÊ QUISER SER MAIS FORTE, SEJA MAIS FORTE

"Se você quiser ser mentalmente mais forte, é simples: seja mais forte. Não reflita sobre isso." Essas palavras de Jocko ajudaram um ouvinte — um dependente químico — a ficar sóbrio depois de muitas tentativas fracassadas. A lógica simples o tocou em um ponto sensível: "Ser mais forte" era, antes de tudo, uma *decisão*. É possível "ser mais forte" imediatamente, começando com sua próxima decisão. Tem dificuldade de dizer "não" à sobremesa? Seja forte. Faça com que essa seja sua decisão inicial. Sentindo-se sem fôlego? Vá de escada mesmo assim. Não importa que seu início seja discreto. Se você quiser ser mais forte, seja mais forte.

"ASSUMA UM SENSO EXTREMO DE POSSE DO SEU MUNDO"

Quando Jocko era comandante de uma Task Unit dos Seals, o comodoro, que liderava todos os Seals da Costa Oeste, fazia reuniões com todos os comandantes de Task Units para avaliar as necessidades e os problemas dos soldados e depois mobilizar recursos para ajudá-los:

"[O comodoro] circulava pela sala, porque queria um retorno direto dos líderes da linha de frente. Esses caras eram meus colegas. Ele perguntava a um dos líderes 'Do que você precisa?', e o líder dizia: 'Bem, nossas botas são boas para temperaturas mais quentes, mas estamos nos preparando para entrar em um ambiente mais frio. Precisamos de botas novas nesta semana, antes do nosso próximo bloco de treinamento.' O comodoro respondia: 'Está bem, entendi.' Então ele perguntava ao próximo, que dizia: 'Quando estamos nas instalações de treinamento no deserto, não há internet e nossos homens ficam desconectados. Precisamos de internet sem fio lá.' 'Está bem, entendi.' O cara seguinte dizia: 'Precisamos de mais apoio em treinamento de helicóptero, porque achamos que não estamos trabalhando o bastante com helicópteros.' O comodoro concordava em cuidar disso também. Por fim, ele vinha falar comigo.

"O comodoro dizia: 'Jocko, do que você precisa?' E eu dizia: 'Estamos bem, senhor.' A implicação é óbvia: se tenho problemas, vou lidar com esses problemas. Vou trabalhar neles e não vou reclamar. Eu assumia um senso extremo de posse do meu mundo. A maneira como isso funcionava era dupla. Quando eu precisava de alguma coisa, era algo significativo, algo de verdade. E quando eu dizia ao comodoro 'Chefe, precisamos disso aqui', eu conseguia quase imediatamente, porque ele sabia que eu precisava de fato.

"Você não pode culpar seu chefe por não lhe dar o apoio que você precisa. Muita gente dirá: 'A culpa é do meu chefe.' Não, na verdade a culpa é sua porque você não o instruiu, não o influenciou, não explicou a ele de uma maneira que ele entendesse por que você precisa desse apoio. Isso é um senso extremo de posse. Assuma-o totalmente."

UM BOM MOTIVO PARA MADRUGAR

"Às 4h45 estou de pé e na luta. Gosto de ter essa vitória psicológica sobre o inimigo. Para mim, quando acordo de manhã — e não sei por quê —, estou pensando no inimigo e no que ele está fazendo. Sei que já não estou em atividade, mas isso ainda está na minha cabeça: que há um cara em uma caverna em algum lugar, de um lado para outro com uma metralhadora em uma das mãos e uma granada na outra. Ele está me esperando e vamos nos encontrar. Quando acordo de manhã, penso comigo mesmo: *O que posso fazer para estar preparado para esse momento que se aproxima?* Isso me joga para fora da cama."

TF: Essa história estimulou tantos ouvintes a começar a acordar cedo que há uma hashtag #0445club no Twitter, mostrando fotos de relógios de pulso. Esse movimento continua forte, mesmo um ano depois do podcast.

CHÁ BRANCO DE ROMÃ E MAIS

Jocko não bebe café e praticamente não consome cafeína. Sua única indulgência é um chá branco de romã de vez em quando ("... que bate muito bem na alma, eu acho"). Mas...

"[Durante] meu primeiro deslocamento para o Iraque, fazíamos patrulhas mais longas nos veículos, e eu tinha — em uma série de bolsas penduradas à frente do meu assento — uma granada de luz, outra granada de luz, depois uma granada de fragmentação, que é a que mata pessoas, e depois outra granada de fragmentação. E depois as três bolsas seguintes eram Red Bull, Red Bull, Red Bull."

TIM: "Mas você é um cara intenso, no bom sentido da palavra. Como você fica depois de três Red Bulls?"

JOCKO: "Mais Jocko."

TF: Jocko não quer precisar de cafeína. Em uma observação semelhante, outro amigo Seal que em geral faz apenas uma refeição por dia me enviou o seguinte: "Acho muito engraçado quando alguns caras [de operações especiais] ficam irritados se não tomarem proteína em pó a cada duas horas. Tenho uma enorme vantagem se puder transformar qualquer coisa em combustível, incluindo lixo, ou ficar sem comida."

QUAL É A VIRTUDE DE UM BOM COMANDANTE?

"A primeira resposta que me vem à mente é 'humildade'. Porque você tem que ser humilde e estar disposto a fazer os treinamentos... Mais tarde, quando eu estava dirigindo treinamentos, demitimos alguns líderes de cada Seal Team porque eles não conseguiam liderar. E 99,9% das vezes não era uma questão de capacidade técnica para disparar uma arma, não era porque eles não estavam em boa forma física, não era porque estavam inseguros. Quase sempre se dava pela falta de capacidade de escutar, abrir a mente e ver que, talvez, houvesse uma forma melhor de fazer as coisas. Isso vem da falta de humildade...

"Colocamos esses caras em um treinamento, para dizer o mínimo, muito realista e desafiador. Se há algum cara que passou pelo treinamento quando eu estava dirigindo, ele está dando risada neste momento, porque aquilo era muito realista. Na verdade, era quase psicótico. Pressionávamos muito esses caras e os sobrecarregávamos. Um bom líder voltava e dizia [coisas como]: 'Perdi. Não consegui controlar. Não fiz um bom trabalho. Não vi o que estava acontecendo. Fiquei absorto demais com essa pequena situação tática que estava bem na minha frente.' Ou ele faz essas críticas a si mesmo ou pergunta: 'O que fiz de errado?' E quando você responde, ele baixa a cabeça, pega o caderno e toma nota. Esse aí é um cara que vai conseguir, que vai captar a essência. Os arrogantes, sem humildade, não conseguiam aguentar as críticas dos outros — e não conseguiam sequer fazer uma autoavaliação honesta porque pensavam que já sabiam tudo. Permaneça humilde ou vire uma pessoa humilde."

SOBRE A IMPORTÂNCIA DO DISTANCIAMENTO

"Eu tinha provavelmente vinte ou 21 anos. Estava em meu primeiro pelotão da tropa de elite. Estávamos em uma plataforma de petróleo na Califórnia fazendo treinamento. Subimos em um nível da plataforma de petróleo, algo que nunca tínhamos feito. Havia equipamentos, caixas e coisas por toda parte nesses níveis, e dava para ver através dos pisos porque eram grades de aço. Era um ambiente complicado. Então subimos, ficamos todos na plataforma e, por causa da complexidade, todo mundo paralisou.

"Fiquei meio que esperando. Eu era um dos mais novos, então achei que não precisava fazer nada. Mas então falei para mim mesmo: *Alguém tem que fazer alguma coisa.* Então fiz com minha arma o que é chamado de 'porto alto': apontei a arma para cima [para indicar] e disse: 'Não sou um atirador neste momento.' Dei um passo para trás, para fora da fila, olhei em volta e entendi a situação.

"Então eu disse: 'Manter a esquerda, mover à direita.' Todos ouviram e fizeram isso. E eu disse a mim mesmo: *Hummm... é isso que você precisa fazer... dar um passo para trás e observar.* Percebi que se distanciar da situação para poder ver o que está acontecendo é absolutamente crucial. Agora, quando falo com executivos ou gerentes de nível médio, explico a eles que estou fazendo isso o tempo todo.

"Parece horrível, mas é quase como se às vezes eu não fosse um participante da minha própria vida. Sou um observador do cara que está fazendo aquilo. Por exemplo, se estivermos tendo uma conversa e você discute por causa de uma questão, fico observando e dizendo [para mim mesmo]: *Calma, será que estou sendo emotivo demais neste momento? Espere um instante, olhe para ele. Qual é a reação dele?* Porque não vou interpretá-lo corretamente se eu observar você através da minha emoção ou do meu ego. Se eu estiver emotivo, não vou conseguir ver o que você está pensando. Mas, se sair disso, poderei ver o 'você real' e avaliar se você está ficando com raiva, ou se seu ego está sendo ferido, ou se você está prestes a se fechar porque está de saco cheio de mim. Ao mesmo tempo, se eu estiver acumulando raiva por dentro, posso perder tudo isso. Portanto, ser capaz de se distanciar como líder é crucial."

✳ Em quem você pensa quando ouve a palavra "bem-sucedido"?

"As primeiras pessoas que me vêm à cabeça são os verdadeiros heróis da Task Unit Bruiser: Marc Lee, primeiro Seal morto no Iraque. Mike Monsoor, segundo Seal morto no Iraque, ao qual foi concedida postumamente a Medalha de Honra depois de ele saltar sobre uma granada para salvar três companheiros da nossa equipe. E, por fim, Ryan Job, um de meus homens [que foram] gravemente feridos no Iraque, ficou cego dos dois olhos, mas conseguiu voltar para os Estados Unidos, foi reformado da Marinha por motivos médicos, porém morreu de complicações depois da 22ª cirurgia para reparar seus ferimentos. Esses caras, esses homens, esses heróis, viveram, lutaram e morreram como guerreiros."

✴ Livros mais presenteados ou recomendados
"Acho que só há um livro que já dei de presente, e foi só para duas pessoas. É uma obra chamada *About Face*, do coronel David H. Hackworth. Outro livro que já li muitas vezes é *Meridiano de sangue* [de Cormac McCarthy]."

✴ Documentários favoritos
"*Restrepo*, que tenho certeza de que você já viu. [**TF**: Sebastian Junger, do próximo perfil, foi um dos diretores e produtores.] Há também um programa de uma hora de duração chamado *A Chance in Hell: The Battle for Ramadi*."

JOGO RÁPIDO

✴ Você entra em um bar. O que pede ao atendente?
"Água."

✴ Como é sua dieta normalmente?
"Normalmente é bife."

✴ Que tipo de música você escuta?
Dois exemplos:
    Para malhar — Black Flag, *My War*, lado B
    No geral — White Buffalo

NOS BASTIDORES

≫ Foi Peter Attia (página 88) quem me apresentou a Jocko. Certa vez, assisti a Peter entrevistando Jocko no palco. Peter disse à plateia: "Jocko consegue fazer setenta barras de tração fixa..." Mas Jocko rapidamente interveio: "Não, não consigo fazer setenta. Consigo fazer 67."

≫ Assim como eu, Jocko é um grande fã do podcast *Hardcore History*, apresentado por Dan Carlin (página 317).

≫ Quando Jocko dormiu em minha casa depois de nossa entrevista, minha namorada da época me acordou na manhã seguinte, às oito horas, dizendo: "Hummm... Acho que ele está acordado e lendo há umas cinco horas já. O que eu faço?"

>>> A única vez que vi os olhos de Jocko se arregalarem foi quando eu lhe disse que só aprendi a nadar depois dos trinta anos. Ele me enviou a seguinte mensagem enquanto eu escrevia este capítulo: "Obrigado por me pôr no livro... Estou lhe devendo uma. Por mais estranho que pareça, vou recompensá-lo amarrando seus pés e suas mãos atrás das costas e fazendo você nadar/sobreviver."

TENTANDO SABER O ANIMAL ESPIRITUAL DE JOCKO

Fiz um grande esforço para isso e levou algum tempo. O mais próximo a que cheguei foi uma sugestão da esposa de Jocko. Ela achou que seu animal espiritual provavelmente se pareceria com o Snaggletooth, mascote do Motörhead (vale a pena buscar no Google). Eis uma parte da nossa troca de mensagens:

> Além disso, qual é o seu animal espiritual, se você tivesse que escolher? Pode ser também uma planta ou uma criatura mitológica.

> Negativo.

> Que diabo é um "animal espiritual"?

> Hahaha... Ah, você não vai se arrepender.

SEBASTIAN JUNGER

Sebastian Junger (TW: @sebastianjunger, sebastianjunger.com) é um escritor best-seller e já ficou no primeiro lugar da lista de livros mais vendidos do *The New York Times*. É autor dos livros *A tormenta*, *Fire*, *A Death in Belmont*, *Guerra* e *Tribe*. Jornalista premiado, recebeu o National Magazine Award e o Peabody Award. Junger é também documentarista, cujo longa de estreia, *Restrepo*, codirigido por Tim Hetherington, foi indicado ao Oscar e ganhou o Prêmio do Grande Júri em Sundance. *Restrepo*, que mostra o deslocamento de um pelotão norte-americano no Vale do Korengal, no Afeganistão, é amplamente considerado uma inovação em reportagem de guerra. Desde então, Junger produziu e dirigiu mais três documentários sobre a guerra e suas consequências.

"COMO SE TORNAR UM HOMEM EM UM MUNDO QUE NÃO EXIGE CORAGEM?"

"Se levarmos em consideração nossas comunidades e nossa sociedade, [felizmente] já não precisamos organizar homens jovens e prepará-los para a violência em grupo para que possamos sobreviver. Essa foi a norma humana durante milhares de anos, seja contra predadores, seja contra outros humanos... Se não dermos aos jovens um grupo bom e útil para pertencerem, eles procurarão esse pertencimento em um grupo nocivo. Mas de um jeito ou de outro eles vão se agrupar e encontrar alguma coisa, algum adversário, contra o qual possam demonstrar sua bravura e sua unidade."

O EFEITO TRANQUILIZANTE DE AGIR EM VEZ DE ESPERAR

"Os caras das forças especiais eram o oposto [dos soldados de divisões que não são de elite]. Assim que souberam que estavam prestes a passar por um ataque avassalador, os níveis de cortisol deles caíram. Eles ficaram supercalmos. Os níveis de cortisol caíram porque para eles era estressante esperar pelo desconhecido, mas, assim que souberam que seriam atacados, eles formularam um plano de ação. Começaram a encher sacos de areia, limpar seus fuzis, estocar munição, preparar bolsas de plasma, todo o protocolo antes de um ataque. Toda essa ocupação lhes deu um sentido de perícia e controle e, na verdade, fez com que se sentissem menos ansiosos do que se estivessem apenas esperando em um dia comum, em um lugar perigoso."

O LADO POSITIVO DO DESASTRE

"O que é muito animador, bonito, maravilhoso e também — de um modo estranho — trágico na sociedade moderna é que as crises têm sido afastadas.

"Quando revivemos uma crise como a Blitz em Londres ou um terremoto sobre o qual escrevi, em Avezzano, Itália, no início do século XX, percebemos que as coisas mudam. Em Avezzano, mais de 80% da população foi morta, uma perda de vidas inacreditável, como um ataque nuclear... As pessoas tiveram que contar umas com as outras, então todos — pessoas de classe alta, de classe baixa, camponeses e nobreza — se agacharam em torno das mesmas fogueiras. Um dos sobreviventes disse: 'O terremoto nos deu o que a lei promete, mas na verdade não proporciona, que é a igualdade entre todos os homens.'"

"Esse sentimento de 'nós' protege muitas pessoas de seus demônios psicológicos."

— Sebastian discutindo os motivos pelos quais desastres e grandes crises, como o 11 de Setembro ou os bombardeios da Blitz em Londres na Segunda Guerra Mundial, resultam com frequência em *reduções* drásticas de suicídio, crimes violentos, sintomas de doença mental etc.

O OBJETIVO DO JORNALISMO É A VERDADE

"O objetivo do jornalismo é a verdade. O objetivo do jornalismo não é melhorar a sociedade. Há coisas, fatos e verdades que parecem um retrocesso, mas isso não importa, porque o objetivo do jornalismo não é tornar tudo melhor. É dar às pessoas informações precisas sobre como estão as coisas."

SOBRE A MAIORIA DOS "BLOQUEIOS CRIATIVOS" EM NÃO FICÇÃO

"Não é que eu fique bloqueado. É que não tenho pesquisa suficiente para escrever com autoridade e conhecimento sobre aquele assunto. Isso não quer dizer que não consigo encontrar as palavras certas, [mas] que estou sem a munição... sem o material. Se não saí pelo mundo e não trouxe material sobre o qual escreveria, então **de maneira nenhuma vou resolver um problema de pesquisa apelando para a linguagem**. Você não quer... enfiar a agulha e passar por um remendo fino em sua pesquisa só porque você é um grande artista da prosa."

NÃO USE VÍCIOS DE LINGUAGEM

"Nossa, eu realmente odeio preguiça... Existem aqueles clichês, como 'o bombardeio atingiu a encosta'. Não aguento mais ler uma coisa dessas. Diga isso de uma maneira original ou então não diga nada. Você está desperdiçando o tempo de todo mundo, inclusive o seu, se depende desse tipo de clichê de linguagem."

SUA MENSAGEM EM UMA FORMATURA DE ENSINO MÉDIO

"Vocês estão programados para ser bem-sucedidos. A coisa mais difícil na vida é fracassar. E, se não começarem a falhar, acabarão não tendo uma vida plena. Terão uma vida cheia de cautela em um caminho que vocês sabem que é quase garantido para mais ou menos trabalho. Dessa forma, não dá para tirar o máximo desse mundo incrível em que vivemos. Vocês têm que fazer a coisa mais difícil para a qual não foram preparados nesta ou em qualquer outra escola: vocês têm que se preparar para o fracasso. É assim que vão expandir seus horizontes e crescer. Quando lidarem com esse processo de fracasso e aprendizado, vocês se aprofundarão realmente no ser humano que são capazes de ser."

✳ **Que conselho você daria a si mesmo quando era mais jovem?**

"Eu diria a mim mesmo: 'O público não é uma ameaça.' Se perceber que todos nós precisamos uns dos outros e que podemos aprender uns com os outros, seu medo de palco desaparece."

✳ **Qual conselho seu eu de setenta anos daria para o seu eu atual?**

"O mundo é uma série de possibilidades e oportunidades se revelando de maneira contínua. E o difícil na vida é, por um lado, ter a coragem de entrar no desconhecido, mas também ter a sabedoria de parar de explorar caso encontre algo pelo qual vale a pena se fixar. Esse conselho vale para um lugar, uma pessoa, uma vocação etc. Equilibrar essas duas coisas — a coragem de explorar e o compromisso de ficar — é muito difícil. Acho que o meu eu de setenta anos diria: 'Cuidado para não errar em um lado ou no outro, porque você tem uma ideia mal concebida sobre quem você é.'"

PELO QUE VOCÊ MORRERIA?

Depois de mais de duas horas de conversa, perguntei a Sebastian se ele tinha considerações finais.

"Por quem você morreria? Por quais ideais você morreria? A resposta para essas perguntas, durante a maior parte da história humana, viria prontamente à boca de qualquer pessoa. Qualquer índigena comanche lhe diria de imediato por quem e pelo que morreria. Na sociedade moderna, isso é cada vez mais complicado, e perder a pronta resposta a essas antigas questões é perder parte de si mesmo, parte de sua identidade. Eu perguntaria às pessoas: 'Por quem você morreria? Pelo que você morreria? E o que você deve a sua comunidade?' Em nosso caso, essa comunidade é o nosso país. O que você deve a seu país, além de impostos? Existe alguma outra coisa que você deve a todos nós? Não há resposta certa ou errada, mas é algo que todo mundo deveria perguntar a si mesmo."

✳ **Livro mais presenteado ou recomendado**

Brincando nos campos do senhor, de Peter Matthiessen.

NOS BASTIDORES

» Conheci Sebastian no casamento de Josh Waitzkin (página 629), que enviou uma mensagem o descrevendo: "Um dos escritores mais diretos e contundentes que conheço. Só põe no papel o que interessa, sem nenhuma enrolação."

» Sebastian é um cara grande e não parece um corredor, só até se movimentar. Marcou 4:12 para uma milha [1,6 quilômetro], 9:04 para duas milhas [3,2 quilômetros] e 24:05 para cinco milhas [oito quilômetros]. Seu melhor tempo de maratona foi de duas horas e 21 minutos.

» Depois da nossa entrevista na minha casa, tomei um chá e Sebastian tirou alguns minutos para enviar e-mails no laptop dele. Notei que ele estava digitando com uma das mãos e perguntei se havia se machucado. Ele riu, encabulado, e explicou que não tinha acontecido nada. Acontece que Sebastian nunca aprendeu a datilografar direito. Escreveu todos os seus livros e artigos catando milho com apenas uma das mãos. Incrível.

MARC GOODMAN

Marc Goodman (TW: @FutureCrimes, marcgoodman.com) fez carreira em segurança e em tecnologia. Foi nomeado futurista residente do FBI, trabalhou como conselheiro sênior da Interpol e serviu como policial nas ruas. Marc chefia o Future Crimes Institute, um *think tank* e central de informações que pesquisa e orienta sobre segurança e implicações de risco de novas tecnologias. É o autor de *Future Crimes: Inside the Digital Underground and the Battle for Our Connected World*.

Animal espiritual: Golden Retriever

PREFÁCIO

Ser sábio envolve saber se defender ou desaparecer quando necessário. O primeiro passo é ter consciência das ameaças.

O GOOGLE PODE DETERMINAR QUEM VIVE OU QUEM MORRE

"A verdade é que, em 2008 [em Mumbai], terroristas estavam usando mecanismos de busca como o Google para determinar quem deveria viver ou morrer... Quando estiver compartilhando conteúdo no Facebook, não é só com as empresas de mídia e marketing que você precisa se preocupar."

COMO PESSOAS EM VIAGENS DE NEGÓCIOS SÃO COM FREQUÊNCIA SEQUESTRADAS

As unidades do crime organizado são boas em subornar funcionários de empresas aéreas para obter listas de passageiros. Depois eles buscam cada nome no Google, criam uma lista de alvos que parecem ter mais valor e chegam cedo para procurar os nomes certos nas placas de motoristas de limusines. Eles pagam ou ameaçam os motoristas das limusines, que vão embora e são substituídos.

"Então o executivo que está vindo de Nova York, São Francisco ou Londres desembarca, vê a placa de papelão com seu nome, aproxima-se da pessoa vestida de motorista, entra no carro e é sequestrado. Na verdade, algumas pessoas são mortas."

TF: É por isso que uso Uber ou pseudônimos em qualquer serviço de motorista particular no mundo. Usando um nome inventado ao solicitar um carro, se você vir uma placa com seu nome de verdade, vai saber que é armação. Para quem é bem-sucedido — ou simplesmente parece bem-sucedido — na internet e viaja muito para o exterior, isso não é só paranoia.

ARMAS BIOLÓGICAS PERSONALIZADAS

Marc e eu discutimos sobre como criminosos (ou lunáticos inteligentes) podem usar suas informações genéticas se elas se tornarem públicas ou forem hackeadas:

"Vou lhe dar um exemplo perfeito. Existe um anticoagulante chamado Warfarin, ao qual um percentual pequeno de pessoas tem alergia, por causa de certo marcador genético. Para esses indivíduos, o Warfarin é mortal se for ingerido. Trata-se de um fármaco comum, e não dá para saber se alguém é ou não alérgico a Warfarin só de olhar para a pessoa. Mas se conseguir os dados genéticos dela, você terá essa informação adicional. Você sabe, e isso pode ser fatal.

TF: Há quase dez anos, conversei sobre armas biológicas personalizadas com um ex-cientista da Nasa qualificado. Elas existem. Para expandir seus horizontes sobre esse assunto, leia um ótimo artigo de Marc na *The Atlantic*, intitulado "Hacking the President's DNA". Se você é um alvo importante em potencial, é preciso pensar de maneira defensiva. A ferramenta de edição genética CRISPR e outras tecnologias relacionadas podem fomentar o grande salto das armas biológicas no futuro próximo. Mantenha seus dados genéticos bem protegidos. Mesmo que você use pseudônimos, já vi empresas que podem produzir características faciais a partir de informações sobre o DNA. Será praticamente impossível preservar o anonimato.

✳ Você tem alguma citação que rege sua vida ou na qual pensa com frequência?

"O futuro já está aqui — só que distribuído de maneira desigual." — William Gibson

"Se continuarmos a desenvolver nossa tecnologia sem sabedoria ou prudência, nosso servo poderá se tornar nosso carrasco." — Omar N. Bradley

[Entre outras]

✳ Qual é o pior conselho disseminado na sua área de negócios ou de conhecimento?

"Se você não tem nada a esconder, não precisa se preocupar com sua privacidade. E que precisamos sacrificar nossa privacidade para ter segurança."

✳ Três pessoas ou fontes com as quais você aprendeu ou que acompanhou de perto no último ano

David Brooks, "The Moral Bucket List". Nir Eyal, *Hooked*. Qualquer coisa de Kevin Kelly, mais recentemente, *Inevitável*.

SAMY KAMKAR

Samy Kamkar (TW: @samykamkar, samy.pl) é um dos hackers mais inovadores dos Estados Unidos. É mais conhecido por ter criado o vírus de disseminação mais rápida de todos os tempos, um *worm* do MySpace chamado "Samy", pelo qual ele foi procurado pelo serviço secreto dos Estados Unidos. Mais recentemente, criou o SkyJack, um drone adaptado que hackeia qualquer outro que esteja próximo, permitindo a qualquer operador controlar uma multidão de drones. Ele também descobriu rastreamentos ilícitos de telefones celulares que rodam Android, iOS e Windows Phone. Suas descobertas levaram a uma série de ações judiciais coletivas contra Google, Apple e Microsoft e a uma audiência sobre privacidade no Capitólio.

Por que Samy está em Sábios? Mais uma vez, porque sentir-se seguro e aproveitar seus recursos não está relacionado apenas a ataques. É importante ter defesas básicas em funcionamento. A vida é um esporte de contato, e as ameaças virão visitá-lo mais cedo ou mais tarde.

Animal espiritual: Texugo-do-mel

PRIMÓRDIOS

Samy — de maneira talvez surpreendente — foi um dos meus Obi-Wans para o episódio "Dating Game" do programa *The Tim Ferriss Experiment*. Em quinze minutos, ele demonstrou como otimizou e automatizou quase todos os seus namoros on-line em Los Angeles e outras cidades. Com base em toda a sua análise de dados, ele afirmou que fotos sem camisa e com animais fazem um sucesso absurdo. Não acreditei nele, então testei umas dez fotos de perfil e incluí uma em que estou sem camisa e com um gatinho no ombro. Era uma foto constrangedora, ridícula. Nem Neil Strauss (página 384) queria que ela vencesse. Mas ela venceu, puxa vida!

MÚSICA PARA SE CONCENTRAR

Para manter o foco, Samy gosta de acessar o AudioMolly.com e ouvir The Glitch Mob e Infected Mushroom. Seguindo sua recomendação, encontrei alguns dos meus artistas favoritos atualmente — Pegboard Nerds ("Blackout") e David Starfire (*Karuna*) — no AudioMolly.

٭ Que conselho você daria para o seu eu de vinte anos?
"Pare de cometer crimes."

FERRAMENTAS DE UM HACKER

Perguntei muitas vezes a Samy: "Como posso me proteger de pessoas como você?" As ferramentas a seguir abarcam mais de 90% das ameaças mais comuns à segurança. Este capítulo pode ser denso, então sinta-se à vontade para passar os olhos e retornar a ele como referência, se necessário.

Se você não fizer mais nada, eis uma precaução de sessenta segundos: Ponha uma fita adesiva ou uma cobertura na câmera do seu laptop (e talvez na do celular) quando não estiver usando. Samy me explicou como é simples invadir câmeras. É assustador. Isso pode ser usado para vigiar e determinar quando você não está em casa. E também para flagrar você brincando com seu passarinho. Cobrir a câmera são sessenta segundos bem gastos.

Entra Samy

Como proteger seus dados no computador e em dispositivos móveis, caso seus aparelhos sejam roubados ou você esteja viajando para o exterior ou cruzando fronteiras

>> **Use BitLocker no Windows ou FileVault no OS X.** Seus dados serão criptografados quando a máquina estiver desligada ou suspensa. Criptografe seu HD selecionando a opção "criptografia total do disco" para manter seus dados confidenciais protegidos em caso de extravio ou roubo, impedindo que outros extraiam dados do seu equipamento sem sua senha.

>> **You'll Never Take Me Alive!** é uma ferramenta para máquinas com Windows e OS X que funciona da seguinte forma: se a máquina for desligada da corrente alternada ou da Ethernet com fio quando a tela estiver bloqueada [**TF: Por exemplo, alguém pega seu laptop em um café e sai correndo**], o sistema entra

em hibernação, impedindo o ladrão de acessar seus dados criptografados. Isso exige o uso da criptografia de disco FileVault ou BitLocker.

≫ Use um PIN em seu aparelho iOS ou Android para criptografar os dados localmente no aparelho. Embora o PIN possa parecer não muito seguro, seus dados geralmente são bem protegidos graças aos mecanismos que impedem o ladrão de ficar testando senhas e mais senhas no seu aparelho, além das implementações de hardware relativamente seguras (embora não perfeitas) em iOS e Android. [**TF: Para iPhone, também recomendo aumentar seu PIN de quatro para oito caracteres. Se alguém estiver fazendo várias tentativas para descobrir sua senha, isso aumenta o tempo necessário de quatro a cinco dias para mais de cem dias.**]

≫ Jamais use a mesma senha duas vezes! Diferencie suas senhas para que ninguém possa adivinhar uma senha sua para um site sabendo a senha de outro. Tento usar senhas longas, mas "simples" e fáceis de lembrar, como a letra de uma música que tenha a ver com o site. Uma senha longa, mesmo com a maioria das palavras na sua língua, geralmente é mais forte do que uma senha curta com caracteres aleatórios. Para pessoas descuidadas ou com pouco conhecimento técnico, sugiro usar um programa como 1Password ou LastPass (ou KeePass, se você quiser fonte aberta) para lembrar todas as senhas. No meu caso, uso o VeraCrypt (a seguir), mas esse é mais complicado. A diferença entre este e uma ferramenta como o 1Password é que o segundo é construído dentro do navegador, e, se a vulnerabilidade for encontrada, o próprio software terá acesso às minhas senhas na próxima vez que eu as digitar. É improvável que aconteça, mas há sempre um pequeno risco.

≫ **Considere usar a ferramenta gratuita e multiplataforma VeraCrypt.** Se você acha que pode ser obrigado a revelar uma senha do seu computador, como ao cruzar uma fronteira ou em uma análise criptográfica de "mangueira" (ser espancado com uma mangueira até gritar), você pode usar "volumes escondidos" para ocultar dados com duas senhas, o que lhe dá uma negação plausível. Esses volumes escondidos são discos ou diretórios criptografados que têm uma senha que decripto-grafa para mostrar vários arquivos que você pôs e que você se sente confortável de revelar, enquanto a senha secundária pode decriptografar a mesma pasta contendo os dados reais, confi-denciais, que você está protegendo, sem nenhuma maneira de provar se há uma ou duas senhas para o volume. No meu caso, não uso uma segunda senha para nenhum dos meus drives crip-tografados... ou será que uso?

Detectando malware ou mau comportamento de software no seu computador

» Uma grande quantidade de softwares faz conexões de saída para a internet, em geral para propósitos legítimos, embora não ne-cessariamente. Se deseja impedir, ou pelo menos saber quando um aplicativo estiver fazendo isso, pode usar o **NetLimiter no Windows** ou o **Little Snitch no OS X** para detectar quando um aplicativo específico está fazendo conexões externas, saber onde ele está se conectando e decidir se vai permitir ou bloquear. Para análises adicionais, também vale usar o Wireshark, mencionado a seguir.

» Em **OS X** você pode usar o **BlockBlock**, que notifica se um pro-grama está tentando se instalar para funcionar quando você ini-cializa o computador, mesmo quando ele estiver se escondendo em um canto ou uma fenda do sistema, e você tem a opção de blo-queá-lo se quiser. Alguns vírus, malwares ou simplesmente soft-wares irritantes tentarão fazer isso, e você decide se eles devem ou não funcionar ao inicializar o computador.

» Não plugue nenhum dispositivo USB no qual você não confie! Até cigarros eletrônicos que carregam com USB podem transmitir malware. Se quiser carregar alguma coisa, é mais seguro usar um carregador/adaptador com USB [para uma tomada de parede] em vez do seu computador.

Ficando anônimo na internet

>>> O **Tor** é um software multiplataforma que permite navegar na internet de maneira anônima e ajuda o usuário a se defender da vigilância na rede. Ele ajuda a mudar o endereço de IP toda vez que você o utilizar, bem como a criptografar sua comunicação na rede, embora o último "hop" na cadeia do Tor consiga sempre ver seu tráfego não criptografado, apesar de não ser capaz de detectar seu IP. Eu confiaria mais no Tor do que em qualquer serviço de VPN, porque nenhum nó do Tor sabe seu IP e o que você está acessando, diferentemente de uma VPN, que pode ser compelida a compartilhar esses dados.

>>> Ao tirar uma foto com seu smartphone, você geralmente está registrando, dentro da imagem, suas coordenadas de GPS e outros dados sobre a foto, como o dispositivo usado. São os chamados EXIF, metadados que estão escondidos na imagem e que qualquer pessoa pode recuperar se você enviar a imagem diretamente para ela. É possível desabilitar o armazenamento da localização em celulares em várias plataformas ou usar um software gratuito para fazer isso. Busque "EXIF removal tool" e encontre uma ferramenta para seu sistema operacional ou plataforma móvel fazer isso quando quiser esconder sua localização nas imagens.

>>> Se preferir ser particularmente astuto, você pode usar um aplicativo gratuito chamado **LinkLiar no OS X** para falsificar ou randomizar seu endereço MAC. O endereço MAC é um identificador de hardware fixo, único, do dispositivo de rede dentro do seu computador, e é sempre o mesmo, a menos que você o modifique. Também descobri que algumas grandes empresas rastreiam endereços MAC para saber o último lugar onde o indivíduo esteve, portanto não faz mal ajustá-lo de vez em quando.

Acessando dados interessantes e controlando os sites que você visita

>>> Se um site está fornecendo imagens, vídeos ou áudios para o seu computador, isso significa, na maioria dos casos, que você

pode baixá-lo diretamente, mesmo que o site tente impedi-lo. **No Chrome (há ferramentas semelhantes no Firefox e no Safari), você pode ir para Mais ferramentas → Ferramentas do desenvolvedor, clicar na aba Network, atualizar a página e ver todo o conteúdo passando. Você pode então clicar com o botão direito em qualquer arquivo, como uma imagem que o site de outra forma não lhe permitiria baixar, e clicar Copy Link Address para obter o URL diretamente.** A aba Elements também é particularmente útil. [**TF:** Você também pode usar isso para copiar e colar boas citações que alguns sites gostam de impedir você de fazer.]

» Usando as mesmas Ferramentas do desenvolvedor, se um site tentar forçar você a se registrar, preencher um formulário que você não quer preencher ou então cobrir a página com janelas intrusas ou escurecendo a página, **você pode usar a aba Elements em Ferramentas do desenvolvedor, clicar com o botão direito em qualquer elemento da aba e selecionar Remove**. Não se preocupe: se você apagar a coisa errada, é só atualizar a página e tentar de novo! Você está apenas afetando a página no seu computador, mas isso pode ser uma ferramenta útil para ajustar uma página a seu gosto.

» O **Google Reverse Image Search** é uma ferramenta surpreendente e muito útil para quem estiver tentando fazer algum reconhecimento ou saber de onde uma imagem veio e onde mais ela pode ser usada na internet. Simplesmente vá em Google Images e arraste e solte a imagem na página.

Ferramentas que hackers utilizam

Embora eu não seja advogado, o uso dessas ferramentas em uma rede e em dispositivos sobre os quais você tem o domínio, como sua LAN doméstica, provavelmente não terá consequência alguma. A única maneira de entender a segurança e a insegurança em sua rede é testando as mesmas ferramentas que os agressores usariam. Sugiro fortemente aos interessados que aprendam a utilizá-las — tanto os mocinhos quanto os bandidos estão usando exatamente as mesmas ferramentas!

≫ Para aprender sobre algumas ferramentas iniciais que um hacker, um invasor ou simplesmente alguém curioso usariam, sugiro dar uma olhada em ferramentas básicas como Wireshark, Charles (proxy de depuração da web), NightHawk (falsificação de ARP/ND e identificação de senha), arpy (ARP spoofing), dsniff (identificação de senha) e Kali Linux (teste de penetração). Procure também tutoriais sobre intrusão na rede, sniffing e man-in-the--middling. Em poucos minutos, e com o Wireshark, dá para começar a ver todo o tráfego entrando e saindo do seu computador, enquanto ferramentas como Nighthawk e arpy em conjunção com Wireshark podem ajudá-lo a inspecionar e interceptar todo o tráfego em uma rede!

≫ Para se aprofundar mais na questão da segurança, sugiro aprender a programar. É mais fácil do que você imagina! Aprender a programar permite saber como alguém pode projetar algo e ajuda a pensar em como reverter e explorar isso, como se você mesmo tivesse criado.

GENERAL STANLEY McCHRYSTAL E CHRIS FUSSELL

Stanley McChrystal (TW: @StanMcChrystal, mcchrystalgroup.com) reformou-se no Exército dos Estados Unidos como general de quatro estrelas depois de 34 anos de serviço. O ex-secretário de Defesa Robert Gates o descreveu como "talvez o melhor guerreiro e líder em combate que já conheci".

De 2003 a 2008, McChrystal serviu como comandante do Comando de Operações Especiais Conjuntas (JSOC, na sigla em inglês), no qual foi responsável pela morte de Abu Musab al-Zarqawi, líder da al-Qaeda no Iraque. Seu último posto foi de comandante de todas as forças americanas e de coalizão no Afeganistão. Ele é membro do Jackson Institute for Global Affairs, da Universidade Yale, e um dos fundadores do McChrystal Group, uma firma de consultoria em liderança.

Chris Fussell (TW: @FussellChris) é ex-oficial Seal da Marinha dos Estados Unidos, ex-ajudante de ordens (braço direito) do general McChrystal e atual executivo sênior do McChrystal Group.

Animal espiritual: Chris Fussell = Elfo da Terra-Média

"O PROPÓSITO DA VIDA É UMA VIDA DE PROPÓSITO"

Esta é a resposta de Stan para "Se você pudesse colocar um outdoor em algum lugar e escrever alguma coisa nele, o que diria?". Trata-se de uma citação de Robert Byrne.

UMA REFEIÇÃO PRINCIPAL POR DIA

Stan não gosta muito de fazer refeições menores durante o dia. Mas recompensa a si mesmo com um grande jantar à noite.

SOBRE CRIAR UMA "EQUIPE VERMELHA"

STANLEY (STAN): "O conceito de 'equipe vermelha' é designado para testar um plano. O que acontece é que, quando desenvolvemos um plano — temos um problema e concebemos uma maneira de resolver esse problema — acabamos nos apaixonando por ele. Começamos a desprezar as fraquezas do plano simplesmente porque, penso eu, é assim que a mente funciona... Às vezes passamos por cima de seus reais desafios, ou de suas vulnerabilidades, porque queremos que ele funcione. Conforme descrevemos isso, às vezes um plano pode acabar sendo uma sequência de milagres, e isso não é **de fato um plano sólido**. Portanto, formar uma equipe vermelha é juntar pessoas que não estão 'casadas' com o plano e lhes perguntar: 'Como você revolucionaria ou destruiria esse plano?' Quem tiver uma equipe vermelha muito atenta alcançará resultados maravilhosos."

TUDO MUNDO DIZ QUE VOCÊ É ÓTIMO, MAS...

TIM: "Stan, ouvi histórias de como as pessoas são avaliadas para o McChrystal Group. E soube que às vezes você lança uma afirmação que as pessoas precisam finalizar. Para ser mais específico, digamos que você estivesse entrevistando Chris. Você diria '**Todo mundo diz que Chris é ótimo, mas...**', e então você ficaria ali em silêncio. Você faz isso?"

STAN: "É, eu faço, sim... Isso obriga a pessoa a tentar articular o que ela acha que é a percepção que os outros têm dela. Porque há uma percepção, e com frequência descobrimos qual é no processo de avaliação, porque recebemos informações dos outros. Mas se você perguntou a alguém 'Todo mundo adora você, mas não gosta disso em você', ou 'Eles o contratariam, mas...', duas coisas acontecem. **A primeira é que isso as força a lidar com a pergunta 'O que é que as pessoas não gostam em mim?'. E a segunda é: elas têm que dizer isso a você.** Pode ser uma característica que todos percebam, mas se elas não têm a coragem de enfrentar isso e dizer a alguém que está pensando em contratá-las, isso diz muito sobre a personalidade da pessoa."

TIM: "Quais respostas são inadmissíveis para você? Ou, Chris, se quiser falar..."

CHRIS: "Sempre gosto de inverter [a abordagem habitual da entrevista e dizer algo como]: 'Somos uma pequena comunidade. Nós nunca trabalhamos juntos, mas conheço muitos colegas seus. E depois desta conversa vamos procurar pessoas que gostam de você e que não gostam de você. Ninguém é perfeito, e também tenho detratores, assim como você. O que as pessoas que não têm consideração por você dirão a seu respeito?'

"Para mim, o mais importante é que elas tenham uma resposta. A) Isso revela a coragem de ser capaz de abordar a questão. B) Mostra autoconsciência, algo como 'Posso ser muito bem avaliado por colegas e ter uma ótima carreira, mas tem gente que talvez discorde, e eis o que provavelmente diriam...'. Diriam que agi em causa própria certa vez, ou que pareço bom demais só na teoria, ou que sou preguiçoso para esse tipo de treinamento físico, ou seja lá qual for o caso. Mostre-me que, ao identificar isso, você está trabalhando nesse problema. Não me importa o que você pensa disso. Só quero saber que você tem consciência de como outras pessoas o veem."

✱ Em quem você pensa quando ouve a palavra "bem-sucedido"?

CHRIS: "Vou responder de uma maneira que não sei se é a mais correta. Tive um grande mentor no início da minha carreira que me deu um conselho que sigo até hoje. É o de ter uma lista de três pessoas para sempre observar: alguém acima da hierarquia em que possa se inspirar, um colega que, segundo a sua avaliação, é melhor do que você no trabalho e que você respeita, e algum subordinado que está fazendo o trabalho que você fazia — um, dois, três anos atrás — melhor do que você fez na época. Se tiver esses três indivíduos servindo de parâmetro, e estiver aprendendo com eles sempre, você será exponencialmente melhor do que é."

ROTINA DE EXERCÍCIOS DE STAN

Stan começa seus treinos em casa, se estiver em casa:

≫   Série de flexões de braço com o máximo de repetições.

≫   Cem abdominais, três minutos de prancha, dois ou três minutos de ioga.

>>> Série de flexões de braço com o máximo de repetições.

>>> De cinquenta a cem abdominais (pernas para cima), dois minutos e meio de prancha, dois ou três minutos de ioga.

>>> Série de flexões de braço com o máximo de repetições.

>>> De cinquenta a cem abdominais cruzados (as primeiras duas variações combinadas), dois minutos de prancha, dois ou três minutos de ioga.

>>> Série de flexões de braço com o máximo de repetições.

>>> Sessenta pontapés de vibração, seguidos de *static hold* [segurar o movimento]; um minuto e meio de prancha; série de *crunches*; um minuto de prancha; dois ou três minutos de ioga.

STAN: "Depois saio e vou para a academia, a três quarteirões de casa, porque ela só abre às 5h30."

TIM: "Suponho que você esteja dizendo 5h30 da manhã."

STAN: "Isso. Se eu me levantar às quatro, posso fazer tudo isso das 4h30 às 5h20 e depois ir para a academia. Lá, faço quatro séries de elevação na barra, alternadas com supinos no banco inclinado e bíceps em pé. [E, nos intervalos, exercícios de equilíbrio sobre uma das pernas.] Depois faço algumas outras coisas e consigo terminar tudo em trinta, 35 minutos. Portanto, às 6h15 ou 6h20 acabo de malhar, volto para casa, tomo um banho e começo a trabalhar."

POR QUE SE EXERCITAR É TÃO IMPORTANTE PARA STAN

Afora os aspectos de autoimagem e desempenho:

"Os exercícios levam disciplina para a rotina. Se o dia for horrível mas pelo menos me exercitei, antes de dormir vou pensar, independentemente do que aconteceu: *Bem, tive um bom treino hoje*. Quando saiu o artigo da *Rolling Stone*,[9] era 1h30 da manhã. Descobri a matéria e fiz algumas ligações. Eu sabia que estávamos com um grande problema, mas vesti a roupa e saí para correr durante uma hora. Para esvaziar minha cabeça, me alongar. Não consegui reverter o que foi feito, mas isso é algo que faço nessas situações."

---

[9] Trata-se de um longo perfil de Stanley publicado pela revista em junho de 2010. A repercussão desse artigo provocou a exoneração do general. (N. do E.)

TRÊS TESTES OU PRÁTICAS DOS MILITARES QUE CIVIS PODEM USAR PARA DESENVOLVER RESISTÊNCIA MENTAL

STAN: "A primeira é forçar-se além do que você acredita ser capaz. Você encontrará uma profundidade interior até então desconhecida. A segunda é se colocar em grupos que compartilham dificuldades, desconfortos. Chamávamos isso de 'privação compartilhada'. Ao passarmos por esse tipo de ambiente difícil, nos sentimos mais fortes em relação àquilo com que estamos comprometidos. E, por fim, criar algum medo e fazer indivíduos superá-lo."

TF: Acho que esses três elementos explicam em grande parte a explosiva popularidade de corridas de obstáculos como a Spartan Race (veja Joe De Sena, página 67) e a World's Toughest Mudder (veja Amelia Boone, página 30).

CONSELHO PARA O SEU EU DE TRINTA ANOS

STAN: "Acho que aos 35 eu era fanático por controlar tudo, porque o tamanho das organizações que eu comandava, e das quais fazia parte, era pequeno o bastante para eu poder administrá-las em detalhes. Eu tinha uma personalidade razoavelmente forte, e quem trabalhava duro e estudava muito podia praticamente mover todas as peças do xadrez, sem problema. **Por volta dos quarenta, quando se chega ao nível de batalhão, que são cerca de seiscentas pessoas, é preciso liderar de maneira diferente, e sua maior atribuição será fazer as pessoas se desenvolverem. O conselho que eu daria a qualquer jovem é sobre estimular o desenvolvimento das pessoas que farão o trabalho.** A não ser que você mesmo vá cumprir a tarefa, o tempo de desenvolvimento gasto com as pessoas que cumprirão essa tarefa **gera um retorno exponencial. Cada minuto gasto nisso é potencializado**."

PARA AQUELES QUE DIZEM QUE NÃO TÊM TEMPO PARA LER...

Stan recorre sobretudo a audiolivros, um hábito adquirido no exterior, já que livros impressos são incômodos para carregar em deslocamentos de tropas. Agora ele "lê" via áudio em provavelmente 70% do tempo.

STAN: "Aprendi a correr com audiolivros. Minha mente fica tranquila quando do malho... **Também tenho um pequeno conjunto de caixas de som no banheiro. Então entro ali de manhã e escuto um livro. Ligo o som e [ouço] enquanto escovo os dentes, me barbeio e visto a roupa de ginástica, porque minha esposa está no quarto...** Constatei que termino os livros muito rápido, porque se eu me exercitar por uma hora e meia, diariamente, vou terminar livros muito antes do que faria se empregasse o mesmo tempo em leitura... Costumo gostar de livros envolventes sobre história, ou sobre grandes projetos como a construção do canal do Panamá, a construção da represa Boulder [hoje conhecida como represa Hoover], porque eles têm começo, meio e fim, além de desafios. Também leio em profusão. Li sete ou oito livros sobre George Washington e outros Pais Fundadores, e, como eles são mutuamente sobrepostos, de repente você sabe mais sobre a era, e cada livro novo é ainda mais interessante porque vai preenchendo as lacunas. Então leio em profusão sobre um assunto durante algum tempo e depois parto para outro."

✳ Livros para a compreensão da realidade do combate
CHRIS: "Bem, um clássico na comunidade de operações especiais é *Portões de fogo*, de Steven Pressfield. É lido por muita gente, de fato..."

✳ Livro mais presenteado por Stan
"Provavelmente dei de presente a maioria dos exemplares de um livro escrito em 1968 por Anton Myrer, chamado *Uma vez uma águia*. O livro conta a história de dois personagens que ingressaram nas Forças Armadas durante a Primeira Guerra Mundial e os acompanha ao longo da Segunda Guerra Mundial e nos anos pós-guerra."

✳ Filme favorito de Chris
"*A Batalha de Argel*. Demora uns quinze minutos para prender você, mas seja paciente e não desista. Passei meses adiando ver, mas gostaria de ter assistido imediatamente depois de Stan recomendá-lo. Esse filme em estilo de documentário, filmado em Argel, recria os eventos de crescente violência em 1957, quando a Argélia ocupada lutou pela independência em relação à França. O filme humaniza os dois lados e é extremamente relevante para os acontecimentos atuais, além de explorar o bom e o mau da natureza humana."

"Dá para conhecer o verdadeiro caráter de um homem pelo modo como seu cachorro e seus filhos reagem a ele.**"**

"Se você não acredita em Deus, tem que acreditar na tecnologia que nos tornará imortais.**"**

SHAY CARL

Shay Carl (TW/IG: @shaycarl, youtube.com/shaytards) comprou seu primeiro computador aos 27 anos. Marceneiro, subiu seu primeiro vídeo do YouTube durante um intervalo de um trabalho em uma bancada de granito. Avance para hoje:

≫ Seu canal SHAYTARDS tem agora cerca de 2,5 BILHÕES de visualizações. Celebridades como Steven Spielberg já apareceram ao lado de Shay e sua família.

≫ Foi um dos fundadores da Maker Studios, vendida à Disney por quase 1 bilhão de dólares.

≫ Está casado há treze anos e tem cinco filhos.

≫ Perdeu mais de 45 quilos desde o auge de seu sobrepeso.

Animal espiritual: Águia-careca

NOS BASTIDORES

》 Shay foi de Utah para a Califórnia de avião para gravarmos juntos o podcast. Em São Francisco, eu o convenci a fazer várias coisas pela primeira vez, incluindo AcroYoga (página 81) e ser chicoteado com galhos em banhos russos.

》 Ele é investidor do DietBet.com, que usei com dezenas de milhares de fãs sem saber que ele estava envolvido. A Diet Bet força você a pôr dinheiro em jogo como um incentivo para perder peso, e funciona. Aqueles que alcançam certos marcos "ganham" e recebem uma parte da quantia total. Jogadores já perderam mais de 3,1 milhões de quilos e a Diet Bet desembolsou mais de 35 milhões de dólares.

"OS SEGREDOS DA VIDA ESTÃO ESCONDIDOS ATRÁS DA PALAVRA 'CLICHÊ'"

Shay recordou um passeio de bicicleta durante seu período de rápido emagrecimento: "Eu me lembro exatamente de onde estava. Pensei comigo mesmo: *Os segredos da vida estão escondidos atrás da palavra clichê*." Portanto, a cada vez que você ouvir algo que considera clichê, minha dica para você é aguçar os ouvidos e escutar com mais atenção. Ele ouvira um milhão de vezes frases como "Coma mais legumes e verduras", mas as ignorou durante anos, já que tudo parecia simplista demais. No fim das contas, foi o simples que funcionou. Ele não precisava de respostas sofisticadas. Elas estavam na sua frente o tempo todo. Qual é o conselho que você está ignorando por achá-lo batido ou clichê? Você consegue explorá-lo através de algum teste, alguma ação?

APRENDENDO COM O FUTURO EU — UM EXERCÍCIO QUE NÓS DOIS USAMOS

Perguntei a Shay que conselho daria para o seu eu de 25 anos, e a resposta dele foi a seguinte:

"Talvez eu dissesse 'Largue a faculdade mais cedo'. Mas não sei se isso mudaria alguma coisa... É fácil pensar *Bem, o que eu diria para o meu eu de 25 anos?*. Então eu penso: *Bem, se eu tivesse 45 anos e me fizessem essa pergunta, o que eu diria para o meu eu de 37* [sua idade atual]?

TF: Isso me levou a compartilhar uma história com ele, que vou resumir aqui. Nunca escrevo ficção, mas um dos únicos textos que perdi que me deixaram triste por um longo período foi de ficção. Escrevi um conto sobre ir esquiar, refugiar-se em um hotel de esqui para tomar chocolate quente e vinho e acabar sentado a uma mesa diante de um estranho velho e sábio. Depois de algumas horas de conversa, esse estranho revela ser meu futuro eu. Eu lhe peço um conselho e ele me dá o benefício de sua visão retrospectiva 20/20. Foi uma história divertida de escrever, mas — e isso parece um pouco estranho — também recebi muitos conselhos práticos e específicos fazendo esse exercício. Quando larguei a caneta, estava meio intrigado e pensei: *Não sei o que fiz aqui, mas parece um bom truque de mágica.* Mais tarde percebi que o enredo é bem parecido com o de um texto espetacular escrito por Jorge Luis Borges intitulado "El otro". Quando contei a Shay essa história, seus olhos se iluminaram. Ele logo interveio:

"O que você acabou de explicar é exatamente o que eu ia sugerir. Pense na sua idade agora e pense em ser uma versão sua dez anos mais velha. E então imagine: *O que eu provavelmente diria a mim mesmo se fosse uma versão minha mais velha?* Acho que foi essa a sabedoria que você encontrou nesse exercício... [Se você fizer esse exercício e depois começar a viver de acordo com as respostas], acho que você crescerá muito mais rápido."

O TRABALHO FUNCIONARÁ QUANDO NADA MAIS FUNCIONAR

Shay é membro da Igreja de Jesus Cristo dos Santos do Último Dia (mórmon). Em meu podcast, ele falou pela primeira vez ao público sobre enfrentar e superar o alcoolismo:

"Não é fácil melhorar. É difícil. Nossa inclinação natural é para o vício e para as coisas fáceis. É fácil consumir álcool e afastar a dor. É fácil não acordar de manhã para se exercitar. É fácil ir ao *drive-through* e comprar um Big Mac, certo? O que você está querendo fazer que é difícil? Eu me lembro de meu avô dizendo: **'O trabalho funcionará quando nada mais funcionar.'**"

COMO SHAY GRAVA VÍDEOS HOJE EM DIA

Câmera Canon PowerShot G7 X e, para editar, Final Cut Pro X. Ele pensa em seu dia como três atos e o filma em terços: manhã, tarde, noite. Ele capta um total de dez a quinze minutos, e nunca filma por mais de dois minutos seguidos.

DOIS MÉTODOS PARA MELHORAR O ÂNIMO

Shay me explicou como postar vídeos diariamente se transformou em uma terapia muito barata:

"Fisiologicamente, eu sentia que meu corpo estava diferente... Só de se sentar ereto, pôr um sorriso no rosto e fingir uma coisa até essa coisa virar verdade, você realmente já se sente melhor. Há um poder verdadeiro nessa atitude."

TF: Isso me inspirou a experimentar vlogs curtos por mais ou menos quinze dias, para melhorar meu ânimo. Fiz da maneira mais simples possível, usando meu iPhone para fazer vídeos de dez minutos com perguntas e respostas ao vivo no Facebook. Carreguei os vídeos do Facebook no YouTube e foi incrível a rapidez com que se formou uma grande audiência recorrente, algo que eu nunca tinha conseguido. Como Casey Neistat (página 247) e Shay me explicaram: trata-se da relação que você construiu, não da qualidade da produção. Os efeitos de "agir" com mais otimismo pareceram durar pelo menos de duas a três horas.

Shay tem outra tática para melhorar o ânimo, provavelmente mais bem utilizada do lado de fora do aeroporto:

"Pode parecer realmente louco, mas me olho no espelho e rio de mim mesmo.... derrubo esse muro de petulância em relação a não querer ser bobo. É uma estratégia muito poderosa não levar as coisas tão a sério."

✳ Quem vem à sua mente quando você ouve a palavra "bem-sucedido"?

"Para mim, a definição de sucesso é ser legal com seus pais, seus avós [se ainda estiverem vivos] e seus filhos. Sermos capazes de realizar a difícil tarefa de lidar uns com os outros como seres humanos."

PODER DE URSINHO CARINHOSO PARA SAÍDA DE I BILHÃO DE DÓLARES

"A Maker Studios cresceu muito rápido. Foi a primeira vez que influenciadores sociais se juntaram. Foi como aquele poder dos Ursinhos Carinhosos, se achar melhor assim. Sabe quando todos os Ursinhos Carinhosos se juntam, depois emanam aquela energia, que é muito mais forte do que o poder de um Ursinho Carinhoso sozinho? Entende o que estou dizendo?"

TF: Que tipo de grupo pioneiro você poderia reunir se tivesse uma arma apontada para a sua cabeça? Reler "A lei da categoria" (página 308) e "Mil fãs fiéis" (página 322) pode ajudar.

✳ O que você colocaria em um outdoor?

"'VOCÊ VAI MORRER!'" [**TF:** As letras maiúsculas são dele.]

Shay tenta sempre se lembrar da brevidade da vida e da inevitabilidade da morte. Eu também espalhei *memento mori* (lembretes da morte) em minha rotina, seja lendo Sêneca e outros estoicos, passando tempo com cuidadores em casas de repouso, visitando cemitérios (por exemplo, Omaha Beach) ou pondo autobiografias de recém-falecidos com a capa exposta na sala de estar.

"Se você ganha 68 mil dólares por ano, em uma escala global, você está no 1%."

WILL MacASKILL

Will MacAskill (TW: @willmacaskill, williammacaskill.com) é professor associado de filosofia do Lincoln College, na Universidade de Oxford. Aos trinta anos, é provavelmente o professor associado de filosofia mais jovem no mundo. É autor de *Doing Good Better* e um dos fundadores do movimento de "altruísmo eficaz". Ele prometeu doar tudo o que ganhar acima de 36 mil dólares por ano às instituições beneficentes que considerar mais eficazes.

Ele também ajudou a fundar duas organizações sem fins lucrativos conhecidas: a 80,000 Hours, que oferece pesquisas e conselhos sobre a melhor maneira de fazer diferença ao longo da carreira, e a Giving What We Can, que incentiva as pessoas a comprometer pelo menos 10% da renda às instituições beneficentes mais eficazes. Ambas já arrecadaram mais de 450 milhões de dólares em doações prometidas por toda a vida e estão entre as organizações sem fins lucrativos que mais crescem no mundo.

"Você não pode melhorar uma instituição
beneficente ruim tendo despesas gerais baixas."

TF: Will me apresentou ao GiveWell.org, um site que realiza pesquisas apro-
fundadas para determinar quanto organizações sem fins lucrativos e fundações realmente realizam (em termos de salvar e melhorar vidas etc.) por dólar gasto. Isso evita o problema da maioria dos "avaliadores" de instituições
beneficentes, que veem custos baixos de administração e despesas gerais
como um sinal falho de "eficiência". É claro que se uma instituição beneficente está fazendo as coisas de maneira errada, ser financeiramente enxuta
não significa nada, daí a citação de Will. É uma questão de resultados no
mundo real.

De acordo com o GiveWell.org, três das instituições de caridade mais eficazes e com maior impacto em 2016 foram:

>>> Against Malaria Foundation

>>> Deworm the World Initiative

>>> Give Directly

✳ Dois modelos filosóficos de Will

>>> Peter Singer, filósofo moral australiano, e o professor Ira W. De-
Camp, de bioética do University Center for Human Values, na
Universidade Princeton. Suas obras mais famosas, e de leitura
surpreendentemente fácil, são *Ética prática* e *Libertação animal*.

>>> Derek Parfit, que passou a vida toda no All Souls College, uma
elite mesmo dentro da Universidade de Oxford. Derek escreveu
um livro chamado *Reasons and Persons*, que Will considera um
dos livros mais importantes escritos no século XX.

"SIGA SUA PAIXÃO" É UM CONSELHO HORRÍVEL

"Esse conselho é uma interpretação errônea da natureza de encontrar uma
carreira gratificante e um trabalho gratificante, em que o maior indicador
de satisfação é empregar a mente no trabalho. É a natureza do trabalho em
si. Não tem tanto a ver com você... E sim se o trabalho proporciona muita
variedade, se lhe dá um bom retorno, se lhe permite exercitar a autonomia,
se contribui para o mundo mais amplo — é realmente significativo? Está

tornando o mundo melhor? — e, também, se permite exercitar uma habilidade que você desenvolveu."

✳ Os livros mais presenteados de desenvolvimento pessoal e eficiência

Atenção plena, de Mark Williams e Danny Penman. Esse livro é uma introdução simpática e acessível à meditação da atenção plena e inclui um curso de meditação dirigida de oito semanas. Will concluiu o curso, que teve um impacto significativo sobre sua vida.

The Power of Persuasion, de Robert Levine. A capacidade de ser convincente, vender ideias e persuadir pessoas é uma meta-habilidade que se espalha para muitas áreas de sua vida. Embora não tenha se tornado muito popular, é o melhor livro sobre persuasão que Will encontrou. Tem muito mais profundidade do que outras opções sobre o assunto.

✳ Conselho para o seu eu de vinte anos

"Um deles é enfatizar que você tem oitenta mil horas de trabalho ao longo da vida. É incrivelmente importante descobrir a melhor maneira de gastá-las, e o que você está fazendo no momento — Will de vinte anos — é apenas divagar e pensar. [Você] não está passando muito tempo pensando nesse tipo de macro-otimização. Você pode estar pensando em como fazer seus trabalhos do curso da melhor forma possível e em *micro*-otimização, mas não pensando em quais são seus maiores objetivos na vida e como pode otimizar para alcançá-los.

"Costumo usar uma analogia: se você está saindo para jantar, isso vai lhe tomar umas duas horas. Você passa cinco minutos resolvendo onde vai jantar. Parece razoável destinar 5% do tempo para decidir como gastar os 95% restantes. Se você fizesse isso com sua carreira, seriam quatro mil horas, ou dois anos de trabalho. E acho isso uma coisa bem legítima de se fazer — gastar esse tempo tentando resolver como você deve gastar o resto de sua vida."

O PROCESSO DICKENS — O QUE SUAS CRENÇAS ESTÃO LHE CUSTANDO

O "Processo Dickens" (às vezes chamado "Padrão Dickens") foi inspirado em *Um conto de Natal*, escrito por Charles Dickens. É um dos exercícios que concluí ao longo de vários dias no evento Unleash the Power Within (UPW), de Tony Robbins.

Meu amigo Navin Thukkaram é multimilionário e leva uma vida maravilhosa. Esteve onze vezes no UPW e me disse que, mesmo que eu faltasse a algumas sessões, não poderia perder o Processo Dickens ao vivo. É o principal motivo para ele participar sempre, pois funciona como uma atualização e reinicialização anual. Este capítulo dará a você uma descrição aproximada e simplificada da minha experiência.

Em *Um conto de Natal*, Scrooge é visitado pelos Fantasmas do Natal Passado, do Natal Presente e do Natal Futuro. No Processo Dickens, você é forçado a examinar crenças limitadoras — digamos, suas duas ou três maiores crenças desse tipo — em cada um desses tempos. Tom orienta você em cada uma com profundidade, e eu me lembro de responder e visualizar variações de:

>>> O que cada crença custou a você e às pessoas que você amou no passado? O que você perdeu por causa dessa crença? Veja, ouça, sinta isso.

>>> O que cada uma delas está custando a você e às pessoas importantes para você no presente? Veja, ouça, sinta isso.

>>> O que cada uma delas custará a você e às pessoas importantes para você daqui a um, três, cinco e dez anos? Veja, ouça, sinta isso.

Por que isso parece funcionar tão bem? Após verificar resultados pessoais persistentes, perguntei para Tony, e ele me enviou o seguinte exemplo:

"Se eles estão tossindo como loucos neste momento [de câncer de pulmão], como continuam fumando? Eles dizem a si mesmos: *Bem, fumei durante anos e isso nunca foi problema.* Ou então: *Vai melhorar no futuro. Afinal, George Burns viveu até os cem fumando charuto.* Eles encontram a exceção à regra porque ninguém sabe qual é o futuro. Podemos inventá-lo, podemos convencer a nós mesmos de que vai ficar tudo bem. Ou podemos lembrar o tempo passado em que tudo estava bem. É assim que as pessoas escapam disso.

"Quando sentimos dor em uma zona do tempo — quer dizer, passado, presente ou futuro —, apenas trocamos para outra zona em vez de mudarmos, porque a mudança traz muita incerteza, instabilidade e medo para as pessoas."

O Processo Dickens não lhe permite esquivar-se de nenhuma zona do tempo.

Naturalmente, uma coisa é ler sobre natação e outra é nadar. O processo ao vivo durou pelo menos trinta minutos, com Tony no palco e dez mil pessoas na plateia. Deu para ouvir centenas, talvez milhares, de pessoas chorando. Aquilo foi a gota d'água que rompeu a barreira. Confrontados com imagens claras e dolorosas, os participantes (incluindo este que vos fala) já não podiam racionalizar nem aceitar regras "destrutivas" em suas vidas. Como Tony explicou mais tarde: "Não há nada como uma dinâmica de grupo de imersão total, sem qualquer distração ao redor. Todo o seu foco está em avançar e ir para o próximo nível, e é isso que faz o Processo Dickens funcionar."

Depois de sentir a dor aguda de suas atuais crenças limitadoras, é preciso substituí-las por duas ou três novas crenças para seguir adiante. Isso é feito de uma maneira em que "você não é empurrado para trás [para suas antigas crenças] por antigos padrões de linguagem". Uma de minhas três maiores crenças limitadoras era "Não sou estruturado para a felicidade", que substituí por "A felicidade é meu estado natural". Depois do evento, usei o método de afirmação de Scott Adams (página 293) de manhã para reforçá-la. Neste momento, tenho total noção de como tudo isso pode parecer cafona no papel. Entretanto, vivi uma enorme mudança de fase em minha vida nas quatro semanas seguintes. Mais ou menos um ano depois, posso dizer: nunca me senti tão feliz — de forma tão consistente — em toda a minha vida adulta.

Não seria talvez a hora de você parar temporariamente de perseguir seus objetivos para encontrar alguns nós que, uma vez desatados, tornarão tudo melhor e mais fácil? É incrível o que pode acontecer quando você para de dirigir com o freio de mão puxado.

"Ser empreendedor é estar disposto a fazer um trabalho que ninguém quer fazer [para] ser capaz de viver o resto da vida fazendo o que quiser."

"Normalmente sei que estou a fim de alguma coisa quando fico com um pouco de medo dela. Eu digo: 'Uau, posso estragar isso.'"

KEVIN COSTNER

Kevin Costner (TW: @modernwest) é um cineasta de renome internacional. É considerado um dos contadores de história mais visionários e aclamados de sua geração. Costner produziu, dirigiu e estrelou filmes memoráveis, como *Dança com Lobos*, *JFK — A Pergunta que Não Quer Calar*, *O Guarda-Costas*, *Campo dos Sonhos*, *O Jogo da Paixão*, *Sorte no Amor*, *Pacto de Justiça* e *Preto e Branco*, entre muitos outros, além da minissérie *Hatfields & McCoys*. Foi laureado com dois Oscars, dois Globos de Ouro e um Emmy. É coautor de *The Explorers Guild*.

CLAREZA PERTO DA MORTE E TROCA DE FARDO

Kevin contou que foi para o seu primeiro teste (para uma produção teatral comunitária de *Rumpelstiltskin* [*O Anão Saltador*]) dirigindo uma velha caminhonete Datsun. O acelerador quebrou e caiu no chão, mandando o velocímetro de 60 para 80. Ele viu as luzes do freio se acenderem à frente.

"Tive que pensar rápido em determinado momento, a meio caminho do choque, quando percebi que não queria morrer. Apertei a embreagem. Nunca houve um chiado tão horrível quanto aquele, mas [funcionou]... Consegui desligar o carro, segui em ponto morto, parei no acostamento e não matei ninguém. Saltei daquele maldito carro, pulei a cerca e peguei uma carona para ir ao teste, porque não iria perdê-lo. Deixei [o carro] lá na estrada.

"Porque eu queria estar em um lugar. Um lugar [onde] algo aconteceria... mas é claro que nada deu certo. Não fui bem. Não tive habilidade suficiente. Eu não conhecia de verdade *Rumpelstiltskin*... Mas minha imaginação começou a arder com as possibilidades.

"Comecei a me apaixonar por alguma coisa. Não sabia se seria capaz de viver daquilo, mas finalmente me livrei dos cochichos [dos meus pais] na minha cabeça, que perguntavam: 'O que você vai fazer da vida?' E eu dizia: 'Não é da sua conta. Vou ser o que eu quiser.'

"Quando cheguei à conclusão de que não me importava mais com o que ninguém pensava sobre o que eu fazia, exceto eu mesmo, **todo o peso do mundo saiu dos meus ombros e tudo se tornou possível. Aquilo passou a ser só uma preocupação dos outros. Agora eles estavam preocupados. Mas para mim tudo mudou para um lugar onde eu me sentia livre.**"

VAMOS SUPOR...

Para o papel no filme *JFK*, Kevin não quis correr riscos com especulações. Quis proteger a si mesmo e a sua credibilidade e encontrou uma saída elegante:

"Quando me deparava com certas coisas sobre as quais não tinha certeza, e algumas pessoas questionavam um pouco, eu dizia: 'Oliver [Stone], não estou muito confortável dizendo isso. Para mim, seria melhor dizer 'Vamos supor'... em vez de 'Isso realmente aconteceu'. Porque 'vamos supor' é emoldurar as coisas para as pessoas verem. Porque, se não houver nenhuma testemunha real ali, você diz: 'Vamos supor que isso tenha acontecido...' E, para lhe fazer justiça, Oliver não se opôs nem um pouco a isso. Ele dizia: 'Está bem. Vamos pintar esse quadro porque é esse o quadro que achamos que está ali.'

ARRISCANDO-SE

Kevin descreveu uma rara conversa franca com o pai, que criticava sua decisão de se tornar ator. A essa altura, Kevin já era um adulto bem-sucedido. Seu pai estava sentado na banheira:

"Ele me olhou nos olhos e disse: **'Sabe, nunca me arrisquei na vida.'** Eu estava quase em meu próprio momento *Campo dos Sonhos*. Algumas lágrimas caíam. Ele disse: 'Me livrei daquela maldita Dust Bowl,* e quando consegui um trabalho não queria perdê-lo. Eu iria me agarrar àquilo, porque sabia que sempre haveria comida na mesa.' E eu disse: 'Havia. Havia.' Foi realmente um momento incrível, meu pai sentado ali."

---

* Fenômeno de tempestades de areia que castigou os Estados Unidos durante quase dez anos na década de 1930. (N. do T.)

"Em certa medida, sabedoria nada mais é do que a capacidade de aceitar seus próprios conselhos. É muito fácil dar bons conselhos às pessoas. É muito difícil seguir os conselhos que você sabe que são bons... Se me deparasse com uma pessoa que tivesse a minha lista de problemas, eu seria capaz de ajudá-la com muita facilidade."

SAM HARRIS

Sam Harris (TW: @MakingSenseHQ, samharris.org) recebeu um diploma de filosofia pela Universidade Stanford e um ph.D. em neurociência pela Universidade da Califórnia em Los Angeles. É autor dos best-sellers *A morte da fé, Carta a uma nação cristã, A paisagem moral, Free Will, Lying, Despertar* e *Islam and the Future of Tolerance: A Dialogue* (com Maajid Nawaz). Além disso, apresenta o popular podcast *Waking Up with Sam Harris.*

Animal espiritual: Coruja

NOS BASTIDORES

Sam e eu nos conhecemos no banheiro do TED em 2010, imediatamente depois de eu comer por acidente (é verdade) dois enormes brownies de maconha. Eu não estava preparado nem para o THC nem para Sam Harris, e muito menos para *os dois* ao mesmo tempo.

"ROTINA" MATINAL

"O que você deve ter em mente é uma imagem do caos controlado. Não são as engrenagens suaves e com óleo de uma máquina bem calibrada. É alguém que sai cambaleando da cama em busca de cafeína, e ele pode ou não ter checado seus e-mails antes do assovio da cafeteira começar. Mas medito com frequência e, obviamente, tento fazer isso todos os dias [por um período de dez a trinta minutos]."

SOBRE RECONHECER OS RISCOS DA INTELIGÊNCIA ARTIFICIAL (IA)

"Jaan Tallinn, um dos fundadores do Skype, disse que, quando fala com alguém sobre essa questão, faz apenas duas perguntas para entender se a pessoa com quem está conversando é capaz de perceber quão premente é a preocupação com a inteligência artificial. A primeira é 'Você é programador?' — cuja relevância é óbvia — e a segunda é 'Você tem filhos?'. Ele alega ter constatado que, se a pessoa não tem filhos, sua preocupação com o futuro não é suficientemente sintonizada para entender como a perspectiva de construir máquinas superinteligentes é assustadora na falta de uma resolução do problema do controle [assegurar que a IA convirja para nossos interesses, mesmo sendo mil ou um bilhão de vezes mais inteligente]. Acho que há alguma coisa aí. Isso não se limita, é claro, à inteligência artificial. Estende-se a cada tópico de preocupação. Preocupar-se com o destino da civilização na teoria é mais improvável do que se preocupar com todo tipo de experiência que seus filhos terão no futuro."

EXPLORANDO A "AUTOTRANSCENDÊNCIA"

"Buda e inúmeros contemplativos através das eras podem atestar a experiência do (por falta de uma expressão melhor) amor incondicional. Que tem alguma relação com o que eu chamaria de "autotranscendência", algo ainda mais importante. Portanto, há um fenômeno que é claramente mais profundo do que qualquer uma de nossas maneiras provincianas de falar sobre isso no contexto religioso. Há uma verdade mais profunda da psicologia humana e da natureza da consciência. Acho que precisamos explorar isso sem mentir para nós mesmos ou para nossos filhos sobre a natureza da realidade, nem ceder a essa linguagem divisora de escolher times na disputa entre religiões. [Meu livro *Despertar* é] sobre o fenômeno da autotranscendência e as maneiras pelas quais as pessoas podem explorá-la sem acreditar em nada com provas insuficientes. Uma das principais maneiras é por meio de diversas técnicas de meditação, e acho a atenção plena a mais útil para se adotar primeiro. Há também o uso de drogas psicodélicas, que não é o mesmo que meditação, mas que revela, de maneira muito importante, a plasticidade do sistema nervoso humano, o que significa que sua experiência do mundo pode ser radicalmente transformada."

ATENÇÃO PLENA E CONVERSA MENTAL

"'Atenção plena' é aquela qualidade da mente que lhe permite prestar atenção a visões, sons, sensações e até aos próprios pensamentos, sem se perder neles e sem se agarrar ao que é agradável ou afastar o que é desagradável.

"Estamos profundamente condicionados a nos perder em pensamentos e a termos uma conversa com nós mesmos desde o momento em que acordamos até o momento em que adormecemos. É só uma conversa mental, e é tão cativante que nem sequer nos damos conta disso. Estamos, em essência, em um estado de sonho, e é através desse véu de pensamentos que atravessamos o dia e percebemos o ambiente. Mas estamos conversando com nós mesmos sem parar, e enquanto não quebrarmos esse encanto e começarmos a notar os pensamentos em si como objetos da consciência, surgindo e indo embora, não conseguiremos prestar atenção nem à respiração, ou a nenhuma outra coisa, com alguma clareza."

✳ O que é meditação "vipassana"?

"É simplesmente um método de prestar atenção intensa e imparcial a seja lá o que você estiver experimentando."

TF: Muitos convidados deste livro escutam as meditações guiadas de Sam no SoundCloud ou no site dele. Procure "Sam Harris guided meditations" na internet. "As pessoas acham muito útil ter a voz de alguém as lembrando, a cada poucos segundos, de não se perderem em pensamentos", revela Sam.

O VALOR DOS RETIROS DE MEDITAÇÃO INTENSIVA

"No meu caso, [a meditação] só se tornou realmente válida, só virou uma meditação de verdade, quando fiz meus primeiros retiros intensivos. Eu me lembro da experiência claramente. Estava há mais de um ano sendo muito disciplinado e me sentando uma hora todos os dias, de manhã, até que fiz o primeiro retiro de dez dias de vipassana. Lembro de refletir naquele ano em algum momento, no meio do primeiro retiro de dez dias, e percebi que simplesmente passei todas aquelas horas apenas pensando de pernas cruzadas. Isso não quer dizer que isso seja verdade para todos que praticam meditação sem jamais terem feito um retiro, mas, provavelmente, é verdade para muitos... Um retiro em silêncio é um teste difícil em que você pode desenvolver energia e atenção suficientes para avançar rumo a um outro nível..."

SOBRE O PODER E O PERIGO DOS PSICODÉLICOS

Em seu fantástico e extenso artigo "Drugs and the Meaning of Life", Sam escreveu:

"Se minha filha não experimentar psicodélicos como psilocibina ou LSD pelo menos uma vez na vida adulta, vou ficar preocupado. Ela terá perdido um dos mais importantes ritos de passagem que um ser humano pode experimentar... Acho que uma vida sem drogas não é nem previsível, nem desejável."

Perguntei a ele sobre esse trecho em nossa conversa, e ele acrescentou:

"A advertência é que tenho um respeito cada vez mais saudável pelo que pode dar errado com psicodélicos, e errado de uma maneira que penso ter consequências duradouras.... Acho que eles ainda são indispensáveis para muita gente. Parecem ter sido indispensáveis para mim, sem dúvida. Acho que eu não teria descoberto algum dia a meditação sem ter tomado, em particular, MDMA, mas cogumelos e LSD também tiveram para mim um papel de revelar uma paisagem interna que valeu a pena explorar...

"A sensação de ser um *self* passeando dentro de sua cabeça — esse sentimento que todo mundo chama de 'eu' — é uma ilusão que pode ser desmistificada de diversas maneiras... É frágil diante de uma investigação, e essa investigação pode assumir diversas formas. O único poder e o único perigo [dos psicodélicos] é que, com certeza, eles funcionam de alguma maneira...

"O argumento [do etnobotânico Terence McKenna] era de que, bem, se ensinarmos alguém a meditar ou a fazer ioga, não há nenhuma garantia de que algo vai acontecer. A pessoa pode passar uma semana, um ano fazendo isso. Quem sabe o que vai acontecer? Ela pode apenas ficar entediada e divagando a esmo, sem saber que havia um *ali* ali. Se eu lhe der cinco gramas de cogumelos ou trezentos microgramas de LSD e lhe disser que fique sentado naquele sofá durante uma hora, é certo que você terá uma transformação radical de sua experiência. Não importa quem você é. Um trem de carga cheio de significados estará vindo a toda velocidade em sua direção, e nós só temos que vigiar o relógio para saber quando isso vai acontecer...

"Se você tiver uma boa experiência, perceberá que a vida humana pode ser indescritivelmente sublime — que é possível se sentir em casa no Universo de uma maneira que você jamais poderia ter imaginado. Mas, se passar por uma experiência ruim — e as experiências ruins são tão ruins quanto as experiências boas são boas —, terá um encontro angustiante com a loucura. Isso é tão patológico quanto seria em qualquer lunático que está vagando pelas ruas, delirando consigo mesmo e completamente alheio aos outros. Você pode ter essa experiência, e se tudo der certo ela vai embora; em praticamente todos os casos ela vai embora. Mas ainda é difícil, e ainda há consequências. Porém, algumas dessas consequências são boas. Penso, por exemplo, que isso lhe dá uma base para a compaixão, sobretudo em relação às pessoas que estão sofrendo doenças mentais, o que de outro modo você poderia não ter."

USANDO O CÉU PARA A MEDITAÇÃO

Olhe para o céu quando estiver meditando. "Com frequência minha meditação é à tarde e, sempre que possível, ao ar livre. Quem conhece alguma coisa sobre Dzogchen sabe que os iogues de Dzogchen com frequência usam o céu como uma espécie de apoio para a prática. Medita-se com os olhos abertos, observando um céu claro ou qualquer lugar onde dê para ver o horizonte. Gosto de meditar assim. Nem sempre tenho a oportunidade de fazer isso, mas acho que é muito útil para clarear a mente."

MAIS EM ÁUDIO

Ouça o episódio nº 87 de *The Tim Ferriss Show* (fourhourworkweek.com/87) para os pensamentos de Sam sobre os seguintes assuntos:

>>> Que livros você recomendaria a todo mundo? (6:55)

>>> Uma experiência de pensamento que vale a pena fazer: The Trolley Problem (55:25)

CAROLINE PAUL

Caroline Paul (TW: @carowriter, carolinepaul.com) é escritora e tem quatro livros publicados. O mais recente é *The Gutsy Girl: Escapades for Your Life of Epic Adventure*, que figurou na lista de mais vendidos do *The New York Times*. Após anos vivendo com medo de quase tudo, Caroline concluiu que o temor estava se colocando no caminho da vida que ela queria ter. A partir de então, ela competiu na equipe nacional de luge dos Estados Unidos em seletivas para os Jogos Olímpicos e se tornou uma das primeiras mulheres bombeiras de São Francisco, onde fez parte do grupo Rescue 2. Os membros do Rescue 2 não combatem apenas incêndios: são acionados para mergulhos de busca (de corpos), resgates com corda e rapel, manejo de materiais perigosos e para os mais graves acidentes de carro e trem.

NOS BASTIDORES

>>> Caroline tem uma gêmea idêntica que foi uma superestrela de TV e integrou o elenco do seriado *S.O.S. Malibu*.

>>> Caroline incorporou muitas técnicas de Charles Poliquin (página 103) em seu treinamento de levantamento de peso, depois de conhecê-lo pelo atleta olímpico de luge André Benoit.

"SEGREDOS SÃO UM ESCUDO CONTRA A INTIMIDADE"

"Meu pai era superconservador. Votou no Nixon. Acreditou até a morte que Nixon foi um grande presidente. Era definitivamente um republicano fiel. Passei muito tempo sem lhe contar [que era gay], até que minha irmã perguntou: 'Por que você está guardando segredos? Segredos são um escudo contra a intimidade.' 'Não, ele não precisa saber', respondi, mas ela retrucou: 'Isso é uma parte da sua vida que ele não conhece, e você está escondendo dele. Mesmo que ele não perceba, isso é manter uma distância. Você precisa dizer a ele.'

"Ela estava certa, de fato. Contei a ele e fiquei paralisada. Meu pai foi realmente um amor em relação a isso. Ficou chocado, depois meio que se esforçou e disse: 'Bem, conheço alguns gays.' Ele começou a listar os gays que conhecia. Foi muito fofo."

COZINHANDO NO CORPO DE BOMBEIROS

Os bombeiros do Rescue 2 tinham que se revezar para preparar a comida para o restante da equipe:

"Havia três truques. [Primeiro] eu me lembro de que certa vez um cara veio falar comigo: 'Você não põe nenhum amor nessa comida.' Fiquei absolutamente chocada por aquele bombeiro grandalhão querer amor na refeição dele. E, na verdade, ele estava certo. Eu ficava tão mal-humorada por ter que cozinhar que não fazia isso, e ele estava um pouco indignado com o meu desleixo. Agora, tento pôr amor em minhas refeições quando cozinho.

"O segundo truque era fazer [uma comida] colorida... Para mim é muito difícil fazer isso. Tudo ficava meio cinza. E o terceiro era preparar três pratos."

O ORGULHO PODE SER UMA FERRAMENTA

"Para mim, o orgulho funcionou porque meu medo de falhar era bem maior do que meu medo do fogo. Para ser totalmente franca, era raro eu sentir medo do fogo. Não estou tentando me fazer de valente. Só que eu tinha um medo maior — humilhação, fracasso, decepcionar as mulheres. O orgulho pode ser uma grande motivação."

* **Um livro que você daria para todo estudante universitário que está se formando**
"The Things They Carried, de Tim O'Brien. É um livro bonito de um escritor que lutou no Vietnã. Esse livro, na verdade, me trouxe de volta à leitura. Quando você vai para a faculdade, a leitura é um pouco tirada da sua vida."

COLOCANDO O MEDO EM SEU DEVIDO LUGAR

Nos anos 1990, Caroline subiu ilegalmente a Golden Gate Bridge, chegando a mais ou menos 230 metros de altura sobre cabos finos. Ela mencionara o conceito de "colocar o medo em seu devido lugar", e eu lhe pedi que se aprofundasse nos detalhes.

"Não sou contra o medo. Ele tem a sua importância, sem dúvida. Está ali para nos manter seguros. Mas acho que algumas pessoas lhe dão prioridade demais. Ele é só uma das muitas coisas que usamos para avaliar uma situação. Sou pró-coragem. Esse é o meu paradigma.

"O medo é apenas uma das muitas coisas que estão acontecendo. Por exemplo, quando escalamos a ponte, éramos cinco pessoas decidindo se queríamos subir por aquele cabo no meio da noite. Por favor, não façam isso, mas nós fizemos. Estou falando de medo — andar sobre um cabo no qual você tem que pôr um pé na frente do outro até estar na altura de um edifício de setenta andares sem nada embaixo... dois fios finos de cada lado.

"É só caminhar, tecnicamente. Na verdade, nada vai acontecer, a menos que um terremoto ou uma rajada de vento catastrófica o atinja. Você vai ficar bem desde que mantenha seu estado mental intacto. Nessas situações, examino todas as emoções que estou sentindo, que são expectativa, euforia, concentração, confiança, diversão e medo. Então pego o medo e digo: 'Bem, qual é a prioridade que vou dar a isso? Eu quero mesmo fazer isso.' Eu ponho o medo no lugar dele. É como fazer uma parede de tijolos ou um muro de pedra. Você vai encaixando as peças."

TIM: "Você visualizou os tijolos? Para alguém que não tem essa prática, dê uma sugestão de exercício: 'Da próxima vez que você estiver sentindo medo, faça isso.' O que você aconselharia fazer?"

CAROLINE: "Na verdade, quero que a pessoa separe cada emoção como se fosse um bloco e a ponha em seu lugar. Depois de avaliar sua habilidade e a situação, as coisas com frequência mudam. Desde que você pare e olhe de verdade, a vida muda radicalmente, eu acho, em especial para as mulheres.

As mulheres dizem muito rápido que estão assustadas. Isso é algo que eu realmente queria mudar."

ENCORAJANDO GAROTAS

Sobre diferenças comuns na maneira como os pais criam filhos e filhas:

"Com os meninos, há um encorajamento ativo — apesar da possibilidade de eles se machucarem — e uma orientação para o filho fazer aquilo, muitas vezes por conta própria. Quando a filha decide fazer algo que pode ter algum risco envolvido, os pais, depois de preveni-la, tendem muito mais a ajudá-la a fazer. O que isso diz às meninas? Que elas são frágeis e precisam de nossa ajuda. Isso desde cedo é incutido em nossa cultura. Então é claro que, quando nos tornarmos mulheres e estivermos no trabalho ou em relacionamentos, isso será um paradigma predominante para nós: o medo."

TIM: "O que você diria às mulheres que estão nos ouvindo e dizendo a si mesmas 'Meu Deus. Ela está coberta de razão. Fui criada em uma espécie de bolha. Não quero mais viver nesse padrão. Quero me condicionar a ser capaz de lidar com o medo e colocá-lo em seu devido lugar'?"

CAROLINE: "Eu diria que é hora de adotar um paradigma de coragem em vez de um paradigma de medo. Então, quando você tiver um menino e uma menina, ou um homem e uma mulher, enfrentando exatamente a mesma situação, haverá duas reações emocionais mais ou menos opostas. O homem estará tentando avaliar sua coragem e a mulher estará avaliando seu medo."

TIM: "Isso assinala algo importante. Coragem exige prática. É uma habilidade que precisa ser desenvolvida. Eu me sinto covarde às vezes. Estamos sentados aqui em casa, fazendo esta entrevista, e em cima da minha mesa de centro há uma citação [de Anaïs Nin] em um enfeite de madeira, que diz: 'A vida encolhe ou se expande na proporção da sua coragem.' Coloquei isso em cima da minha mesa de centro para ver essa frase todos os dias, literalmente."

A FRAGILIDADE É SUPERESTIMADA

"Espero que ninguém se machuque, mas machucar-se não é tão ruim quanto as pessoas pensam. Deixar de fazer algo pela possibilidade de se machucar é um motivo horrível para não fazer alguma coisa. Podemos nos machucar com qualquer coisa. Só de entrar no seu carro você já corre perigo. Acho que devemos pôr isso em seu lugar. Com frequência, dizem às meninas 'Ah, você pode se machucar', e o espectro de tudo o que pode feri-las assume proporções enormes. Para os meninos, esse alerta não é enfatizado.

Mas meninas e meninos são fisicamente iguais antes da puberdade. Eles se quebram da mesma forma e são igualmente capazes, se é que as meninas não são *mais* capazes nessa época. Falar com as meninas e tratá-las como se fossem mais frágeis não faz o menor sentido. Isso as prepara para uma vida de cautela em excesso..."

TF: Duas de minhas frases favoritas de Caroline são de seu artigo "Why Do We Teach Girls That It's Cute to Be Scared?" [Por que ensinamos às garotas que é fofo ter medo?], publicado no *The New York Times*: "... Ao advertirmos as meninas a se afastar dessas experiências, não as protegemos. Estamos, de maneira lamentável, preparando-as mal para a vida."

MEU EXERCÍCIO DE PENSAMENTO FAVORITO: CONTROLAR O MEDO

Este capítulo detalha meu processo de "controlar o medo", que uso constantemente e programo para repeti-lo pelo menos uma vez por trimestre. Isto é adaptado de um capítulo de *Trabalhe 4 horas por semana*.

Controlando o medo e escapando da paralisia

"Muitos passos em falso foram dados ficando parado."

— Biscoito da sorte

"Nomeado deve ser seu medo antes que bani-lo você possa."

— Yoda, de *Star Wars: O Império Contra-Ataca*

Rio de Janeiro, Brasil

Seis metros, e quase chegando.

"Corre. Coooooooorre!" Hans não falava português, mas o significado era claro o bastante — vai logo! Seus tênis se agarravam firmemente ao solo irregular de pedra e ele inclinava o corpo para a frente, em direção a novecentos metros de absolutamente nada.

Ele prendeu a respiração no último passo, e o pânico quase o deixou inconsciente. Sua visão periférica ficou turva, limitando-se a um único ponto de luz, e então... ele flutuou. O azul celestial profundo do horizonte atingiu seu campo visual um instante depois de ele perceber que uma corrente térmica ascendente havia apanhado ele e as asas do parapente. O medo ficara para trás, no alto da montanha. E milhares de metros acima da resplandecente floresta tropical e da praia de areia branca imaculada de São Conrado, Hans Keeling tinha visto a luz.

Era domingo.

Na segunda-feira, Hans voltou para seu escritório de advocacia em Century City, o elegante paraíso corporativo de Los Angeles, e prontamente recebeu seus recados das três semanas anteriores. Durante quase cinco anos, ele enfrentara seu despertador com o mesmo receio: terei que fazer *isso* por mais quarenta ou 45 anos? Certa vez, havia dormido embaixo da mesa do escritório, por causa de um projeto complicado interrompido no meio, só para acordar na manhã seguinte e continuá-lo. Naquela mesma manhã, fizera uma promessa a si mesmo: se isso acontecer mais duas vezes, saio daqui. A terceira vez acontecera um dia antes de ele sair para suas férias no Brasil.

Todos nós fazemos promessas desse tipo, e Hans também já tinha feito, mas agora as coisas eram de algum modo diferentes. Ele estava diferente. Percebera algo enquanto voava em círculos lentos em direção ao solo: os riscos não eram tão assustadores depois que você os assumia. Seus colegas lhe disseram o que ele já esperava ouvir: ele estava jogando tudo fora. Era um advogado em ascensão — que diabos ele queria?

Hans não sabia exatamente o que queria, mas sentira o seu gostinho. Por outro lado, sabia bem o que o aborrecia profundamente, e estava cheio daquilo. Não passaria mais os dias como um morto-vivo, nada de jantares com seus colegas comparando carros, deliciando-se com a compra de um BMW novo até alguém comprar um Mercedes mais caro. Chega.

Imediatamente, uma estranha mudança começou — Hans sentiu-se, pela primeira vez em muito tempo, em paz consigo mesmo e com o que estava fazendo. Sempre ficara apavorado com turbulências no avião, como se pudesse morrer com o melhor dentro de si, mas agora podia voar em meio a uma tempestade violenta dormindo como um bebê. Realmente estranho.

Mais de um ano depois, ainda estava recebendo propostas não solicitadas de emprego em escritórios de advocacia, mas a essa altura já tinha aberto a Nexus Surf, uma empresa pioneira de excursões de surfe, com sede no paraíso tropical de Florianópolis. Conhecera a garota dos seus sonhos, uma carioca com pele marrom-clara chamada Tatiana, e passava a maior parte do tempo relaxando sob palmeiras ou oferecendo aos seus clientes os melhores momentos de suas vidas.

Era disso que tivera tanto medo?

Hoje em dia, Hans vê com frequência o homem que era antes nos profissionais pouco alegres e muito sobrecarregados que leva para pegar umas ondas. Durante a espera por uma onda boa, as verdadeiras emoções afloram: "Meu Deus, quem me dera fazer o que você faz." Sua resposta é sempre a mesma: "Você pode."

O sol poente reflete na superfície da água, proporcionando um ambiente de tranquilidade para a transmissão de uma mensagem que ele sabe que é verdade: colocar uma pausa indefinida em seu caminho atual não é desistir. Se assim quisesse, ele poderia retomar sua carreira a partir do ponto exato em que decidiu pausá-la, mas, na sua cabeça, esse é o pensamento mais distante de todos.

Enquanto nadam de volta para a areia depois de uma sessão incrível, seus clientes retomam o controle sobre si mesmos e se recompõem. Mal colocam os pés na areia e a realidade crava suas garras: "Eu gostaria, mas não posso jogar tudo para o alto."

Ele tem que rir.

O poder do pessimismo: definindo o pesadelo

"A ação nem sempre traz felicidade, mas não há felicidade sem ação."

— Benjamin Disraeli, ex-primeiro-ministro britânico

Fazer ou não fazer? Tentar ou não tentar? A maioria das pessoas votará pelo não, independentemente de se acharem ou não corajosas. A incerteza e a possibilidade de fracassar podem ser muito assustadoras. A maior parte das pessoas escolherá a infelicidade em vez da incerteza. Durante anos, estabeleci metas, fiz resoluções de mudar de direção e nada aconteceu, nem de uma coisa nem de outra. Eu era tão inseguro e assustado quanto o resto do mundo.

A solução mais simples me ocorreu por acaso em 2004. Na época, eu tinha tanto dinheiro que não saberia o que fazer com ele, e estava completamente infeliz, pior do que nunca. Não tinha tempo e me matava de trabalhar. Eu havia aberto uma empresa, só para perceber que seria quase impossível vendê-la. Ops! Eu me sentia ao mesmo tempo burro e aprisionado. *Eu deveria ter previsto isso*, pensei. Por que sou tão idiota? Por que não consigo fazer isso funcionar? Faça um esforço e deixe de ser um... (insira aqui seu impropério)! O que há de errado comigo? A verdade é que não havia nada de errado comigo.

Erros decisivos cometidos no início da minha empresa inviabilizariam para sempre a sua venda. Mesmo que eu contratasse elfos mágicos e conectasse meu cérebro a um supercomputador, não adiantaria, pois meu bebezinho tinha algumas limitações graves de nascença. (Mais do que qualquer coisa, isso acabou se revelando uma limitação autoimposta e uma imagem mental errônea. A BrainQUICKEN foi adquirida por uma firma de participações privadas em 2009. Discorro mais sobre esse assunto em MBA do Mundo Real, na página 287). A questão então passou a ser: "Como me liberto desse Frankenstein e ao mesmo tempo o torno autossustentável? Como me livro dos tentáculos da compulsão por trabalho e do medo de que a empresa desabe sem as minhas quinze horas diárias? Como escapar dessa prisão que eu mesmo construí?" Uma viagem, concluí. Um ano sabático rodando pelo mundo.

Então viajei, certo? Bem, vou chegar lá. Primeiro, achei prudente colocar minha vergonha, meu constrangimento e minha raiva em banho-maria por seis meses, criando uma lista interminável de motivos pelos quais minha fantasia de cair fora jamais daria certo. Um dos meus períodos mais produtivos, com certeza.

Então, um dia, em meu êxtase de prever como seria ruim meu futuro de sofrimento, tive uma ideia brilhante. Foi com certeza o auge da minha fase "não seja feliz, preocupe-se": Por que não defino exatamente qual seria meu pesadelo — a pior coisa que poderia acontecer como resultado da minha viagem?

Bem, meu negócio poderia ir à falência enquanto eu estivesse fora, é claro. Provavelmente iria. Uma notificação judicial não seria entregue por acidente e eu seria processado. Meu negócio seria fechado e o estoque apodreceria nas prateleiras enquanto eu estaria solitário e triste em alguma praia fria da Irlanda. Chorando na chuva, imagino. Meu saldo bancário despencaria 80% e certamente meu carro e minha moto seriam roubados do depósito. Suponho que alguém em uma varanda provavelmente cuspiria na minha cabeça lá do alto enquanto eu estivesse alimentando um cachorro de rua com restos de comida. O cão então se assustaria e me morderia bem na cara. Deus, a vida é uma cadela cruel e difícil.

Vencer o medo = Definir o medo

"Reserve alguns dias, durante os quais você deve se contentar com as provisões mais ínfimas e baratas, com a roupa mais simples e surrada, perguntando a si mesmo: 'Eram essas as condições que eu temia?'"

— **Sêneca**

Então uma coisa divertida aconteceu. Em minha eterna busca para me fazer infeliz, comecei, por acaso, a retroceder. Assim que atravessei o vago mal-estar e a ambígua ansiedade de definir meu pesadelo, o pior cenário, já não estava tão preocupado em fazer a viagem. De repente, comecei a pensar em atitudes simples que eu poderia adotar para salvar meus recursos restantes e voltar aos trilhos se tudo desabasse de uma vez só. Eu poderia muito bem arrumar um emprego temporário de bartender para pagar o aluguel, se precisasse. Poderia vender alguns móveis e deixar de comer fora. Poderia roubar o dinheiro do lanche das crianças do jardim de infância que passavam em frente à minha casa todo dia de manhã. Havia muitas opções. Percebi que não seria tão difícil voltar para onde eu estava, que dirá sobreviver. Nenhuma dessas coisas seria fatal — nem de perto. Seriam meros apertos durante a jornada da vida.

Percebi que, em uma escala de 1 a 10, sendo 1 nada e 10 uma mudança de vida permanente, meu tão temido pior cenário poderia ter um impacto *temporário* nível 3 ou 4. Acredito que isso se enquadra na vida da maioria das pessoas e na maioria dos supostos desastres do tipo "que merda, minha vida acabou". Saiba que o risco de esse desastre acontecer é de um em um milhão. Por outro lado, se eu imaginasse meu melhor cenário possível, ou até mesmo um provável cenário, ele teria facilmente um efeito positivo *permanente* de 9 ou 10 em minha vida.

Em outras palavras, eu estava arriscando um improvável e temporário 3 ou 4 por um provável e permanente 9 ou 10, e poderia facilmente recuperar minha prisão *workaholic* de sempre com um pouco de trabalho extra, se quisesse. Isso tudo equivalia a uma constatação significativa: praticamente não havia riscos, apenas um enorme potencial positivo de mudança de vida, e eu poderia retomar meu caminho anterior sem nenhum esforço a mais do que aquele que eu já fazia.

Foi quando tomei a decisão de fazer a viagem e comprei uma passagem só de ida para a Europa. Comecei a planejar minhas aventuras e a eliminar minha bagagem física e psicológica. Nenhum dos desastres previstos aconteceu e minha vida tem sido quase um conto de fadas desde então. Os negócios prosperaram mais do que nunca, e praticamente os esqueci enquanto eles financiavam minhas viagens pelo mundo, com estilo, durante quinze meses.

P&A: Perguntas e ações

"Sou um homem velho e passei por muitas grandes dificuldades,
mas a maioria delas nunca existiu."

— Mark Twain

Se você está nervoso para dar esse grande passo à frente ou simplesmente para afastar o medo do desconhecido, aqui está o seu antídoto. Escreva suas respostas e tenha em mente que pensar demais não será tão frutífero ou prolífico quanto simplesmente pôr tudo para fora. Escreva e não edite. Gaste alguns minutos em cada resposta.

1. Defina seu pesadelo, o que poderia acontecer de pior se você fizesse o que está pensando em fazer. Que dúvidas, medos e conjecturas surgem quando você considera as grandes mudanças que pode — ou precisa — fazer? Visualize-os nos mínimos detalhes. Seria o fim da sua vida? Qual seria o impacto permanente, se é que existe algum, em uma escala de 1 a 10? Essas coisas são realmente duradouras? Na sua opinião, qual é a probabilidade de que elas realmente aconteçam?

2. Que medidas você poderia tomar para reparar os danos ou fazer as coisas voltarem a melhorar, ainda que temporariamente? É possível, é mais fácil do que você imagina. Como fazer as coisas voltarem a ficar sob controle?

3. Quais são os resultados ou benefícios, temporários e permanentes, dos cenários mais prováveis? Agora que você definiu o pesadelo, quais são os resultados positivos mais prováveis ou definitivos, sejam eles internos (confiança, autoestima etc.) ou externos? Qual seria o impacto desses resultados mais prováveis em uma escala de 1 a 10? Qual seria a probabilidade de você alcançar pelo menos um resultado razoavelmente bom? Será que pessoas menos inteligentes fizeram isso antes e tiveram êxito?

4. Se você fosse demitido hoje, o que faria para pôr as finanças sob controle? Imagine esse panorama e passe novamente pelas perguntas de 1 a 3. Se você deixar seu trabalho para testar outras opções, como poderia mais tarde voltar à mesma carreira se precisasse fazer isso?

5. O que você está adiando por causa do medo? Geralmente, o que mais tememos fazer é o que mais precisamos fazer. Aquela ligação, aquela conversa, qualquer que seja a ação: é o medo dos resultados desconhecidos que nos impede de fazer o que precisamos fazer. Defina e aceite o pior cenário e aja. Repetirei algo que você pode pensar em tatuar no braço: *Geralmente, o que mais tememos fazer é o que mais precisamos fazer*. Como já ouvi dizer, o sucesso de uma pessoa na vida pode ser medido pelo número de conversas desagradáveis que ela se dispõe a ter. Faça todo dia uma coisa que você teme. Adquiri esse hábito tentando entrar em contato com celebridades e homens e mulheres de negócios famosos para lhes pedir conselhos.

6. O que está lhe custando — financeira, emocional e fisicamente — protelar uma ação? Não avalie apenas o potencial negativo da ação. É igualmente importante medir o absurdo custo da inércia. Se você não for em busca das coisas que o estimulam, onde estará daqui a um ano, cinco anos, dez anos? Como se sentirá tendo permitido que as circunstâncias se impusessem sobre você e tendo se permitido passar mais dez anos de sua vida finita fazendo algo que você sabe que não lhe satisfaz? Se você puder vislumbrar os dez anos seguintes e saber com 100% de certeza que se trata de um caminho de decepção e arrependimento, e se definirmos risco como "a possibilidade de um resultado negativo irreversível", a inércia é o maior risco de todos.

7. O que você está esperando? Se não conseguir responder a esta pergunta sem evocar o papo furado de "o momento ideal", a resposta é simples: você está com medo, assim como todo mundo. Avalie o custo da inércia, leve em conta a improbabilidade e a reparabilidade da maioria dos passos em falso e desenvolva o hábito mais importante daqueles que se sobressaem: ação.

"Produtividade é para robôs. Os humanos são realmente bons em fazer perguntas, em ser criativos e em experimentar.**"**

KEVIN KELLY

Kevin Kelly (TW: @kevin2kelly, kk.org) é "dissidente sênior" da revista *Wired*, da qual foi um dos fundadores em 1993. Também ajudou a fundar a All Species Foundation, uma instituição sem fins lucrativos cujo objetivo é catalogar e identificar todas as espécies vivas da Terra. Em seu tempo livre, ele escreve best-sellers, se dedica ao Rosetta Project, iniciativa que ajudou a fundar e que está construindo um arquivo de todas as línguas humanas documentadas, e integra o conselho diretor da Long Now Foundation. Como parte desta última, está investigando como trazer de volta à vida e restaurar espécies ameaçadas ou extintas, incluindo o mamute-lanoso. No mundo real, talvez seja "o homem mais interessante que existe".

NOS BASTIDORES

Participei do primeiro encontro do Quantified Self, em 10 de setembro de 2008, na pitoresca casa de Kevin, que parece uma cabana de madeira. A partir dessa pequena reunião de 28 pessoas, o "QS" cresceu e se tornou um termo da cultura pop e um fenômeno internacional, com organizações em mais de vinte países.

AO CAMINHAR, CAMINHE. AO SE SENTAR, SENTE-SE. NÃO HESITE.

"O mantra zen é 'Ao caminhar, caminhe. Ao se sentar, sente-se. Não hesite'. É a ideia de que quando estou com uma pessoa, ela é a prioridade total. Qualquer outra coisa é multitarefa. Não, não, não, não. O pessoa-a-pessoa prevalece sobre qualquer outra coisa. Tenho me dedicado a isso. Se eu for ao teatro ou ao cinema, estou ali. Não estou em nenhum outro lugar. Isso é 100% — vou prestar atenção. Se vou a uma conferência, estou indo à conferência."

TF: Isso é muito semelhante à regra "Não seja um asno", de Derek Siver (página 212). Em um mundo de distrações, ter uma tarefa única é um superpoder.

O RELÓGIO DE CONTAGEM REGRESSIVA DA MORTE

"Tenho um relógio de contagem regressiva que inspirou Matt Groening. Inclusive, eles fizeram um pequeno episódio de *Futurama* sobre isso. Peguei a tábua atuarial para a idade estimada da minha morte, para alguém nascido quando nasci, e calculei o número de dias. Tenho isso bem no meu computador, quantos dias. Vou lhe dizer que nada concentra melhor o seu tempo do que saber quantos dias lhe restam. Agora, é claro que é provável que eu viva mais do que aquilo, pois tenho boa saúde etc. Entretanto, me sobram seis mil e poucos dias. Não são muitos dias para fazer o que eu quero fazer.

"Aprendi uma coisa com meu amigo Stewart Brand [fundador do *Whole Earth Catalog*, presidente da Long Now Foundation], que organizou os dias que lhe restam em blocos de cinco anos. Ele disse que qualquer grande ideia significativa, que para ele valha a pena fazer, durará cinco anos, do momento em que pensar nela até o momento em que parar de pensar nela. E se você pensar em termos de projetos de cinco anos, pode contá-los em duas mãos, mesmo que seja jovem."

TF: Um investidor de participações privadas tremendamente bem-sucedido que conheço usa uma planilha de Excel para mostrar o relógio de contagem regressiva de sua morte. *Memento mori* — lembre-se de que você vai morrer. É uma ótima maneira de se lembrar de viver.

* Um projeto manual que todo ser humano deveria experimentar

"Você precisa construir sua casa, seu abrigo. Não é tão difícil, acredite. Eu construí minha casa."

ESCREVA PARA TER IDEIAS, NÃO PARA EXPRESSÁ-LAS

"O que descobri, que é o que muitos escritores descobrem, é que escrevo para pensar. Eu diria 'Acho que tive uma ideia', mas quando começo a escrevê-la, percebo: 'Não tive ideia nenhuma.' E na verdade não sei o que penso até tentar escrever... Essa foi a revelação."

O PROBLEMA DE SER NOSTRADAMUS

Kevin tem um incrível histórico de prever inovações e tendências tecnológicas. Isso é uma bênção e uma maldição.

"O dilema é que qualquer previsão verdadeira sobre o futuro será rejeitada. Qualquer futuro agora verossímil estará errado, então você está preso. Se as pessoas acreditam, está errado, e se não acreditam, aonde isso leva você?"

TF: Uma de suas ferramentas para fazer previsões inacreditáveis (mas, no fim das contas, precisas) é fazer uma lista do que todo mundo pensa que é verdade ou que será verdade e perguntar "E se isso não fosse verdade?" para cada item, imaginando as ramificações.

VOCÊ CONSEGUE INVERTER O PLANO DE VIDA ADIADO E COLOCÁ-LO EM PRÁTICA?

"Muita gente está trabalhando duro, tentando economizar dinheiro para se aposentar e poder viajar. Bem, decidi inverter isso e viajar quando eu era jovem, quando não tinha nenhum dinheiro. E tive experiências que, em essência, nem 1 bilhão de dólares poderia ter comprado."

"VOCÊ NÃO QUER 'OTIMIZAÇÃO PREMATURA'"

"Realmente recomendo ir mais devagar. 'Ser produtivo' é para a meia-idade. Quando se é jovem, você quer ser prolífico e fazer coisas, mas não quer medi-las em termos de produtividade. Quer medi-las em termos de desempenho extremo, de satisfação extrema."

AS IDEIAS QUE VOCÊ NÃO PODE REVELAR OU MATAR...

"Eu me tornei um defensor de revelar as coisas de antemão. Diga a todo mundo o que você está fazendo... você tenta revelar essas ideias e as pessoas ficam felizes, porque adoram grandes ideias. [Eu as revelo e elas dizem]: 'Ei, mas que bela ideia. Você devia fazer.' Eu tentaria revelar todas as coisas primeiro e depois tentaria matar todas [as outras] coisas. Aquelas que ficam voltando e que não consigo matar nem revelar são as que me fazem pensar: *Hummm, talvez seja isso que eu deva fazer.*"

TF: Kevin Rose (página 377) faz exatamente a mesma coisa. Eu o vi fazer isso dezenas de vezes.

CRIE UM NOVO NICHO

"A maior tentação das pessoas é querer ser outra pessoa, querer estar no filme de outro indivíduo. Elas querem ser a maior estrela do rock, e já existem tantas que você pode acabar imitando alguém que está naquele nicho, e só. Para mim, sucesso é criar um nicho próprio, ter um novo nicho que não existia antes. Isso, é claro, é o que Jesus e muitos outros faziam. É realmente difícil fazer, mas acho que é isso o que considero sucesso."

(Veja "A lei da categoria", página 308.)

FILMES VERDADEIROS

Em TrueFilms.com, Kevin analisa os melhores documentários que viu ao longo das décadas. A série de livros sobre o assunto, *True Films 3.0*, contém os duzentos documentários que ele acha que você deve ver antes de morrer, e está disponível em PDF em kk.org. Três documentários que nós dois adoramos são *The King of Kong, O Equilibrista* e *A State of Mind*.

A PIOR SITUAÇÃO: UM SACO DE DORMIR E FARINHA DE AVEIA

"Uma das muitas habilidades da vida que você deveria aprender quando é razoavelmente jovem é a de ser ultrafrugal... no sentido de aprender que realmente precisa de pouco para viver, não apenas no tocante à sobrevivência, mas também à satisfação... Isso lhe dá confiança para correr um risco, porque o levará a dizer: 'Qual é a pior coisa que pode acontecer? Bem, o pior que pode acontecer é eu ter uma mochila e um saco de dormir e comer farinha de aveia. E eu ficaria bem.'"

É DISSO QUE EU TINHA TANTO MEDO?

"Nossa vida é desperdiçada por detalhes... Simplifique, simplifique... Um homem é rico na proporção das coisas que ele pode dispensar."

— **Henry David Thoreau,** *Walden*

"Controlar o medo" (página 507) é um instrumento da caixa de ferramentas para vencê-lo. Outra estratégia de que gosto muito é *ensaiar o medo* — na qual administro em mim mesmo regularmente uma microdose do pior cenário, como se fosse uma vacina. Um diálogo com Jocko Willink (página 454) explica o valor da exposição planejada ao que é "ruim".

TIM: "Como você prepara e condiciona as pessoas para que elas possam funcionar quando a merda começa a bater no ventilador?"

JOCKO: "As equipes Seal fazem um trabalho muito bom em tirar a sua sensibilidade frente a situações horríveis, de modo que você possa lidar com elas quando surgirem."

O texto a seguir é um trecho de "Sobre festivais e jejum", a carta 18 de *As cartas morais a Lucílio*, que Sêneca escreveu para seu pupilo. Releio com frequência essa carta. Muitas vezes, você perceberá que o "horrível" não é tão horrível assim, mas quando for, você pode torná-lo menos horrível com a exposição repetida.

Depois do texto de Sêneca, incluo alguns exemplos de como implemento essa prática.

Entra Sêneca

Tenho tanta determinação em testar a constância de sua mente [Lucílio] que, extraindo dos ensinamentos de grandes homens, dar-lhe-ei também uma lição: reserve alguns dias, durante os quais você deve se contentar com as provisões mais ínfimas e baratas, com a roupa mais simples e surrada, perguntando a si mesmo: 'Eram essas as condições que eu temia?' É precisamente em tempos de imunidade que a alma deve enrijecer-se de antemão para ocasiões de grande estresse. Que a Sorte, quando for gentil, deve se fortalecer contra sua violência. Em dias de paz, o soldado realiza manobras, ergue fortificações sem qualquer inimigo à vista e se exaure com o trabalho gratuito, para que ele possa fazer o mesmo com o trabalho inevitável. Para não ter um homem retraído quando a crise chegar, treine-o antes que ela chegue. Esse é o curso seguido por esses homens que, em sua simulação da pobreza, a cada mês quase desejam nunca mais recuar daquilo que com tanta frequência ensaiaram.

Você precisa entender que não me refiro a refeições como as de Timon, ou "cabanas de pobres", nem a qualquer outro dispositivo que milionários luxuriosos usam para disfarçar o tédio de suas vidas. Deixe o catre ser de verdade e o manto, grosseiro; deixe o pão ser duro e encardido. Resista a tudo isso por três ou quatro dias seguidos, às vezes mais, para que isso possa ser um teste, em vez de mera distração. Assim, eu lhe asseguro, meu querido Lucílio, que você saltará de alegria quando saciado com uma ninharia de comida, e entenderá que a paz de espírito de um homem não depende da Sorte; porque, mesmo quando irada, ela nos concede o suficiente para nossas necessidades.

Como pôr isso em prática? Aqui estão algumas coisas que fiz várias vezes por períodos que iam de três a quatorze dias seguidos, com o intuito de simular a perda de todo o meu dinheiro:

» Passar as noites em saco de dormir, fosse no chão da minha sala ou ao ar livre.

» Usar camisetas brancas baratas e apenas uma calça jeans durante um período de três a quatorze dias seguidos.

≫ Usar o CouchSurfing.com ou semelhante para morar de graça em casas de anfitriões, mesmo na minha cidade.

≫ Comer apenas aveia instantânea e/ou arroz com feijão.

≫ Beber apenas água e café instantâneo ou chá baratos.

≫ Cozinhar tudo usando uma Kelly Kettle. Trata-se de um apare-lho para acampar que pode gerar calor a partir de quase qual-quer coisa encontrada no quintal ou na beira de uma estrada (por exemplo, ramos, folhas, papel).

≫ Jejuar, não consumir nada além de água ou talvez óleo de coco ou MCT em pó (veja a página 52 para saber mais sobre jejum).

≫ Acessar a internet apenas em bibliotecas.

Por mais estranho que pareça, talvez você observe que está mais feliz de-pois desse experimento tão simples. Acho que isso acontece com frequência.

Depois de perceber — e isso exige um lembrete mensal ou trimestral — como seu bem-estar independe do excesso de dinheiro, fica mais fácil as-sumir "riscos" e dizer "não" a coisas que parecem lucrativas demais para deixar passar.

Há mais liberdade em jogo praticando a pobreza do que buscando a riqueza. Sofra um pouco regularmente e com frequência você deixará de sofrer.

> **"** Se algo ofende você, olhe para dentro... Isso é um sinal de que existe alguma coisa ali.**"**

WHITNEY CUMMINGS

Whitney Cummings (TW: @WhitneyCummings, whitneycummings.com) é uma comediante, atriz, escritora e produtora que mora em Los Angeles. É produtora-executiva e, juntamente com Michael Patrick King, criadora da comédia *2 Broke Girls*, indicada ao Emmy. Trabalhou ao lado de comediantes como Sarah Silverman, Louis C.K., Amy Schumer e Aziz Ansari.

Seu primeiro especial de standup de uma hora, *Whitney Cummings: Money Shot*, estreou no Comedy Central em 2010 e foi indicado para um American Comedy Award. Seu segundo especial de standup, *Whitney Cummings: I Love You*, debutou no Comedy Central em 2014. E seu mais recente especial, *Whitney Cummings: I'm Your Girlfriend*, foi veiculado no HBO.

Animal espiritual: Beija-flor

FATO POUCO CONHECIDO

Tanto Whitney quanto Josh Waitzkin (página 629) recomendam o livro *O drama da criança bem-dotada*, de Alice Miller.

"PARA A ARTE IMITAR A VIDA, VOCÊ TEM QUE TER UMA VIDA"

"[Na terapia intensiva, semelhante à terapia para tratamento de trauma], tive que substituir um pensamento negativo por um pensamento positivo durante 28 dias. Fiquei realmente preocupada. Eu conversava com meu terapeuta e um monte de pessoas no meu programa e dizia: 'Estou com medo de não ser tão engraçada se não estiver tão triste e sofrendo o tempo todo.'

"[Calhou de acontecer] o oposto, porque desperdiço muito tempo tentando administrar relações nocivas e tendo baixa autoestima, e meu perfeccionismo pode ser paralisante. **O perfeccionismo leva à procrastinação, que leva à paralisia.** Às vezes passava dias sem escrever nada, porque minha autoestima estava baixa demais. Eu achava que não era boa o bastante. Só aquelas mensagens velhas, obsoletas e instintos de sobrevivência.

"[Trabalhar e fazer terapia] me deu muito mais energia mental, energia física. Tenho muito mais equilíbrio em minha vida agora, e sou muito mais produtiva e sensível. Como escritora, você tem que ser sensível. Antes, eu trabalhava demais, era uma *workaholic* crônica que não tinha vida. **E para a arte imitar a vida, você tem que ter uma vida.**"

TIM: "É uma afirmação realmente profunda."

WHITNEY: "Para mim, a arte estava imitando a arte, porque tudo o que eu estava fazendo era trabalhar."

"AGRADAR ÀS PESSOAS É UMA FORMA DE IMBECILIDADE"

Whitney escreveu, produziu e estrelou o seriado *Whitney*, exibido na NBC de 2011 a 2013:

"Eu era tão cheia de desculpas e tinha tanto medo de as pessoas não gostarem de mim que... retardava o processo de escrever e confundia os funcionários. Na sala, as pessoas propunham piadas e eu dizia 'sim' a todas elas, porque não queria magoar ninguém. Eu tinha que mudar as piadas depois, e então, de repente, o roteiro saía e as piadas não estavam ali, e elas se sentiam traídas e enganadas.

"Quando fui pela primeira vez ao Al-Anon [grupo de apoio a dependentes químicos], ouvi alguém dizer: 'Agradar às pessoas é uma forma de imbecilidade.' Adorei essa frase, porque você não está agradando a ninguém.

Está só deixando essas pessoas ressentidas por causa da falta de sinceridade. Além disso, também não está lhes dando a dignidade da experiência delas próprias e [supondo] que elas não podem lidar com a verdade. Isso é ser condescendente."

TF: Depois dessa conversa com Whitney, reli *Lying*, de Sam Harris. Os tipos de "mentiras inofensivas" que Whitney descreve podem ser imensamente destrutivos, e Sam faz uma defesa convincente sobre parar de usar tantas meias-verdades.

"A codependência geralmente é usada de maneira incorreta. É quando você olha para outras pessoas para decidir como está se sentindo."

COMECE COM "EU AMO VOCÊ"

Durante os primeiros minutos de nossa entrevista à mesa de cozinha de um amigo, percebi que Whitney tinha várias tatuagens bem apagadas no braço. Acontece que elas foram feitas com tinta branca.

"Tenho uma tatuagem branca na parte inferior do meu antebraço esquerdo que diz 'Eu amo você', e acho que ninguém nunca a notou sem que eu tivesse que apontar para ela... Eu estava um pouco em conflito com a paciência e a compaixão. De novo, sou codependente. Cresci em um lar alcoólatra... O modo como sobrevivemos quando crianças [foi exercendo controle sempre que possível], como se fosse algo como 'Se eu puder organizar minhas bebidas agora mesmo, vou ficar bem'. [Quando adulta] eu me vi ficando frustrada porque as pessoas não faziam as coisas do meu jeito... 'Não gosto do modo como você está fazendo as coisas, não gosto do modo como você está dizendo isso, não gosto do modo como você está se sentando', praticamente tudo... Coisas como: 'O quê? Ele está indo para o trabalho de sandálias?' Era uma maneira de não focar em mim mesma. **E acho, no fim das contas, que quando julgamos outras pessoas não olhamos para nós mesmos. Trata-se de uma maneira de se sentir superior, mais puro, ou seja lá o que for. Meu terapeuta recomenda que digamos mentalmente 'Eu amo você' antes de iniciar uma conversa com alguém que você encontrou, e essa conversa será muito melhor.**

"É só um pequeno truque interessante. Durante 28 dias, quando encontrava alguém, fosse a moça do Departamento de Veículos Motorizados que me fazia esperar duas horas [fosse qualquer outra pessoa], eu presumia que todo mundo estava fazendo o melhor que podia com o que tinha, o que para muitos de nós é difícil aceitar."

É TUDO MATERIAL

"Quando tive dinheiro pela primeira vez — cresci sem dinheiro nenhum —, comprei um carro. Era um Lexus híbrido, e, no dia da compra, enchi o tanque com óleo diesel. Destruí o carro, foi horrível. Fiz uma ótima piada disso, porém. Uma coisa de sete minutos que provavelmente valeu por todo o estrago. Então agora estou em um ponto em que, quando algo ruim acontece, penso: *Ah, bom, posso usar isso.*

TF: Recentemente vi uma camiseta em Manhattan com os dizeres DECISÕES RUINS DÃO BOAS HISTÓRIAS. Procure o lado bom, ou pelo menos considere compartilhar o lado ruim.

PARTA SEU CORAÇÃO, COMPRE UMA CASA

"Há uma diferença entre ter seu coração partido e abrir seu coração partido. Quando você o abre, é ali que está a carne. É onde você escreve ótimos personagens. É como você fica vulnerável, e isso é importante. Nós, comediantes, nos orgulhamos de como somos fortes, mas não passamos de porcos-espinhos. Ali por baixo é tudo marshmallow. [E] é ali que está o ouro...

"Eu me lembro de compartilhar em uma reunião do Al-Anon algo que realmente me magoou no passado. Eu disse: 'Ele fez isso e depois fez isso...' As pessoas começaram a rir. Então percebi: *Ah, meu Deus, isso é engraçado porque já aconteceu com outras pessoas, elas estão fazendo conexões e isso está reverberando.* Quando dizemos a verdade sobre nossos momentos constrangedores e mostramos nosso lado sombrio, acontece uma catarse, como uma risada. **Juro, se você disser a verdade e tiver seu coração partido como comediante, vai conseguir comprar uma casa.**"

O MATERIAL É 10% DISSO

TIM: "Se você tivesse oito semanas para preparar alguém para uma apresentação de cinco minutos no palco com um microfone aberto, o que faria?

WHITNEY: "Eu levaria a pessoa para o palco na primeira noite [e] todas as noites durante as oito semanas, mesmo que ela não tivesse material... O material é 10% disso. Estar confortável no palco é tudo. Então eu diria: "Suba no palco." O principal objetivo nos dois primeiros anos de standup é ficar confortável no palco. Seu material não importa...

"Demorei muito tempo para perceber que assim que você sobe no palco, precisa abordar o que o público já está pensando... Não sei quem falou essa frase, mas 'comediantes se tornam comediantes para poder controlar por que as pessoas riem deles'.

"Nos dois primeiros anos, eu tinha que abordar o sobrenome Cummings* logo no início. Todo mundo então ficava assim: 'Legal, não precisamos mais pensar nisso.' Porque as pessoas ficam: 'Ela disse Cummings? O sobrenome dela é Cummings?' E então se distraem. Portanto, você tem que tirar aquilo da frente. 'Podemos seguir adiante aqui? Está bem, meu sobrenome é Cummings, agora vamos mudar de assunto.'"

TF: Veja a estratégia relacionada de Neil Strauss para ficar "à prova de *haters*", na página 386.

O QUE DEIXA VOCÊ IRRITADO?

"O que eu faria primeiro é descobrir o que deixa você irritado", comenta Whitney, sobre suas ideias para desenvolver um novo material. "Então a limitação das pessoas deixa você irritado? Banheiros de aeroporto deixam você irritado? O que deixa você irritado? A comédia é, em sua maior parte, apenas uma obsessão pela injustiça. Louis C.K. diz: 'Se você pensa em algo mais de três vezes na semana, tem que escrever sobre isso.'"

DEFINIÇÃO DE WHITNEY PARA "AMOR"

"Minha definição de 'amor' é estar disposto a morrer por alguém que você mesmo quer matar. Esse, pela minha experiência, é o acordo."

TERAPIA EQUINA

Uma das coisas mais fascinantes a que Whitney me apresentou foi a terapia equina, que consiste em andar a cavalo sem rédea por uma área cercada, usando apenas linguagem corporal. Ela fez essa atividade em The Reflective Horse, nas montanhas de Santa Monica, no sul da Califórnia.

"A primeira coisa que você faz é escolher um cavalo. Há quatro cavalos, todos com graus variados de danos. A pessoa fala sobre cada um e você escolhe o seu cavalo, o que já diz tudo o que ela precisa saber sobre você. É como um teste de Rorschach. Em seguida, o primeiro objetivo é levar o

---

* Referência ao gerúndio *cumming*, que em inglês significa "ejaculando". (N. do T.)

cavalo de uma ponta à outra do curral, metade de um campo de futebol, mais ou menos.

"Então fico pensando: *Como é que eu vou levar um cavalo sem rédea de uma ponta à outra sem controlá-lo?* Não pode usar agrados. Não posso usar charme, humor, inteligência; não posso usar nenhuma das coisas com as quais eu conto diariamente para manipular e enganar as pessoas. Basicamente, você tem que usar sua intenção.

"Então você diz: 'Vamos até a outra ponta.' Podemos usar palavras se quisermos. Contanto que a gente fale sério, eles aceitam.

"Isso é uma maneira de praticar a ideia de estar presente, conectado e tendo uma intenção consistente com esses animais, que são basicamente um espelho de sua psique... Aprendi [mais] com isso do que com praticamente qualquer outro livro ou terapia que fiz... A terapia equina é fascinante porque a maneira como nos relacionamos com os cavalos diz muito sobre como tentamos lidar com negócios, casamentos, relacionamentos. É uma metáfora de tudo, porque o modo como você faz uma coisa é o modo como você faz tudo."

FAZENDO CAFÉ COMO UMA ESCRAVA

"Faço café com leite de amêndoa e açúcar natural. Houve uma mulher que foi à minha casa e tirou de lá todos os carcinógenos, então hoje em dia estou fazendo meu próprio leite de amêndoa, como uma escrava amish."

CARAMBA, ESSE NEIL GAIMAN É BOM

Whitney e eu adoramos *Faça boa arte*, um discurso de cerimônia de formatura que Neil Gaiman fez na University of Arts, em Filadélfia. Assisti ao vídeo dezenas de vezes no YouTube durante períodos difíceis. Nossa parte favorita é "O momento em que, hipoteticamente, você sente que está andando nu pela rua, expondo demais o coração, a alma e tudo o que existe lá dentro, mostrando demais de si mesmo. Esse é o momento em que, talvez, você esteja começando a acertar". Sim, eu sei que já mencionei esse trecho. Vale repetir.

* Quem Whitney considera um "monstro" da comédia standup, um verdadeiro mestre?
Bill Burr.

* Comediantes subestimados para ficar atento

Sebastian Maniscalco (totalmente limpo, nenhum palavrão, pura performance)

Jerrod Carmichael

Natasha Leggero

Tig Notaro

Chris D'Elia

Neil Brennan (um dos criadores do *Chappelle's Show* com Dave Chappelle)

"**Felicidade é querer o que você tem.**"

"**Para os ursos-polares, os pinguins são basicamente linguiças cobertas de penas.**"

BRYAN CALLEN

Bryan Callen (TW: @bryancallen, bryancallen.com) é um comediante respeitado mundialmente e um ator prolífico. Viaja o mundo apresentando shows de standup para casas lotadas, aparece regularmente em programas como *Kingdom* e *The Goldbergs* e participou de filmes como *Guerreiro*, *Se beber não case!* e *Se beber não case! Parte 2*. É o apresentador de um dos maiores podcasts do iTunes, chamado *The Fighter and the Kid*, com o ex-lutador do UFC Brendan Schaub (TW: @brendanschaub).

Animal espiritual: Galinha-do-mato

AS TRÊS COISAS QUE VOCÊ NÃO CONSEGUE FINGIR

"Há três coisas que não dá para fingir: a primeira é lutar, a segunda é sexo e a terceira é comédia. Não importa quem seja seu assessor de imprensa ou quão famoso você é, cara — se você não agradar, o salão fica logo em silêncio."

FAZENDO PERGUNTAS PESSOAIS PARA TER LONGEVIDADE NA COMÉDIA

"Acho que a melhor maneira de escrever comédias standup, se você quiser longevidade nesse negócio, pelo menos para mim, é começar a fazer perguntas pessoais a si mesmo. Escrevo a partir daí. Pergunto a mim mesmo do que tenho medo, do que tenho vergonha, quem estou fingindo ser, quem realmente sou, onde estou e onde pensei que estaria... Se você se observasse de longe, se você encontrasse a si mesmo, o que diria? O que você diria a você?"

LIVROS IMPACTANTES

Bryan é um dos seres humanos que eu conheço que mais leem. Tem um apetite voraz, e com frequência lhe peço recomendações de livros. O ilusionista David Blaine afirma que Bryan foi a pessoa que o levou a ler muito. Eles se conheceram quando Blaine estava na escola de teatro, e Bryan lhe disse: "A diferença entre as pessoas que você admira e todas as outras [é que as primeiras são] as pessoas que leem." Aqui estão alguns dos favoritos de Bryan:

"Lembro-me de ter lido *A revolta de Atlas* e *A nascente*, de Ayn Rand. São bons incentivos para um homem jovem. Apresentam personagens ousados, fortes — e você pensa consigo mesmo: *Quero ser isso*. É claro que li Nietzsche. *A genealogia da moral* etc., cujas verdades e cujos truísmos são definitivos em vários aspectos. Mas depois cheguei a Joseph Campbell — *O poder do mito* e *O herói de mil faces*. Campbell foi a primeira pessoa que realmente abriu meus olhos para o lado compassivo da vida, ou do pensamento... Campbell foi o cara que realmente juntou tudo para mim, e de uma maneira que eu nem tenho como identificar exatamente... Ele simplesmente faz você se sentir alegre por estar vivo, [percebendo] como esse mundo é vasto e como somos semelhantes e diferentes."

❋ Livros mais presenteados ou recomendados

"Você vai pensar que estou fazendo propaganda sua, mas os livros que mais recomendo são *The Art of Learning* [de Josh Waitzkin, página 629] e *4 horas para o corpo*. Não estou brincando!"

COMO SERIA SEU DISCURSO DE CERIMÔNIA DE FORMATURA EM UMA FACULDADE?

"Bem, eu diria que, se você estiver procurando status, e se estiver fazendo coisas porque há um público para elas, provavelmente está fazendo a escolha errada.

"Eu diria 'Ouça a si mesmo'. Vá atrás da sua felicidade. Joseph Campbell, para citá-lo novamente, disse: 'Há uma grande segurança na insegurança.' Estamos condicionados e programados para fazer o que é seguro e o que é sensato. Não sei se é o melhor caminho a seguir. Fazemos as coisas porque são coisas que temos que fazer, ou por vocação, ou porque somos idealistas o bastante para pensar que podemos mudar o mundo de alguma forma.

"Acho que você deve tentar matar dragões. Não me importa o tamanho do oponente. Lemos sobre pessoas que realizaram façanhas que eram consideradas impossíveis e as admiramos. É isso que torna o mundo um lugar melhor para se viver."

"Quando as pessoas parecem ser más, quase nunca são más. São ansiosas."

ALAIN DE BOTTON

Alain de Botton (TW: @alaindebotton, alaindebotton.com) é muitas coisas, mas acho que ele é uma espécie rara de filósofo prático. Em 1997, ele deixou de escrever romances e começou a escrever um longo ensaio intitulado *Como Proust pode mudar sua vida*, que se tornou um best-seller improvável. Seus livros seguintes têm sido descritos como "filosofia da vida diária" e incluem *Ensaios de amor*, *Desejo de status*, *A arquitetura da felicidade*, *Notícias: Manual do usuário* e *Arte como terapia*. Em 2008, Alain ajudou a abrir em Londres a School of Life, um empreendimento social determinado a aumentar a relevância do aprendizado e da terapia na cultura moderna.

NÃO ATRIBUA À MALÍCIA AQUILO QUE PODE SER EXPLICADO DE OUTRA FORMA

"Não foi Bill Clinton que disse que quando lida com alguém que está aborrecido sempre pergunta: 'Essa pessoa dormiu? Ela comeu? Alguma outra pessoa a está incomodando?' Ele percorre esse checklist simples... Quando estamos lidando com um bebê que está chutando e chorando, quase nunca dizemos 'Esse bebê está querendo me prejudicar' ou 'Ele está com más intenções'."

"SUCESSO" DEVE INCLUIR PAZ

"A própria palavra 'sucesso' foi contaminada por nossas ideias de alguém extraordinário, muito rico etc., e isso realmente não ajuda... No fim das contas, para ser bem-sucedido de verdade, é preciso estar em paz também."

OFENSIVA *VERSUS* DEFENSIVA

"Quanto mais soubermos o que realmente queremos e aonde estamos indo, menos importância vai ter o que todas as outras pessoas estão fazendo. Seu caminho fica mais ambíguo [quando] as vozes dos outros, o caos perturbador em que vivemos e o ruído das redes sociais começam a se avolumar e se tornar muito ameaçadores."

NÃO ESPERE QUE OS OUTROS O ENTENDAM

"Culpar os outros por não o entenderem totalmente é uma tremenda injustiça, porque, antes de tudo, não entendemos a nós mesmos, e mesmo quando nos entendemos temos muita dificuldade de nos abrir para outras pessoas. Portanto, estarmos furiosos, enraivecidos e amargos porque alguém não entendeu o que somos em nossa completude é realmente uma amostra cruel de imaturidade."

O PROBLEMA DA MAIORIA DOS FILÓSOFOS MODERNOS

"Hoje em dia, os filósofos tendem a trabalhar apenas nas universidades... Quando ninguém paga diretamente por sua matéria de estudo, isso com frequência é um sinal de que algo deu errado... De modo geral, os filósofos já não nos dizem como viver e morrer. Há apenas alguns."

✳ Quais filósofos Alain sugeriria para a vida prática?

A lista de Alain cobre quase 100% da minha: Epicuro, Sêneca, Marco Aurélio, Platão, Michel de Montaigne, Arthur Schopenhauer, Friedrich Nietzsche e Bertrand Russell.

✳ Livros mais presenteados ou recomendados

A insustentável leveza do ser, de Milan Kundera, *Ensaios*, de Michel de Montaigne.

✳ Documentário favorito

A série *Up* é filmada no Reino Unido e revisita o mesmo grupo de pessoas a cada sete anos. Começou com os aniversários de sete anos delas (*Seven Up!*) e continua até hoje, quando elas têm mais de cinquenta anos. Os participantes foram escolhidos em uma ampla variedade de contextos sociais. Segundo Alain, esses filmes sóbrios e de uma silenciosa potência formam "provavelmente o melhor documentário que existe".

TF: *Up* também é o favorito de Stephen Dubner, na página 626. "Se você se interessa por qualquer tipo de ciência ou sociologia, ou pelo processo humano de tomadas de decisões, ou pelo contraponto entre educação e natureza, é a melhor coisa que já foi feita", revela Stephen.

✳ Conselho para o seu eu de trinta anos

"Eu teria dito: 'Aprecie o que há de bom nesse momento. Não fique o tempo todo pensando que você está em uma jornada permanente. Pare e aproveite a vista.' Sempre tive a impressão de que apreciar o momento enfraquece sua determinação de melhorar suas circunstâncias. Isso não é verdade, mas acho que é algo associado à juventude... Tive pessoas à minha volta que diriam coisas como: 'Olha, uma flor, que bonito.' Uma pequena parte de mim pensava: *Você é um completo perdedor. Gastou tempo para apreciar uma flor? Você não tem planos maiores? Quer dizer, esse é o limite da sua ambição?* E depois que a vida lhe castigou um pouco e você viu algumas coisas, que o tempo passou e você acumulou alguns anos na conta, você começa a pensar de maneira mais generosa em coisas modestas como flores e um céu bonito, ou em uma manhã em que nada está errado e todo mundo é gentil com todo mundo... A sorte pode fazer qualquer coisa conosco. Somos criaturas muito frágeis. Só é preciso nos dar um tapinha ou nos atingir suavemente no lugar errado... Só é preciso nos empurrar um pouquinho e rachamos com facilidade. Seja por causa da pressão de uma desgraça ou de uma doença física, ou problemas financeiros etc. Não é preciso muita coisa. Portanto, temos que apreciar cada dia que passe sem um grande desastre."

PREGUIÇOSO: UM MANIFESTO

Tim Kreider (timkreider.com) é ensaísta e cartunista. Seu livro mais recente é *We Learn Nothing*, do qual gostei tanto que entrei em contato para produzirmos juntos o audiolivro. O texto que se segue é extraído desse livro. Tim tem colaborado com *The New York Times*, *The New Yorker*, *Men's Journal*, *The Comics Journal*, *Film Quarterly* e outros. Seus cartuns foram reunidos em três livros pela Fantagraphics. Ele mora em Nova York, em um local não revelado em Chesapeake Bay. Teve o mesmo gato por dezenove anos.

Entra Tim Kreider

Se você mora nos Estados Unidos no século XXI, provavelmente já teve que ouvir muita gente lhe dizendo como está ocupada. Tornou-se uma resposta-padrão quando perguntamos se está tudo bem com alguém. "Ocupado!" "*Muito* ocupado." "*Super*ocupado." Obviamente, é uma maneira de se gabar disfarçada de reclamação. E a resposta comum é uma espécie de felicitação. "Que bom problema para se ter", ou "Melhor isso do que o contrário".

Essa ocupação frenética, autocongratulatória, é claramente uma aflição chique. É preciso notar que, geralmente, as pessoas que têm a necessidade de dizer como estão ocupadas não estão pulando de um plantão para outro na UTI, cuidando de pais idosos ou mantendo três empregos com baixos salários. As pessoas não estão *ocupadas*, mas *cansadas*. *Exaustas*. *Mal se aguentando em pé*. Isso é dito com mais frequência por pessoas cuja ocupação da qual lamentam é puramente autoimposta: trabalhos e obrigações que elas assumiram de maneira voluntária, aulas e atividades das quais "incentivaram" seus filhos a participar. Elas estão ocupadas por causa de suas próprias ambições, vontades e ansiedades, porque são viciadas em se ocupar e morrem de medo do que poderiam ter que enfrentar na ausência da ocupação.

Quase todo mundo que conheço é ocupado. Essas pessoas se sentem ansiosas e culpadas quando não estão trabalhando ou fazendo alguma coisa para promover seu trabalho. Programam seu tempo com os amigos da mesma maneira que estudantes nota dez fazem questão de se inscrever em atividades extracurriculares porque isso causa boa impressão em candidaturas a faculdades. Há pouco tempo, escrevi para um amigo perguntando se ele queria fazer alguma coisa naquela semana e ele respondeu que não tinha muito tempo, mas que, se rolasse alguma coisa, era só falar, que ele talvez pudesse suspender o trabalho por algumas horas. Minha pergunta não era um alerta preliminar para um futuro convite: *era* o convite. Eu estava chamando meu amigo para fazer alguma coisa. Mas sua ocupação era como uma enorme turbulência em meio à qual ele estava gritando para mim, e desisti de gritar de volta naquele barulho.

Recentemente, aprendi um neologismo que, assim como *politicamente correto*, *man cave* e *provedor de conteúdo*, reconheci de imediato como um arauto de uma desagradável mudança cultural: *planshopping*. Ou seja, adiar comprometer-se com os planos de qualquer pessoa para a noite até você saber todas as suas opções e escolher aquela que provavelmente será mais divertida/será melhor para sua carreira/terá mais garotas. Em outras palavras, tratar as pessoas como opções de um cardápio ou produtos de um catálogo.

Até mesmo as *crianças* são ocupadas agora, programadas para cursos, aulas de reforço e atividades extracurriculares a cada meia hora. No fim do dia, chegam em casa cansadas como adultos, o que parece não apenas triste, mas detestável. Sou da geração de crianças que ficavam em casa sozinhas enquanto os pais trabalhavam, e toda tarde eu tinha três horas sem qualquer organização e quase nenhuma supervisão, tempo que eu usava para fazer de tudo, desde explorar a *World Book Encyclopedia* até fazer filmes de animação e me reunir com os amigos no bosque para jogarmos terra na cara uns dos outros. Tudo isso me proporcionou conhecimentos, habilidades e percepções que continuam valiosos até hoje.

Essa ocupação não é uma condição de vida necessária ou inevitável; é algo que escolhemos, se pelo menos teve nosso consentimento. Pouco tempo atrás, conversei no Skype com uma amiga que foi expulsa de Nova York por causa dos aluguéis e agora está em uma residência artística em uma cidadezinha do sul da França. Pela primeira vez em anos ela se sente feliz e relaxada. Minha amiga ainda faz seu trabalho, mas ele não consome seu dia inteiro e seu cérebro. Ela diz que se sente como na faculdade — tem um círculo de amigos que toda noite vão ao café ou assistem à TV juntos. Ela está namorando de novo. (Certa vez, ela resumiu com tristeza o que era namorar alguém em Nova York: "Todo mundo é ocupado demais e todo mundo acha que pode fazer melhor.") O que ela supusera equivocadamente ser sua personalidade — determinada, esquisita, ansiosa e triste — era um efeito deformador de seu ambiente, da pressão atmosférica esmagadora da ambição e da competição. Não é que algum de nós queira viver assim, bem como nenhuma pessoa quer fazer parte de um engarrafamento ou de um pisoteamento no estádio ou da hierarquia cruel no ensino médio. É algo que coletivamente forçamos uns aos outros a fazer. Pode não ser um problema solucionável por meio de alguma reforma social ou regime de autoajuda; talvez as coisas sejam assim. O zoólogo Konrad Lorenz chama "a existência apressada na qual o homem industrializado, comercializado, precipitou-se" e todas as aflições que a acompanham — úlceras, hipertensão, neuroses etc. — de "desenvolvimento inadequado" ou inadaptação evolutiva, causada pela feroz competição intraespecífica. Ele nos compara a aves cuja longa plumagem atraente as tornou incapazes de voar, presas fáceis.

É inevitável perguntar se toda essa exaustão histriônica não é uma maneira de encobrir o fato de que a maior parte do que fazemos não faz diferença. Certa vez, namorei uma mulher que era estagiária em uma revista que não dava permissão para tirar horário de almoço e sair, a menos que fosse uma necessidade urgente. Era uma revista de entretenimento que perdera a razão de ser quando os botões de Menu apareceram em controles remotos, portanto é difícil entender essa falsa aparência de indispensabilidade como algo além de uma autoilusão institucional. Com base no volume de e-mails e na quantidade de bobagem que recebo pela internet todos os dias, suspeito que a maioria das pessoas que trabalham em escritórios está fazendo tão pouco quanto eu. Um número cada vez maior de pessoas nos Estados Unidos já não consegue produzir ou fazer alguma coisa tangível; se seu trabalho não foi realizado por um gato ou uma jiboia ou um verme com um chapéu de tirolês em um livro de Richard Scarry, não estou convencido de que seja necessário. Sim, sei que todos nós somos muito ocupados, mas o que exatamente está sendo feito? Será que todas essas pessoas estão atrasadas para reuniões e gritando ao celular para impedir a disseminação da malária ou desenvolvendo alternativas aos combustíveis fósseis ou fazendo alguma coisa bonita?

Essa ocupação toda serve como uma espécie de tranquilização existencial, uma cerca de proteção contra o vazio: afinal, sua vida não pode ser boba, trivial ou sem sentido se você é *tão ocupado* assim, completamente comprometido, com demandas para cada hora do dia. Todo esse barulho, pressa e estresse parecem planejados para abafar ou encobrir algum medo no centro da nossa vida. Sei que depois de passar um dia inteiro trabalhando, cumprindo tarefas, respondendo a e-mails ou vendo filmes, mantendo meu cérebro ocupado e distraído, assim que me deito para dormir todas as pequenas preocupações do cotidiano e questões gerais que mantive afastadas com êxito entram em meu cérebro como enxames de monstros saindo do armário no instante em que a luz é apagada. Quando você tenta meditar, aparece de repente em seu cérebro uma lista de mil itens urgentes com os quais você deve ficar obcecado em vez de simplesmente se sentar e ficar quieto. Um de meus correspondentes diz que nosso maior medo é ficarmos sozinhos com nós mesmos.

Admito: não sou ocupado. Sou a pessoa ambiciosa mais preguiçosa que conheço. Como a maioria dos escritores, sinto-me um degenerado que não merece viver nenhum dia que passo sem escrever, mas também acho que quatro ou cinco horas são suficientes para garantir minha permanência neste planeta por mais um dia. Nos melhores dias comuns da minha vida, escrevo de manhã, saio para um longo passeio de bicicleta e cumpro tarefas à tarde, e vejo amigos, leio ou assisto a um filme à noite. Os melhores dias da minha vida são dedicados a uma depravação ininterrupta, mas isso, infelizmente, é incerto e cada vez mais difícil de conseguir. Esse ritmo, pelo menos para mim, parece saudável e agradável para um dia. E se você me ligar e perguntar se eu não largaria o trabalho para ver a nova ala de arte americana do Met ou para admirar as garotas no Central Park ou simplesmente para beber coquetéis mentolados cor-de-rosa o dia inteiro, responderei: "A que horas?"

Mas, nos últimos tempos, comecei a ficar insidiosamente ocupado, por causa de obrigações profissionais. Pela primeira vez na vida, pude dizer às pessoas, com a cara séria, que estava "ocupado demais" para fazer essa ou aquela coisa que elas queriam que eu fizesse. Pude entender por que as pessoas gostam dessa reclamação: isso faz com que se sintam importantes, requisitadas e sobrecarregadas. Também é uma desculpa incontestável para recusar convites chatos, esquivar-se de projetos indesejáveis e evitar a interação humana. O único problema é que odiei estar ocupado. Toda manhã, minha caixa de mensagens estava cheia de e-mails me pedindo que fizesse coisas que eu não queria fazer ou me apresentando problemas que eu tinha que resolver. Isso ficou cada vez mais insuportável, até que finalmente fugi da cidade e fui para um Local Não Revelado, de onde estou escrevendo isto.

Aqui estou, em grande medida, sem o açoite das obrigações. Não há TV. Para ver meus e-mails, tenho que ir de carro à biblioteca. Passo uma semana inteira sem ver ninguém que conheço. Lembrei-me dos ranúnculos, dos percevejos e das estrelas. Estou lendo muito. E, pela primeira vez em meses, finalmente estou escrevendo de verdade. É difícil encontrar alguma coisa para dizer sobre a vida sem mergulhar no mundo, mas também é impossível descobrir o que pode ser isso, ou a melhor maneira de dizer isso, sem sair dele de novo. Sei que nem todo mundo pode fugir para uma cabana isolada, mas não ter TV a cabo ou internet vem a ser mais barato do que tê-las. E a natureza ainda é tecnicamente de graça, mesmo que seres humanos tentem precificar e encarecer o acesso a ela. Tempo e sossego não deveriam ser itens de luxo.

O ócio não são apenas férias, uma indulgência ou um vício: é tão indispensável para o cérebro quanto vitamina D é para o corpo. E, quando somos privados dele, sofremos uma aflição mental tão desfiguradora quanto o raquitismo. O espaço e o sossego que o ócio proporciona são uma condição necessária para se afastar da vida e vê-la por inteiro, para fazer conexões originais e esperar pelos relâmpagos ferozes da inspiração — paradoxalmente, isso é necessário para se fazer qualquer trabalho. "O sonho ocioso é com frequência a essência do que fazemos", escreveu Thomas Pynchon em seu ensaio sobre a preguiça. O "heureca" de Arquimedes na banheira, a maçã de Newton, Jekyll e Hyde, o benzeno: o mundo está repleto de histórias de inspirações vindas em momentos de ócio e sonhos. Quase nos leva a perguntar se os vagabundos, preguiçosos e imprestáveis não seriam responsáveis por mais ideias geniais, invenções e obras-primas do planeta do que aqueles que trabalham duro.

"A meta do futuro é o desemprego total, para podermos brincar. É por isso que temos que destruir o sistema político-econômico atual." Isso pode parecer um pronunciamento de algum anarquista maconheiro, mas na verdade foi Arthur C. Clarke quem encontrou tempo entre mergulhos com cilindro e jogos de fliperama para escrever *O fim da infância* e pensar em satélites de comunicação. Ted Rall escreveu recentemente um artigo propondo que façamos uma separação entre renda e trabalho, dando a cada cidadão um salário garantido, o que parece o tipo de ideia lunática que se tornará um direito humano básico daqui a um século, como a abolição da escravatura, o sufrágio universal e a carga de trabalho de oito horas. Sei como isso parece uma heresia nos Estados Unidos, mas realmente não há motivo para não considerar o trabalho penoso um mal a ser erradicado do mundo se possível, como a pólio. Foram os puritanos que perverteram o trabalho e o tornaram uma virtude, evidentemente esquecendo que Deus o inventou como punição. Agora que o chefe não está no escritório, talvez todos nós possamos ter um longo intervalo para um cigarrinho.

Suponho que o mundo logo descambaria para a ruína se todos se comportassem como eu. Mas sugeriria que uma vida humana ideal está em algum ponto entre minha indolência atrevida e a atividade frenética interminável do mundo. Devo admitir que minha vida tem sido absurdamente confortável. Mas minha posição privilegiada fora da colmeia talvez tenha me dado uma perspectiva única sobre isso. É como ser o motorista da rodada em um bar: quando não estamos bebendo, podemos ver a embriaguez com mais clareza do que aqueles que a estão experimentando. Infelizmente, o único conselho que tenho a oferecer ao Ocupado é tão mal recebido quanto o conselho que daríamos ao Bêbado. Não estou propondo que todo mundo se demita do trabalho — apenas, talvez, que tire o resto do dia de folga. Vá jogar um pouco de pinball. Faça sexo no meio da tarde. Leve sua filha para ver um filme de dia. Meu papel na vida é ser a má influência, o garoto do lado de fora da sala de aula fazendo caretas pela janela para você, em sua carteira, incitando-o a, só dessa vez, dar uma desculpa e sair dali para ir brincar.

Embora minha resoluta ociosidade seja, em sua maior parte, um luxo, e não uma virtude, tomei uma decisão consciente, há muito tempo, de escolher o tempo em vez do dinheiro, já que sempre é possível ganhar mais dinheiro. E sempre entendi que o melhor investimento em meu tempo limitado na Terra é gastá-lo com as pessoas que amo. É possível que eu me deite em meu leito de morte me arrependendo de não ter trabalhado mais duro, escrito mais e dito tudo o que tinha a dizer, mas acho que o que eu realmente desejaria é ter mais uma rodada no Delanceys com Nick, outra longa conversa tarde da noite com Lauren, uma última boa risada com Harold. A vida é curta demais para ser ocupado.

CAL FUSSMAN

Cal Fussman (TW: @calfussman, calfussman.com) é autor de best-sellers que entraram na lista de mais vendidos do *The New York Times* e colunista especial da revista *Esquire*, onde é mais conhecido como o principal escritor da seção "What I've Learned". O *Austin Chronicle* descreveu suas habilidades de entrevistador como "inigualáveis". Ele transformou a história oral em uma forma de arte, realizando entrevistas profundas com ícones que moldaram os últimos cinquenta anos da história mundial: Mikhail Gorbachev, Jimmy Carter, Ted Kennedy, Jeff Bezos, Richard Branson, Jack Welch, Robert De Niro, Clint Eastwood, Al Pacino, George Clooney, Leonardo DiCaprio, Tom Hanks, Bruce Springsteen, Dr. Dre, Quincy Jones, Woody Allen, Barbara Walters, Pelé, Yao Ming, Serena Williams, John Wooden, Muhammad Ali e inúmeros outros.

Nascido no Brooklyn, Cal passou dez anos seguidos viajando pelo mundo, nadando sobre tubarões-tigres de mais de cinco metros, rolando com gorilas-das-montanhas em Ruanda e procurando ouro no Amazonas. Também fez papel de cobaia — lutou boxe contra o campeão mundial Julio César Chávez. Atualmente, vive com a esposa — que conheceu quando viajava para descobrir as praias mais bonitas do mundo — e os três filhos em Los Angeles, onde todo dia toma o café da manhã com Larry King.

Animal espiritual: Esponja

PREFÁCIO

Escrever um perfil curto foi um verdadeiro desafio. O forte de Cal são histórias longas que duram dez, quinze minutos e — *BAM!* — batem em você como um tsunami de emoções. Ele é um mestre. Quando eu disse aos ouvintes do meu podcast que faria uma segunda entrevista com Cal, dezenas responderam algo como: "Por favor, deixe Cal falar por três horas. Eu poderia ouvi-lo contando histórias para sempre." Recomendo muito os dois episódios de Cal. Eles farão você se arrepiar.

JANTAR NO BAR, UMA PASSAGEM PARA RODAR O MUNDO

Cal achava que havia chegado ao auge quando conseguiu um emprego na *Inside Sports*, em Nova York. Ali, ele podia beber com Hunter S. Thompson e trocar histórias com jornalistas ganhadores do Prêmio Pulitzer.

"Eu era apenas um garoto, tinha 22 anos. Toda noite, todo mundo atravessava a rua para ir a um bar chamado The Cowboy. Na época, eu não tinha dinheiro nenhum. Eles punham aqueles pequenos canapés e aquilo era meu jantar, quando os caras com contas bancárias polpudas não saíam mais tarde... a *Inside Sports* não foi um trabalho, foi uma experiência. Era um acontecimento toda noite. *Quem será que vai hoje à noite?*"

A *Inside Sports* foi um sucesso artístico, mas não comercial. Faliu, e Cal ficou sem emprego e sem dinheiro:

"Eu não sabia o que fazer, então liguei para minha mãe e meu pai: 'Acho que vou tirar um tempo de folga e viajar.' E minha mãe, que sempre me apoiou muito, respondeu: 'Ah, Cal, que maravilhoso.' Mal sabia ela, na época, que eu só voltaria dez anos depois. Mas eu também não sabia. Simplesmente comprei uma passagem para a Europa, parti com uns amigos, e assim começou uma odisseia de dez anos de 'Cal rodando o mundo'."

A MÁGICA DO GULACHE

"O passeio pelo corredor [de um ônibus ou trem, durante as viagens] era onde estavam todas as apostas. Porque, quando eu passava pelo corredor, tinha que procurar um assento vazio ao lado de alguém que parecesse interessante. Alguém em quem eu pudesse confiar, alguém que pudesse confiar em mim. As apostas eram altas porque sei que no fim dessa viagem, para onde quer que fosse, essa pessoa tinha que me convidar para ir à casa dela. Porque eu não tinha dinheiro para passar uma noite após outra em hotéis."

A pergunta decisiva que o pobre viajante Cal usava para conseguir casa e comida de graça na Europa era: "Me diga: como você faz um gulache perfeito?" Ele se sentava de propósito ao lado de vovós, que abriam a alma para ele. Depois de alguns minutos de mímicas inflamadas, pessoas do trem se aproximavam para ajudar a traduzir, em qualquer que fosse o país. Cal nunca tinha que se preocupar com onde passaria a noite.

"Durante [um jantar na Hungria em que uma avó preparou um gulache para me alimentar], um dos vizinhos disse: 'Você já provou aguardente de damasco? Porque ninguém faz aguardente de damasco como meu pai. Ele mora a meia hora daqui. Você tem que ir lá para provar.' Naquele fim de semana, provamos aguardente de damasco e nos divertimos muito. Outra festa começa, outro vizinho se aproxima. 'Você já foi a Kiskunhalas, a capital mundial da páprica? Você não pode ir embora da Hungria sem visitar Kiskunhalas.' Lá vamos nós para a capital mundial da páprica. Estou falando, uma única pergunta sobre gulache podia me conseguir seis semanas de hospedagem e refeições, e foi assim que viajei pelo mundo. Por dez anos. *Dez anos*."

TENHA COMO META O CORAÇÃO, NÃO A CABEÇA

"A lição número um, quando as pessoas me perguntam que dicas [para entrevistar] eu daria, é ter como meta o coração, não a cabeça. Depois de conseguir o coração, pode ir para a cabeça. Depois de conseguir o coração e a cabeça, o caminho para a alma estará livre."

SEJA DIFERENTE, NÃO APENAS "MELHOR"

Em seu auge, Cal conseguiu trinta minutos com Mikhail Gorbachev, mesmo depois de um assessor de imprensa ter lhe dado dois minutos e meio. Como? "Vá para o coração na primeira pergunta."

Eis o começo da história:

"Então o assessor de imprensa me conduz à sala, e a essa altura estou pensando: *Está bem, se são dois minutos e meio, dê o melhor de si*. Lá está ele, Gorby. Está um pouco mais velho do que imagino, com 77 anos na época. Estava na cidade para falar sobre armas nucleares e por que elas deveriam ser eliminadas. Nós nos sentamos. Estou olhando para ele e sei que ele está esperando que minha primeira pergunta seja sobre armas nucleares, política mundial, perestroika, Ronald Reagan. Está preparado. Então olho para ele e pergunto: "Qual foi a melhor lição que seu pai lhe ensinou?" Ele está surpreso, agradavelmente surpreso. Ele olha para cima e não responde. Está pensando naquilo. É como se, depois de um instante, estivesse vendo o filme de seu passado no teto, e ele começa a me contar uma história. É uma história sobre o dia em que o pai foi convocado para lutar na Segunda Guerra

Mundial. Veja, Gorbachev viveu em uma fazenda, e era uma longa distância entre essa fazenda e a cidade onde o pai dele tinha que se juntar aos outros homens para a guerra..."

"NÃO ENTRE EM PÂNICO, DEIXE O SILÊNCIO FAZER O TRABALHO"

Este foi o conselho que Cal me deu quando mencionei que às vezes entro em pânico e me intrometo ao ver um entrevistado paralisado — aparentemente desconcertado — depois de uma pergunta. Outra frase que tem ajudado a me acalmar em tais situações é uma de Krista Tippett, apresentadora do programa de rádio e podcast *On Being*: "Escutar é estar presente, não apenas estar quieto."

UMA PERGUNTA QUE CAL SUGERE FAZER COM MAIS FREQUÊNCIA

Quais são as escolhas que você fez que o levaram a ser quem você é?

"A BOA MERDA FICA"

Cal certa vez perguntou a Harry Crews, romancista e autor de *A Feast of Snakes* e *Car*, como ele conseguia se lembrar de alguma coisa, considerando a quantidade de bebidas e drogas que consumia. Harry não tinha agenda. Sua resposta foi: "Menino, a boa merda fica." Isso foi o que Cal recordou décadas depois, quando perdeu uma caixa inteira de anotações de pesquisas no porão de casa — haviam sido ensopadas por uma tempestade e as páginas ficaram pretas. O texto final de Cal, escrito de memória e intitulado "Drinking at 1,300 Feet", é incrível. Ganhou o James Beard Award, que no mundo da gastronomia equivale a um Oscar. Uma das primeiras frases é: "Todos nós conhecemos o sentimento de querer tanto fazer alguma coisa, e fazer tão bem, que tentamos demais e não conseguimos fazer."

ENTÃO VOCÊ QUER ESCREVER UM LIVRO?

Cal explicou por que às vezes presenteia aspirantes a escritores com *Cem anos de solidão*, de Gabriel García Márquez. "Se você nunca escreveu um livro e vai dizer a alguém que quer escrever um grande livro, tudo bem. Leia esse aqui para saber o que é um grande livro."

SE VOCÊ FOSSE BILIONÁRIO

Perguntei a Cal: "Se você fosse bilionário e pudesse dar dois ou três livros a cada estudante do ensino médio que está se formando no país este ano, quais seriam?" Sua resposta (atualizada desde o podcast) é: "Para todos, *Como fazer amigos e influenciar pessoas*, de Dale Carnegie. Para as mulheres, *West with the Night*, de Beryl Markham. Para os homens, *Os eleitos*, de Tom Wolfe. É um bom começo para uma jornada."

* O que você colocaria em um outdoor?

"Escutem."

JOSHUA SKENES

Joshua Skenes (IG: @saisonsf, saisonsf.com) ficou famoso por seu uso do fogo. Como chef proprietário do Saison, em São Francisco (três estrelas Michelin), ele tem um treinamento clássico e adora suas sofisticadas facas japonesas Nenohi, mas nada capta tanto sua imaginação quanto uma chama acesa. O verso de seu cartão de visita exibe três palavras, em puro marfim: BRINQUE COM FOGO.

LEMBRA-SE DE "A BOA MERDA FICA"?

Josh teve que adotar a filosofia de Call Fussman (página 540) no passado, quando seu restaurante Saison mudou de endereço. Houve uma inundação do esgoto que tomou o restaurante inteiro no dia da mudança, e todas as receitas escritas a mão foram destruídas. Josh teve que olhar o lado bom da situação:

"Mas estávamos nos mudando para um novo espaço, então havia um ângulo positivo. Pensei: *Porra, só estamos começando de novo.* É a mesma coisa com a qual começamos [antes de abrir pela primeira vez]. Está tudo aqui [na cabeça]." Ele reinventou o Saison sem nenhum caderno de anotação original, mas também nenhuma bagagem. Foi o primeiro restaurante de São Francisco a receber três estrelas Michelin (juntamente com o Benu).

* Qual a melhor decisão que você tomou em relação ao espaço do seu novo restaurante?

"Estávamos começando de novo, de verdade. Acho que a melhor decisão que tomei foi dizer: 'Vamos realmente começar de novo. **Vamos esvaziar completamente nossa mente aqui e pensar no que é valioso para nós agora. O que é honesto. O que há de sincero no que estamos fazendo?** Vamos fazer isso.' Isso ainda impulsiona o Saison hoje em dia."

* Livros mais presenteados ou recomendados

Cocktail Techniques, de Kazuo Uyeda

   The Dao of Taijiquan, de Tsung Hwa Jou

RICK RUBIN

Rick Rubin (TW: @RickRubin) foi chamado pela MTV de "o produtor [musical] mais importante dos últimos vinte anos". Seu currículo inclui todo mundo, de Johnny Cash a Jay-Z. Entre suas bandas mais pesadas, estão Black Sabbath, Slayer, System of a Down, Metallica, Rage Against the Machine e Linkin Park. Trabalhou com artistas pop como Shakira, Adele, Sheryl Crow, Lana Del Rey e Lady Gaga. Também é reconhecido por ter ajudado a popularizar o hip-hop com artistas como LL Cool J, The Beastie Boys, Eminem, Jay-Z e Kanye West. E isso é apenas a ponta do iceberg.

Animal espiritual: Urso-polar

NOS BASTIDORES

》》 Rick concordou em fazer o podcast contanto que o gravássemos em sua sauna de barril excruciantemente quente (veja a página 74). Eu já tinha feito sauna e sessões de banho de gelo com Rick dezenas de vezes, mas nunca com aparelhos eletrônicos. Houve um intenso dever de casa, e pensei em tudo... exceto nos microfones. Eles ficaram tão escaldantes que tivemos que os enrolar em toalhas.

》》 Rick começou a usar sauna regularmente por indicação de Chris Chelios, um amigo e ex-jogador profissional de hóquei. Chris teve uma das mais longas carreiras como jogador da NHL [Liga Nacional de Hóquei], competindo até os 48 anos. Participou de mais jogos do que qualquer jogador ativo da NHL e detém o recorde de defensor com maior número de partidas da NHL. Chris atribui em grande parte sua longevidade no esporte, e sua falta de doenças em geral, ao uso diário de sauna.

》》 Rick veste camiseta, short e sandálias em todos os lugares. Se um restaurante exige um código de vestimenta diferente, ele não vai.

》》 Rick e Kelly Starrett (página 150) foram as pessoas que me mostraram ao incrível ChiliPad (página 167) pela primeira vez.

》》 Adele efetivamente jogou fora a primeira versão de seu disco *25* baseando-se, entre outras coisas, no feedback de Rick. Ela "voltou para a prancheta" e começou de novo. A versão melhorada de *25* se tornou o álbum mais vendido no mundo em 2015.

O PODER PURIFICADOR DO FRIO

"Com frequência, os exercícios fazem com que eu me sinta melhor, assim como meditar, mas banho de gelo é o melhor de todos. É mágico — sauna e gelo, vai e volta. No fim da quarta, quinta ou sexta rodada em uma banheira de gelo, não há nada no mundo que incomode você."

VINTE MINUTOS DE SOL DE MANHÃ

Rick perdeu mais de 45 quilos desde que atingiu o seu peso máximo. Remodelou por completo seu físico, e atribui ao dr. Phil Maffetone muitas mudanças cruciais, incluindo a melhora de seu ciclo circadiano. Agora, ele acorda normalmente entre as 7h30 e as 8h30, revertendo décadas de vida noturna.

O que o levou a isso? "Na faculdade [NYU], eu nunca fazia aula antes das três da tarde, porque sabia que não iria... [Antes de conhecer o dr. Maffetone] eu dormia com blecaute na cortina, e geralmente só saía de casa quando o sol se punha. Ele disse: 'De agora em diante, quando você acordar, quero que vá lá fora. Assim que acordar, abra a cortina, vá lá fora, nu se possível, e fique ao sol por vinte minutos.'"

TF: Agora faço minha meditação matinal ao ar livre e sem camisa sempre que possível. Tentei fazer pelado, mas quase fui expulso de um hotel parisiense, porque meu pátio interno "privado" era, na verdade, compartilhado. *Bonjour!*

"A MELHOR ARTE DIVIDE O PÚBLICO"

Vi o nome de Rick pela primeira vez no encarte do cassete do primeiro álbum de heavy metal que comprei: *Reign in Blood*, do Slayer. Perguntei a ele sobre a contratação:

"Quando assinamos [com o Slayer], estávamos com muito medo... era o primeiro álbum deles por um selo grande, [e o medo era de que] vendessem tudo... Sempre gostei de coisas radicais, o que de fato eles eram, e quis maximizar isso. Não queria diluir — discordo da ideia de diluir as coisas para o grande público. Acho que as pessoas querem coisas que tenham paixão e, com frequência, a melhor versão que eles podem ter não é para todo mundo... **A melhor arte divide o público**. Se você lança um disco e metade das pessoas ama e a outra metade odeia, você fez um bom trabalho, porque isso está alargando aquele limite."

✻ Conselho para o seu eu mais jovem

"Ser mais gentil comigo mesmo, porque acho que me repreendi demais. Espero muito de mim mesmo, sou duro comigo mesmo e não sei se estou fazendo bem a alguém fazendo isso."

TIM: "Algo contra o qual luto é que, por um lado, não quero me repreender, mas por outro sinto que o perfeccionismo que tenho me permitiu alcançar qualquer que seja a quantidade módica de sucesso que tive. Ouvi histórias de quando o ZZ Top trabalhou no álbum *La Futura* com você, de 2008 a 2012. Eles perceberam o valor de você querer a arte o mais perfeita possível, ou o melhor possível, e levando todo o tempo e sentindo toda a dor necessários para tornar isso realidade. Quero ser mais gentil comigo mesmo, mas temo que se fizer isso perderei qualquer que seja a mágica — se é que isso existe — que me permite fazer o que faço."

RICK: "Acho que, no fim das contas, isso é um mito. O modo como você assume as coisas é específico seu [e não dependente do perfeccionismo] — e é quase como vencer a guerra e aceitar o fato de que venceu a guerra: você tem um público. As pessoas estão querendo ouvir aquilo em que você está interessado, aquilo em que você está interessado em aprender e o que você quer compartilhar. Você pode fazer isso sem se matar. E se matar não será útil nem a você nem ao seu público."

PRECISA DESEMPACAR? TORNE SUA TAREFA RISIVELMENTE PEQUENA

Como Rick ajuda artistas que se sentem empacados? "Normalmente, eu lhes passo um dever de casa — uma tarefa pequena, fácil. Por exemplo: trabalhei recentemente com um artista que estava há muito tempo sem fazer um disco e vinha lutando para terminar alguma coisa. Ele estava com um bloqueio criativo. Então eu lhe dava deveres de casa muito fáceis que pareciam quase uma piada. 'Hoje à noite, quero que você escreva uma palavra dessa canção de cinco versos que você não consegue terminar. Quero para amanhã apenas uma palavra da qual você goste. Você acha que consegue sugerir uma palavra?'"

O COMEÇO É "TRABALHO DO CORAÇÃO" E NÃO "TRABALHO DA CABEÇA"

"Uma grande parte do trabalho é mais emoção e 'trabalho do coração' do que 'trabalho da cabeça'. A cabeça vem depois, para olhar o que o coração apresentou e organizar. Mas a inspiração inicial vem de um lugar distinto. Não é uma atividade intelectual."

APRENDA COM OS GRANDES, NÃO COM SUA CONCORRÊNCIA

"Ir a museus e apreciar boa arte pode ajudar você a escrever músicas melhores. Ler grandes romances... ver um grande filme... ler poesia... A única maneira de usar a inspiração de outros artistas é **mergulhar nas melhores obras de todos os tempos**... Ouvir as melhores canções já feitas é uma maneira melhor de [encontrar] sua voz hoje do que ouvir o que está no rádio agora e pensar: *Quero competir com isso*... Procure na internet a lista dos cem melhores discos já feitos da *Mojo*, ou os quinhentos melhores discos de todos os tempos da *Rolling Stone*, ou qualquer top 100 de uma fonte confiável, e comece a escutar aqueles que são considerados os melhores."

* Em quem você pensa quando ouve a palavra "bem-sucedido"?

Don Wildman. "Ele tem 82 anos e estava fazendo 23 elevações na barra outro dia na praia. Está nos Senior Olympics. Ele se aposentou... porque queria passar os dias aproveitando a vida e se exercitando. De muitas maneiras, é uma das pessoas mais inspiradoras, estimulantes e bem-sucedidas que conheço."

TF: Laird Hamilton, Gabby Reece e Brian MacKenzie também citam sempre Don (veja a página 121). Recomendo muito a leitura de um perfil dele de alguns anos atrás na *Esquire*, intitulado "The World's Healthiest 75-Year-Old Man" [O homem de 75 anos mais saudável do mundo]. Desse artigo: "Wildman se aposentou oficialmente em 1994, aos 61 anos [depois de vender sua empresa para o que viria se tornar a Bally Total Fitness], não porque perdera a paixão pelo negócio, mas porque ter um trabalho — mesmo que na indústria da boa forma física — dificultava o snowboard cem dias por ano."

A TRILHA SONORA DA EXCELÊNCIA

Como já mencionei, mais de 80% dos atletas, artistas e realizadores que entrevistei meditam de manhã de alguma forma.

Mas e os 20% restantes? Quase todos eles têm atividades *semelhantes a meditação*. Um padrão frequente é escutar uma única música ou um disco sem parar, o que pode agir como um mantra externo para ajudar no foco e na consciência do estado presente.

Eis alguns exemplos:

>> Alex Honnold, fenômeno da escalada free solo: Trilha sonora de *O Último dos Moicanos*.

>> Rolf Potts, autor de *Vagabonding* e outros: Ambitons como *The Zen Effect* em dó maior por trinta minutos, de Rolfe Kent, compositor de músicas para filmes como *Sideways — Entre Umas e Outras*, *Penetras Bons de Bico* e *Legalmente Loira*.

>> Matt Mullenweg, principal desenvolvedor do WordPress, CEO da Automattic: "Everyday", de A$AP Rocky, e "One Dance", de Drake.

>> Amelia Boone, a atleta de corrida de obstáculo mais bem-sucedida do mundo: "Tonight Tonight", do Smashing Pumpkins, e "Keep Your Eyes Open", do NEEDTOBREATHE.

>> Chris Young, matemático e chef experimental: "Live at the Rojan in Shanghai", de Paul Oakenfold, e *Essential Mix*, de Pete Tong.

>> Jason Silva, filósofo da TV e do YouTube: "Time", da trilha sonora de *A Origem*, de Hans Zimmer.

>> Chris Sacca: "Harlem Shake", de Baauer, e "Lift Off", de Jay-Z e Kanye West com Beyoncé. "Posso dar cabo de uma quantidade incrível de e-mails com 'Harlem Shake' tocando ao fundo."

≫ Tim Ferriss: Atualmente, estou ouvindo "Circulation", do Beats Antique, e "Black Out the Sun", do Sevendust, dependendo de quando preciso de fluxo ou impulso inicial.

No meu caso, levo esse comportamento monástico e repetitivo um passo adiante.

Quando estou perto do prazo final de um livro, escolho um ou dois discos e um ou dois filmes para as sessões em que escrevo tarde da noite, e trabalho melhor entre as onze da noite e as quatro da manhã. Depois de pesquisar os autores mais prolíficos que conheço, percebi que mais de 90% deles trabalham melhor quando os outros estão dormindo, quer comecem depois das dez da noite, quer acordem bem antes das seis da manhã. Eu, por exemplo, ponho um filme sem som ao fundo para evitar a sensação de isolamento e ouço um ou dois discos por sessão, repetindo várias vezes o filme e o álbum. Isso significa que já "vi" alguns filmes literalmente mais de cem vezes, porque posso pôr um único filme de três a seis vezes por turno. Perto do fim de uma sessão, quando estou ficando cansado, também troco a música de "fluxo" padrão pela música de "acordar" padrão. Aqui estão a filmografia e a discografia de todos os meus livros:

Trabalhe 4 horas por semana
Filmes: *A Identidade Bourne, Todo Mundo Quase Morto*
Disco de "fluxo": *Gran Hotel Buenos Aires*, de Federico Aubele
Disco de "acordar": *One-X*, do Three Days Grace

4 horas para o corpo
Filmes: *007 — Cassino Royale, Snatch — Porcos e Diamantes*
Disco de "fluxo": *Luciano Essential Mix* (2009, Ibiza), com DeadMau5
Disco de "acordar": *Cold Day Memory*, do Sevendust

The 4-Hour Chef
Filme: *Babe: O Porquinho Atrapalhado* (Sim, é isso mesmo. Foi a primeira coisa que apareceu grátis no Amazon Prime. Assisti uma vez de brincadeira e grudou em mim.)
Disco de "fluxo": "Just Jammin'", faixa única estendida de Gramatik
Disco de "acordar": *Dear Agony*, do Breaking Benjamin

Ferramentas dos titãs

Filmes: Nenhum! Eu estava viajando e usei como "filme" a observação de pessoas nos cafés de Paris tarde da noite.

Disco de "fluxo": *I Choose Noise*, do Hybrid

Disco de "acordar": *Over the Under*, do Down

JACK DORSEY

Jack Dorsey (TW: @jack) é um dos fundadores do Twitter, fundador e CEO da Square e membro do conselho da Walt Disney Company. Em 2012, recebeu o "Prêmio Inovador do Ano", do *The Wall Street Journal*, e em 2008 foi considerado pela *MIT Technology Review* um dos "35 maiores inovadores com menos de 35 anos".

* **Que livro, ou livros, você mais presenteou a outras pessoas?**
O velho e o mar, de Ernest Hemingway e *Folhas de relva* (primeira edição), de Walt Whitman.

* **Se pudesse colocar um outdoor gigante em algum lugar, o que escreveria nele?**
"Respire."

* **Você tem alguma citação que rege sua vida ou na qual pensa com frequência?**
"Eu não sei nada."

* **Qual é o pior conselho disseminado na sua área de negócios ou de conhecimento?**
"Falhe rápido!"

* **Existe algo em que você acredita, mas as pessoas acham loucura?**
Nascemos com tudo de que precisaremos.

* **Três pessoas ou fontes com as quais você aprendeu ou que acompanhou de perto no último ano**
Wim Hof, Rick Rubin, Rick Owens.

* **Quais são seus episódios favoritos do *The Tim Ferriss Show*?**
Rick Rubin e Wim Hof.

* **Qual foi o melhor investimento que você já fez ou o que mais valeu a pena?**
Dedicar um tempo a caminhar até o trabalho todos os dias (oito quilômetros, uma hora e quinze minutos).

"Só existem quatro histórias: a de amor entre duas pessoas, a de amor entre três pessoas, a luta por poder e a jornada. Todo livro que está na livraria lida com esses quatro arquétipos, esses quatro temas."

"O mundo é mudado pelo seu exemplo, não pela sua opinião."

PAULO COELHO

Paulo Coelho (FB/TW: @paulocoelho, paulocoelhoblog.com) tem sido há muito tempo uma das minhas inspirações para escrever. Seus livros, entre os quais *O alquimista* e o mais recente, *A espiã*, têm apelo quase universal e já foram traduzidos para mais de setenta idiomas. Ele é incrivelmente consistente como escritor e, em média, faz um livro a cada dois anos. Enquanto digito isto, estou sob pressão do prazo de entrega e me sinto com frequência como Kurt Vonnegut se sentiu: "Quando escrevo, eu me sinto como um homem sem braços, sem pernas e com um lápis de cera na boca." Há muito o que aprender com Paulo.

PRIMÓRDIOS

Poucas pessoas imaginam que *O alquimista*, que vendeu mais de 65 milhões de exemplares no mundo, foi publicado originalmente por uma pequena editora brasileira, com impressão de novecentos exemplares. Eles se recusaram a reimprimi-lo! Só depois de seu romance seguinte, *Brida*, foi que *O alquimista* ganhou força e decolou.

Paulo nasceu no Brasil, mas hoje vive em Genebra, Suíça, onde gravou o áudio para meu podcast.

COMO É SUA ROTINA MATINAL E DIÁRIA?

"Eu me sento, é claro. Tenho o livro dentro de mim e começo procrastinando. De manhã, vejo meus e-mails, vejo as notícias, vejo tudo o que posso ver só para adiar [a hora de] me sentar e enfrentar a mim mesmo. Durante três horas, fico tentando dizer a mim mesmo: 'Não, não, não. Mais tarde, mais tarde, mais tarde.' E então, em dado momento, digo, só para não ficar desmoralizado diante de mim mesmo: 'Vou me sentar e escrever por meia hora.' E faço isso. É claro que essa meia hora se torna dez horas seguidas. É por isso que escrevo meus livros muito rapidamente, porque não consigo parar... [Mas] também não consigo parar de procrastinar. **Provavelmente, esse é o meu ritual interno. Tenho que me sentir culpado por ficar três ou quatro horas sem escrever.** Depois, quando estou ali, começo a escrever e não paro...

"Um dia bem-sucedido de escrita é aquele em que sofro de manhã e me divirto à noite, me divirto escrevendo. [Eu não deveria] descrever isso como diversão. É também doloroso... fico em uma espécie de transe. Quando vou dormir, depois de dez horas de trabalho, bem, a adrenalina ainda está circulando em meu sangue. Levo horas para dormir. **Tenho um bloco ao meu lado e faço anotações, mas só para tirá-las da cabeça. Elas serão inúteis no dia seguinte.** Nunca uso as anotações que faço... e isso acontece desde que escrevi meu primeiro livro, *O diário de um mago*. Não consigo mudar esse processo. Quisera eu poder me sentar, escrever e não me sentir culpado por quatro ou cinco horas durante o dia. Isso é impossível."

TF: Até mesmo o melhor do mundo tem suas dificuldades. Preciso reaprender essa lição com frequência. Para a maioria dos escritores que não começaram como jornalistas (por exemplo, Malcolm Gladwell, Neil Strauss), escrever é difícil e continua a ser difícil. Mas o que torna a tarefa mais fácil? Saber que muitos dos "grandes" estão passando pela mesma coisa. É reconfortante saber que alguém que está em sua melhor forma — que aparentemente venceu todas as adversidades — ainda vive uma luta diária.

＊ Quais são os erros ou as fraquezas mais comuns dos romancistas estreantes?
"Simplifique. Confie no seu leitor. Ele ou ela têm muita imaginação. Não tente descrever as coisas. Dê um indício e eles o preencherão com a própria criatividade. É por isso que reluto tanto em vender os direitos dos meus livros para o cinema, porque ali você tem tudo. O [espectador] não precisa pensar. Contudo, se digo, como no começo de *O aleph*, 'Estou em minha casa nos Pirineus e há um carvalho ali', não preciso explicar como é a minha casa nos Pirineus. Só preciso pôr os elementos que são importantes: o carvalho, eu e a pessoa com a qual estou falando. Isso é tudo... Confie no seu leitor. Entenda que ele ou ela podem preencher as lacunas, não explique demais."

＊ Como você capta as ideias que podem ajudá-lo a escrever?
"Incentivo fortemente os escritores a não pensar em escrever toda vez que fazem alguma coisa. Esqueça os blocos de anotação. Pare de tomar notas. Deixe permanecer o que é importante. O que não é importante vai embora. Quando nos sentamos para escrever, há um processo de depuração, um processo de limpeza, no qual apenas o que é importante permanece. É muito mais fácil do que tomar notas e se sobrecarregar de informações."

＊ O que você acha que pode ajudar quando estiver emperrado ou estagnado?
"Somente uma coisa. Quando me sinto estagnado, prometo a mim mesmo que [ainda que] não me sinta inspirado preciso avançar. Preciso ter disciplina... No meio de um livro, lá estou eu: não sei como continuar a história, mesmo que seja uma de não ficção. Mas então digo: 'Você, livro, está lutando comigo. Tudo bem. Vou ficar aqui sentado e não vou deixar você sozinho até eu encontrar a saída dessa encruzilhada.' Isso pode durar dez minutos ou dez horas. Mas, se você não tiver disciplina o bastante, não vai avançar..."

TF: Várias pessoas neste livro, inclusive este que vos fala, acharam o livro *Palavra por palavra*, de Anne Lamott, uma tábua de salvação durante crises de fé relacionadas a livros. Um amigo estava quase devolvendo seu adiantamento à editora e desistindo. Emprestei-lhe meu exemplar de

Palavra por palavra. Ele recuperou a confiança e seu livro se tornou um best-seller na lista do *The New York Times*.

* Você tem uma equipe ou pesquisadores para ajudá-lo?

"Não tenho pesquisadores, não. Não, não... Se sobrecarregar seu livro com muita pesquisa, você vai entediar a si mesmo e os seus leitores. Os livros não estão aqui para mostrar como você é inteligente ou culto. Os livros estão aqui para mostrar seu coração, sua alma e dizer aos leitores que eles não estão sozinhos."

ESTÍMULOS DE CHERYL STRAYED PARA ESCREVER

Cheryl Strayed (FB: CherylStrayed.Author, TW: @CherylStrayed, cheryl-strayed.com) é uma escritora best-seller na lista do *The New York Times*, autora de *Livre*, *Pequenas delicadezas*, *Brave Enough* e *Torch*. Publicou artigos em veículos como *The Best American Essays*, *The New York Times*, *The Washington Post Magazine*, *Vogue*, *Salon*, *The Sun*, *Tin House*, entre outros. É mestre em escrita de ficção pela Universidade de Syracuse e bacharel pela Universidade de Minnesota. Mora em Portland, Oregon.

———

Cada escritor deste livro segue um processo ligeiramente diferente, mas todos começam com a mesma coisa: uma página em branco.

Mesmo que você não se considere escritor (nunca me considerei), pôr os pensamentos no papel é a melhor maneira de desenvolver ideias e analisar e melhorar seu raciocínio. Os benefícios de até mesmo trinta minutos de escrita por semana podem se transferir para todas as outras coisas que você faz.

Os itens a seguir são estímulos para escrever que Cheryl sugeriu quando lhe pediram ideias de tarefas para estudantes que leram *Livre*. São brilhantes e representam pontos iniciais fantásticos para qualquer tipo de jornalismo ou escrita, seja o seu diário (página 254), um post no blog, o início de um romance, uma carta para um amigo, um registro no diário, um roteiro ou uma mensagem rapidinha no Tinder.

Experimente um deles para escrever duas páginas à mão. Tente manter um fluxo ininterrupto e não pare para editar. O primeiro passo é produzir sem julgar. Você tem boas chances de se surpreender consigo mesmo.

≫ Escreva sobre uma ocasião em que você percebeu que estava errado.

≫ Escreva sobre uma lição que você aprendeu da maneira mais difícil.

≫ Escreva sobre uma vez que você se vestiu de maneira inapropriada para a ocasião.

≫ Escreva sobre algo que você perdeu e nunca mais vai ter de volta.

≫ Escreva sobre uma vez que você sabia que tinha feito a coisa certa.

≫ Escreva sobre algo que você não se lembra.

≫ Escreva sobre seu professor mais assustador.

≫ Escreva sobre a lembrança de uma lesão sofrida.

≫ Escreva sobre quando você soube que havia acabado.

≫ Escreva sobre ser amado.

≫ Escreva sobre o que você estava realmente pensando.

≫ Escreva sobre como você encontrou seu caminho de volta.

≫ Escreva sobre a bondade de estranhos.

≫ Escreva sobre por que você não podia fazer algo.

≫ Escreva sobre por que você fez.

ED COOKE

Ed Cooke (TW: @tedcooke, memrise.com) é o CEO da Memrise e um Grão-Mestre da Memória certificado. Isso significa que ele é capaz de memorizar e recitar: A) Um número de mil dígitos em uma hora; B) Um baralho de cartas misturadas em alguns minutos; C) Dez baralhos de cartas misturadas em uma hora. Talvez o mais impressionante seja o fato de que ele pode treinar rapidamente outras pessoas a fazer o mesmo. Em 2010, ele foi entrevistado por um jornalista chamado Joshua Foer. Em 2011, sob a tutela de Ed, tal qual um Mestre Yoda, o próprio Joshua se tornou Campeão de Memória americano. Foi preciso menos de um ano para Ed levar um novato a um nível internacional. O resultado foi o livro de Foer *A arte e a ciência de memorizar tudo.*

Animal espiritual: Onça-pintada

SOBRE A MAGIA DE JOHANN WOLFGANG VON GOETHE

"Goethe é realmente bacana... Aos 25 anos, ele escreve um romance extraordinário, brilhante [*Os sofrimentos do jovem Werther*], sobre as dificuldades do jovem Goethe. É uma história maravilhosa a respeito de um jovem que se apaixona e não termina muito bem... Goethe escreveu esse livro trancando-se em um quarto de hotel por três meses, imaginando seus cinco melhores amigos em cinco cadeiras e discutindo com seus amigos imaginários possibilidades distintas para a trama, e assim por diante. Isso é um exemplo, por sinal, daquela separação espacial sobre a qual eu estava falando. [**TF:** Os humanos naturalmente se lembram bem de rostos, pessoas e locais/espaços, portanto podemos usá-los para construir mecanismos mnemônicos como a técnica do "palácio da memória", por exemplo.] Na mente de alguém, somos de algum modo inerentemente encaixotados e constringidos. E imaginando-se em diferentes locais e reiterando uma ideia — ou um romance, no caso de Goethe — através de perspectivas, ele foi capaz de dar a si mesmo cinco pontos de vista separados, além de um playground multidimensional para criar uma obra de arte... o que, por sinal, é uma técnica impressionante."

TF: Não precisamos de mentores pessoalmente com tanta frequência assim. Todo dia, usando pessoas deste livro, faço a mim mesmo perguntas como "O que Matt Mullenweg faria?" ou "O que Jocko diria?".

SENTINDO-SE UM PERDEDOR (COMO TODOS NÓS NOS SENTIMOS DE VEZ EM QUANDO)

"Na escola, eu perdia uma competição de debate ou descobria que era um perdedor num sentido mais geral. Eu tinha o que chamo, de certa maneira, de 'truques da mente'. Eu me sentava no banheiro ou em algum outro lugar e pensava: *Ah, tudo parece horrível. Está tudo uma merda.* Então eu [considerava]: *Mas, se você parar pra pensar, as estrelas estão realmente longe.* Então você tenta imaginar o mundo [visto] das estrelas. Aí você dá meio que um zoom e pensa: *Ah, tem uma figurinha minúscula ali se preocupando com X por um fragmento de tempo.*"

TF: Isso é semelhante à "terapia das estrelas" que BJ Miller descreve na página 443. Eu uso uma combinação das duas toda noite antes de dormir.

✳ Recomendações de livros

O elogio ao ócio, de Bertrand Russell
  The Joyous Cosmology, de Alan Watts

Máximas e reflexões, de Goethe: "Eu estava viajando pelo mundo aos
dezoito anos, que é o que os ingleses fazem entre o ensino médio e
a faculdade. Levei no casaco os aforismos de Goethe, seus pequenos pensamentos curtos em meu bolso. Eu lia e relia esse livro...
Ele teve [um impacto] fundamental na minha vida porque são pe-
dacinhos de sabedoria sobre quase todo tópico imaginável, e todos
eles são brilhantes. Há coisas como 'Ousadia tem genialidade, poder e magia', por exemplo. Podemos até esquecer como são alguns
palavra por palavra, mas eles agem como microfiltros para interpretar a realidade."

Touching the Rock, de John Hull: Esse livro é sobre o lento declínio de
um homem até a cegueira completa ao longo de vinte anos. "Ele é
uma espécie de teólogo, mas tem umas reflexões maravilhosas sobre como veio a aproveitar o mundo [depois que ficou cego]. Um
bom exemplo é que a chuva é a melhor coisa para as pessoas cegas,
porque dá para você ouvir o mundo em três dimensões. O tambo-
rilar dos pingos nos telhados, nos calçamentos, nos postes e nos
prédios lhe dá — por conta do eco — uma sensação de espaço 3-D,
já que na maioria das vezes seu espaço 3-D vai apenas a alguns metros à sua frente, e fora isso é só vazio."

> **"**Olhar alguém nos olhos... é com frequência o antídoto para o que está nos afligindo.**"**

AMANDA PALMER

Amanda Palmer (TW: @amandapalmer, amandapalmer.net) ganhou proeminência como parte do duo de cabaré punk The Dresden Dolls, aclamado internacionalmente. Sua surpreendente apresentação no TED, "The Art of Asking", teve mais de oito milhões de visualizações. Em seguida, ela escreveu um livro que expande as lições da palestra, intitulado *A arte de pedir — Ou como aprendi a parar de me preocupar e deixar que os outros me ajudem*. Li o livro e fiz um *upgrade* na minha vida passando uma tarde pedindo ajuda.

Animal espiritual: Preguiça

"PEGUE A DOR E VISTA-A COMO SE FOSSE UMA CAMISETA"

Amanda explica como ganhou o apelido e nome de palco "Amanda Fucking Palmer":

"Acontece que Ben [Folds, produtor do seu primeiro disco solo] conhecia uma pessoa que era amiga de uma inimiga minha na época, que se referia a mim — todas as vezes — como 'Amanda Fucking Palmer'. E, como estávamos trabalhando juntos havia um mês em um disco em Nashville, Ben começou, só de brincadeira, a me chamar de 'AFP'... Você perde a cabeça no estúdio e tudo vira bobeira imediatamente. Isso virou uma piada no estúdio, e era o apelido carinhoso com que Ben se referia a mim. E achei tão divertido que eu mesma comecei a usar. É um bom apelido... Cai em cima de você e gruda como cola."

TIM: "Eu adoro. Então você adotou o insulto e acabou desarmando ele."

AMANDA: "Isso é meio que a minha filosofia de vida."

TIM: "Adoro isso."

AMANDA: "Mas é sério. Pegue a dor e vista-a como se fosse uma camiseta."

TF: É exatamente por isso que volta e meia me refiro a mim mesmo como um "diletante profissional" quando sou entrevistado por alguém que me considera um generalista superficial (o que provavelmente sou). Mas, usando de antemão uma linguagem crítica, removo algumas das armas potenciais deles.

DUAS PALAVRAS PARA A RESOLUÇÃO DE CONFLITOS

"O conselho de vida [do meu mentor], quando estou entrando em um conflito, em uma situação difícil com meus pais ou em uma discussão com Neil [Gaiman, seu marido], é 'Fale menos'. É isso. Apenas fale menos."

EXPLICANDO SEU SUCESSO INICIAL COMO ARTISTA DE RUA

"Eu tratava cada cliente como um caso de amor de dez segundos."

PRÁTICA DE MEDITAÇÃO DE AMANDA

"Meditação vipassana básica, nada sofisticado, sem mantras loucos, nada de deuses ou divindades: basicamente sentar na terra como ser humano e prestar atenção à respiração e ao corpo e deixar os pensamentos irem e virem, mas tentando realmente não ficar preso ao drama que vem visitá-lo."

DEIXANDO CINZAS CAÍREM NO BUDA

"Um dos meus livros favoritos de todos os tempos, porque mudou minha vida, é um chamado *Dropping Ashes on the Buddha*. É do mestre zen Seung Sahn, que era monge zen coreano. Li quando tinha uns 24 anos, e é um livro curto: apenas uma série de cartas muito divertidas e diretas, sem nenhum papo furado, que esse monge coreano escreveu e trocou com seus alunos nos anos 1970. Foi um daqueles livros 'Ah, meu Deus, acho que captei o espírito da coisa'... Dei esse livro a umas trinta ou quarenta pessoas, sobretudo àquelas que me disseram que estavam se sentindo meio perdidas e/ou deprimidas ou sem direção, ou pessoas mais novas que estavam em encruzilhadas loucas da vida e precisavam de algum suporte. Se você gostar, há um livro complementar chamado *Only Don't Know*, que foi a segunda coleção de cartas dele."

MIRE ESTREITO, TENHA SUA PRÓPRIA CATEGORIA

O trecho a seguir é um dos meus favoritos de *A arte de pedir*, que destaquei porque mostra lindamente a filosofia dos "Mil fãs fiéis" de que tanto gosto (página 322):

> Dita Von Teese, estrela da cena burlesca contemporânea, contou certa vez uma coisa que aprendeu quando começou a fazer striptease em Los Angeles. As colegas — dançarinas louras platinadas, de bronzeado artificial, corpo depilado, biquínis fluorescentes — tiravam a roupa para um público de cinquenta caras no clube e ganhavam 1 dólar de gorjeta de cada um. Dita subia ao palco com luvas de cetim, corpete e *tutu* e fazia um striptease excitante, até que só sobrasse a calcinha, deixando o povo confuso. E aí 49 caras a ignoravam, enquanto um lhe dava 50 dólares.
>
> Aquele homem, disse Dita, era o público dela.

✱ Alguma citação que rege sua vida ou na qual pensa com frequência?
"'Honre aqueles que buscam a verdade, cuidado com aqueles que a encontraram' [adaptado de Voltaire]. Um lembrete de que o caminho nunca termina e de que absolutamente ninguém vai decifrar essa merda."

ERIC WEINSTEIN

Eric Weinstein (TW: @ericrweinstein) é diretor-executivo da Thiel Capital, ph.D. em física matemática por Harvard e pesquisador do Mathematical
Institute, da Universidade de Oxford.

Animal espiritual: Erva-abelha-maior

NOS BASTIDORES

>>> Esta é a mensagem de Eric que catalisou nosso podcast: "Você quer tentar um podcast sobre [os tópicos da nossa conversa por texto]... substâncias psicodélicas, teorias de tudo e a necessidade de destruir a educação para salvá-la?"

>>> A coisa mais viral que Eric já escreveu foi sobre *Kung Fu Panda*, seu filme favorito. ["Em *Kung Fu Panda*, como Po acaba desenvolvendo a capacidade de ser um incrível lutador de kung fu?", no Quora.] Eric também escreveu sobre *pro-wrestling* (semelhante ao Telecatch) como metáfora para viver em uma realidade construída e falsa [veja "Kayfabe" em Edge.org].

DE DUAS MIL A TRÊS MIL PESSOAS, NÃO A FAMA GERAL

Esta é uma das mensagens que Eric implantou em meu cérebro no ano passado, e que desde então norteia muitas decisões minhas. Estávamos sentados em uma grande banheira de imersão, conversando sobre o mundo (como fazem matemáticos e cobaias humanas em São Francisco), e ele disse: "A fama geral é superestimada. A gente quer ser famoso para as duas mil ou três mil pessoas que escolher." Estou parafraseando, mas a ideia central é que você não precisa ou não quer uma fama massiva. Ela traz mais responsabilidades do que benefícios. Contudo, se for conhecido e respeitado por duas mil ou três mil pessoas de alto calibre (por exemplo, o público ao vivo do TED), você pode fazer tudo o que quiser na vida. Essa posição proporciona o máximo de aspectos positivos e o mínimo de aspectos negativos.

BOA PERGUNTA PARA FAZER A SI MESMO AO LIDAR COM EMPRESAS (OU IDEIAS) ESTABELECIDAS

"Qual é o ganha-pão deles?"

"O que eles não podem se permitir dizer ou pensar?"

O "CONSENSO" DEVE ACIONAR SEU SENTIDO ARANHA

"As pessoas têm que aprender de alguma maneira que consenso é um enorme problema. Não existe 'consenso aritmético' porque isso não exige um consenso. Mas existe um consenso de Washington. Um consenso de clima. Em geral, consenso é como impelimos as pessoas a fingir que não há nada para ver. 'Vamos em frente, todo mundo.' Acho que, em parte, devemos aprender que as pessoas não chegam naturalmente a níveis altos de concordância, a não ser que algo esteja ou absolutamente claro — e nesse caso o consenso não está presente — ou que haja uma ameaça implícita de violência ao meio de vida ou à própria pessoa."

TF: Começo quase todas as apresentações que faço com um slide que contém uma citação: "Sempre que você se der conta de que está no lado da maioria, é hora de parar e refletir." — Mark Twain. Isso não é só para meu público. É um lembrete para mim também.

MUDE SUAS PALAVRAS, MUDE SEU MUNDO

Eric tem um vocabulário maravilhoso que volta e meia me desconcerta, e falamos muito sobre o poder da linguagem de moldar a cultura.

Conforme mencionado no perfil de Reid Hoffman (página 258), uma das minhas citações favoritas é de Ludwig Wittgenstein: "Os limites da minha linguagem são os limites do meu mundo." Em parte como resultado das minhas sessões de jazz tarde da noite com Eric, comecei a experimentar inventar palavras e disseminá-las na cultura pop. Isso pode ser só por diversão, mas às vezes é porque temos urgência de novas palavras. Na primeira categoria, a primeira foi "teledultério", em um tweet de 6 de abril de 2016:

"Nova palavra proposta — TELEDULTÉRIO (s.) — Quando a cara-metade assiste sozinha e secretamente a uma série de TV que os dois concordaram em ver juntos."

Meu segundo experimento, na categoria "séria", tornou-se público em minha conversa com Eric: "intolerador".

Atualmente, não há muita penalidade por rotular de maneira frívola pessoas com um "ista" (por exemplo, sexista, racista, classicista), embora uma acusação injusta possa destruir carreiras, casamentos etc. Isso com frequência acontece sem nenhuma prova, com provas muito questionáveis ou mesmo sem fortes provas em contrário. É difícil desfazer o estrago, mesmo quando há uma retratação. O Google e a Wikipédia, pelo menos, continuam a "ser acusados de...", o que é uma ambiguidade condenatória.

Então, o que fazer? Penso que podemos combater fogo com fogo. É aí que entra o "intolerador".

Intolerador (adj.) — Aquele que sugere que outras pessoas são intolerantes, para ganho pessoal.

Digamos que um escritor tome o rumo preguiçoso em busca do aplauso barato (isto é, fazendo sensacionalismo para obter cliques) e arbitrariamente acuse outros de serem "istas", como sexista ou racista. Esse difamador pode agora ser rotulado de "um conhecido intolerador" em sua página na

Wikipédia, por exemplo. Isso criaria uma consequência e um desalento — o que não vejo atualmente — por agir de maneira tão arrogante e prejudicial.

A correção política fora de controle e os grupos de linchadores on-line são o fim da liberdade de expressão. Lute contra eles. O mundo em que vivemos está se tornando uma horrível "realidade de consenso". Não pule no precipício.

DEFININDO UMA PESSOA COM "CAPACIDADE DE AGIR"

Eric disse "pessoa com capacidade de agir" de passagem, e pedi a ele que explicasse:

"Quando lhe dizem que algo é impossível, será que isso é o fim da conversa ou o início de um novo diálogo em sua mente? Como contornar quem quer que seja que acabou de lhe dizer que você não pode fazer algo? Como vou passar por esse segurança que me disse que não posso entrar nessa boate? Como abrir um negócio se meu crédito é péssimo e não tenho nenhuma experiência?"

TF: Eric descreve o filme *Perdido em Marte* como "o expoente máximo da alta capacidade de agir".

O QUE É "DESIGN CANÔNICO"?

"Bem, vamos observar a natureza. Há um grande vírus chamado bacteriófago T4. Se você pesquisar, vai ver que é parecido com um módulo de pouso lunar. É realmente bacana. O material genético é guardado em uma cápsula chamada 'capsídeo', que tem um formato de icosaedro... É meio louco pensar que antes de Platão sequer existir, a natureza já havia imaginado esse objeto complicado de vinte faces. Mas como ele era tão natural em nível matemático, mesmo que fosse complexo, a natureza encontrou o design canônico, embora não houvesse nenhum designer canônico... Porque era uma forma dada por Deus, não precisou ser 'pensada', se você quiser assim, por nenhum indivíduo. Ou a recente descoberta de gafanhotos que usam mecanismos de engrenagem para saltar. Qualquer um pensaria que nós inventamos as engrenagens. Mas, na verdade, as engrenagens são uma ideia tão natural que a seleção natural as encontrou muito antes de nós... Essas formas não têm um inventor, mas sim um descobridor."

✳ Livros mais presenteados ou recomendados

"Aos meus amigos da ciência, sempre recomendo *O imperador do olfato*, de Chandler Burr, sobre meu amigo Luca Turin. Fala de um cientista renegado sendo obstruído pela revista *Nature*, por várias conferências, por centros de pesquisa estabelecidos, e é uma maravilhosa introdução sobre como a voz dissidente é marginalizada. Por ser um gênio da olfação e da química, Luca é capaz de assumir uma perspectiva, que pode ser verdade ou não, mas continua avançando e batalhando. Portanto, é um dos meus favoritos.

"Tenho outra recomendação estranha, que é o livro *Heraclitean Fire*, de Erwin Chargaff, que efetivamente fez pouco caso de Watson e Crick. Ele disse a Watson e Crick que não os achava muito bons nem muito inteligentes, e que eles não conheciam química. Eles não seriam qualificados para trabalhar com DNA etc. Acontece que eles entenderam certo e ele entendeu errado. Quando eu soube de alguém que apostou contra Watson e Crick, pensei: *Bem, isso vai ser a risada do século*. Mas acontece que fazer pouco caso daqueles caras exigiu outra genialidade. Ele escreve sobre tentar suprimir esses caras e fracassar — afinal, eles estavam certos e Erwin estava errado. Ele tem presença de espírito suficiente para enfrentar isso.

"Acho esses dois livros incrivelmente fortes, porque falam sobre como é ser um contra muitos."

O PODER DO PENSAMENTO LATERAL

"Até algumas décadas atrás, ninguém sabia como fazer malas de rodinhas. É difícil imaginar que o mundo inteiro tinha a cabeça tão estreita que não conseguia pensar nessas rodinhas encaixadas com uma alça retrátil. E a mala de rodinha que conhecemos hoje foi uma invenção de um cara chamado Robert Plath, que era piloto da Northwest. De uma só tacada, ele convenceu todo mundo de que as malas antigas eram terríveis. Portanto, embora não houvesse muito crescimento, ele *criou* o crescimento porque ninguém queria mais as malas antigas. É possível comparar essas discretas inovações em vários campos. Por exemplo, no tênis de mesa, no início dos anos 1950, o pior jogador da equipe japonesa no Campeonato de Tênis de Mesa de Bombaim era um cara chamado Hiroji Satoh. Ele colou duas extensões de superfície emborrachada nos dois lados de lixa de uma raquete de tênis de mesa e ninguém podia decifrar os sons porque isso mudou o som da bola."

TIM: "Como um silenciador em uma arma."

ERIC: "Exatamente. Então, ao colocar um supressor na raquete..."

TIM: "Supressor. Só de você ter usado essa palavra, já acho que você tem algumas armas de fogo escondidas no porão da sua casa."

ERIC: "Não posso confirmar nem negar. Mas a ideia de que o pior jogador de uma das equipes menos cotadas do torneio seria o campeão incontestável simplesmente por causa de uma inovação tão profunda nos mostra o que é o poder de uma dessas ideias. [**TF:** "Essas ideias", ou seja, ter um "segredo" conforme descrito em *De zero a um*, de Peter Thiel: saber ou acreditar em algo que o resto do mundo considera uma loucura.] As leis do poder estão tão inacreditavelmente a seu favor quando você se convence que isso faz valer a pena [aventurar-se fora da norma]."

TIM: "Ou Dick Fosbury, que fez um salto em altura de costas pela primeira vez nos Jogos Olímpicos, ganhando o ouro."

ERIC: "Em 1968, você entendeu."

TIM: "Ridicularizado, depois imitado e por fim transformado em padrão."

ERIC: "[No caso do guarda-chuva-padrão de design ruim,] por exemplo, eu pensaria imediatamente, digamos, nos japoneses e em sua paixão pelo origami, e na matemática da dobradura de papel. Seria uma área onde eu poderia ver se conseguiria explorar esse silo de conhecimentos para alguma aplicação ao guarda-chuva. Com muita frequência, é uma questão de ser a primeira pessoa a conectar coisas que nunca foram conectadas, e algo que é uma solução comum em uma área não é pensada em outra."

PARA UM PUTA TRABALHO CRIATIVO PROFUNDO

TIM: "Se você estiver fazendo um trabalho criativo profundo que exige muita síntese ou, como diria Naval Ravikant, 'pensamento ortogonal', como seria seu ciclo de atuação?"

ERIC: "Uso uma técnica estranha, a 'coprolalia' — isso soa pornográfico."

TIM: "Um pouco."

ERIC: "Você conhece as sequências de obscenidades que os pacientes com Tourette falam de maneira involuntária? [Isso é cropolalia.] Então, acho que quando usamos palavras que são tabu, isso diz ao nosso cérebro que estamos habitando um espaço inseguro. É meio que um sinal de que você está entrando em um modo diferente... É o que uso quando estou começando um trabalho que exige profundidade. Com frequência isso descarrega uma energia muito forte, agressiva. Não é fácil estar por perto. É muito exigente, e acho que eu pareceria muito estranho para as pessoas do meu círculo social, se elas me vissem no modo trabalho."

TIM: "Como você desperta isso? Falando em sequência o máximo de obscenidades possível? Como uma feitiçaria?"

ERIC: "Tenho a mesma sequência de sempre. É como um mantra invariável que preciso dizer."

TIM: "Você pode compartilhá-lo ou é ultrassecreto?

ERIC: "Não, não. Você não pode compartilhar sua palavra de meditação."

TIM: "Bem, só umas pistas, então. É longo?"

ERIC: "Provavelmente levo sete segundos para dizer. Você [também] tem que fugir da realidade habitual em que começaria a pensar [coisas como]: *Bem, será que vai provocar um impacto negativo no meu vizinho?* Não, esse é o seu momento. Você está roubando o tempo. E o ato da criação em si é uma ação violenta."

TF: Essa técnica esquisita parece produzir com rapidez um estado ligeiramente alterado. Tente — escreva uma sequência de palavrões que você leve de sete a dez segundos para ler. Então, antes de uma sessão de trabalho criativo de algum tipo, leia-a rapidamente em voz alta, como se você estivesse lançando um feitiço ou prestes a ter um ataque de raiva. Eric também acha que o momento ideal para um profundo trabalho criativo é tarde da noite, por volta das três da manhã.

ERIC: "Quando o telefone para de tocar, quando você não tem nenhum medo de perder alguma coisa porque todo mundo está dormindo. É uma noite de segunda-feira e é só você e o espaço de um quadro magnético. É quando a mágica acontece."

VELHOS HÁBITOS SÃO DIFÍCEIS DE LARGAR — O SORRISO DO RELÓGIO

"Em quase todos os anúncios de relógios de pulso, os ponteiros estão marcando 10h10. Não dá para acreditar que é verdade [até ver as propagandas]. Mas depois você percebe que o mundo lhe pregou uma peça, porque para os anunciantes de relógios 10h10 parece um sorriso."

TIM: "Ah, suponho que isso seja muito simétrico, não?"

ERIC: "Sim, mas o que é divertido é que a crença se infiltrou a tal ponto que às vezes vemos anúncios de relógios digitais e eles ainda estão marcando 10h10, mesmo que não pareça um sorriso."

SOBRE COMEÇAR A USAR SUBSTÂNCIAS PSICODÉLICAS DEPOIS DOS QUARENTA ANOS

Durante a vida toda, Eric acreditou que usar psicodélicos era "como derramar ácido no cérebro e deixá-lo como um queijo suíço". Essa concepção mudou nos últimos anos.

"Só depois de conhecer algumas das pessoas mais intelectualmente talentosas das ciências e de outros campos... percebi que isso era uma espécie de segredo aberto daquilo que chamo de 'elite alucinógena', quer sejam bilionários, ou laureados com o Nobel ou inventores ou codificadores... Muitas dessas pessoas estavam usando esses agentes ou para a criatividade ou para ganhar acesso a coisas que são difíceis de alcançar pela terapia e por outros meios convencionais."

"DÉFICIT DE APRENDIZADO" OU "DÉFICIT DE ENSINO"?

"... É aí que esbarramos no problema, que é não falarmos sobre *déficit de ensino*. [Só] falamos sobre *déficit de aprendizado*, e muitas das crianças que eu quero são as que foram rotuladas como portadoras de um 'déficit de aprendizado', mas na verdade elas têm um imenso potencial. São como superaprendizes que sofrem alguns déficits por conta de seus grandes poderes, e os professores não conseguem lidar com isso.

"Rotulamos essas crianças como portadoras de 'déficit de aprendizado' para encobrir o fato de que a economia do ensino exige que um ator central, o professor, seja capaz de liderar com rigidez uma sala de vinte pessoas ou mais. Bem, não é um bom modelo. Quero livrar o máximo possível de crianças perigosas [em um bom sentido] dessa nomenclatura, mesmo que isso exija largar o ensino médio, largar a faculdade. Mas não sem nenhum propósito. **Largar para entrar em alguma coisa.** Começar a criar, construir. Ingressar em um laboratório. Pular a faculdade."

"ROTINA MATINAL" DE ERIC

"Toda manhã é basicamente uma luta contra um novo dia, que vejo como uma série de oponentes que precisam ser derrotados. Não sou uma pessoa matinal. Então sempre fico impressionado quando consigo sair da cama de manhã... Acho que foi para Julian Schwinger, o grande físico de Harvard, que perguntaram se ele poderia lecionar um curso de mecânica quântica às nove da manhã. Ele parou por um instante. A pessoa que perguntara disse: 'Bem, qual é o problema, professor Schwinger?' E ele respondeu: 'Não sei se consigo ficar acordado até tão tarde.'"

* Conselho para o seu eu de trinta anos

"Quando eu tinha trinta anos, acho que ainda lutava para ficar ou sair do meio acadêmico. O que eu não percebia era que a estrutura das universidades era ou atingir uma situação estável, ou crescer muito pouco, ou encolher. Não era um lugar saudável para estar, porque a maioria dos lugares bons na dança das cadeiras [por exemplo, posições no quadro permanente] já haviam sido encontrados nos anos 1960 e estava ocupada... Acho que eu precisava levantar acampamento e perceber que a tecnologia seria uma área de grande crescimento. **E, embora eu quisesse fazer ciência, e não tecnologia, é melhor estar em um mundo em expansão, e não exatamente no campo certo, do que estar em um mundo em contração, onde o pior comportamento das pessoas aflora.** [Neste último,] sua mente fica encanada em caminhos defensivos e de busca de renda. A vida é curta demais para ser mesquinho, desconfiado e cruel com outras pessoas que estão buscando inovar ao seu lado."

UM CONSELHO FINAL?

"O que eu realmente gostaria de dizer vai para aqueles de vocês que já foram chamados de pessoas com déficit de aprendizado, ou que não são bons em matemática, ou que são péssimos em música, ou algo assim: busquem maneiras não convencionais de provar que isso está errado. Acreditem não apenas em si mesmos, mas que há [maneiras, ferramentas, métodos] eficientes o bastante para tornar coisas aparentemente difíceis muito mais fáceis do que vocês jamais imaginaram."

SETH ROGEN E EVAN GOLDBERG

Seth Rogen (TW/FB: @SethRogen) é ator, escritor, produtor e diretor. Evan Goldberg (TW: @EvanDGoldberg) é diretor, roteirista e produtor canadense. Colaboraram em filmes como *Superbad — É Hoje* (que conceberam quando eram adolescentes), *Ligeiramente Grávidos, Segurando as Pontas, O Besouro Verde, É o Fim, Tá rindo do quê?, Vizinhos* e *Festa da Salsicha*. Também escreveram para o *Da Ali G Show* e *Os Simpsons*.

Animais espirituais: Seth = Preguiça; Evan = Bonobo

PORRA, PORRA, PORRA

Visitei a produção de *Vizinhos 2*, em Atlanta, para observar Seth, Evan e a equipe deles em ação. Um dia, presenciei uma reunião de *brainstorm* na sala dos roteiristas. O roteiro foi posto em uma tela enorme, uma pessoa manuseando o teclado. Todos começaram a lançar ideias, que eram digitadas em supervelocidade. Evan e outros diziam "porra" pelo menos uma vez a cada frase, e ia tudo para a tela. Perguntei depois: "Não demora muito para limpar o roteiro?" Evan respondeu com um sorriso: **"Você sempre pode tirar a porra do roteiro mais tarde."** O importante era apresentar ideias livremente e não ficar se editando. Isso vinha depois.

POR QUE *SUPERBAD* DEU CERTO

Superbad deu certo porque Seth e Evan escreveram exatamente sobre o que estavam vivendo na época. Evan explica: "Na época, tudo o que sabíamos era que realmente queríamos transar, não estávamos transando e não éramos os supercools." Compensa escrever sobre o que sabemos.

Seth começou a fazer standup aos treze anos. Ele acrescenta: "Isso é algo que veio da comédia standup. Há um comediante chamado Darryl Lenox que ainda se apresenta, e ele é ótimo. Lembro que ele viu uma apresentação minha... Eu tentava imitar outros comediantes, como Steven Wright ou Seinfeld, e ele disse: 'Cara, você é a única pessoa aqui que pode falar sobre conseguir que toquem uma punheta pra você pela primeira vez... Fale sobre isso!'"

LIÇÕES DE JUDD APATOW

EVAN: "Eu diria que a melhor coisa que aprendemos com [Judd] é 'Não guarde as coisas para si mesmo'. Você está cercado de pessoas inteligentes. Traga-as para dentro. Pegue as opiniões de outras pessoas. Compartilhe com elas. E, o mais importante, emoção é o que importa. É uma jornada emocional..."

SETH: "... Lembro que uma vez estávamos filmando uma cena de *Ligeiramente Grávidos* e improvisando, ou talvez fosse até *O Virgem de 40 anos*, e a instrução que ele gritou para nós — porque ele berra muitas instruções da outra sala, o que é muito engraçado — foi: 'Menos sêmen, mais emoção!' Acho que é realmente uma boa observação para todo mundo."

TIM: "Você também mencionou que cada personagem tem que ter uma ferida de algum tipo."

EVAN: "Isso é típico de Judd."

TF: Judd recomendou que eles lessem *The Art of Dramatic Writing*, de Lajos Egri (Evan: "Para quem é escritor, 60% disso é inútil e 40% é ouro puro"), que, segundo Judd, era o livro favorito de Woody Allen sobre escrever.

MACONHA PARA TRABALHO CRIATIVO

Evan e Seth são verdadeiros *connoisseurs* de maconha e usam diferentes cepas para propósitos distintos. Para escrever e se dedicar a outras sessões criativas, Evans considera "Jack Herer" uma boa erva para trabalhar. É descrita no site da Leafly como "uma cepa de *Cannabis* com dominância de *sativa* que representa o par perfeito para a elevação cerebral e o alívio no corpo inteiro".

✻ Alguma consideração final?

EVAN: "No fim, *Superbad* foi um sucesso, mas não se engane: durante dez anos foi um fracasso. E, se você lesse as cinco versões preliminares, [pensaria]: *Isso é a pior coisa que já li na minha vida.*"

SETH: "As pessoas nos diziam sem parar: 'Não sei se alguém vai querer fazer esse filme.' Mas nem sequer nos ocorreu lhes dar ouvidos. Não houve ao menos uma conversa sobre se deveríamos ou não parar. Foi apenas: 'Fodam-se essas pessoas. Vamos para a próxima.'"

EVAN: "Imagine só Stephen King escrevendo seu primeiro livro e depois ficando meio que 'Cara, estou desnorteado. Vou ser alguma outra coisa.' Não desista, vá em frente."

SETH: "Tenha uma crença cega em si mesmo."

OITO TÁTICAS PARA LIDAR COM OS *HATERS*

A vida é um esporte de contato, em especial na internet. Se você vai entrar na arena, narizes sangrando e arranhões fazem parte do jogo.

Cotoveladas e esbarrões podem assumir muitas formas. Aqui está uma das primeiras críticas que recebi na Amazon por *Trabalhe 4 horas por semana*, quando eu ainda era um rapazinho me descobrindo na internet:

"Esse livro tem um título equivocado. O subtítulo deveria ser 'Fuja da rotina, viva onde quiser, fique rico e torne-se o maior imbecil do mundo'. Não compre. Provavelmente ele usará seu dinheiro para bater o recorde do Guinness Book de maior número de gatinhos estrangulados em um minuto."

Ah, bem-vindo ao clube, garoto. Quer um lencinho?

Isso foi em 2007. Ao longo da década passada, reuni um punhado de regras e citações que me ajudam a manter a sanidade e a reputação em grande parte intactas. Aqui estão elas:

Nº 1 — Não importa quantas pessoas não entendem, mas quantas pessoas entendem.

Mesmo que seu objetivo seja fazer o maior bem ao maior número de pessoas, você só precisa encontrar, cultivar e empolgar seus primeiros mil fãs fiéis (página 322). Essas pessoas se tornam sua maior força de marketing, e o resto que se cuide. Os milhões, ou bilhões, que não entendem não importam. Foque naqueles que importam. Eles são sua alavanca de Arquimedes.

Nº 2 — Dez por cento das pessoas encontrarão uma maneira de levar alguma coisa para o lado pessoal. Conte com isso e trate como matemática.

Particularmente quando você forma um público, esses 10% podem se tornar um número grande. Prepare-se mentalmente antes de publicar qualquer coisa: "Ah, tenho mil leitores agora. Isso significa que cem vão reagir como idiotas. Não porque sou perverso, não porque eles são perversos, mas porque é assim que a matemática funciona." Se você fizer essa previsão, isso o deixará menos desconcertado. Além do mais, acho que 1% dos meus fãs são completamente loucos de pedra, assim como a população em geral, o que me ajuda a lidar com coisas muito mais assustadoras. Achamos (de maneira equivocada) que todo mundo vai reagir com sorrisos e cumprimentos, mas na verdade levaremos uma bofetada, responderemos impulsivamente e triplicaremos o estrago. E você não está imune à doideira só porque aborda material não ofensivo. Eis um comentário verdadeiro, e literal, no meu blog: "Você está mostrando um grave exemplo do cavaleiro branco do Apocalipse aos nossos filhos. Que vergonha. Você é uma pessoa má que ganhou o mundo e perdeu a alma." Ele prosseguiu ameaçando me entregar no Dia do Julgamento. Isso se tornou uma ameaça digna de FBI! Não era uma resposta ao meu post sobre bater com porrete em bebês focas. Nem tenho um post sobre isso. Era uma resposta a um post de blog que escrevi para ajudar a levantar fundos para salas de aula de escolas públicas muito necessitadas nos Estados Unidos (por meio do donorschoose.org), às quais falta financiamento suficiente para livros, canetas, lápis etc.

Preveja, não reaja.

Nº 3 — Na dúvida, prive de oxigênio.

Aqui estão minhas três principais reações às críticas on-line:

>>> Privá-las de oxigênio (ignorá-las) — 90%

>>> Derramar gasolina nelas (promovê-las) — 8%

>>> Enfrentar os monstros depois de exagerar no vinho (e se arrepender disso para sempre) — 2%

Não vou abordar a opção número três, mas vale a pena explicar as duas primeiras.

O motivo pelo qual queremos privar de oxigênio em 90% das vezes é que fazer outras coisas dá a seus detratores um combustível extra de Google. Em outras palavras, ao reagir publicamente — no pior cenário, pôr algo em outro site com *page rank* alto e link para a crítica —, tudo o que vai acontecer é dar aos *haters* links externos, aumentar o tráfego e assegurar a persistência e a proeminência do artigo problemático. Em alguns casos, tive que segurar minha língua durante meses para esperar que algo (uma bobagem absurda que eu poderia facilmente refutar) saísse da primeira página ou mesmo da segunda página de resultados do Google. É muito difícil permanecer em silêncio, mas é importantíssimo ter autocontrole. Assista de novo à cena de "Espeeeerem! Espeeeeeeerem!", de *Coração Selvagem*.

Mas e que tal derramar gasolina em 8% dos negativos? Por que alguém faria isso? Antes de tudo, precisamos compreender que nem todos os críticos são detratores. Vejamos um exemplo do mundo real. Eric Karjaluoto escreveu um post chamado "Tim Ferriss está agindo como um imbecil?", em resposta a um concurso de design especulativo que realizei e que causara uma grande controvérsia. Não concordo com todos os argumentos dele, mas havia alguns pontos bem colocados que achei que contribuíam para uma discussão mais interessante. Então promovi o texto dele. Para mim, fazer isso em 8% ou 10% das vezes permite duas coisas: que eu mostre que estou aberto a críticas e que não me levo demasiadamente a sério. Essas duas coisas tendem a reduzir o número de *haters* que saem da obscuridade.

Nº 4 — Se você responder, não se desculpe demais.

Há momentos para se desculpar. Quando você realmente estraga as coisas ou se precipita, por exemplo. Entretanto, com muita frequência, só é necessário o reconhecimento.

Alguma versão de "reconheço a sua presença" dispersará pelo menos 80% dos *haters* ou aspirantes a *haters*. Às vezes eles até mudam de atitude e se tornam seus mais fortes defensores. Apenas apresente os fatos ou lhes deseje sorte e os deixe chegar às suas próprias conclusões. Com frequência uso algo como: "Obrigado pelo retorno. Estou sempre tentando melhorar. Enquanto isso, espero que você encontre o que está procurando."

Nº 5 — Você não pode dissuadir uma pessoa de algo do qual ela não está convencida.

Nº 6 — "Tentar fazer com que todos gostem de você é um sinal de mediocridade. Você evitará as decisões difíceis se confrontar as pessoas que precisam ser confrontadas." — Colin Powell

Nº 7 — "Se você quiser melhorar, fique contente por ser considerado tolo e estúpido." — Epicteto

Catão, na Roma Antiga, que Sêneca acreditava ser o perfeito estoico, praticava a máxima de Epicteto vestindo mantos mais escuros do que era costume e não vestindo túnicas. Ele esperava ser ridicularizado, e era. Fazia isso para treinar a si mesmo a se envergonhar apenas por coisas pelas quais realmente vale a pena. Para fazer algo remotamente interessante, você precisa apren-der a lidar com as críticas, ou mesmo a apreciá-las. Com frequência e de ma-neira deliberada, tento me "constranger" por motivos superficiais, mais ou menos como Catão. Isso é um exemplo de "exercitar o medo" (página 507).

Nº 8 — "Viver bem é a melhor vingança." — George Herbert

Durante um período difícil, vários anos atrás, Nassim Taleb, conhecido por *A lógica do cisne negro*, enviou-me o seguinte aforismo, no momento perfeito e explicado da melhor maneira:

"Robustez é se importar mais com os poucos que gostam do seu trabalho do que com a multidão que odeia (artistas); fragilidade é se importar mais com os poucos que odeiam seu trabalho do que com a multidão que adora (políticos)."

Escolha ser robusto.

"Eu realmente adoro a usabilidade da palavra 'foder'."

MARGARET CHO

Margaret Cho (TW: @margaretcho, margaretcho.com) tem muitos talentos. É comediante, atriz, escritora, designer de moda, compositora e cantora aclamada internacionalmente. Está no cinema e em séries de TV como *Sex and the City* e *30 Rock*. Em 1999, seu show solo off-Broadway, *I'm the One that I Want*, fez turnê pelo país e foi transformado em um livro best-seller e um filme homônimo. Seu primeiro disco, *Cho Dependent*, foi indicado ao Grammy de melhor disco de comédia.

COMO LIDAR COM TAGARELAS NO PALCO

Margaret é conhecida por saber muito bem calar a boca de pessoas que a interrompem. Boa parte do seu conhecimento vem da lendária Paula Poundstone.

"Tente ao máximo descobrir o que ela está tentando dizer... Ir mais fundo e descobrir: **por que essa pessoa optou por perturbar uma apresentação pela qual todos pagaram e para a qual todos estão ali sentados? Por que alguém quer se rebelar contra isso? Fico curiosa**. Geralmente dou um bocado de tempo à pessoa. Há potencial para criar todo um show em torno dela...

"Então posso perguntar com quem ela está. Posso perguntar à pessoa que a acompanha [coisas como]: 'Por que ela está assim? Ela é assim o tempo todo? Está acontecendo alguma coisa diferente?' Você também pode falar com outras pessoas ao redor dela, que estão sentadas por perto: 'Como estava essa pessoa antes do show? O que ela estava dizendo? O que nos levou a isso?'"

TF: Isso é pura genialidade. Às vezes, a melhor maneira de acalmar ou derrotar quem o ataca é fazer perguntas curtas e mantê-lo falando. Mesmo um simples "Por que você está dizendo isso?", "Por que a pergunta?" ou "Por que você diria algo assim?" pode dar conta do recado. Na internet, às vezes deixo que pessoas famosas respondam aos tagarelas em forma de citações. Quando alguém está indignado com algo ridículo nas redes sociais, por exemplo, uma das minhas reações favoritas, em especial depois de um pouco de vinho, é: "Aqueles que se ofendem facilmente devem ser ofendidos com mais frequência." — Mae West

ANDREW ZIMMERN

Andrew Zimmern (TW: @andrewzimmern, andrewzimmern.com) é uma personalidade da TV, chef de cozinha, escritor e professor três vezes ganhador do James Beard Award. Como criador, produtor-executivo e apresentador da franquia Bizarre Foods, no Travel Channel (incluindo *Comidas Exóticas*, *Andrew Zimmern's Bizarre World*, *Bizarre Foods America* e o novo *Bizarre Foods: Delicious Destinations*), Andrew explorou culturas em mais de 150 países, promovendo maneiras impactantes de pensar, criar e viver com alimentos. Nem tudo foram rosas. Sóbrio há mais de vinte anos, Andrew já viveu em situação de rua e foi usuário de heroína. Deu uma virada em sua vida com a ajuda de um amigo na clínica Hazelden, em Minnesota.

Animal espiritual: A velha e sábia tartaruga-marinha

A COISA MAIS IMPORTANTE É SER VOCÊ, E NÃO SEU ATOR INTERIOR

TIM: "Estou olhando algumas anotações que fiz depois de uma de nossas primeiras 'sessões de terapia' [para ajudar a me preparar para um programa de TV]... Uma das recomendações foi a de que a coisa mais importante é ser você, e não seu ator interior. A fala que realmente se fixou em mim foi: 'o episódio um é como você terá que ser...'"

ANDREW: "Episódio um, momento um. Você nunca mais vai poder recuperá-lo... Acho que já contei a história do episódio um, do programa um [de *Comidas Exóticas*]. Era, na verdade, o piloto. Fui ao Asadachi, um restaurante em Tóquio. A tradução do nome é 'ereções matinais'. Verdade. É um bar *getemono*, o tipo de lugar onde homens de negócios fecham negócios e bebem muito... 'Se você consumir bile de cobra, eu consumirei bile de cobra', e então o negócio será feito, esse tipo de coisa... Havia uma parte de mim que tinha todas as falas mais engraçadas [para] rir do nome... [e é claro que] você pode rir dessas pessoas. É o caminho fácil. Vemos pessoas fazendo isso o tempo todo na TV. Uma vozinha dentro da minha cabeça disse: *Não faça isso, porque, se fizer, terá que inventar piadinhas assim o tempo todo. Você vai ser alguém que não é*... Francamente, a pessoa que eu sou respeita muito as outras culturas. *Não faça isso. Não ceda à tentação rápida, fácil, barata*, que é o que sempre fazemos. É o caminho mais fácil. [Então] tudo o que fiz foi caminhar, virar-me, dizer alguma coisa inofensiva e entrar pela porta. A moral da história é: não precisei rir das pessoas, da comida delas, do nome. Isso se revelou a melhor decisão que já tomei, porque as pessoas sempre falam do respeito que tenho pelas outras pessoas no programa, o que me agrada, e acho que isso é uma coisa importante para todos nós quando viajamos. [E] **dá muito menos trabalho ser você mesmo**."

∗ Se você tivesse que escolher três ervas ou temperos para cozinhar durante o próximo ano, quais seriam?

"O mundo das ervas e dos temperos é maravilhoso, mas antes dele há alguns outros elementos fundamentais que eu preferiria ter na minha cozinha ou em uma ilha deserta: **pimentas picantes, chalota e limão-siciliano**... Claro, posso escolher cominho, coentro ou coisas assim, mas eles têm um uso razoavelmente limitado. Com limão-siciliano, pimentas e um *Allium*, posso fazer qualquer coisa. Dá para fazer variações intermináveis com eles... O sal [pode agir como] um ácido, e o cítrico é um ácido [**TF:** Por isso alguns chefs dizem: 'Uso cítricos como outros usam sal.'] Além disso, há uma quantidade incrível de ácido em todos os alimentos do gênero *Allium*, bem como em todas as pimentas picantes. Não é nenhum segredo o motivo pelo qual esses ingredientes inspiram técnicas e mudam a comida. São muito mais versáteis na cozinha do que manjericão, tomilho ou algo assim."

ENCONTRANDO A RECEITA CERTA PARA A COZINHA OU A VIDA: PROCURE DETALHES E PESSOAS QUE FAZEM

"[Se você] entrar na internet, vai ver umas vinte receitas de bolo inglês. Escolho aquela que chega a descrever nos mínimos detalhes o tamanho da forma. Porque se a pessoa está descrevendo nesse nível de detalhe, sabemos que ela passou por aquilo. Quem escreve uma receita e diz 'Unte a forma' [sem especificar o tamanho], não fez nada. É um aviso imediato de que algo está errado."

✳ Qual foi o melhor investimento que você fez ou o que mais valeu a pena?

"A melhor coisa que já fiz, fora estar sóbrio há 25 anos, foi engavetar minha carreira em restaurante, em 2002, vender minha parte no negócio e trabalhar de graça para uma estação de rádio, revista e emissora de TV local em um esforço para criar um plano próprio de estudos de mídia. Eu queria criar um produto com uma plataforma sólida e tentar fazer diferença no mundo, e não podia fazer isso sem me tornar um estagiário de quarenta anos, aprender tudo o que precisava e reiniciar minha carreira."

> **"**O cinismo é uma doença que rouba das pessoas o presente da vida.**"**

RAINN WILSON

Rainn Wilson (FB/IG/TW: @rainnwilson, soulpancake.com) é mais conhecido por ter interpretado Dwight Schrute na série da NBC *The Office*, ganhadora do Emmy. Ele também atuou em *Super, A Epidemia, Juno, Monstros vs. Alienígenas* e *O Roqueiro*, entre outros filmes. Rainn foi um dos fundadores da SoulPancake, uma empresa de mídia que busca lidar com grandes questões da vida. É membro do conselho diretor da Mona Foundation e cofundador da Lidè Haiti, uma iniciativa educacional em áreas rurais do Haiti que usa a arte para capacitar mulheres jovens e em risco. É o autor de *The Bassoon King*.

Animal espiritual: Preguiça

NOS BASTIDORES

Para aqueles de vocês que adorariam me dar um chute na cara, Rainn lhes poupou o trabalho. Procurem "Rainn Wilson kicking Tim Ferriss in the face". É uma longa história.

✳ Que conselho você daria para o seu eu de trinta anos?

"Aos trinta anos, eu era um ator de teatro em Nova York morrendo de fome, circulando, tentando conseguir um trabalho de atuação e mal ganhando uns 17 mil dólares por ano fazendo teatro. Fazia uma porção de trabalhos paralelos. Eu era um 'homem com uma van' — tinha uma empresa de mudança. Acho que o que eu diria a mim mesmo é: 'Você tem que acreditar na sua capacidade.' Você tem que acreditar que a sua capacidade é maior do que provavelmente imagina. Para mim, é uma espécie de questão divina. Deus nos deu talentos e capacidades, e cabe a nós descobri-las, expandi-las e usá-las para o máximo de serviço no mundo. Eu tinha muito mais capacidade aos trinta anos do que achava. Eu pensava: *Bem, posso conseguir algum trabalho de atuação e talvez uma participação em* Law and Order *de vez em quando e ganhar dinheiro suficiente para sobreviver como ator, para não ter que dirigir esta maldita van.* Essa era a extensão da minha imaginação para mim mesmo. Portanto, eu diria: **'Acredite mais profundamente em si mesmo. Você é maior do que isso. Sonhe maior.'**"

CHEGANDO AO "NORMAL"

Foi extremamente revigorante ouvir isto de Rainn, porque com frequência sinto o mesmo:

"Fico dentro da minha cabeça por muito tempo, e isso é uma droga... Então existem certas ferramentas que tenho que usar para sobreviver. Aprendi que há certas coisas que tenho que fazer para ficar fora da minha cabeça e chegar ao normal. **Não estou falando de ser eficaz ao extremo. Para chegar ao normal, tenho que fazer meditação e algum exercício.** Se puder estar na natureza, ótimo. Se puder jogar um pouco de tênis, melhor. Atuar, ensaiar e interpretar personagens são coisas que me tiram da minha cabeça e [me fazem parar] de analisar cada maldito detalhe que surge e me deixa sofrendo e fazendo escolhas realmente ruins."

SOBRE SER A MELHOR VERSÃO DE SI MESMO

Como teria dito Oscar Wilde: "Seja você mesmo. Todos os outros estão ocupados."

"Fui escalado para uma peça na Broadway quando tinha 29 ou trinta anos. Era a minha primeira peça na Broadway, e me dei mal. Fui um desastre. De novo, eu estava muito na minha cabeça. Era muito preso, cerebral e rígido. Não conseguia sair daquilo, e tentava, tentava, mas eu estava horroroso no papel.

"Mas depois que terminei aquela peça, pensei: *Quer saber? Foda-se. Nunca mais vou fazer isso... Não consigo. A vida é curta demais. Estou infeliz demais e tenho que ser eu mesmo como ator. Tenho que trazer para a minha atuação quem eu sou de verdade como ser humano. Sou anormal, estranho. Sou um esquisitão. Compro camisas no bazar de caridade, é assim que sou e é assim que tenho que ser.* Isso realmente me transformou como ator e como artista... Eu nunca teria tido o sucesso que tive em Los Angeles, na TV e no cinema fazendo personagens estranhos se não tivesse passado por esse suplício terrível."

∗ Alguma consideração final?

"Não quero parecer um imbecil pretensioso, mas eu pediria às pessoas que fossem mais fundo. Podemos tornar o mundo um lugar melhor. Podemos exigir mais de nós mesmos. Podemos fazer mais pelos outros. Acho que nossa vida é uma jornada... Vá mais fundo em sua jornada e o mundo se beneficiará disso."

"O truque mais importante para ser feliz é perceber que **a felicidade é uma escolha que você faz e uma habilidade que desenvolve**. Você escolhe ser feliz e então se esforça para isso. É como gostar de fortalecer os músculos.**"**

NAVAL RAVIKANT

Naval Ravikant (TW: @naval, startupboy.com) é CEO e um dos fundadores da AngelList. Antes, ajudou a fundar a Vast.com e a Epinions, que abriu o capital como parte do Shopping.com. É um investidor-anjo ativo e já se envolveu com mais de cem empresas, incluindo muitos "unicórnios" de megassucesso. Entre seus negócios estão Twitter, Uber, Yammer, Postmates, Wish, Thumbtack e OpenDNS. Ele é provavelmente a pessoa que mais procuro para conselhos relacionados a startups.

Animal espiritual: Coruja

PRIMÓRDIOS

>>> Naval cresceu em uma família pobre de imigrantes: "Chegamos aos Estados Unidos [vindos da Índia] quando eu tinha nove anos e meu irmão, onze. Tínhamos muito pouco. Fomos criados pela nossa mãe solteira em um conjugado. Ela tinha um trabalho como empregada doméstica de dia e estudava à noite, então ficávamos sozinhos em casa... Crescemos observando muito o estilo de vida americano, mas pela janela, com meu nariz pressionado contra o vidro, dizendo: 'Quero aquilo também. Quero aquilo para mim e para os meus filhos.' Cresci com uma visão muito sombria do mundo, na parte pobre da cidade..."

>>> O nome de Naval significa mais ou menos "novo homem" em sânscrito. Seu filho se chama Neo, que significa "novo" em grego, é um anagrama de "one" (Naval me apontou essa questão) e, é claro, está bem retratado em *Matrix*.

>>> Muitos anos atrás, Naval e eu nos conhecemos porque ele me viu flertando com sua então namorada (o que eu não sabia) em um café em São Francisco. Ele se aproximou com um enorme sorriso forçado e se apresentou.

>>> Seu irmão, Kamal, foi quem me convenceu a me "aposentar" dos investimentos em startups de tecnologia (página 424).

BEM-SUCEDIDOS E FELIZES — TURMAS DIFERENTES?

"Se quiser ser bem-sucedido, cerque-se de pessoas mais bem-sucedidas do que você, mas, se quiser ser feliz, cerque-se de pessoas menos bem-sucedidas do que você."

LIDANDO COM CONFLITOS

"**A primeira regra para lidar com conflitos é não ficar perto de pessoas que estão constantemente entrando em conflitos...** Todo o valor da vida, inclusive nas relações, vem de interesses combinados. Pessoas que sempre brigam com outras acabarão brigando com você. Não estou interessado em nada que seja insustentável ou mesmo difícil de sustentar, incluindo relações complicadas."

AS TRÊS OPÇÕES QUE VOCÊ SEMPRE TEM NA VIDA

"Em qualquer situação na vida, você só tem três opções. Sempre três. Você pode mudá-la, aceitá-la ou sair dela. O que não é uma boa opção é ficar sentado desejando mudá-la, mas sem mudar nada, desejando sair dela, mas continuar no mesmo lugar, e sem aceitar. É essa luta, essa aversão, a responsável pela maior parte do nosso sofrimento. A frase que provavelmente mais uso para mim mesmo mentalmente cabe em apenas uma palavra: *aceite*."

A TEORIA DOS CINCO CHIMPANZÉS

"Há um raciocínio que chamo de 'a teoria dos cinco chimpanzés'. Na zoologia, é possível prever o humor e os padrões de comportamento de qualquer chimpanzé por meio dos cinco espécimes com os quais ele passa mais tempo. Escolha com cuidado seus cinco chimpanzés."

LIÇÕES DA FÍSICA E A MÁFIA RUSSA

"Aprendi [a importância da honestidade] com duas situações diferentes. Uma delas é: quando cresci, queria ser físico e idolatrava Richard Feynman. Lia tudo dele, técnico e não técnico, que conseguia arranjar. Ele disse: 'Você não deve enganar a si mesmo, e você é a pessoa mais fácil de enganar.'

"Portanto, o embasamento de física é muito importante porque nessa disciplina você tem que falar a verdade. Não fazemos concessões, não negociamos com as pessoas, não tentamos fazer os outros se sentirem melhor. Se sua equação está errada, é porque simplesmente não funciona. A verdade não é determinada por consenso ou popularidade — geralmente é o oposto. Portanto, acho que o conhecimento de ciência é de grande importância.

"A segunda situação é: cresci em meio a alguns garotos realmente agressivos em Nova York, alguns dos quais integravam de fato a máfia russa. Certa vez, estive em um confronto em que vi um deles ameaçar matar o outro. A suposta vítima se escondeu, mas por fim deixou o agressor entrar em sua casa depois que ele lhe prometeu: 'Não, não vou matar você.' A honestidade era uma virtude tão forte entre eles que, mesmo quando estavam dispostos a se matarem, os dois acreditavam na palavra um do outro. Estava acima de tudo. Embora isso fosse honestidade em um contexto de criminalidade, percebi como é importante nas relações."

HONESTIDADE COMO VALOR FUNDAMENTAL

Eis uma breve história para alívio cômico, e tenha em mente que nós dois vivemos felizes em São Francisco:

TIM: "Você nunca hesita em dizer o que está na sua cabeça. Imagino como isso deve ser mal interpretado por pessoas que estão acostumadas a conversas educadas, 'aham', sim-sim. Eu me lembro de uma vez em que você e eu fomos convidados para um jantar e havia muita gente que nós dois não conhecíamos. Você estava em pé junto a um grupo conversando e bebendo vinho, e eu cheguei com um look um tanto incomum. Eu estava com uma camisa de manga comprida azul-turquesa que nunca usava. Não sei se você se lembra disso."

NAVAL: "Não me lembro."

TIM: "Eu estava de calça jeans e com uns sapatos estranhos, que pareciam aqueles de boliche. Você olhou para mim, sorriu e perguntou: 'Por que você está vestido como um banqueiro gay?' Então uma mulher que nenhum de nós conhecia começou a me defender, e eu meio que: 'Ah, Deus, lá vamos nós...'"

NAVAL: "A honestidade é um valor fundamental."

TIM: "Justiça seja feita, eu estava vestido assim mesmo."

COAGIDO A ABRIR SUA PRIMEIRA EMPRESA

"Eu estava trabalhando em uma empresa de tecnologia chamada @Home Network e dizia a todo mundo à minha volta — meu chefe, meus colegas de trabalho, meus amigos: 'No Vale do Silício, todas as outras pessoas estão abrindo empresas. Elas, pelo visto, conseguem fazer isso. Vou abrir uma empresa. Estou aqui apenas temporariamente. Sou um empreendedor.' Eu falava isso para todo mundo, mas não estava querendo me convencer disso. Não era deliberado, calculado.

"Eu estava apenas desabafando, falando alto, sendo demasiadamente sincero. Mas, na verdade, não [abri uma empresa]. Isso foi em 1996. Abrir uma empresa naquela época era uma empreitada muito mais assustadora. Como era de se esperar, todo mundo começou a me dizer 'O que você ainda está fazendo aqui? Pensei que você estava saindo para abrir uma empresa', 'Uau, você ainda está aqui. Já faz um tempinho que você disse aquilo'. Eu estava sendo literalmente coagido a abrir minha própria empresa."

AGORA, USE ESSA TÉCNICA DE PROPÓSITO

"Diga a seus amigos que você é uma pessoa feliz. Então você será forçado a se enquadrar nisso. Você terá uma propensão à consistência. Terá que corresponder às expectativas. Seus amigos vão esperar que você seja uma pessoa feliz."

90% MEDO, 10% DESEJO

"Acho que 90% dos meus pensamentos têm o medo como base. Os outros 10% provavelmente têm o desejo. Há uma ótima definição que diz: 'A iluminação é o espaço entre seus pensamentos.' Isso significa que a iluminação não é aquela coisa que a gente alcança depois de trinta anos sentado em um canto no alto de uma montanha. É algo que podemos alcançar de um momento para outro, e podemos ser iluminados em um certo percentual todos os dias."

✳ A melhor compra de Naval por 100 dólares ou menos

"A chapa de teppanyaki. É uma pequena chapa, como um tampo de mesa [procure "Presto 22-inch electric griddle" na internet]. Aprendi que o frescor e a qualidade dos alimentos indo diretamente da chapa para sua boca são bem mais importantes do que o que você faz com eles. Por exemplo, na maioria das receitas, pomos muito molho em tudo, pomos creme, preparamos demais e os processamos demais porque eles ficam dez minutos sob uma lâmpada de aquecimento."

✳ O que você colocaria em um outdoor?

"Não sei se tenho mensagens para enviar ao mundo, mas há mensagens que gosto de enviar a mim mesmo em todos os momentos. Uma que realmente ficou em mim quando a descobri é: **'O desejo é um contrato que você faz consigo mesmo para ser infeliz até conseguir o que quer.'** Acho que a maioria de nós não percebe que é isso. Desejamos coisas o dia inteiro e depois nos perguntamos por que somos infelizes. Então, gosto de ter consciência disso porque assim posso escolher meus desejos com muito cuidado. Tento não ter mais de um grande desejo de cada vez e também o considero o eixo do meu sofrimento. Percebo que é aí que escolhi ser infeliz."

TF: Naval encontrou pela primeira vez uma variação da frase em negrito do parágrafo anterior em um blog hoje extinto chamado *Delusion Damage*.

LEIS DE NAVAL

O que vem a seguir é a resposta de Naval à pergunta "Existe alguma citação que rege sua vida ou na qual você pensa com frequência?". Isso vale ouro. Leve o tempo que for necessário para digeri-las.

"Nem todas as citações são de outras pessoas. Muitas são máximas que criei para mim mesmo."

→ Esteja presente acima de tudo o mais.

→ Desejo é sofrimento (Buda).

→ A raiva é um carvão em brasa que você segura enquanto espera para jogá-lo em alguém (ditado budista).

→ Se você não consegue se ver trabalhando com alguém pelo resto da vida, não trabalhe com ele nem por um dia.

→ A leitura (o aprendizado) é a suprema meta-habilidade e pode ser negociada por qualquer outra coisa.

→ Todos os verdadeiros benefícios da vida vêm de interesses combinados.

→ Ganhe com sua mente, não com seu tempo.

→ De todo esforço, 99% é desperdiçado.

→ Honestidade total todas as vezes. Quase sempre é possível ser honesto e positivo.

→ Especifique ao elogiar, generalize ao criticar (Warren Buffett).

→ Verdade é aquilo que tem poder de previsão.

→ Observe cada pensamento. (Sempre pergunte: "Por que estou tendo esse pensamento?")

→ Toda grandeza vem do sofrimento.

→ O amor é dado, não recebido.

→ A iluminação é o espaço entre seus pensamentos (Eckhart Tolle).

→ Matemática é a linguagem da natureza.

→ Cada momento precisa ser completo em si mesmo.

ALGUNS TUÍTES DE NAVAL QUE SÃO BONS DEMAIS PARA DEIXAR DE FORA

"O que você escolhe para trabalhar e com quem escolhe trabalhar são muito mais importantes do quanto você trabalha duro."

"A educação grátis é abundante, está por toda a internet. O desejo de aprender é que é escasso."

"Se você comer, investir e pensar de acordo com o que as 'notícias' defendem, acabará com a nutrição, as finanças e a moral falidas."

"Desperdiçamos nosso tempo com pensamentos de curto prazo e excesso de trabalho. Warren Buffett passa um ano decidindo e um dia agindo. Esse ato dura décadas."

"As armas não são novidade. A violência não é novidade. As câmeras conectadas são novidade, e isso muda tudo."

"Você é pago por estar certo primeiro, e para ser o primeiro não pode esperar pelo consenso."

"Meu único aprendizado que se repete na vida: 'Adultos não existem.' Todo mundo está se virando enquanto prossegue. Descubra por si mesmo e faça."

"Uma mente ocupada acelera a passagem do tempo subjetivo."

MACACOS SOBRE UMA PEDRA GIRANDO

Sobre por que Naval já não busca a imortalidade:

"Se estudar o mínimo de ciência, você vai perceber que, para todos os propósitos práticos, não somos nada. Somos basicamente macacos sobre uma pedrinha orbitando uma pequena estrela em uma imensa galáxia, que está em um Universo absolutamente gigantesco, que por sua vez pode fazer parte de um multiverso descomunal.

"Esse Universo está aí há provavelmente dez bilhões de anos ou mais, e estará aí por mais dezenas de bilhões de anos. Portanto, sua existência, minha existência, é infinitesimal. É como um vaga-lume piscando uma vez na noite. Nada que fazemos dura. Com o tempo você apagará, suas obras se apagarão, seus filhos se apagarão, seus pensamentos se apagarão, este planeta se apagará, o Sol se apagará... tudo isso vai sumir.

"Há civilizações inteiras das quais nos lembramos agora com apenas uma ou duas palavras, como 'sumérios' ou 'maias'. Você conhece algum sumério ou maia? Você tem muito respeito ou consideração por algum deles? Eles sobreviveram a seu tempo de vida natural de alguma forma? Não.

"Se você não acredita em vida após a morte, [deveria perceber] então que esta vida é tão curta e preciosa que é realmente importante que você não a desperdice sendo infeliz. Não há desculpa para passar a maior parte da sua vida em sofrimento. Você só tem setenta anos dos cinquenta bilhões, ou seja lá quanto tempo for, que o Universo estará aí."

GLENN BECK

Glenn Beck (FB/TW: @glennbeck, glennbeck.com) chegou ao fundo do poço do alcoolismo quando estava na casa dos trinta anos e recomeçou a vida. Avance para 2014: a *Forbes* o citou em sua lista anual das cem celebridades mais poderosas e cravou em 90 milhões de dólares seus ganhos naquele ano. Esse montante o colocou à frente de pessoas como Mark Burnett, Jimmy Fallon, Leonardo DiCaprio e Will Smith. As plataformas de Glenn — que incluem rádio, televisão, digital (TheBlaze.com), editora etc. — recebem algo entre trinta e cinquenta milhões de visitantes por mês.

O objetivo do meu podcast é pressionar os ouvintes a sair das suas zonas de conforto e forçá-los a questionar hipóteses. Regularmente, convido pensadores divergentes que discordam um do outro. Esta entrevista aconteceu graças a uma sessão de sauna tarde da noite com um velho amigo da Universidade Brown que é um liberal em quase todos os sentidos da palavra. Casualmente, eu lhe perguntei: "Se você pudesse escolher uma pessoa para estar no podcast, quem seria?" Ele respondeu sem hesitar: "Glenn Beck. Sua história é fascinante." E é mesmo...

A LIÇÃO MAIS IMPORTANTE QUE GLENN APRENDEU NO RÁDIO

"Se é para escolher só uma, a melhor coisa que aprendi se deu por conta de um erro. Alguém telefonou [para o programa de rádio, nos primeiros dias] e disse: 'Glenn Beck, você é o sr. Perfeito, como se nunca tivesse feito nada errado. Você é incapaz de aceitar falhas em alguém.' Permaneci ali parado algum tempo e a sala ficou realmente em silêncio. E eu disse: 'Sabe, é o seguinte: você não faz a menor ideia de quem eu sou ou das coisas ruins que fiz. Vou lhe dizer quem eu sou.' E passei uns quinze minutos destilando uma sinceridade brutal e inacreditável, expondo o meu verdadeiro eu. O pior. Sem nenhuma desculpa, nada. Apenas dizendo: 'Você acha que sabe alguma coisa? Eu estava mentindo para você. É isso o que eu sou.' Desliguei meu microfone e olhei para meu estagiário na época, o produtor mais inferior na hierarquia, que agora é meu produtor-executivo. Eu disse a ele: 'Marque isso no seu calendário. Hoje é o dia em que Glenn Beck encerrou a carreira dele.'

"Aconteceu o oposto. Eu tinha crescido em um mundo onde tudo era fabricado, tudo era escrito, cronometrado, produzido perfeitamente. O que percebi naquele dia foi que as pessoas estão ávidas por algo autêntico. Elas aceitarão você, com defeitos e tudo, se aquilo for o que você é de verdade. Se você começar a mentir, elas não se interessarão. Somos todos parecidos. **Portanto, o melhor conselho que aprendi foi por causa de um erro: esteja disposto a fracassar ou ter êxito sendo quem você realmente é. Não tente jamais ser alguma outra coisa.** O que você é já é bom o bastante para o que estiver fazendo."

ÍNTEGRO NÃO SIGNIFICA RADICAL

Glenn contou o que aprendeu com uma velha senhora que, aos dezesseis anos, deu a um judeu um prato de sopa. Aquilo era uma sentença de morte na época, e ela foi enviada para Auschwitz.

"Ela disse: 'Glenn, **lembre-se, as pessoas íntegras não se tornaram íntegras de repente. Elas apenas se recusaram a pular no precipício com todas as outras.**' Isso é tudo o que precisamos fazer: saber quais são os nossos princípios, e não nossos interesses. E, enquanto o mundo pula do precipício, não vou mudar meus princípios. Tratando os seres humanos com amor e respeito, quer eles sejam como eu ou não, quer sejam da mesma religião ou de uma religião diferente."

SOBRE UMA CONVERSA QUE MUDOU SUA VIDA, COM O PROFESSOR WAINE MEEKS, DE YALE

Aos trinta e poucos anos, Glenn passou um semestre em Yale estudando teologia e se sentiu deslocado.

"[Wayne] estendeu o braço sobre a mesa, segurou minha mão e disse: 'Me escute um segundo, pode ser? Você percebeu que pertence a isso aqui, certo? Você está bem estudando aqui.' Aquele endosso, por mais bobo que pareça, abriu o meu mundo. Porque foi a primeira vez que alguém disse: 'Você é inteligente. Você pode fazer isso...' Aquilo mudou minha vida. Gostaria que não tivesse mudado, de algumas maneiras. Gostaria que não tivesse significado tanto para mim. Mas aquilo me ensinou — agora em minha posição — a dizer isso para as pessoas. Porque existe alguma coisa idiota em nós que nos leva a sentir que não somos bons o bastante, que não somos inteligentes o bastante."

CITAÇÃO QUE NORTEIA GLENN

"Questione com ousadia até mesmo a existência de um Deus. Porque, se existe um, ele deve aprovar mais o respeito à razão do que o medo cego." — Thomas Jefferson

> **"**Há um místico que diz que só existe uma pergunta boa de verdade: 'O que não estou disposto a sentir?'**"**

TARA BRACH

Tara Brach (FB: TaraBrach, tarabrach.com) é ph.D. em psicologia clínica e uma das maiores mestras de pensamento budista e meditação no mundo ocidental. É fundadora da Insight Meditation Community of Washington, e suas aulas são baixadas centenas de milhares de vezes todos os meses em tarabrach.com.

Animal espiritual: Pantera

Fui apresentado a Tara por Maria Popova (página 448), que disse: "[Tara] mudou minha vida, talvez mais profundamente do que qualquer outra pessoa." Depois li o primeiro livro de Tara, *Radical Acceptance*, e recomendado por um ph.D. em neurociência que trabalhou com Adam Gazzaley (página 163). Eu digeria dez páginas toda noite na banheira, e o livro teve imediatamente um enorme impacto na minha vida. Tanto que interrompi a leitura depois de 20% do livro para testar as lições na vida real. Havia muita coisa para trabalhar.

Talvez minha lição favorita, reproduzida em seguida, seja "Convidando Mara para o chá". Está relacionada a reconhecer de maneira ativa a raiva e outros tipos daquilo que consideramos emoções "negativas". Em vez de tentar reprimir ou afastar algo, dizemos para a emoção/nós mesmos: "Eu vejo você." É uma atividade que vai de encontro à intuição, mas ajuda a dissolver ou resolver o problema. Por exemplo, se você estiver meditando e começar a sentir raiva, talvez por causa da lembrança de alguma ofensa pessoal, você pode repetir em silêncio "Raiva, raiva" para si mesmo e reconhecê-la, o que lhe permite retornar rapidamente a qualquer que seja o seu foco.

Sempre fui um guerreiro, e o reconhecimento com serenidade não me vem naturalmente, o que torna esse conselho ainda mais valioso.

Combater emoções é como se debater em areia movediça — só faz as coisas piorarem. Às vezes, a "defesa" mais proativa é concordar e dar uma piscadela.

———

Convidando Mara para o chá

Esse ser humano é uma hospedaria.
Toda manhã uma nova chegada.

Uma alegria, uma depressão, uma maldade,
Uma consciência momentânea chega
Como um visitante inesperado.

Dê-lhes boas-vindas e acolha-os todos!...
O pensamento obscuro, a vergonha, a malícia,
receba-os à porta com um sorriso
e convide-os a entrar.

Seja grato por quem quer que chegue,
porque cada um foi enviado
como um guia vindo de além.
— Rumi

Uma de minhas histórias favoritas de Buda mostra o poder de um coração vigilante e amistoso. Na noite anterior a sua iluminação, Buda enfrentou uma grande batalha contra o demônio Mara, que atacou o então *bodisatva* Sidarta Gautama com tudo o que tinha: luxúria, cobiça, raiva, dúvida etc. Após fracassar, Mara partiu desnorteado na manhã da iluminação de Buda.

No entanto, parece que Mara foi desencorajado apenas por um tempo. Mesmo depois de Buda passar a ser profundamente reverenciado por toda a Índia, Mara continuou a fazer aparições inesperadas. Uma servente leal a Buda, Ananda, sempre atenta a qualquer dano que pudesse chegar a seu mestre, relatava em desalento que o "Maligno" mais uma vez retornara.

Em vez de ignorar Mara ou afastá-lo, Buda reconhecia calmamente sua presença, dizendo: "Eu vejo você, Mara."

Ele então o convidava para um chá e lhe servia como se fosse um convidado de honra. Oferecendo a Mara uma almofada para que pudesse se sentar com conforto, Buda enchia de chá duas xícaras de cerâmica, colocava-as na mesa baixa entre os dois e só depois se sentava. Mara ficava ali algum tempo e depois partia, mas durante todo o tempo Buda permanecia à vontade e impassível.

Quando Mara nos visita, na forma de emoções perturbadoras ou histórias assustadoras, podemos dizer "Eu vejo você, Mara" e reconhecer claramente a realidade de ansiedade e medo que vive em cada coração humano. Ao aceitarmos essas experiências com o calor da compaixão, podemos oferecer chá a Mara em vez de afastá-lo com medo. Ao vermos o que é a verdade, consideramos com bondade o que é visto. Expressamos essa vigilância do coração toda vez que reconhecemos e aceitamos nossas mágoas e nossos temores.

O hábito de sermos amigos de nós mesmos apenas quando tudo vai bem — de afastar ou ignorar qualquer escuridão — está profundamente entranhado. Mas, assim como uma relação com um bom amigo é marcada por entendimento e compaixão, podemos aprender a trazer essas mesmas qualidades para nossa vida interior.

Pema Chödrön diz que por meio da prática espiritual "estamos aprendendo a fazer amizade com nós mesmos, com nossa vida, no nível mais profundo possível". Nós nos tornamos amigos de nós mesmos quando, em vez de resistir a nossa experiência, abrimos o coração e convidamos de bom grado Mara para um chá.

"A chave em um restaurante — e em qualquer tipo de situação de alta pressão — é que **75% do sucesso consiste em permanecer calmo** e não perder a cabeça. O resto você descobre, mas, uma vez que você perde a calma, tudo o mais começa a desmoronar rápido.**"**

SAM KASS

Sam Kass (TW: @chefsamkass, troveworldwide.com) quase se tornou jogador de beisebol profissional. Em vez disso, largou uma formação em história na Universidade de Chicago para se tornar o chef de cozinha particular da família Obama. Depois, tornou-se conselheiro sênior de política de nutrição da Casa Branca e ficou em 11º lugar na lista das cem pessoas mais criativas de 2011 da revista *Fast Company* por seu trabalho, focado no estabelecimento de parcerias com o setor privado para reduzir a obesidade infantil a apenas 5% em 2030. Sam foi a primeira pessoa na história da Casa Branca a ter um cargo tanto no gabinete executivo quanto na residência do presidente. Atualmente, é sócio-fundador da Trove, que conecta negócios, organizações e governos empenhados em produzir um impacto positivo no mundo.

DE SEU PRIMEIRO *SOUS-CHEF* — DUAS REGRAS PARA A COZINHA E A VIDA

"A primeira é: nunca sirva nada que você não iria querer comer. Nunca sirva porcaria. Essa é a Regra Número Um. Você precisa ter um alto padrão para tudo. Regra Número Dois: quando as coisas ficarem realmente movimentadas, em vez de apenas avançar com dificuldade, tentando trabalhar o mais rápido que conseguir e dar cabo de todos os pedidos, 'dê um passo atrás e faça um plano. Olhe os pratos que você tem e descubra a maneira mais eficiente de prepará-los'. Era o que ele sempre me dizia. Portanto, se você tem cinco itens iguais, não os cozinhe um de cada vez. Separe-os, prepare-os juntos e faça-os juntos."

PROFISSIONAIS USAM ÁCIDO

"Uma diferença entre cozinheiros amadores e profissionais é o nível de acidez. Quando você achar que está pronto, acrescente outro limão. Os profissionais aumentam o nível de acidez. Esse é um dos segredos. Acrescentamos um pouco mais de ácido, e isso melhora o sabor de tudo."

O SEGREDO PARA ÓTIMOS OVOS

"Ovos são uma das coisas mais difíceis de cozinhar. [Para] alguns grandes chefs do mundo, o teste para um novo cozinheiro é fazer uma omelete. Esse seria o principal teste deles. Gosto de ovos de todas as maneiras, mas quase sempre moles, como ovos quentes. Faço ovo frito com gema mole ou ovos mexidos bem macios. O truque para os ovos mexidos macios é — depois de tirar suas facas de manteiga — quebrar os ovos diretamente na frigideira, deixá-los cozinhar por um segundo e então misturá-los. Em seguida, antes de achar que estão prontos, tire-os [da frigideira] porque eles vão endurecer um pouco quando estiverem no prato."

TF: Nos últimos anos, desenvolvi um caso de amor com os ovos quentes, que podem ser uma delícia dos deuses quando feitos corretamente. Eis o meu método: 1) Ponha água para ferver; 2) Acrescente delicadamente os ovos e marque cinco minutos exatos no cronômetro; 3) Controle o calor para que a água ferva suavemente, e não como um poço de lava violento; 4) Após cinco minutos, retire a água quente e substitua-a pela água fria da torneira; 5) Retire a casca e bom apetite.

✳ Conselho para o seu eu mais jovem na formatura da faculdade

"'Paixão' é uma palavra exagerada. Acho que a paixão se desenvolve... Eu me entreguei à comida e, embora seja apaixonado por ela, isso só se tornou uma paixão quando combinei comida e nutrição com saúde, sustentabilidade, política e com o que estamos fazendo para assegurar que todas as pessoas possam ter uma vida saudável, produtiva, incrível por meio daquilo que comem.

"Foi isso que se tornou uma paixão... Muita gente diz: 'Encontre sua paixão.' Acho que a paixão vem de uma combinação de ser aberto, curioso e de realmente ir com tudo quando encontrar algo no qual está interessado."

EDWARD NORTON

Edward Norton (TW: @EdwardNorton) é ator, diretor de cinema e ativista. Foi indicado três vezes ao Oscar, por seus trabalhos em *As Duas Faces de um Crime*, *A Outra História Americana* e *Birdman*. Estrelou muitos outros filmes, incluindo *Clube da Luta*, *O Ilusionista* e *Moonrise Kingdom*. Edward é também um fundador de startups em série (CrowdRise, por exemplo), embaixador da ONU para biodiversidade, um investidor muito bem-sucedido (por exemplo, o início do Uber), piloto e uma pessoa profundamente envolvida com a preservação da natureza.

VOCÊ QUER SER LEVADO A SÉRIO? ENTÃO LEVE AS COISAS A SÉRIO

"[Toby Orenstein] era uma grande diretora... É uma sorte poder contar com alguém que não o diminui, mesmo você sendo jovem, que fala com você como uma pessoa séria e o exorta a levar alguma coisa a sério, a levar o trabalho a sério. Se uma pessoa faz isso da maneira certa, você se sente elevado. Para um jovem, é como se alguém estivesse dizendo: 'Ei! Você quer ser levado a sério? Então leve as coisas a sério. Faça o trabalho. Nada de corpo mole.' Eu diria que era isso que ela proporcionava."

* Um dos ensaios recomendados por Edward

"A catástrofe do sucesso", de Tennessee Williams.

TF: Uma das minhas frases favoritas desse artigo é: "Para mim, um lugar conveniente para trabalhar é um lugar remoto entre estranhos onde seja bom dar um mergulho."

* Documentários favoritos de Edward

The Cruise, de Bennett Miller, e os filmes de Adam Curtis. "Ele tem um filme em quatro partes chamado *O Século do Ego* e uma série em três partes chamada *O Poder do Pesadelo*. Acho esses filmes brilhantes, densos mas realmente reveladores."

TF: *O Século do Ego* foi recomendado por vários convidados do podcast.

* Três filmes favoritos lançados recentemente

Tornei-me um enorme fã do diretor francês Jacques Audiard. Acho que nos últimos anos ele emendou um gol de placa atrás do outro: *De Tanto Bater Meu Coração Parou*, *O Profeta* e *Ferrugem e Osso*.

TF: *O Profeta* é um dos meus filmes favoritos. Se você gosta de filmes de gângster, vai adorar: é violentamente primoroso e dá muitas lições de liderança.

MARLON BRANDO: GÊNIO REAL *VERSUS* GÊNIO FALSO

"Uma das melhores histórias que já ouvi sobre jovens em aula de atuação, e sobre a diferença entre pessoas comuns e um gênio verdadeiro [está relacionada a Marlon Brando]. Harry Belafonte disse que estava em uma aula de teatro com Marlon em Greenwich Village, ambos tinham dezenove ou vinte anos. [Os organizadores da aula disseram]: 'Está bem. Uma pessoa está em casa e outra entra. Você é a pessoa que está no sofá de casa. Faça isso.'

As pessoas produziam todo tipo de conversa forçada ou tentavam criar um cenário... Dizem que Marlon se sentou no sofá e começou a ler uma revista, e um aluno qualquer entrou pela porta. Ele olhou, levantou-se de um salto, pegou o cara pela gola da camisa e o jogou porta afora. Todo mundo ficou com cara de 'Mas o que você está fazendo?'. Ele disse: 'Não sei quem é a porra desse cara. Ele entrou na minha casa. Fiquei completamente assustado.' Entende o que eu quero dizer? É como: 'Espere aí. É, provavelmente não haveria uma cena. Não haveria uma conversa.'"

"Vinho é coisa de supermercado, e não um luxo."

RICHARD BETTS

Richard Betts (TW:@yobetts) foi diretor de vinhos do Little Nell, em Aspen, de 2000 a 2008. Também passou no exame para Master Sommelier da Court of Master Sommeliers na primeira tentativa, tornando-se a nona pessoa na história a atingir esse feito. No momento em que estou escrevendo, existem apenas cerca de 250 Master "somms" no mundo. Ele é autor de *The Essential Scratch & Sniff Guide to Becoming a Wine Expert* e *The Essential Scratch & Sniff Guide to Becoming a Whiskey Know-It-All*.

Animal espiritual: Golfinho-rotador

O COMEÇO DA AVENTURA DE RICHARD COM VINHOS

Richard estava em vias de se tornar advogado e... odiava essa situação. Muitos anos antes, passara um tempo na Itália. "Quando eu estava na pós--graduação em Flagstaff, trabalhava para uma pequena empresa ambientalista. Constatei que não importava se você estivesse trabalhando com ambientalismo ou com falências — era a mesma vida, fazendo as mesmas petições, passando por Park Place todas as vezes. Você só trocava o chapéu pelo sapato, ou qualquer que fosse a peça. Ainda é o mesmo jogo, e percebi que não gostava daquele jogo. Portanto, eu estava realmente pronto para esse momento... Estava quase no fim de semana em que defenderia a tese. Meu trabalho final era ótimo, e eu deveria ir para a escola de direito seis semanas depois.

"[Em vez de ir,] saí da sala de aula, pulei a cerca e corri pela Rota 66 lá em Flagstaff até um restaurante que também era loja de vinhos. Eu não sabia nada de vinho. Só sabia que o tomava diariamente na Itália e quanto isso significava para mim. Entrei e comprei totalmente baseado na aparência... Pensei: *Acho que reconheço esse rótulo*. Então o levei para casa, saquei a rolha e servi uma taça. O primeiro cheiro me levou de volta a um momento de quase quatro anos antes, quando eu morava na Itália. Lembrei-me especificamente de um jantar na Osteria del Cinghiale Bianco, em Florença. Lembrei-me de onde me sentei, onde minha companheira se sentou, o que ela comeu, o que estava vestindo, o que comi e o que a garçonete fez de certo e errado naquela noite. Tudo aquilo voltou de repente com um cheiro."

✳ Quais são os vinhos mais subestimados ou mal avaliados?

O Grenache da Rusden, o Zinfandel da Turley e o Chenin Blanc da Mosse. E não se esqueça: "Tente cheirar com a boca aberta, porque assim você obterá mais informações."

EXPLICANDO SUA TATUAGEM DE "*BE NICE*", QUE COMEÇOU COM A LETRA "B"

"Era um lembrete para ser gentil, atencioso, benevolente...* para ser um cara bom, porque às vezes sou meio agitado. Aí cresceu e se tornou '*Be nice*' [Seja bom], pura e simplesmente."

---

* Em inglês, "*be* kind, *be* thoughtful, benevolent..." [N. do T.]

ESCOLA DE CULINÁRIA — UMA COMPARAÇÃO DE BATATA COM BATATA

"Fui falar com um chef: 'Estou pensando... não sei se lhe peço um emprego ou se vou para uma escola de culinária.' Ele disse: 'O negócio é o seguinte. Você pode vir aqui hoje, me pedir um trabalho e direi que sim, ótimo, e lhe dar várias batatas para descascar. Ou você pode ir para uma escola de culinária, passar mais dois anos da sua vida se preparando, gastando de 30 a 40 mil dólares por ano para estar ali, depois me procurar e me pedir um emprego. Vou dizer que sim, claro, e lhe dar um panelão de batatas para descascar. Dá no mesmo.' Então falei para ele: 'Está bem, sou bom em matemática. Entendi. Onde estão as batatas?' Foi simples assim."

PARTINDO PARA O ATAQUE — EVITANDO DELIBERADAMENTE AS MULTIDÕES PARA TER MAIS ACESSO

"Havia dois chefs para os quais eu queria trabalhar em Tucson, que são ótimos — bem respeitados no âmbito nacional. Ninguém queria se mudar para lá e trabalhar com eles, então [se eu fosse], poderia ter acesso imediato e melhorar muito meu aprendizado. Foi o que eu fiz. Cheguei para o segundo chef e disse: 'Oi, cara, quero trabalhar com você. Por isso estou no Arizona.' E ele disse: 'Ótimo. O que você tem feito?"

TF: Richard conseguiu o emprego. Isso é muito parecido com a filosofia de "ir para o ataque", de Chris Sacca (página 192), que foi quem me apresentou a Richard. A concorrência é superestimada (veja Peter Thiel, página 263), e às vezes você pode empurrar uma pedra morro abaixo em vez de morro acima (veja Seth Godin, página 269).

NÃO TRABALHE PARA OS PRÊMIOS, FAÇA OS PRÊMIOS TRABALHAREM PARA VOCÊ

TIM: "Na sua opinião, o que as pessoas financeiramente bem-sucedidas, mas infelizes de modo geral, têm em comum?"

RICHARD: "Objetivos mal estabelecidos. Acho que perseguir o lado financeiro não é a maneira certa de fazer. Aquele primeiro chef que me deu aquele primeiro trabalho com vinho era ótimo. Fomos ignorados por algumas coisas na imprensa, e eu era novo no mundo da gastronomia e do vinho. Ele disse: **'Olhe, Richard, se trabalhar para os prêmios, você não vai fazer um bom trabalho. Mas se fizer um bom trabalho, os prêmios virão.'"**

* Conselho para o seu eu de 25 anos

"**Não seja tão tímido, porra...** Cara, ainda me lembro de exemplos dos últimos dois anos em que penso: *Richard, eu gostaria que você tivesse sido mais audacioso. Gostaria que você tivesse pedido X em vez de ter sido tão sutil e apenas insinuado isso.* Tento fazer aquela coisa sutil, elegante, que deixa uma impressão realmente boa. Acho que parte disso é, na verdade, ser tímido. Às vezes, os sinais externos que você dá são tênues demais para serem ouvidos, ou alguém está falando mais alto do que você."

* Acho você um professor espetacular. Se estivesse lecionando em uma turma do nono ano, o que ensinaria?

"Ame a si mesmo... Você tem que amar a si mesmo antes de poder amar os outros. Sem isso, não vai acontecer nada produtivo e todos nós corremos o risco de dar com a cara na parede."

MIKE BIRBIGLIA

Mike Birbiglia (TW: @birbigs, birbigs.com) é um dos comediantes mais ocupados do mundo, tanto à frente quanto atrás das câmeras. Ele começou fazendo shows de standup e chegou ao auge em seu campo — uma apresentação solo em circuito internacional que combina teatro, filme, contação de histórias e comédia standup. Seus projetos vão de turnês esgotadas e best-sellers na lista do *The New York Times* a aparições em filmes e a presença em *The American Life*, na rádio pública, onde presta uma colaboração significativa ao apresentador e produtor Ira Glass. Mais recentemente, foi criador, roteirista e estrela do filme *Don't Think Twice*.

Animal espiritual: Urso-pardo

ARTE É SOCIALISMO, MAS VIDA É CAPITALISMO

"Minha esposa observou que todos são iguais no palco, mas fora dele são completamente desiguais." Mike anotou: "Arte é socialismo, mas vida é capitalismo." E isso se tornou um princípio norteador para seu filme *Don't Think Twice*.

SÓ A EMOÇÃO PERDURA

Mike põe quadros de cortiça nas paredes e prende cartões neles. Um de seus favoritos tem apenas quatro palavras de Ezra Pound, que Mike considera uma das melhores citações para o ofício da escrita: "Só a emoção perdura."

O SILÊNCIO ÀS VEZES FALA MAIS ALTO QUE AS PALAVRAS

TIM: "Com alguém como Ira [Glass], ou com qualquer outra pessoa, existe alguma maneira específica de você obter um feedback para tornar isso o mais útil possível?"

MIKE: "Em geral, digo trechinhos e piadas ao telefone, em parte porque isso pode me render tranquilamente um feedback de maneira não muito crítica. Quando se está cara a cara com alguém [e diz uma piada, a pessoa pode] sentir a pressão de ter que rir ou responder de maneira educada. Pelo telefone, é fácil passar rápido pelas coisas, e posso perceber quando as pessoas estão interessadas pelo que foi dito. Li que Quentin Tarantino telefona sem parar para as pessoas e conta sobre os filmes em que está trabalhando. Ele diz que não precisa sequer ouvir uma risada; ele consegue saber, pelo silêncio, qual é o nível de interesse delas."

ESCREVA EM TRANSE E ATUE EM TRANSE

"Tento escrever antes que minhas inibições tomem conta de mim. Tento fazer isso às sete da manhã. Como também sou ator, sempre digo: 'Escreva em transe e atue em transe.' Não vale a pena pensar conscientemente no que está pondo no papel. Muitas vezes, escrevo em meu diário como se aquilo nunca fosse ser lido por ninguém, e depois, quase sempre, acabo publicando as coisas que registro em meu diário secreto."

MIKE!!! VOCÊ TEM UMA REUNIÃO CONSIGO MESMO!

"Na verdade, isso é uma verdadeira esquisitice que raramente admito a alguém, que dirá em público. Para terminar um roteiro, constatei que eu ficava adiando. Aí comecei a analisar meus hábitos. [Percebi que] eu estava adiando escrever o roteiro, mas não adiava os almoços com Brian Koppelman [página 669, um amigo em comum] ou com meu irmão, ou seja lá com quem fosse... Então pensei: *Sou sempre pontual e nunca falto aos compromissos, por que não fazer isso comigo mesmo?* Então pus um bilhete escrito à mão ao lado da cama dizendo — e com três pontos de exclamação — 'Mike!!! Você tem uma reunião com a sua mente às sete da manhã no Café Pedlar [onde eu estava escrevendo]', o que é uma estupidez. É muito constrangedor admitir, mas funcionou."

✳ Podcasts recomendados

Sleep with Me: Mike adormece ouvindo esse podcast. Ele é famoso por seus seríssimos distúrbios de sono. Certa vez, durante um ataque de sonambulismo, ele pulou de uma janela no segundo andar e quase morreu.

Scriptnotes: Este foi lembrado por pelo menos meia dúzia de convidados. Recomendação legítima de realizadores legítimos.

✳ O que você colocaria em um outdoor?

"Eu o deixaria na Times Square e diria: 'Nenhuma dessas empresas se importa com você.'"

COMO ABORDAR CELEBRIDADES (E FAZER O PRESIDENTE OBAMA DIZER "COCÔ")

"Encontrei [o presidente Obama] dois anos atrás, quando minha esposa estava grávida. Sempre que encontramos uma pessoa que sabemos que não se importa em nos encontrar, minha esposa e eu tentamos fazer uma pergunta trapaceira que a confunda. A pessoa é meio que obrigada a responder ou pensar naquilo. Sempre dou esse conselho às pessoas. Se algum dia você vir Jimmy Fallon na rua, não diga 'Eu amo o *Tonight Show*!'. Diga algo como 'O que você acha de kiwi?' e ele não vai conseguir não dizer 'Eu amo kiwi!'. Fale com as pessoas sobre algo que elas não imaginavam que você fosse falar. Então, de repente, você está conversando com Jimmy Fallon sobre kiwi e terá essa história pelo resto da vida.

"No caso de Obama, como minha esposa estava grávida de quatro meses mas não tínhamos contado a ninguém ainda, eu disse: 'Por que você não conta para ele que está grávida?' Então nos aproximamos dele: 'Sr. presidente, esta é minha esposa, Jen. Ela está grávida de alguns meses, mas não conte a ninguém.' E ele não se aguentou. O presidente dos Estados Unidos não se aguentou e disse: 'Ah, eu sou o primeiro a saber?' Jen disse que sim e perguntou: 'Você tem algum conselho de pai?' Ele respondeu: 'Procure dormir um pouco.' E a gente começou a rir porque era o presidente. Não era tão engraçado, pelo aspecto cômico, mas ele é como se fosse seu chefe multiplicado por um milhão. Mas então ele fez melhor: 'Não, na verdade, tem uma coisa. Quando você traz o bebê para casa, o cocô...' No momento em que o presidente disse 'cocô', pensei: *Este é o melhor dia da minha vida. Eu poderia morrer agora que por mim tudo bem.* Ele disse: 'Quando você traz o bebê para casa, o cocô não cheira. Não cheira como cocô de adulto. Cocô de adulto fede muito.' Então ele olhou para mim em busca de confirmação, e eu: 'Sem dúvida, sr. presidente, cocô de adulto, de fato, tem um cheiro horrível. Obrigado por me convidar para o Seminário do Cocô 2015.'

"E ele não parou por aí: 'Os bebês desejam é criar uma rotina para a alimentação e o sono. A amamentação nem sempre dá certo de primeira. Isso pode trazer um pouquinho de insegurança, mas não se assustem. E se o bebê não dormir direito no começo também não se assustem.' Ele fez uma pausa, pensou e continuou: 'São conselhos realmente bons.' Ele elogiou os próprios conselhos. Estou dizendo, a melhor coisa é fazer às pessoas perguntas que elas não estão esperando."

✴ Conselho para o seu eu de vinte anos

"Eu diria: '**Escreva tudo, porque tudo é muito passageiro.**' Também falaria para o meu eu ter um diário. Eu até tenho, mas teria sido mais meticuloso. Depois eu diria: 'Não se curve diante dos guardiões à porta (no meu caso) da indústria de entretenimento, nem à porta de qualquer negócio ou empreendimento.' **Não se curve aos guardiões porque, em essência, não há guardiões. Você é o guardião...**

"**Não desperdice seu tempo com marketing, apenas tente melhorar...**

"**E também: não se trata de ser bom; trata-se de ser ótimo.** Porque o que constato, à medida que vou ficando mais velho, é que muita gente é boa, muita gente é talentosa, muita gente é inteligente. Mas nem todo mundo entrega a alma quando desempenha sua função."

O POTE DO FORMIDÁVEL

Isso não foi ideia minha, mas de uma ex-namorada que é uma pessoa muito querida. Ela fez e me deu de presente o Pote do Formidável, porque sou muito bom em conquistas e historicamente não muito bom em reconhecê-las. Eis como funciona:

Tenho um pote de vidro na bancada da cozinha de casa com os dizeres "Pote do Formidável" na lateral, em letras cintilantes. Toda vez que algo realmente bacana acontece, algo que me deixou animado ou alegre, a ordem é escrever isso em um pedaço de papel e pôr dentro do pote. Quando algo muito bom acontece, você acha que vai se lembrar disso três meses depois, mas não é verdade. O Pote do Formidável faz você criar um registro das coisas boas que *realmente* aconteceram, todas fáceis de esquecer se você estiver deprimido ou vendo o mundo através de um filtro cinza. Tendo a comemorar muito brevemente, se é que comemoro, então isso gera resultados por semanas, meses ou anos.

O Pote do Formidável tem causado um tremendo impacto na minha qualidade de vida. Parece ridículo admitir, e meu eu de vinte anos provavelmente vomitaria, mas, cara, funciona.

Mantenho o pote onde posso vê-lo sempre. Toda vez que o nome atrai meu olhar, uma vozinha na minha cabeça diz: "As coisas não estão tão mal assim, Bisonho. Anime-se, porra!" Passei a perceber que: A) Se você for sério o tempo todo, vai se desgastar antes de algo realmente sério ser feito; B) Se você não valorizar constantemente as pequenas vitórias, nunca valorizará as grandes. Todas elas escorrem pelos dedos como areia enquanto você fica obcecado com a próxima semana, a próxima coisa a fazer, a próxima coisa a consertar. Isso torna o "sucesso", na melhor das hipóteses, uma vitória que custa caro demais e não vale a pena.

Agora, se não quiser um negócio com os dizeres "Pote do Formidável", você pode pôr uma enorme estrela ou um ponto de exclamação na lateral. Contudo, quanto mais sério você for na "vida real", mais ridículo eu acho que deveria ser. Quem você está tentando impressionar? Se tiver filhos, convide-os para essa atividade. Muitos fãs meus têm hoje famílias inteiras desenvolvendo a gratidão por meio desse presente de Deus simples e que não requer recursos tecnológicos.

Cultive o hábito de guardar alguma coisa ali todo dia. Você não consegue pensar em nada? "Eu não morri hoje!" é uma bela vitória. É totalmente formidável se comparado à alternativa. Procure o bem, pratique encontrar o bem e você o verá com mais frequência.

MALCOLM GLADWELL

Malcolm Gladwell (TW: @gladwell, gladwell.com) é autor de cinco livros que entraram na lista dos mais vendidos do *The New York Times*. Foi considerado uma das "Cem Pessoas Mais Influentes" pela revista *Time* e um dos "Maiores Pensadores Globais" pela *Foreign Policy*. Explorou como as ideias se espalham em *O ponto da virada*, as tomadas de decisão em *Blink*, as raízes do sucesso em *Fora de série — Outliers* e as vantagens das desvantagens em seu último livro, *Davi e Golias*. Em seu projeto mais recente, o podcast *Revisionist History*, Gladwell examina o modo como a passagem do tempo muda e esclarece o nosso entendimento do mundo à nossa volta.

* O que você tomou no café da manhã?

"Tomei um cappuccino e comi um terço de um croissant. Adoro croissants, mas acho que devemos comer o mínimo possível de manhã... Essa é uma das minhas regras."

* Sobre o chá preto lapsang souchong

"Algumas pessoas o cheiram e saem correndo na direção oposta. Elas nem ao menos acham que é um chá. Vou com frequência a um café que vende o lapsang souchong. Acho que sou uma das poucas pessoas que o tomam lá."

TF: O lapsang souchong tem um sabor muito defumado, turfoso. Lembro que um amigo meu que bebia muito uísque o usou com o intuito de diminuir o consumo de álcool.

* De que maneira você decide começar um capítulo ou um livro?

"Não é uma questão de matemática, em que só há uma resposta. Portanto, perceber que não há apenas uma boa resposta ajuda a tirar a pressão. Normalmente, posso testar várias aberturas. Para mim, esse processo acaba ficando mais fácil, porque não começo pelo começo. A vida fica muito mais simples quando não começamos pelo começo."

TF: Procure "5 great examples of in medias res" para mais informações sobre esse método. *In medias res* significa literalmente "no meio das coisas" em latim, e se refere a começar uma história (capítulo, romance, filme, video game, seja o que for) pelo meio ou pelo fim. Fiz isso em todos os meus livros anteriores.

COMO MALCOLM APRENDEU A FAZER PERGUNTAS

Um dos ensinamentos de seu pai, um matemático, foi educar Malcolm a fazer perguntas e mais perguntas.

"Meu pai não tem nenhuma insegurança intelectual... Nunca passou pela cabeça dele se preocupar que o mundo pense que ele é idiota. Ele não entra nesse jogo. Portanto, se não entende alguma coisa, ele simplesmente pergunta a você. Ele não se importa se isso vai parecer tolo. Fará a pergunta mais óbvia sem qualquer tipo de preocupação... Então ele faz muitas e muitas perguntas 'burras', no melhor sentido da palavra. Ele dirá a alguém: 'Não entendi. Explique isso para mim.' Ele vai fazer perguntas até entender direito, e eu cresci ouvindo-o fazer isso em todos os ambientes possíveis. [Se meu pai tivesse conhecido Bernie Madoff,] nunca teria investido dinheiro com ele porque teria dito 'Eu não entendo' umas cem vezes. 'Não entendo como isso funciona', com aquele tipo de voz burra, lenta. 'Não entendi, senhor. O que está acontecendo?'"

(Veja Alex Blumberg, página 337.)

✳ Modelos de Malcolm no mundo da oratória

"O historiador Niall Ferguson fez um brinde de aniversário que foi o melhor brinde que já ouvi na minha vida. [Foi] muito melhor do que qualquer coisa que já ouvi. Estava em outro nível."

✳ Um conselho ruim que você ouve sendo dado com frequência

"O pior conselho que, em geral, damos nos Estados Unidos é aterrorizarmos alunos do ensino médio em relação a suas escolhas de faculdade. Tudo relacionado a faculdade se encaixa na categoria 'conselho ruim'. Como você vai perceber ao ouvir meus discursos inflamados sobre faculdade [em *Revisionist History*], acho que é preciso explodir o sistema americano de ensino superior e começar de novo... Será que sou tão inspirado pelo que aprendi durante o dia que quero ficar falando sobre isso à uma hora da manhã? E será que existe alguém que terá essa conversa comigo e me desafiará? É isso. Tudo o mais é absurdo."

STEPHEN J. DUBNER

Stephen J. Dubner (TW: @freakonomics, freakonomics.com) é um premiado escritor, jornalista e personalidade de rádio e TV. É mais conhecido por ter escrito, juntamente com o economista Steven D. Levitt, *Freakonomics*, *SuperFreakonomics*, *Pense como um freak* e *Quando roubar um banco*, que, juntos, venderam mais de cinco milhões de exemplares em 35 línguas. Ele é apresentador do podcast *Freakonomics Radio*, que tem uma popularidade imensa.

Animal espiritual: Um vira-lata de tamanho médio e linhagem bastante inexpressiva, um pouco tímido, relativamente amistoso depois de algum tempo, descuidado, mas não muito selvagem, bem leal e que durma bem

UM FAVORITO MENOS CONHECIDO

Nós dois somos completamente apaixonados por *Levels of the Game*, de John McPhee, um livro inteiro sobre uma única partida de tênis entre Arthur Ashe e Clark Graebner em 1968. São só 162 páginas, e o *The New York Times* foi efusivo: "Talvez seja o ponto alto do jornalismo esportivo americano." É o livro mais presenteado por Stephen a adultos. Às crianças, seu livro mais presenteado é *O pote vazio*, de Demi.

* Alguma citação que rege sua vida ou na qual pensa com frequência?

"O suficiente é tão bom quanto um banquete."

QUANDO PÔR DE LADO SEU SENSO MORAL

"Quem quer resolver um problema — qualquer problema com o qual se importe o bastante para querer resolvê-lo — quase certamente o aborda com um monte de ideias. Por que é um problema importante? O que me incomoda exatamente? Quem são os vilões do problema? E por aí vai.

"Então, se você é ambientalista e acredita que uma das maiores tragédias dos últimos cem anos são as pessoas saqueando o meio ambiente, no instante em que você fica sabendo de um problema que atinge o meio ambiente, seja o colapso das abelhas ou algo relacionado à qualidade do ar, sua posição moral imediata é: 'Bem, eu sei exatamente qual é a causa: pessoas que estão sendo estúpidas, descuidadas, gananciosas.'

"Isso pode ser verdade, mas também pode não ser. Nosso argumento é: se tentar abordar cada problema a partir do seu senso moral, antes de mais nada você cometerá muitos erros. Excluirá muitas soluções possíveis que podem funcionar. Vai presumir que sabe muitas coisas, quando na verdade não sabe, e não será um bom parceiro para encontrar uma solução com outras pessoas que por acaso não veem o mundo da mesma maneira que você."

* Qual é o pior conselho que você ouve sendo dado com frequência?

"'Escreva sobre o que você sabe.' Por que eu iria querer escrever sobre o que eu sei? Será que não quero usar a escrita para aprender mais?"

SOBRE EXAMINAR IDEIAS DE *BRAINSTORMING*

"Algumas ideias se revelavam não muito interessantes. Em algumas realmente não acreditávamos. Outras viriam a ser interessantes e genuínas, mas não tinham dados ou histórias para ilustrá-las... **então nosso *brainstorming* era: vamos propor o máximo de ideias possível, colocá-las sob escrutínio e**

basicamente tentar eliminá-las. Então continuávamos com as que não dava para descartar."

∗ Três fontes com as quais você aprendeu ou que acompanhou de perto no último ano
On-line: *Marginal Revolution*, Kottke.org e *Cool Tools* (de Kevin Kelly, página 514).

∗ Um conselho para o seu eu mais jovem
"Eu diria que é tudo muito simples: 'Não fique assustado.' Há muitas coisas que não fiz, muitas experiências que nunca tentei, muitas pessoas que deixei de conhecer porque eu era, de certa forma, intimidado ou assustado... Isso também ajuda a sustentar o que os psicólogos chamam de 'efeito holofote', como se todo mundo se importasse com o que faço. E a verdade é: ninguém está nem aí para o que faço."

JOSH WAITZKIN

Josh Waitzkin (joshwaitzkin.com) foi a base para o livro e o filme *Lances Inocentes*. Considerado um prodígio do xadrez, ele aperfeiçoou estratégias de aprendizado que podem ser aplicadas a qualquer coisa, incluindo suas outras paixões: o jiu-jítsu (ele é faixa preta treinado pelo fenômeno Marcelo Garcia) e o *tai chi push hands* (é campeão mundial). Hoje em dia, passa seu tempo treinando os maiores atletas e investidores do mundo, trabalhando para revolucionar a educação e lidando com sua nova paixão, o standup paddle, muitas vezes quase me matando no processo. Conheci Josh depois de ler seu livro, *The Art of Learning*, e nos tornamos grandes amigos.

Animal espiritual: Gorila

ESPAÇO VAZIO

Josh não tem perfil em redes sociais, não dá entrevistas (exceto em meu podcast, motivo pelo qual ele me manda à merda com frequência) e evita quase todas as reuniões e ligações. Ele minimiza a entrada e maximiza a saída de informações, mais ou menos como Rick Rubin. "Cultivo o espaço vazio como um modo de vida para o processo criativo", afirma Josh.

APRENDENDO O MACRO A PARTIR DO MICRO

Josh foca mais na profundidade do que na amplitude. Usa com frequência um princípio chamado "aprender o macro a partir do micro". Isso significa focar em algo muito pequeno em determinado campo (xadrez, artes marciais ou qualquer outra coisa) para internalizar princípios macro extremamente poderosos que se aplicam a todas as áreas. Isso às vezes é combinado com "começar pelo fim do jogo". Por exemplo, quando Josh me deu uma aula básica de xadrez, não começou com os movimentos de abertura. Memorizar as aberturas é natural, e quase todo mundo faz isso, mas Josh compara essa atitude a roubar de um professor as respostas do teste. Não estaríamos aprendendo princípios ou estratégias — estaríamos apenas aprendendo alguns truques que nos ajudariam a vencer nossos amigos novatos. Em vez disso, Josh fez o inverso comigo, como seu primeiro professor, Bruce Pandolfini, fez com ele. O tabuleiro estava vazio, exceto por três peças, em um panorama que simulava o fim de uma partida: rei e peão contra rei. Através do *micro* — posições de complexidade reduzida — ele foi capaz de me fazer focar no *macro*: princípios como o poder do espaço vazio, oposição e colocar um oponente em um *zugzwang* (uma situação em que você vai se prejudicar com qualquer movimento que fizer). Limitando-me a algumas peças simples, ele esperava que eu aprendesse algo ilimitado: conceitos de alto nível que eu poderia aplicar em qualquer momento contra qualquer pessoa. Eu o vi aplicar isso a muitas coisas, inclusive no ensino de jiu-jítsu, em que ele pode cobrir quase todos os princípios dessa arte marcial focando em uma única finalização (fim do jogo) chamada "guilhotina".

SE VOCÊ ESTÁ ESTUDANDO O MEU JOGO, ESTÁ ENTRANDO NO MEU JOGO

Josh e eu passamos muito tempo discutindo sobre Marcelo Garcia, o cinco vezes campeão de jiu-jítsu e sócio de Josh na Marcelo Garcia Academy, em Nova York. Marcelo é, possivelmente, o melhor *grappler* [lutador especializado em luta agarrada] dos últimos cem anos, uma combinação de Mike

Tyson, Wayne Gretzky e Michael Jordan em seu esporte. Enquanto a maioria dos competidores é reservada sobre suas preparações para as competições, Marcelo muitas vezes grava e transmite pela internet suas sessões de luta, seus treinamentos específicos para grandes eventos. Josh explica o raciocínio:

"[Marcelo] mostrava a esses competidores o que estava prestes a usar contra eles duas, três, quatro semanas [antes da competição], e sua atitude em relação a isso era completamente excepcional: 'Se você está estudando o meu jogo, está entrando no meu jogo, e serei melhor nisso do que você.'"

TF: Compartilho com frequência os detalhes por trás de como construí o podcast, criei campanhas do Kickstarter etc. Faço isso por causa de duas crenças profundas. Crença nº 1 — Raramente esse é um jogo de soma zero (se alguém vence, outra pessoa perde), e quanto mais ajudo as pessoas com detalhes, mais ajuda em detalhes eu recebo. Crença nº 2 — Se isso é competitivo, estou simplesmente oferecendo às pessoas os detalhes do *meu* jogo. Minha atenção aos detalhes assustará metade das pessoas que teriam tentado; 40% delas tentarão e serão piores do que eu; 10% tentarão e poderão ser melhores do que eu, mas... volte à crença nº 1. Esses 10% com frequência entrarão em contato para me ensinar o que aprenderam, porque são gratos pela minha transparência.

LEMBRE-SE DAS TRÊS ÚLTIMAS VIRADAS

"Eu me lembro de uma vez que esquiei com Billy Kidd, um dos grandes competidores olímpicos de *downhill* dos anos 1960. Ele é um cara formidável. Agora ele esquia no Colorado com chapéu de caubói... Ele me [perguntou] anos atrás, quando esquiei com ele pela primeira vez: 'Josh, na sua opinião, quais são as três viradas mais importantes na corrida de esqui?' Fiz essa pergunta para muita gente desde então.

"A maioria das pessoas dirá que é 'no meio, porque é a mais difícil' ou 'no começo, por causa do impulso', mas ele diz que as três viradas mais importantes em uma corrida de esqui são as três últimas antes de subir no teleférico. É um ponto muito sutil. Para aqueles de vocês que são esquiadores, é quando a pista diminui a inclinação e há menos desafio. A maioria das pessoas fica muito relaxada, então... elas têm um mau desempenho, descuidam da postura etc. O problema é que subindo no teleférico, inconscientemente, você acaba internalizando uma mecânica corporal ruim.

"Como Billy observa, se suas três últimas viradas são precisas, então o que você está internalizando ao subir no teleférico é a precisão. Portanto, transmito isso aos caras que treino no mundo das finanças. Por exemplo: terminar o dia de trabalho com a qualidade lá em cima, o que, antes de mais nada, significa que você está internalizando a qualidade da noite para o dia."

TF: Graças a Josh, agora sempre termino minhas sessões de treinamento com uma boa "repetição", seja em AcroYoga, ginástica, arco e flecha ou algum outro exercício. Por exemplo, mesmo que eu tenha sessenta minutos reservados para ir à academia, se alcanço o "RP" (recorde pessoal) aos 45 minutos, ou faço bem alguma coisa nova, eu encerro. No caso do arco e flecha, também uso a prática do "fardo em branco", em que começo e termino todas as sessões com cinco ou seis disparos guiado apenas pelos sentidos, com olhos fechados, contra um alvo que está a apenas três metros de distância. Isso é semelhante ao "tiro seco" com armas de fogo. Um dos escritores favoritos de Josh, Hemingway, tinha o hábito de terminar suas sessões de escrita no meio do fluxo e no meio da frase. Assim, sabia exatamente onde começar no dia seguinte e podia terminar e iniciar suas sessões com confiança.

PARA SE LIGAR, APRENDA A SE DESLIGAR (E VICE-VERSA)

"Uma de minhas lembranças mais bonitas de [Marcelo] é a de um campeonato mundial, pouco antes da semifinal. Ele está cochilando em uma arquibancada. Todo mundo gritando e ele adormecido na arquibancada. Não posso acordá-lo.

"[Por fim] ele foi cambaleando até o tatame [e] ninguém nunca viu um cara mais relaxado antes de entrar em uma luta do mundial... Ele pode se desligar profundamente e, cara, quando ele pisa no tatame, é impossível se ligar com mais intensidade do que ele. Sua capacidade de se desligar está diretamente alinhada com a intensidade com que ele pode se ligar. Portanto, treino pessoas para fazer isso, para ter uma ondulação de estresse e recuperação ao longo do dia.

"O treinamento de intervalo [com frequência ao meio-dia ou na hora do almoço] e a meditação juntos são hábitos maravilhosos para se desenvolver a fim de cultivar a arte de se ligar e se desligar."

AS PEQUENAS COISAS SÃO AS GRANDES COISAS

"Estamos falando sobre Marcelo incorporando o princípio de qualidade em todas as pequenas atitudes [por exemplo, protocolos de limpeza minuciosos para a academia, ter pessoas arrumadas em seus uniformes na aula]. Você até poderia dizer que essas pequenas condutas não fazem diferença, mas acabam fazendo, sim, uma diferença enorme."

TIM: "As pequenas coisas são as grandes coisas. Porque são um reflexo. Isso pode parecer clichê, mas o modo como você faz uma coisa é o modo como faz tudo."

JOSH: "É um princípio crucial e muito bonito, e a maioria das pessoas acha que pode esperar pelos grandes momentos para se ligar. Mas se você não cultivar essa postura como um modo de vida até nos pequenos momentos — e há centenas de vezes mais pequenos momentos do que grandes momentos —, então não vai ter nenhuma chance nos grandes momentos... Acredito que quando não estamos cultivando qualidades, estamos basicamente cultivando negligência."

"DÊ A VOLTA" PELO RESTO DA VIDA

"O pensamento lateral ou o pensamento temático, a capacidade de aprender uma lição com um assunto e transferi-la para outro, é uma das disciplinas mais importantes que qualquer um de nós pode cultivar. Desde cedo, nós [minha esposa e eu] começamos a cultivar [em nosso filho pequeno, Jack] o princípio de 'dar a volta'. Na primeira vez, estávamos em uma casinha em Martha's Vineyard, em um campo grande, e ele estava tentando entrar por uma porta. Não conseguia, mas podia entrar pela outra porta, e eu disse: 'Jack, dê a volta.' Ele olhou para mim e deu a volta.

"Então 'dê a volta' se tornou uma linguagem para nós, no sentido de resolver pequenos dilemas e vencer obstáculos. Trabalhar com a metáfora de 'dar a volta' abriu um caminho em que podemos ter um diálogo sobre conexão — levar um princípio de uma coisa e aplicá-lo em outra —, e temos nos divertido muito com isso."

"ADOTE SUA ONDA"

"Quem criou esse termo foi meu camarada Graham Duncan [um bem-sucedido administrador de um 'fundo de fundos'], um amigo querido que participou das nossas aventuras de surfe. Ele discute ideias com brilhantismo... Imagine um entrelaçamento de genialidade e loucura, brilho e excentricidade, de cada um. A compreensão desse entrelaçamento é um precursor para se trabalhar com qualquer pessoa que está tentando se sobressair em alguma coisa, porque o entrelaçamento é fundamental para a existência dela. O indivíduo tem que, no fim das contas, adotar a onda dele, adotar o que o torna diferente, e construir em cima disso."

QUEM VOCÊ ESCOLHE QUANDO SEU EGO PARECE AMEAÇADO?

Voltando ao mundo dos esportes de combate e do jiu-jítsu:

"É muito interessante observar quem os maiores competidores escolhem depois de cinco rounds de treinamento para uma luta, quando estão completamente exaustos. Aqueles que estão na curva de crescimento mais íngreme procuram o cara mais difícil — aquele que pode derrotá-los —, enquanto os outros procuram alguém que talvez lhe permita fazer uma pausa."

A IMPORTÂNCIA DA LINGUAGEM EM UM DIA CHUVOSO

"Um dos maiores erros que observei no primeiro ano da vida de Jack foi o de pais que têm uma linguagem improdutiva sobre o tempo estar bom ou ruim. Sempre que está chovendo, ouvimos mães, babás e pais dizendo: 'O tempo está ruim. Não podemos sair.' Ou quando não está chovendo: 'O tempo está bom. Podemos sair.' Isso significa que, de algum modo, somos externamente dependentes de as condições estarem perfeitas para podermos sair e nos divertir. Então, Jack e eu nunca perdemos uma única tempestade, de chuva ou neve, para sairmos e rompermos com isso. Talvez tenhamos perdido uma quando ele estava doente. Desenvolvemos uma linguagem sobre a beleza disso. Agora, sempre que o dia está chuvoso, Jack diz: "Olha, papai, que dia de chuva bonito.' E nós saímos para brincar. Eu queria que ele tivesse esse lócus de controle interno — não depender de as condições externas estarem *perfeitas*."

POR QUE VOCÊ PRECISA DE UMA FASE DE "DESCARREGAMENTO" NA VIDA

Os registros no meu diário não se restringem às manhãs. Eu os uso como uma ferramenta para clarear pensamentos e objetivos, mais ou menos como Kevin Kelly (página 514) faz. O papel é como uma câmara escura para a minha mente.

Este capítulo traz uma transcrição de um registro verdadeiro de outubro de 2015. Foi escrito no Samovar Tea Lounge, em São Francisco, depois de uma caminhada de duas horas, e me levou a reincorporar as fases de "descarregamento" na minha vida. "Descarregamento" é um conceito usado em treinamento atlético e de força, mas pode ser aplicado a muitas coisas. Vamos olhar a definição voltada para esportes do site T Nation:

> Uma semana de recuo, ou descarregamento, é uma redução planejada no volume ou na intensidade dos exercícios. Em círculos colegiados de treinamento de força, refere-se a uma semana para aliviar a carga, com frequência inserida entre fases ou períodos. De acordo com *Essentials of Strength Training and Conditioning*, "o objetivo dessa semana de descarregamento é preparar o corpo para a demanda maior da próxima fase ou período" e mitigar o risco de treinamento excessivo.

Então como isso pode se relacionar à criatividade, à produtividade ou à qualidade de vida?

Vamos começar com um resultado pessoal: nos últimos doze meses, usei o descarregamento para reduzir minha ansiedade em pelo menos 50% e, simultaneamente, duplicar minha renda.

O descarregamento nos negócios, no meu caso, consiste em tirar o pé do acelerador de maneira estratégica. Alterno períodos intensos acumulando tarefas semelhantes (gravar podcasts, limpar caixa de mensagens, escrever posts para o blog, lidar com contabilidade etc.) com períodos prolongados para — por falta de descrição poética — desligar e ficar à toa.

O desligamento ainda pode ser intenso (procure "4-hour reality check" para ver um exemplo), mas você não deve lidar com "trabalho".

Vamos examinar o registro no diário, que apresenta grande parte do raciocínio. Acrescentei algumas reflexões mais adiante.

———

TERÇA-FEIRA — SAMOVAR @ 17h40 —

A grande fase de "descarregamento".

Isto é o que estou experimentando hoje à tarde e faz a terça-feira parecer uma preguiçosa manhã de domingo. É quando é mais provável que a inspiração apareça.

Preciso voltar para a folga.

Para o vazio repleto de infinitas possibilidades, só possível com a falta de obrigações ou, pelo menos, sem nenhuma reatividade compulsiva. Talvez isso só seja possível com o espaço negativo para — como diz Kurt Vonnegut — "embromar"? Para fazer coisas por fazer? Por nenhum motivo?

Sinto que as grandes ideias aparecem nesses períodos. É o silêncio entre as notas que faz a música.

Se você quer criar ou ser alguma coisa paralela, maior, melhor ou "verdadeiramente" diferente, precisa de espaço para perguntar "E se?" sem uma teleconferência daqui a quinze minutos. Os momentos "Arrá!" quase nunca provêm da mentalidade cada vez mais sobrecarregada por ter que resolver tudo: "Ah, porra... me esqueci de... Por favor, me lembre de... Será que eu deveria... Preciso me lembrar de..."

———

Ter que resolver tudo é entrar na terra dos perdidos, e todos nós ficamos perdidos.

Minha experiência de terça-feira reforçou em mim a importância de criar grandes e ininterruptos blocos de tempo, durante os quais a mente pode divagar, refletir e encontrar o sinal em meio ao barulho. Se você tiver sorte, isso pode até criar um sinal ou conectar dois sinais (ideias centrais) que nunca antes se encontraram.

Tenho programado as fases de descarregamento de algumas maneiras: mais ou menos das oito às nove da manhã todos os dias, para o diário, rotinas de chá etc.; das nove à uma da tarde toda quarta-feira, para a produção criativa (isto é, escrever, entrevistar para o podcast etc.); e "sábados sem tela", quando não uso laptop e só utilizo meu celular para ver mapas e combinar alguma coisa com amigos via texto (nenhum aplicativo). É claro que ainda uso "miniaposentadorias" *à la Trabalhe 4 horas por semana* algumas vezes no ano.

Os blocos de descarregamento devem ser programados e defendidos com *mais* força do que seus compromissos de trabalho. O primeiro pode fortalecer e instruir o segundo, mas não o contrário.

Resumindo: como se pode suprimir a vida reativa que faz seguir a agenda de todo mundo, exceto a própria?

Crie a folga, já que ninguém lhe dará uma. É a única maneira de avançar nadando em vez de ficar atolado sem sair do lugar.

BRENÉ BROWN

A dra. Brené Brown (TW: @BreneBrown, brenebrown.com) é professora pesquisadora do Graduate College of Social Work da Universidade de Houston. A apresentação de Brené no TEDxHouston 2010, "The Power of Vulnerability", teve mais de trinta milhões de visualizações e é uma das cinco palestras do TED mais vistas no mundo. Ela passou os últimos treze anos estudando vulnerabilidade, coragem, merecimento e vergonha. Brené é autora de *A coragem de ser imperfeito*, *A arte da imperfeição* e *Mais forte do que nunca*, best-sellers que integraram a lista dos mais vendidos do *The New York Times*.

Animal espiritual: Jackalope [Lebrípole]

MEDO E CORAGEM PODEM COEXISTIR

"Essa ideia de que somos ou corajosos ou covardes não é verdade, porque a maioria de nós é medrosa e corajosa ao mesmo tempo, o dia inteiro."

TF: Isso me lembra Cus D'Amato, o primeiro e lendário treinador de Mike Tyson, que antes de grandes lutas sempre dizia a seus atletas: "Tanto o herói quanto o covarde sentem a mesma coisa, mas o herói usa seu medo e o projeta no oponente, enquanto o covarde sai correndo. É a mesma coisa — medo —, mas o importante é o que você faz com ele."

DÊ AO DESCONFORTO SEU DEVIDO VALOR

TIM: "Você tem algum pedido ou solicitação ao público que está nos ouvindo?"

BRENÉ: "Aceite o desconforto, porque os problemas aparentemente impossíveis que temos relacionados a raça, homofobia e meio ambiente, e às vezes à falta de amor, não serão resolvidos de maneira confortável... Então acho que o que tenho a dizer seria mais um grande pedido metafísico: dê uma chance à vulnerabilidade. Dê ao desconforto seu devido valor. Porque aquele, ou aquela, que se dispõe a estar desconfortável ao máximo é não apenas o mais corajoso, mas o que cresce mais rápido."

TF: Um dos destaques de *Trabalhe 4 horas por semana* mais comuns no Kindle serve de complemento: "O sucesso de uma pessoa na vida pode ser medido pelo número de conversas desconfortáveis que ela se dispõe a ter."

QUANDO TIVE A OPORTUNIDADE, ESCOLHI A CORAGEM EM VEZ DO CONFORTO?

Brené passou despercebida durante muito tempo, até deparar com a famosa citação da "arena" de Theodore Roosevelt ("O crédito é do homem que está na arena, cujo rosto está arruinado pela poeira, pelo suor e pelo sangue; aquele que luta com bravura; que erra, que tenta de novo e de novo, porque não há esforço sem erro e falha..."). Ela decidiu lecionar como figura pública, apesar dos comentários ofensivos e ataques na internet.

"Naquele momento, percebi que queria ter uma vida baseada na coragem. Queria viver na arena. E a única garantia para quem vai viver na arena são uns chutes no traseiro... Ousar muito é estar vulnerável. Então, **a grande pergunta que faço é: 'Quando tive a oportunidade, escolhi a coragem em vez do conforto?'.**"

TF: Trata-se de uma ótima pergunta para uma análise diária no Diário de Cinco Minutos ou em algum tipo de anotação antes de dormir (página 174).

COMO ISSO SE TRADUZ EM MAIS DE TRINTA MILHÕES DE VISUALIZAÇÕES DE VÍDEO

"Fui ao evento do TED e experimentei. Realmente me expus ali. Falei sobre minha crise de depressão e meu despertar espiritual. Falei sobre ter que ir para a terapia... e me lembro de estar dirigindo a caminho de casa e pensando: *Nunca mais vou fazer isso.*"

Depois ela viu explodir a popularidade de seu vídeo, que agora totaliza mais de trinta milhões de visualizações no TED.com e no YouTube. "Quando me lembro, a mensagem que levei daquela experiência foi: **se eu não estiver um pouco nauseada quando terminar, provavelmente não me mostrei como deveria ter me mostrado**."

UMA DE SUAS REGRAS PARA FALAR EM PÚBLICO: LUZES ACESAS NA PLATEIA

"Exijo que as luzes da plateia estejam acesas, para eu poder ver o rosto das pessoas. Raramente permito que alguma apresentação minha seja gravada. Se estão gravando, você tem que estar 'superquente' [claro] sob as luzes, e a plateia tem que estar no escuro. Então, para mim, isso é performance e não conexão."

VERGONHA *VERSUS* CULPA

"Vergonha é: 'Eu sou uma pessoa ruim.' Culpa é: 'Eu fiz algo ruim...' Vergonha é um foco em si mesmo. Culpa é um foco no comportamento."

PARA GANHAR CONFIANÇA, SEJA VULNERÁVEL

"Uma das coisas que surgiram dos dados é essa ideia de confiança e sua relação com a vulnerabilidade. As pessoas sempre [acham] que primeiro você ganha confiança e depois fica vulnerável. Mas a verdade é que **não podemos ganhar a confiança das pessoas com o passar do tempo sem sermos de algum modo vulneráveis [antes]**."

(Veja o conselho de Gabby Reece "vá primeiro", página 123, e a abordagem de Neil Strauss antes das entrevistas, página 384.)

✱ **Em quem você pensa quando ouve a palavra "bem-sucedido"?**
"Não imagino ninguém. Imagino que precisamos redefinir esse conceito. 'Bem-sucedido' e 'sucesso' têm sido palavras perigosas em minhas pesquisas. **Minha resposta é: certifique-se de que sua escada esteja apoiada no prédio certo.**"

* Conselho para o seu eu de trinta anos

"Não tem problema sentir medo. **Você não precisa ficar tão assustada quando estiver assustada...**

"A casa dos trinta anos é muito exaustiva. É a idade de aperfeiçoar, provar e fingir."

"Tudo veio quando mergulhei completamente sem temor e fiz o conteúdo que precisava fazer como artista... Desviei-me do meu caminho. Parei de duvidar de mim mesmo e o Universo acenou para mim quando fiz isso, por assim dizer."

JASON SILVA

Jason Silva (FB: JasonLSilva; thisisjasonsilva.com) foi chamado pela *The Atlantic* de o "Timothy Leary da era do vídeo viral". Ele é o apresentador de *Truques da Mente*, no National Geographic Channel. Foi a série de maior audiência da história do canal em seu lançamento, com uma média de 1,5 milhão de espectadores nos dois primeiros episódios.

Animal espiritual: Gaivota

✳ Qual foi o melhor investimento que você já fez ou o que mais valeu a pena?

"Investir na edição dos meus vídeos três anos atrás, o que impulsionou minha carreira. Eu tinha saído da Current TV, de Al Gore, em 2011 e tecnicamente estava desempregado: um ex-apresentador de TV com poucas economias. Decidir gastar dinheiro na edição desses vídeos sem ter uma renda foi um tiro no escuro. Os primeiros dois vídeos foram 'You Are a RCVR' e 'The Beginning of Infinity'. Ambos eram, em essência, provas do conceito que se tornaria meu estilo de mídia digital: doses de *espresso* filosóficas. Lancei ambos no Vimeo e percebi de imediato a empolgação e o interesse por meu trabalho crescerem. Eu sabia que havia descoberto um novo caminho. Meses depois, estava sendo convidado para dar palestras e acabaram me pedindo que fizesse o vídeo de abertura do TEDGlobal 2012. A partir daí, as coisas decolaram. Alguns meses depois, o National Geographic se tornou fã dos meus vídeos e me convidou para apresentar a série *Truques da Mente*, que foi um enorme sucesso mundial e me rendeu uma indicação ao Emmy."

TF: Adoro pesquisar sobre as primeiras versões de produtos que hoje em dia fazem sucesso. Jason está bem refinado, mas as fases iniciais com frequência têm um quê divertido por causa das imperfeições. Por exemplo, procure "old blog of Ramit Sethi", "old blog of Gretchen Rubin" ou "old blog of Tim Ferriss", ou assista aos primeiros episódios de *Wine Library TV*, de Gary Vaynerchuk.

✳ O que se tornou mais importante para você nos últimos anos e o que se tornou menos importante?

"Quero construir minha vida em torno de estados de fluxo."

TF: Trata-se de um assunto sobre o qual Josh Waitzkin (página 629) fala com frequência: manter um diário e usar ferramentas como dispositivos de VFC (variabilidade da frequência cardíaca) para identificar os padrões e pré-requisitos para criar estados de pico de fluxo ou seus opostos.

ESTAR SATURADO = MORTE

"Para mim, estar saturado é quase igual a estar morto. Nada impressiona, porque você sente que já viu tudo aquilo antes e passa pela vida com lentes escuras... a cortina está fechada. Nenhuma luz entra, nenhum entusiasmo entra, e para mim isso é a morte."

TF: Um conselho intimamente relacionado de um de meus mentores: "Seja cético, não seja cínico."

✳ Recomendação de vídeo e canal no YouTube

"Did Shakespeare Invent Love?", de Nerdwriter.

TF: Meu podcast favorito é *Hardcore History*, de Dan Carlin (página 317). O Nerdwriter pode ser considerado um complemento em forma de vídeos curtos do *Hardcore History*.

✳ Você tem alguma citação que rege sua vida ou na qual você pensa com frequência?

"Somos ao mesmo tempo deuses e vermes." — Abraham Maslow

✳ Conselho para o seu eu de 25 ou trinta anos

"Eu incentivaria o meu eu mais novo a não ter medo. A perceber que aqueles temores difusos crescendo em minha vida eram desnecessários. Ficar preocupado me fez desperdiçar muito tempo e muita energia."

TF: Entre todos os convidados, a resposta mais comum a esta pergunta é alguma variação de "Vai ficar tudo bem".

JON FAVREAU

Jon Favreau (TW: @jon_favreau, FB/IG: @jonfavreau) estourou como ator com seu papel em *Rudy*. Estabeleceu-se como roteirista com um sucesso icônico e cultuado, *Swingers — Curtindo a Noite*, que ele estrelou. Depois, Favreau fez sua estreia como diretor em *Crime Desorganizado*, que também escreveu e produziu. Outros créditos de direção incluem *Mogli — O menino lobo*, *Homem de Ferro*, *Homem de Ferro 2*, *Cowboys & Aliens*, *Um Duende em Nova York*, *Zhatura — Uma Aventura Espacial* e *Chef*, que ele escreveu, produziu, dirigiu e estrelou. Quanta vírgula! Jon faz tudo.

BUSQUE A VERDADE PARA ALCANÇAR A GRAÇA NO CAMINHO

Antes de começarmos a gravar nossa entrevista no escritório de Jon, ele mencionou o melhor conselho que recebeu de uma de suas professoras, a atriz Glenn Close: "Não busque o engraçado. Busque a verdade e você chegará ao engraçado ao longo do caminho."

DIGA A VERDADE. É A COISA MAIS FÁCIL DE LEMBRAR (E ESCREVER)

"Embora [*Swingers*] não fosse realmente autobiográfico, havia muita coisa que pude extrair de... Qual é mesmo a expressão de *O Sucesso a Qualquer Preço*? 'Sempre diga a verdade. É a coisa mais fácil de lembrar...' Se é para falar sobre um bairro, fale sobre o bairro onde você cresceu. Sobre o bairro que você conhece. Mesmo que não seja a seu respeito, você estará desenvolvendo um mundo mais consistente do que se o ambientasse em Marte, você não sabe nada de Marte."

Nota: Jon escreveu *Swingers* em mais ou menos duas semanas e o filme acabou sendo feito por menos de 200 mil dólares.

SOBRE COZINHAR E CRIAR VÍNCULOS

A primeira vez que passei o dia com Jon em sua casa, fui imediatamente convidado para ajudar a fazer *beignets* em grupo (usando uma mistura do Café du Monde, em Nova Orleans, para os curiosos). Jon explica por quê:

"Ali estávamos nós. Não nos conhecíamos tão bem. Li suas coisas, você viu as minhas e então, veja só, você põe um pouco de óleo quente ali e o foco já não está um no outro... Tenho pouquíssimos pontos em comum com a maioria das pessoas que encontro, [o que torna o ato de cozinhar ótimo] porque cria esse contexto em que todo mundo está em condições iguais e cada um tem um conjunto de habilidades diferente. Torna-se uma tarefa real [em que nos tornamos interdependentes]. Percebo que tenho uma paciência infinita para passar o tempo com pessoas que não conheço muito bem, desde que estejamos trabalhando em um projeto de culinária com essa intimidade. Depois, no fim, todos nós nos servimos e de fato nos sentimos como se tivéssemos travado uma batalha juntos. Isso é ótimo para criar vínculos.

O PODER DO MITO

Para escrever roteiros, Jon recomenda o livro *A jornada do escritor*, de Christopher Vogler, que ele usou para verificar se *Swingers* estava estruturalmente correto. Ele também é um grande fã de *O poder do mito*, uma série de conversas entre Joseph Campbell e Bill Moyers. "Com *Mogli — O menino lobo*, estou realmente voltando e apostando nos velhos mitos."

TF: Gravamos nosso podcast durante as filmagens de *Mogli*, em um escritório de produção ao lado do set. Meses depois, *Mogli* chegou ao topo das bilheterias mundiais e atualmente tem uma média impressionante de 95% de aprovação no Rotten Tomatoes.

IMPACTO A LONGO PRAZO SUPERA A RECEITA A CURTO PRAZO

"Graças ao videocassete, e ao DVD e ao LaserDisc, que vieram depois, todo mundo havia visto *Swingers*, e ele se tornara parte de nossa cultura. Foi quando aprendi que nem sempre o filme que se sai melhor [financeiramente] é o que tem o maior impacto, ou é o mais gratificante ou o que faz mais por sua carreira."

OUTRO MOTIVO PARA MEDITAR

"No meio [de uma sessão de meditação] me veio a ideia para *Chef*. Então me permiti parar, o que geralmente não faço, para pegar um bloco de anotações. Escrevi umas oito páginas de ideias e pensamentos [e depois] as deixei em um canto. Havia naquelas páginas de fato uns 80% do trabalho pesado feito: do que o longa tratava, quem estava nele, quais eram os personagens, que outros filmes olhar, qual era o tom, que música teria, que tipo de comida o personagem fazia, a ideia do *food truck*, os sanduíches cubanos, a música cubana... portanto, tudo saiu dali."

TESTANDO O "IMPOSSÍVEL": DEZESSETE PERGUNTAS QUE MUDARAM MINHA VIDA

"Sempre que você se vir do lado da maioria, é hora de fazer uma pausa e refletir."

— **Mark Twain**

A realidade é, em grande medida, negociável.

Se fizermos um teste de estresse com os nossos limites e experimentarmos os "impossíveis", descobriremos rapidamente que a maioria das limitações é uma frágil coleção de regras socialmente reforçadas que podemos optar por quebrar a qualquer momento.

Em seguida, você vai conhecer dezessete perguntas que mudaram radicalmente minha vida. Cada uma vem de uma época, já que entraram em cena em momentos precisos.

Nº I — E se eu fizesse o oposto durante 48 horas?

Em 2000, eu estava vendendo armazenamento de dados em massa a CEOs e diretores técnicos em meu primeiro trabalho fora da faculdade. Quando não estava dirigindo a minivan de segunda mão da minha mãe para ir e voltar do escritório em San Jose, Califórnia, estava tentando fazer vendas por telefone e e-mail. "Sorrir e telefonar" era brutal. Nos primeiros meses, eu insistia e falhava (não ajudava o fato de minha mesa ficar enfiada em uma saída de incêndio). Então, um dia, percebi: todos os vendedores faziam suas ligações entre as nove da manhã e as cinco da tarde. Óbvio, não? Mas essa é a primeira parte. Segunda parte: percebi que todos os intermediários que me impediam de falar com os responsáveis pelas decisões — CEOs e diretores técnicos — também trabalhavam nessa faixa de horário. *E se eu fizesse o oposto de todos os outros ven-dedores, só por 48 horas?* Decidi pegar uma quinta-feira e uma sexta e só telefonar das 7h às 8h30 e das 18h às 19h30. Durante o resto do dia, priorizei os e-mails. Funcionou maravilhosamente bem. O chefão com frequência atendia diretamente ao telefone e comecei a fazer mais expe-rimentos com "e se eu fizesse o oposto?": e se eu fizesse apenas pergun-tas em vez de uma abordagem vendedora? E se eu estudasse o material técnico para parecer mais um engenheiro do que um vendedor? E se eu encerrasse meus e-mails com "Entendo perfeitamente que você esteja ocupado demais para responder, e agradeço por ler até aqui", em vez do papo furado habitual "Aguardo sua resposta, em breve nos falamos"? Os experimentos surtiram efeito. Em meu último trimestre naquele empre-go, vendi mais do que todo o escritório em Los Angeles de nosso maior concorrente, a EMC.

Nº 2 — Em que estou gastando dinheiro de maneira insensata? Como posso resolver eu mesmo minhas questões?

No fim de 2000 e início de 2001, vi os sinais bem na minha cara: a startup para a qual eu trabalhava iria implodir. Rodadas de demissões começaram e não iriam ter fim. Eu não sabia ao certo o que fazer, mas tinha sido mordi-do pela mosca das startups e intoxicado pelo Vale do Silício. Para explorar oportunidades de negócios, não fiz profundas pesquisas de mercado. Come-cei pelo extrato do meu cartão de crédito e perguntei a mim mesmo: *Em que estou gastando dinheiro de maneira insensata?* Onde eu gastava uma quantia desproporcional da minha renda? Onde eu era *insensível* ao preço? A res-posta foi: suplementos esportivos. Na época, eu ganhava menos de 40 mil dólares por ano e gastava 500 dólares ou mais em suplementos por mês. Era insano, mas eu tinha dezenas de amigos que também extrapolavam. Eu já sa-bia quais anúncios me levavam a comprar, em quais lojas e sites na internet eu comprava, quais fóruns on-line eu frequentava e todo o resto. Será que eu poderia criar um produto que resolvesse minhas próprias questões? O que é que eu estava improvisando naquele momento (eu tinha conhecimen-to científico suficiente para ser perigoso) que não conseguia encontrar de modo conveniente no varejo? O resultado foi um produto que melhorava a cognição chamado BrainQUICKEN. Antes que todo mundo fosse demitido, implorei a meus colegas de trabalho que cada um pagasse antecipadamente por um frasco, o que me deu dinheiro suficiente para contratar químicos, um consultor de regulamentação e fazer uma pequena produção. Eu estava correndo atrás.

Nº 3 — O que eu faria/teria/seria se tivesse 10 milhões de dólares? Qual a minha meta de renda mensal?

Em 2004, eu estava me saindo melhor do que nunca financeiramente, e o BrainQUICKEN era distribuído em mais ou menos uns dez países. O problema? Eu vivia à base de cafeína, trabalhando quinze horas por dia e constantemente à beira de um ataque de nervos. Minha namorada, com quem eu esperava me casar, me deixou por causa do meu excesso de trabalho. Durante os seis meses seguintes me debatendo e me sentindo preso, percebi que precisava reestruturar o negócio ou fechá-lo — aquilo estava literalmente me matando. Foi quando comecei a registrar no diário algumas perguntas, incluindo "O que eu gostaria de fazer, ter e ser se tivesse 10 milhões de dólares no banco?" e "Qual é a minha verdadeira meta de renda mensal?". Esta última em outras palavras: "Quanto realmente custará o sonho da minha vida — aquilo que estou adiando para a "aposentadoria" — se eu pagar mensalmente?" (Veja fourhourworkweek.com/tmi.) Depois de fazer os cálculos, percebi que a maioria das minhas fantasias era bem mais acessível do que eu esperava. Talvez não precisasse continuar ralando e crescendo. Talvez precisasse de mais tempo e mobilidade, e não de mais renda. Isso me fez pensar que talvez — apenas talvez — eu tivesse condições de ser feliz, e não apenas "bem-sucedido". Decidi fazer uma longa viagem ao exterior.

Nº 4 — Quais são as piores coisas que poderiam acontecer? Eu poderia voltar para cá?

Estas perguntas, também de 2004, são talvez as mais importantes de todas, então elas têm um capítulo próprio. (Veja "Controlar o medo" na página 507.)

Nº 5 — Se eu pudesse trabalhar apenas duas horas por semana em meu negócio, o que faria?

Depois de me livrar das ansiedades sobre a viagem "controlando o medo", o passo prático seguinte era remover a mim mesmo como gargalo em meu negócio. "Como posso não ser um gargalo em meu próprio negócio?" não é uma boa pergunta. Depois de ler *O mito do empreendedor*, de Michael

Gerber, e *O princípio 80/20*, de Richard Koch, decidi que perguntas extremas eram o impulso de que eu precisava para agir. "Se eu pudesse trabalhar apenas duas horas por semana em meu negócio, o que faria?" foi a pergunta mais útil de todas. Para ser franco, era mais algo como "Sim, eu sei que isso é impossível, mas se você *tivesse* uma arma apontada para sua cabeça ou contraísse alguma doença horrível e fosse obrigado a limitar seu trabalho a duas horas semanais, o que faria para manter o negócio vivo?". Nesse caso, a principal ferramenta é o princípio 80/20, também conhecido como lei de Pareto. Estabelece que 80% (ou mais) de seus ganhos desejados são resultado de 20% (ou menos) de suas atividades e contribuições. Aqui estão duas perguntas relacionadas que eu mesmo usei: "Quais são os 20% de seus clientes/produtos/regiões que estão produzindo 80% do lucro? Quais são os fatores ou as características em comum que podem explicar isso?" Depois de muitas perguntas como essas, comecei a fazer mudanças: "demitir" meus clientes de manutenção mais custosa; pôr mais de 90% de meus clientes do varejo no piloto automático com termos simples e processos de pedido padronizados; e aprofundar as relações (e aumentar o tamanho dos pedidos) com meus cinco clientes que davam mais lucro e menos dor de cabeça. Tudo isso levou a...

Nº 6 — E se eu deixar eles tomarem decisões de até 100 dólares? E de 500? E DE 1.000?

Esta pergunta me permitiu reduzir minha carga de trabalho com serviços aos clientes de quarenta a sessenta horas por semana para menos de duas horas por semana. Até meados de 2004, eu era o único que tomava decisões. Por exemplo, se um atleta profissional no exterior precisava do nosso produto da noite para o dia com formulários de alfândega especiais, eu recebia um e-mail ou telefonema de um dos meus centros de atendimento: "Como devemos lidar com isso? Quanto você gostaria de cobrar?" Esses "casos extremos" incomuns poderiam parecer raras exceções, mas eram uma ocorrência diária. Toda semana, chegavam dezenas de pedidos assim, além de todo o restante. A solução: enviei um e-mail a todos aqueles que se reportavam diretamente a mim seguindo o seguinte raciocínio: "De agora em diante, por favor, não me contate com perguntas sobre A, B ou C. Eu confio em você. Se a questão envolver menos de 100 dólares, por favor, tome você mesmo a decisão e anote (a situação, como você lidou com ela, qual foi o custo) em um documento, para que possamos analisar e ajustar a cada semana. Foque em fazer nossos clientes felizes." Eu esperava o pior, e adivinha o que houve? Tudo funcionou, tirando alguns contratempos aqui e ali. Mais tarde, aumentei o limite para 500 dólares, depois para 1.000 dólares, e as "análises" de decisões, que ocorriam toda semana, passaram a ser mensais, em seguida trimestrais e por fim acabaram — depois que as pessoas estavam em sintonia. Essa experiência mostrou duas coisas para mim: 1) Para fazer coisas boas e importantes, é preciso deixar de bom grado as coisas ruins e menores acontecerem; 2) O QI das pessoas parece duplicar assim que você lhes dá responsabilidade e indica que confia nelas.

Nº 7 — Qual é o canal menos cheio?

Avance para 26 de dezembro de 2006. Terminei de escrever *Trabalhe 4 horas por semana* e me sentei, depois de um Natal agradável, para pensar no lançamento que estaria por vir, em abril. O que fazer? Eu não tinha a menor ideia, então fui atrás de mais ou menos uns dez autores best-sellers. A cada um deles fiz perguntas como "Quais foram os maiores desperdícios de tempo e dinheiro para o lançamento de seu último livro? O que você jamais faria de novo? Se você tivesse que escolher um lugar para destinar 10 mil dólares, onde seria?"

Ouvi várias vezes a mesma palavra: blogs. Pelo visto, eles eram poderosos e subestimados. Minha primeira pergunta foi: "Que diabos é um blog?" Minhas perguntas seguintes foram "Como as pessoas estão tentando alcançar os blogueiros?" e "Qual é o canal menos cheio?". As pessoas que procuravam blogueiros para abordagens de vendas geralmente usavam primeiro o e-mail e depois o telefone. Embora estes fossem meu forte, decidi experimentar encontros pessoais em conferências. Por quê? Porque sentia que minhas chances seriam maiores em uma sala de estar com cinco pessoas do que em uma caixa de mensagens transbordando com quinhentos e-mails. Arrumei minha bagagem e segui para Las Vegas, para o Consumer Electronics Show em janeiro, que teve mais de 150 mil participantes em 2005. É como o Super Bowl dos lançamentos de tecnologia, onde todos os *geeks* vão brincar com novos brinquedos. Nem sequer passei pela porta da frente. Postei-me na sala de estar da BlogHous, patrocinada pela Seagate, onde os blogueiros eram convidados a relaxar, recarregar seus laptops e beber de graça. Bebi um pouquinho, fiz um monte de perguntas estúpidas e *não* fiz qualquer abordagem de venda aberta. Eu só mencionava o livro se me perguntassem por que eu estava ali (resposta: "Acabei de terminar meu primeiro livro e estou nervoso com o lançamento. Estou aqui para aprender mais sobre blogs e tecnologia"). O famoso blogueiro de tecnologia Robert Scoble mais tarde descreveu meu plano de marketing intrincado como "ficar bêbado com blogueiros". Funcionou surpreendentemente bem.

Nº 8 — E se eu não conseguisse vender meu produto diretamente?

Durante o lançamento do livro, em 2007, logo constatei que a maior parte da mídia, com razão, não dá a mínima para lançamentos de livros. Eles se importam com histórias, e não anúncios, então perguntei a mim mesmo: *E se eu não conseguisse vender meu produto diretamente? E se eu tivesse que vender* em torno *do produto?* Bem, eu poderia mostrar pessoas do livro que reformularam completamente suas vidas (interesse humano); poderia escrever sobre experimentos loucos não relacionados, mas também direcionar pessoas para meu site na internet sobre o livro (busque no Google "Geek to Freak" para ver o resultado. Foi meu primeiro post viral em blog); poderia popularizar um novo termo e mirar na cultura pop (veja "Design de Estilo de Vida" na página 310); poderia partir para a metafísica e tornar o lançamento *em si* uma notícia (fiz isso também com meu book trailer de *4 horas para o corpo*, bem como com a parceria com a BitTorrent para *The 4-Hour Chef*). As pessoas não gostam que lhes vendam produtos, mas todos nós gostamos que nos contem histórias. Dedique-se a este último.

Nº 9 — E se eu criasse meu próprio MBA do mundo real?

Isso deslanchou em 2007 e 2008. Veja todos os detalhes na página 282.

Nº 10 — Será que preciso ganhar de volta da maneira que perdi?

Em 2008, eu tinha uma casa em San José, Califórnia, e seu valor despencou. Para ser mais específico, o banco era dono da casa e eu tinha uma prestação de hipoteca ajustável malfeita. Além disso, estava prestes a me mudar para São Francisco. A venda significaria uma perda de 150 mil dólares. Por fim, decidi mesmo assim me mudar para São Francisco, deixando minha casa em San José vazia.

Durante meses, meus amigos me pressionaram para alugá-la, enfatizando que eu estava jogando dinheiro pelo ralo. Acabei dando o braço a torcer e segui o conselho deles. Mesmo contando com uma imobiliária, seguiram-se dores de cabeça e papeladas. O arrependimento veio em seguida. Em uma noite introspectiva, tomei um pouco de vinho e perguntei a mim mesmo: *Será que realmente preciso ganhar o dinheiro de volta da mesma maneira que o estou perdendo?* Se você perde 1.000 dólares em uma mesa de *blackjack*, deve tentar recuperar essa grana ali? Provavelmente não. Se estou "perdendo" dinheiro via pagamentos de hipoteca por uma casa vazia, será que preciso realmente cobri-lo alugando a própria casa? Concluí que não. Seria muito mais fácil criar uma renda em outro lugar (por exemplo, fazendo apresentações, dando consultoria etc.) para ficar no azul. Os humanos são muito vulneráveis a uma tendência cognitiva chamada "ancorar", seja em imóveis, ações ou outras áreas. Não sou nenhuma exceção. Fiz um estudo sobre isso (muitos bons investidores gostam de *Pense duas vezes*, de Michael Mauboussin) e logo depois vendi minha casa em San José tendo um grande prejuízo. Assim que libertei minha atenção e o espaço na mente, recuperei o dinheiro em outras áreas.

Nº II — E se eu pudesse apenas subtrair para resolver problemas?

De 2008 a 2009, uma pergunta sobre startups martelava na minha cabeça: *E se eu pudesse apenas subtrair para resolver problemas?* Em vez de responder a "O que devemos fazer?", tentei primeiro aperfeiçoar respondendo a "O que devemos simplificar?". Por exemplo, eu sempre queria aumentar as chances de conversão (o percentual de visitantes que assina ou compra) antes de direcionar uma tonelada de tráfego para uma das empresas do meu portfólio. Uma das primeiras startups para as quais trabalhei chamava-se Gyminee. Foi rebatizada de Daily Burn, mas na época não havia gente suficiente para reformular por completo o site. Acrescentar novos elementos demandaria tempo, mas removê-los não. Como teste, eliminamos aproximadamente 70% dos elementos clicáveis da "metade de cima" da página inicial do site, focando no único clique mais valioso. As conversões imediatamente aumentaram 21,1%. Esse teste improvisado instruiu decisões posteriores para desenvolvimentos muito mais caros. Os fundadores, Andy Smith e Stephen Blankenship, tomaram muitas decisões boas e a empresa foi adquirida pela IAC em 2010. Desde então, apliquei essa frase à minha vida em muitas áreas, e às vezes a reformulo para "O que devo pôr na minha lista do que *não* fazer?".

Nº 12 — O que posso fazer que me permita sumir do mapa por um ou dois meses, sem telefone nem e-mail?

Embora seja uma pergunta longa, fiz variações dela muitas vezes desde 2004. Costuma terminar com "me permita sair de férias por um ou dois meses", mas isso já não é suficiente. Graças à disseminação da banda larga, é extremamente fácil sair para umas "férias" no Brasil ou no Japão e continuar trabalhando sem parar em seu negócio, pelo laptop. Esse tipo de autoengano sutil é uma bomba-relógio.

Nos últimos cinco anos, perguntei a mim mesmo: *O que posso fazer que me permita sumir do mapa por um ou dois meses?* Essa também é a pergunta que faço com mais frequência a empreendedores que estão se sentindo esgotados. Duas semanas nem sempre são o suficiente, porque você pode acabar deixando as coisas pegarem fogo e depois tentar consertá-las ao voltar. Um período de quatro a oito semanas (ou mais) não lhe permite ser um bombeiro. Força você a pôr sistemas e políticas em ordem, organizar uma triagem de e-mails, dar poder a outras pessoas com regras e ferramentas, separar as poucas coisas cruciais das muitas triviais e criar uma máquina que não exija você por trás do volante 24 horas por dia, sete dias por semana.

Eis o ponto mais importante: os sistemas sobrevivem bem às férias, e quando você voltar para casa, perceberá que levou seu negócio (e sua vida) para outro nível. Só é possível se você trabalha *para* o seu negócio, e não *em* seu negócio, como diria Michael Gerber.

Nº 13 — Estou caçando um antílope ou um rato-do-campo?

Por volta de 2012, roubei essa pergunta de um ex-presidente da Câmara dos Deputados dos Estados Unidos, Newt Gingrich. Li sobre ela em *Buck Up, Suck Up... and Come Back When You Foul Up: 12 Winning Secrets from the War Room* [Anime-se, puxe saco... e depois volte quando estragar tudo: 12 segredos vencedores da sala de guerra], escrito por James Carville e Paul Begala, os estrategistas por trás da "sala de guerra" da campanha presidencial de Bill Clinton. Aqui está um trecho que grudou em mim:

> Newt Gingrich é um dos líderes políticos mais bem-sucedidos de nossa época. Sim, discordamos de praticamente tudo o que ele fez, mas este livro é sobre estratégia, e não ideologia. E temos que dar a Newt seu devido valor. Sua habilidade estratégica — sua persistência em capturar a

Câmara dos Deputados para os republicanos — levou a uma das maiores vitórias políticas da história americana.

Agora que está no setor privado, Newt usa um exemplo brilhante para explicar a necessidade de focar em coisas grandes e deixar as pequenas passarem: a analogia do rato-do-campo e do antílope. Um leão é totalmente capaz de capturar, matar e comer um rato-do-campo. Mas acontece que a energia necessária para fazer isso excede muito o conteúdo calórico do rato. Portanto, um leão que passou o dia caçando e comendo ratos-do--campo aos poucos morreria de fome. Um animal daquele tamanho não pode viver à base de ratos. Precisa de antílopes, que são animais grandes. Exigem mais velocidade e força para serem capturados e mortos, e uma vez mortos proporcionam um banquete ao leão e seu grupo. Um leão pode ter uma vida longa e feliz com uma dieta de antílopes. A distinção é importante. Você está gastando todo o seu tempo e esgotando toda a sua energia capturando ratos-do-campo? A curto prazo, isso pode lhe dar uma sensação boa, gratificante. Mas a longo prazo você vai morrer. Portanto, pergunte a si mesmo no fim do dia: *Passei o dia perseguindo ratos ou caçando antílopes?*

Outra maneira com que abordo isso é olhar para minha lista de afazeres e perguntar: "Qual desses, se for cumprido, tornará todo o resto mais fácil ou completamente irrelevante?"

Nº 14 — Poderia estar tudo bem e completo como está?

Desde que iniciei um trabalho profundo com "ervas medicinais" em 2013 (veja James Fadiman, página 128), comecei a dedicar muito mais tempo à prática do reconhecimento diário e da consciência do estado presente. A pergunta acima é uma das que faço a mim mesmo. É acompanhada de ferramentas complementares e rituais como o Diário de 5 Minutos (página 174), o Pote do Formidável (página 621) e o pensamento nas "vitórias diárias" antes de dormir, *à la* Peter Diamandis (página 408). Para reiterar o que disse em várias partes deste livro, as personalidades do tipo A são naturalmente estruturadas para perseguir objetivos. Isso é excelente para alcançar conquistas, mas também causa ansiedade, já que se está constantemente focado no futuro. No meu caso, concluí que a conquista não é mais do que um grau passageiro na vida. É uma nota que faz você passar raspando para o próximo grau. Para qualquer coisa a mais, e certamente para qualquer coisa próxima de felicidade, você tem que querer o que já tem.

Nº 15 — Como seria isso se fosse fácil?

Esta pergunta e a próxima vieram em 2015. Hoje em dia, é a pergunta que mais faço. Quando me sinto estressado, assoberbado ou sobrecarregado, geralmente é porque estou complicando demais alguma coisa ou deixando de tomar um caminho simples ou fácil, porque sinto que deveria estar me esforçando mais (é difícil acabar com velhos hábitos).

Nº 16 — Posso resolver esse problema com dinheiro? Como posso "desperdiçar" dinheiro para melhorar minha qualidade de vida?

Isso de algum modo é autoexplicativo. Dan Sullivan é o fundador e presidente de uma empresa chamada Strategic Coach, que tem salvado a sanidade de muitos empresários que conheço. Um dos ditos de Dan é: "Se você tem dinheiro suficiente para resolver o problema, você não tem o problema." No início de sua carreira, você gasta tempo para ganhar dinheiro. Depois de encontrar seu ritmo em qualquer capacidade, deve gastar dinheiro para ganhar tempo, já que o segundo não é renovável. Pode ser difícil alcançar e manter essa marcha, e é por isso que a pergunta nº 16 aparece regularmente em meu diário.

Nº 17 — Sem pressa, sem pausa.

Isto não é uma pergunta — é uma reinicialização fundamental. Quem me disse a expressão "Sem pressa, sem pausa" foi Jenny Sauer-Klein (jennysauerklein.com), que, juntamente com Jason Nemer (página 75), criou a AcroYoga. Trata-se de um dos "Nove Princípios da Harmonia" do Breema, uma forma de trabalho corporal que ela estudou durante muitos anos. Escrevo frequentemente "Sem pressa, sem pausa" no alto dos meus cadernos de anotações como um lembrete diário. A rigor, é uma forma abreviada da história de Derek Sivers sobre os 45 minutos *versus* 43 minutos no passeio de bicicleta (página 218) — você não precisa passar pela vida bufando, ofegando e com o rosto vermelho. É possível obter 95% dos resultados pretendidos pondo calmamente um pé na frente do outro. Um amigo ex-Seal da Marinha me enviou recentemente por mensagem um princípio que ele vinha usando em seu treinamento: "Lento é suave. Suave é rápido."

Talvez eu esteja apenas ficando velho, mas minha definição de luxo mudou com o passar do tempo. Agora, não se trata de ter um monte de coisas. Luxo, para mim, é se sentir sem pressa. Sem pressa, sem pausa.

———————

Portanto, crianças, essas são as minhas perguntas. Espero que vocês possam encontrar e criar muitas que sejam suas.

Certifiquem-se de procurar soluções simples.

Se a resposta não é simples, provavelmente não é a resposta certa.

"Em um piscar de olhos, todos nós teremos partido. Cem anos comparados à infinitude não são nada. Falo com minha irmã o tempo todo... [Digo]: 'Garota, é melhor você começar a se divertir um pouco. Em um minuto teremos partido. Você vai olhar para trás e pensar: *Merda, eu devia ter rido e agora estou morta.*"

JAMIE FOXX

Jamie Foxx (TW/IG/SC: @Iamjamiefoxx) é um ator ganhador do Oscar, um músico ganhador do Grammy e um comediante de standup e improvisação mundialmente famoso. É, sem dúvida, o intérprete e animador mais completo que já conheci. Nas duas horas e meia que passamos juntos no estúdio de sua casa, ele me deixou impressionado.

ELEVAÇÃO NA BARRA É TUDO

A rotina de exercícios matinais de Jamie, cumprida mais ou menos dia sim, dia não, consiste em:

- ⟫ 15 elevações na barra, 50 flexões de braço, 100 abdominais.

- ⟫ 15 elevações na barra (pegada diferente), 50 flexões de braço.

- ⟫ 10 elevações na barra (primeira pegada).

- ⟫ 10 elevações na barra (segunda pegada).

"Eu ficava me perguntando como Tyrin [Turner], o Caine de *Perigo para a Sociedade*, estava sempre em forma. Ele disse: "Cara, estou falando, elevação na barra é tudo."

(Isto é semelhante, em sua simplicidade, à sessão de exercícios do general Stan McChrystal, página 478.)

O PRIMEIRO DIA EM QUE ERIC MARLON BISHOP USOU O NOME "JAMIE FOXX"

"Fui parar no *Evening at the Improv*, no Improv de Santa Monica. Nunca tinha ido lá. Notei que cem caras e cinco garotas iam se apresentar. As cinco garotas sempre entravam no show porque era preciso quebrar a monotonia. [Os produtores escolhiam aleatoriamente quem se apresentava, a partir de uma lista de pessoas.] Então tive uma ideia. Escrevi vários nomes unissex na lista, Stacy Green, Tracy Brown, Jamie Foxx... e o cara escolhia da lista. Ele disse: 'Jamie Foxx, ela está aí? Será a primeira.' Mas eu disse: 'Não, sou eu.' 'Ah, está bem. Tudo bem, vai você. Você é carne nova.' Naquele dia, estavam gravando o *Evening at the Improv*, um programa antigo de comédia. Ele disse: 'Você será o cara que simplesmente jogamos ali para vermos se consegue uma risada ou duas. Vai ser uma plateia difícil...' As pessoas [na plateia] estavam dizendo: 'Quem é esse garoto? Ele está no programa? Ah, é carne nova. É um amador.' Então começaram a gritar meu nome, 'Ô, Jamie! Ei, Jamie!', mas eu não estava acostumado com o nome. Então eles começaram a achar que eu era arrogante. 'Esse filho da puta... não está nem escutando a gente...'"

O QUE HÁ DO OUTRO LADO DO MEDO? NADA.

Jamie tem uma confiança inacreditável. Segundo um de seus amigos próximos, "mesmo quando as coisas pioram um pouco, ele sempre faz você se sentir como se ele tivesse tudo sob controle. Vejo muita gente de seu círculo ser atraída para ele por causa dessa confiança, inclusive eu". Perguntei a Jamie como ele ensina suas filhas a ter confiança, e ele disse que pede a elas que explorem seus medos com a pergunta: "O que há do outro lado do medo?" A resposta dele é sempre "nada".

"As pessoas ficam nervosas por nenhum motivo, porque ninguém vai aparecer e esbofeteá-las ou espancá-las do nada... Quando falamos de medo ou falta de agressividade [refreando alguém], isso está na sua cabeça. Nem todo mundo vai ser superagressivo, mas uma coisa com a qual dá para lidar são os temores de uma pessoa. Começando cedo, se a pessoa que você ajudar for tímida, ela não será tão tímida se você continuar incutindo essas coisas."

TF: Olhe para o que lhe dá medo, seja lá o que for, e pergunte: "O que há do outro lado do medo, se eu forçar a passagem?" A resposta geralmente é "nada". Há poucas consequências negativas, às vezes nenhuma, ou então elas são temporárias. Isso tem a ver com uma lição de Francis Ford Coppola que explorarei mais adiante: o fracasso não é duradouro.

"Ao criar seus filhos, você é o arco, eles são a flecha e você tenta mirá-los na melhor direção que pode. Espera-se que sua mira não seja muito ruim. Foi isso o que [minha avó] fez por mim."

PARA AQUELES DE VOCÊS QUE SÃO IMITADORES

Jamie imitou umas dez pessoas durante nossa entrevista. Eis uma dica: "Comece com Caco, o sapo de *Os Muppets*, depois acrescente um pouco de molejo e você tem Sammy Davis Jr."

OU VOCÊ É ÓTIMO OU VOCÊ NÃO EXISTE

Jamie explicou como Keenen Ivory Wayans era em relação a escrever piadas para *In Living Color*: "Você não tem permissão para entrar e ser meia-boca. Ele puxava você para o lado e dizia: 'Como comediante negro, você não pode ser meia-boca. Ou você é ótimo ou você não existe.' Ele escrevia para Eddie Murphy. Estava com os maiores. Ele dizia: 'Estou com os maiores o tempo todo. Então é isso que vamos fazer.'"

TF: Isto se aplica muito além da comédia ou de questões raciais. Nunca foi tão fácil ser um "criador", e nunca foi tão difícil se destacar. Bom não é suficiente.

APRENDENDO A FALAR A VERDADE

"Eu devia ter uns dez anos. Acho que estava no quinto ano, 1976, época do presidente Carter. O pastor começou a pregar sobre homossexualidade. Eu não sabia o que era isso. Ele estava dizendo que Deus fez Adão e Eva, e não Adão e Ivo. Estamos falando do Sul, do Texas. Minha avó se levantou e disse: 'Pare com isso.' E a igreja inteira se calou. 'O que é isso, Miss Talley?' O que ela respondeu foi muito interessante. 'Vou lhe dizer uma coisa. Tive uma creche durante trinta anos e quero que todos vocês saibam que Deus faz os gays também.' Todo mundo ficou boquiaberto. Ela disse: 'Esses garotinhos que observei desde que aprenderam a andar têm um ritmo diferente, e você pare com isso porque está dificultando a orientação deles.' E se sentou.

"Minha avó criava aquelas pessoas da igreja. [Ela lecionava para os filhos de toda a comunidade durante o ano escolar e,] depois, durante o verão, você deixava as crianças na casa da minha avó para ela tomar conta. Ela era muito poderosa nesse sentido."

ED SHEERAN ANTES DE FICAR FAMOSO

"Um jovem chamado Ed Sheeran dormiu neste tapete [ele aponta para o chão, onde estávamos gravando] durante umas seis semanas, tentando iniciar sua carreira de músico. Veio de Londres. Ouviu falar de um programa ao vivo que eu fazia em Los Angeles. Ele disse: 'Quero muito fazer seu programa ao vivo, se for possível, porque tenho algumas músicas que adoro.' E eu pensando: *Fazer meu programa ao vivo?* É quase tudo preto, entende? É *gente de música*, gente de música realmente radical. São muito difíceis de agradar. Pessoas que tocaram para Stevie Wonder. Já contei com Miranda Lambert uma noite, com Babyface. Falei para ele: 'Isso que você está falando é muito autêntico. Não ligo para Londres e o sotaque. Você tem que vir com isso.' Ele disse: 'Acho que vai dar tudo certo...' Então eu o levei para minha noite ao vivo, oitocentas pessoas ali. As pessoas estão tocando, o povo preto suando e absorvendo aquilo... eles rasgariam *American Idol* em pedaços. De repente, Ed Sheeran se levanta com um ukulele, caminha para o palco, e um amigo do meu lado disse: 'Ô, Foxx, quem é aquele cara ali, porra, de cabelo vermelho e a porra do ukulele?' 'Cara, o nome dele é Ed Sheeran. Vamos ver o que ele faz', respondi. Doze minutos depois, ele foi ovacionado de pé."

ANTES DE PROCURAR EM TODO LUGAR

Jamie interpretou Ray Charles no filme *Ray*, pelo qual ganhou um Oscar. Antes da filmagem, os dois tocaram piano juntos:

"Quando estávamos tocando, eu estava nas nuvens. Então ele mudou para um negócio intrincado, tipo Thelonious Monk, e eu, merda, tinha que alcançar, mas toquei uma nota errada. Ele parou porque seus ouvidos são muito sensíveis: 'Por que diabos você fez isso? Por que tocou a nota assim? Essa nota está errada, cara. Merda.' Eu disse: 'Sinto muito, sr. Charles.' Ele respondeu: 'Vou lhe dizer uma coisa, irmão. As notas estão bem embaixo dos seus dedos, baby. Você só precisa ter o tempo para tocar as notas certas. A vida é assim.'"

BRYAN JOHNSON

Bryan Johnson (TW: @bryan_johnson, bryanjohnson.co) é empreendedor e investidor. É fundador do OS Fund e da Braintree, que ele comprou do eBay em 2013 por 800 milhões de dólares em dinheiro. Bryan lançou o OS Fund em 2014 com 100 milhões de dólares de seu capital pessoal para apoiar investidores e cientistas que têm por objetivo beneficiar a humanidade reescrevendo os sistemas operacionais da vida. Em outras palavras, ele fomenta cientistas loucos do mundo real que lidam com coisas como mineração em asteroides, inteligência artificial, prolongamento da vida e outros. Atualmente, é CEO da Kernel, empresa fundada por ele que está desenvolvendo a primeira neuroprótese [computador implantável no cérebro] do mundo para imitar, consertar e melhorar a cognição.

Animal espiritual: Leão

NOS BASTIDORES

≫ Para inspirar os filhos, Bryan encarregou um grafiteiro de pintar Gandalf e Harry Potter em uma das paredes de casa. Eles estão apontando seu cajado e sua varinha para o céu e acima de tudo está a palavra "sonho". Ele quer ensinar aos filhos que, assim como J. R. R. Tolkien e J. K. Rowling criaram mundos usando texto, os empreendedores têm a capacidade de criar suas vidas com empresas.

≫ Em nossas caminhadas regulares em São Francisco, Bryan me fez variações desta pergunta diversas vezes: "O que você pode fazer que será lembrado daqui a duzentos anos?"

UM DE SEUS PRIMEIROS TRABALHOS EMPREENDEDORES

Sobre vender processamento de cartão de crédito de porta em porta a varejistas:

"Eu dizia: 'Tim, se você me der três minutos do seu tempo, eu lhe darei 100 dólares se você não disser 'sim' ao meu serviço.' Geralmente, eles diziam algo como: 'Isso é interessante...' Então eu abria minha apresentação e os conduzia através da indústria. Aqui estão os fornecedores, aqui está o que eles fazem, aqui é como eles fazem isso, aqui é o que eu faço. Sou igual a todo mundo, só que comigo você tem honestidade e transparência e um grande apoio ao cliente. Então me tornei o vendedor número um da empresa. Bati todos os recordes de venda seguindo essa fórmula realmente simples de vender honestidade e transparência em uma indústria quebrada."

É UMA COCEIRINHA OU UMA QUEIMADURA?

"Tenho muitas conversas com pessoas que querem abrir um negócio próprio, e uma das perguntas que mais faço é: 'Isso é só uma coceirinha ou está queimando?' Se for uma coceira, não é suficiente. O que vale é quanto você realmente quer aquilo. Para mim, queimei tudo. De jeito nenhum eu arrumaria um emprego. O fracasso nunca foi uma opção. Eu tinha que fazer aquilo funcionar."

PROVAVELMENTE VOCÊ NÃO DEVERIA FAZER ISSO DE NOVO

"Certa vez [quando criança] eu me perguntei: *Se eu enchesse um galão com gasolina e ateasse fogo, o que aconteceria?* Então peguei a gasolina que era usada para o cortador de grama, enchi uma garrafa, fui para a rua e ateei fogo...

Conforme esperado, uma chama e tanto se alastrou. O Taurus verde [da minha mãe] dobrou a esquina, vindo pela rua, e eu pensei: *Ah, não...* Então, na pressa, chutei o galão, a gasolina derramou pela rua e entrou na sarjeta. Agora estava correndo pela sarjeta e havia carros [seguindo pela rua]. Eu imaginei os carros explodindo. Então, fui até a sarjeta e bati com o pé na gasolina para tirá-la e, é claro, ela espirrou. Agora o gramado estava pegando fogo também. Estava ficando cada vez pior. No fim, apagamos o fogo e a única coisa que ela me disse foi: 'Bryan, provavelmente você não deveria fazer isso de novo.' 'Está bem, é justo', respondi. Isso é típico da minha mãe."

CONSELHO DE PAI — "O QUE VOCÊ ACHOU DISSO?"

"Fomos andar de quadriciclo duas semanas atrás — eu e meus filhos de onze e nove anos —, e eu disse: 'Vou colocar os capacetes em vocês e passar uma lição de dois minutos sobre como andar para a frente, dar ré e frear. Algumas orientações: não entrem em uma vala, não vão para uma encosta de morro que faça vocês capotarem etc. Vou ficar esperando que vocês brinquem por cinco minutos, voltem a salvo e me digam como se saíram. Quais foram os processos de pensamento de vocês? Como vocês se mantiveram em segurança? Quais foram os riscos que correram? Mas quero que façam isso, e não vou com vocês...' Eles voltaram inteiros, e para eles foi uma boa experiência me dizer 'Está bem, pai, foi assim que percebemos o risco e foi assim que pensamos que poderíamos ter um problema...' Eles [até bateram em uma árvore] indo devagar... mas falaram a respeito, o que achei realmente válido."

O TESTE DO OLFATO DE SHACKLETON

Ernest Shackleton teve um enorme impacto sobre Bryan na infância. "Ele é lembrado [pela] determinação e pela forma como superou todos os obstáculos que apareceram durante a expedição. Ele é uma enorme inspiração em minha vida, porque aplico o que chamo de 'teste do olfato de Shackleton' a tudo o que faço... Eu considero: se eu fizer esse empreendimento, será que ele atende aos limites que Shackleton aplicava? Será que é o empreendimento mais audacioso que eu poderia conceber? O que Shackleton faria?"

TF: Joe De Sena (página 67) faz o mesmo exercício usando Shackleton como teste de tornassol. "É um companheiro dele também", como disse um amigo em comum.

✳ Existe algo em que você acredita, mas as pessoas acham loucura?
"Nossa existência é programável."

* Você tem alguma citação que rege sua vida ou na qual pensa com frequência?

"A vida não é esperar a tempestade passar, é aprender a dançar na chuva" [adaptado de Vivian Greene].

JOGOS DE CINCO MACACOS

O seguinte caso está relacionado à impotência assimilada, que com frequência é antiquada e reforçada por outros que têm boas intenções:

"Na Braintree, um dos princípios que eu sempre dizia era 'Desafie todas as suposições'. E eu usava uma história para exemplificar: há cinco macacos em uma sala, além de uma cesta de bananas no alto de uma escada. Os macacos, é claro, querem subir na escada para pegar as bananas, mas toda vez que um deles tenta, todos os outros são borrifados com água fria. Depois de receberem água fria algumas vezes, os macacos aprendem a não subir na escada para pegar as bananas... [Os realizadores do experimento então] retiram um macaco e põem outro ali, e o novo macaco vê as bananas. Ele pensa: *Opa, vou pegar uma banana.* Mas quando o novato tenta subir na escada, os outros macacos o agarram e o puxam de volta... [Os realizadores do experimento acabam] retirando sistematicamente cada macaco até que fiquem cinco espécimes novos. Toda vez que um novo macaco chega e tenta subir na escada, os outros o agarram e o puxam de volta, mas nenhum dos cinco jamais sofreu com a água fria."

TF: Isso me fez lembrar uma história de Tara Brach (página 603) na qual penso com frequência:

Esta é uma história sobre uma tigresa chamada Mohini, que estava em cativeiro e fora resgatada de uma reserva animal. Mohini estava confinada a uma jaula de nove metros quadrados, com chão de concreto, havia cinco ou dez anos. Até que finalmente a soltaram em um grande pasto. *Com empolgação e expectativa, soltaram Mohini em seu novo e amplo meio ambiente, mas era tarde demais. A tigresa imediatamente buscou refúgio em um canto da área cercada, onde viveu pelo resto da vida. Deu passos e mais passos naquele canto até que uma área de nove metros quadrados ficasse sem mato...* Talvez a maior tragédia de nossa vida seja a de que a liberdade é possível, mas passamos nossos anos presos aos velhos padrões de sempre.

Que limitações passadas — reais ou percebidas — você está levando como bagagem? Em qual parte de sua vida você está dando passos em um pedaço de grama de nove metros quadrados? Onde você teme que lhe joguem água fria, embora isso nunca tenha acontecido? Muitas vezes, tudo o que você precisa é de um mero centímetro fora de sua zona de conforto. Teste isso.

BRIAN KOPPELMAN

Brian Koppelman (TW: @briankoppelman, briankoppelman.com) é roteirista, romancista, diretor e produtor. Antes de sua série de TV de sucesso, *Billions*, da qual é um dos criadores e produtor-executivo, era mais conhecido como um dos roteiristas de *Cartas na Mesa* e *Treze Homens e um Novo Segredo*, e ainda como produtor de *O Ilusionista* e *Gente de Sorte*. Ele dirigiu filmes como *O Solteirão*, estrelado por Michael Douglas. Brian também apresenta o podcast *The Moment*. Um de meus episódios favoritos é com John Hamburg, que escreveu e dirigiu *Eu te Amo, Cara* e escreveu *Entrando numa Fria*, entre muitos outros. É como uma escola de cinema e um mestrado em roteiros embrulhados em uma só conversa.

Animal espiritual: Penn Jillette (um grande amigo)

VOCÊ NÃO ACHA TEMPO, VOCÊ FAZ TEMPO

"Eu tinha trinta anos. Estava infeliz com a vida que levava quando fui a um clube de pôquer em Nova York, ouvi o modo como as pessoas falavam e vi a aparência delas. Então percebi: 'Está bem, isso é um filme [*Cartas na Mesa*]...' Fui até minha esposa, Amy, e meu melhor amigo, Dave, e fiz um plano para poder continuar trabalhando e escrever esse roteiro durante as manhãs. Amy liberou um espaço do depósito embaixo do nosso apartamento. Eu e Dave na época não tínhamos nenhum contato na indústria cinematográfica. Nós nos reuníamos durante duas horas toda manhã. Acho que tirávamos os domingos de folga, mas fora isso não perdíamos uma manhã. Trabalhávamos duas horas. Ele trabalhava em um bar e eu ia para o meu trabalho [Brian tinha acabado de se formar em direito fazendo aulas noturnas e estava na indústria de discos].

"Aquelas duas horas matinais... havia um tanque nessa pequena área de depósito. Espaço para uma cadeira. Eu me sentava no chão, Dave ficava sentado diante da máquina de escrever na maior parte do tempo. Tínhamos uma pilha de material de leitura sobre pôquer e a linguagem do jogo. Ficávamos naquele espaço e líamos, e depois, à noite, íamos a clubes de pôquer e tentávamos coletar informações. As falas das pessoas, histórias que nos contavam, traços de personalidade... sem pensar [se] aquilo era realista ou não. Não calculávamos nada disso, só pensávamos em como escrever um roteiro que pudesse ser a base para um filme que seria para as pessoas o que *Quando os Jovens se Tornam Adultos* havia sido para nós. **Um filme sobre o qual as pessoas — na época, eu devia estar pensando em caras na casa dos vinte anos — iriam querer comentar umas com as outras.** Seria o segredinho delas, o filme particular delas, e se conseguíssemos fazer isso seríamos bem-sucedidos."

TF: Khaled Hosseini escreveu *O caçador de pipas* de manhã cedo, antes de trabalhar como médico em tempo integral. Paul Levesque (página 156) com frequência trabalha à meia-noite. Se é realmente importante, programe-se. Como Paul perguntaria a você: "Isso é um sonho ou um objetivo?" Se não está no calendário, não é de verdade.

SOBRE AS PÁGINAS MATINAIS, QUE BRIAN ME APRESENTOU

"Toda manhã, o que faço é baseado nas Páginas Matinais de Julia Cameron em *Guia prático para a criatividade*. São três páginas escritas à mão em que você apenas mantém a caneta em movimento, não importa o que aconteça. Nenhuma censura, nenhuma releitura. Isso é a coisa mais próxima de mágica que já vi. Se a pessoa de fato fizer isso todos os dias, em uma prática disciplinada, algo acontece em seu subconsciente que lhe permite alcançar seu ponto mais criativo. Eu diria — e sei que você teve essa experiência com outras coisas que deu às pessoas — que dei esse livro a cem pessoas e disse: 'É sério, você precisa fazer isso...' Das cem pessoas, talvez dez tenham realmente aberto o livro e feito os exercícios. Dessas dez, sete escreveram livros, fizeram filmes, programas de TV e foram bem-sucedidas. É incrível. Esse livro mudou minha vida, embora seja muito espiritual e eu seja ateu."

✳ Recomendações de livro e podcast

A guerra da arte, de Steven Pressfield

O que faz Sammy correr?, de Budd Schulberg, sobre como alguém abre caminho em Hollywood.

O podcast *The Scriptnotes*, de Craig Mazin e John August. "Eles têm, juntos, vinte créditos de filmes de sucesso. Esses dois sabem do que estão falando. Estão nas trincheiras fazendo filmes todo dia."

ALGUNS PENSAMENTOS PRÁTICOS SOBRE SUICÍDIO

Neste capítulo, vou falar sobre suicídio e sobre por que ainda estou neste planeta. Isso pode parecer sombrio, mas o objetivo é dar esperança e ferramentas àqueles que precisam. É um número muito maior do que você imagina.

Mantive as histórias deste capítulo escondidas da família, de namoradas e amigos mais próximos durante anos. Recentemente, porém, tive uma experiência que me abalou — me despertou — e decidi que era hora de compartilhar tudo.

Portanto, apesar da vergonha que eu possa sentir, do medo que está fazendo a palma de minhas mãos suar enquanto digito isto, permita-me começar.

Lá vamos nós...

UMA REVIRAVOLTA DO DESTINO

"Você poderia autografar este exemplar para o meu irmão? Significaria muito para ele."

Havia talvez umas dez pessoas à minha volta fazendo perguntas, e um fã tinha educadamente aguardado sua vez. O pedido: um simples autógrafo.

Era uma noite de sexta-feira, por volta das sete, e eu acabara de terminar uma gravação ao vivo do podcast *TWiST*. Estavam todos elétricos. Jason Calacanis, o apresentador e entrevistador, sabe como se faz um programa. Ele animara o público e mantivera as coisas rolando por mais de duas horas no palco, fazendo-me todas as perguntas imagináveis. O lugar estava lotado. Agora, mais de duzentas pessoas estavam circulando, bebendo vinho ou partindo para o fim de semana.

Um punhado de espectadores se juntou perto dos microfones para conversar comigo.

"Você gostaria que eu dissesse ao seu irmão alguma coisa em particular?", perguntei ao homem, vestido imaculadamente em um terno. Seu nome era Silas.

Ele congelou por alguns segundos. Vi seus olhos tremularem. Havia alguma coisa incomum ali que eu não podia ficar cutucando.

Decidi tirar a pressão de cima dele: "Tenho certeza de que posso pensar em alguma coisa. Tudo bem por você?". Silas assentiu.

Escrevi algumas linhas, acrescentei uma carinha sorridente, autografei o livro que ele trouxera e o entreguei de volta. Ele me agradeceu e se retirou do grupo. Acenei e voltei a conversar com os outros.

Mais ou menos trinta minutos depois, tive que correr. Minha namorada acabara de desembarcar no aeroporto e eu precisava encontrá-la para jantar. Comecei a caminhar em direção aos elevadores.

"Desculpe-me, Tim." Era Silas. Ele estava esperando por mim. "Posso falar com você um segundo?"

"Claro", respondi, "mas me acompanhe."

Contornamos mesas e escrivaninhas a caminho do saguão do elevador e ele apertou o botão para descer. Assim que Silas começou sua história, esqueci o elevador.

Ele se desculpou por não ter dado uma resposta antes. Seu irmão mais novo — aquele para o qual eu autografara o livro — havia cometido suicídio havia pouco tempo. Tinha 22 anos.

"Ele gostava de você", explicou Silas. "Adorava ouvir você e Joe Rogan. Eu queria pegar seu autógrafo para o meu irmão. Vou colocar no quarto dele." Ele fez um gesto indicando o livro. Percebi que lágrimas brotavam em seus olhos e senti que acontecia o mesmo comigo. Ele continuou.

"As pessoas ouvem o que você tem a dizer. Você já pensou em falar sobre esses assuntos? Sobre suicídio ou depressão? Pode ser que você consiga salvar alguém." Agora era minha vez de encará-lo sem expressão. Eu não sabia o que dizer.

Eu também não tinha uma desculpa. Sem que ele soubesse, eu tinha todos os motivos para falar sobre suicídio.

Alguns dos meus amigos mais próximos no ensino médio se mataram. Alguns dos meus amigos mais próximos na faculdade se mataram. Eu quase me matei.

"Sinto muito pela sua perda", eu disse a Silas. Perguntei-me se ele tinha esperado mais de três horas só para me dizer isso. Suspeitei que sim. Que bom. Ele tinha mais coragem do que eu. Certamente, eu decepcionara o irmão dele por ser tão covarde em minha escrita. Quantos outros eu havia decepcionado? Essas perguntas fervilharam na minha mente.

"Vou escrever sobre isso", falei para Silas, dando um tapinha sem jeito em seu ombro. "Prometo."

E, com isso, entrei no elevador.

DENTRO DA ESCURIDÃO

"Eles tentaram nos enterrar. Eles não sabiam que éramos sementes."

— Provérbio mexicano

Existem alguns segredos que não contamos porque são constrangedores.

Por exemplo, teve aquela vez que encontrei Naval Ravikant (página 593) porque dei em cima sem querer da namorada dele em um café. Ops! Ou a vez que uma celebridade durante a participação de uma mesa-redonda pegou emprestado meu laptop para projetar um vídeo corporativo enfadonho e uma imagem pornô surgiu por um instante na tela — *à la Clube da Luta* — diante de uma multidão de quatrocentas pessoas? Outro bom exemplo.

Mas existem também os segredos obscuros. As coisas que não contamos a ninguém. As sombras que mantemos encobertas por medo de desvendar nossas vidas.

Para mim, 1999 foi um ano cheio de sombras.

Tanto que nunca quis revisitá-lo. Só fui falar publicamente sobre esse período traumático em 29 de abril de 2015, durante uma sessão de perguntas e respostas no Reddit.

O que vem a seguir é uma sequência da minha queda em espiral. Em retrospecto, é incrível como parte disso parece trivial. Na época, porém, foi uma verdadeira tempestade.

Incluo palavras como "situação impossível", que refletem meu pensamento na época, e não a realidade objetiva.

Ainda recordo vivamente esses acontecimentos, mas qualquer citação é parafraseada. Portanto, partindo de onde começou...

>>> É o início do meu último ano na Universidade Princeton. Estou programado para me formar em junho de 1999. Em algum ponto dos meses seguintes, várias coisas acontecem em um período de algumas semanas.

≫ Primeiro, sou eliminado antes das entrevistas finais dos processos seletivos da McKinsey e da Trilogy, além de outras. Não tenho a menor ideia do que estou fazendo de errado e começo a perder a confiança depois de "vencer" no jogo acadêmico por tanto tempo.

≫ Segundo, uma namorada de longa data (para um garoto de faculdade, pelo menos) termina comigo pouco depois. Não por causa das coisas do trabalho, mas porque me tornei inseguro durante esse período, queria mais tempo com ela e atrapalhava muito sua temporada na equipe esportiva da universidade. O que há de errado comigo?

≫ Terceiro, tenho uma reunião fatídica com um dos orientadores da minha monografia no departamento de Estudos do Leste da Ásia. Depois de ler um rascunho parcial do trabalho, ele apresenta uma grande pilha de pesquisas originais em japonês para eu incorporar. Saio dali com a cabeça rodando — como vou terminar essa monografia (que geralmente tem de sessenta a cem páginas, ou mais) antes da formatura? O que eu faço?

É importante notar que em Princeton a monografia é amplamente vista como o pináculo de sua carreira de universitário de quatro anos. Isso reflete em sua classificação. O trabalho com frequência vale em torno de 25% do coeficiente de rendimento no departamento. Depois do descrito anteriormente, as coisas se desenrolaram da seguinte maneira:

≫ Encontro uma solução para me salvar! Durante a pesquisa de aprendizado de língua para a monografia, sou apresentado a um ph.D. maravilhoso que trabalha na Berlitz International. Chamava-se Bernie. Jantamos certa vez tarde da noite na Witherspoon Street, em Princeton. Ele fala várias línguas e é nerd, assim como eu. Uma hora se torna duas, que por sua vez se tornam três. No fim ele diz: "Sabe, que pena você só se formar daqui a alguns meses. Tenho um projeto que seria perfeito para você, mas começa logo." Aquilo podia ser exatamente a solução que eu estava procurando!

≫ Converso com meus pais sobre a possibilidade de tirar um ano livre, a partir de meados do meu último ano na universidade. Isso me daria tempo para terminar e aprimorar minha monografia e ao mesmo tempo procurar trabalhos no "mundo real". Isso parece me beneficiar imensamente dos dois lados, e meus pais me apoiam.

» As autoridades em Princeton aceitam a ideia e me reúno com o su-pracitado orientador para lhe informar minha decisão. Em vez de ficar feliz por eu tirar um tempo para fazer a monografia direito (o que eu esperava), ele parece furioso: "Então você vai desistir?! Vai ficar inventando desculpa?! É melhor que seja a melhor mono-grafia que eu já vi na minha vida." Naquele momento de estresse, identifico uma série de ameaças e ultimatos velados no diálogo que se segue... mas nenhum professor faria realmente isso, certo? A reunião termina com uma risada desdenhosa e um breve "Boa sorte". Estou arrasado e saio da sala com a cabeça rodando.

» Fico um pouco mais calmo, e meu choque se transforma em raiva. Como um orientador pode ameaçar um estudante com uma nota baixa só porque ele está tirando um tempo livre? Eu sabia que mi-nha monografia não seria "a melhor" que ele já havia visto, então era praticamente certo que eu receberia uma nota ruim, mesmo que fi-zesse um ótimo trabalho. Isso seria óbvio para qualquer um, certo?

» Eu me reúno com várias pessoas da administração de Princeton e, em resumo, a resposta é: "Ele não faria isso." Fico sem palavras. Estou sendo chamado de mentiroso? Por que eu mentiria? Com que motivação? Parece que ninguém está querendo se indispor com um professor titular. Estou sem palavras e me sinto traído. A política do corpo docente é mais importante do que eu.

» Deixo para trás meus amigos da faculdade e me mudo para fora do *campus* a fim de trabalhar para a Berlitz — de maneira re-mota, como se veria depois. "Remoto" significa trabalhar em casa sozinho. Uma receita desastrosa. O trabalho é gratificante, mas passo todo o tempo em que não estou trabalhando — desde a hora em que acordo até a hora de dormir — olhando para cen-tenas de páginas de anotações e pesquisas da monografia espa-lhadas pelo chão do quarto. É uma bagunça incontrolável.

» Depois de dois ou três meses tentando incorporar a pesquisa ori-ginal na língua japonesa do meu orientador, a monografia está um desastre. Apesar de encarar os papéis sozinho durante um pe-ríodo que ia de oito a dezesseis horas por dia (ou talvez por isso mesmo), aquilo é um Frankenstein de precipitações, becos sem saída e pesquisas que, antes de mais nada, não deveriam estar ali.

Pelo menos metade é totalmente imprestável. Estou, sem dúvida, em pior forma do que quando me afastei da faculdade.

≫ Meus amigos estão se formando, comemorando e deixando Princeton para trás. Estou sentado em um apartamento fora do *campus*, preso em uma situação impossível. O trabalho final não está indo a lugar nenhum, e mesmo que acabe ficando perfeito, tenho (em minha mente) um orientador vingativo que vai me reprovar. Reprovando-me, ele destruirá tudo pelo que me sacrifiquei desde o ensino médio: as notas altas no ensino médio me levaram a Princeton, as notas altas em Princeton deveriam me levar a um emprego dos sonhos etc. Reprovando-me, ele vai transformar a anuidade astronômica de Princeton em lixo, nada além de uma pequena fortuna que minha família jogou fora. Começo a dormir até às duas ou três da tarde. Não consigo encarar as pilhas de trabalho inacabado à minha volta. Meu mecanismo para lidar com isso é me esconder embaixo dos lençóis, restringir ao mínimo o tempo acordado e esperar um milagre.

≫ Nenhum milagre acontece. Então, certa tarde, enquanto perambulo pela Barnes and Noble sem nenhum objetivo específico, deparo-me com um livro sobre suicídio. Está bem ali à minha frente, em cima de uma mesa. Talvez seja esse o "milagre"? Eu me sento e leio o livro inteiro, fazendo um monte de anotações em um diário, inclusive sobre outros livros relacionados na bibliografia. Pela primeira vez em muito tempo estou animado com uma pesquisa. Em um mar de incertezas e situações impossíveis, sinto-me como se tivesse encontrado uma esperança: a solução final.

≫ Retorno ao *campus* de Princeton. Dessa vez, vou direto à Firestone Library para verificar todos os livros relacionados a suicídio da minha lista. Reservo um título que soa particularmente promissor, mas que está emprestado. Serei o primeiro da fila quando voltar. Pergunto-me qual é o infeliz que está lendo esse livro e se ele vai devolvê-lo.

Vale lembrar que, a essa altura, eu já estava decidido. A decisão era óbvia para mim. De algum modo eu havia fracassado, tinha me colocado em um beco sem saída ridículo, desperdiçado uma fortuna em uma faculdade que não se importava comigo, então qual seria o sentido de fazer outra coisa? Repetir para sempre esse tipo de erro? Ser um fardo inútil para mim mesmo, minha família e meus amigos? Foda-se. O mundo seria melhor sem um perdedor que não conseguia solucionar uma merda tão básica. Com o que eu poderia algum dia contribuir? Com nada. Então a decisão estava tomada e eu estava a todo o vapor fazendo planos.

>>> Nesse caso, sou perigosamente bom em planejamento. Tenho de quatro a seis cenários, todos detalhados, do começo ao fim, incluindo potenciais colaboradores e alguém para me acobertar, se necessário. Foi então que recebi uma ligação.

>>> [Minha mãe?! Isso não estava nos planos.]

>>> Eu havia esquecido que a Firestone Library tinha o endereço da casa da minha família, e teoricamente eu tirara um ano de licença. E o que aconteceu? Um cartão-postal foi enviado para os meus pais, algo na linha de "Temos uma boa notícia! O livro sobre suicídio que você requisitou está disponível na biblioteca para ser coletado!".

>>> Ops (e graças a Deus, porra).

>>> Sou apanhado por minha mãe ao telefone, totalmente despreparado. Nervosa, ela pergunta sobre o livro, então penso rápido e conto uma mentira: "Ah, não precisa se preocupar com isso. Me desculpe! É que um amigo meu vai para a Rutgers e não tinha acesso à Firestone, então reservei o livro para ele. Ele está escrevendo sobre depressão, essas coisas."

>>> Sou arrancado da minha ilusão por um acidente que tinha uma chance em um milhão de acontecer. Só então percebi uma coisa: minha morte não envolveria apenas a *mim*. Destruiria completamente a vida daqueles com os quais eu mais me importava. Imagino minha mãe — que não tinha nenhuma participação na bagunça em minha monografia — sofrendo até o dia de sua morte, culpando a si mesma.

>>> Na semana seguinte, decido tirar o resto do meu "ano fora" para ficar realmente *fora* (a monografia que fosse para o inferno) e focar na minha saúde física e mental. Foi assim que aconteceu toda a história do Campeonato de Kickboxing (Sanshou) chinês de 1999, se você leu *Trabalhe 4 horas por semana*.

≫ Nos meses seguintes, após focar no meu corpo, em vez de ficar preso na minha cabeça, as coisas ganharam muito mais clareza. Tudo parecia mais administrável. O beco sem saída é uma sorte de merda, mas nada permanente.

≫ Volto para Princeton, entrego minha monografia, agora concluída, ao meu orientador ainda amargo, sou massacrado na defesa do trabalho e não dou a mínima. Não era a melhor monografia que ele havia lido, nem a melhor coisa que eu havia escrito, mas eu tinha seguido em frente.

Devo muitos agradecimentos a algumas pessoas que me ajudaram a recuperar a confiança naquele semestre final. Nenhuma delas soube dessa história, mas gostaria de lhes dar um crédito aqui. Entre outras: meus pais e minha família (é claro), o professor Ed Zschau, o professor John McPhee, o grupo de dança Sympoh e meus amigos do incrível Terrace Food Club. Eu me formei na turma de 2000 e dei adeus ao Nassau Hall. Quase nunca volto a Princeton, como você pode imaginar.

[Nota: Depois de me formar, prometi a mim mesmo que nunca mais escreveria algo mais longo do que um e-mail. É bem engraçado que eu agora esteja escrevendo um livro com mais de setecentas páginas, né?]

Considerando o suposto salto na quantidade de "gestos suicidas" em Princeton e em suas primas próximas (Harvard, por exemplo, parece ter o dobro da média nacional de suicídios de universitários), espero que a administração esteja levando as coisas realmente a sério. Se quase metade do seu corpo discente relata sentir-se deprimida, pode ser que haja problemas sistêmicos a serem reparados. Se não forem, eles terão mais jovens mortos nas mãos.

Aliás, não é suficiente esperar que as pessoas sigam em frente nem pedir que jovens em risco tirem uma licença sem remuneração da universidade para escapar da responsabilidade. Talvez procurar todo o corpo estudantil para amparar pessoas antes que elas caiam? Poderia ser algo simples, como oferecer ajuda, recursos ou um ouvido compreensivo.

FORA DA ESCURIDÃO

"Ser profundamente amado por alguém lhe dá força, enquanto amar alguém profundamente lhe dá coragem..."

— Lao Tsé

Primeiro, permita-me fazer uma análise retrospectiva da minha quase destruição. Em seguida, darei a vocês algumas ferramentas e alguns truques que ainda uso para manter a escuridão o mais longe possível.

Alguns de vocês poderão pensar: *Então é isso?! Um estudante de Princeton corria o risco de receber uma nota baixa? Porra, cara, para de choramingar. Dá um tempo...*

Mas... essa é a questão. É fácil exagerar a proporção das questões, perder-se na história contada a si mesmo e pensar que toda a sua vida depende de uma coisa da qual você mal se lembrará cinco ou dez anos depois. Essa coisa *aparentemente* tão importante pode ser uma nota baixa, a entrada em uma faculdade, um relacionamento, um divórcio, uma demissão ou um bando de gente impertinente na internet.

Então, por que não me matei?

A seguir estão as percepções que me ajudaram (e também serviram para alguns amigos). Elas certamente não vão funcionar para todo mundo que está sofrendo de depressão, mas minha esperança é de que ajudem alguns de vocês.

I. Se você estiver em um lugar perigoso, ligue para o Centro de Valorização da Vida no número 141.

Às vezes, basta uma conversa com uma pessoa racional para impedir uma decisão horrível, irracional. Se você está considerando pôr fim à sua vida, procure-os, por favor. Se estiver constrangido demais para admitir, como eu estava, então pode ligar para eles "só para conversar alguns minutos". Finja que está matando tempo para testar diferentes linhas diretas de suicídio para um catálogo telefônico que você está organizando. Recorra a qualquer coisa que funcione.

Quero ver os talentos que *você* tem para oferecer ao mundo. E, falando por experiência própria, acredite em mim: tudo isso vai passar, seja lá o que for.

2. Percebi que tudo isso destruiria a vida de outras pessoas. Matar-se pode matar espiritualmente outras pessoas.

Sua morte não é algo isolado do mundo nem das pessoas. Pode destruir muita gente, seja sua família (que vai se culpar), outros entes queridos ou simplesmente policiais ou médicos-legistas que terão que remover — de um apartamento, do mato etc. — sua carcaça com máscara mortuária. O resultado garantido do suicídio não são as coisas melhorarem para você (ou dar fim à sua consciência), mas criar uma catástrofe para os outros. Mesmo que sua intenção seja algum tipo de vingança por meio do suicídio, os danos não se limitarão aos seus alvos.

Um amigo me disse certa vez que se matar é como pegar sua dor, multiplicá-la por dez e dá-la àqueles que o amam. Concordo, mas há outras pessoas envolvidas. Além dos entes queridos, podemos incluir vizinhos, inocentes por perto que serão expostos à sua morte e as pessoas (com frequência crianças) que cometerão "suicídios de imitação" quando lerem sobre o seu falecimento. Isso é a realidade — e não a fantasia de cura definitiva — do suicídio.

Se você pensa em se matar, imagine-se usando um colete de explosivos de homem-bomba e caminhando em direção a um grupo de inocentes. De fato, é isso que é.

Mesmo se "sentir" que ninguém o ama ou se importa com você, é muito provável que você na verdade já seja amado — e, definitivamente, você é digno de amor.

3. Não há nenhuma garantia de que se matar melhora as coisas!

De maneira tragicômica, foi uma percepção deprimente que tive quando pensava em explodir minha cabeça ou me jogar na frente de um carro. Maldição! Nenhuma garantia.

A "vida após a morte" pode ser mil vezes pior do que a mais dolorosa das vidas. Ninguém sabe. No meu caso, acredito que a consciência persiste depois da morte física e me dei conta de que não tinha, literalmente, *nenhuma* prova de que minha morte melhoraria as coisas. É uma péssima aposta. Pelo menos aqui, nesta vida, conhecemos variáveis que podemos ajustar e mudar. O vazio desconhecido pode ser o *inferno* de Dante elevado à última potência. Quando só "queremos parar a dor", é fácil esquecer isso. Você simplesmente não sabe o que há atrás da porta.

No desespero, muitas vezes não pensamos bem nisso. É mais ou menos como a piada do suicida assassino de um dos meus comediantes favoritos, Demetri Martin:

"Quem comete um assassinato seguido de suicídio provavelmente não está pensando muito na vida após a morte. Bam! Você está morto. Bam! Eu estou morto. Ah, merda... isso vai ser constrangedor para sempre."

4. Dicas de amigos, relacionadas ao tópico 2.

Para alguns amigos meus (incluindo grandes realizadores dos quais você nunca suspeitaria), um "voto de não suicídio" foi o que fez toda a diferença. Eis a descrição de um deles:

"Esse tipo de voto só passou a ter validade para mim quando fiz uma promessa à única pessoa na minha vida diante da qual eu sabia que nunca a quebraria [um irmão]. Fazer isso desencadeia uma força imensa. De uma hora para outra, aquela opção que às vezes rondava minha mente foi descartada por completo. Eu jamais quebraria uma promessa ao meu irmão, em hipótese nenhuma. Depois que fiz o voto e ele o aceitou, tive que encarar a vida de maneira diferente. Não há nenhuma saída de emergência. Estou dentro disso. No fim, fazer uma promessa a ele foi o melhor presente que eu poderia ter dado a mim mesmo."

Por mais insensato que possa parecer, às vezes é mais fácil se concentrar em manter a palavra, evitando magoar alguém, do que em preservar a própria vida.

E não há problema algum nisso. Use o que funciona primeiro e você poderá consertar o resto depois. Se for necessário disfarçar uma promessa por constrangimento ("Como eu confessaria a um amigo?!"), encontre um amigo em conflito e façam um "voto de não suicídio" mútuo.

Faça parecer que você só está tentando protegê-lo. Ainda é demais? Faça um voto mútuo de "não ferir a si próprio" com um amigo que tem o hábito de se machucar.

Faça isso por ele ou ela tanto quanto por você. **Se você não se importa consigo mesmo, faça pelo outro.**

DEFESA PRÁTICA CONTRA DIABINHOS

Agora vamos falar sobre táticas do dia a dia.

A verdade é a seguinte: se você é determinado, um empreendedor, uma personalidade tipo A ou uma centena de outras coisas, as oscilações de ânimo fazem parte de sua estrutura genética. É uma bênção e uma maldição.

Abaixo estão vários hábitos e rotinas que me ajudam. Podem parecer simplistas, mas me impedem de sair muito dos trilhos. São a minha defesa contra o abismo. Podem ajudar você a encontrar sua própria defesa. Teste--os, escolha seus favoritos e use-os como ponto de partida:

» Cinco rituais que me ajudam a vencer o dia (página 171).

» Truques de "produtividade" para neuróticos, maníaco-depressivos e loucos (como eu) (página 225).

» É disso que eu tinha tanto medo? (página 518).

» O Pote do Formidável (página 621).

» Forte como um ginasta (página 42).

» AcroYoga (página 81).

» O roteiro da dieta Slow-Carb (página 110).

E quando tiver dúvida, ou começar a fraquejar, tente os seguintes:

1. Vá à academia e se movimente por pelo menos trinta minutos. Para mim, isso é 80% da batalha. Quando possível, prefiro caminhar em uma academia de ginástica, com todas as conveniências, ou fazer uma sessão de exercícios na casa de alguém, já que a última coisa de que preciso é tempo sozinho com a minha cabeça. De algum modo, force a si mesmo a estar perto de outras pessoas.

2. Toda manhã, expresse gratidão sincera a uma pessoa com a qual você se importa ou que ajudou você. Escreva, envie mensagem ou ligue. Não consegue pensar em ninguém? Não esqueça ex-professores, colegas de sala, companheiros de trabalho do início de sua carreira, antigos chefes etc.

3. Se você achar que não consegue se fazer feliz, faça pequenas coisas para levar felicidade a *outras* pessoas. É um truque de mágica bastante eficiente. Foque em outros em vez de si mesmo. Compre café para a pessoa que está atrás de você na fila (faço muito isso), cumprimente um estranho, ofereça-se como voluntário para servir sopa aos pobres, faça uma doação para alguma escola pública, pague uma rodada de bebidas para os cozinheiros e garçons do seu restaurante favorito etc. As pequenas coisas têm um grande retorno emocional.

E adivinha? É possível que pelo menos uma pessoa para a qual você sorri também esteja na linha de combate, enfrentando em silêncio algo quase idêntico.

PARA ENCERRAR — SOBRE O VERDE E O CINZA

Minha "tempestade perfeita" não tinha nada de permanente.

Mas, é claro, está longe de ser a última tempestade que enfrentarei. Haverá muitas outras. A chave é construir fogueiras nas quais você possa se aquecer enquanto espera a tempestade passar. Essas fogueiras — rotinas, hábitos, relações e mecanismos de superação que construímos — ajudam você a olhar para a chuva e ver um fertilizante em vez de uma inundação. Se você quer o verde mais viçoso da vida (e de fato quer), o cinza faz parte do ciclo natural.

Você não é imperfeito.

Você é humano.

Você tem talentos para compartilhar com o mundo.

E quando a escuridão chegar, quando você estiver lutando contra os demônios, lembre-se: estou bem ali lutando ao seu lado. Você não está sozinho. Há uma grande tribo à sua volta, e milhares de pessoas estão lendo este livro.

As joias que encontrei foram forjadas na luta. Nunca desista.

Muito amor para você e os seus,

Tim

ROBERT RODRIGUEZ

Robert Rodriguez (TW: @Rodriguez, elreynetwork.com) é diretor, roteirista, produtor, diretor de fotografia, editor e músico. É também o fundador e presidente da El Rey Network, um novo canal de TV a cabo inovador. Ali, ele apresenta um dos meus programas favoritos de entrevista, *The Director's Chair*.

Quando estudava na Universidade do Texas em Austin, Rodriguez escreveu o roteiro de seu primeiro longa-metragem enquanto era pago para se submeter a um experimento clínico em uma instalação para pesquisas com medicamentos. Esse pagamento cobriu o custo da filmagem. O filme, *O Mariachi*, acabou ganhando o Prêmio do Público no Festival de Cinema de Sundance e se tornou o longa-metragem de mais baixo orçamento já lançado por um grande estúdio. Rodriguez prosseguiu escrevendo, produzindo e dirigindo muitos filmes bem--sucedidos, incluindo *A Balada do Pistoleiro*, *Um Drink no Inferno*, a franquia *Pequenos Espiões*, *Era uma Vez no México*, *Sin City — A cidade do pecado*, *Machete* e outros.

Animal espiritual: Tubarão-branco

PREFÁCIO

Isto é uma mina de ouro. As estrelas e a cafeína se alinharam para tornar esta entrevista extremamente rica, e Robert foi fora de série. Meu documento pessoal com destaques desse episódio é um livro por si só. Portanto, permita-me, por favor, porque este é mais longo do que o normal. Vale a pena.

QUAL É A SUA "LISTA RODRIGUEZ"?

O termo "Lista Rodriguez" significa anotar todos os seus recursos e montar um filme em torno dessa lista. Origina-se do método de Robert para fazer *O Mariachi*, que ele filmou como um "teste" para si mesmo. A pergunta "Quais são os recursos que podemos ter?" também é feita pelo bilionário Reid Hoffman (página 258). Eis a história de Robert:

"Fiz um inventário de tudo o que tinha. Meu amigo Carlos tem um rancho no México. Ok, o bandido vai estar lá. O primo do Carlos tem um bar. É no bar que haverá o primeiro tiroteio. É onde todos os bandidos se encontram. Seu outro primo tem uma linha de ônibus. Está bem, haverá uma cena de ação com um ônibus em algum momento, uma grande cena de ação no meio do filme com um ônibus. Ele tem um pitbull. Ok, o pitbull está no filme. O outro amigo dele tinha uma tartaruga que encontrou por aí. Ótimo, a tartaruga está no filme porque as pessoas vão pensar que tivemos alguém que sabe lidar com animais e isso de repente vai valorizar a produção.

"Anotei tudo o que tínhamos, então não era preciso sair procurando e gastar dinheiro com o filme. *O Mariachi* custou, realmente, nada. [O único gasto] foi que eu queria filmar em película, e não em vídeo, para que parecesse mais caro, para que eu tentasse dizer às pessoas que o fiz por 70 mil dólares e tentasse vendê-lo por 70 mil dólares. [Robert gastou 7 mil dólares no filme.]

"Em vez disso, acabou indo para a Columbia e sendo lançado. Quando ganhamos o Prêmio do Público em Sundance, meu discurso de agradecimento foi: 'Vocês vão ter muito mais inscrições no ano que vem. Quando as pessoas descobrirem que foi esse que ganhou, um filme feito sem dinheiro e sem equipe, todo mundo vai pegar uma câmera e começar a fazer seus próprios filmes.' Desde então tem havido enxurradas de inscrições. Foi uma verdadeira mudança de paradigma."

OS BENEFÍCIOS DE TRATAR AS COISAS COMO UM "TESTE"

"Achei que ninguém veria [*O Mariachi*]. Foi realmente um filme-teste. Foi por isso que o rodei em espanhol. Eu o fiz para o mercado espanhol...

Imaginei que faria duas ou três coisas dessas, editaria todas juntas, reuniria as melhores partes, usaria em minha fita demo e depois pegaria o dinheiro que eu ganhasse para fazer um primeiro filme de verdade na língua inglesa, americano, independente...

"Não pensei muito. Eu o teria tratado de maneira completamente diferente se tivesse imaginado que algum dia o mostraria a alguém. Se tivesse pensado que ele iria para um festival e que eu iria inscrevê-lo, eu teria gastado dez vezes mais. Teria pegado dinheiro emprestado. Em vez disso, foi tudo em uma tomada só, mesmo que não funcionasse, porque a película é muito cara. E eram uma câmera barulhenta e uma câmera sem som. Ela fazia tanto barulho que não dava para gravar o som ao mesmo tempo. Então eu tinha que gravar o som como você está fazendo agora. Eu filmava uma tomada, afastava a câmera, tirava o som, punha o microfone perto... Então consegui um ótimo áudio, mas ficava fora de sincronia. Mas você meio que fala em seu próprio ritmo. Então, se eu digo 'Oi, meu nome é Robert', e você afasta a câmera e agora faz o áudio, 'Oi, meu nome é Robert', dá para colocar em sincronia... Se você vir *O Mariachi*, é [quase] tudo em sincronia... Quando começava a ficar dessincronizado, eu cortava para o cachorro ou fazia um close. Isso criou um estilo de edição realmente ágil, mas foi só para pôr de volta em sincronia, porque eu não conseguia mantê-la...

"Há uma liberdade nas limitações. É quase mais libertador saber que tenho que usar apenas estes itens: tartaruga, bar, rancho. Estamos quase completamente livres dentro daquilo."

TF: As desculpas são comuns. No caso do empreendedorismo, a lista do "não tenho" — não tenho financiamento, não tenho contatos etc. — é uma justificativa popular para a inação. Mas a falta de recursos é, com frequência, um dos ingredientes cruciais para a grandeza. O chinês Jack Ma é o fundador do Alibaba Group, cujo valor varia entre 20 bilhões e 30 bilhões de dólares, e explica da seguinte forma o segredo do seu sucesso: "Há três motivos para termos sobrevivido: não tínhamos dinheiro, não tínhamos tecnologia e não tínhamos um plano. Cada dólar foi usado com muito cuidado."

TRANSFORME FRAQUEZAS EM FORÇAS, ERROS EM ATRIBUTOS

"Lembro que em *Um Drink no Inferno*, os caras dos efeitos especiais puseram fogo demais na explosão e os atores saíram correndo do prédio. Isso está no filme. Você vê o prédio explodindo, o bar ao fundo... Aquilo foi indo e engoliu o set inteiro, e era a primeira cena. Ainda precisávamos filmar muitas outras coisas com aquilo. Todo mundo estava enlouquecendo, o diretor de arte estava chorando. Era todo o trabalho deles. Meu diretor-assistente chega e diz: 'Você está pensando no que estou pensando?' 'Sim', respondo, 'parece bom do jeito que está. Tudo queimado. Vamos continuar filmando, faremos um pequeno conserto que precisa ser feito e filmaremos esse exterior na semana que vem. Mas vamos continuar filmando.' Você aproveita essas circunstâncias, porque nada sai de acordo com o plano, nunca. Às vezes ouço cineastas novos falando coisas como 'Ah, nada funcionou, foi uma decepção' sobre seus filmes. Eles ainda não perceberam que *esse* é o negócio. O negócio é que nada vai funcionar. Então você diz: 'Como tirar proveito disso e conseguir algo muito melhor do que se eu tivesse todo o tempo e dinheiro do mundo?' Adoro essas experiências... Conversei com Michael Mann sobre isso em *The Director's Chair*. Falamos sobre *Caçador de Assassinos* certa vez, anos atrás. Ele estava sem dinheiro, havia demitido a equipe de efeitos.

"Algumas montagens em *staccato* realmente boas serviram para encobrir o fato de que eles não tinham efeitos, e eu não sabia disso. Sempre achei que fosse uma escolha estilística. E ele disse: 'Não, foi porque não tínhamos dinheiro nem tempo. Quase tive que cortar eu mesmo, e eu estava jogando ketchup no cara entre as sessões de edição.' Eu disse: 'Agora vou fazer isso em todos os meus filmes.' Quero que todos eles não tenham dinheiro e tempo suficientes, para sermos forçados a pensar com mais criatividade. Porque isso vai dar um toque impossível de conceber artificialmente. As pessoas vão se ligar nisso ou então vão dizer: 'Não sei por que gostei desse filme. É meio estranho, mas tem algo nele que me faz querer vê-lo várias vezes, porque tem vida ali.' De certa maneira, a arte às vezes deve ser imperfeita."

NÃO ACOMPANHE O REBANHO — EM VEZ DISSO, TROPECE

"Não é bom acompanhar o rebanho. Vá pelo outro lado. Se todos estão indo por aquele caminho, vá por esse outro. Você vai tropeçar, mas também vai tropeçar em uma ideia que ninguém teve...

"Esse caminho é pelo menos uma nova fronteira. Sempre alcancei o sucesso indo pelo caminho oposto. Não havia tanta concorrência ali. Se todos estão tentando passar por aquela única portinha, você está no lugar errado. Às vezes, em um festival de cinema, quando as pessoas perguntam 'Como vamos entrar?', eu respondo: 'O problema é estar em um festival de cinema. Não há nada de errado com os festivais de cinema, mas todas as outras pessoas estão tentando passar por aquela mesma porta, e não vai caber todo mundo...

"Então você tem que pensar maior do que isso. Há menos concorrência lá. Eu sempre quis entrar na TV, mas em vez de competir com todas as outras pessoas que estão tentando entrar no horário nobre da NBC em uma noite de sexta-feira, [decidi] ter uma rede de TV. Sabe quantas pessoas estão tentando ter uma rede de TV? Nenhuma. Quando essa rede que eu adquiri, a El Rey, estava disponível para compra, havia outros cem candidatos. Parece muito, mas cem em todo o país? Sério? Quantos têm um plano de negócio sólido e uma visão de algo que pode ser implementado? Provavelmente cinco. Ou seja, você está competindo com os cinco primeiros, e não com os vinte mil primeiros que estão tentando entrar na NBC na noite de sexta-feira ou de sábado. Então sempre digo: 'Tente olhar maior...'"

O FRACASSO NÃO DURA

Um dos meus episódios favoritos de *The Director's Chair* é com Francis Ford Coppola (*O Poderoso Chefão*, *Apocalipse Now* etc.), e Robert se refere mais tarde à seguinte citação de Coppola: "O fracasso não necessariamente dura. Lembre-se de que as coisas pelas quais atacam você no começo são as mesmas coisas pelas quais lhe dão prêmios pelo conjunto da obra quando você está velho."

ROBERT: "Mesmo que eu não tivesse vendido *O Mariachi*, teria aprendido muito fazendo esse projeto. Era esta a ideia — estou ali para aprender, não para vencer. Estou ali para aprender, porque, no fim das contas, acabarei vencendo...

"Você precisa ser capaz de olhar para seus fracassos e saber que há uma chave para o sucesso em cada um deles. Se você olhar através das cinzas por tempo suficiente, vai encontrar alguma coisa. Vou lhe dar um exemplo. Tarantino me perguntou se eu queria fazer um dos curtas de *Grande Hotel* [em que cada diretor podia criar o filme que quisesse, mas limitado a um único quarto de hotel e incluindo a noite de ano-novo e um carregador de mala]. Minha mão se levantou de imediato, instintivamente...

"O filme foi muito mal. Nas cinzas desse fracasso, consigo encontrar pelo menos duas chaves para o sucesso. No set, quando estava gravando, eu havia escalado Antonio Banderas como pai de um mexicano bacana e pequenino. Eles pareciam realmente próximos juntos. Depois encontrei a melhor atriz que poderia encontrar, uma garotinha de ascendência asiática. Ela era incrível. Eu precisava de uma mãe asiática. Queria que eles parecessem uma família. É noite de ano-novo, porque [isso] é ditado pelo roteiro, então todos eles estão usando traje a rigor. Eu estava olhando para Antonio e sua mulher asiática e pensando: *Uau, eles parecem um casal muito legal de espiões internacionais. E se eles fossem espiões e essas duas criancinhas, que mal conseguem amarrar os sapatos, não soubessem que eles eram espiões?* Pensei isso no set de *Grande Hotel*. Agora há quatro [filmes da série *Pequenos Espiões*] e uma série de TV vindo.

"Essa foi a primeira chave. A outra foi que, após o fracasso de *Grande Hotel*, pensei: *Ainda adoro curtas*. Antologias nunca funcionam. Não deveríamos ter feito quatro histórias; deveria ter sido um longa com três histórias, porque provavelmente são três atos, e deveria ter sido o mesmo diretor, em vez de diretores diferentes, porque não sabíamos o que cada um estava fazendo. Vou tentar isso de novo. Por que eu tentaria isso de novo se sabia que não havia funcionado? Porque descobrimos algo enquanto fazíamos aquilo pela primeira vez, e [a segunda tentativa] foi *Sin City*."

TIM: "Incrível."

ROBERT: "Então *Pequenos Espiões* e *Sin City* saíram de *Grande Hotel*. Se você tiver uma atitude positiva, poderá olhar para trás. É por isso que o que Coppola diz está correto. O fracasso nem sempre dura. Você pode voltar, olhar para aquilo e dizer: 'Aquilo não foi um fracasso. Foi um momento-chave do meu desenvolvimento que eu precisava ter, e posso confiar no meu instinto. Realmente posso.'"

ABRINDO O PRECEDENTE: SEJA UM "PROBLEMA" CEDO

Robert fez todos os cartazes dos seus filmes desde *A Balada do Pistoleiro*. Eis como ele chegou a isso:

"A agência de criação apareceu [para fazer as fotos do cartaz do filme] certo dia, mas Banderas estava doente. Como só estariam lá naquele dia, eles sugeriram colocar a roupa dele em um dos outros membros da equipe e depois adicionar a cabeça. E eu pensando: *Isso não vai ficar bom. Ninguém se movimenta como ele. Ah, caramba, isso vai ficar horrível.* Então nós mesmos fotografamos no set o famoso cartaz de Banderas com a arma. Eu o vi fazendo aquilo um dia no set e tirei uma pequena foto que seria um grande cartaz.

"Quando fomos mostrar os cartazes ao estúdio, aqueles que os outros caras fizeram pareciam capas de DVD. Pus o meu ali também, e Lisa Henson, presidente da Columbia, avaliou todos. Ela olhou para aquele que eu havia feito e disse: 'Gostamos deste aqui.' 'Esse é meu', respondi. Ela olhou para mim com uma cara de 'Ah, merda, se eu soubesse que era seu provavelmente não teria dito isso'. Mas ela disse: 'Sério? Ah, não sabíamos.' Eu estava feliz porque o pus junto com os outros e não falei nada. Então isso abriu um precedente. Dali em diante, eu poderia ir a qualquer estúdio e dizer: 'Faço os cartazes dos meus filmes também. Então vocês podem ir em frente e tentar fazer um, mas nós tentaremos fazer um também.'

"A chave é fazer cedo. Faça enquanto estiver filmando. A primeira impressão é tudo. Edito um trailer enquanto ainda estou filmando e o envio para um estúdio. Eles tentam fazer um trailer próprio repetidamente e não conseguem tirar da cabeça aquela primeira coisa que viram: 'Ainda não está tão bom quanto aquele que vimos.'"

NOTAS À MEIA-NOITE

Robert toma notas copiosamente. Ele programa o despertador para a meia--noite e insere as notas do dia em um documento do Word. Ele põe data em todas e as organiza por ano, para mais tarde poder encontrar seja lá o que possa querer.

"Tenho um pequeno despertador que toca à meia-noite, porque, em geral, é uma boa hora, e escrevo um pouco. Porque constatei que, mesmo quando apenas anotava algumas coisas, podia voltar e completá-las mais tarde, porque me lembraria... O que deu continuidade a isso é que quando eu voltava e relia os diários, percebia quantas coisas que mudaram minha vida haviam acontecido em um fim de semana. Coisas que eu pensava que se espalhavam por dois anos eram, na verdade, de sexta-feira, sábado, domingo e daquela segunda-feira. Havia muitas ocorrências em blocos que podiam deixar você impressionado, coisas que definem você...

"Para qualquer pai ou mãe, isso é uma necessidade. É uma necessidade porque seus filhos — e você — esquecem tudo. Em alguns anos, eles esquecerão coisas que você acha que eles deveriam lembrar pelo resto da vida. Mas só se lembrarão se isso for enfatizado. Sou um verdadeiro homem de família, portanto adoro cada aniversário. Direi aos meus filhos, porque eles esquecem no ano seguinte, como foram seus primeiros anos de vida. Basta ler os registros nos diários e isso os deixará impressionados. Ou então eles dirão: 'Ei, a gente deveria acampar de novo.' 'Acampar? Ah, sim, lembra aquela vez que fomos acampar e pus uma barraca com eletricidade no quintal? Tínhamos ventiladores, vimos *Jonny Quest*, brincamos... Devo ter um diário e um vídeo sobre isso.' Então procuro 'acampamento' ano a ano. 'Ah, 4 de maio de 1999. Fomos acampar. Está na fita 25.' Pego a fita e mostro a eles. Depois de lhes mostrar o vídeo, eles não precisam acampar de novo. Apenas reviveram aquilo...

"[Ou então] você pergunta a sua namorada ou esposa: 'O que fizemos no ano passado no seu aniversário?' Ela não lembra. Passou um ano e você não se lembra dos detalhes. Você volta e relê os diários, é ainda melhor na segunda vez. Você revive o momento e percebe a importância daquilo."

VOCÊ NÃO PRECISA SABER. A CONFIANÇA VEM PRIMEIRO

Robert tem muitos "trabalhos" diferentes e não considera a criatividade uma qualidade específica do trabalho. É uma meta-habilidade. Ele volta e meia toca violão no set e convida grandes pintores para dar aulas aos atores durante os intervalos. Ele acredita que, ao desenvolvermos criatividade, com frequência a confiança e a iniciativa dão conta do restante:

"A parte técnica de qualquer trabalho corresponde a 10%. Noventa por cento é criatividade. Se você já souber como ser criativo, metade da batalha está ganha, [porque] você não precisa saber. Não precisa saber que nota específica vai tocar quando subir no palco e fizer seu solo.

"Todo mundo vai perguntar: 'O que você tocou?' E você vai dizer: 'Não sei.' Perguntei a Jimmie Vaughan: 'Como você sabe o que está tocando agora?' 'Eu nem sei o que toquei', respondeu ele... Pergunte a qualquer um dos grandes. Tive aulas com um pintor, Sebastian Krüger. Fui à Alemanha para vê-lo pintar, para descobrir seu truque. Como ele faz aquilo? Porque tentei fazer o que ele fazia e parecia um lixo. Ele deve ter um pincel especial. Deve ter uma tinta e uma técnica especiais. Fui até lá e ele começou com um meio-tom, pondo alguns detalhes, um pouco do queixo, depois foi para o olho. Perguntei: 'Como você sabe o que fazer em seguida?' 'Ah, nunca sei. Cada vez é diferente', respondeu ele.

"Isso me deixa louco. 'Como assim? Como é que eu não consigo fazer isso?' Então me sentei e de repente consegui fazer. É impressionante. Então levei de volta essas lições e as ensino aos meus atores. Ensino à minha equipe. Você não precisa saber."

TIM: "Desculpe interromper, mas isso é fascinante. Então qual foi o clique? Qual foi a percepção quando você se sentou e de repente...?"

ROBERT: "Você entende isso da sua própria maneira — pensando que precisava saber algo, um truque ou um processo, antes de aquilo fluir. Se você sair do caminho, aquilo flui. O que lhe dá permissão para deixar fluir? Às vezes, ao fazer quatro anos de escola ou ter aulas com alguém, de repente você dá permissão a si mesmo para deixar fluir.

"Você está só abrindo os diques, e a criatividade flui através do canal. Mas assim que seu ego entra no caminho e você diz 'Não sei se eu sei o que fazer em seguida', você já pôs o 'eu' na frente daquilo e bloqueou um pouco a passagem. 'Já fiz isso uma vez, mas não sei se consigo fazer de novo.' Nunca foi você. O melhor a ser feito é sair do caminho para isso acontecer.

"Quando um ator vem a mim e diz que não tem certeza se consegue interpretar determinado papel, eu digo: 'Isso é ótimo, porque a outra metade vai aparecer quando estivermos lá.' Dizem que saber é metade da batalha. Acho que o mais importante é a outra parte — não saber o que vai acontecer, mas confiar que essa outra metade vai estar lá quando você puser o pincel na tela."

TIM: "Então a confiança vem primeiro."

ROBERT: "A confiança vem primeiro."

LIÇÕES DE UM CARTUM DIÁRIO

Quando estava na Universidade do Texas, Robert produziu uma tirinha cômica chamada *Los Hooligans*:

"Eu chegava em casa e tinha que fazer uma tirinha por dia, e isso podia levar três ou quatro horas. Às vezes eu não tinha vontade de enfrentar uma página em branco, então me deitava e tentava imaginar se seria possível criar um método em que pudesse olhar para o teto e o resultado apareceria, totalmente formado, de modo que eu poderia me levantar e desenhar o que vi. Nunca consegui fazer isso funcionar. O tempo ia passando. Eu corria de volta para a mesa e percebia que a única maneira de fazer aquilo era desenhando. Era preciso desenhar, desenhar, desenhar. Então um desenho seria engraçado ou bacana. 'Aquele está perfeito. Esse combina com aquele.' Então eu desenhava alguns quadrinhos complementares e era assim que era criado. Eu tinha realmente que me mexer.

"Apliquei isso a todos os meus outros trabalhos: cinema e tudo. Mesmo que eu não soubesse o que fazer, tinha apenas que começar. Para muitas pessoas, essa é a parte mais difícil. Elas pensam: *Bem, não tenho uma ideia, então não posso começar.* Eu garanto que você só terá a ideia depois que começar. É uma coisa totalmente inversa. É preciso agir primeiro, antes de a inspiração chegar. Não esperamos a inspiração e depois agimos, senão nós não vamos agir nunca, porque nunca teremos a inspiração, não de maneira consistente."

TF: É assim também que Kevin Kelly (página 514) escreve, e o sentimento me faz lembrar Rolf Potts (página 400): a simples disposição para improvisar é mais vital, a longo prazo, do que a pesquisa.

NEM OS PROFISSIONAIS SABEM

"[Em *The Director's Chair*, Robert Zemeckis disse] que pensou que, em *Forrest Gump*, estava fazendo o pior filme já realizado... e que estava tão atordoado em *De Volta para o Futuro* que quase cortou a sequência de 'Johnny B. Goode' porque pensou: *Bem, isso não está combinando. Vou cortar antes mesmo da pré-estreia.*"

TIM: "Foi quando o editor dele disse: 'Deixe isso para a exibição.'"

ROBERT: "Vamos mostrar só na pré-estreia... Ele disse: 'Não podíamos enlouquecer demais as pessoas.' Não dá para saber. Isso mostra que você não sabe. Quero que as pessoas ouçam essas histórias porque quando você se sente inseguro, 'Ah, não sei se estou fazendo isso certo. Parece que os outros caras sabem', vai perceber que não, eles não sabem. Nenhum deles. Essa é a beleza. Você não tem que saber. Só tem que continuar seguindo em frente."

MAIS SOBRE CRIATIVIDADE

"Quando as pessoas dizem que eu faço coisas demais, 'Você é músico, pintor, compositor, diretor de fotografia, montador. Você é tantas coisas diferentes', respondo: 'Não, eu só faço uma coisa, vivo uma vida criativa. Colocar criatividade em tudo torna tudo disponível para você...'

"Se vou entrar na cabeça de um personagem, talvez eu o pinte primeiro para ver como ele é visualmente, ou musicalmente [descobrir] como ele soa. Dá para trabalhar de maneira completamente não linear.

"O modo como você registra as coisas em um diário, como faz referências cruzadas, apresenta as coisas, inspira sua equipe, inspira outras pessoas à sua volta, inspira a si mesmo — isso é tudo criativo. **E se você diz que não é criativo, olhe quanto está perdendo só porque disse isso a si mesmo.** Acho que a criatividade é um dos maiores dons inatos que algumas pessoas não cultivam, elas não percebem seu potencial de aplicação a literalmente tudo em suas vidas."

COMO ROBERT ABORDOU FRANK MILLER PARA OBTER OS DIREITOS DE *SIN CITY*

"Procurei Frank Miller e lhe mostrei um teste que fiz para *Sin City* [baseado nas *graphic novels*]. Eu disse: 'Sei como é criar personagens originais e não confiar em Hollywood, mas isso aqui não é Hollywood. É algo totalmente diferente. Fiz isso sozinho e vou lhe oferecer um acordo. Que tal eu escrever o roteiro, e isso não será nada de mais, porque vou copiá-lo diretamente dos seus livros. Estamos em novembro. Terei o roteiro em dezembro. Filmaremos um teste em janeiro. Chamarei alguns amigos atores para vir aqui. Rodaremos [a cena de abertura] e eu mesmo vou editá-la. Você estará lá, dirigirá comigo. Farei os efeitos, a trilha sonora, a sequência de créditos falsa com todos os atores que queremos que estejam no filme [por exemplo, Bruce Willis, Mickey Rourke]... E se você gostar do que vir, faremos um acordo para os direitos e depois rodaremos o filme. Se não gostar, você guarda isso como um curta para mostrar aos amigos.'"

CITAÇÃO DIVERTIDA DOS FILHOS

"É por isso que meus filhos sempre dizem que 'o papai não está trapaceando. É só um espírito esportivo criativo', quando ganho deles em algum jogo porque distorci determinada regra em meu favor. Eles se divertem com isso. Não se sentem mal. Na verdade, ficam esperando para ver como vou distorcer as regras."

COMECE COM PORQUE

O livro mais presenteado por Robert é *Por quê? — Como grandes líderes inspiram ação*, de Simon Sinek.

"Percebi melhor o que estava fazendo quando li esse livro e o dei às pessoas para que pudessem ver com mais clareza o que elas estavam fazendo certo e o que estavam fazendo errado.

"É um método muito simples que elas devem usar todos os dias. Por exemplo, se você chegar para um ator e disser 'Oi, sou cineasta, estou fazendo um filme de baixo orçamento e preciso do seu nome como incentivo para ajudar a vendê-lo. Não posso pagar muito e provavelmente vai ser um bocado de trabalho, mas se você quiser estar nele...', você estará pensando apenas em si mesmo. E [a resposta será]: 'Não, cai fora daqui.' Afinal, tudo o que você está falando é sobre *o que* você faz e *como* você faz, que é: faço filmes de baixo orçamento. Sim, e daí? Isso significa que você não tem dinheiro.

"Em vez disso, sempre começo com um 'porque'. Chego para o ator [e digo]: 'Adoro o que você faz e sempre fui um grande fã seu. Tenho um papel que você nunca conseguiria. Acredito na liberdade criativa. Não trabalho com os estúdios. Trabalho de maneira independente. Eu sou o chefe ali. Somos apenas eu e minha equipe. É um ambiente muito criativo. Pergunte a qualquer amigo seu que seja ator. Ele vai lhe recomendar ter essa experiência.

"'Você vai se sentir muito revigorado. Sempre filmo muito rápido. Robert De Niro fez *Machete* em quatro dias. Vou filmar sua parte em quatro dias. Você ficará seis meses em seu próximo filme. Você fica quatro dias no meu filme e vai ser a maior diversão que já teve. Além do mais, provavelmente receberá ótimas críticas.

"'Seu desempenho será totalmente livre, porque vou lhe dar essa liberdade. É por essa razão que faço isso. Como? Bem, trabalho com muita independência. Tenho pouquíssimas pessoas na minha equipe, todos nós fazemos vários trabalhos. Fazemos com menos dinheiro, para termos mais liberdade. O que faço? Sou um diretor independente. Quer fazer esse filme?' E ele vai responder que sim. Porque tudo é uma questão de o que ele pode fazer e como isso vai satisfazê-lo."

VOCÊ NÃO PRECISA FICAR CHATEADO COM NADA

Robert falou sobre uma conversa com o filho, que estava extremamente chateado:

"Eu disse: 'Vou lhe contar um segredo da vida: você nunca precisa ficar chateado com nada. Tudo tem um propósito. Você só foi reprovado no exame de direção e está muito puto. Eu não poderia estar mais feliz. Prefiro que você erre com um professor e faça isso mais cem vezes do que erre diante de um policial, ou cometa o mesmo erro e bata em alguém... Não consigo nem pensar em um motivo negativo pelo qual ser reprovado nesse exame seja uma coisa ruim. Trata-se realmente de como isso é visto, e o modo como você vê isso é muito importante. Se você tiver uma atitude positiva, olhe para isso e diga: 'Deixe-me ver o que posso aprender.' Por que ficar chateado com o que quer que seja? E ele respondeu: 'Uau. Isso faz muito sentido.' Você fica chateado porque alguma coisa não aconteceu de acordo com o plano? Que seja por um bom motivo."

"BOM"

por Jocko Willink, comandante Seal reformado
(Perfil completo na página 454.)

Como lido com contratempos, fracassos, atrasos, derrotas ou outros desastres? Na verdade, tenho uma maneira razoavelmente simples de encarar essas situações. Há uma palavra para lidar em todos esses casos: "Bom."

Quem observou isso foi um dos meus subordinados diretos, um dos caras que trabalharam para mim, que se tornou um dos meus melhores amigos. Ele me ligava ou me puxava de lado com algum grande problema ou alguma questão que estava acontecendo e dizia: "Chefe, temos isso, aquilo ou aquilo outro dando errado." Eu olhava para ele e respondia: "Bom."

Por fim, ele me contou sobre uma situação que estava saindo dos trilhos certa vez e completou assim que acabou de explicar: "Já sei o que você vai dizer."

Então perguntei: "O que vou dizer?"

"Você vai dizer 'Bom'", respondeu ele.

E continuou: "É o que você sempre diz. Quando algo está errado ou indo mal, você só olha para mim e diz: 'Bom.'"

E eu disse: "Bem, estou falando sério. Porque é assim que funciono." Então lhe expliquei que, quando as coisas estão indo mal, algo bom virá a partir daí.

>>> Ah, a missão foi cancelada? Bom. Podemos nos concentrar em outra.

>>> Não conseguiu a nova marcha de alta velocidade que queríamos? Bom. Podemos simplificar.

>>> Não foi promovido? Bom. Mais tempo para se aprimorar.

>>> Não conseguiu financiamento? Bom. Possuímos uma parte maior da empresa.

≫   Não conseguiu o emprego que queria? Bom. Saia, ganhe mais experiência e tenha um currículo melhor.

≫   Sofreu uma lesão? Bom. Estava mesmo precisando de uma pausa no treinamento.

≫   Bateu com a mão em desistência? Bom. É melhor fazer isso no treinamento do que na rua.

≫   Perdeu? Bom. Aprendemos.

≫   Problemas inesperados? Bom. Temos a oportunidade de descobrir uma solução.

É isso. Quando as coisas estão indo mal, não fique desanimado, assustado ou frustrado. Não. Apenas olhe para o problema e diga: "Bom."

Agora. Não estou querendo dizer algo clichê nem tentando parecer o Senhor Positivo Sorridente. Esse cara ignora a dura verdade. Esse cara acha que uma atitude positiva vai resolver os problemas. Não vai. Mas também não adianta ficar preso ao problema. Não. Aceite a realidade, mas foque na solução. Pegue esse assunto, esse revés ou esse problema e o transforme em algo bom. Vá em frente. E, se você faz parte de uma equipe, essa atitude se espalhará entre os seus.

Por fim, para encerrar: se você consegue dizer a palavra "bom", adivinha o quê? Isso significa que você ainda está vivo, que você ainda está respirando.

E, se você ainda está respirando, isso quer dizer que ainda existe um espírito de luta dentro de você. Portanto, levante-se, sacuda a poeira, recarregue-se, recalibre-se, reative-se e parta para o ataque.

SEKOU ANDREWS

Sekou Andrews (TW: @SekouAndrews, sekouandrews.com) é a voz poética mais impressionante que já ouvi. Vi sua performance pela primeira vez no TED e fiquei fascinado. Sekou é um professor duas vezes campeão do National Poetry Slam. Fez apresentações privadas para Barack Obama, Bono, Oprah Winfrey, Maya Angelou e para muitas empresas da Fortune 500.

Animal espiritual: Pantera-negra

TF: Meus amigos, como estamos chegando ao fim (ou será o começo?), este perfil é curto, suave e direto ao ponto. Aqui está apenas uma frase da arte de Sekou para dar o tom:

"Você deve querer muito ser uma borboleta, você está se dispondo a desistir de ser uma lagarta."

CONCLUSÃO

"Aprenda as regras como um profissional, para que você possa quebrá-las como um artista."

— Pablo Picasso

"Aproveite-a."

— A melhor resposta que ouvi para a pergunta que sempre faço a amigos próximos: "O que devo fazer com a minha vida?"

Durante o período em que escrevi este livro, eu me sentava na sauna por vinte ou trinta minutos, tarde da noite, para aliviar a tensão, depois me deitava de costas à beira da piscina, olhando as estrelas em meio às silhuetas dos galhos das árvores. Sob a luz de uma única lâmpada dentro da sauna de barril, eu lia algo poético para arejar a cabeça, como *Folhas de relva* — que comecei em determinado momento porque me recomendaram — ou *A arte cavalheiresca do arqueiro zen*, de Eugen Herrigel.

Eu tinha acabado de começar a praticar arco e flecha e minha rotina era fazer dois ou três intervalos por dia para disparar dezoito flechas em cada um. Eu tinha livros e um treinador para as questões práticas. Por outro lado, *A arte cavalheiresca do arqueiro zen* parecia ser 80% uma conversa enigmática e sem sentido e 20% insights filosóficos geniais.[10] Mas proporcionava um intervalo bem-vindo, como se minha mente se espreguiçasse por um momento, e isso era suficiente.

Certa manhã, meu pesquisador, que eu trouxera do Canadá para trabalhar pessoalmente no livro, me parou em frente à geladeira, enquanto eu pegava água e alguma coisa para comer.

"Você está muito calmo. Como você consegue ficar tão calmo com um milhão de coisas voando ao redor?"

---

[10] Faz muito mais sentido para quem usou substâncias psicodélicas.

Parei para pensar sobre isso; ele estava certo. Havia muita coisa no ar. Eu estava dando o sprint final para terminar o livro no prazo, havia talvez uns dez incêndios inesperados nos negócios para apagar, meu cachorro havia acabado de sofrer um machucado sério, nosso carro pifara e eu estava com vários membros da família e hóspedes indo e vindo. Era um circo com três picadeiros e eu era aquele que girava os pratos.

Historicamente, eu ficava ansioso, com o pavio curto e confuso diante dos prazos finais de livros. Eu era uma companhia extremamente desagradável. Portanto, o que havia de diferente?

Então percebi e expliquei a ele: no processo de ler e reler as lições deste livro, eu absorvera muito mais do que tinha percebido. No piloto automático, estava usando o "bom" de Jocko, convidando Mara para o chá como Tara Brach, olhando as estrelas como BJ Miller e Ed Cooke fariam e colocando o medo em seu devido lugar como Caroline Paul fez no alto da Golden Gate.

Sou um fazedor de listas. É como mantenho minha vida e meu mundo em ordem. O que mais me surpreendeu na minha calma foi que não havia nenhuma lista envolvida. Eu simplesmente testava uma ou duas frases ou ferramentas de titãs na minha mente todos os dias, e — como me disse Cal Fussman — "a boa merda fica". As coisas de que precisava em qualquer momento continuavam vindo à cabeça. Quanto mais eu relia e refletia sobre elas, mais eu via o impacto.

Umas dezesseis horas depois dessa conversa, eu estava totalmente exausto e pronto para uma boa suadeira e um resfriamento. Sozinho, fui para a sauna de barril e me sentei para respirar o cheiro de cedro. O suor aos poucos saiu pelos poros, assim como a tensão do dia, e cheguei ao fim de *A arte cavalheiresca do arqueiro zen*. Uma passagem, envolvendo os comentários finais do mestre japonês, levou-me a parar por alguns minutos. Aqui vai um ligeiro resumo:

> Devo adverti-lo de uma coisa. Você se tornou uma pessoa diferente ao longo desses anos. Porque é isso que a arte do arco e flecha significa: uma profunda e extensa competição do arqueiro consigo mesmo. Talvez você mal tenha notado ainda, mas sentirá isso com muita força quando encontrar seus amigos e conhecidos de novo em seu próprio campo: as coisas já não se harmonizarão como antes. Você verá com outros olhos e medirá com outras medidas. [Isso aconteceu comigo também, e acontece com todos que são tocados pelo espírito dessa arte.]

Na despedida, e ainda não na despedida, o Mestre me entregou seu melhor arco. "Quando você atirar com este arco, sentirá o espírito do Mestre perto de você..."

Isso me fez sorrir.

Para os nerds entre vocês, isso me fez pensar no fim de *O Retorno de Jedi*, depois que a Aliança Rebelde derrota o Império Galáctico, quando Luke Skywalker olha para o céu noturno de Endor (seja paciente comigo) e vê as figuras tremeluzentes e sorridentes dos espíritos de Obi-Wan Kenobi, Yoda e Anakin Skywalker.

Os dois primeiros estavam com ele desde o começo, e os três estariam com ele para sempre.

Minha esperança é de que, ao ler e reler este livro, você sinta o espírito desses titãs ao seu lado. Não importa a dificuldade, o desafio ou a grande ambição diante de você, eles estão aqui.

Você é melhor do que pensa e não está sozinho. Como diria Jocko, vá atrás disso.

OS 25 MELHORES EPISÓDIOS DE *THE TIM FERRISS SHOW*

Aqui estão os 25 episódios mais populares do *The Tim Ferriss Show* até setembro de 2016. Todos os episódios podem ser encontrados em fourhourworkweek.com/podcast e itunes.com/timferriss.

1. "Jamie Foxx on Workout Routines, Success Habits, and Untold Hollywood Stories" (episódio 124).

2. "Tony Robbins on Morning Routines, Peak Performance, and Mastering Money" (episódio 37).

3. "The Scariest Navy SEAL Imaginable... and What He Taught Me" (episódio 107).

4. "Tony Robbins — On Achievement Versus Fulfillment" (episódio 178).

5. "Lessons from Geniuses, Billionaires, and Tinkerers" (episódio 173).

6. "Tim Ferriss Interviews Arnold Schwarzenegger on Psychological Warfare (and Much More)" (episódio 60).

7. "The Secrets of Gymnastic Strength Training" (episódio 158).

8. "How Seth Godin Manages His Life — Rules, Principles, and Obsessions" (episódio 138).

9. "Dom D'Agostino on Fasting, Ketosis, and the End of Cancer" (episódio 117).

10. "Charles Poliquin on Strength Training, Shredding Body Fat, and Increasing Testosterone and Sex Drive" (episódio 91).

11. "5 Morning Rituals that Help Me Win the Day" (episódio 105).

12. "Shay Carl — From Manual Laborer to 2.3 Billion YouTube Views" (episódio 170).

13. "Tony Robbins on Morning Routines, Peak Performance, and Mastering Money (Part 2)" (episódio 38).

14. "The Science of Strength and Simplicity with Pavel Tsatsouline" (episódio 55).

15. "Dissecting the Success of Malcolm Gladwell" (episódio 168).

16. "Kevin Rose" (episódio 1).

17. "How to 10x Your Results, One Tiny Tweak at a Time" (episódio 144).

18. "The Importance of Being Dirty: Lessons from Mike Rowe" (episódio 157).

19. "The Interview Master: Cal Fussman and the Power of Listening" (episódio 145).

20. "The Man Who Studied 1,000 Deaths to Learn How to Live" (episódio 153).

21. "Kevin Kelly — AI, Virtual Reality, and the Inevitable" (episódio 164).

22. "Dom D'Agostino — The Power of the Ketogenic Diet" (episódio 172).

23. "Tools and Tricks from the #30 Employee at Facebook" (episódio 75).

24. "Marc Andreessen — Lessons, Predictions, and Recommendations from an Icon" (episódio 163).

25. "Tara Brach on Meditation and Overcoming FOMO (Fear of Missing Out)" (episódio 94).

MINHAS PERGUNTAS "JOGO RÁPIDO"

Se você acabou se sentando ao lado de um ganhador do Prêmio Nobel ou de um bilionário, o que perguntar a ele? Se você tivesse de dois a cinco minutos e ele estivesse disposto a falar, como poderia aproveitar isso ao máximo?

A seguir estão perguntas que reuni ou elaborei para essa situação hipotética. Muitas delas são perguntas "jogo rápido" que faço a quase todos os convidados de *The Tim Ferriss Show*. Algumas são perguntas adaptadas que aprendi com os próprios convidados (como Peter Thiel, página 263, e Marc Andreessen, página 198).

>> Em quem você pensa quando ouve a palavra "bem-sucedido"? Por quê?

>> Existe algo em que você acredita e que outras pessoas acham loucura?

>> Qual é o livro (ou quais são os livros) que você mais deu de presente?

>> Qual é o seu filme ou documentário favorito?

>> Qual foi a compra por 100 dólares ou menos que teve o impacto mais positivo na sua vida nos últimos seis meses?

>> Quais são seus rituais matinais? Como são os primeiros sessenta minutos do seu dia?

>> Quais são as obsessões que você explora à noite ou nos fins de semana?

>> Qual seria o tópico sobre o qual você falaria se fosse convidado a dar uma palestra no TED fora da sua principal área de conhecimento?

>>> Qual foi o melhor investimento que você já fez ou o que mais valeu a pena? Pode ser investimento em dinheiro, tempo, energia ou outro recurso. Como você decidiu fazer esse investimento?

>>> Você tem uma citação que rege sua vida ou na qual pensa com frequência?

>>> Qual é o pior conselho disseminado em sua área de negócios ou de conhecimento?

>>> Se você pudesse ter um outdoor gigante em qualquer lugar com qualquer coisa escrita, o que escreveria nele?

>>> Que conselho você daria para o seu eu de vinte, 25 ou trinta anos? E, por favor, situe onde você estava na época e o que estava fazendo.

>>> Como o fracasso, ou o aparente fracasso, preparou você para o sucesso mais tarde? Ou: você tem um fracasso "favorito" que tenha acontecido na sua vida?

>>> O que de realmente estranho ou perturbador acontece com você regularmente?

>>> O que você mudou na sua cabeça nos últimos anos? Por quê?

>>> O que você acredita que é verdade, embora não possa provar?

>>> Alguma pergunta ou pedido ao meu público? Considerações finais?

OS LIVROS MAIS PRESENTEADOS E RECOMENDADOS DE TODOS OS CONVIDADOS

Era isto que você estava me pedindo!

Uma nota sobre a formatação:

≫ Os **livros em negrito** são as respostas para "livros mais presenteados".

≫ Os livros **em negrito** e <u>sublinhados</u> são respostas para "livros mais presenteados" que não aparecem no episódio do podcast, mas que os convidados me enviaram depois.

≫ Os livros sem negrito foram recomendados ou mencionados pelo convidado, mas não especificamente como "mais presenteados".

Quais livros apareceram mais? Aqui estão os primeiros dezessete — todos com três menções ou mais — em ordem decrescente de frequência:

1. *Tao Te Ching*, de Lao Tsé (5 menções)

2. *A revolta de Atlas*, de Ayn Rand (4)

3. *Sapiens*, de Yuval Noah Harari (4)

4. *Sidarta*, de Hermann Hesse (4)

5. *Trabalhe 4 horas por semana*, de Tim Ferriss (4)

6. *Checklist — Como fazer as coisas benfeitas*, de Atul Gawande (4)

7. *Duna*, de Frank Herbert (3)

8. *As armas da persuasão*, de Robert Cialdini (3)

   9. *O que nos faz felizes*, de Daniel Gilbert (3)

 10. *Superintelligence*, de Nick Bostrom (3)

 11. *O senhor está brincando, Sr. Feynman!*, de Richard P. Feynman (3)

 12. *4 horas para o corpo*, de Tim Ferriss (3)

 13. *Bíblia* (3)

 14. *O lado difícil das situações difíceis*, de Ben Horowitz (3)

 15. *A guerra da arte*, de Steven Pressfield (3)

 16. *Watchmen*, de Alan Moore (3)

 17. *De zero a um*, de Peter Thiel com Blake Masters (3)

   Aproveite!

   ————

Adams, Scott: *As armas da persuasão* (Robert B. Cialdini)

Altucher, James: Jesus' Son: Stories (Denis Johnson), *O caçador de pipas*;
   A cidade do sol (Khaled Hosseini), *Antifrágil*; *A lógica do cisne negro*;
   Iludido pelo acaso (Nassim Nicholas Taleb), *Aumente o poder do seu
   cérebro* (John Medina), *Fora de série — Outliers* (Malcolm Gladwell),
   Freakonomics (Steven D. Levitt e Stephen J. Dubner)

Amoruso, Sophia: *O homem mais rico da Babilônia* (George Samuel
   Clason), *No Man's Land: Where Growing Companies Fail* (Doug
   Tatum), *Venture Deals* (Brad Feld e Jason Mendelson), *Rilke on Love
   and Other Difficulties* (Rainer Maria Rilke)

Andreessen, Marc: *Administração de alta produtividade*; *Só os paranoicos
   sobrevivem* (Andrew S. Grove), *De zero a um — O que aprender sobre
   empreendedorismo com o Vale do Silício* (Peter Thiel com Blake
   Masters), *Walt Disney — O triunfo da imaginação americana* (Neal
   Gabler), *Schulz e Peanuts — A biografia do criador de Snoopy* (David
   Michaelis), *Thomas Edison — O feiticeiro de Menlo Park* (Randall E.
   Stross), *Nascido para matar... de rir* (Steve Martin), *O lado difícil das
   situações difíceis* (Ben Horowitz)

Arnold, Patrick: *Jack Kennedy: Elusive Hero* (Chris Matthews), *From Chocolate to Morphine: Everything You Need to Know About Mind-Altering Drugs* (Andrew Weil), *Armas, germes e aço* (Jared Diamond)

Attia, Peter: *Mistakes Were Made (but Not by Me): Why We Justify Foolish Beliefs, Bad Decisions, and Hurtful Acts* (Carol Tavris e Elliot Aronson), *O senhor está brincando, Sr. Feynman!* (Richard P. Feynman), *10% mais feliz — Como aprendi a silenciar a mente, reduzi o estresse e encontrei o caminho para a felicidade — Uma história real* (Dan Harris)

Beck, Glenn: *O livro das virtudes* (William J. Bennett), *Os vencedores jogam limpo* (Jon Huntsman)

Bell, Mark: *COAN: The Man, The Myth, The Method: The Life, Times & Training of the Greatest Powerlifter of All-Time* (Marty Gallagher)

Belsky, Scott: *Pequeno manual de instruções para a vida* (H. Jackson Brown, Jr.)

Betts, Richard: *A Fan's Notes* (Frederick Exley), *Eu sou as escolhas que faço* (Elle Luna)

Birbiglia, Mike: *The Promise of Sleep* (William C. Dement)

Blumberg, Alex: *On the Run* (Alice Goffman), *Hiroshima* (John Hersey)

Boone, Amelia: *House of Leaves* (Mark Z. Danielewski)

Boreta, Justin: *Musicophilia: Tales of Music and the Brain* (Oliver Sacks), *Despertar — Um guia para a espiritualidade sem religião* (Sam Harris), *A música no seu cérebro* (Daniel J. Levitin), *A insustentável leveza do ser* (Milan Kundera)

Brach, Tara: *The Essential Rumi* (Jalal al-Din Rumi, tradução de Coleman Barks), *Quando tudo se desfaz — Orientação para tempos difíceis* (Pema Chödrön), *A geração superficial — O que* *a internet está fazendo com nossos cérebros* (Nicholas Carr), *Um caminho com o coração* (Jack Kornfield)

Brewer, Travis: *Autobiografia de um iogue* (Paramahansa Yogananda), *Be Here Now* (Ram Dass), *Conversando com Deus* (Neale Donald Walsch)

Brown, Brené: *O alquimista* (Paulo Coelho)

Callen, Bryan: *Excellent Sheep* (William Deresiewicz), *A revolta de Atlas*; *A nascente* (Ayn Rand), *O poder do mito*; *O herói de mil faces* (Joseph Campbell), *A genealogia da moral* (Friedrich Nietzsche), *The Art of Learning* (Josh Waitzkin), *4 horas para o corpo*; *Trabalhe 4 horas por semana* (Tim Ferriss), *Ciência picareta* (Ben Goldacre), *Fiasco: The American Military Adventure in Iraq, 2003 to 2005* (Thomas Ricks), *O vulto das torres — A Al-Qaeda e o caminho até o 11/9*; *A prisão da fé* (Lawrence Wright), *O banquete* (Platão)

Carl, Shay: *O Livro de Mórmon* (Joseph Smith Jr.), *O homem é aquilo que ele pensa* (James Allen), *Como fazer amigos e influenciar pessoas* (Dale Carnegie), *Quem pensa enriquece* (Napoleon Hill), *The Total Money Makeover* (Dave Ramsey), <u>*Os 7 hábitos das pessoas altamente eficazes*</u> (Stephen R. Covey), <u>*A negação da morte*</u> (Ernest Becker)

Catmull, Ed: *One Monster After Another* (Mercer Mayer)

Chin, Jimmy: *Musashi* (Eiji Yoshikawa e Charles Terry), *O guia do I Ching* (Carol K. Anthony), *Missoula — Estupro e justiça numa cidade universitária* (Jon Krakauer)

Cho, Margaret: *How to Be a Movie Star* (William J. Mann)

Cooke, Ed: <u>*The Age of Wonder*</u> (Richard Holmes), *Touching the Rock* (John M. Hull), *O elogio ao ócio* (Bertrand Russell), *Os sofrimentos do jovem Werther*; *A teoria das cores*; *Máximas e reflexões* (Johann Wolfgang von Goethe), *The Joyous Cosmology* (Alan Watts)

Cummings, Whitney: *Uma história de amor real e supertriste* (Gary Shteyngart), *O drama da criança bem-dotada* (Alice Miller), *The Fantasy Bond* (Robert W. Firestone), *The Continuum Concept* (Jean Liedloff)

D'Agostino, Dominic: *Personal Power* (Tony Robbins), *Tripping Over the Truth* (Travis Christofferson), *A linguagem de Deus* (Francis Collins), *Cartas de um diabo a seu aprendiz* (C. S. Lewis), *Cancer as a Metabolic Disease: On the Origin, Management, and Prevention of Cancer* (Thomas Seyfried), *Ketogenic Diabetes Diet: Type 2 Diabetes* (Ellen Davis e Keith Runyan), *Fight Cancer with a Ketogenic Diet* (Ellen Davis)

De Botton, Alain: *A insustentável leveza do ser* (Milan Kundera), *Os ensaios* (Michel de Montaigne), *Em busca do tempo perdido* (Marcel Proust)

De Sena, Joe: *Mensagem a Garcia* (Elbert Hubbard), *A revolta de Atlas* (Ayn Rand), *Xógum* (James Clavell), *O gerente minuto* (Kenneth H. Blanchard)

Diamandis, Peter: *The Spirit of St. Louis* (Charles Lindbergh), *O homem que vendeu a Lua* (Robert A. Heinlein), *The Singularity Is Near* (Ray Kurzweil), *A revolta de Atlas* (Ayn Rand), a história da *Sopa de Pedra*

DiNunzio, Tracy: *Empresas feitas para vencer — Good do Great* (Jim Collins), *A loja de tudo — Jeff Bezos e a era da Amazon* (Brad Stone)

Dubner, Stephen: Para adultos, *Levels of the Game* (John McPhee); para crianças, *O pote vazio* (Demi)

Eisen, Jonathan: *National Geographic Field Guide to the Birds of North America* (Jon L. Dunn e Jonathan Alderfer)

Engle, Dan: *Sexo no cativeiro — Driblando as armadilhas do casamento* (Esther Perel), *The Cosmic Serpent* (Jeremy Narby), *Autobiografia de um iogue* (Paramahansa Yogananda)

Fadiman, James: *Pihkal: A Chemical Love Story*; *Tihkal: The Continuation* (Alexander Shulgin e Ann Shulgin)

Favreau, Jon: *A jornada do escritor* (Christopher Vogler), *It Would Be So Nice If You Weren't Here* (Charles Grodin), *4 horas para o corpo* (Tim Ferriss), *O Hobbit* (J. R. R. Tolkien), *Cozinha confidencial* (Anthony Bourdain)

Foxx, Jamie: *Without Sanctuary: Lynching Photography in America* (James Allen)

Fussell, Chris: *Portões de fogo* (Steven Pressfield), *Steve Jobs*; *Os inovadores* (Walter Isaacson)

Fussman, Cal: *Cem anos de solidão* (Gabriel García Márquez), *Entre o mundo e eu* (Ta-Nehisi Coates), *Speak Like Churchill, Stand Like Lincoln: 21 Powerful Secrets of History's Greatest Speakers* (James C Humes), *A Feast of Snakes*; *Car* (Harry Crews)

Ganju, Nick: *Não me faça pensar* (Steve Krug), *Como mensurar qualquer coisa — Encontrando o valor do que é intangível nos negócios* (Douglas W. Hubbard), *O poder do pensamento matemático — A ciência de como não estar errado* (Jordan Ellenberg), *Como chegar ao sim* (Roger Fisher e William Ury)

Gazzaley, Adam: *Fundação* (Isaac Asimov), *The Reality Dysfunction (The Night's Dawn Trilogy)* (Peter F. Hamilton), *Mountain Light* (Galen Rowell)

Gladwell, Malcolm: *Strangers to Ourselves: Discovering the Adaptive Unconscious* (Timothy D. Wilson), *Merchant Princes: An Intimate History of Jewish Families Who Built Great Department Stores* (Leon A. Harris), *O espião que sabia demais*; *A garota do tambor*; *A casa da Rússia*; *O espião que saiu do frio* (John le Carré), *A jogada do século — The Big Short* (Michael Lewis), *Checklist — Como fazer as coisas benfeitas* (Atul Gawande), todos os livros de Lee Child

Godin, Seth: *Makers*; *Pequeno irmão* (Cory Doctorow), *Desvendando os quadrinhos* (Scott McCloud), *Nevasca*; *The Diamond Age* (Neal Stephenson), *Duna* (Frank Herbert), *Reconhecimento de padrões* (William Gibson)

AUDIOLIVROS: *The Recorded Works* (Pema Chödrön), *Debt* (David Graeber), *Só Garotos* (Patti Smith), *The Art of Possibility* (Rosamund Stone Zander e Benjamin Zander), *Zig Ziglar's Secrets of Closing the Sale* (Zig Ziglar), *A guerra da arte* (Steven Pressfield)

Goldberg, Evan: *Love You Forever* (Robert Munsch), *Watchmen*; *V de vingança* (Alan Moore), *Preacher* (Garth Ennis), *O guia do mochileiro das galáxias* (Douglas Adams), *O pequeno príncipe* (Antoine de Saint-Exupéry)

Goodman, Marc: *Distrito policial* (William Caunitz), *Trabalhe 4 horas por semana* (Tim Ferriss), *The Singularity Is Near* (Ray Kurzweil), *Superintelligence: Paths, Dangers, Strategies* (Nick Bostrom)

Hamilton, Laird: *Bíblia*, *A marca dos heróis* (Christopher McDougall), *O senhor dos anéis* (J. R. R. Tolkien), *Deep Survival* (Laurence Gonzales), *Fernão Capelo Gaivota* (Richard Bach e Russell Munson), *Duna* (Frank Herbert)

Harris, Sam: *História da filosofia ocidental* (Bertrand Russell), *Reasons and Persons* (Derek Parfit), *A última palavra*; *Mortal Questions* (Thomas Nagel), *Our Final Invention* (James Barrat), *Superintelligence: Paths, Dangers, Strategies* (Nick Bostrom), *Humiliation*; *The Anatomy of Disgust* (William Ian Miller), *The Flight of the Garuda: The Dzogchen Tradition of Tibetan Buddhism* (Keith Dowman), *Eu sou aquilo* (Nisargadatta Maharaj), *Uma temporada de facões — Relatos do genocídio em Ruanda* (Jean Hatzfeld), *Deus não é grande*; *Hitch-22* (Christopher Hitchens), *O que nos faz felizes* (Daniel Gilbert), *Alcorão*

Hart, Mark: *Maestria* (Robert Greene), *The Art of Learning* (Josh Waitzkin), *4 horas para o corpo* (Tim Ferriss)

Hof, Wim: *Fernão Capelo Gaivota* (Richard Bach e Russell Munson), *Sidarta* (Hermann Hesse), *Bhagavad Gita, Bíblia*

Hoffman, Reid: *Consciência nos negócios — Como construir valor através de valores* (Fred Kofman), *Sapiens* (Yuval Noah Harari)

Holiday, Ryan: *Meditações* (Marco Aurélio), *A guerra da arte* (Steven Pressfield), *O que faz Sammy correr?* (Budd Schulberg), *Titan: The Life of John D. Rockefeller, Sr.* (Ron Chernow), *Como viver — Ou uma biografia de Montaigne em uma pergunta e vinte tentativas de resposta* (Sarah Bakewell), *The Fish that Ate the Whale: The Life and Times of America's Banana King; Tough Jews* (Rich Cohen), *Edison: A Biography* (Matthew Josephson), *Ulysses S. Grant: Triumph over Adversity* (Brooks Simpson), *Fahrenheit 451* (Ray Bradbury)

Honnold, Alex: *A People's History of the United States* (Howard Zinn), *Sacred Economics: Money, Gift, and Society in the Age of Transition* (Charles Eisenstein)

Jarvis, Chase: *Roube como um artista — 10 dicas sobre criatividade* (Austin Kleon), *The 22 Immutable Laws of Marketing* (Al Ries e Jack Trout), *Acredite, estou mentindo — Confissões de um manipulador das mídias* (Ryan Holiday), *Super-humanos* (Steven Kotler), *A coragem de ser imperfeito* (Brené Brown), *Unlabel: Selling You Without Selling Out* (Marc Eckō), *Play It Away: A Workaholic's Cure for Anxiety* (Charlie Hoehn), *Nocaute — Como contar sua história no disputado ringue das mídias sociais* (Gary Vaynerchuk)

John, Daymond: *Quem pensa enriquece* (Napoleon Hill), *Quem mexeu no meu queijo?* (Spencer Johnson), *A estratégia do oceano azul* (W. Chan Kim e Renée Mauborgne), *Invisible Selling Machine* (Ryan Deiss), *O homem mais rico da Babilônia* (George S. Clason), *Genghis Khan e a formação do mundo moderno* (Jack Weatherford)

Johnson, Bryan: *A Good Man: Rediscovering My Father, Sargent Shriver* (Mark Shriver), *Em busca de sentido* (Viktor E. Frankl), *Sidarta* (Hermann Hesse), *A incrível viagem de Shackleton*

(Alfred Lansing), *Rápido e devagar — Duas formas de pensar* (Daniel Kahneman)

Junger, Sebastian: ***Brincando nos campos do Senhor*** (Peter Matthiessen), ***Sapiens*** (Yuval Noah Harari)

Kagan, Noah: ***A máquina definitiva de vendas*** (Chet Holmes), ***Essencialismo*** (Greg McKeown), <u>***Revivente***</u> (Ken Grimwood), *Quem?* (Geoff Smart e Randy Street), *Consultor de ouro* (Alan Weiss), *The Sales Acceleration Formula: Using Data, Technology, and Inbound Selling to Go from $0 to $100 Million* (Mark Roberge), *Smartcuts: How Hackers, Innovators, and Icons Accelerate Success* (Shane Snow), *Alcançando excelência em vendas para grandes clientes* (Neil Rackham), *Pequenos gigantes — As armadilhas do crescimento empresarial (por quem soube escapar delas)* (Bo Burlingham), *O senhor está brincando, Sr. Feynman!* (Richard P. Feynman), *Recession Proof Graduate* (Charlie Hoehn), *Ogilvy on Advertising* (David Ogilvy), *Perdido em Marte* (Andy Weir)

Kamkar, Samy: ***As armas da persuasão*** (Robert Cialdini)

Kaskade: ***Lights Out: A Cyberattack, A Nation Unprepared, Surviving the Aftermath*** (Ted Koppel)

Kass, Sam: <u>***Sapiens***</u> (Yuval Noah Harari), ***A arte do jogo*** (Chad Harbach), *Plenty; Jerusalem; Plenty More* (Yotam Ottolenghi), *The Flavor Bible: The Essential Guide to Culinary Creativity, Based on the Wisdom of America's Most Imaginative Chefs* (Karen Page e Andrew Dornenburg), *História das agriculturas no mundo* (Marcel Mazoyer e Laurence Roudart)

Kelly, Kevin: ***As intrépidas aventuras de um jovem executivo*** (Daniel Pink), *So Good They Can't Ignore You* (Cal Newport), *Shantaram* (Gregory David Roberts), *Choque do futuro* (Alvin Toffler), *Regional Advantage: Culture and Competition in Silicon Valley and Route 128* (AnnaLee Saxenian), *What the Dormouse Said: How the Sixties Counterculture Shaped the Personal Computer Industry* (John Markoff), *Alcorão, Bíblia, The Essential Rumi; The Sound of the One*

Hand: 281 Zen Koans with Answers (Yoel Hoffman), *It's All Too Much: An Easy Plan for Living a Richer Life with Less Stuff* (Peter Walsh)

Koppelman, Brian: *O que faz Sammy correr?* (Budd Schulberg), *Guia prático para a criatividade* (Julia Cameron), *A guerra da arte* (Steven Pressfield)

Libin, Phil: *O relógio do longo agora* (Stewart Brand), *The Alliance* (Reid Hoffman), *O gene egoísta* (Richard Dawkins), *A Guide to the Good Life* (William Irvine)

MacAskill, Will: *Reasons and Persons* (Derek Parfit), *Atenção plena — Como encontrar a paz em um mundo frenético* (Mark Williams e Danny Penman), *O poder da persuasão* (Robert Levine), *Superintelligence: Paths, Dangers, Strategies* (Nick Bostrom)

MacKenzie, Brian: *Tao Te Ching* (Lao Tsé), *O caminho do guerreiro pacífico* (Dan Millman)

McCarthy, Nicholas: *The Life and Loves of a He Devil: A Memoir* (Graham Norton), *I Put a Spell on You: The Autobiography of Nina Simone* (Nina Simone)

McChrystal, Stanley: *Once an Eagle* (Anton Myrer), *The Road to Character* (David Brooks)

McCullough, Michael: *Comece por você — Adapte-se ao futuro, invista em você e transforme a sua carreira* (Reid Hoffman e Ben Casnocha), *A arte de fazer acontecer — Estratégias para aumentar a produtividade e reduzir o estresse* (David Allen), *Os 7 hábitos das pessoas altamente eficazes — Lições poderosas para a transformação pessoal* (Stephen R. Covey), *Checklist — Como fazer as coisas benfeitas* (Atul Gawande)

McGonigal, Jane: *Jogos finitos e infinitos* (James Carse), *Suffering Is Optional* (Cheri Huber), *Os desafios à força de vontade* (Kelly McGonigal), *The Grasshopper: Games, Life, and Utopia* (Bernard Suits)

Miller, BJ: Qualquer livro com fotos da arte de Mark Rothko

Moynihan, Brendan: *O jogo do dinheiro* (Adam Smith), *Once in Golconda: A True Drama of Wall Street 1920-1938* (John Brooks), *The Crowd: A Study of the Popular Mind* (Gustave Le Bon)

Mullenweg, Matt: *The Year Without Pants: WordPress.com and the Future of Work* (Scott Berkun), *Como Proust pode mudar sua vida* (Alain de Botton), *A Field Guide to Getting Lost* (Rebecca Solnit), *O gestor eficaz*; *Inovação e espírito empreendedor* (Peter Drucker), *Palavras que funcionam* (Frank Luntz), *Women, Fire, and Dangerous Things* (George Lakoff), *História da Guerra do Peloponeso* (Tucídides), *Hard-Boiled Wonderland and the End of the World* (Haruki Murakami), *The Magus* (John Fowles), *A loja de tudo — Jeff Bezos e a era da Amazon* (Brad Stone), *The Halo Effect: ... and the Eight Other Business Delusions that Deceive Managers* (Phil Rosenzweig), *Palavra por palavra* (Anne Lamott), *Como escrever bem* (William Zinsser), *Ernest Hemingway on Writing* (Larry W. Phillips), *O lado difícil das situações difíceis* (Ben Horowitz), *De zero a um* (Peter Thiel), *The Art of Start 2.0* (Guy Kawasaki), as obras de Nassim Nicholas Taleb

Neistat, Casey: *Não basta ser bom, é preciso querer ser bom* (Paul Arden), *The Second World War* (John Keegan), *Autobiografia de Malcolm X* (Malcolm X e Alex Haley)

Nemer, Jason: *O profeta* (Kahlil Gibran), *Tao Te Ching* (Lao Tsé)

Norton, Edward: *Terra dos homens* (Antoine de Saint-Exupéry), *Budismo sem crenças* (Stephen Batchelor), *Xógum* (James Clavell), *Em busca da China moderna*; *The Death of Woman Wang* (Jonathan Spence), "A catástrofe do sucesso" (ensaio de Tennessee Williams), *A lógica do cisne negro* (Nassim Nicholas Taleb)

Novak, B.J.: *The Oxford Book of Aphorisms* (John Gross), *Os segredos dos grandes artistas* (Mason Currey), *Como a geração sexo-drogas- -e-rock'n'roll salvou Hollywood — Easy Riders, Raging Bulls* (Peter

Biskind), *The Big Book of New American Humor*; *The Big Book of Jewish Humor* (William Novak e Moshe Waldoks)

Ohanian, Alexis: *Startup* (Jessica Livingston), *Masters of Doom: How Two Guys Created an Empire and Transformed Pop Culture* (David Kushner)

Palmer, Amanda: ***Dropping Ashes on the Buddha: The Teachings of Zen Master Seung Sahn***; *Only Don't Know: Selected Teaching Letters of Zen Master Seung Sahn* (Seung Sahn), ***Breve história de quase tudo*** (Bill Bryson)

Paul, Caroline: *The Things They Carried* (Tim O'Brien), *Na companhia das estrelas* (Peter Heller)

Polanco, Martin: *A caminho de casa* (Radhanath Swami), *Ibogaine Explained* (Peter Frank), ***Tryptamine Palace: 5-MeO-DMT and the Sonoran Desert Toad*** (James Oroc)

Poliquin, Charles: ***A única coisa*** (Gary Keller e Jay Papasan), ***59 segundos — Pense um pouco, mude muito*** (Richard Wiseman), *Checklist — Como fazer as coisas benfeitas* (Atul Gawande), *Ciência picareta* (Ben Goldacre), *Life 101: Everything We Wish We Had Learned about Life in School — But Didn't* (Peter McWilliams)

Popova, Maria: ***Still Writing*** (Dani Shapiro), *Sobre a brevidade da vida* (Sêneca), *A República* (Platão), *Sempre em movimento* (Oliver Sacks), *The Journal of Henry David Thoreau, 1837-1861* (Henry David Thoreau), *A Rap on Race* (Margaret Mead e James Baldwin), *On Science, Necessity and the Love of God: Essays* (Simone Weil), *O que nos faz felizes* (Daniel Gilbert), *Desert Solitaire: A Season in the Wilderness* (Edward Abbey), *Gathering Moss* (Robin Wall Kimmerer), *The Essential Scratch & Sniff Guide to Becoming a Wine Expert* (Richard Betts)

Potts, Rolf: *Folhas de relva* (Walt Whitman), *Writing Tools: 50 Essential Strategies for Every Writer* (Roy Peter Clark), *To Show and to Tell: The Craft of Literary Nonfiction* (Phillip Lopate), *Manual do roteiro*

(Syd Field), *Story* (Robert McKee), *Alien vs. Predator* (Michael Robbins), *The Best American Poetry* (David Lehman), as obras dos poetas Aimee Nezhukumatathil e Stuart Dischell

Randall, Lisa: *I Capture the Castle* (Dodie Smith)

Ravikant, Naval: *Total Freedom: The Essential Krishnamurti* (Jiddu Krishnamurti), *Sapiens* (Yuval Noah Harari), *Nevasca* (Neal Stephenson), *Poor Charlie's Almanac: The Wit and Wisdom of Charles T. Munger* (Charles T. Munger), *Sidarta* (Hermann Hesse), *O otimista racional* (Matt Ridley), *V de vingança* (Alan Moore), **Labyrinths** (Jorge Luis Borges), *Meditações* (Marco Aurélio), *The Book of Life: Daily Meditations with Krishnamurti* (Jiddu Krishnamurti), *Ilusões* (Richard Bach), *Striking Thoughts* (Bruce Lee), *As armas de persuasão* (Robert Cialdini), *O senhor está brincando, Sr. Feynman!*; *What Do You Care What Other People Think?*; *Perfectly Reasonable Deviations from the Beaten Track* (Richard P. Feynman), *Love Yourself Like Your Life Depends On It*; *Live Your Truth* (Kamal Ravikant), *Distress* (Greg Egan), *The Boys* (Garth Ennis e Darick Robertson), *Genoma*; *The Red Queen*; *The Origins of Virtue*; *The Evolution of Everything* (Matt Ridley), *The Essential Writings* (Mahatma Gandhi), *O Tao da filosofia* (Alan Watts), *The Bed of Procrustes* (Nassim Nicholas Taleb), *Medo e delírio em Las Vegas* (Hunter S. Thompson), *O poder do mito* (Joseph Campbell), *Tao Te Ching* (Lao Tsé), *Falling into Grace* (Adyashanti), *Partículas de Deus* (Scott Adams), *The Origin of Consciousness in the Breakdown of the Bicameral Mind* (Julian Jaynes), *Mastering the Core Teachings of the Buddha* (Daniel M. Ingram), *O poder do hábito* (Charles Duhigg), *The Lessons of History* (Will Durant e Ariel Durant), *Velho muito cedo, sábio muito tarde* (Gordon Livingston), *O profeta* (Kahlil Gibran), *The Secret Life of Salvador Dalí* (Salvador Dalí), *Watchmen* (Alan Moore)

Reece, Gabby: *A revolta de Atlas* (Ayn Rand), *O alquimista* (Paulo Coelho)

Richman, Jessica: *The Complete Short Stories* (Ernest Hemingway)

Robbins, Tony: *O homem é aquilo que ele pensa* (James Allen), *Em busca de sentido* (Viktor E. Frankl), *The Fourth Turning*;

Generations (William Strauss), *Slow Sex* (Nicole Daedone), *Mindset* (Carol Dweck)

Rodriguez, Robert: *Por quê? Como motivar pessoas e equipes a agir* (Simon Sinek)

Rogen, Seth: *Watchmen* (Alan Moore), *Preacher* (Garth Ennis), *O guia do mochileiro das galáxias* (Douglas Adams), *The Art of Dramatic Writing* (Lajos Egri), *A conquista da felicidade* (Bertrand Russell)

Rose, Kevin: *The Miracle of Mindfulness: An Introduction to the Practice of Meditation* (Thich Nhat Hanh), *A sabedoria das multidões* (James Surowiecki)

Rowe, Mike: *The Deep Blue Good-by*; *Pale Gray for Guilt, Bright Orange for the Shroud*; *The Lonely Silver Rain, Nightmare in Pink*; *A Tan and Sandy Silence*; *Cinnamon Skin* (John D. MacDonald), *Em casa — Uma breve história da vida doméstica*; *The Lost Continent: Travels in Small-Town America* (Bill Bryson), *A Curious Discovery: An Entrepreneur's Story* (John Hendricks)

Rubin, Rick: *Tao Te Ching* (Lao Tsé, tradução de Stephen Mitchell), *Wherever You Go, There You Are* (Jon Kabat-Zinn)

Sacca, Chris: *Not Fade Away: A Short Life Well Lived* (Laurence Shames e Peter Barton), *The Essential Scratch & Sniff Guide to Becoming a Whiskey Know-It-All*; *The Essential Scratch & Sniff Guide to Becoming a Wine Expert* (Richard Betts), *Como ficar podre de rico na Ásia emergente* (Mohsin Hamid), *I Seem to Be a Verb* (R. Buckminster Fuller)

Schwarzenegger, Arnold: *O fator Churchill — Como um homem fez história* (Boris Johnson), *Livre para escolher* (Milton Friedman), *California* (Kevin Starr)

Sethi, Ramit: *Age of Propaganda: The Everyday Use and Abuse of Persuasion* (Anthony Pratkanis e Elliot Aronson), *O animal social* (Elliot Aronson), *Getting Everything You Can Out of All You've*

Got (Jay Abraham), **Mindless Eating** (Brian Wansink), **The Robert Collier Letter Book** (Robert Collier), *Never Eat Alone, Expanded and Updated: And Other Secrets to Success, One Relationship at a Time* (Keith Ferrazzi), *O que ainda não se ensina em Harvard Business School* (Mark H. McCormack), *Iacocca — Uma autobiografia* (Lee Iacocca), *Checklist: Como fazer as coisas benfeitas* (Atul Gawande)

Shinoda, Mike: Becoming a Category of One: How Extraordinary Companies Transcend Commodity and Defy Comparison (Joe Calloway), **O ponto de virada**; **Blink — A decisão num piscar de olhos** (Malcolm Gladwell), *Learning Not to Drown* (Anna Shinoda), *Trabalhe 4 horas por semana* (Tim Ferriss)

Silva, Jason: TechGnosis: Myth, Magic, and Mysticism in the Age of Information (Erik Davis), *Super-humanos* (Steven Kotler), *Trabalhe 4 horas por semana* (Tim Ferriss)

Sivers, Derek: Um nerd no Japão — Um guia completo do Japão que mudou o conceito de cultura pop no mundo (Hector Garcia), *Desperte seu gigante interior — Como assumir o controle de tudo em sua vida* (Tony Robbins), *O que nos faz felizes* (Daniel Gilbert), *Tricks of the Mind* (Derren Brown), *Show Your Work!* (Austin Kleon), *Como fazer amigos e influenciar pessoas* (Dale Carnegie), *Como conversar com qualquer pessoa* (Leil Lowndes), *Como fazer alguém se apaixonar por você em até 90 segundos* (Nicholas Boothman), *Power Schmoozing* (Terri Mandell), *Au Contraire: Figuring Out the French* (Gilles Asselin e Ruth Mastron), *Rápido e devagar — Duas formas de pensar* (Daniel Kahneman), *A Guide to the Good Life: The Ancient Art of Stoic Joy* (William Irvine), *Seeking Wisdom* (Peter Bevelin)

Skenes, Joshua: Cocktail Techniques (Kazuo Uyeda)

Sommer, Christopher: *O obstáculo é o caminho* (Ryan Holiday), as obras de Robert Heinlein

Spurlock, Morgan: *The Living Gita: The Complete Bhagavad Gitav — A Commentary for Modern Readers* (Sri Swami Satchidananda)

Starrett, Kelly: *Deep Survival* (Laurence Gonzales), *A genética do esporte — Como a biologia determina a alta performance esportiva* (David Epstein), *O código do talento* (Daniel Coyle), *The Diamond Age* (Neal Stephenson), *Duna* (Frank Herbert), *O poder do hábito* (Charles Duhigg), *Island of the Blue Dolphins* (Scott O'Dell)

Strauss, Neil: *Sobre a brevidade da vida* (Sêneca), *Pergunte ao pó* (John Fante), *Viagem ao fim da noite* (Louis-Ferdinand Céline), *O pássaro pintado* (Jerzy Kosinski), *Meditações* (Marco Aurélio), *Sidarta* (Hermann Hesse), *Maxims* (François de La Rochefoucauld), *Ulisses* (James Joyce), *StrengthsFinder 2.0* (Tom Rath), *Cem anos de solidão* (Gabriel García Márquez), *A vida está em outro lugar* (Milan Kundera)

Stein, Joel: *The Body Reset Diet* (Harley Pasternak)

Tan, Chade-Meng: *O ensinamento de Buda* (Walpola Rahula), *In the Buddha's Words: An Anthology of Discourses from the Pali Canon* (Bhikkhu Bodhi)

Teller, Astro: *E se? — Respostas científicas para perguntas absurdas* (Randall Munroe), *Jogador nº 1* (Ernest Cline), *The Gormenghast Novels* (Mervyn Peake)

Teller, Danielle: *Oscar e Lucinda* (Peter Carey), *As horas* (Michael Cunningham)

Thiel, Peter: *Coisas ocultas desde a fundação do mundo* (René Girard)

Tsatsouline, Pavel: *Psych* (Judd Biasiotto), *O paradoxo da escolha* (Barry Schwartz)

von Ahn, Luis: *De zero a um* (Peter Thiel), *O lado difícil das situações difíceis* (Ben Horowitz)

Waitzkin, Josh: *On the Road — Pé na estrada; Os vagabundos iluminados* (Jack Kerouac), *Tao Te Ching* (Lao Tsé), *Zen e a arte de manutenção de motocicletas* (Robert Pirsig), *Shantaram* (Gregory David Roberts),

Por quem os sinos dobram; O velho e o mar; The Green Hills of Africa (Ernest Hemingway), *Ernest Hemingway on Writing* (Larry W. Phillips), *Mindset* (Carol Dweck), *Dreaming Yourself Awake: Lucid Dreaming and Tibetan Dream Yoga for Insight and Transformation* (B. Alan Wallace e Brian Hodel), *O drama da criança bem-dotada* (Alice Miller), *Tribe: On Homecoming and Belonging* (Sebastian Junger), *Garra — O poder da paixão e da perseverança* (Angela Duckworth), *Peak: Secrets from the New Science of Expertise* (Anders Ericsson e Robert Pool)

Weinstein, Eric: *Heraclitean Fire: Sketches from a Life Before Nature* (Erwin Chargaff), **O imperador do olfato — Uma história de perfume e obsessão** (Chandler Burr)

White, Shaun: *Fifty Shades of Chicken: A Parody in a Cookbook* (F. L. Fowler), *Fora de série — Outliers* (Malcolm Gladwell), *Autobiografia* (Andre Agassi)

Willink, Jocko: *About Face: The Odyssey of an American Warrior* (Coronel David H. Hackworth), *Meridiano de sangue* (Cormac McCarthy)

Wilson, Rainn: *The Family Virtues Guide: Simple Ways to Bring Out the Best in Our Children and Ourselves* (Linda Kavelin Popov, Dan Popov e John Kavelin)

Young, Chris: *Comida e cozinha — Ciência e cultura da culinária* (Harold McGee), *Essential Cuisine* (Michel Bras), *The Second Law* (P. W. Atkins), *Seveneves* (Neal Stephenson), *The Last Lion Box Set: Winston Spencer Churchill, 1874-1965* (William Manchester)

Zimmern, Andrew: *Chuva e outras novelas* (W. Somerset Maugham)

FILMES E PROGRAMAS DE TV FAVORITOS

Documentários e séries de TV estão indicados entre parênteses. Qualquer entrada sem parênteses é um filme de ficção.

Adams, Scott: *Whitey: United States of America v. James J. Bulger* (doc.)

Altucher, James: *High on Crack Street: Lost Lives in Lowell* (doc.), *Basquete Blues* (doc.), *Bastidores da Comédia* (doc.)

Amoruso, Sophia: *A Cor da Romã*, *Girl Boss Guerilla*

Andreessen, Marc: *Mr. Robot* (TV), *Halt and Catch Fire* (TV), *Silicon Valley* (TV)

Attia, Peter: *O Homem dos Músculos de Aço* (doc.), *A Ponte* (doc.), *Maior, Mais Forte, Mais Rápido* (doc.)

Beck, Glenn: *Cidadão Kane*

Betts, Richard: *Clube dos Cinco*, *Baraka* (doc.)

Birbiglia, Mike: *Tickled* (doc.), *Capitão Fantástico*, *Other People*, *Laços de Ternura*, *Nos Bastidores da Notícia*, *Stop Making Sense*, *No Refunds* (especial de comédia de Doug Stanhope)

Blumberg, Alex: *O Equilibrista* (doc.), *Basquete Blues* (doc.), *Magic and Bird: A Courtship of Rivals* (doc.)

Boone, Amelia: *Os Goonies*

Boreta, Justin: *Meru* (doc.), *O Homem-Urso* (doc.), *Daft Punk Unchained* (doc.)

Brach, Tara: *Race: The Power of an Illusion* (doc.), *Breaking Bad* (TV)

Callen, Bryan: *Fed Up* (doc.), *Baseball*, de Ken Burns (doc.), *Jazz*, de Ken Burns (doc.)

Carl, Shay: *Capitão Fantástico*, *Transcendent Man* (doc.), *Troque a Faca pelo Garfo* (doc.), grande fã dos documentários do diretor Morgan Spurlock

Cooke, Ed: *Os Desajustados*, *The Armando Iannucci Shows* (TV), *Monty Python's Flying Circus* (TV), Alan Partridge (personagem de ficção)

Costner, Kevin: *Coney Island* (doc.), *E.T. — O Extraterrestre*, *Tubarão*, *Contatos Imediatos do Terceiro Grau*, *Louca Escapada*, *Minority Report*

Cummings, Whitney: *Buck* (doc.), *Bastidores da Comédia* (doc.)

D'Agostino, Dominic: "An Advantaged Metabolic State: Human Performance, Resilience and Health" (palestra de Peter Attia no IHMC)

De Botton, Alain: *Seven Up!*, da série *Up* (doc.)

De Sena, Joe: *Doce Mentira* (doc.), *Comida S.A.* (doc.), *A Fotografia Oculta de Vivian Maier* (doc.)

Diamandis, Peter: *Transcendent Man* (doc.), *Tony Robbins: Eu Não Sou o Seu Guru* (doc.), *Uma Verdade Inconveniente* (doc.)

DiNunzio, Tracy: *The Overnighters* (doc.), *The True Cost* (doc.), *Sob a Névoa da Guerra* (doc.)

Dubner, Stephen: *Seven Up!*, da série *Up* (doc.)

Eisen, Jonathan: *Shackleton* (minissérie da TV)

Engle, Dan: *Racing Extinction* (doc.), *Neurônios ao Nirvana* (doc.), *Procurando Sugar Man* (doc.)

Fussell, Chris: *Restrepo* (doc.) — deveria ser obrigatório que todo cidadão americano visse. *The Commanding Heights* (doc.) — baseado no livro homônimo de Dan Yergin e Joseph Stanislaw. *Bush's War* (doc.) — *Frontline*

Fussman, Cal: *A Travessia, Cinema Paradiso, O Equilibrista* (doc.)

Foxx, Jamie: *O Pianista*

Ganju, Nick: *Forrest Gump*

Gazzaley, Adam: *Cosmos*, de Carl Sagan (doc.)

Godin, Seth: *O Equilibrista* (doc.), *Exit Through the Gift Shop* (doc.), *Matrix*

Goldberg, Evan: *Duro de Matar, Máquina Mortífera, Adaptação, A Princesa prometida, Velozes e Furiosos, Rejected* (curta-metragem), *Kids in the Hall* (TV), *Absolutely Fabulous* (TV), *Second City Television* (TV)

Goodman, Marc: *Os Caça-Fantasmas* (1984), *Jogos de Guerra, Quebra de Sigilo, A Rede*, qualquer filme com Bill Murray ou Dan Aykroyd

Hamilton, Laird: *Blackfish — Fúria animal* (doc.), *Senna* (doc.), *On Any Sunday* (doc.)

Harris, Sam: Recomendação para assistir a Christopher Hitchens, um orador brilhante

Holiday, Ryan: *Gladiador, Isto é Spinal Tap*

Honnold, Alex: *Star Wars, Gladiador*

John, Daymond: *Planeta Terra*, da BBC

Johnson, Bryan: *O Equilibrista* (doc.), *Exit Through the Gift Shop* (doc.), *Cosmos* (doc.)

Kagan, Noah: *Comando para Matar*, *O Conde de Monte Cristo*, *The Jinx* (doc.)

Kamkar, Samy: *Até a Eternidade* (doc.), *Nossa Vida Exposta* (doc.), *A Vingança do Carro Elétrico* (doc.)

Kass, Sam: *Just Eat It: A Food Waste Story* (doc.)

Kelly, Kevin: *O Equilibrista* (doc.), *The King of Kong* (doc.), *A State of Mind* (doc.)

Koppelman, Brian: *Clube da Luta*, *Cliente 9 — Ascensão e Queda de Eliot Spitzer* (doc.), *Don't Look Back* (doc.), *Roger e Eu* (doc.)

Libin, Phil: *Star Wars: Episódio V — O Império Contra-Ataca*, *O Senhor dos Anéis — As Duas Torres*, *House of Cards* (TV), *Game of Thrones* (TV), *Top Gear* (TV)

MacAskill, Will: *Louis Theroux's Weird Weekends* (documentário em série)

MacKenzie, Brian: *Spinning Plates* (doc.)

McChrystal, Gen. Stanley A.: *A Batalha de Argel*

McGonigal, Jane: *Buffy, a Caça-Vampiros* (TV), *G4M3RS* (doc.), *The King of Kong* (doc.)

Miller, BJ: *Waiting for Guffman*, *The Kentucky Fried Movie*, *The Groove Tube*, *O Homem-Urso* (doc.)

Mullenweg, Matt: *Citizenfour* (doc.), *A Arte do Rap* (doc.), *Jean-Michel Basquiat: The Radiant Child* (doc.)

Neistat, Casey: *Coronel Blimp — Vida e Morte, Little Dieter Needs to Fly* (doc.)

Nemer, Jason: *Marley* (doc.), *I Know I'm Not Alone*, de Michael Franti (doc.), *Happy* (doc.)

Norton, Edward: *O Regresso, Ferrugem e Osso, O Poderoso Chefão, Os Bons Companheiros, O Profeta, De Tanto Bater meu Coração Parou, Birdman, Biutiful, A Mulher do Tenente Francês, Shogun* (minissérie), *O Século do Ego* (doc.), *O Poder dos Pesadelos* (doc.), *The Cruise* (doc.)

Novak, B.J.: *Adaptação, Curtindo a Vida Adoidado, Casablanca, Pulp Fiction, Corra que a Polícia Vem Aí, Catfish* (doc.), *To Be and to Have* (doc.), *The Overnighters* (doc.)

Ohanian, Alexis: *Comida S.A.* (doc.), *Planeta Terra* (doc.), *Jiro Dreams of Sushi* (doc.)

Palmer, Amanda: *Alive Inside: A Story of Music and Memory* (doc.), *Happy* (doc.), *One More Time with Feeling* (doc.)

Patrick, Rhonda: *Happy People: A Year in the Taiga* (doc.), *Planeta Terra* (doc.)

Paul, Caroline: *Maidentrip* (doc.)

Polanco, Martin: *The Crash Reel* (doc.), *Lixo Extraordinário* (doc.), *Eis os Delírios do Mundo Conectado* (doc.)

Poliquin, Charles: *O Último Samurai, Gladiador, O Jogo da Imitação, 22 Balas.* Também: History Channel, os documentários da National Geographic e os filmes de Tarantino

Potts, Rolf: *O Homem-Urso* (doc.)

Reece, Gabby: *Comida S.A.* (doc.), *Roger e Eu* (doc.), *Tiros em Columbine* (doc.), *Crumb* (doc.)

Richman, Jessica: *No Limite*

Robbins, Tony: *Trabalho Interno* (doc.)

Rogen, Seth: *Pulp Fiction, O Balconista, Três é Demais, Pura Adrenalina, Adaptação, A Princesa Prometida, Fawlty Towers* (TV), *Kids In The Hall* (TV), *Monty Python's Flying Circus* (TV), *Second City Television* (TV)

Rose, Kevin: *O âncora — A Lenda de Ron Burgundy, Bastardos Inglórios, Comida S.A.* (doc.)

Rubin, Rick: *20.000 Dias na Terra* (doc.)

Sacca, Chris: *O Grande Lebowski*

Schwarzenegger, Arnold: *Brooklyn Castle* (doc.)

Sethi, Ramit: *Jiro Dreams of Sushi* (doc.)

Shinoda, Mike: *House of Cards* (TV), *O Poderoso Chefão, Os Suspeitos, Clube da Luta, Seven — Os Sete Crimes Capitais, Ninja Scroll, WALL-E, Princesa Mononoke*

Silva, Jason: *A Origem, Matrix, O Show de Truman, Vanilla Sky, eXistenZ, A Praia, Maidentrip* (doc.)

Sivers, Derek: *Scott Pilgrim contra o Mundo*

Skenes, Joshua: *Chef's Table* (TV)

Sommer, Christopher: *A Lenda de Tarzan*

Spurlock, Morgan: *Scanners — Sua Mente Pode Destruir, Um Lobisomem Americano em Londres, Making a Murderer* (TV), *Mr. Robot* (TV), *Enron — Os Mais Espertos da Sala* (doc.), *The Jinx* (doc), *Going Clear: Scientology and the Prison of Belief* (doc.), *Brother's Keeper* (doc.), *A Tênue Linha da Morte* (doc.), *Sob a Névoa da Guerra* (doc.),

Basquete Blues (doc.), *Stevie* (doc.), *Life Itself — A Vida de Roger Ebert* (doc.)

Starrett, Kelly: *On the Way to School* (doc.), *Trophy Kids* (doc.), *Amy* (doc.), *Super Size Me* (doc.), *Restrepo* (doc.)

Strauss, Neil: *The Act of Killing* (doc.), *Gimme Shelter* (doc.), *Sob a Névoa da Guerra* (doc.)

Teller, Astro: *Fast, Cheap and Out of Control* (doc.)

Thiel, Peter: *Onde os Fracos Não Têm Vez*

Tsatsouline, Pavel: *Sete Homens e um Destino* (1960)

von Ahn, Luis: *Matrix*, *Jiro Dreams of Sushi* (doc.)

Waitzkin, Joshua: *Procurando Sugar Man* (doc.), *Riding Giants — No Limite da Emoção* (doc.), *The Last Patrol* (doc.)

Weinstein, Eric: *Kung Fu Panda*, *Rate It X* (doc.)

Willink, Jocko: *Against the Odds — "A Chance in Hell: The Battle for Ramadi"* (doc.), *Restrepo* (doc.), *The Pacific* (TV), *Irmãos de Guerra* (TV)

Wilson, Rainn: *Apocalypse Now*, *The Act of Killing* (doc.)

White, Shaun: *7 Dias no Inferno*

Young, Chris: *Curtindo a Vida Adoidado*, *Pulp Fiction*, *Os Eleitos — Onde o Futuro Começa*

Zimmern, Andrew: *Great Chefs* (TV)

O QUE VOCÊ COLOCARIA EM UM OUTDOOR?

Adams, Scott: "Eu colocaria 'Seja útil', e estaria em toda parte."

Altucher, James: "'Não se trata do que aconteceu. Trata-se do que acontece em seguida.'" E "'Passe a vida correndo de alguma coisa. Ou passe a vida correndo para alguma coisa.'"

Amoruso, Sophia: SOPHIA: "Se eu tivesse um outdoor, não escreveria nada nele e o colocaria em todos os lugares." **TIM:** "Um outdoor vazio?" **SOPHIA:** "Exato." **TIM:** "Sabe, vou pegar minha cola aqui. Vou ver se tem outra coisa que... você disse 'pare de dizer às mulheres para sorrir'." **SOPHIA:** "Foi, mas esse outdoor é muito raivoso. Mudei de ideia. Prefiro que não tenha nada."

Andreessen, Marc: "Bem no coração de São Francisco, será um outdoor com apenas três palavras: 'Aumente os preços.'"

Attia, Peter: "'Isso é água' (*à la* David Foster Wallace)." E "'O que Richard Feynman faria?'"

Bell, Mark: "Gosto de algumas das citações que temos na academia, mas uma das minhas favoritas é: 'Ou você está dentro ou está a caminho.'"

Belsky, Scott: "'Não se trata de ideias, trata-se de fazer ideias acontecerem.'"

Betts, Richard: "'Ame a si mesmo.'"

Birbiglia, Mike: "Eu colocaria o outdoor na Times Square e diria: 'Nenhuma dessas empresas se importa com você.'"

Blumberg, Alex: "'O primeiro rascunho é sempre uma porcaria.'"

Boone, Amelia: "Algo na linha de 'Ninguém deve nada a você'." Sinto que as pessoas hoje em dia se sentem merecedoras demais. Que 'eu mereço isso' ou 'eu blá-blá-blá isso'. No fim das contas fica difícil trabalhar."

Boreta, Justin: "'Mate o ego de fome, alimente a alma.'"

Brach, Tara: "'DEIXE SEU CORAÇÃO SER TÃO AMPLO QUANTO O MUNDO.'"

Brewer, Travis: "Tenho um slogan que rege a minha vida: 'Espalhe energia positiva através do seu movimento.'"

Brown, Brené: "Eu poria em Washington, D.C., e diria: 'Cale a boca e escute.' [Mas como os filhos dela não têm permissão para dizer 'cale a boca'] seria melhor: 'Fale menos, ouça mais.' Mas no meu coração eu estaria dizendo 'Cale a boca'."

Callen, Bryan: "'O QUE você pensa não é tão importante quanto COMO você pensa.'"

Carl, Shay: "'Você vai morrer um dia', ou talvez eu tivesse que dizer apenas 'Você vai morrer'. Parece macabro, mas meu avô me ensinou isso — ele comprou o caixão cinco anos antes de morrer. Então, quando as pessoas o visitavam, ele as levava até a garagem e lhes mostrava seu caixão."

Chin, Jimmy: "É engraçado, porque duas coisas vieram à minha cabeça imediatamente. Uma foi 'Relaxe'. A outra foi 'Corra atrás'. As duas são diametralmente opostas."

Cooke, Ed: "'Você nunca entenderá o tempo, seja grato por isso.'"

De Botton, Alain: "Eu diria, 'A vida dura apenas setecentas mil horas. Seja gentil.' Ou algo do gênero. Só para pegar os motoristas que estão correndo na estrada a uma velocidade insana."

De Sena, Joe: "'A Spartan é foda.'"

Diamandis, Peter: "'O futuro é melhor do que você imagina.'"

Dubner, Stephen: "'Preste atenção na estrada!'"

Eisen, Jonathan: "'Salve os micróbios.'"

Engle, Dan: "'Seja curioso.'"

Fadiman, James: "'Consciência cura.'"

Foxx, Jamie: "Seria um outdoor dizendo 'Vai fundo, cara. Divirta-se, vá à igreja, ame alguém, ensine alguém, irrite-se um pouco.' [O outdoor] ficaria mudando. E a frase final seria: 'Divirta-se o máximo que puder.' Porque num piscar de olhos todos nós teremos ido embora. Cem anos comparados à infinidade não são nada. Meu outdoor mudaria constantemente porque acho que todos nós também mudamos."

Fussell, Chris: "'A vida é uma série de escolhas — assuma a responsabilidade pelas suas.'"

Fussman, Cal: "'Ouça.'"

Gazzaley, Adam: "'A vida toda é uma celebração da vida.'"

Gladwell, Malcolm: "Provavelmente uma foto de Asbel Kiprop, um dos meus corredores favoritos."

Godin, Seth: "Jay Levinson, um velho amigo que faleceu em 2013, escreveu *Marketing de guerrilha* e costumava dizer que o melhor outdoor da história dizia: 'Café grátis na próxima saída.'"

Goldberg, Evan: "'Aceitem um ao outro.'"

Goodman, Marc: "'A vida começa no fim da sua zona de conforto', uma frase de Neale Donald Walsch."

Hamilton, Laird: "'Ria e divirta-se mais.'"

Harris, Sam: "'Tolerância à intolerância é covardia.'"

Hof, Wim: "'Respire, filho da puta!'"

Hoffman, Reid: "Eu colocaria o outdoor em Washington, D.C., destinado aos parlamentares. Diria o seguinte: 'Você trabalhou com alguém de outro partido hoje?' Porque o que importa não é o conflito partidário, mas como governamos nosso país para que tenhamos, de fato, um futuro melhor."

Holiday, Ryan: "'E isso também vai passar.'"

John, Daymond: "'Não há nenhum motivo para eu poder fazer isso e você não.'"

Johnson, Bryan: "Eu o colocaria em Nova York e diria: 'Faça um ato de bondade anônimo e aleatório hoje.'"

Kagan, Noah: "'Seja você mesmo.'"

Kamkar, Samy: "'Você é incrível.'"

Kass, Sam: "'VOTE!!!!!!!'"

Kelly, Kevin: "'Você só é tão novo quanto a última vez que mudou de ideia', de Timothy Leary."

Koppelman, Brian: "'Calcule menos.'"

Libin, Phil: "Imagine-me com um copo grande de uísque. E aí viria a legenda: 'O Evernote ajuda você a lembrar. A Suntory ajuda você a esquecer.'"

MacAskill, Will: "Ficaria do lado de fora da Gates Foundation, ou talvez no quintal da casa do Bill Gates... onde ele vai acabar doando 100 bilhões de dólares. E diria: 'Bill, você falou sobre os riscos e as potenciais vantagens a longo prazo do desenvolvimento da inteligência geral artificial, mas ainda não está fazendo nada a respeito. Você não se comprometeu.'"

MacKenzie, Brian: "'Ego é como queremos que o mundo nos veja. Confiança é como nos vemos.'"

McCarthy, Nicholas: "'Qualquer coisa é possível.' Acredito nisso do fundo do meu coração. Por que não pensaria assim? Afinal, para um cara que vem de uma formação não clássica, sem dinheiro, de uma vila muito pequena na Inglaterra — ninguém fez realmente muita coisa no lugar de onde venho — e também sem um braço, e na idade em que comecei, para depois entrar na arena da música clássica, aperfeiçoando-se até o nível mais alto... Penso nisso levando em conta a minha vida, tenho certeza absoluta de que qualquer coisa é possível. É claro, é preciso trabalhar duro, ter determinação — essas coisas vão lado a lado."

McChrystal, Stanley: "Ficaria em uma área de muito tráfego, provavelmente um aeroporto, em uma cidade como Nova York, ou talvez em uma rua de uma cidade movimentada, Chicago ou São Francisco. E teria uma citação simples de um indivíduo chamado Robert Byrne. Diria: 'O propósito da vida é uma vida de propósito.'"

McCullough, Michael: "Eu provavelmente faria o que você faz, Tim, 'Todos os dias, pegue algo que lhe dá medo e vá atrás disso'. E colocaria no caminho das pessoas para o trabalho."

McGonigal, Jane: "'Se viver ou testemunhar algo traumático, jogue Tetris por dez minutos em algum momento das 24 horas seguintes para impedir flashbacks indesejados e outros sintomas de transtorno do estresse pós--traumático (conforme estudos randomizados controlados demonstraram).'"

Miller, BJ: "'Não acredite em tudo o que você pensa.'"

Neistat, Casey: "'Seja legal.'"

Nemer, Jason: "'Brinque!' Acho as pessoas muito sérias. E não é preciso muito para as pessoas voltarem a cair na sabedoria de uma brincadeira infantil. Se eu tivesse que receitar duas coisas para melhorar a saúde e a felicidade no mundo, seriam se movimentar e brincar. Porque você não pode brincar sem se movimentar, então elas estão meio interligadas."

Ohanian, Alexis: "'Vidas que permanecem: 0."

Palmer, Amanda: "'A empatia radical é nossa única esperança. Por favor, encoste o carro na próxima parada, dê uma pausa e ligue para alguém com quem você precisa fazer as pazes.'"

Patrick, Rhonda: "'Não se exercite para perder peso... faça-o para melhorar o cérebro.'"

Paul, Caroline: Caroline perguntou qual era a minha resposta. Falei que era a de Amelia, e Caroline mudou a dela para fazer o mesmo: "Vamos mudar — 'Ninguém deve nada a você.'"

Polanco, Martin: "'Escolha o amor.'"

Poliquin, Charles: "'Conheça a si mesmo.'"

Popova, Maria: "'Bondade. Bondade. Bondade.'"

Potts, Rolf: "'O tempo é a forma mais verdadeira de riqueza.'"

Randall, Lisa: "'Seja curioso e tente encontrar soluções para problemas.'"

Ravikant, Naval: "'Desejo é um contrato que você faz consigo mesmo para ser infeliz até conseguir o que quer' (parafraseado de um antigo blog chamado *Delusion Damage*)."

Reece, Gabby: "'Ceder ao outro não é deixar que se aproveitem de você. Todos nós estamos nisso juntos.'"

Rodriguez, Robert: "Tem uma coisa que digo a muita gente: 'Não siga o rebanho.' É mais fácil quando as pessoas conseguem visualizar isso, mas estou apontando em uma direção. E digo isso quando você me ouve falar sobre o canal de TV e a vantagem de ter um. Eu digo: 'Se alguém está indo naquela direção — à esquerda —, nós vamos nessa direção, à direita.' Porque só assim você esbarra em coisas novas, indo pelo caminho que não foi trilhado. É sempre gratificante. Em qualquer caminho que você escolher, não apenas nos negócios, mas na vida em geral, em tudo... siga esse caminho. E não deixe de cultivar seus instintos. Cultivá-los para que você possa sempre se valer deles. Porque, se sempre tiver que se amparar no conselho de outras pessoas, o que é bom, você vai se ferrar quando elas não estiverem por perto. Você tem que ser capaz de seguir sua voz interna e fortalecê-la, e saber quando ela lhe serve. E quando ela não lhe servir, não se esqueça de que ela só não está lhe servindo naquele momento... A longo prazo, ela é do seu melhor interesse."

Rose, Kevin: "'Dedique-se a compartilhar seus temores e segredos com o mundo.'"

Rubin, Rick: "'escolha a paz' (tudo em letras minúsculas)."

Sacca, Chris: "Esta forma de propaganda é arcaica e irresponsável. Não desperdice seu dinheiro."

Sethi, Ramit: "'Conte-me um segredo que você nunca contou a ninguém. Vou mantê-lo trancado a sete chaves. Envie um e-mail para mim: ramit.sethi@iwillteachyoutoberich.com.'"

Silva, Jason: "'Nós somos como deuses e temos que ficar bons nisso', de Stewart Brand."

Sivers, Derek: "Bem, minha resposta verdadeira, se eu estivesse levando isso ao pé da letra, é que eu removeria todos os outdoors do mundo e faria tudo para que eles nunca fossem recolocados... Portanto, minha melhor resposta é 'Isto não vai fazer você feliz', e o colocaria do lado de fora de qualquer grande shopping ou concessionária."

Starrett, Kelly: "'Todo ser humano deve ser capaz de realizar a manutenção básica de si mesmo.'"

Strauss, Neil: "'O problema da maioria de nós é que preferimos ser arruinados pelo elogio do que salvos pela crítica', de Norman Vincent Peale."

Tan, Chade-Meng: "'Meditação é como suar na academia. Menos o suor. E a academia.'"

Teller, Astro: "'Viva sem medo.'"

Tsatsouline, Pavel: "'Você pode ser o que quiser. Mas primeiro precisa ser forte.'"

von Ahn, Luis: "'Ficaria em frente ao escritório do Google em Pittsburgh e diria: 'A Duolingo está contratando.'"

Waitzkin, Joshua: "'VÁ COM TUDO.'"

Weinstein, Eric: "'As pessoas precisam aprender de alguma forma que consenso é um enorme problema. Não há consenso aritmético porque isso não exige consenso. Mas há um consenso em Washington. Há um consenso no clima. Em geral, consenso é como compelimos as pessoas a fingir que não há nada para ver — siga em frente, todo mundo. E então acho que, em parte, devemos começar a aprender que as pessoas não chegam naturalmente a níveis altos de entendimento a não ser que algo esteja ou absolutamente claro, e nesse caso o consenso não está presente, ou que haja uma ameaça implícita de violência ao meio de vida ou a si mesmo.'"

Willink, Jocko: "Acho que meu mantra é muito simples: 'Disciplina é igual a liberdade.'"

Wilson, Rainn: "Talvez fosse um outdoor que dissesse 'Não seja um imbecil'. Porque isso tornaria o mundo um lugar muito melhor. Talvez alguém que passasse dirigindo por ali dissesse: 'Ah, quer saber? Talvez eu não seja tão imbecil hoje. Não vou dar fechada em outros motoristas na estrada, nem ignorar meus filhos, nem falar mal de ninguém pelas costas no trabalho.'"

Young, Chris: "Acho que eu talvez tivesse que o erguer do lado de fora da escola onde cursei o ensino médio, e não sei exatamente como eu faria a arte, mas seria algo semelhante a 'Tudo acabou se resolvendo'. O ensino médio não foi uma boa época para mim."

Zimmern, Andrew: "'Há um princípio que funciona como uma barreira contra todas as informações, que é uma prova contra todos os argumentos e que não deixa de manter um homem ignorante para sempre — esse princípio é o desprezo antes da investigação.' Essa citação é equivocadamente atribuída a Herbert Spencer, mais notoriamente no Grande Livro dos Alcoólicos Anônimos, mas agora é creditada a William Paley, um teólogo do século XVIII."

AGRADECIMENTOS

Primeiro, devo agradecer aos titãs cujos conselhos, histórias e lições são a essência deste livro. Obrigado por seu tempo e seu espírito generoso. Que o bem que vocês compartilham com o mundo retorne a vocês multiplicado por cem. Leitores, por favor, vejam a lista de agradecimentos em "Sobre os ombros de gigantes" (página 15).

Ao inigualável Arnold Schwarzenegger, obrigado pelo prefácio maravilhosamente reflexivo. Falando como um garoto de Long Island que cresceu vendo *Comando para Matar* e *Predador*, é um sonho transformado em realidade ter você nestas páginas. A Daniel Ketchell e toda a sua equipe classe A, obrigado pelo grande trabalho que vocês fazem e por me ajudarem a conhecer o Exterminador. Quanto mais tempo passava com Arnold e aqueles à sua volta, mais impressionado eu ficava.

A Stephen Hanselman, meu agente e amigo, eu lhe disse para me dar um chute na cabeça da próxima vez que eu quisesse fazer um livro "definitivo". Que bom que você esqueceu. Que tal um pouco de jazz e uísque agora?

A toda a equipe da Houghton Mifflin Harcourt, em especial à sobre-humana Stephanie Fletcher e à incrível equipe de design e produção: Rebecca Springer, Emily Andrukaitis, Rachael DeShano, Jamie Selzer, Marina Padakis Lowry, Teresa Elsey, David Futato, Kelly Dubeau Smydra, Jill Lazer, Rachel Newborn, Brian Moore, Melissa Lotfy e Becky Saikia-Wilson — vocês ajudaram a domar esta fera e torná-la um manual de estratégia definitivo. Obrigado a vocês por trabalharem até tarde da noite ao meu lado! Ao meu publisher, Bruce Nichols, e sua equipe incrível, incluindo a presidente Ellen Archer, minha parceira no crime Laurie Brown, Deb Brody, Lori Glazer, Stephanie Kim, Debbie Engel e todos os membros da dedicada equipe de marketing e vendas, obrigado por acreditarem neste livro e fazerem a mágica acontecer.

A Donna S. e Adam B., obrigado por segurarem a barra enquanto eu estava off-line! O podcast não existiria e eu não seria capaz de fazer nada disso sem vocês. Donna, desculpe por Molly aterrorizar Hank. Vou pagar a terapia.

Adam, da próxima vez que eu estiver em altitude elevada, tire a taça de vinho da minha mão, por favor.

A Hristo Vassilev e Jordan Thibodeau, muito obrigado pela pesquisa, por revisarem os detalhes e pelo apoio incessante. Hristo, que tal mais algumas centenas de wraps mediterrâneos? Ou talvez lula? E não esqueça aqueles vinte minutos de sol matinal...

A Amelia, a princesa guerreira da demarcação dos limites. Palavras não podem expressar como sua ajuda e seu apoio foram significativos para mim. Em meio a todas as SodaStreams e flechas perdidas, você nunca hesitou. Obrigado, obrigado, obrigado. O pagamento em manteiga de amendoim e sorvete está em andamento.

A Kamal Ravikant, cujas risadas na revisão foram um remédio muito necessário, assim como o feedback recebido por meio das suas modificações sugeridas. Obrigado por ser um companheiro de jornada.

Eu seria negligente se deixasse de fora as pessoas bondosas que passaram muitas horas me ensinando os detalhes, a tecnologia e a arte do *podcasting* no começo. Muito obrigado, cavalheiros! Eles estão listados em ordem alfabética pelo primeiro nome (e se eu esqueci alguém, por favor, digam-me):

Jason DeFillippo, de *Grumpy Old Geeks*
John Lee Dumas, de *Entrepreneur on Fire*
Jordan Harbinger, de *The Art of Charm*
Lewis Howes, de *The School of Greatness*
Matt Lieber e Alex Blumberg, de *Gimlet Media*
Pat Flynn, de *Smart Passive Income*
e Rob Walch, de *Libsyn*

Por último, mas não menos importante, este livro é dedicado a meus pais, que me orientaram, incentivaram, amaram e consolaram durante todo esse tempo. Meu amor por vocês vai além das palavras.

CRÉDITOS

ÍNDICE

intrinseca.com.br

@intrinseca

editoraintrinseca

@intrinseca

@editoraintrinseca

editoraintrinseca

1ª edição	ABRIL DE 2023
impressão	LIS GRÁFICA
papel de miolo	PÓLEN NATURAL 70 G/M^2
papel de capa	CARTÃO SUPREMO ALTA ALVURA 250 G/M^2
tipografia	MERCURY TEXT